Helge Peukert
Klimaneutralität jetzt!

Helge Peukert

Klimaneutralität jetzt!

Politiken der Klimaneutralität
auf dem Prüfstand:

IPCC-Berichte,
Pariser Abkommen,
europäischer Emissionshandel und Green Deal,
internationale freiwillige Klimakompensationsprojekte
und die deutsche Klimapolitik

Mit einem Vorwort von Niko Paech
und einem Gastbeitrag von Jutta Kill

Metropolis-Verlag
Marburg 2021

Bibliografische Information Der Deutschen Nationalbibliothek
Die Deutsche Nationalbibliothek verzeichnet diese Publikation in der
Deutschen Nationalbibliografie; detaillierte bibliografische Daten sind
im Internet über <https://portal.dnb.de> abrufbar.

Gedruckt auf FSC-zertifiziertem Papier. FSC (Forest Stewardship Council®) ist
eine nichtstaatliche, gemeinnützige Organisation, die sich für eine ökologische
und sozialverantwortliche Nutzung der Wälder unserer Erde einsetzt.

Für Anregungen und Kritik bitte Kontakt aufnehmen:
helge.peukert@uni-siegen.de

Stand des Buches: April 2021.
Änderungen von im Text behandelten Gesetzen, Regelungen und
Vereinbarungen dokumentieren wir auf unserer Internetseite:
https://www.metropolis-verlag.de/Klimaneutralitaet-jetzt%21/1470/book.do

Metropolis-Verlag für Ökonomie, Gesellschaft und Politik GmbH
https://www.metropolis-verlag.de
Copyright: Metropolis-Verlag, Marburg 2021
Alle Rechte vorbehalten
ISBN 978-3-7316-1470-8

Vorwort

Der folgenreichste Irrtum, auf dem menschliche Zivilisationen je gründeten, entstammt keineswegs grauer Vorzeit, die von Aberglauben und Unaufgeklärtheit geprägt war, sondern ist eine Kopfgeburt der Moderne und damit eines Zeitalters der bedingungslosen Fortschrittgläubigkeit. Gemäß deren Maxime muss es möglich sein, durch Wissensvermehrung, Innovationskraft und technologische Perfektion etwas aus dem materiellen Nichts zu erschaffen, das einen Wohlstand wachsen lässt, der selbst alles andere als immateriell ist. Diese Allmachtsphantasie spiegelt sich in unzähligen Narrativen vom Produktivitätszuwachs wider, erinnert am Ende aber doch nur an eine digital aufgepeppte Neufassung der alttestamentarischen Erzählung von der wundersamen Brotvermehrung.

Was diesen Irrglauben lange überdauern ließ, ist ein simples Faktum. Die Komplexität des Systems Erde bedingt vielerlei Verzögerungen, Pufferungen, Transformationen und räumliche Verlagerungen jener Effekte, die von ökonomischen Prozessen ausgehen. Diese Dispersion ökologischer Ursache-Wirkungs-Beziehungen überfordert nicht nur die menschliche Wahrnehmungsfähigkeit, sondern erschwert eine empirische Erfassung des vollständigen Gefüges. Dementsprechend einfach war es, sich darüber hinwegzutäuschen, dass industrieller Fortschritt niemals etwas anderes als Raubbau sein konnte, somit früher oder später in Chaos umschlagen würde, wenn die ökologische Substanz, von der er zehrt, unwiederbringlich verbraucht ist. Zur letzteren zählt auch die irdische Aufnahmekapazität für Treibhausgase.

Aber siehe da: In Windeseile wurde Klimaschutz zur neuen Schicksalsfrage der Menschheit auserkoren, wenngleich nur verbal. Die Einhaltung der 1,5- oder 2-Grad-Zielmarke sowie die Forderung nach „Klimaneutralität" mauserten sich zwar zur politischen und medialen Folklore, getreu dem Motto: „Ihr liefert uns glaubwürdig inszenierte Fortschrittsmärchen, deren hypothetischer Problemlösungsgehalt ein perfektes Alibi für die Aufrechterhaltung unseres Lebensstils darstellt. Für diese Betäubung unserer kognitiven Dissonanz zahlen wir mit unseren Wählerstimmen und per PayPal für die käuflichen Klimaschutzsymbole." Nicht auszudenken, wenn neben Politik und Wirtschaft auch ein immer größerer Teil der Wissenschaft in diesen Green Deal einstimmte.

Dem stellt sich Helge Peukert mit seinem neuen Buch glücklicher-
weise entgegen. Er liefert eine schonungslose Aufarbeitung systematischer
Widersprüche, die nicht nur der wissenschaftlichen und politischen Klima-
schutzdebatte anhaften, sondern auch eine Umsetzungspraxis voller Ambi-
valenzen hervorgebracht haben. Peukert begnügt sich nicht damit, die
Fallstricke der deutschen Energiewende und sonstigen Klimaschutzver-
suche zu erörtern, sondern widmet sich mehr noch den europäischen und
internationalen Klimaschutzstrategien. Und damit sticht er in ein Wespen-
nest, denn die zutage geförderten Befunde sind alarmierend. Ganz gleich,
ob Kyoto-Protokoll, Pariser Klimaschutzabkommen, europäischer Emissionshandel, EU-Klimaschutzverordnung, Green Deal oder der Dschun-
gel an globalen Kompensationsprojekten: Bisherige Aktivitäten bilden
entweder ein Fanal der vorprogrammierten Wirkungslosigkeit oder sind,
falls ihnen wenigstens tendenziell bescheinigt werden kann, zielführend
zu sein, vollkommen unzureichend.

Peukert unterzieht einzelne Maßnahmenpakete einer politökonomi-
schen Analyse, um deren Konstruktionsfehler aufzudecken. Aber er zeigt
auch, dass bereits die Parallelität einer weiterhin unhinterfragten Wachs-
tumswirtschaft und eines (lediglich additiven oder korrigierenden) Klima-
schutzinstrumentariums, selbst wenn dieses gemäß seiner inneren Logik
funktionsfähig wäre, schlicht unvereinbar mit einer Wiedererlangung der
ökologischen Überlebensfähigkeit ist. Konsequenterweise greift er dabei
auch den Diskurs um Rebound-Effekte auf.

Wenn Peukert eine fundamentalökologische Position einnimmt, folgt
dies keinem ideologischen Übereifer, sondern einer objektiven Bestands-
aufnahme. Der düstere Befund eines Klimanotstandes lässt sich nicht mehr
verdrängen, weil das mit der Einhaltung des 2-Grad-Ziels noch zu ver-
einbarende CO_2-Restbudget entgegen anderen Verlautbarungen bereits
aufgebraucht ist. Dabei lässt es der Verfasser nicht bewenden, sondern
fügt einen konstruktiven Lösungsvorschlag an. Selbstredend kann dieser
nur in einer Entwöhnung vom verführerischen Gebräu aus grünem
Wachstum und noch grünerer Fortschrittsfrömmigkeit liegen. Folgerich-
tig hält Peukert ein sofortiges Reduktionsprogramm für die einzig denk-
bare Lösung.

Ist diese Wahrheit dem geneigten Leser zumutbar? Selbst ein noch so
radikales Postwachstumsprogramm verliert spätestens dann seinen (ohnehin nur von Konsumhypochondern herbeiphantasierten) Schrecken, wenn
auf zwei weitere Bruchstellen des Wohlstandsgefüges hingewiesen wird:
(1) Das soeben durch die Corona-Krise präsentierte Beweisstück für die

Vulnerabilität globalisierter Industriegesellschaften. (2) Psychische Wachstumsgrenzen, die aus zunehmendem Konsumstress und Erschöpfung resultieren.

Vielleicht stellt sich bald heraus, dass die ökologisch notwendige Transformation vieles von dem mitliefert, was auch einem langfristig resilienten und zufriedenen Dasein zuträglich wäre. Helge Peukert, seines Zeichens Forschender und Lehrender der Pluralen Ökonomik an der Universität Siegen, ist es gelungen, das Buch der Stunde zum Klimaschutz- und Nachhaltigkeitsdiskurs vorzulegen.

Niko Paech, im April 2021

Inhalt

Abkürzungsverzeichnis

Ü   Übersetzungen aus dem Englischen ins Deutsche durch den Verfasser

[ ]   vom Verfasser in Zitaten Hinzugefügtes

…   In Zitaten ausgelassene Textteile

o. J.   ohne Jahr

o. S.   ohne Seitenzahlen

AEA   Annual Emission Allowances

BIP   Bruttoinlandsprodukt

BMU   Bundesministerium für Umwelt, Naturschutz und nukleare Sicherheit

CAM   Carbon Border Adjustment Mechanism

CDM   Clean Development Mechanism

CDP   Carbon Disclosure Project

CO_2eq.   Carbon Dioxide Equivalent

COP   Conference of the Parties (UN-Klimakonferenz)

CORSIA   Carbon Offsetting and Reduction Scheme for International Aviation

EEG   Erneuerbare-Energien-Gesetz

EH   Emissionshandel

EKSV   Europäische Klimaschutzverordnung

ESG   Environment, Social und Governance

ESR   Effort Sharing Reductions

EU-ETS   European Union Emissions Trading System

FFF   Fridays for Future

FRL   Forest Reference Level

GIZ   Gesellschaft für Internationale Zusammenarbeit

Gt   Gigatonnen (1 Gt = 1 Mrd. Tonnen bzw. 1.000.000.000 Tonnen)

HWP   Harvested Wood Products

ICAO   International Civil Aviation Organization

IPCC   Intergovernmental Panel on Climate Change

JI	Joint Implementation
KfW	Kreditanstalt für Wiederaufbau
KSG	Bundes-Klimaschutzgesetz
LULUCF	Land Use, Land-Use Change and Forestry
Mio.	Million(en)
Mrd.	Milliarde(n)
MSR	Marktstabilitätsreserve
NDC	Nationally Determined Contributions
nEHS	Nationales Emissionshandelssystem
ppm	Parts per Million
SVR	Sachverständigenrat zur Begutachtung der gesamtwirtschaftlichen Entwicklung
SZ	Süddeutsche Zeitung
THG	Treibhausgase
TNAC	Total Number of Allowances in Circulation
UBA	Umweltbundesamt
UN	United Nations
UNFCCC	United Nations Framework Convention on Climate Change
WTO	World Trade Organization
XR	Extinction Rebellion

1. Warum noch ein Buch zur Klimapolitik?[1]

Zusammenfassung: Die Weltgesellschaft ist mitten im Prozess des Ökozids. Die Kritik und die Forderungen von *Fridays for Future, Extinction Rebellion* und anderen Mahnern treffen zu. Dieses Buch hat den Zweck, die Berechtigung radikaler Forderungen dieser zivilgesellschaftlichen Gruppen zu belegen und ihnen sowie interessierten Menschen und oft auf Einzelaspekte spezialisierten Experten einen Überblick und Argumentationshilfen zu geben. Im Unterschied zur zum Teil gekauften Wissenschaft ist der Autor völlig interessenkonfliktfrei.

Diese Studie zeigt: Unsere Zivilisation ist nur zu retten, wenn wir den Ressourcenverbrauch drastisch senken und der größte Teil noch förderbarer fossiler Energien (Öl, Gas, Kohle) im Boden bleibt. Die existierenden Maßnahmen auf (inter-)nationaler Ebene (Pariser Abkommen, Emissionshandel usw.) sind nicht nur für den Bürger sehr undurchschaubar. Sie erweisen sich bei näherer Analyse als ungenügend und stehen dennoch in geradezu schizophrenem Widerspruch zur weiterlaufenden Weltwachstumsgesellschaft.

* * *

„171. Die Strategie eines An- und Verkaufs von „Emissionszertifikaten" kann Anlass zu einer neuen Form von Spekulation geben und wäre einer Reduzierung der globalen Ausstoßung von umweltschädlichen Gasen nicht dienlich. Dieses System scheint eine schnelle und einfache Lösung zu sein, die den Anschein eines gewissen Umweltengagements besitzt, jedoch in keiner Weise eine radikale Veränderung mit sich bringt, die den Umständen gewachsen ist. Vielmehr kann es sich in einen Behelf verwandeln, der vom Eigentlichen ablenkt und erlaubt, den übermäßigen Konsum einiger Länder und Bereiche zu unterstützen" (Papst Franziskus 2015, 155).

---

[1] Ich habe mich zwecks Lesbarkeit in diesem Text für das generische Maskulinum als Kollektivsingular entschieden. Es ist zu verstehen als *genus commune* und umfasst männlich, weiblich und divers.

Bedenken wie die des Papstes waren der Ausgangspunkt dieses Buches. Zivilgesellschaftlichen Bewegungen wie *Fridays for Future* (FFF), *Extinction Rebellion* (XR) und anderen Aktivisten wird immer wieder vorgeworfen, (inter-)nationale Klimaschutzmaßnahmen plakativ und ohne Detailkenntnisse zu kritisieren. Tatsächlich ist es auch für den interessierten Durchschnittsbürger praktisch unmöglich, das Dickicht an Regelungen zum Klimaschutz zu überblicken und ihre Auswirkungen einzuschätzen. Jenseits der Fachliteratur erfreuen sich einige Beiträge reger Aufmerksamkeit (Göpel 2020). Hier werden etwas andere, für den Leser unvermeidlich anstrengendere Schwerpunkte gesetzt. Ich habe diese Untersuchung völlig ergebnisoffen und mit wissenschaftlich-objektiver Absicht begonnen und wäre erleichtert, eine frohere Botschaft überbringen zu können. Auch argumentiere und denke ich nicht von einem bestimmten politischen Lager ausgehend, da die Umweltkrise sich einem Links-Rechts-Lagerdenken entzieht.

Auch Begriffe wie Netto-Null-Emissionen und Klimaneutralität sind in ihrer genauen Bedeutung nur schwer zugänglich. Sie werden leicht mit Absolut-Null (*gross-zero*) verwechselt, d.h. tatsächlich null Emissionen. Aufschlussreich ist bereits, dass die „Absolut-Null" in der öffentlichen Diskussion nicht auftaucht. Auch widersprüchliche Äußerungen und Signale sorgen für Irritation. Einerseits wird gewarnt, die Lichter der Zivilisation gingen bei ambitionierten Plänen aus, andererseits sprach der Berater des britischen Finanzministeriums und gleichzeitige *UN Special Envoy for Climate Action*, Mark Carney, davon, selbst das Ziel der Netto-Null schaffe „die größte kommerzielle Chance unserer Zeit".[2] Gleichzeitig wird vielerorts der Klimanotstand ausgerufen und Prepper bereiten sich auf die Post-Kollaps-Gesellschaft vor.

Wir wissen aber auch, dass bereits Ende August der Welterschöpfungstag erreicht ist, ab dem die Verbräuche und Emissionen die vorhandenen Ressourcen und die Speicherungsfähigkeit der Natur übersteigen. 1987 war dieses Datum noch der 19.12.[3] Und selbst offizielle Stellen wie die OECD (2018) ermitteln unter Einschluss aller Steuern und Emissionshandelspreise für 42 Länder, deren Emissionen 80% der weltweiten Emissionen ausmachen, eine eklatante Lücke (*carbon pricing gap*), d.h.

---

[2] https://www.greenhorizonsummit.com/event/a777a3fa-9c35-4901-a077-41d295a85990/websitePage:650f08ac-4ffe-4fdb-a107-0fc39e38d583.
[3] Siehe als säkularen, historischen Überblick über die Umweltbelastungen Emmott (2013).

viel zu niedrige Preise angesichts der Zielsetzungen u.a. des Pariser Abkommens.

2018 wurde meine Hütte im Lesachtal in Kärnten durch einen bisher nie dagewesenen Wirbelsturm weitgehend zerstört. In der Hütte befand sich nur das Allernotwendigste, Wasser holte ich von einer nahen Quelle – und war glücklich dank des Nichtüberflusses. Extreme Regenmassen führten zum Abrutschen der Hauptstraße im Tal und es kam zu Überflutungen. Menschen und Tiere waren für einige Zeit von der Außenwelt abgeschlossen, so dass das Bundesheer aushelfen musste. Dieses Extremereignis wurde als lokale Apokalypse empfunden, ist aber sicher ein Vorgeschmack auf bevorstehende größere Katastrophen. Schon seit vielen Jahren sorgen vor Ort bei den (Wald-)Bauern markante saisonale Rhythmusstörungen für Irritation.

Corona sehe ich als weitere Mahnung, wohin menschliche Übergriffigkeit durch zu starkes Eindringen in auch entlegene Ökosysteme und die Einschränkungen der Lebensräume der Tierwelt führen. Es gibt ein geschätztes Reservoir an 1,5 Mio. Viren. HIV, Schweine- und Vogelgrippen (H7N9 und H5N1), Mers, Ebola, Sars, Marburger- und Lassafieber waren eine dezente Vorankündigung. Im Jahr 2015 fragte sich Hans Joachim Schellnhuber vorausschauend: „Klimawandel, Landnutzungsänderung, Urbanisierung und Mobilitätssteigerung zählen zu den Megatrends des 21. Jahrhunderts. Unzählige Verhältnisse von Natur zu Natur, von Mensch zu Natur und Mensch zu Mensch werden in den Regenwäldern, Flachmeeren, Agrarfabriken und Agglomerationen unseres Planeten zerstört, umgeformt und neu erfunden. Warum sollte dabei eigentlich nicht das *ultimative Virus* auftauchen – tödlich, hyperinfektiös, unempfindlich gegen körpereigene Abwehrmechanismen, Impfstoffe und Medikamente?" (2015,400-401). Corona böte sich schon einmal als Vorbote an.

Täglich wird man mittlerweile mit Nachhaltigkeitsschwüren aus der Wirtschaft bombardiert und Systempolitiker überbieten sich in angepeilten Klimaschutzzielen: Von 40%, 55% oder gar 60% Emissionsminderungen bis 2030 ist die Rede? Der Bürger verliert den Überblick und Ermüdungseffekte treten ein.

Dieser Beitrag ist primär für die kritischen zivilgesellschaftlichen Gruppen und Interessierten geschrieben, da ich es nach jahrzehntelangen Erfahrungen aufgegeben habe, in erster Linie auf die notwendige Veränderungsbereitschaft der etablierten Schriftgelehrten („Wissenschaftler") und Politiker des vorherrschenden Wachstumssystems zu setzen. Dabei flachen sich die Wachstumsraten trotz vieler, teils verzweifelter Ankurbelungsversuche sowieso ab und bei einem Großteil der Bevölkerung in Europa und den USA sind außerdem die Zuwächse durch fehlende Reallohnerhöhungen seit Jahrzehnten nicht angekommen. Der Spagat dieses Buches besteht darin, einerseits meiner „Zielgruppe" durch Vermeidung unnötig komplizierter Begriffe und überkomplexer Argumentationen gerecht zu werden *und* gleichzeitig die angestrebte wissenschaftliche Akkuratesse zu gewährleisten. Es wurde auf die Fachliteratur zurückgegriffen, wenn möglich aber darauf verzichtet, zu jeder Aussage allzu viele Belegquellen zu offerieren.

Ich begann mit diesem Beitrag gegen Ende der ersten Corona-Lockdown-Phase im Mai 2020, die mir angesichts des universitären „Präsenzverbots" eine Art Forschungssemester bescherte. Für diese Möglichkeit bin ich der Universität Siegen und dem Steuerzahler sehr dankbar. Der seit kurzem wegen EU-Fördergelder zertifizierte Wald im eigenen Lebensumfeld stirbt auf ganzer Breite, aber der Himmel war plötzlich dank Corona für ein paar Monate wieder blau und der allgemeine Motorenlärm nahm ab. Diese Melange sorgte für eine diesem Forschungsvorhaben förderliche eigenartige Grundstimmung.

Ich wäre alleine, ohne fachkundige Unterstützung nicht in der Lage gewesen, viele der hier diskutierten Regelungen und Verordnungen weder grundsätzlich noch in den Details ausreichend verstehen zu können. Sie haben mich häufig an den Rand der Verzweiflung gebracht. Mein allergrößter Dank gilt daher vor allem Frau Sabine Gores vom Öko-Institut Freiburg, die mir viele Stunden Nachhilfe gab. Eine große Unterstützung waren auch die intensiven Hilfestellungen von Hannes Böttcher (Öko-Institut Freiburg), ohne den ich die Regelungen zu Land, Landnutzung und Forstwirtschaft nicht verstanden hätte. Auch Martin Cames und Ralph Harthan, ebenfalls vom Öko-Institut, waren eine Hilfe. Durch sie wurde ich dankenswerterweise auch gezwungen, meine deutlich kritischere Haltung gegenüber den mit ihnen diskutierten EU-Maßnahmen zu überprüfen. Ebenfalls danke ich Michael Pahle vom Potsdam Institut für Klimafolgenforschung für den klärenden Austausch v.a. zur Marktstabilitätsreserve, Jochen Luhmann vom Wuppertal-Institut für Literaturhinweise und erfrischend explizite Kritik zu Beginn dieses Vorhabens und Anja Kollmuss für ein klärendes Gespräch und Jutta Kill für das Beisteuern eines Kapitels.

Sabine Fuss (Mercator Research Institute), Johannes Quaas (Institut für Meteorologie der Universität Leipzig), Wolfgang Cramer (Institut Méditerranéen de Biodiversité et d'Ecologie marine et continentale, IMBE) und Peter Winker (Universität Gießen) halfen beim Verständnis der IPCC-Berichte. Hervorzuheben ist, dass die Einschätzungen des klimapolitisch Erreichten und Notwendigen von Seiten der Erwähnten zum Teil deutlich von meinen Bewertungen abweichen.

Es überraschte mich, welch geringes Interesse von einigen NGOs an einem Gedankenaustausch bestand, was sicher mit ihrer ausgesprochen dünnen Personaldecke zusammenhängt. Auch die institutionell eingebundenen Klimaforscher zeichnen sich überwiegend eher durch Zurückhaltung aus. Schließlich danke ich Christian Rebhan für vielfältige Hilfen bei technischen und Formatierungsproblemen, Mira Kapfinger (Stay Grounded) für wertvolle Literaturhinweise und Christoph Freydorf für zahlreiche Anregungen und Gespräche. Ein ganz besonderer Dank geht an Isabell Kieser für das Lektorat und den Verleger Hubert Hoffmann, der wie gewohnt kompetent und umsichtig zum Erscheinen dieses Buches beitrug.

Das Ziel dieses Buches besteht darin, einen verständlichen Überblick über freiwillige Kompensationsmaßnahmen und verpflichtende Vereinbarungen zur Treibhausgasminderung zu geben *und* kritisch zu prüfen, ob sie für die angestrebten Zielsetzungen ausreichen und die Ziele angesichts der gegenwärtigen Umweltgefährdungen und des uns noch zur Verfügung stehenden Restbudgets an Treibhausgasemissionen (THG) hoch genug angesetzt sind.

Ich habe für jedes Kapitel kurze Zusammenfassungen erstellt, die die Ergebnisse kompakt wiedergeben. Die dort formulierten Aussagen mögen teilweise überspitzt erscheinen, treffen aber trotz Pointierung zu und sind aus meiner Sicht wissenschaftlich abgedeckt. Von den rund 500 durchgesehenen Quellen wird nur eine Auswahl angeführt, um den Literaturumfang halbwegs in Grenzen zu halten. Es werden einige längere Passagen zitiert, wenn ich es selber nicht treffender oder verständlicher hätte ausdrücken können.

Eigentlich wäre es von der Gesamtthematik dieses Beitrages her für eine umfassende Bilanz nötig, auch hier ausgesparte Bereiche der EU-Politik wie die Richtlinie (EU) 2018/2001 vom Dezember 2018 zur Förderung der Nutzung von Energie aus erneuerbaren Quellen oder die Regelungen zur katastrophalen EU-Subventionspolitik durch die Direktzahlungen an die Landwirte in die Untersuchung einzubeziehen. Dieser Versuchung wurde widerstanden, da die Ausführungen ansonsten noch einmal deutlich komplizierter ausfallen müssten. Allein die erwähnte Richtlinie (EU) 2018/2001 umfasst rund 120 Seiten mit unzähligen Details.

Die folgenden Ausführungen müssen auch viele sozialpolitische Aspekte ausblenden, z.b. Fragen der Gerechtigkeit und der ungleichen Auswirkungen des Klimawandels auf verschiedene soziale Gruppen (Hornborg et al. 2007). Zweifellos ist die Thematik dieser Untersuchung nicht die eines begrenzten, eigentlich technischen Politikfeldes, sondern eine, die „mit der westlichen Zivilisationsgeschichte, mit dem rationalistischen Weltbild, mit dem Nord-Süd-Verhältnis ... zu tun hat" (Altvater/Brunnengräber 2008, 20). Letztlich steht unsere gesamte Lebensweise in Frage. Um hier nur das Beispiel des Wasserfußabdrucks zu erwähnen: Für ein Kilogramm Avocados werden 2000 Liter, für Geflügel 3900-4100, für Butter und Käse 5000, für Nüsse 5000 und für Rindfleisch 15455 Liter Wasser fällig (SZ, 14.11.2020, 5). Es soll mit diesem Hinweis nur kurz angedeutet werden, dass man nicht erst ein offenkundiger Umweltsünder mit einem dicken Auto oder vielen Flugreisen sein muss, um eine erhebliche „Belastung" für die Mitwelt zu sein.

Es wird sich erweisen, dass die hier untersuchten bisherigen Maßnahmen überhaupt nicht ausreichen und es teilweise völlig anderer Vorgehensweisen bedürfte. Hiermit wird ein Kontrapunkt gegen das zunehmende Trommelfeuer grüner Rhetorik und Absichtserklärungen in Wirtschaft und Politik gesetzt, die nahelegen, man sei bemüht und auf einem guten Weg. Das *New Oxford American Dictionary* wählte „Klimaneutralität" bereits 2006 zum Wort des Jahres. Bereits an dieser Stelle soll die eigene Position klar benannt werden. Persönlich habe ich bereits bei der Verabschiedung des Kyoto-Protokolls aufgrund der grundsätzlich falschen Anlage des Abkommens nicht an dessen Wirksamkeit geglaubt und dies auch in Diskussionen mit u.a. mittlerweile prominenten Grünen vertreten, die damals hoffnungsfroh in die Zukunft blickten und auf den lostuckernden Klimazug aufsprangen.

Von meiner Grundeinstellung her bin ich ganz und gar auf der Seite von Greta Thunberg und ihren mitstreitenden Brüdern und Schwestern, deren klare Worte ich schätze. Auch bewundere ich den Mut ihrer Kampfgefährtin Ou Hongyi aus Guillin (China), die mit ihrem Schulstreik allen Repressalien trotzt. Ich teile ihren elementaren Pessimismus und bezweifle den „Solutionismus", d.h. den Glauben an mehr oder minder schmerzlose Lösungen vorrangig durch geniale Techniken (Gates 2021) oder die ökonomietheoretisch angeleitete Gestaltung von Marktprozessen oder die Einführung von Emissionshandelssystemen.

Ein Beispiel: Das Projekt *Ocean Cleanup* will mit großen schwimmenden Müllsammlern den (Plastik-)Müll aus den Weltmeeren entfernen. Berechnungen ergaben, dass, selbst wenn 200 dieser Müllsammler 130 Jahre rund um die Uhr damit beschäftigt wären, sie nur etwa 45.000 Tonnen Müll von der Wasseroberfläche abgreifen könnten. Das sind rund 5% der bis dahin zu erwartenden Mengen. Fazit: Nicht nur gegen diese Vermüllung – sogar der Weltraum ist mittlerweile vermüllt – hilft letztlich und am besten nur eine gleich ab morgen einsetzende geringere (Müll-) Produktion. Zwar stoppte China die Müllimporte, aber Indonesien, Indien, Thailand, Malaysia und Vietnam und mittlerweile auch Bangladesch, Laos, Äthiopien und der Senegal übernehmen den Müll, der auch aus dem brav Müll trennenden Deutschland (Platz vier der Weltrangliste) stammt und dann z.b. auf malaysischen Müllkippen abgefackelt wird. Über die Hälfte des amerikanischen Mülls wird exportiert und die EU ist der größte Plastikabfall-Exporteur weltweit (Pfeifer 2020). Die Zeiten des Gradualismus sind eigentlich vorbei. Doch ein ohne viel bürokratischen Aufwand durchsetzbares EU-Müllexportverbot gibt es nicht. Dabei ist die menschengemachte Masse seit 1900 exponentiell gewachsen. Heute liegt sie bei einer Billion Tonnen. Diese anthropogene Masse entspricht mittlerweile der der sonstigen Biomasse (Elhacham et al. 2020). Alle Kunststoffe auf der Erde wiegen zusammen mehr als alle lebenden Tiere an Land und im Wasser.

Diese Schwierigkeiten sehen zwar viele Zeitgenossen und sorgen sich um die Umwelt. Aber Menschen verfügen leider über die Fähigkeit, solche Sorgen auch zu verdrängen, anstatt selber durch wirksame Verhaltensänderungen etwas für die Umwelt zu tun.[4] Dieser Beitrag soll dabei helfen, uns allen bei dieser kognitiven Dissonanzverringerung das Handwerk zu legen. Die Generation meiner Eltern wurde schuldig im Nationalsozialismus bei der Shoa, meine und die jüngeren Generationen sind schuldig, sich dem jetzt offen zutage tretenden Ökozid nicht schon früher vehementer entgegengestellt und den Erdball binnen einer Generation an den Abgrund geführt zu haben.

Eine der größten Klimafallen dürfte in bestimmten Strukturen unseres Gehirns verankert sein, das im Alltagsmodus auf lokales und kurzfristiges Denken und Handeln unter Annahme der Konstanz der äußeren Umweltbedingungen ausgerichtet war und ist. Eine Disposition, die uns zu 99% der Zeit unseres hominiden Daseins als Jäger und Sammler gute Dienste im Überlebenskampf leistete. THG sind demgegenüber unsicht-

---

[4] Siehe zum raffinierten experimentellen Beleg https://www.businessinsider.de/better-capitalism/viele-geben-sich-umweltbewusst-wollen-aber-nicht-verzichten-1/.

bar, global wirksam und ihre Auswirkungen sind meist erst zeitlich stark verzögert spürbar, was der tendenziellen Unbelehrbarkeit des Menschen entgegenkommt (Fischer 2016, Gray 2002).

Es gibt keine „anschaulichen", „unterschiedlich schädlichen verschiedenen Kategorien von CO_2. Unabhängig davon, woher das jeweilige Kohlenstoffatom stammt, ist jedes CO_2-Molekül von seinem Klimaeffekt her gleichwertig. Ferner hat CO_2 eine Verweildauer in der Atmosphäre von bis zu 100 Jahren. In dieser Zeit reist ein CO_2-Molekül diverse Male um den Globus. Somit ist auch der Emissionsort unerheblich" (Puls/Schäfer 2016, 16). Das „physikalische Labormodell wurde im Rahmen internationaler Klimapolitik auf den planetarischen Maßstab übertragen und mit der Behauptung verbunden, dass das atmosphärische Gleichgewicht unverändert gehalten werden kann, unabhängig davon, wie hoch die Treibhausgasemissionen an einem Ort sind, solange sie an anderer Stelle ausgeglichen werden (carbon offsetting)" (Bauriedl 2015, 187). Dies führt oft zu einer indifferenten lokalen Einstellung gegenüber den kaum sichtbaren THG mit ihren von den Menschen selten berücksichtigten langfristigen Wirkungen. Zwischen Ursache (Emissionen) und Wirkung (Erderwärmung und Abkühlung) besteht eine kausale Distanz.

Auch kann unser Durchschnittsverstand Prozesse positiver Selbstverstärkung und Rückkoppelungen wie exponentielle (Wachstums-)Prozesse in ihrer komplexen und schneeballartigen Dynamik systemanalytisch kaum erfassen (Meadows et al. 2007 und Meadows 2008). Zudem greifen elementare, beim Menschen anscheinend anthropologisch tief verwurzelte ethische Prinzipien bei ökologischen Gefährdungen globalen Ausmaßes kaum: Da kein böser Wille und keine unmittelbare Schädigungsabsicht gegenüber der Menschheit zu unterstellen ist, wenn man den Autoschlüssel im Zündschloss umdreht oder in ein Flugzeug steigt, haben moralische Appelle nur schwache Resonanz (Hauser 2006). THG-Emissionen sind aber motivationsindifferent hinsichtlich ihrer Auswirkungen und sie lassen sich nicht auf politische Kompromisse ein. Zukünftig hauptsächlich betroffene Menschen, Pflanzen und Tiere können sich außerdem nicht in den politischen Willensbildungsprozess einbringen, da sie noch gar nicht geboren sind oder nicht in der Lage sind, sich zu Wort zu melden. Nicht nur das Artensterben ist ein Problem, laut einer umfassenden Metastudie stören Menschen – u.a. durch Urbanisierung und Tourismus bedingt – die Bewegungsabläufe, das Paarungsverhalten und die Nahrungssuche von 167 untersuchten Tierarten auf sechs Kontinenten erheblich (Doherty et al. 2021), wogegen diese keinen Einspruch einlegen können.

Doch Ökonomen sehen zumindest wegen der angesprochenen Moleküleigenschaften ihre Stunde gekommen: Durch die Unerheblichkeit des Emissionsortes sollen aus Gründen der Effizienz dort die Emissionen vermieden bzw. kompensiert werden, wo die Vermeidungskosten am geringsten sind: in Unternehmen mit entsprechenden Technologien oder bei Projekten in Entwicklungs- oder Schwellenländern. Es wird sich zeigen, dass diese an sich gute Idee zu einem preisgünstigen Ablasshandel führt.

Die These einer stets globalen Klimawirkung stimmt natürlich nicht so ganz, denn wie steht es z.b. mit der parallelen Emission von Feinstaub, NO_x und SO_2 und der Ozonbelastung im Sommer? Dies sind Schadstoffe, die nicht nur in die Lungen, sondern auch in die öffentliche Debatte im Zuge der Schummelsoftware einiger Automobilkonzerne gerieten und in Deutschland werden die von der WHO empfohlenen Grenzwerte in vielen Ballungsgebieten nach wie vor überschritten. Parry (2017) hat zum Teil erhebliche rein lokale *benefits* für viele Länder in Abhängigkeit von der Bevölkerungsdichte usw. durch Verringerung der Luftverschmutzung und weniger Staus ermittelt.

Flankierend zu den Moleküleigenschaften trat in den 1980er und 1990er Jahren, nicht zuletzt dank des Zusammenbruchs des „realexistierenden Sozialismus", ein auch durch viele Ökonomen unterstützter weit verbreiteter Marktfundamentalismus und das Ideal des Konsumkapitalismus als hegemoniales gesamtgesellschaftliches Orientierungsmuster auf, das das Gegenprogramm zu nicht nur klimapolitischen Begrenzungen darstellt.

Nach rund zwei Jahrzehnten kehre ich nach Ausflügen in die Analyse der Finanzmärkte und die hegemoniale Theorie und Lehre in den Wirtschaftswissenschaften zur seit langem alles entscheidenden ökologischen Überlebensfrage zurück, um mich der „Klimaneutralität", dem Emissionshandel, dem Pariser Abkommen usw. zu widmen. Sind diese Konzepte und Abkommen nur neue Nebelkerzen? Ich habe mich anfänglich gefragt, was der Begriff Klimaneutralität überhaupt bedeutet. Mich wunderte, wie selbstverständlich „Klimaneutralität" auch in den Forderungskatalog bei FFF einging, die ansonsten unmissverständlich die klare Hausnummer von 180 Euro pro CO_2-Emission fordern. Außerdem fragte ich mich verblüfft, wie es Unternehmen wie der Allianz und der Deutschen Bank gelingt, kurzerhand klimaneutral zu werden, und warum auch die EU und neuerdings sogar China sich Klimaneutralität als Ziel setzen und nur der Zeitpunkt strittig zu sein scheint (2030, 2050 oder 2060).

Es wäre katastrophal, wenn es Systempolitikern und Wissenschaftstechnokraten gelänge, die Bevölkerung einmal mehr durch unscharfe Begriffe wie Klimaneutralität und technokratische Konzepte einzufangen. Aktivisten von FFF werden mittlerweile Listenplätze und Diskussionsplattformen bei den Grünen angeboten. Eine von ihnen in Auftrag gegebene Studie (Wuppertal Institut 2020) häuft – gut gemeint und seriös erstellt – einschüchternde Datenberge, Einzeltechnologien und modellbasierte Klimaschutzszenarien an, ohne allerdings vorab zu sagen, wie sie denn die wechselweise verwandten Begriffe Klimaneutralität, Netto-Null oder „(weitgehend) treibhausneutrale Neuinstallationen" definieren. Die Hoffnung auf innovative Schlüsseltechnologien (Wasserstoff, E-Mobilität) scheint neben wenigen Forderungen, die auf Einschränkungen hinauslaufen, wie der eines Tempolimits, keine Grenzen zu kennen.

Der Studie ist natürlich zugutezuhalten, dass sie darauf beharrt, dass die Netto-Null bis 2030 erreicht werden muss. Aber regenerativen Energiequellen wird prinzipiell Klimaneutralität unterstellt: „Treibhausgasneutralität – also die vollständige Umstellung der inländischen Stromerzeugung auf erneuerbare Energien sowie die Bereitstellung ausschließlich treibhausgasneutraler Brennstoffe" (2020, 42). Das Einfangen und Abscheiden von CO_2 wird für möglich gehalten. Grüner Stahl könne klimaneutral sein; sein Preis erhöhe sich dann zwar um 50-60%, aber davon merke der Endkonsument kaum etwas. Scheinbar ohne größere Probleme könne man die internationale Wettbewerbsfähigkeit durch kostenlose Zuteilungen, Kostenübernahmen (sprich Subventionen), Quoten oder Grenzbesteuerung im Rahmen der geltenden Welthandelsordnung erhalten.

Der Anspruch auf Entwicklung eines „konsistenten Szenarios" wurde von vornherein nicht angestrebt. Fast alle Einzelmaßnahmen zum Energie-, Verkehrs-, Industrie- und Gebäudebereich kennt man aus regierungsoffiziellen oder sachverständigen Verlautbarungen. Der Unterschied ist lediglich, dass laut Studie alles deutlich schneller gehen muss. Es ist zu hoffen, dass FFF und die Umweltorganisationen sich nicht durch das Klein-Klein zu einzeltechnologischen Hoffnungsträgern und entpolitisierten technologischen Szenarien zerreiben lassen.

Man gewinnt, wie erwähnt, den Eindruck, dass an vielen Klimabaustellen gewerkelt wird. Merkwürdigerweise werden – nicht nur in Deutschland – gleichzeitig Flughäfen erweitert oder neu gebaut und die Autobahnspuren teilweise sogar verdoppelt. Und der Dienstwagencheck durch die *Deutsche Umwelthilfe* zeigt, dass die deutsche Umweltministerin sich mit einem Wagen von 242 g/km CO_2-Emissionen durch die Gegend fahren lässt und hiermit dem Durchschnittsverbrauch der Bundesministerkollegen entspricht.[5] Die EU-Kommission verspricht einen *Green Deal* und plant ein „Freihandelsabkommen" mit den Zerstörern des südamerikanischen Regenwaldes, der wegen Abholzungen, Bränden und Dürren bereits heute mehr Treibhausgase abgibt, als er aufnimmt (Covey et al. 2021).

Vor der europäischen Haustür sieht es allerdings nicht besser aus. Der Holzeinschlag in EU-Ländern lag zwischen 2016-2018 um fast 50% höher als im Zeitraum 2011-2015. Das ergaben Satellitenaufnahmen der Forschungsstelle der EU, dem *Joint Research Centre* in Ispra.[6] Dieser Einschlag erfolgt zum Teil aus ökologischen Motiven, denn unter nachhaltiger Entwicklung versteht man in der EU auch, Kohle durch Holz zu ersetzen, was die Abholzungsrate antreibt. In Rumänien tauchen die Braunbären aufgrund massiver Abholzungen zunehmend in Wohngebieten auf. Zum Ausgleich wiederaufgeforstete Bäumchen fallen nicht nur in Deutschland häufig der Dürre zum Opfer.

Die folgenden Ausführungen werden sich in verständlicher Weise auf das Wesentliche konzentrieren, haben dabei aber den Anspruch, auch unter Rückgriff auf empirische Untersuchungen und Modellszenarien wissenschaftlich fundiert zu sein. Im Unterschied zu privaten und öffentlichen Forschungsinstituten habe ich den großen Vorteil, völlig interessenkonfliktfrei zu sein. Kreiß (2015) untersucht die grundsätzliche Problematik „gekaufter Forschung". Die im Text erwähnten Einrichtungen sind oft strukturell abhängig, da sie auf Gelder angewiesen sind, bei denen es um Forschungsprojekte zur Klimaneutralität, zum Emissionshandel usw. geht. Hielte man die Strategie freiwilligen Zertifikaterwerbs für kontraproduktiv, hätte sich die (Folge-)Bewerbung um Aufträge zur Umsetzung solcher Programme erledigt.

Würde man, was grün motivierte Unternehmen betrifft, beispielsweise der Meinung sein, dass Kompensationszahlungen für Flugreisen wirkungslos sind oder zu noch mehr Flügen führen, könnte man keine Kompensationsprojekte anbieten und damit Geld verdienen. Fachfrauen und -männer bei den dank steigender Unterstützung durch Steuergelder expandierenden Stiftungen der politischen Parteien können auch nur bedingt und nicht auf Dauer unmissverständlich auf Konfrontationskurs zur Politik der eigenen Partei gehen.

---

[5] https://www.duh.de/dienstwagencheck/.

[6] https://ec.europa.eu/jrc/en; siehe auch https://www.scinexx.de/news/biowissen/europa-boom-bei-der-waldrodung/.

Allerdings bieten New Climate, das Öko-Institut Freiburg, Climate Analytics, Agora Energiewende, das Wuppertal Institut für Klima, Umwelt, Energie, das Fraunhofer-Institut, das Potsdam Institut für Klimafolgenforschung u.a. sehr wertvolle Analysen, ohne die dieses Buch überhaupt nicht hätte geschrieben werden können. „Systemimmanente" Analysen sind unverzichtbar zur Kenntnis der Zusammenhänge. Die Institute bieten neben empirisch interessanten Ergebnissen auch erfrischend kritische Studien. Problematisch ist, um dies noch einmal hervorzuheben, dass mittlerweile fast alle Forschungsinstitutionen in diesem Bereich durch Politikberatung einen wesentlichen Teil ihres Budgets abdecken und daher verständlicherweise häufig mit angezogener Bremse an die Fragen herangehen (müssen). Kritik kann unter diesen Finanzierungsbedingungen nur wohldosiert und -verpackt geäußert werden.

Als Qualitätsmerkmal gilt bei universitären Einrichtungen zunehmend die Drittmitteleinwerbung, die auch zu einer eher konservativen Ausrichtung bei Umweltfragen beiträgt. Der Umweltwissenschaftler Kevin Anderson schreibt den Kollegen ins Stammbuch: „Es ist nicht unsere Aufgabe, mit unserer Analyse politisch brauchbar zu sein oder unseren Geldgebern Gunst zu schenken. Ob unsere Schlussfolgerungen gefallen oder nicht, spielt keine Rolle. Wenn wir jedoch einen Deus ex machina hervorrufen (z.B. negative Emissionen …), um sicherzustellen, dass unsere Analysen der heutigen politischen und wirtschaftlichen Hegemonie entsprechen, bescheren wir der Gesellschaft einen schwerwiegenden Nachteil, dessen Auswirkungen irreversibel sein werden" (Anderson 2015, 2, Ü; das Ü steht auch im Folgenden für Übersetzungen).

Und warum nehmen viele, auch universitäre, Wissenschaftler so gerne an Tagungen teil, obwohl gerade sie haargenau wissen, wie umweltschädigend dieser Reisezirkus ist? „Die Teilnahme an internationalen Konferenzen, Workshops und Tagungen soll dem Status eines Akademikers zugutekommen. Dies stimuliert einen sich selbst fortsetzenden Reisezyklus, da sich Nachwuchsforscher gezwungen fühlen und ermutigt werden, an solchen Veranstaltungen teilzunehmen", so Marc Hudson (2012, 307, Ü). Als einer der Wenigen verweigert er sich dem CO_2-intensiven Tagungsgeschehen.

Die Ausgangsthese dieser Studie lautet, dass wir die Auslöschung der menschlichen Zivilisation und die Zerstörung der Biosphäre, wie wir sie kennen, nur verhindern können, wenn wir den Ressourcenverbrauch drastisch einschränken. Angesichts der weiterhin steigenden Weltbevölkerung stehen uns bei Gleichverteilung auf Dauer nur 1-1,5 Tonnen CO_2 pro

Kopf und Jahr zu. Dies ist nach meiner festen Überzeugung trotz umweltpolitischer Maßnahmen in unserem heutigen, auf Wachstum beruhenden
Weltwirtschaftssystem leider unmöglich. Können dann „Klimaneutralität" und Emissionshandel und weitere Maßnahmen auf mehr hinauslaufen als auf einen modernen Ablasshandel? Sind es Mogelpackungen,
die uns davon abhalten, so bald wie möglich eine Suffizienzgesellschaft
anzusteuern? Um diese Frage geht es in diesem Buch.

Der zitierte Marc Hudson bringt diese Vermutung offen zur Sprache:
„Es ist jetzt schwierig, wenn nicht unmöglich, sich etwas anderes als eine
geplante wirtschaftliche Rezession innerhalb der Industrieländer vorzustellen ..., die mit einer Zukunft mit 2, 3 und zunehmend 4 Grad Celsius
kompatibel ist, insbesondere, wenn ein gewisser Emissionsraum für die
Entwicklung von Nicht-Anhang-1-Ländern [die Schwellenländer laut
Kyoto-Protokoll] zur Verfügung stehen soll ... Ohne Frage werden viele
sagen, dass solche Reduktionen unmöglich sind – aber ist das Leben mit
4 Grad Celsius oder 5 Grad Celsius in diesem Jahrhundert weniger unmöglich?" (2012, 307, Ü).

Paradox formuliert lautet die vorherrschende Strategie: Die Natur wird
verkaufbar gemacht, um sie zu retten, womit nicht zufällig dem vorherrschenden Narrativ in Wirtschaft und Gesellschaft entsprochen wird. Eine
verzweigte grüne Beratungsindustrie nimmt sich ihrer an.[7]

Von einigen Kritikern wird demgegenüber beispielsweise die Abschaffung des gerade von Ökonomen vielgerühmten freiwilligen Emissionshandels gefordert, denn „[v]on den 2,6 Mrd. Zertifikaten, die unter
dem Kyoto-Protokoll ausgegeben wurden, haben fast drei Viertel eine
ungenügende Umweltintegrität, d.h. sie erzielen nur eine geringe oder gar
keine Emissionsminderung. Nur geschätzte 2% der [noch näher zu erklärenden freiwilligen] Projekte weisen eine gute Umweltintegrität auf. Der
Einsatz ausländischer Zertifikate hat daher nicht nur Klimaziele untergraben und zu höheren globalen Emissionen geführt, sondern auch wirtschaftlichen Schaden angerichtet, da Geld ausgegeben wurde, ohne dass
Emissionen tatsächlich gesenkt wurden" (Kollmuss 2017, 1; so auch Kill
2013). Was folgt aus einer solchen Einschätzung? „Zieht man alle bekannten Risiken der Auslandkompensation in Betracht, wird klar, dass es
sinnvoller ist, den Kauf von Emissionsminderungen im Ausland zu

---

[7] Siehe die Institutionen- und Diskursanalyse bei Carver (2015); zur treibenden Rolle
auch der UN in diesem Prozess siehe Böll-Stiftung (o. J.).

minimieren und sich [sofern überhaupt] auf Inlandreduktionen zu konzentrieren" (Kollmuss 2017, 1, hier ohne Fettschrift).

Unter Einbezug auch des verpflichtenden Emissionshandels fragt es sich, ob eine Reduzierung der THG nicht überhaupt nur gelingen kann, wenn man dafür sorgt, dass ein Großteil der Öl-, Gas- und Kohlereserven dauerhaft im Boden bleibt, und alle Anstrengungen auf dieses Ziel konzentriert. Ich halte es bei aller, teils grundsätzlichen Kritik der bisherigen Maßnahmen nicht für richtig, der offiziellen Politik einfach den Rücken zu kehren („bringt sowieso nichts") und sich beispielsweise auf regionale Alternativprojekte (Ökodörfer) zurückzuziehen. Als Bürger sollte man im Groben wissen, welche Minderungsmaßnahmen national, europäisch und international auf dem Programm stehen, um sie ausreichend kompetent beurteilen und kritisieren zu können.

Im Unterschied zu den vorherrschenden Studien zum Thema stelle ich hier die problematischen Aspekte der vorherrschenden Maßnahmen und Instrumente in den Vordergrund, da sie tatsächlich deutlich überwiegen. Auch gewinnt man wohl einen falschen Eindruck, wenn man nur auf den weltweiten Ausbau grüner Energie schaut und nicht die gleichzeitige Beibehaltung oder sogar Erhöhung der Förderung und des Verbrauchs fossiler Energien mit im Auge behält. In Kalifornien gibt es gute Ansätze für regenerative Energien, gleichzeitig wird aber auch Fracking unterstützt.

Hinzu kommt, dass es eine ansehnliche „Umweltindustrie" gibt, die naturgemäß „positiv" denkt und kommerziell umsetzbare Vorschläge unterbreitet. Mit Exnovationen, d.h. Vorschlägen, wie man ohne Wohlfahrtsverluste Wachstums- und Produktionseinschränkungen durchführen könnte, lässt sich schlicht und einfach kein Geld verdienen. Sie sind dementsprechend unterrepräsentiert.

Das folgende Kapitel ist eine *tour d'horizon*, die sich dem Zustand unseres Planeten und den bereits angesprochenen schizophren-widersprüchlichen politischen Signalen und Maßnahmen nähert. Zu einer Anthropologie des menschlichen Wahnsinns als anthropologische Konstante ist Morin (1973) unübertroffen. Bevor es dann nach einem persönlichen Erfahrungsbericht zu einem fast geschenkten Gutschriftenkauf zur Sache geht. Man kann das folgende Kapitel auch überspringen. Die weiteren Kapitel sind so abgefasst, dass man sie auch ohne Lektüre vorstehender oder nachfolgender Teile lesen kann.

2. Kleine ökologische Gegenwartsbestimmung

Zusammenfassung: Ökologische Überbeanspruchungen hatten einen großen Anteil am Untergang aller bisherigen Hochkulturen. Corona wirkte, obwohl Ausdruck menschlicher Übergriffigkeit, nicht als Weckruf zur menschlichen Selbstbegrenzung. Nicht nur in Deutschland will man die Krise durch Wachstum überwinden. Die massiven Fiskalhilfen und Eingriffe der Politik in den Alltag widerlegen die Behauptung, der Politik seien die Hände gebunden. Die Konzentration wesentlicher THG-Emissionen ist katastrophal und führt neben zoonotischen Epidemien zu Luftverschmutzung, Verlust an Biodiversität und mittlerweile zu Kipppunkten, die zu unkontrollierbaren Verstärkereffekten führen können. In Deutschland sanken ab 1990 zwar die THG-Emissionen um 36%, beim gegenwärtigen Verbrauchsniveau ist das dem Land zur Verfügung stehende Ressourcenbudget aber fast aufgebraucht.

* * *

Praktisch jeden Tag liest man mittlerweile von erschreckenden Katastrophenmeldungen. So wird sich 2025 vermutlich so viel CO_2 in der Atmosphäre befinden wie seit rund 3,3, Mio. Jahren (im damaligen Pliozän) nicht mehr. Das mittlerweile größte Problem der Menschheit ist ein an sich erstaunlich triviales: THG wie H_2O (Wasserdampf), Ozon, Methan und hauptsächlich CO_2 als Nebenprodukte fossiler Brennstoffe wie Öl, Gas und Kohle, die vor Jahrmillionen durch natürliche Zerfallsprozesse zufällig entstanden, absorbieren von der Erde abgegebene Infrarotstrahlung und emittieren sie als Wärmestrahlung. Wer hätte vor 100 Jahren daran gedacht, dass sich dieser unspektakuläre natürliche Prozess zu einer tragischen, existenziellen Bedrohung von Mensch und Umwelt entwickeln könnte?

Seit mehr als fünf Jahrzehnten vernimmt man Ankündigungen und wohlklingende, oft leider unbestimmte Zielsetzungen. Ein Blick auf die Kurve der CO_2-Emissionen genügt, um zu sehen, dass sich die zunehmende Gesprächigkeit und die Aktionsbekundungen zum Klimaschutz global gesehen bisher als Schall und Rauch erweisen. Die Umweltzerstörung schreitet davon unbehelligt voran, die Konzentration von CO_2 ist auf mittlerweile 415 ppm (*parts per million*) angestiegen und pro Jahr werden weltweit über 40 Gigatonnen v.a. durch Industrie, Landwirtschaft und den Energiesektor ausgestoßen (1 Gt = 1.000.000.000 Tonnen). In nordeuropäischen Breitengraden haben sich die Frühlings- und Sommerjahreszeiten, wenn man die Jahre 1961-1990 mit denen von 1991-2018 vergleicht, bereits um zwei Wochen nach vorne verschoben. Es besteht ein unverkennbarer Zusammenhang zwischen weltweitem CO_2-Ausstoß und dem Wirtschaftswachstum.

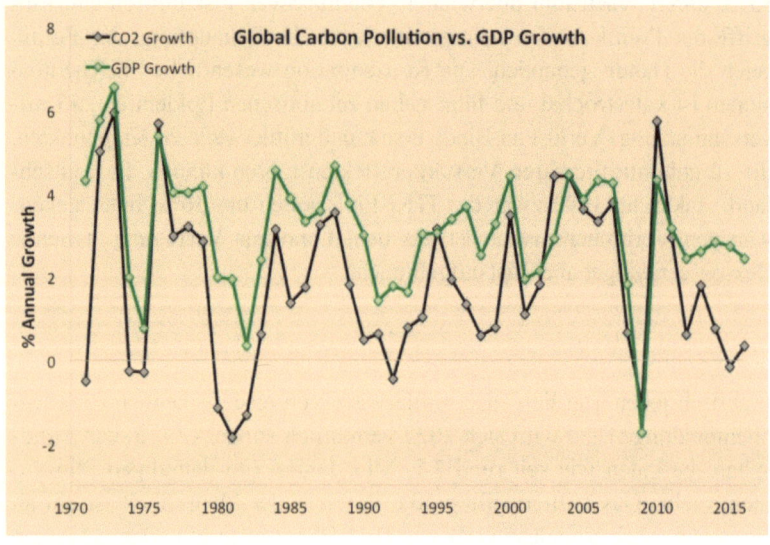

Hache 2019, 23.

CO_2 ist aber nicht der einzige Übeltäter. Es sind insgesamt v.a. sieben THG, die unterschiedlich stark zur Erderwärmung (gemessen in CO_2-Äquivalenten = CO_2eq) beitragen:

Treibhausgas (THG)	Erwärmungspotential in CO_2eq (GWP, 100 Jahre, Quelle: SAR/AR4[5])
Kohlendioxid (CO_2)	1
Methan (CH_4)	21 / 25
Lachgas(N_2O)	310 / 298
Fluor-Kohlenstoffverbindungen (PFCs) CXFX	6.500-11.200 / 7.390-12.200
Fluorkohlenwasserstoffe (HFCs)	100-12.000 / 124-14.800
Schwefelhexafluorid (SF_6)	23.900
Stickstofftriflourid (NF_3)	- / 17.200

DEHST 2015, 9.

Im Zusammenhang mit diesen THG muss auf einige ihrer Eigenheiten eingegangen werden, ohne die das Konzept des der Menschheit zur Verfügung stehenden Restbudgets, das in mehreren Kapiteln zur Sprache kommen wird, nicht verstanden werden kann. Dieses Konzept bestimmt auch die politischen Agenden der Minderungsmaßnahmen.

„Von dem Kohlendioxid, das wir ausstoßen, verbleibt ein erheblicher Teil über Tausende von Jahren in der Atmosphäre. In Kombination mit der langsamen Reaktion des Klimasystems führt dies dazu, dass der globale Temperaturanstieg infolge von CO_2 nahezu proportional zur gesamten emittierten CO_2-Menge seit der vorindustriellen Zeit ist …

Diese Lebensdauer reicht von Wochen für Aerosole bis zu Tausenden von Jahren für Hexafluorethan (C_2F_6). CO_2 hingegen hat keine einzige Lebensdauer. Etwa die Hälfte der jährlichen CO_2-Emissionen verbleibt derzeit in der Atmosphäre (die sogenannte luftgetragene Fraktion); der Rest wird vom Ozean und der Landbiosphäre aufgenommen. Die Reaktion der atmosphärischen Konzentration auf eine Emission ist durch mehrere Reservoirs und Prozesse gekennzeichnet, die Kohlenstoff auf verschiedenen Zeitskalen entfernen: Jahrzehnte für die Biosphäre und den Oberflächenozean, Jahrhunderte für den tiefen Ozean und noch länger für Sedimente, die von schalenbildenden (kalkbildenden) Organismen gebildet werden. Je nach Größe des Emissionspulses bleiben etwa 15-40% des Kohlenstoffs länger als 1000 Jahre in der Atmosphäre …

Fakt 1 ist, dass CO_2 den größten Beitrag zur Oberflächenerwärmung sowohl in der Vergangenheit als auch in der Zukunft leistet und ein großer Teil des emittierten CO_2 bleibt in der Atmosphäre für Jahrhunderte und länger … Der Ozean wirkt heute wie eine riesige Wärmesenke. Er hat etwa 90% der Energiezunahme der Erde seit 1950 absorbiert. Die Atmosphäre und das Land passen sich innerhalb von Stunden bis Jahren an eine Änderung des Strahlungsantriebs an, aber der Ozean braucht Jahrhunderte, um zu reagieren. Infolgedessen würde die globale

Oberflächenerwärmung über Jahrhunderte weiter zunehmen, wenn wir die atmosphärischen Konzentrationen konstant halten würden" (Knutti/ Rogelj 2015, 361-362, Ü).

Hieraus folgt eine Reihe einfacher, aber weitreichender Konsequenzen, die wichtige Fragen für die Eindämmung des Klimawandels, die Politik und die Ethik aufwerfen.

„Selbst wenn man sofort die anthropogenen CO_2-Emissionen stoppte, würde der größte Teil des realisierten Klimawandels über Jahrhunderte andauern und somit auf menschlichen Zeitskalen unumkehrbar sein, doch das übliche ökonomische Denken ignoriert diese langfristigen intergenerationellen Effekte weitgehend. Länder und Generationen erster Ordnung tragen sowohl zum vergangenen als auch zum zukünftigen Klimawandel im Verhältnis zu ihren Gesamtemissionen bei. Ein globales Temperaturziel impliziert ein CO_2-Budget oder eine CO_2-Quote, eine endliche Menge an CO_2, die die Gesellschaft emittieren darf, um unter dem Zielwert zu bleiben. Die Aufteilung dieses Budgets über die Zeit und zwischen den Ländern, ist eine ethische Herausforderung, die unsere Welt bisher noch nicht bewältigt hat" (ebenda, 361, Ü).

Mittlerweile könnte allein der THG-Ausstoß der weltweiten Lebensmittelproduktion bereits das 1,5-Grad-Ziel sprengen, wie Clark et al. (2020) zeigen. Die Erzeugung von Nahrungsmitteln erfordert die Rodung von Waldflächen, das Trockenlegen von Moorböden und das Umpflügen kohlenstoffreicher Wiesenböden. Der Einsatz von Dünger, Methan ausstoßende Schafe, Ziegen und Kühe, die bei der Lebensmittelproduktion eingesetzten fossilen Brennstoffe, die anhaltende Lebensmittelverschwendung und das Bevölkerungswachstum tragen das Ihre dazu bei.

Menschliche Gesellschaften tendierten bisher immer dazu, die ökologische Tragfähigkeit ihres Habitats zu überschreiten. Zumindest verschwanden bisher alle früheren, „höher" entwickelten Zivilisationen, wobei ökologische Übernutzungen wesentlich zu ihrem Untergang beigetragen haben dürften (wenngleich wohl etwas zu zugespitzt siehe Diamond 2011).

Die sich über die Erde ausbreitende Menschheit rettete sich längerfristig mit Hilfe dreier bahnbrechender „Technologien": dauerhaftes Feuer, die Einführung der Landwirtschaft und die fossile Energiegewinnung, die mittlerweile das große Problem des Klimawandels hervorruft und ein zentraler Kern des gegenwärtigen Wirtschaftssystems ist (Malm 2016 und 2020). Daher kann auch eine Mentalitätsgeschichte des Erdölzeitalters erzählt werden (Steininger/Klose 2020).

Heute steht die gesamte menschliche Zivilisation zur Disposition (Scranton 2018 und 2015), von der bei einem Untergang wohl hauptsächlich der (Atom-)Müll noch lange zeugen würde. Die erstaunliche Geschichte des Kohlenstoffs und seiner Auswirkungen mit Daten, einem säkularen historischen Rückblick der menschlichen Kohlenstoffgeschichte, ungeschminkten Eindrücken von den Vorgängen auf den Klimakonferenzen (‚Klimapalaver‘, ‚Klimamandarine‘) wird auch aus der Insiderperspektive und mit wissensbasiertem Engagement von Hans Joachim Schellnhuber (2015) erzählt (siehe auch Latif 2020).

Es war im Pliozän viel wärmer als heute, etwa 2-4 Grad. In der Antarktis wuchsen Bäume, Gazellen hüpften anmutig durch Europa. Ist demnach der Klimawandel gar nicht bedrohlich, da schon immer das Klima schwankte? Der Meeresspiegel war damals zwischen 15 und 25 Meter höher, was nicht nur den rund 10% der in Küstenregionen wohnenden Menschen Sorgen bereiten müsste, die weniger als 10 Meter über dem Meeresspiegel leben. Diesmal dürfte es nicht zehn- bis hunderttausend Jahre dauern, bis klimatische Veränderungen erfolgen. Es ist absehbar, dass ein vollständiges Abtauen des grönländischen Eisschilds wohl selbst dann nicht mehr aufzuhalten ist, wenn die Erderwärmung sofort gestoppt würde. In nördlichen Polarregionen wurden im Juni 2020 bis zu 38 Grad Celsius gemessen.

Das Leben auf der Erde verändert sich unübersehbar in Windeseile. Laut dem jüngsten *Living Planet Report* des WWF ist der Wirbeltierbestand seit 1970 um 68% zurückgegangen. Für Säugetiere, Vögel, Fische, Amphibien und Reptilien sind lebensbedrohliche Zeiten angebrochen.[8] Generell gerät der blaue Planet an immer mehr Stellen aus dem Gleichgewicht. Kipppunkte sind in Sicht und es werden Prozesse in Gang gesetzt, die womöglich nicht mehr aufzuhalten sind, sich gegenseitig verstärken und verselbständigen. Es ließe sich eine ellenlange Liste von gegenwärtigen Tendenzen der Nicht-Nachhaltigkeit anfertigen.

All das ist bekannt, zur detaillierten wissenschaftlichen Erfassung aller Bereiche in Deutschland siehe z.B. Brasseur et al. (2017). War Corona der Weckruf, den die Menschheit brauchte? Zeigen die neueren Hiobsbotschaften wie die, dass von Zuchtnerzen in Dänemark eine Ansteckung der Arbeiter durch einen mutierten Sars-CoV-2-Virus erfolgte, Wirkung? In den rund 1100 Nerzfarmen wurde der Covid-19-Virus von Menschen auf die Tiere übertragen, deren Mutationen dann wieder die Menschen

---

[8] Zu den Details siehe https://livingplanet.panda.org/.

infizierten. Millionen bis dahin eng eingepferchte Nerze wurden daraufhin Anfang November 2020 getötet, die Region für vier Wochen abgerie-
gelt. Ein Verbot der dänischen Nerzindustrie erfolgte nicht.

Die Weltgesundheitsorganisation WHO hatte schon seit längerem darauf hingewiesen, dass zwischen 2030 und 2050 durch den Klimawandel
konservativ geschätzt 250.000 zusätzliche Tote pro Jahr zu erwarten seien
und ihm daher auch aus gesundheitspolitischer Sicht starke Beachtung zu
schenken sei (WHO 2017). Die europäische Umweltagentur EEA gibt
sogar an, dass allein durch Luftverschmutzung in Europa jährlich rund
450.000 Einwohner vorzeitig sterben.[9] Diese erstaunlich hohe Zahl hätte
eigentlich nahegelegt, der Luftverschmutzung gleiche Beachtung zu schenken wie Corona.

Der als eine Art Schwesterorganisation zum IPCC gegründete Welt-
biodiversitätsrat erwartet ein Zeitalter der Pandemien v.a. durch die ständige Ausweitung der intensiven Forst- und Landwirtschaft und die zunehmend in die Natur eingreifenden Produktions- und Handelssysteme
(https://ipbes.net/). Und anstelle eines neuen ökoplanetarischen Bewusst-
seins – das eine logische Reaktion gewesen wäre auf die zoonotischen
Infektionen, die das Ergebnis menschlicher Übergriffigkeit, Massentierhaltung, Artenschwund und Klimaerwärmung sind –, hat die Internationale der ökonomischen Materialisten trotz gewisser grüner Willensbekun-
dungen offenbar letztlich weiterhin die Oberhand. Die Politik mit ihren
gigantischen Stützungsaktionen und Wiederaufbaufonds, die Zentralbanken mit noch unkonventionelleren Maßnahmen und fast alle anderen
relevanten Akteure waren sich in der wirtschaftsexpansiven Zielsetzung
bei der Bekämpfung von Corona einig und man konnte plötzlich angesichts einer unmittelbaren Gefährdung zumindest auf nationalstaatlicher
Ebene aus dem Stand in erstaunlichem Maß an einem Strang ziehen.

Und wie sieht die Klimalage in Deutschland aus? Um das Ziel von
1,5 Grad Erwärmung mit viel zu großzügiger, nur 50%iger Wahrscheinlichkeit zu erreichen, dürfen ab 2018 weltweit nur noch maximal 580 Gt
CO_2 emittiert werden. Bei weltweiter Gleichverteilung der Verbräuche
pro Kopf bliebe ein Restbudget von 4,2 Gt für Deutschland. Sollte das
hiesige THG-Niveau von 2019 beibehalten werden, wäre dieses Budget
bereits 2026 aufgebraucht! Laut dem *Sachverständigenrat für Umweltfragen* gelänge dies nur, wenn Deutschland nicht erst 2050, sondern bereits 2035 das Ziel der CO_2-Neutralität erreichte (SRU 2020). Hierzu wäre

---

[9] Siehe genauer https://www.eea.europa.eu/publications/air-quality-in-europe-2019.

es erforderlich, dass pro Jahr 60-70 Millionen Tonnen mehr reduziert würden, tatsächlich waren es in den letzten 10 Jahren jeweils bloß 8 Tonnen. Bei 67%iger Wahrscheinlichkeit ist das Restbudget noch viel niedriger und das Kapitel zu den IPCC-Berichten wird zeigen, dass selbst diese Zahlen noch großzügig bemessen sind.

Ein Schaubild veranschaulicht das ambitiöse Vorhaben:

		Erderwärmung von 1,75 °C	Erderwärmung von 1,5 °C
Verbleibendes globales CO_2-Budget in Gt CO_2 ab 01.01.2018	67 Prozent Wahrscheinlichkeit, die Grenze einzuhalten	800	420
	50 Prozent Wahrscheinlichkeit, die Grenze einzuhalten	1040	580
Verbleibendes deutsches CO_2-Budget in Gt CO_2 ab 01.01.2020	67 Prozent Wahrscheinlichkeit, die Grenze einzuhalten	6,7	2,5*
	50 Prozent Wahrscheinlichkeit, die Grenze einzuhalten	9,3*	4,2

*eigene Abschätzung

Wuppertal Institut 2020, 12.

Die bisher erzielten THG-Minderungen in Deutschland beliefen sich immerhin auf 36% von 1990-2019. Die erste Übersicht auf der folgenden Seite zeigt die auf Sektoren bezogene Aufteilung.[10]

Aus dem Diagramm geht hervor, dass der Energiewirtschaft der Löwenanteil dieser Minderungen zuzurechnen ist. Im Industriebereich hat sich seit dem Jahr 2000 nicht viel getan, wie die zweite Übersicht auf der folgenden Seite verdeutlicht.

---

[10] Siehe zu den Schaubildern https://www.umweltbundesamt.de/galerie/entwicklung-der-treibhausgasemissionen-in-2019. Die kurz vor Abschluss des Manuskripts aktuellsten Daten, Tabellen und Grafiken finden sich unter https://www.umweltbundesamt.de/galerie/treibhausgasemissionen-in-deutschland-2020.

Entwicklung der Treibhausgasemissionen in Deutschland

in der Abgrenzung der Sektoren des Klimaschutzgesetzes (KSG)

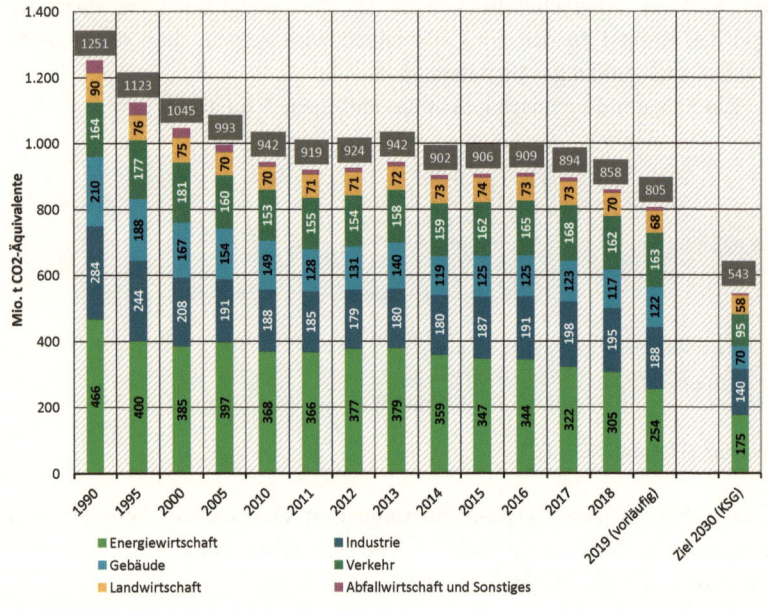

* Die Aufteilung der Emissionen weicht von der UN-Bericht-
erstattung ab, die Gesamtemissionen sind identisch.

Umweltbundesamt 09.03.2020

Entwicklung der Treibhausgasemissionen in Deutschland – Sektor Industrie

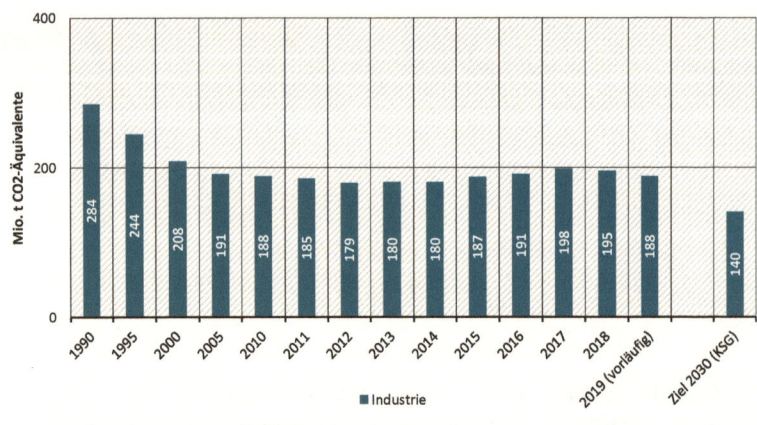

* Die Aufteilung der Emissionen weicht von der UN-Bericht-
erstattung ab, die Gesamtemissionen sind identisch.

Umweltbundesamt 09.03.2020

Noch bescheidener sieht es im Verkehrsbereich aus:

Entwicklung der Treibhausgasemissionen in Deutschland – Sektor Verkehr

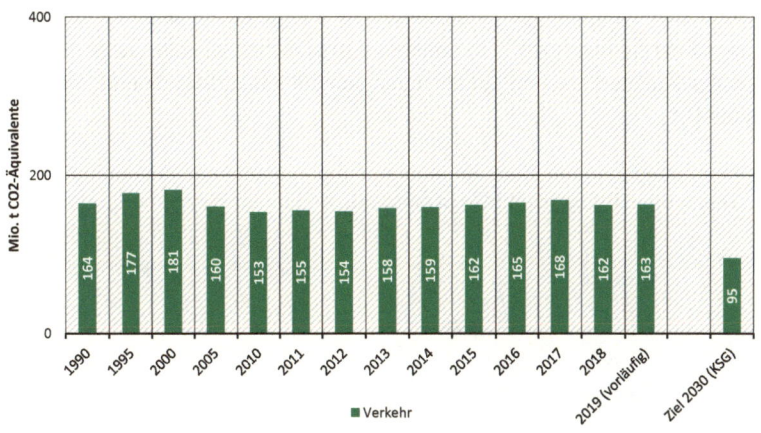

* Die Aufteilung der Emissionen weicht von der UN-Bericht-   Umweltbundesamt 09.03.2020
erstattung ab, die Gesamtemissionen sind identisch.

Der Fortschritt der erneuerbaren Energien findet derzeit fast ausschließlich im Stromsektor statt, im Wärmebereich gibt es eine Stagnation auf niedrigem Niveau seit 10 Jahren, wobei der Wärmeverbrauch immerhin 40% des Endenergieverbrauchs ausmacht. Wie kommt es dann zu den Jubelmeldungen über den hohen Anteil der erneuerbaren Energien? Man muss ihren Anteil am Brutto-*Endenergieverbrauch* (2020: 19,6%) vom Anteil am Brutto-*Stromverbrauch* unterscheiden (2020: 45,4%). Der hohe Anteil der Erneuerbaren bezieht sich nur auf den Stromverbrauch, der 53% des Gesamtverbrauchs ausmacht. Dieser Verbrauch erfasst nicht das Öl, das Gas und die Kohle, die im Verkehr, in der Industrie und in Gebäuden verbrannt werden. Beim Verkehrssektor lag der Anteil der Erneuerbaren 2020 bei 7,3%. Von den 19,6% der Erneuerbaren am Brutto-Endenergieverbrauch entfielen 25% auf Windenergie und 11% auf Photovoltaik. Der Rest (44%) wurde durch Biomasse und Biokraftstoffe abgedeckt.[11] Diese werden nicht uneingeschränkt begrüßt, da der Anbau von Energiepflanzen zur Flächenkonkurrenz mit dem Nahrungsmittelanbau führen kann. Hinzu kommt: Der Anbau von Raps und Mais verändert das Landschafts-

[11] https://www.umweltbundesamt.de/sites/default/files/medien/5750/publikationen/2021_hgp_erneuerbareenergien_deutsch_bf.pdf.

bild und die Biodiversität wird bedroht. Bei der Verbrennung von Biomasse entstehen CO_2-Emissionen. Auch die Umwandlung von Regenwald oder Grünland in Ackerland führt zur Gefährdung der Biodiversität. Der Anteil der Treibhausgas-Emissionen im Vergleich zu anderen erneuerbaren Energien ist hoch.[12] In anderen europäischen Ländern liegt der Anteil der Erneuerbaren erheblich unter den 19% hierzulande und weltweit unter 10%.

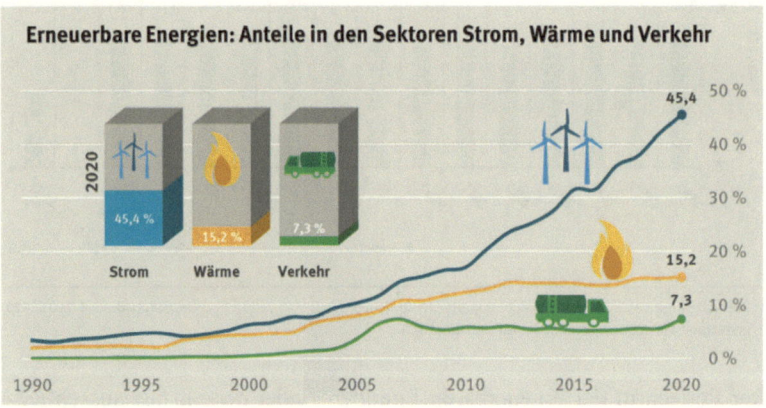

https://www.umweltbundesamt.de/themen/klima-energie/erneuerbare-energien/erneuerbare-energien-in-zahlen#uberblick, abgerufen am 1.4.2021.

Ein Blick vor die eigene Haustür zeigt, dass Deutschland z.B. beim Verpackungsmüll gerade von einem Rekord zum nächsten (mit 227 kg im Jahr 2018 pro Bundesbürger) dank Versandhandel, dem Trend zu kleineren Packungsgrößen und im Gefolge von Corona (Schutzkleidung, Essensverpackungen in Restaurants, Versandhandel). Hierzulande werden jede Stunde 400.000 Einwegboxen weggeworfen, im Shutdown des Frühjahrs 2020 kamen noch geschätzte 80.000 Menüschalen hinzu. Durch Corona ausgelöste BIP-Schrumpfungen wurden nicht nur für Deutschland durch die Zunahme des Plastikmülls sofort „neutralisiert" und „kompensiert", der ökologische Gesamtrucksack verharrt auf gleich hohem Niveau. Der niedrige Ölpreis führte außerdem zum verstärkten Einsatz von neuem zulasten von Recycling-Plastik.

Optimisten bemerken, dass Plastik häufiger durch schwere Verbundmaterialien aus Pappe ersetzt wird – aber meist mit einer Umhüllung aus

[12] https://energiemarie.de/energietipps/umwelt/bioenergie.

dünner Plastikfolie, was die positiven Umwelteffekte wieder zunichtemacht. Man fand in der mit Millionen Plastikabfällen belasteten Tiefsee bestens erhaltene Coca-Cola-Sondereditionsdosen zum Davis-Cup 1988 und Quarkpackungen eines deutschen Herstellers, die wie neu in einer Plastiktüte tief unten am Meeresboden herumtrieben.

Gut 200 Mio. alte und meist sowieso reparaturfeindliche Smartphones liegen in Deutschland ungenutzt in Schubladen. Die Auto- und Flugzeugbranche soll in Deutschland wieder so schnell und so weit wie möglich zu alter Stärke auflaufen und erhält Milliarden an Subventionen. Der Ausbau des Frankfurter Flughafens und die Autobahnausbauprojekte dank Fernstraßenausbaugesetz werden weiterverfolgt. Es wurde hierzulande extra eine *Autobahn GmbH* gegründet, um schneller ausbauen zu können, und nicht zuletzt sind noch 680 Mio. Euro für die Autobahnen in den Corona-Nachtragshaushalt eingestellt und zwei direkt auf den Autobahnbau zugeschnittene Studiengänge an zwei Universitäten eingerichtet worden. Im Jahr 2019 waren auf deutschen Straßen 620.193 Autos mehr unterwegs als im Vorjahr. Pro Jahr sterben in Europa fast 200 Mio. Vögel und 30 Mio. Säugetiere durch Kollisionen mit Autos (SZ, 7.7.2020, 13). Aber die Räder sollen sich weiterdrehen.

Generell soll ein forciertes Wachstum das durch Corona verlorene wieder aufholen. In den Worten des Chefs des Ifo-Instituts, Clemens Fuest: „Der Königsweg bestünde darin, aus den Schulden herauszuwachsen. Wenn das nicht klappt, wird es schwierig" (*Der Spiegel*, 11.7.2020, 78). Mehrere große Corona-Hilfspakete wurden geschnürt – und der Fonds für klimafreundlichen Strukturwandel im ersten Anlauf schnell von 40 auf 17,5 Mrd. Euro zusammengestrichen. Andererseits gab es neben den bereits bestehenden steuerlichen Förderungen für Dienstwagen recht großzügige Förderung auch für Plug-in-Hybride, die zum Teil und vor allem im Sport-Fahrmodus laut Berechnungen der *Deutschen Umwelthilfe* das bis zu Siebenfache des von den Herstellern angegebenen Wertes überschreiten.

Erst ab 2025 ist eine Mindestreichweite von 80-100 km vorgeschrieben. Die meisten der dank des Autogipfels Ende November 2020 weiterhin subventionierten Hybrid-Fahrzeuge schaffen nicht einmal 80 km und die Bordcomputer verraten dem TÜV, dass vor allem bei Dienstfahrzeugen das Einschalten des E-Modus die Ausnahme darstellt. Das benötigte Lithium für die Batterien kann nur an wenigen Orten gewonnen werden, z.B. im Hochland der Anden, wo bei seiner Gewinnung unvermeidlich verheerende Umweltschäden angerichtet werden. Das einzig Vernünftige aus ökologischer Sicht wäre es, ihre Produktion generell zu unterlassen bzw. zumindest nicht als schonende Alternative für jedermann auszugeben: E-Mobilität fördert in ihrer gegenwärtigen Form die globale Umweltzerstörung (Hoberg 2021). Zu erinnern ist in diesem Zusammenhang an die Kinder in den Kobaltminen im Kongo, mögliche Stromimporte aus Polen und Supercredits als letztes Schlupfloch für die Autoindustrie. Hoberg rechnet vor:

> „E-Fahrzeuge werden nicht nur mit 0 g gewertet, sondern sie wurden in 2020 auch doppelt gewertet. Dies wird als Supercredit bezeichnet. Somit konnte sich ein Hersteller durch den Verkauf eines E-Fahrzeugs 2 x 0 g CO_2 pro km anrechnen lassen, so dass er dann 2 dreckige, aber hochprofitable SUVs mit je 190 g verkaufen konnte. Die 380 g CO_2 wurden dann durch 4 Fahrzeuge geteilt, so dass der Durchschnitt von 95 g CO_2 pro km, eingehalten wurde" (2021, o. S.).

Hinzu kommt, dass die meisten Altautos oder nicht mehr verkäuflichen Diesel nach Bulgarien, Nigeria und andernorts exportiert werden. Dort werden nachweislich als allererstes die Katalysatoren ausgebaut, zerkleinert und die Metalle weiterverkauft. Der Nettoeffekt der E-Mobilität ist allein deshalb desaströs. So hält Sofia im Hauptstädtevergleich bei der Luftverschmutzung den Spitzenplatz in der EU auch dank zunehmender deutscher Exporte von Gebrauchtwagen, die dort ohne Katalysator herumfahren, was zwar verboten ist, aber niemanden kümmert. In Nigeria gibt es ganze Städte, die sich auf das großindustrielle Einschmelzen von Katalysatoren ohne Einsatz irgendeiner Filtertechnik spezialisiert haben, was zu hohen Kontaminationen von Natur und Menschen führt.

Ein weiteres Beispiel der tatsächlichen Entwicklung jenseits von Nachhaltigkeit aus Deutschland sei herausgegriffen: In der Landwirtschaft kaufen (inter-)nationale Versicherer, Investmentfonds und z.B. die Aldi-Stiftung Ackerland auf. Sie reagieren hiermit auf die Nullzinsphase, umgehen die Grunderwerbssteuer durch Share Deals (sie werden auf dem Papier nur indirekte Besitzer) und kassieren Agrarsubventionen der EU, so dass sich durch diese Nachfrage die Kaufpreise seit 2005 verdoppelten. Die gestiegenen Preise fördern den Trend zu einer ständig intensiveren Landwirtschaft. Auf maximale Düngung und den Einsatz von Pflanzenschutzmitteln können Pächter kaum verzichten, um dem Druck der Kaufinteressenten standzuhalten, an die sie bei Aufgabe dann ihre Höfe verkaufen. Die Föderalismusreform 2006 hat dafür gesorgt, dass der Bund nicht unmittelbar einschreiten kann, da er nur noch den Rahmen setzen kann, innerhalb dessen die Länder die Gesetze erlassen.

Immerhin ist seit Corona klar, dass die früheren Hinweise, der Klimaschutz sei über öffentliche Institutionen und Investitionen nicht zu finanzieren, nur vorgeschoben waren. Gleiches gilt für die daraus abgeleitete Folgerung, die Privatwirtschaft müsse die Aufgabe wesentlich selber etwa durch freiwillige Kompensationsprojekte lösen. Entsprechende Aussagen erscheinen nach den erheblichen deutschen und internationalen Ausgabenprogrammen zu Corona in einem anderen Licht. Noch vor kurzem bemerkte z.B. die Autorin des einzigen Buches zu freiwilliger Kompensation zwecks Klimaneutralität: „Nicht zuletzt der Umstand, dass die Politik die notwendigen finanziellen Mittel zur Finanzierung der Agenda 2030 nicht alleine bewerkstelligen kann, lässt den Privatsektor in den Fokus rücken" (Lücken 2019, 18, siehe dort Kapitel drei zum Entwicklungsstand freiwilliger Klimaneutralisierung in Deutschland).

Dem bisherigen negativen Befund zum Trotz sind, wie schon erwähnt und kaum verwunderlich, auch entgegengesetzte Signale zur engagierten Bekämpfung des Klimawandels zu vernehmen. Deutsche Autohersteller reiten auf der Welle der Versprechungen mit, indem Daimler bis 2039 die emissionsfreie Mobilität aller Neuwagen anvisiert, aber doch auch weiter auf Verbrennungsmotoren setzt. HeidelbergCement, das mit 76 Mio. Tonnen CO_2 pro Jahr fast halb so viel CO_2-Emissionen wie der gesamte Verkehr in Deutschland verursacht, will bis 2050 „neutralen Beton" herstellen. Sogar die Veranstalter der „Königsklasse" Formel 1 arbeiten fleißig daran, unter Mithilfe von Nachhaltigkeitsexperten bis 2030 klimaneutral Gas zu geben. Die Deutsche Bank erklärt, bald keine Kohlekraftwerke mehr zu finanzieren. Bei Geschäften mit Energieunternehmen, die von Kohle abhängig sind, wolle man wählerischer werden, allerdings nur, sofern diese einen Anteil von über 50% bei der tatsächlichen Energieerzeugung aufweisen. Bei Öl und Gas gelten als Ausschlusskriterien nur Förderungen in der Arktis und Fracking, sofern es in Ländern mit extremer Wasserknappheit stattfindet (SZ, 28.7.2020, 17).

Da es keine verbindlichen Vorschriften gibt, kann Daimler aus seinen Berechnungen zur angestrebten Klimaneutralität LKWs und Busse ausklammern, Siemens beschränkt sich auf Gebäude und Betriebsstätten. Und dem 2000 als Non-Profit-Organisation gegründeten *Carbon Disclosure Project* gehören weltweit 8400 Unternehmen inklusive der meisten Dax-Unternehmen an, in deren Datenbank sich Angaben zu ihren Umweltbelastungen und Kompensationsprojekten finden, über deren Preise sie sich aber ausschweigen (https://www.cdp.net/en).

Vor vielen Jahren wurde das Kyoto-Protokoll unterschrieben und vor kurzem das Pariser Abkommen geschlossen, die Solarindustrie gefördert, der Dax jüngst begrünt, viele Windräder aufgestellt und von verschiedenster Seite ein *Green New Deal* in Aussicht gestellt.[13] Unternehmen und Fondsanbieter schwören mittlerweile mehrheitlich auf ESG (*ecological, social, governmental*). Tatsächlich hat sich die Große Koalition in Deutschland in letzter Sekunde darauf geeinigt, dass der 52-Gigawatt-Solardeckel abgeschafft wird und die Förderung somit weiterhin gesichert bleibt. Auch wird die EEG-Umlage ab 2021 dank eines Zuschusses aus Haushaltsmitteln des Bundes auf 6,5 (im Folgejahr auf 6) Cent pro Kilowattstunde gesenkt, was auch positive Auswirkungen auf das hier nicht näher zu erläuternde Doppelvermarktungsverbot von Grünstrom haben dürfte.

Zudem wurde die Verpflichtung, bei privaten Solaranlagen bei über 10 Kilowatt Spitzenleistung die EEG-Umlage zu zahlen, auf 30 erhöht und die Regelungen für Mieterstromprojekte wurden entbürokratisiert. Auch müssen ältere Solaranlagen nicht nachträglich mit teuren intelligenten Stromzählern ausgestattet werden. Wegen der schwachen Ausbauentwicklung der Windkraft sollen Kommunen stärker an den Gewerbesteuereinnahmen beteiligt werden. Schließlich soll bis 2030 mindestens 65% des Stroms aus Ökoenergie kommen und alles, was für das Klima für realistisch gehalten wird, hängt vom Strom ab – seien es batteriebetriebene Autos, grüner Wasserstoff oder Wärmepumpen. Aber nach wie vor bleibt es verboten, Energie aus Wind- oder Solaranlagen, die durch das EEG gefördert werden, Verbrauchern als Ökostrom zu verkaufen. Solarstrom an die Netzwerkbetreiber zu verkaufen, lohnt sich nicht mehr, da die Einspeisevergütung seit 2018 um 34% sank, so dass die entstehenden Kosten nicht mehr gedeckt werden.

Es gibt demnach unzählige Bekundungen gegen den Trend der weiteren Umweltdegradierung, die aber oft mit ambivalent anmutender Zaghaftigkeit einhergehen. Oder es wird mit übertrieben optimistischen Zukunftsprognosen aufgewartet, wie sich bald zeigen wird. Im Folgenden steht immer die Frage im Raum, ob man mit diesen Strategien der Klimasituation gerecht werden kann oder sich nur weiter Zeit kauft, die wir nicht mehr haben.

---

[13] Mit tatsächlich ökosozialer Ausrichtung siehe SJÖ (2019) und aus kapitalismuskritischer US-Sicht Aronoff et al. (2019).

3. Eine erste Annäherung an Klimaneutralität, Kompensationsprojekte und Emissionshandel sowie eine politökonomische Erklärung ihrer weltweiten Durchsetzung

Zusammenfassung: Die Definition von „Klimaneutralität" ist oft überraschend schwammig. Durch den starken Fokus auf THG geraten andere Bedrohungen wie der Verlust der Artenvielfalt aus dem Blick. Es lassen sich einige Argumente für Kompensationsprojekte anführen (Kosteneffizienz, Experimentiervarianten). Oft dienen solche sich zurzeit explosionsartiger Beliebtheit erfreuende Projekte aber eher dem Aufbau eines grünen Images. So werden Unternehmen in der öffentlichen Wahrnehmung von einem Teil des Problems zu einem Teil der Lösung. Es gibt aber starke und berechtigte Bedenken gegen solche Projekte. Zum Beispiel: Sind sie wirklich zusätzlich und hätten ohne Subventionierungen nicht stattgefunden? Am Beispiel des Umweltbundesamtes zeigen sich die Grenzen (kurzfristiger) Kompensationsbemühungen. Beim Emissionshandel mit Zertifikaten werden künstlich Märkte geschaffen. Sie sind bei Ökonomen sehr beliebt und entsprechen einem liberalen Weltbild, sind aber mit hohem bürokratischen Aufwand verbunden und gingen bisher mit solch niedrigen und stark schwankenden Preisen einher, dass sie keine wesentlichen technologischen Innovationen induzierten. Politökonomisch gesehen stellt sich Klimapolitik als Ergebnis widerstreitender Interessengruppen mit unterschiedlichem Durchsetzungspotenzial dar. Für die Einführung des europäischen Emissionshandels zeichnen verantwortlich: die Weichenstellungen im Kyoto-Protokoll, die Herausbildung einer promarktlichen Regulationsstrategie auf Unternehmensseite, eine Meinungsänderung bei vielen NGOs, der zur damaligen Zeit vorherrschende marktliberale Zeitgeist, die erfolgreiche Abwehrfront von Seiten der Industrie gegenüber alternativen Lösungen (Steuern, Ordnungsrecht) und die für die Einführung essenzielle Rolle der EU-Kommission.

* * *

Zunächst soll der Frage nachgegangen werden, was unter Klimaneutralität zu verstehen ist: „Die mit der Güterproduktion, Dienstleistungen, Geschäfts- und privaten Aktivitäten verbundenen, unvermeidbaren Treibhausgase werden ermittelt und durch den Kauf und die anschließende Stilllegung einer entsprechenden Menge von Emissionsminderungsgutschriften kompensiert" (Future Camp 2011, 97). Hiermit soll der eigene THG-Fußabdruck ausgeglichen bzw. kompensiert werden. Shevchenko (2015) ist ein Beispiel für die teilweise sehr schwammige Begriffsverwendung. Hierbei gilt es immer im Blick zu behalten, ob es nur um die Neutralisierung der CO_2-Emissionen oder auch anderer THG aus der Verwendung fossiler Energien geht. Häufig werden z.B. Methan und industrielle THG nicht in die Berechnungen einbezogen.

Auf der Ebene von Einzelpersonen oder Unternehmen kann man theoretisch einfach und klar bestimmen, was Klimaneutralität bedeutet: Eine Menge X CO_2 wird durch Aktivitäten verursacht und dann in gleicher Menge durch eine Minderungsaktivität an anderer Stelle verringert. Dies ist leichter gesagt, als getan, wie sich noch zeigen wird. Was aber bedeutet dies auf europäischer oder globaler Ebene? Strikt definiert müsste in Analogie Klimaneutralität der gesamten Menschheit bedeuten, dass sie ihre Gesamtemissionen neutralisiert, so als ob es sie klimatologisch gesehen gar nicht gäbe. Bei Wikipedia finden sich folgende Begriffsbestimmungen:

„Klimaneutralität bedeutet, dass durch einen Prozess oder Tätigkeit das Klima nicht beeinflusst wird. Der Begriff wird, unscharf, auch synonym zum Begriff Treibhausgasneutralität verwendet. Bei einer (netto) treibhausgasneutralen Aktivität werden entweder keine Treibhausgase in die Atmosphäre abgegeben oder deren Emission wird vollständig kompensiert, es kommt also insgesamt zu keinem Konzentrationsanstieg (Netto-null-Emission). Wenn keinerlei Treibhausgase emittiert werden, also auch nicht kompensiert werden müssen, spricht man auch von Emissionsfreiheit."

Hierbei ist aber zu beachten:

„Eine treibhausgasneutrale Aktivität kann, etwa durch Albedoänderungen [verschiedene Rückstrahlungen], durchaus Einfluss auf das Klima haben. Der Begriff CO_2-Neutralität besagt in einem engen Sinn, dass kein CO_2 emittiert wird oder die CO_2-Emissionen vollständig kompensiert werden. Ein in diesem Sinn CO_2-neutraler Handlungszusammenhang erhöht zwar nicht die Konzentration des Treibhausgases CO_2 in der Atmosphäre, kann aber andere Einflüsse auf das Klima haben, etwa, indem andere Treibhausgase wie Methan oder Lachgas emittiert werden oder – im Beispiel des Luftverkehrs – indem die Wolkenbedeckung geändert wird" (https://de.wikipedia.org/wiki/Klimaneutralität; hier ohne Hervorhebungen und Fußnoten).

Klimaneutralität wird im deutschen Klimaschutzgesetz (KSG) und den es betreffenden Erläuterungen als Gleichgewicht zwischen den anthropogen verursachten THG-Emissionen (Quellen) und dem Abbau durch die Emissionen absorbierende Senken definiert. Die Formulierung lässt offen, ob es nur um anthropogene oder auch um natürliche Senken (z.B. „unberührte" Wälder) geht. Anthropogen bedeutet hier: durch den Menschen eingerichtete Maßnahmen wie CO_2-Lagerstätten, aber auch „bewirtschaftete" Natur etwa durch (Wieder-)Aufforstung. Die Unklarheiten bei der Begriffsverwendung gehen noch einen Schritt weiter und lassen sich durch folgendes Schaubild überblicksartig darstellen:

	WISSENSCHAFTLICH	POLITISCH			
QUELLE	IPCC / UBA	UN / UNFCCC *Paris Agreement (PA)*	EU (langfristige Vision der EU für eine klimaneutrale Wirtschaft)	Deutschland § 1 KSG: „[...] Treibhausgasneutralität bis 2050 als langfristiges Ziel zu verfolgen"	Deutschland § 15 KSG: „[...] Ziel, die Bundesverwaltung bis zum Jahr 2030 klimaneutral zu organisieren"
BEGRIFF		netto-treibhausgasneutral	klimaneutral	treibhausgasneutral	klimaneutral
VOKABEL	klimaneutral	klimaneutral	klimaneutral		
BEDEU-TUNG	sämtliche Treiber für Klimawandel sind einbezogen	Wortlaut in § 4 PA; bezieht sich allein auf die nach etablierter Klimapolitik adressierten Treibhausgase. „Netto" ist ergänzt, um den Einbezug der Netto-Effekte anthropogener Senken anzuzeigen.	Gemeint ist das PA-Ziel. Nur das ist konsistent. In der Mitteilung der Kommission werden *climate neutral, GHG neutral* und *net-zero emissions* entsprechend synonym verwendet. Sprechweise aber ist bereits für die Öffentlichkeitsarbeit angepasst.	Gemeint ist das PA-Ziel, aber in verschärfter Form. Gemeint ist somit, was die EU – zu kommunikativen Zwecken – „klimaneutral" nennt. Der Vergleich mit der Definition des Gebrauchs von „klimaneutral" in § 15 KSG zeigt, dass dies als Langfristziel „ohne Kompensation" gemeint ist.	Spezielle Begriffsverwendung; meint treibhausgasneutral mit Kompensation. Gilt für Nicht-Langfrist-Situationen, im Übergang; und für Sub-Subjekte.

Luhmann/Obergassel 2020, 29.

Es ist interessant und aufschlussreich zu beobachten, wie ein weitverbreitetes und scheinbar klares Konzept bei genauerem Hinsehen zu einem Wiesel-Wort wird, d.h. zu einem Wort mit geradezu vager und unscharfer Bedeutung. Es wird nur klarer, wenn man genau dazusagt, ob man klima- oder treibhausgasneutral, Netto oder Brutto, mit oder ohne Kompensation, mit oder ohne nicht-anthropogene Senken usw. meint. Selbst über den Inhalt des Pariser Abkommens kann man eine von Luhmann und Obergassel abweichende Interpretation vertreten, weil in dessen Paragraph 4 das Wort anthropogen bei den Senken fehlt. Ich bitte den Leser, sich durch diese komplexe Schwammigkeit nicht abschrecken zu lassen.

Laut Analyse und Nachfragen von Luhmann und Obergassel beim Bundesministerium für Umwelt, Naturschutz und nukleare Sicherheit (BMU) ist im deutschen KSG mit *Netto-Nullemissionen* THG-Neutralität, und zwar ohne Kompensation aus dritten Ländern gemeint, wohingegen *Klimaneutralität* weniger anspruchsvoll THG-Neutralität mit Kompensation bedeutet. Dies gilt sachlogisch auch für alle „Sub-Subjekte" wie das Bundesministerium für wirtschaftliche Zusammenarbeit und Entwicklung (BMZ).

Das von Klimatologen und dem Pariser Abkommen angedachte 1,5- bis 2-Grad-Ziel besagt, dass man „klimaneutral" nach Aufbrauchen eines für maximal zulässig gehaltenen Restbudgets werden will, diese Emissionen also erst noch ausgebracht werden. Man peilt mit dem 1,5- bis 2-Grad-Ziel *nicht* den durchschnittlichen THG-Gehalt aus vorindustrieller Zeit als sicheres Maß an. Dies ginge angesichts der Verweildauer von THG in der Atmosphäre schon gar nicht mehr. Wenn ein Unternehmen angibt, 2030 THG-neutral zu sein, so ist gemeint, dass es sich genau zu diesem Jahr durch THG-Reduzierung und Kompensationen Netto-Null stellen will. Dies bezieht sich auf die Emissionen ab dem Stichjahr 2030. Bis dahin landen aber weitere THG in der Atmosphäre, die wie das CO_2 zur Hälfte über Jahrhunderte in der Atmosphäre verbleiben.

Der Begriff Klimaneutralität hat überhaupt einen suggestiven Beigeschmack, legt er doch nahe, es handele sich um Aktivitäten ohne jeglichen Ausstoß von THG, was nicht der Fall ist. Treffender wäre es daher, von Klimakompensation zu sprechen (Harthan et al. 2010, 3). Es wird „stets Klimaneutralität mit Emissionsreduktion und Energiewende gleichgesetzt, ohne Kompensationen zu benennen – und damit auch nicht deren Kosten" (Bauriedl 2015, 190-191). Grundsätzlich sollen natürlich soweit wie möglich Emissionstätigkeiten vermieden oder verringert, und erst, wenn dies nicht möglich erscheint, kompensiert werden. Letztlich „führen nur Schritt eins und zwei zu einer verbesserten persönlichen Emissionsbilanz" (Energiekonsens, o. J., 3). Auch geht es nicht darum, die Reparatur entstandener Klimaschäden zu beheben, sondern auftretende Emissionen an anderer Stelle zu vermeiden.

Als Einschub sei darauf hingewiesen, dass die Fokussierung auf THG und den Klimawandel andere Auswirkungen ausblendet und diese zu Nebeneffekten macht.

„In der Realität umfassen die ökologischen Herausforderungen jedoch eine Vielfalt von Problemfeldern: Hierzu gehören u.a. der Verlust biologischer Vielfalt (z.B. infolge der steigenden Zulassung gentechnisch veränderter Organismen, aufgrund der Zunahme von Monokulturen oder durch invasive Arten), Entwaldung, Bodenerosion und nachlassende Bodenfruchtbarkeit, Wasserverknappung, die Belastung des Grundwassers mit Pestiziden und Schwermetallen, langlebige organische Schadstoffe (oder POPs, von englisch ‚persistent organic pollutants'), radioaktive Verseuchung, Ablagerungen und Rückstände, Luftverschmutzung durch Feinstaub, Bodenverdichtung im Zuge umfassender Verstädterung, die systematische Austrocknung amphibischer Lebensräume durch landwirtschaftliche „Bodenverbesserungen" und viele andere sozioökologische Aspekte, zu denen an erster Stelle der Verlust traditionellen und indigenen Wissens gehört. All das summiert sich, greift ineinander und fördert so den Klimawandel in seinem Gesamtgefüge. Warum sollte es plausibel sein, diese vielen Probleme auf eine einzige Zahl zu reduzieren? Ist CO_2 tatsächlich das Maß aller Dinge?" (Moreno et al. 2016, 23).

Auch klimapolitisch gut Gemeintes hat oft kontraproduktive Nebenwirkungen. So sind alleine in Europa fast 9000 Wasserkraftwerke geplant, obwohl es europaweit bereits 1,2 Mio. Dämme, Wehre und Wasserkraftwerke und Furten gibt, die in Deutschland zu zwei Hindernissen pro Flusskilometer führen. Solche Eingriffe verhindern die Verteilung nährstoffreicher Sedimente und die Verbreitung von Organismen, insbesondere Fischen.

Es gibt einige von den Befürwortern gerne angeführte Argumente, die für freiwillige Kompensationen sprechen (z.B. für die weiter unten angesprochene des UBA).[14] So können Unternehmen und Länder, die bisher nicht bis kaum mit Reduktionsmaßnahmen befasst waren und unter keine verbindlichen Minderungsvereinbarungen fallen, mit solchen Maßnahmen Erfahrungen sammeln und sich auf eine zukünftige Mitgliedschaft bei Minderungsabkommen vorbereiten. Auch ist das Argument der Kosteneffizienz, d.h. dass dort gemindert werden soll, wo es am einfachsten und preisgünstigsten ist, nicht prinzipiell von der Hand zu weisen. Dank des Reputationsgewinns von teilnehmenden Unternehmen werden freiwillige Minderungen attraktiver und beschleunigen das Tempo des Wandels, so eine weitere in solche Projekte gesetzte Hoffnung.

---

[14] Zu den Motiven, Anbietern und Nachfragern, Projekttypen, zur Forderung nach Qualitätssiegeln usw. siehe u.a. die Umfrage im Auftrag des UBA (UBA 2010), zur Forderung von Gütesiegeln Wolke (2011) und zu einer Liste der Anbieter Energiekonsens (o. J., 6-7).

Durch unterschiedliche Anforderungen der Standards sei es möglich, mit verschiedenen Varianten zu experimentieren. Aufgrund der geringeren Kosten im Vergleich zu den CDM-Zertifikaten (siehe unten) stünde der Realisierung auch kleinerer Projekte nichts im Wege. Schließlich würden Projekte meist in weniger entwickelten Ländern vorgenommen und subventioniert, was unter dem Aspekt der Verteilungsgerechtigkeit und die durch die Projekte geförderten Entwicklungsschübe einen Beitrag zur nachhaltigen Entwicklung der Länder eröffne (Kollmuss et al. 2008, 7-8). Befürworter versuchen überdies zu belegen, dass Personen, die klimaschädliche Emissionen ihres Konsumverhaltens kompensieren, tendenziell auch anderweitig einen nachhaltigeren Lebensstil verfolgen (Wolters/Becker 2015, 42).

Für privatwirtschaftliche Käufer von Minderungszertifikaten wird hervorgehoben, dass sie ihr ‚grünes Image' stärken könnten, um „sich als innovatives Unternehmen Wettbewerbsvorteile zu sichern" (First Climate 2008, 9). So legt der TÜV Süd, der sich solche Kompensationsgeschäfte seit längerem als Aktivitätsfeld erschlossen hat, genau fest, wie mit seiner Zertifizierung geworben werden darf. „Die TÜV SÜD-Zertifizierungszeichen und Akkreditierungszeichen dürfen verwendet werden bei: Outdoor Außenwerbung/Werbung im Empfangsbereich; in Unternehmensvideos; in Unternehmenspräsentationen; in Organisationsbroschüren; in Geschäftsbriefpapieren; in Anzeigen und Katalogen; auf Plakaten, auf Messeständen, im Rahmen von Marketingkampagnen, auf Veranstaltungen, auf der Website der Organisation, im Internet und im Intranet, in Newslettern an Kunden und Mitarbeiter und auf Briefköpfen der Organisation" (https://www.tuvsud.com/de-de/dienstleistungen).

Es gibt natürlich kaum eine Aktivität, die nicht „kompensiert" werden könnte. Hierbei kann es sich um Flugreisen, den Konsum von Gütern, Aktivitäten im Privatbereich (Strom, Heizung, sonstiger Verkehr) oder von Unternehmen handeln. Nach offiziellem Selbstverständnis in Politik und Medien wird in Deutschland „Reduktion primär über saubere Technologien bei der Verbrennung von Energieträgern in der Industrie erzielt; auf der Konsumebene geht es um effizienten Strom-, Wärme- und Treibstoffverbrauch. Substitution wird durch die Nutzung erneuerbarer Energieträger betrieben. Kohlenstoffkompensation wird als unverzichtbare dritte Strategie verstanden, um Zeit für die Entwicklung von Technologien für noch effektivere Reduktions- und Substitutionsleistungen zu gewinnen" (Bauriedl 2015, 189).

Es gibt mittlerweile eine ganze Reihe von weltweit über 1000 Unternehmen, die sich zwar meist nicht der vollständigen Klimaneutralität verpflichten, aber Pläne entwickeln, um dem 2-Grad-Ziel zu entsprechen. Hierfür gibt es eine eigene, vom WWF und dem *UN Global Compact* unterstützte Organisation, die mit Rat und Tat zur Seite steht.[15] Zu den bis August 2020 insgesamt 42 deutschen Unternehmen gehören Puma, Boss, Mercedes, Henkel, Deutsche Bahn, Telekom, Metro, Henkel u.a. So verspricht **Thyssenkrupp** eine absolute Senkung der Scope-1- und 2-Emissionen um 30% bis 2030 (Basisjahr 2018) und der Scope-3-Emissionen um 16% bis 2030 (Basisjahr 2017). Die Scopes werden später erklärt, sie betreffen den mehr oder minder umfangreichen Erfassungsbereich zur Emissionsminderung, wobei Scope 3 am umfangreichsten ist.

Die Minderungsziele dieser Initiativen bewegen sich immer über den offiziell national festgelegten und verbindlichen Zielen zur Emissionsreduktion. Die Angebote zur Klimaneutralisierung wurden zuerst von Unternehmen und Eventveranstaltern mit umweltbewussten Kunden (z.B. Sportartikelhersteller), später auch für das Umweltimage anderer Unternehmen im Wettbewerb um Privatkunden (Finanzinstitute und Versicherungen) genutzt.

In jüngster Zeit greifen insbesondere in Deutschland immer mehr zivilgesellschaftliche Organisationen und Bildungsinstitutionen (Universitäten, Jugendherbergen, Sportverbände, evangelische Kirche u.a.) auf die Angebote von Zertifikatverkäufern zurück, um neben dem angesprochenen Imagegewinn tatsächlich eine Vorbildfunktion für den globalen Klimaschutz zu übernehmen. Auch die deutsche Bundesregierung hat 2008 beschlossen, alle PKW-Dienstfahrten der Mitglieder und Beschäftigten der Bundesregierung durch Investitionen in Klimaschutzprojekte, u.a. Solarprojekte in Indien und Wärmedämmmaßnahmen in Südafrika, klimaneutral zu stellen.

Ebenso kommen auf der Ebene der deutschen Bundesländer Kompensationsprojekte in Gang (siehe z.B. EnergieAgentur.NRW 2017). Hessen hat als erstes deutsches Bundesland eine Klimaschutzstrategie vorgelegt, die kurzfristig das Ziel der Klimaneutralität über den Kauf von Klimazertifikaten erreichen will. Die Landesregierung machte Klimaneutralität zum Leitbild des eigenen Handelns und beschloss 2009 eine klimaneutrale Bewirtschaftung hessischer Liegenschaften und der Landesverwaltung bis 2030. Auch viele Kommunen haben Programme für eine klima-

---

[15] https://sciencebasedtargets.org.

neutrale Stadt aufgelegt (Worms/Radermacher 2018). Nordrhein-Westfalen will sich gesetzlich verpflichten, bis 2050 treibhausgasneutral (nettonull) zu werden.

Es heißt im Beschluss der innerdeutschen Umweltministerkonferenz aus dem Jahr 2018, dass sich eine Reihe von Bundesländern Ziele zur Reduktion der THG-Emissionen in der eigenen Landesverwaltung hin zur Klimaneutralität gesetzt haben. Sie zielen vorrangig auf die Reduktion der Emissionen im eigenen unmittelbaren Verantwortungsbereich ab. Die Umweltministerkonferenz betont, dass Emissionsreduktionen gegenüber Kompensationen der Vorzug zu geben ist. Insbesondere inländische Kompensationsmaßnahmen sollten hohe qualitative Standards erfüllen, um ihre Wirksamkeit sicherzustellen und um Doppelzählungen auszuschließen.[16]

Befürworter solcher Minderungsinitiativen sehen sich seit Einführung mit Vorwürfen konfrontiert, auf die im Einzelnen in folgenden Kapiteln noch zurückzukommen sein wird. Eine Analyse der ersten CDM-Projekte zeigte, dass sie entgegen den Zielen des Kyoto-Protokolls fast nie zur nachhaltigen Entwicklung der Länder oder Regionen beitrugen (Sutter/ Parreno 2007). Es handelt sich um einen Markt, auf dem Unternehmen für jeden investierten Euro oder Dollar das maximale Volumen an Gutschriften erzielen wollen. So wurden Projekte im Zusammenhang mit Ölförderung in Vietnam oder Kohle in China gefördert, indem damit verbundene Methanemissionen (gewinnbringend) eingefangen und weiterverwendet wurden (Pearson 2007), Hauptsache der niedrige Preis für die Gutschriften stimmte. Ein weiterer Vorwurf lautet, dass solche Initiativen es ermöglichen, im alten Trott zu bleiben und den imperialen Lebensstil weiterzuführen, bis hin zu Vorwürfen bezüglich eines „carbon colonialism" (Eraker 2000).

Bei freiwilligen Projekten gelten oft auch weniger zwingende Berechnungsmethoden mit weniger strengen Kriterien hinsichtlich der vergleichenden Basis und des Nachweises der Zusätzlichkeit. Dies hat zur Forderung geführt, dass die Kriterien mindestens denen des CDM (siehe weiter unten) entsprechen oder gar darüber hinaus geltende Anforderungen berücksichtigt werden sollten (Harthan et al. 2010, 15). Gleiches müsste nach Ansicht des Öko-Instituts auch für das Monitoring, die Validierung und Verifizierung gelten und die Projekte sollten in einem übergreifenden Register festgehalten und öffentlich einsehbar sein, was bis heute nicht der Fall ist.

---

[16] https://www.umweltministerkonferenz.de/documents/umk-protokoll-90_1530105845.pdf.

Auch kann man sich fragen, ob nicht häufig ineffiziente Unternehmungen gefördert werden. Man nehme als Beispiel einen Naturgasproduzenten mit eher schlechter Kreditbonität. In diesem Fall kann das Projekt aus Sicht des Projektentwicklers zusätzlich sein, weil es sich angesichts der höheren Zinskosten im Vergleich zu einem stabileren Unternehmen, das Kredite günstiger erhält, nicht rentieren würde.[17]

Im Wort „Freiwilligkeit" schwingen bei nicht-verpflichtenden Kompensationsprojekten bestimmte Konnotationen mit, nämlich weniger Staat, weniger vermeintlich altbackene ordnungsrechtliche Vorschriften, mehr Flexibilität usw. Freiwillig reduzierende Unternehmen erscheinen dann auch als Teil der klimapolitischen Lösung und nicht des Problems. Das Dilemma zwischen dem Erhalt der Lebensgrundlagen und dem Erhalt von Wachstum und Industrieproduktion scheint so lösbar zu sein und zwar unter Verwendung kommerzieller Prinzipien und der Preisentdeckungsfunktion durch Angebot und Nachfrage auf Märkten für Gutschriften und Zertifikate. Systemimmanent behebbares Marktversagen wird als Kern des Problems definiert, nicht die Verursachung der Umweltkrise durch die immer weiter voranschreitende Expansion der Märkte in die letzten Winkel unseres Erdballs. Aus kommunikationswissenschaftlich-ideologiekritischer Perspektive ist auch zu berücksichtigen, dass teilweise gefordert wird, sich mit vorgeschriebenen Grenzwerten zugunsten von mehr Flexibilität bei der Klimakompensation besser zurückzuhalten.

Gegen Klimakompensationsprojekte wird von kritischer Seite schweres Geschütz aufgefahren.

„Global agierende Nahrungsmittelkonzerne, wie Unilever, Mars, Nestlé, Wilmar, Bunge und Monsanto, nutzen den Handel mit Kompensationsgutschriften, um die Kompensation von Treibhausgasen und Waldzerstörung miteinander zu verbinden und so ihre Produkte trotz steigender Emissionen und anhaltender Waldzerstörung als klimaneutral und urwaldfrei vermarkten zu können ... Bergbaukonzerne – allen voran Rio Tinto – versprechen, den Biodiversitätsverlust aufgrund des großflächigen Abbaus von Kohle, Gold, Titan, Kupfer, etc. durch den Handel mit Biodiversitätsgutschriften ‚netto-positiv' für die biologische Vielfalt zu gestalten. Bei allen drei Initiativen spielen die Weltbank und internationale Naturschutzorganisationen, wie IUCN, *The Nature Conservancy* und *Conservation International* eine zentrale Rolle. Sie leisten (und finanzieren) Pionierarbeit bei der Entwicklung von Methoden und Stan-

---

[17] Schneider (2007, 30); so auch Cames et al. (2016, 28).

dards und sichern Glaubwürdigkeit, die diese Initiativen ohne zivilgesellschaftliche Beteiligung nicht erlangen könnten" (Kill 2016b, 5).[18]

Jutta Kill resümiert:

> „Bestenfalls handelt es sich also um ein Nullsummenspiel. Letztend-
> lich ist allerdings nicht nachprüfbar, ob die angeblich eingesparte Emis-
> sion auch wirklich freigesetzt worden wäre oder die angeblich verhin-
> derte Zerstörung ohne Kompensationsprojekt auch wirklich stattgefun-
> den hätte. Da die Kompensationsgutschrift aber eine zusätzliche Emis-
> sion oder Zerstörung erlaubt, ist das Resultat beim Handel mit Kom-
> pensationsgutschriften sogar häufig mehr, nie aber weniger Zerstörung
> oder Verschmutzung als ohne Gutschriftenhandel … Weil die Zusätz-
> lichkeit einer Emissionsreduzierung grundsätzlich nicht verifizierbar ist,
> die Emissionsgutschrift aber gleichzeitig Emissionen über einen Grenz-
> wert hinaus rechtfertigt, trägt der Handel mit Emissionsgutschriften ver-
> mutlich zum weiteren Anstieg der Konzentration von Treibhausgasen
> in der Atmosphäre bei" (Kill 2016a, o. S.).[19]

Im Gegensatz zu solch skeptischen Äußerungen hält es das deutsche Umweltbundesamt für möglich, mit vorwiegend technischen Maßnahmen
v.a. in den Bereichen Energie, Verkehr, Industrie, Abfall, Abwasser, Landwirtschaft, Forstwirtschaft und Landnutzung eine Senkung der gesamt-
deutschen THG-Emissionen um sagenhafte 95% für 2050 gegenüber 1990
zu erreichen, so dass nur noch 60 Mio. Tonnen CO_2 pro Jahr verbleiben
würden (UBA 2014a, zu seiner Struktur und Aufgaben siehe UBA 2018a).

Unter „Neutralität" wird hier vom UBA tatsächlich eine rechnerisch
100%ige Reduktion verstanden, wobei nur „die letzte Tonne" pro Kopf,
die trotz besten Willens nicht vermeidbar ist, durch Minderungsmaßnahmen im Ausland kompensiert werden soll. Eine absolute Reduktion von
Emissionen in ganz erheblichem Ausmaß wird primär durch den technologischen Fortschritt für möglich gehalten. In einer durchaus informa-
tiven und ansprechend zu lesenden Ratgeberbroschüre des UBA (2014b)
wird die gleiche Botschaft auf der individuellen Ebene vermittelt. Fünf
unterschiedliche Verhaltensidealtypen mit einem jährlichen Pro-Kopf-
Verbrauch von 5-18 Tonnen werden unterschieden und es wird beschrieben, an welchen Stellschrauben der Bürger drehen kann, z.B. weniger
Fleisch und Fernreisen. Den Rest könne man durch Gutschriftenkäufe wie

---

[18] Dort auch mit weiteren Beispielen. Siehe umfassend zur Biodiversität Dasgupta (2021).
[19] Siehe weitere Beiträge der Autorin unter https://www.boell.de/de/dossier-neue-oekono
mie-der-natur.

schon bei der Fußballweltmeisterschaft 2006 in Deutschland neutralisieren.

Ohne hier ins Detail zu gehen, sei bemerkt, dass das UBA in eigener
Sache zwar viele Aktivitäten von veganem Essensangebot über ein neues
Elektromobil, Wassereinsparungen usw. unternimmt und einen im Vergleich zu 2013 ungefähr gleich hohen Wärme- und Strom- sowie Trink-
wasserverbrauch hat. Der Ankauf von Kopierpapier verdoppelte sich
hingegen und der Durchschnittsverbrauch der PKW-Flotte stieg von 8,09 l
auf 8,27 l. Dies liege sicher auch daran, dass sich der Personalbestand um
rund 20% erhöht habe, erklärt das UBA. Dahinter steckt ein verbreiteter
Tatbestand: Relativ nimmt der Verbrauch ab, aber durch die höhere
Quantität (hier: Mitarbeiter) wird er (über)kompensiert, was in einem
späteren Kapitel unter dem Begriff des Rebounds vertieft wird.

> „Obwohl die Zahl der Flüge und Flugreisenden zwischen 2011 und 2016
> um knapp 15 Prozent sanken, erhöhten sich die Emissionen im gleichen
> Zeitraum auf 1.222t $CO_{2äq}$ … Dies liegt daran, dass der Anteil der Mittel-
> und Langstreckenflüge an den Dienstreisen stieg. 2017 lagen die Emis-
> sionen bei 1.374t $CO_{2äq}$, wobei der gegenüber 2016 höhere Wert aus-
> schließlich auf eine geänderte Berechnungsmethodik zurückzuführen
> ist" (UBA 2018a, 12).

Man setzte vor 2017 nicht den eigentlich angemessenen Faktor 3 an, der
z.B. auch die Auswirkungen von Kondensstreifen berücksichtigt, sondern
erfasste nur den CO_2-Verbrauch. 75% der Auslandsreisen finden mit dem
Flugzeug statt und man ermittelt die Zahlen über Befragungen der Mitarbeiter, die in dieser Institution diesbezüglich sicher nicht zu übertrie-
benen Angaben neigen.

Und selbst der Übergang zu Ökostrom ist keine Garantie für Klima-
freundlichkeit, wenn man die zwei vorgelagerten Stufen „Erhöhung der
Energieeffizienz" und das sogenannte *„Greening"* berücksichtigt. Hierunter fällt z.B. die Umstellung auf Ökostrom, der in einem negativ gemeinten Sinne „klimaneutral" sein kann, so dass ihm gerade keine reduzierende Wirkung zukommt, wie das Öko-Institut aus Freiburg feststellt:

> „Der Bezug von Ökostrom kann dabei jedoch nur unter gewissen Grund-
> voraussetzungen als emissionsmindernd angerechnet werden. Grund hier-
> für ist die Tatsache, dass in Anbetracht des großen Angebots an Strom
> aus alten, ohnehin produzierenden Wasserkraftwerken der individuelle
> Bezug aus solchen Anlagen nur eine bilanzielle Umverteilung darstellt.
> Ohne den Neubau von Anlagen und eine entsprechende Verdrängung

konventioneller Stromerzeugung ist damit jedoch keine Emissionsminderung oder ein sonstiger Umweltnutzen verbunden" (Harthan et al. 2010, 3, Fußnote 1).

Auch ein Brennstoffwechsel von Kohle zu Gas oder Biomasse oder ein stofflicher Ersatz nachhaltig gewonnener Biomasse ist aus dem gleichen Grund problematisch.

Neben solche THG-Minderungsbemühungen tritt die große Hoffnung auf die von Georgescu-Roegen so bezeichneten neuen prometheischen Technologien z.B. zur Energieerzeugung durch Wasserstoff. Nur so viel: Die Herstellung von grünem Wasserstoff erfordert immense Strommengen, er müsste größtenteils von weither importiert werden und der Aufbau der Kapazitäten wird laut Experten Jahrzehnte dauern. Das weiß auch die deutsche Bundesregierung, die daher in ihrer nationalen Wasserstoffstrategie auch auf die Varianten Blau und Türkis (Erdgas, Methanpyrolyse) setzt, die allerdings auf gar keinen Fall klimaneutral sind. Allein die deutsche Stahlindustrie würde für grünen Wasserstoff mindestens 130 Terrawattstunden Strom jährlich aus Ökostrom benötigen. Das ist mehr, als alle Windräder zu Lande oder auf hoher See hierzulande 2019 erzeugten. Auch werden vom bei der Elektrolyse als Katalysator verwendeten Iridium pro Jahr nur acht Tonnen auf den Markt gebracht, was zu baldigen Engpässen führen dürfte.

So könnte sich auch diese erhoffte „Brückentechnologie" eher als weitere Sackgasse erweisen, obwohl die Bundesregierung eine Anschubfinanzierung von bis zu neun Mrd. Euro vorsieht und ein nationaler Wasserstoffrat gegründet wurde. Zwar wird Wasserstoff bereits in der Chemieindustrie verwendet, aber hierbei wird auf das klimaschädliche Erdgas zurückgegriffen (siehe zu weiteren Beispielen technikfokussierter Hoffnungsschimmer z.B. Schmidt-Bleek 2014).

Angesichts des Fehlens von auch in kurzer Zeit realistisch einsetzbaren Alternativenergien und entsprechenden innovativen Durchbrüchen wird sogar die Atomenergie wieder ins Spiel gebracht und in den USA, in Tschechien und den Niederlanden werden neue Reaktorblöcke gebaut. Im August 2020 ging das erste Atomkraftwerk der arabischen Welt in den VAE ans Netz. Weltweit müssten aber über 2000 Kernkraftwerke gebaut werden, um die heutige Stromproduktion aus Kohle, Öl und Gas durch Atomkraft zu ersetzen. Doch ihr Bau benötigt Zeit, die Gewinnung und Entsorgung des Urans ist problematisch und treibhausgasintensiv, viel Beton wird verbaut und billig ist Strom aus Atomkraft im Vergleich auch nicht mehr. So ruhen nun die Hoffnungen auf Mini-Atomkraftwerken

(*Small Modular Reactors*). Man wird sehen, ob die Versuchsreaktoren in Tschechien und Estland, die nur ein Viertel der herkömmlichen Meiler erbringen, die in sie gesetzten Hoffnungen erfüllen. Viele Fachleute bezweifeln, dass diese Variante eine gute Idee ist, auch da sie u.a. relativ viel Uran benötigen.[20] Die Hoffnung auf eine nichtbegrenzende Energiequelle stirbt erwartungsgemäß zuletzt.

Neben Kompensationsprojekten und der Hoffnung auf technologische Durchbrüche kommt dem Einsatz von über Märkte laufenden Auktionen von Verschmutzungsrechten (Zertifikate) eine herausragende Bedeutung zu. Ihr Einsatz wird insbesondere von Ökonomen favorisiert. Fragen wir zunächst, welche Position nahmen und nehmen die Wirtschaftswissenschaften grundsätzlich zu THG-Minderungen ein? Sie beruhigten sich lange mit folgender Annahme: „Wenn die Nachfrage nach Energie steigt und das Angebot an natürlichen Ressourcen zur Energieerzeugung abnimmt, wird der Energiepreis steigen. Diese Preissignale werden Investitionen in energieeffiziente technologische Fortschritte fördern" (Hicks 1932, 124-125, Ü). Bereits der Bericht des *Club of Rome* säte in den 1970er Jahren gegenüber dieser Hoffnung auf Selbstregulation Zweifel. Spätestens seit den 1990er Jahren erkannte man, dass aus hier nicht näher darzulegenden Gründen dieser Automatismus nicht funktionierte. Die Ratschläge zur Vorteilhaftigkeit von Auktionsverfahren beeinflussten allerdings das Design des Kyoto-Protokolls.

Innerhalb der Ökonomenzunft gibt es aber (mittlerweile) auch wertvolle Beiträge, die die Herausforderung des Klimawandels weder kleinreden, noch unrealistische Vorschläge unterbreiten. Für Fachfremde ist allerdings oft nicht leicht zu unterscheiden, ob es sich bei den Äußerungen der Wissenschaftler um konstruktive oder regelrecht desorientierende Beiträge handelt, da diese auf den ersten Blick auf dasselbe hinauszulaufen scheinen. So wirbt Dilger (2020) für eine (unwahrscheinliche) weltweite Zertifikatlösung als einzig vernünftigen Weg, obwohl er ansonsten hart an den Thesen der Klimawandelleugner vorbeischrammt. Frühere Klimawandelleugner sind in der Regel dazu übergangen, als Lösungsverhinderer aufzutreten (Mann 2021).

Gollier und Tirole (2015) hingegen, zwei niveauvolle, im Mainstream verankerte Ökonomen, die hier beispielhaft angeführt seien und auf deren

---

[20] Siehe SZ (5.11.2020, 16) und die umfassende Studie des Öko-Instituts https://www.oeko. de/publikationen/p-details/sicherheitstechnische-analyse-und-risikobewertung-einer-anwen dung-von-smr-konzepten-small-modular-reactors.

Vorschläge später noch eingegangen wird, diskutieren möglichst umfassende Steuer- oder Zertifikatlösungen. Sie sind ernsthaft motiviert, das ihrer Meinung nach in die Katastrophe führende „Wartespiel" namens Pariser Abkommen zu überwinden. Aber in den Lehrbüchern der Wirtschaftswissenschaften sind die Herausforderungen der ökologischen Krise überhaupt noch nicht angekommen (siehe den Nachweis in Peukert 2019 und 2020b).

Wenn man einmal etwas vom Aktuellen und Gegebenen zurücktritt, fällt auf, welch merkwürdige Wege man mit von Ökonomen favorisierten Markt- und Zertifikatlösungen eingeschlagen hat, die in Deutschland nur von wenigen kleinen kritischen Gruppen wie *Attac* oder *Weed* infrage gestellt werden.

> „Es ist paradox, dass internationale Klimapolitik seit etwa einem Jahrzehnt den Eintrag von CO_2 und anderer Treibhausgase in die Atmosphäre vor allem mit Instrumenten des Marktes begrenzen will. Denn ein Markt für CO_2 existiert [zunächst] gar nicht. CO_2 hat keinen Gebrauchswert, mit dem Bedürfnisse befriedigt werden könnten, im Gegenteil, es ist schädlich; der Stoff lässt sich also nicht in eine Handelsware verwandeln. CO_2 hat auch keinen Wert, der als Marktpreis ausgedrückt werden könnte, im Gegenteil, es handelt sich um einen Unwert, den man möglichst schleunigst loswerden möchte – wenn es denn so einfach wäre" (Altvater/Brunnengräber 2008, 10).

Aber gäbe es denn überhaupt Alternativen? Die Autoren fahren fort:

> „Also bietet es sich eigentlich an, die CO_2-Emissionen ordnungsrechtlich, mit gesetzlichen Geboten und Verboten, mit Grenzwerten und technischen Auflagen zu unterbinden, nicht aber Marktmechanismen eines zunächst gar nicht existenten Marktes zu bemühen" (ebenda).

Ein anderes Ziel, das sich wohl auch nur durch einen ordnungsrechtlichen Durchgriff erreichen ließe, ist das in der nationalen Nachhaltigkeitsstrategie der Bundesregierung festgelegte Vorhaben, bis zum Jahr 2020 die Zersiedlung auf höchstens 30 Hektar pro Tag zu reduzieren.

Aus politökonomischer Sicht stellt sich die Frage, warum Emissionshandel und Kompensationsprojekte, die mittlerweile wohl den meisten selbstverständlich erscheinen, in den letzten Jahrzehnten überhaupt einen so hohen Stellenwert erhielten. Eindeutig ist die Fokussierung auf diese Strategien keineswegs. Aus deutscher Sicht waren bis in die 1980er Jahre Steuern und ordnungsrechtliche Maßnahmen vorrangig. Letztere umfassen das Umweltrecht mit Geboten und Verboten (z.B. zur Ansiedlung)

sowie Produkt- und produktionsbezogene Auflagen (z.B. Technologie-
und Produktnormen). Auch in der EU herrschte lange Zeit in den meisten
Ländern große Skepsis gegenüber dem Emissionshandel vor.

Wie ist also zu erklären, dass sich diese klimapolitischen Politiken
durchsetzten? War das (Groß-)Kapital und dessen staatlichen Erfüllungs-
gehilfen der treibende Faktor? Waren die beteiligten Staaten mit divergierenden nationalen Interessen die entscheidenden Kräfte? Oder waren
Normen und bestimmte Ideen wie die der fantastischen unsichtbaren
Hand des effizienten Marktes ausschlaggebend? Oder handelt es sich um
ein Zusammenspiel mehrerer der erwähnten oder gar um andere Faktoren
wie den Einfluss von NGOs?

Zum Verständnis der eingeschlagenen Wege wird hier als Literatur-
quelle nur das exzellente und nach wie vor sehr empfehlenswerte Buch
von Jonas Meckling (2011) herangezogen und seinem Narrativ ohne Referenz auf weitere wertvolle Literatur gefolgt (z.B. Skjaerseth/Wettestad
2008). Da seine Deutung recht kritisch ist, sei bemerkt, dass er u.a. durch
die Thyssen-Stiftung und ein McCloy-Stipendium gefördert wurde, längere Zeit während des Schreibens des Buches an der Harvard Kennedy
School verbrachte und heute Associate Professor an der University of
California (Berkeley) ist, wo er das *Energy and Environment Policy Lab*
führt. Meckling ist demnach ein Forscher im institutionellen Rahmen des
Mainstreams und kein „linker Systemkritiker", bei dem es sich von selbst
verstünde, dass v.a. dem Einfluss der Megakonzerne entscheidende Bedeutung zugemessen würde. Interessant ist sein methodisches Vorgehen,
da er zur Rekonstruktion und Erklärung der Ereignisse nicht komplizierte
ökonometrische Verfahren anwendet, sondern neben einem sehr intensiven Studium der Fachliteratur in Dutzenden Interviews direkt Beteiligte
und Entscheidungsträger des Geschehens befragte.

Laut Meckling spielten Unternehmenskoalitionen eine ausschlag-
gebende Rolle. Solche zunehmend transnationalen Koalitionen agieren
aber nicht auf freiem Feld. Sie setzen ihre Ziele auch nicht auf direktem
Weg gegenüber gekaperten Regierungen oder Institutionen durch, sondern
agieren in Auseinandersetzungen mit Gegenkräften wie Regierungen und
NGOs. Auch bestehen zwischen den Kapitalfraktionen unterschiedliche
Interessen und Strategien. Einfacher und plumper Zwang oder „strukturelle Gewalt", z.B. die Androhung der Verweigerung des weiteren Ankaufs von Staatsanleihen, sind weniger entscheidend als smarte Koali-
tionsbildungen und der Aufbau von Netzwerken im Rahmen einer Plura-
lität von Akteuren mit durchaus konträrem Einflusspotenzial. Finanzielle

Ressourcen sind wichtig, aber eben nicht alles entscheidend. Relevant ist auch der Aufbau von „Legitimität" v.a. in der Öffentlichkeit, am besten durch Einbindung von NGOs, die Mobilisierbarkeit staatlicher Akteure als Alliierte und die strategische Fähigkeit, auf mehreren politischen Ebenen national, europäisch und international zu agieren.

Grundlegende Verhaltensweisen gegenüber umwelt- und klimapolitischen Fragen hängen entscheidend davon ab, ob der institutionelle gesamtgesellschaftliche Druck klimapolitischer Maßnahmen hoch oder niedrig ist. Wenn die absehbaren Kosten des Klimaschutzes für Unternehmen hoch sind, aber der gesellschaftliche Druck niedrig und sie dementsprechend kaum Reputationsschäden zu befürchten haben, werden sie eine antiregulatorische Strategie fahren, indem sie den Klimawandel leugnen und die Verantwortung abschieben. Wenn die verpflichtenden klimapolitischen Vermeidungskosten nicht sehr hoch sind bzw. es für unwahrscheinlich gehalten wird, dass Regulierungen erfolgen werden, dominiert eine Strategie der Nichtpartizipation. Solche Inaktivität gilt auch für Unternehmen, die leicht von Regulierung profitieren, da Lobbyismus nicht kostenlos ist.

Sind allerdings die klimapolitischen Sinne in der Gesellschaft geschärft, wird von einer *antiregulatorischen Position* zu einer *proregulatorischen Risikomanagementstrategie* mit dem Ziel übergegangen, die Folgekosten absehbarer Regulierung möglichst niedrig zu halten und Reputationsrisiken zu minimieren (siehe empirisch Götze/Joeres 2020). Freiwillige Selbstverpflichtungen sind eine solche Strategie, um weitgehende Gestaltungsfreiräume bei möglichst minimaler Kostenbelastung zu erhalten. Auch freiwillige Kompensationsprojekte lassen sich anführen, die Reputationsrisiken auf recht preisgünstige Art und Weise senken können. Wenn der gesellschaftliche Regulierungsdruck hoch ist, werden Unternehmen, die von Regulierung profitieren, zu einer proregulatorischen, markterweiternden Strategie übergehen (z.B. pro Solarstrom).

Bei hohem gesellschaftlichen Druck werden sowohl die Unternehmen, die von einer antiregulatorischen zu einer proregulatorischen Risikomanagementstrategie übergehen, als auch die Unternehmen, die – da Fahrt in ihren Geschäftszweig kommt – von Inaktivität zu einer proregulatorischen markterweiternden Strategie wechseln, versuchen, Umweltorganisationen mit ins Boot zu holen und mit ihnen Koalitionen zu bilden. Aber auch mit anderen, ggf. eher antiregulatorisch eingestellten Interessengruppen aus dem Unternehmerlager (*mix and match*) wird ein – wenn auch u.U. lockerer – Schulterschluss gesucht. Eine solche Doppelstrategie kann zivilgesellschaftliche Akteure irritieren, da sie – von sich auf andere schließend – Wahrhaftigkeit und kommunikatives und weniger strategisches Handeln (Habermas) bei Aussagen und Verhaltensweisen unterstellen.

Wichtig ist es für Unternehmenskoalitionen, eine gewisse Kontrolle über die Wahrnehmung der ökologischen Problemlagen in der Gesellschaft zu erlangen, geht es doch um das *Framing* der Frage, ob Unternehmen (wesentlicher) Teil des Problems oder konstruktiver Teil der Lösung sind. Die Effektivität solcher Koalitionen hängt nicht nur von gemeinsamen politischen Interessen ab, sondern auch davon, ob sich politische Unternehmer finden, die entsprechende Mobilisierung organisieren, Geld auftreiben und das Lobbying vorantreiben.

Neben politischen Krisen oder Nichtkrisensituationen beeinflussen zudem inländische und internationale Normen und Vorstellungen das auch konstruktivistisch zu verstehende Geschehen. Eingebettet in Politiken und Ideologien beeinflussen sie den Resonanzboden für bestimmte klimapolitische Konzepte. Gemäß der Betonung unterschiedlicher Wirtschaftsstile des Kapitalismus (*varieties of capitalism*) lassen sich auch nationale klimapolitische Regulationsstile unterscheiden. Meist wird grundsätzlich zwischen liberalen Marktökonomien (pro Emissionshandel und Steuern) und koordinierten Marktökonomien (pro konsensuelle Entscheidungsfindungen) unterschieden. Auch auf europäischer und internationaler Ebene lassen sich verschiedene regionale Stilelemente ausmachen.

Auf beiden Ebenen kann man mit Blick auf die europäischen Verträge, die zu Zeiten der marktliberalen Euphorie in Europa entworfen wurden und angesichts der Standards der WTO von einem marktaffinen Umfeld sprechen. Es überrascht nicht, dass diese Rahmenbedingungen einen guten Nährboden für eine „liberale" Umweltpolitik abgeben und eine pro-regulatorisch-marktorientierte Ausrichtung auch von politischer Seite her unterstützt wurde. Entscheidend ist auch der Einfluss nationalstaatlicher Einrichtungen, die nach wie vor primäre politische Akteure sind. Hierbei werden neben direkter finanzieller Unterstützung (v.a. in den USA) oft Meinungsunterschiede zwischen europäischen Staaten und innerhalb der einzelnen Staatsapparate der Länder von Unternehmen ausgenutzt (in Deutschland: Umwelt- versus Wirtschaftsministerium), indem man sich auf eine Seite schlägt und diese „kooptiert". Den Staat als Verbündeten zu gewinnen, fällt besonders leicht, wenn dessen gewähltes Politpersonal ihn als Wettbewerbsstaat definiert, der seinen im internationalen Wettbewerb stehenden Unternehmen nicht unnötige regulatorische Kosten aufbürden sollte.

Um nun endlich zum Emissionshandel zu kommen: Unter Ökonomen ist der Emissionshandel keineswegs der Favorit. Sehr viele, wenn nicht gar die meisten Ökonomen sprachen sich frühzeitig eher für Steuern aus, auch weil mehr Sicherheit über die Preise bestehe und der bürokratische Aufwand geringer sei. Die These Mecklings lautet, dass die Durchsetzung des Emissionshandels erstens mit den Verteilungseffekten beider Instrumente Steuern versus Emissionshandel (im Folgenden EH) zu erklären sei und zweitens dadurch, dass der EH den Interessen einer pro-regulatorischen Unternehmenskoalition, aber auch einer ganzen Reihe weiterer Akteure entgegenkommt. Für den Unternehmenssektor war der EH das kleinere Übel im Vergleich zu Steuern, u.a. weil im Unterschied zu Steuern kostenlose Zuteilungen möglich sind, was in Deutschland und in der EU tatsächlich erfolgte.

So erkauft sich der Staat die Akzeptanz der vormalig antiregulatorisch eingestellten Unternehmenskoalition(en). Auch bietet sich Unternehmen beim EH die Möglichkeit der Einflussnahme auf die Verteilung der Zertifikate zwischen den Sektoren der Wirtschaft. Durch ein Überangebot können sie außerdem kostenlos erhaltene Zertifikate an Neuankömmlinge verkaufen. So haben anfänglich die Stromerzeuger den Kunden Zertifikatpreise auf die Rechnung gesetzt – Ökonomen nennen es Opportunitätskosten –, ohne sich hierbei an die zeitweise geltenden Preise nahe Null halten zu müssen. Genauso lief es in den ersten Perioden des EH in der EU. Dank der Argumentationskeule des internationalen Wettbewerbs (Leakage) ließ sich die kostenlose Zuteilung für energieintensive (Groß-)Unternehmen, wenn auch in abnehmendem Maße, auf Dauer stellen. Zudem schafft die Kreierung eines neuen Marktes eine Corona an Anwälten, Beratern, Projektentwicklern und ein neues Aktionsfeld für Finanzunternehmen.

Doch auch lange Zeit skeptischen NGOs hat der EH etwas zu bieten. So ist eine zumindest formal definierte Obergrenze an Emissionen bei Zertifikatsystemen für Umweltengagierte verführerisch, da ein solch klares Limit bei Steuern nicht direkt und zielgenau vorliegt. Umweltgruppen, aber auch der Staat sehen es als Vorteil an, dass sich Preisveränderungen über den EH nicht leicht durchschauen lassen und indirekter als Steuern beim Endverbraucher landen, der somit keinen – und sei es nur inneren – Widerstand aufbaut. Unter entwicklungspolitischen Aspekten spricht für viele NGOs auch einiges dafür, Peripherieländer finanziell zu unterstützen, sei es durch freiwillige Kompensationsprojekte oder im Rahmen des Kyoto-Protokolls (CDM).

Eher liberalen Ökonomen missfällt zudem die Pigousche „staatsautoritative" Steuerlösung. Ihnen sagen Ronald Coases Überlegungen zu freiwilligen Verhandlungen zwischen Verschmutzern und Betroffenen, die THG-Minderungen unter sich aushandeln, mehr zu. Zwar waren bei vielen Beteiligten aufgrund der Transaktions- bzw. Abstimmungskosten spontane Verhandlungen unrealistisch, aber warum sollte man nicht die beiden Seiten über einen organisierten Auktionsmechanismus in Kontakt treten lassen, bei dem der Staat die Preise nicht diktiert? Durch ein kleines Schaubild lässt sich zeigen, dass dann auch noch – zumindest auf dem Papier – die kosteneffizientesten Lösungen gewählt werden. Und dann wurde in den USA in den 1970er und 1980er Jahren auch noch durch den *Clean Air Act* demonstriert, dass ein solches Verfahren sogar praktisch funktionieren kann. So tauchte der EH als Vorschlag auf der internationalen Bühne im Umfeld des Rio-Erdgipfels 1992 auf. Im Kyoto-Protokoll wurde schließlich der Handel mit Zertifikaten zwischen Staaten ermöglicht und der zusätzliche CDM-Mechanismus eingeführt. Was in den USA vorgedacht und praktisch erstmalig umgesetzt wurde, fand internationale Aufnahme.

Dies ist vom Anfang her betrachtet überraschend, da bis in die frühen 1990er Jahre der Unternehmenssektor geschlossen gegen Klimapolitik auftrat, eine klar antiregulatorische Haltung einnahm und sich äußerst ablehnend gegenüber NGOs verhielt. Mitte der 1990er Jahre ergab sich dann eine Unternehmens-NGO-Allianz die den EH als neuen Klimakompromiss unterstützte. Meckling belegt, wie vorher unter Federführung amerikanischer Multis und mit Unterstützung international vernetzter Organisationen wie dem *American Petroleum Institute* und dem International *Chamber of Commerce* transatlantisch erfolgreich Klimaregulierung verhindert wurde. Nicht verwunderlich, taten sich in dieser Verhinderungsfront besonders die fossilen Produzenten, die ·energieintensive verarbeitende Industrie, also die Automobil-, Öl-, Gas-, Kohle, Elektrizitäts-, Zement-, Aluminium-, Stahl-, Chemie- und Papierindustrie hervor, meist unter Federführung der amerikanischen Ölindustrie.

Einer ihrer Erfolge, flankiert von der amerikanischen Administration unter Bush Sr., bestand in der sehr laschen Aufgabenstellung und Implementierung des UNFCCC.[21] Unter Clinton kam es zu einer Frontstellung

---

[21] Zu den Umständen siehe auch Schellnhuber (2015, Kapitel 5).

zwischen der Washingtoner Administration und NGOs auf der einen und dem *big business* auf der anderen Seite. In Europa gab es einen ähnlichen Graben. Die EU-Kommission forderte 1991 eine Kohlenstoff-Energiesteuer, die nicht zuletzt durch die massive Ablehnung durch *Business Europe* unter die Räder kam, so dass man wie Meckling von einer Vetomacht durch die gut organisierte Unternehmerschaft sprechen kann. Auch Großbritannien sprach sich gegen eine Kohlenstoffsteuer aus.

Das internationale Treffen 1995 in Berlin (COP 1) markiert einen Wendepunkt, da man sich für quantitative Begrenzungsziele einsetzte, was auf eine neue *Green Group* innerhalb der Entwicklungsländer, die nachdrückliche Position der EU und eine Mobilisierung der Umwelt-NGOs im *Climate Action Network* (CAN) zurückgeht. Zwar lobbyierten v.a. Ölfirmen (Exxon, Texaco) im Verbund mit Saudi-Arabien gegen die Festlegung quantitativer Ziele, aber BP und Shell verließen ihren vorherigen antiregulatorischen Kurs nicht zuletzt aufgrund von Unmutsbekundungen aktiver Bürger und deutlicherer Ergebnisse und Aussagen der Klimaforscher. Die Einheitsverweigerungsfront begann zu bröckeln.

1996 bei COP 2 in Genf änderten die USA ihre Haltung radikal und stimmten quantitativen Zielen auf einer Zeitachse zu, aber nur unter Einschluss (damals wenig präzisierter) flexibler Mechanismen. Auch kam es zu unterschiedlichen Positionierungen amerikanischer (contra) und europäischer (pro) Ölfirmen, da letztere sich einer schärferen Umweltdiskussion gegenübersahen. 1997 bildete sich eine eher lose NGO-Unternehmer-Koalition für eine marktbasierte Klimapolitik, unter ihnen *Environmental Defense* (eine für EH eintretende NGO), das *World Resources Institute* und die *International Climate Change Partnership*, in der sich Unternehmen organisierten. In dieser großen Koalition sind die Unternehmen BP und DuPont als politische Unternehmer hervorzuheben, zu denen bald auch Shell stieß.

Ferner erfolgte eine Verstärkung durch und mit der Clinton-Administration und Al Gore als Vizepräsidenten. Die Regierung versprach nach Clintons Wiederwahl 1996, die Emissionen zwischen 2008 und 2012 auf dem Niveau von 1990 zu stabilisieren. Der *Sierra Club* war gegen den EH, was zeigt, dass auch im Lager der NGOs dauerhaft unterschiedliche Ansichten vorlagen. Der EH war jedenfalls auf eine proaktive Gruppe von Unternehmen, marktorientierten Regierungen und den EH befürwortenden NGOs zurückzuführen.

Doch es gab massiven Widerstand, u.a. vom *Business Roundtable*, aus dessen Reihen z.B. 150 CEOs in öffentlichen Anzeigen Front machten.

Der auf ihrer Seite stehende US-Senat beschloss eine Resolution, die vorsah, nur dann ein Abkommen mit bindenden Verpflichtungen zu unterschreiben, wenn für die Entwicklungsländer ebenfalls verbindliche Minderungsziele vorgesehen würden. Von europäischer Seite her war man dem EH keineswegs zugeneigt und Umweltgruppen wie CAN sahen im EH eine Lizenz zum Verschmutzen. Im Juni 1997 bei den Vorbereitungen zu COP 3 deutete sich bei Verlautbarungen des EU-Ministerrates eine nicht mehr ablehnende Haltung an, die auch auf die starke britische Unterstützung des EH zurückzuführen war.

Im Dezember 1997 traf man sich dann in Kyoto, unter den Teilnehmern befanden sich rund 4000 Nichtregierungsvertreter. Die Antiregulierungsunternehmen waren mit großer Besetzung vor Ort und erhielten u.a. von Saudi-Arabien Unterstützung. Die weniger gut organisierte proregulative Allianz spielte eine Rolle sowie die amerikanische Regierung, die nur bereit waren, quantitativen Minderungszielen zuzustimmen, wenn auch ein Emissionshandelssystem eingeführt würde. Auch gab es die Unternehmensvertreter der erneuerbaren Energien, die eigentlich von allen klimapolitischen Maßnahmen profitierten und nicht auf flexible Mechanismen festgelegt waren, aber auch nichts dagegen einzuwenden hatten. Die Vertreter von BP waren maßgeblich daran beteiligt, die europäische Seite vom – von den Amerikanern geforderten – EH zu überzeugen, unterstützt von Vertretern der britischen Regierung unter Blair.

Die Kyoto-Verhandlungen hätten im Fiasko enden können, auch weil die amerikanische Seite lange doch nicht bereit war, merkliche Minderungsziele zu akzeptieren. Dies änderte sich mit dem Auftauchen Al Gores vor Ort und der Ankündigung, mehr Flexibilität zeigen zu wollen. Bis zur letzten Plenarsitzung gab es kein klares Resultat und die USA koalierten mit der sogenannten *Umbrella Group*, deren Ziel es war, die von der EU geforderten deutlichen THG-Minderungen zu konterkarieren.

Um es kurz zu machen: Der EH war der Kompromissdeal zwischen der EU und den USA. Die Entwicklungsländer lehnten dies ab, da durch den EH, wie von Indien und China betont, die inländischen THG-Minderungen der Industrieländer verzögert würden.

Sie sprachen sich auch gegen einen Artikel im Vertragswerk aus, der freiwillige Minderungen der Entwicklungsländer ansprach. Der CDM (siehe Näheres weiter unten) war ursprünglich als ein v.a. von Brasilien favorisierter Fonds konzipiert, in den Industrieländer bei Nichterfüllung ihrer Minderungsziele einzahlen sollten und mit dessen Geld Projekte in Entwicklungsländern bezahlt werden sollten. Dies gefiel aber den ent-

wickelten Ländern nicht, wohl aber den Amerikanern, da man so definitiven fixen Grenzwerten entgehen konnte und sie den Vorschlag Brasi-
liens einfach als flexibles Handelssystem (um)interpretierten. Durch
einen Kompromiss entstand so der CDM. Laut Al Gores Nachbetrach-
tung folgten die finalen Arrangements den amerikanischen Vorschlägen.
Er betonte, dass freie Märkte und nicht Regulierung durch Regierungen
den Klimaschutz voranbrächten. Eine kleine Gruppe von proaktiven
Akteuren aus dem Unternehmens- und NGO-Bereich und einige staatliche Akteure verhalfen so den US-spezifischen EH-Vorschlägen zur
weltweiten Anerkennung und Legitimität.

In Kyoto war allerdings reichlich unklar, wie ein EH in der Praxis
eigentlich aussehen sollte. Viele Europäer misstrauten ihm weiterhin und
es war unklar, ob die USA das Protokoll überhaupt ratifizieren würden.
Trotzdem verschob sich die Balance vom antiregulatorischen zum proregulatorischen Camp. Es würde zu weit führen, die Organisationen (wie
z.B. die angelsächsische IETA) und Aktivitäten des proregulatorischen La-
gers, bestehend aus Unternehmen und marktfreundlichen NGOs, im Einzelnen zu beschreiben.[22]

Es soll nur hervorgehoben werden, dass BP eine Schlüsselrolle zukam
und das Unternehmen auch beispielhaft ein firmeninternes EH-System
etablierte. Gleichzeitig desintegrierten sich die antiregulatorischen Organisationen und Aktivitäten, obwohl sie über größere finanzielle Ressourcen verfügten. Wichtig für die sich verändernde Balance war auch die
normative Drift Richtung internationale Vereinbarungen, die gestiegene
Legitimität durch das Mitwirken von NGOs, die politische Krise durch
die vorherige Pattsituation zwischen Befürwortern und Gegnern von Regulierungen und die marktbasierte Instrumente unterstützende Clinton-
Administration.

Wie kam es aber nach dem Ausscheiden der USA zum Durchbruch
des EH vor allem in Europa? In der EU waren lange Zeit Unternehmen,
Regierungen und NGOs erklärte Gegner des EH vor und bis einige Zeit
nach Kyoto. Dennoch führte die EU 2005 den EU-ETS für rund 11.500
Unternehmen ein, wodurch rund 45% der CO_2-Emissionen erfasst wurden und sich der EH der EU zum weltweit ambitioniertesten EH-System
entwickelte. Wie ist dieser Sinneswandel von Skepsis zu starker Befür-
wortung zu erklären, wobei die EU nicht einmal durch andere Staaten in
diese Richtung gedrängt wurde? Auch wurde der EH nicht durch das

---

[22] Siehe zu den Details Meckling (2011, Kapitel 4).

Kyoto-Protokoll vorgeschrieben. Wie die EU ihre Reduktionsziele zu erreichen gedachte, war tatsächlich ihre Angelegenheit. EH war also möglich, aber nicht zwingend. Meckling zeigt im Detail, dass die EU-Kommission und v.a. britische Öl- und Energieunternehmen die Hauptprotagonisten waren. Das zwischen 2002 und 2007 etablierte UK ETS war (neben dem dänischen) ein Vorläufer des EU-ETS in einem EU-Mitgliedsland. Es entsprang einer konzertierten Aktion der britischen Regierung und Unternehmen der Insel, die sich beide für marktbasierte Klimapolitik einsetzten. Eine besondere Rolle bei der promarktlichen Koalitionsbildung spielte wieder einmal BP als politischer Unternehmer in der Absicht, hiermit ein für Unternehmen im Vergleich zu Steuern und ordnungsrechtlichen Vorschriften kostengünstiges Instrument zu fördern. Die Unternehmensseite bevorzugt übrigens generell den EH nicht, damit der normative Stern des Marktes hell leuchten soll, schließlich sind auch Steuern marktkonform, sondern weil man sich mit ihm eine preisgünstigere Lösung erhoffte.

Man ging hierzu in Großbritannien auch eine Partnerschaft mit der Umweltorganisation *Environmental Defense* ein. Die Anwendung eines EH innerhalb des Unternehmens BP (*in-house trading project*) zeigte, dass EH zu geringen Kosten funktionieren kann, was die Glaubwürdigkeit sowohl des EH als auch von BP erhöhte. Im Jahr 2000 folgte Shell mit einem EH innerhalb des Unternehmens. 1997 erlangte die *Labour Party* die Mehrheit und sprach sich u.a. für eine Besteuerung des Kohlenstoffs aus. Dagegen positionierte sich eine Gruppe aus 30 Unternehmen, zu der neben BP noch *British Gas* und eine Anzahl von Industrieverbänden gehörte. Sie fanden Unterstützung bei einigen Regierungsoffiziellen, die dem EH positiv gegenüberstanden.

Ihre Aktivitäten waren von Erfolg gekrönt und 1999 wurde die Einführung eines britischen EH beschlossen. Dieser Beschluss war zurückzuführen auf ein generell marktaffines Denken in Großbritannien (einschließlich der Regierung), Versuche zur Verhinderung einer kostspieligeren Steuervariante und das Wissen um die symbolische Bedeutung der Unternehmen als proaktive Umweltakteure. Die Regierung beabsichtigte, London bei EU-weiter Einführung eines EH zum zentralen Handelsplatz zu machen, und entsprechend fand der EH Anhänger im Lager der Finanzinstitute.

Die Organisatoren des UK ETS banden weiterhin skeptische Umweltgruppen ein, darunter der WWF und *Friends of the Earth*, die zwar einige Detailkritiken vortrugen, aber langsam in den EH-Zug einstiegen.

Dem britischen EH kam letztlich durch freiwillige Teilnahme eine eher symbolische Bedeutung als Pilotprojekt zu, eine Kohlenstoffsteuer gab es nämlich dennoch. Dennoch beeinflusste er die Waage zugunsten des EH.[23]

Wie erwähnt, gab es nach Kyoto in der EU nach wie vor Bedenken gegenüber dem EH. Zur Erreichung des 8%igen Minderungsziels der EU gab es mehrere Optionen. Viele Länder waren unentschlossen in ihrer Haltung gegenüber dem EH, die deutsche Seite eher ablehnend. Britische Öl-, Gas- und Elektrizitätsunternehmen, marktorientierte Mitgliedsstaaten und der EU-Kommission gelang es dann aber letztlich, dem EH zum Sieg zu verhelfen. Seit 1998 lobbyierte die nicht nur britische Unternehmen umfassende unternehmerische Prohandelsallianz bei der EU-Kommission und kooptierte Umweltgruppen, nationale Regierungen und weitere Industriebranchen. Nach und nach erkannten weitere Unternehmen die Vorteile des EH für sich. So schlug sich *Eurelectric*, der Dachverband der europäischen Stromerzeuger, nach Simulationen eines EH-Systems auf die Seite der Befürworter und wurde Teil ihrer Wissens- und Interessengemeinschaft.

Auch bei den in Europa mehrheitlich gegen den EH eingestellten NGOs wich langsam die Abneigung. Der WWF akzeptierte den EH direkt nach den Kyoto-Verhandlungen, Greenpeace akzeptierte ihn nach und nach, ohne ihn besonders zu favorisieren, während z.B. einige Verbände wie *Friends of the Earth* ihn weiterhin ablehnten. Zwar organisierte *Environmental Defense* einen transatlantischen Dialog für den EH, aber dank der skeptischen Haltung Umweltengagierter in Europa gehörten NGOs in Europa in der Phase des *agenda-settings* nicht zu den Protagonisten.

Zwischen der EU-Kommission und den Prohandelsunternehmen gab es einen reziproken Verstärkereffekt. Nach Aussagen von Beteiligten hätte sich ohne die Unterstützung promarktregulatorischer Unternehmen ein EH kaum durchgesetzt bzw. durchsetzen lassen. Um das Jahr 2000 veröffentlichte die EU-Kommission mehrere Papiere zur Einführung eines EH, obwohl in den meisten Mitgliedsstaaten nach wie vor Zweifel überwogen und viele Unternehmen sich nach wie vor für rein freiwillige Maßnahmen aussprachen. Die Umsetzung einer Kohlenstoffsteuer war jedenfalls frühzeitig vom Tisch, da für ihre Einführung laut EU-Verträgen eine (unrealistische) Zustimmung aller Staaten erforderlich war und die Industrieverbände einheitlich massiv Front gegen sie machten, was ihren starken Einfluss auf europäische Gesetzgebungsprozesse belegt.

---

[23] Zu den Details siehe Meckling (2011, Kapitel 5).

Die Steuervariante wurde zu den Akten gelegt. Der EH erfuhr weniger Widerstand und hatte immerhin Befürworter im Unternehmerlager. Innerhalb dieser Beschränkungen agierte die EU-Kommission. Die Schwedin Margot Wallström war von 1999-2004 in der EU für die Umwelt zuständig. Die schillernde, umtriebige, aus der Privatwirtschaft kommende, marktliberale Politikerin unterstützte den EH. So wurde eine *Climate Change Policy Working Group on Flexible Mechanisms* gegründet, die sich zwischen 2000 und 2001 zehn Mal traf. Die 30 Mitglieder kamen breit gestreut aus der EU-Kommission, den Mitgliedsländern, einigen NGOs und pro und contra eingestellten Unternehmen (BDI, *European Round Table of Industrialists*, europäischer Verband der Chemieindustrie u.a.). Diese, wie der WWF und *CAN Europe*, wurden zu Mitakteuren, die versuchten, anstelle von „Kosteneffizienz" für die Unternehmen Umwelteffizienz bei der konkreten Ausgestaltung des EH durchzusetzen. Sie verstanden ihre Rolle als grüne Qualitätsmanager. Das Dreieck aus Unternehmen, EU-Kommission und NGOs bildete eine breite Koalition, deren Mitglieder in ihren Verbänden für den EH warben.

Starke Opposition kam von der deutschen Industrie sowie den europäischen Verbänden für Kalk und Stahl und den deutschen Gewerkschaften, die sich gegen bindende Verpflichtungen aussprachen. Ein eher nachvollziehbarer Aspekt war neben dem Hinweis auf bereits etablierte *best practices*, dass marktbasierter EH dem deutschen korporatistischen Aushandlungsmodell zwischen Wirtschaft und Staat widersprach und man ausufernde Bürokratie befürchtete. Den Ablehnenden kam nach dem Austritt der USA aus dem Kyoto-Protokoll noch entgegen, dass man auf für die europäische Wirtschaft nachteilige Wettbewerbsverzerrungen durch Kostenbelastungen bei einem EH hinweisen konnte.

Jedenfalls sprach sich die deutsche Regierung 2002 für den EH-Vorschlag aus, nachdem Deutschland einige Konzessionen gemacht wurden und z.B. BP bei deutschen Parlamentariern nachdrücklich auf der Matte gestanden hatte. Seit 2001 stand fest: Der EH wird kommen. Die Auseinandersetzungen bezogen sich dann auf die Stringenz der Ausgestaltung: Welche Sektoren sollten einbezogen werden? Wie viele Zertifikate sollten kostenlos und an wen verteilt werden? Sollte die Teilnahme bis 2008 freiwillig sein? Usw.

Ursprünglich hatte die EU-Kommission vorgesehen, dass die Zertifikate versteigert werden sollten. Die schlussendliche Verordnung sah aber vor, dass bis zu 100% (abhängig von einer *benchmark*) kostenlos an die Industrie vergeben werden konnten (*grandfathering*) und die Nationalstaaten über die Verteilung der Zertifikate entscheiden. Dies gab natürlich den Industrieunternehmen die Möglichkeit, auf „ihre" Politiker Einfluss im Interesse der Wettbewerbsfähigkeit des Landes zu nehmen. So konnte sich zwar die antiregulatorische Fraktion nicht durchsetzen, aber die endgültige Vereinbarung als Verwässerungserfolg der proregulatorischen Fraktion angesehen werden.

Dem Kompromiss stimmten viele Seiten zu. In einer gemeinsamen Erklärung von Greenpeace, CAN Europe, WWF, *Friends of the Earth* und der *Royal Society for the Protection of Birds* wurde unter Zustimmung zum EH gefordert, nun käme es darauf an, eine stringente Kappungsgrenze festzulegen. An dieser Stelle soll der spätere Verlauf nicht näher weiterverfolgt werden. Ab diesem Zeitpunkt wurde die EU zum weltweiten multilateralen Vorreiter des EH, der dann in die USA auf lokaler und bundesstaatlicher Ebene rückexportiert wurde (siehe Meckling 2011, Kapitel 6).

Zum europäischen EH kam es durch das Kyoto-Protokoll, den britischen UK ETS, die Herausbildung einer promarktlichen Regulationsstrategie auf Unternehmensseite, bei der die Aktivitäten von BP und Shell hervorzuheben sind, eine Meinungsänderung von NGOs, den zur damaligen Zeit vorherrschenden marktliberalen Zeitgeist, die kaum auflösbare Frontstellung zwischen striktem (NGOs) und nur freiwilligem (antiregulatorisch eingestellte Unternehmen) Umweltschutz, die erfolgreiche Abwehrfront von Seiten der Industrie gegenüber alternativen Lösungen (Steuern, Ordnungsrecht) und die für die Einführung essenzielle Rolle der EU-Kommission und der EU-Generaldirektion für Umwelt. Das EU-ETS geht letztlich auf eine Konvergenz von Unternehmensinteressen und einer marktfreundlich eingestellten EU-Kommission zurück, die angesichts einer gemeinsamen EU-Minderungsverpflichtung auch eine Zersplitterung der nationalen Maßnahmen verhindern wollte.

Als Resultat bleibt festzuhalten, dass sich die ordnungsrechtliche Präferenz der NGOs in den 1990er Jahren bei vielen ihrer Organisationen verflüchtigte. Der Frontstellung Ökonomie versus Umwelt, die eher für harte (Produktions-)Einschnitte zur Reduktion der Emissionen sprach, wurde abgelöst durch die Unterstützung auch marktbasierter, möglichst internationaler Emissionskappung. Nach wie vor bestand eine antiregulatorische Unternehmenskoalition, der der deutsche BDI und ExxonMobil zuzurechnen sind, der es prinzipiell um die Vermeidung von mit Emissionen verbundenen Zusatzkosten ging und die Emissionsbegrenzungen ablehnte. Seit ungefähr 2000 akzeptierte sie freiwillige Klimapolitik (z.B. Kompensationsprojekte). Ihr kann auch z.B. der Rückzug der USA vom Kyoto-Protokoll und die nicht klare Zielfestlegung des UNFCCC als Erfolg zugeschrieben werden. Ihr Stern verblasste aber seit der Berliner Vereinbarung 1995.

Seit Mitte der 1990er Jahre gibt es auch eine pro Handel eingestellte Unternehmerkoalition (u.a. BP, Shell), die den EH als das kleinere Übel ansieht und sich potenzieller Reputationsverluste bewusst ist und die davon ausgeht, dass Ökonomie und Umweltbesorgnis sich nicht ausschließen, sondern dass sich stattdessen die Umwelt als Geschäftsfeld anbietet.

Eine Marktlösung in Form des EH war eine Kompromisslösung zwischen der Zurückhaltung und Ablehnung bindender klimapolitischer Maßnahmen von Seiten der Industrie und der Präferenz für ordnungsrechtliche Politik von Seiten der NGOs. Der EH war dank kosteneffizienter und flexibler Marktmechanismen der dritte Weg zwischen der politischen Linken und „Klimafundamentalisten" einerseits und der politischen Rechten und Unternehmensinteressen andererseits. Die NGO-Unternehmens-Koalition schwächte die antiregulatorischen Kräfte. Im Vorlauf zu Kyoto gewannen die Prohandelskräfte durch die Clinton-Administration Auftrieb. Es wurde weiter oben beschrieben, wie sich der zunächst abgelehnte EH (auch) in der EU durchsetzte. In den USA und in Europa entwickelten sich große Emittenten der Öl- und Strom erzeugenden Industrie (und nicht etwa die Finanzindustrie) zur Kernmannschaft der Prohandelsfraktion, die den EH als Strategie zur Vermeidung einer Steuer und generell von regulatorischem Risiko favorisierte. Andere Motive überwogen bei NGOs, denen zusagte, dass ihnen trotz geringer finanzieller Ausstattung nunmehr Gehör geschenkt wurde und die auch Gutes (absolute Deckelung der Emissionen) am EH entdeckten. Staaten und die EU-Kommission wiederum orientierten sich am vorliegenden Kräftespiel und der Notwendigkeit, eine einheitliche Regelung zu finden.

Die frühe Unterstützung durch die USA und Großbritannien zeugt von der angelsächsischen Präferenz für marktbasierte Lösungen, ähnliches gilt für Großunternehmen wie BP und Shell mit ihren Anstrengungen zur Formung eines Netzwerkes und ihrer Einführung firmeninternen Emissionshandels. Die damalige Grundorientierung der EU-Kommission ging in eine ähnliche Richtung. Durch das Kyoto-Protokoll wurden zudem Fakten geschaffen und die Tür zum EH geöffnet. Zunächst ablehnende Unternehmen wie die Stromerzeuger änderten ihre Ausrichtung, nachdem sie erkannten, dass sich mit dem EH durch Einpreisung geschenkter Zertifikate Geld verdienen lässt.

Das Kyoto-Protokoll konnte durch die finanzkräftige antiregulatorische Unternehmenskoalition nicht verhindert werden. Dies zeigt, dass Geld nicht alles bewirken oder verhindern kann, sondern Einfluss auch von Legitimität und Überzeugungskraft gegenüber Regierungen und der Öffentlichkeit und der Koalitionsbildung mit anderen Kräften wie z.b. den NGOs abhängt, die wie im Falle der EU erst sehr spät und nur zum Teil den EH befürworteten. Solche Kooperationen signalisieren stets guten Willen und Kooperationsbereitschaft. Was hier nicht im Detail gezeigt werden konnte: Für den Erfolg solcher Initiativen ist auch die Fähigkeit zentral, Multiebenenspiele, d.h. solche auf nationaler, europäischer und internationaler Ebene zu beherrschen und entsprechende Koalitionen zu bewerkstelligen. Hierbei wies die antiregulatorische Fraktion Schwächen auf.

Vor allem im Falle der EU, aber auch beim Kyoto-Clinton-Nexus zeigte sich, dass staatliche Unterstützung unentbehrlich ist und Staaten nach wie vor das wesentliche Gravitationszentrum auch umweltpolitischer Maßnahmen sind. Es ist nicht richtig, von einer einseitigen und unilateralen Kaperung der Staaten (und NGOs) durch multinationale Konzerne zu sprechen, wie stark auch immer sie auf Nachhaltigkeit gerichtete Maßnahmen zu verhindern und das Diskursfeld zu beeinflussen wussten.

Die Analyse der Geschichte des EH spricht daher für einen koalitionszentrierten Ansatz. Dieser kann durchaus kapitalismuskritisches Potenzial enthalten, wenn man berücksichtigt, wie stark Industrieinteressen und ihre Einflussnahme zu Buche schlugen. Auch aus ökologischer Sicht zeigt die Geschichte der Ereignisse, dass weder beim Kyoto-Protokoll noch beim EU-ETS die Frage an erster Stelle stand, was nach bestem Stand der Wissenschaft objektiv nötig und am zielführendsten wäre und wie man dann möglichst international einen entsprechenden Gesamtplan entwerfen könnte. Auch die Einbindung vieler NGOs in den EH kann man sehr kritisch sehen, da diese sich womöglich im Klein-Klein verheddern und nicht mehr vorrangig oder in der nötigen Klarheit das objektiv Erforderliche einbringen.

Ein Koalitionsansatz ist klimapolitisch gesehen beunruhigend. Hätte man es nämlich nur mit einem historischen Unternehmensblock zu tun, der die Politik kapert und die Interessen der Menschen unterdrückt, könnte man klar den einen Gegner identifizieren und anprangern. Die große EH-Koalition zwischen Staatsapparaten, Unternehmensfraktionen und NGOs zeigt, dass es so einfach nicht war und meist nicht ist. Man könnte hier noch die Mehrzahl der Mitbürger anführen, die so lange zur

Koalition der nur gebremst Willigen gehören, wie es ihrem Konsum und Wohlbefinden nicht an den Kragen geht. Der EH erwies sich als akteursgruppenübergreifende Friedenspfeife.

Da es bei Politik in Demokratien und im komplexen internationalen Mehrebenensystem immer um Koalitionen und Kompromisse geht, ist wenig Gutes für beherzte Klimapolitik zu erwarten. Ein *liberal environmentalism* mit möglichst wenig schmerzhaften Einschnitten scheint der kleinste, aber einzig global realistische Nenner zu sein. Überdies besteht vom Umfeld her eine Schlagseite in Richtung einer stark liberal verfassten internationalen ökonomischen „Ordnung". So hat sich der hoffnungsfrohe Ausblick Mecklings aus dem Jahr 2011, als er Anzeichen einer baldigen zupackenden Klimapolitik sah, zwischenzeitlich als unzutreffend erwiesen. In seiner Einschätzung zeigt sich eventuell, welchem Kompromissdruck Wissenschaftler ausgesetzt sind, wenn sie an amerikanischen wissenschaftlichen Eliteeinrichtungen reüssieren wollen. Tatsächlich betrug die umweltpolitisch motivierte (Steuer-)Belastung von CO_2-Emissionen 2015 weltweit im Durchschnitt einen einzigen US-Dollar, was von Dolphin et al. (2020) politökonomisch auf den Kampf der oben erwähnten Interessengruppen zurückgeführt wird.

Als Ergebnis der Ereignisgeschichte ist auch festzuhalten, dass der EH weder als das von (wirtschafts)wissenschaftlicher Seite her klar festgestellte beste Instrument angesehen wurde, noch Resultat einer breiten, demokratisch geführten offenen Debatte war.

Ein entscheidender, bisher nicht thematisierter zentraler Faktor können politische Krisen sein, die ein Möglichkeitsfenster für neue politische Ideen und Entschlüsse eröffnen. Im Klimabereich öffnete sich ein solches *window of opportunity* im Zuge wissenschaftlicher Erkenntnisse sowie daraus folgender drastischer THG-Minderungsziele und unübersehbarer ökologischer Umweltveränderungen und (noch weitgehend lokaler) Katastrophen. Nicht zuletzt dank FFF manövrierte dies den Politikbetrieb in eine latente Legitimitätskrise. In den USA hatte der Hurrikan Kathrina einen gewissen kathartischen Effekt. Sind die jüngsten Pläne der EU als Ergebnis eines solchen Möglichkeitsfensters zu deuten oder sind sie einmal mehr Ausdruck einer cleveren Verschleppungstaktik?

Es wird in den weiteren Kapiteln untersucht, wie (freiwillige) Kompensation und marktbasierte Emissionshandelssysteme funktionieren, welche Maßnahmen auf der politischen Bühne diskutiert werden, ob die hier bereits angedeuteten Vorwürfe zutreffen und ob es sich möglicherweise um grobe Täuschungsmanöver v.a. gegenüber der Öffentlichkeit handelt.

Ich möchte noch betonen, dass ich ergebnisoffen an diese Recherche herangegangen bin. Nichts wäre mir lieber, als zum wissenschaftlich abgesicherten Ergebnis zu gelangen, dass die eben zitierten Einwände und Einschätzungen falsch oder zumindest stark übertrieben sind.

4. Ein Selbstversuch: Zertifizierte Klimaneutralität für ein Taschengeld

Zusammenfassung: Auch für Privatpersonen ist es ohne größeren Aufwand möglich, für weniger als einen US-Dollar pro Tonne CO_2 Klimakompensation vorzunehmen – sogar mit vom UN-Sekretariat (UNFCCC) beurkundeten Zertifikaten. Die für Kompensation notwendige Zusätzlichkeit und eine durch den Kauf der Gutschriften bewirkte sonstige Minderung der Einspeisung fossiler Energieträger sind oft fraglich und kaum nachweisbar. Es gibt viele verschiedene Kompensationsstandards mit unterschiedlichen Anspruchsniveaus. Dies führt zu erheblicher Unübersichtlichkeit, dabei entspricht das Kompensationsvolumen nur wenigen Prozent der gesamten jährlich anfallenden THG. Auch entsteht der Eindruck, dass Klimakompensation in Schwellenländern zwar sehr oft ökologisch unwirksam ist, sich aber bestens für billige Grünfärberei eignet.

* * *

Dieses Kapitel zeichnet die anfänglichen Überlegungen nach, die mich zu dieser Untersuchung führten. Klimaneutrale Aktivitäten sprießen nur so aus dem Boden, Unternehmen verändern, zumindest für den Außenstehenden, ihre Geschäftsmodelle kaum und sind trotzdem plötzlich klimaneutral. „Klimaneutralität" wird von allen Seiten, wenn auch mit unterschiedlichen Vorstellungen zur Umsetzungsgeschwindigkeit gefordert. Ich fragte mich: Ist es schwierig, seinen eignen Lebenswandel klimaneutral zu deklarieren?

Ich führte ein „Feldexperiment" durch, für das folgende Bedingungen gelten sollten:

(1) Ich bin ein (natürlich nur rein theoretisch) übermäßiger Umweltbelaster, bleibe mit 17 Tonnen – dank der Hinzufügung zweier fiktiver Langstreckenflüge – über dem deutschen Jahresdurchschnitt von rund 12 Tonnen pro Nase und damit weit über einem weltweit nachhaltigen Kontingent von rund 1-2 Tonnen CO_2 pro Jahr und Person. (2) Ich will höchstens 30 Minuten meiner wertvollen Lebenszeit in die entsprechende Klimaneutralität investieren. (3) Das Ganze soll mich weniger kosten als

eine viertel Tankfüllung des Autos. (4) Es muss sich um eine zertifizierte und gut beglaubigte Neutralisierung handeln, die mir von einer internationalen Institution mit bestem Leumund bescheinigt wird.

Welche Institution könnte mir dieses Wunschpaket bieten und mir nachweislich bescheinigen, dass ich, obwohl Umweltsünder, trotzdem klimaneutral bin? Dank Suchmaschine lande ich sofort beim UNFCCC. Diese Institution, die uns noch häufiger begegnen wird, steht für die *United Nations Framework Convention on Climate Change*, also die Klimarahmenkonvention der Vereinten Nationen. Es ist DIE seit dem Erdgipfel von Rio aus dem Jahr 1992 eingerichtete Weltkonferenz für Umwelt und Entwicklung, die die vielbeschworene Weltgemeinschaft repräsentiert und auch die zentrale Institution für das Kyoto-Protokoll und die Pariser Verträge ist. Diese Institution ist eigentlich nur ein Sekretariat, das bei der Registrierung von CDM-Projekten auftritt, dessen *Executive Board* aber durchaus an der Entwicklung von Umweltstandards mitwirkt. Es setzt sich nach einem weltweit ausgerichteten Proporz inklusive eines Vertreters der EU zusammen.

Es erschien unwahrscheinlich, dass ich mir in der Rolle des unverbesserlichen Klimaignoranten ausgerechnet von dieser Organisation mit der höchsten Reputation (*credibility*) kostengünstig Klimaneutralität bescheinigen lassen könnte. Gleich auf der ersten Seite findet man direkt unter *climate action* die Unterkategorie *climate neutral now*.

Hier kann man seinen ökologischen Fußabdruck in wenigen Minuten berechnen lassen und bekommt ein Ergebnis ausgeworfen, das deutlich unter meinem vom Bundesumweltministerium berechneten ökologischen Fußabdruck lag. Ich wurde gefragt, ob ich meinen Fußabdruck neutralisieren wolle. Natürlich, sofern es schnell geht und wenig kostet.

Käufe der dort angebotenen freiwilligen Ausgleichsgutschriften werden in dem vom UN-Klimasekretariat verwalteten CDM-Register elektronisch gespeichert. Eine Gutschrift entspricht einer Tonne neutralisiertem CO_2. Entsprechende Neutralisierungen werden im später zu behandelnden verpflichtenden Handelssystem nicht wie hier als Gutschriften, sondern als Zertifikate bezeichnet. Das Sekretariat bestätigt auch die Qualität der CDM-Gutschriften. Unter CDM versteht man begutachtete Projekte in Entwicklungs- oder Schwellenländern, mit denen dort die CO_2-Emission verringert wird, zum Beispiel indem man anstelle von Gas oder Öl zur Stromgewinnung auf Windenergie zurückgreift. Mein Fußabdruck hier in Deutschland wird demnach durch von mir finanzierte Einsparungen in einem Entwicklungsland neutralisiert. Eine in der Theorie an sich famose

Idee. Und man kann sich nach dem Kauf sogar eine schöne, bunte Urkunde ausdrucken.

Viele der dort feilgebotenen Projekte haben einen unschlagbar niedrigen Preis bei versprochen höchster Qualität. Es fällt gleich ein Projekt mit der Nummer 9625 ins Auge, mit dem in Indien neun Windräder mitfinanziert werden, ein sogenanntes *small-scale CDM project*. Begeisterten Lesern von E.F. Schumachers Buch *Small is Beautiful* gefällt dieses Projekt natürlich auf Anhieb. Und eine zu kompensierende Tonne kostet bei diesem Projekt ganze 0,8 US-Dollar! Das sind nur etwa 14 US-Dollar oder 12 Euro pro Jahr für die hypothetisch verursachten 17 Tonnen. Man kann sich also mit offiziellem UN-Siegel klimaneutral stellen, ohne sein umweltschädliches Verhalten ändern zu müssen, und das auch noch zu fast unmerklichen Kosten. Dann ist es auch kein Wunder, dass selbst klimaschädliche Unternehmen im Nu recht schmerzlos klimaneutral werden (können).

Ich konnte das nicht recht glauben und schrieb dem *Climate Neutral Now Team* eine Mail mit der Frage, ob ich das korrekt verstanden und berechnet habe. Mir wurde am 2.3.2020 geantwortet, dass ich hiermit richtig liege. Auch wurde bestätigt, dass das Projekt bereits laufe und somit vorfinanziert sei. Über die Modalitäten der Finanzierung könne von Seiten des UNFCCC nichts mitgeteilt werden, da hierfür die jeweiligen Projektentwickler verantwortlich seien und man nur als Plattform diene.

Die betreffenden Windräder in Indien drehen sich tatsächlich seit längerem und man kann sich die Bilder auf der Website anschauen. Ist die Vermutung abwegig, dass der Projektdurchführende (auch) in diesem Fall durch meine nachträgliche Mitfinanzierung eigentlich eine Subvention zu einer womöglich sowieso erfolgten Investition erhält? Der Bauherr ist übrigens die Sahyadri Industries Limited, die – schon etwas überraschend – vor allem im Bereich der Zementfaserherstellung tätig ist.

Um als CDM-Neutralisierung anerkannt zu werden, muss bei Beantragung die Zusätzlichkeit (*additionality*) eines solchen Projekts belegt werden. Das heißt also, so die Behauptung des Projektdurchführenden, ohne die Subventionen wären die umweltfreundlichen Windräder nicht aufgestellt worden, die nun Strom ohne fossile Energie und CO_2-Emissionen produzieren. Dass für das Aufstellen der Windräder eine Mitfinanzierung unabdingbar war, wirkt allerdings angesichts des Discountpreises pro Tonne CO_2 nicht gerade zwingend.

„Der Preis für Offsets gibt die Kosten für einen Offset an, was einer Reduzierung von einer Tonne CO_2 entspricht. Die Offset-Preise hängen von vielen verschiedenen Parametern ab, wie z.B. der Art des Projekts, dem Standort, der Marktnachfrage, der Strenge der Standardanforderungen usw. ... Es wäre zwar falsch anzunehmen, dass niedrige Preise notwendigerweise ein Hinweis auf Kompensationen von geringerer Qualität sind, aber es ist wahr, dass sehr günstige CO_2-Kompensationen eher von nicht zusätzlichen Projekten stammen. Da die von ihnen erzielten Einnahmen gering sind, ist es im Durchschnitt weniger wahrscheinlich, dass die Offsets für die Machbarkeit des Projekts von entscheidender Bedeutung sind" (Kollmuss et al. 2008, 90, Ü).

Natürlich finden sich, wie vorgeschrieben, im technischen Begleitdokument zu dem ausgewählten Projekt komplizierte Berechnungen und es wird belegt, dass sich das Projekt ohne die Subvention nicht rentiert hätte. Um dies zu belegen, hat man unter anderem einen stolzen Zinssatz für Fremdkapital von 10,05% zugrunde gelegt. Es gibt neben dem Zins noch weitere Parameter, mit denen man problemlos die fehlende Rentabilität ohne CDM-Subventionen „kalibrieren" kann.

Außerdem müssen solche Projekte dazu führen, dass andernorts CO_2 eingespart wird. Der durch die Windräder erzeugte Strom wird in diesem Fall in eines der größeren indischen Stromnetze eingespeist. Der Projektträger behauptet – und das UN-Sekretariat bzw. die auch ins Spiel kommenden Überprüfer (Validierer) halten dies offenbar für plausibel –, dass nun entsprechend weniger Strom aus fossilen Erzeugungsquellen ins Netz eingespeist würde. Wie man das für eine energie- und wachstumshungrige Wirtschaft wie die Indiens beweisen kann, ist unklar.

Man setzt bei solchen Kompensationszahlungen auch voraus, dass die indische Regierung keine entsprechende Investition in Windkraft aus eigenen Stücken vorgenommen hätte, nur so ist das Kriterium der Zusätzlichkeit gewährleistet. Wie sich später noch zeigen wird, bestehen durch solche freiwilligen Mitfinanzierungen für Länder Anreize, nicht in klimafreundlichere Energien zu investieren, wenn dies schon von außen erfolgt.

Anfang Februar 2020 stand ich nach einer Tagung unter dem trefflichen Motto *Der nächste Crash als Chance* frühmorgens in Berlin an der Bushaltestelle am Anhalter Bahnhof, um zum Hauptbahnhof zu fahren. Direkt neben der Bushaltestelle befand sich das Entwicklungshilfeministerium (BMZ). Riesengroß stand auf der Fassade, dass das BMZ nunmehr klimaneutral sei. Natürlich fragte ich mich sofort, für wie viel bzw. womöglich für wie wenig Geld dieses Ministerium seine Klimaneutralität wohl erlangt. Dieses und weitere Beispiele werden uns im Fortgang noch beschäftigen.

Als Resultat einer Umfrage gibt folgendes Diagramm Aufschluss über die Preise bei freiwilligen Kompensationsprojekten, deren Daten den Analysten zur Verfügung standen. Der Durchschnittspreis lag bei 3 US-Dollar, was belegt, dass sehr preisgünstige Angebote bei weitem keine Ausreißer sind. Die Studie zeigt u.a. die Verteilung auf die Projekttypen und belegt, dass an sich ähnliche Projekte wegen der Nähe zur eigenen Produktpalette des Projektnachfragers, dem Verifizierungsstandard oder der erhofften Förderung der Region zu sehr unterschiedlichen Preisen angeboten werden (zur europäischen Situation siehe Ecosystem Marketplace 2017a).

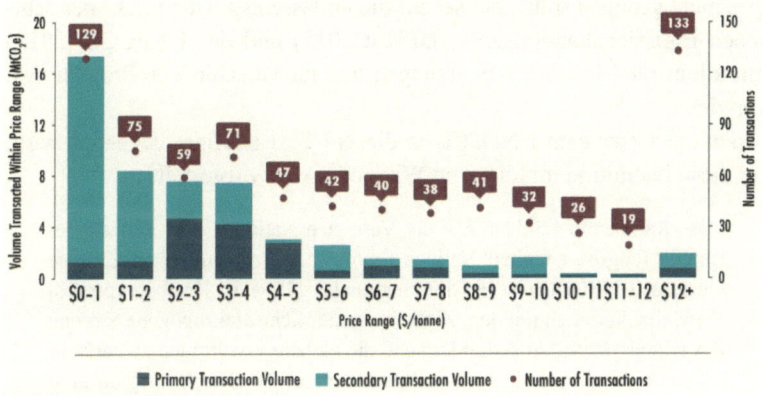

Ecosystem Marketplace 2017b, 9.

Mein Test deutet zunächst darauf hin, dass bei dieser Form der Klimaneutralität (Selbst-)Betrug (*gaming*) insofern möglich ist, als man sich preisgünstig in ein grünes Feigenblättchen kleiden kann. Huckestein (2020, 22) bezeichnet dies als Grünfärberei, bei der es natürlich eine ganze Reihe Profiteure gibt: Projektbetreiber, Gutachterbrigaden, sich grün schmückende Käufer von Gutschriften und Scheinaktivitäten nachweisende Regierungen und Konsumenten, die sonst ein schlechtes Gewissen hätten. Natur und Umwelt fehlen in dieser Liste der Profiteure.

Beim mittelalterlichen Ablasshandel der Kirche wurden Sünden selten so billig erlassen. Findet eine ähnliche Grünfärberei etwa auch auf dem Feld der großen, weltweiten Politik statt? Dieser Frage wird in den folgenden Kapiteln nachgegangen.

Am Ende dieses Kapitels sollen einige Fachbegriffe und Abkürzungen kurz erklärt werden, die im Folgenden noch häufiger auftauchen werden. Die Erläuterungen vermitteln bereits einen Eindruck, auf welch komplexe, aufwendige und mit viel bürokratischem Procedere einhergehende Materie man sich hier einlässt. Dabei geht es nicht nur um die verpflichtenden Kompensationsmöglichkeiten, sondern auch um die freiwilligen.

Ich kann nur hoffen, dass dieser Teil nicht allzu abschreckend wirkt. Nach Schätzungen von Experten gibt es allein zum CDM zwischen 10.000 und 20.000 Seiten an Dokumenten zu Methoden, Regeln, Tools usw. Man muss sich die folgenden Begriffe und die Unterschiede zwischen den Zertifikaten und dem verpflichtenden und freiwilligen Markt nicht im Einzelnen merken. Es geht hier nur um eine erste Umkreisung. Wem dies nicht genügen sollte, der sei auf die umfassenden Überblicke der deutschen Emissionshandelsstelle (DEHSt 2015) und des UNFCCC (2019) mit allein rund hundert Abkürzungen u.a. für verschiedene Projekttypen verwiesen.

Da der Leser dem UNFCCC in diesem Text häufiger begegnen wird, sei diese Institution mithilfe von Wikipedia kurz vorgestellt:

„Das Rahmenübereinkommen der Vereinten Nationen über Klimaänderungen (englisch United Nations Framework Convention on Climate Change, UNFCCC) ist ein internationales [1994 in Kraft getretenes] Umweltabkommen mit dem Ziel, eine gefährliche anthropogene Störung des Klimasystems zu verhindern und die globale Erwärmung zu verlangsamen sowie ihre Folgen zu mildern (Artikel 2). Gleichzeitig umfasst diese Bezeichnung auch das Sekretariat, das die Umsetzung der Konvention begleitet und seinen Sitz in Bonn hat. Die wichtigste Verpflichtung der Konvention ist, dass alle Vertragspartner regelmäßige Berichte, sogenannte Treibhausgasinventare, zu veröffentlichen haben, in denen Fakten zur aktuellen THG-Emission und Trends enthalten sein müssen." (https://de.wikipedia.org/wiki/Klimarahmenkonvention_der_Vereinten_ Nationen, hier ohne Hervorhebungen)

Nun also einige häufiger auftretende Abkürzungen und Konzepte:

AAU (Assigned Amount Units): „Zugeteilte Menge" an Zertifikaten, die sich aus dem Kyoto-Protokoll herleitet; AAU können nur zwischen Staaten gehandelt werden.

EUA (European Emissions Allowances): Zertifikate innerhalb des EU-Emissionshandels auf Unternehmensebene.

CER (Certified Emission Reductions): „Zertifizierte Emissionsreduktionen" für erfolgreich durchgeführte CDM-Projekte; ihr Einsatz ist auf dem regulierten und freiwilligen Markt möglich; sie haben eine gewisse Glaubwürdigkeit, da sie registriert und zertifiziert sind und unter UNFCCC-Aufsicht stehen; oft handelt es sich um groß angelegte Industrie(gas)projekte.

CDM (Clean Development Mechanism): Mit dem CDM können in nicht dem Kyoto-Protokoll unterliegenden Entwicklungsländern zertifizierte Emissionsminderungsgutschriften (CER) erworben werden, die jeweils einer Tonne CO_2 entsprechen. Sie sind handelbar und konnten von Industrieländern verwendet werden, um einen Teil ihrer Emissionsminderungsziele gemäß dem Kyoto-Protokoll zu erreichen. Der Mechanismus soll eine nachhaltige Entwicklung und Emissionsreduzierung fördern und den Industrieländern Flexibilität bei der Erreichung ihrer Emissionsreduktionsziele geben; es gab bisher rund 8000 CDM-Projekte (siehe https://cdm.unfccc.int/about/index.html).

ERU (Emission Reduction Units): Kompensationsprojekte im Rahmen von JI (Joint Implementation).

JI (Joint Implementation): Im Rahmen der gemeinsamen Umsetzung konnten Länder mit Verpflichtungen aus dem Kyoto-Protokoll Emissionsminderungseinheiten aus anderen Ländern erwerben und diese verwenden, um einen Teil ihres Emissionsminderungsziels zu erreichen; im Unterschied zum CDM sind die Zielländer „weniger entwickelte" Teilnahmestaaten des Protokolls, v.a. osteuropäische Länder. Auf JI wird in diesem Beitrag nicht näher eingegangen, um es nicht noch komplizierter werden zu lassen; auch war das Volumen von JI deutlich geringer als beim CDM (zur Problematik siehe Kollmuss et al. 2015; zu den oft kontraproduktiven Durchführungen und Auswirkungen siehe Schneider/Kollmuss 2015).

VER und **VER+** (Verified Emission Reduction Units): Freiwilliger Markt; die Verifizierung erfolgt durch unabhängige Dritte. Da es sich um meist kleinere Projekte handelt, gelten geringere Erfüllungs- und Kontrollstandards als z.B. bei CDM. Mit VER+ liegt eine Weiterentwicklung v.a. vom TÜV SÜD vor, um eine höhere Qualität von Projekten zu erreichen.

GS (Gold Standard): Freiwilliger Markt; dahinter steht eine gemeinnützige Stiftung, die von über 60 NGOs (u.a. dem WWF) international getragen und unterstützt wird und durch den UNFCCC anerkannt ist. Der Standard soll sicherstellen, dass Kompensationsprojekte besonders hohe Ansprüche in Bezug auf nachhaltige Entwicklung erfüllen. Es besteht ein hoher Marktwert für Zertifikate mit dem Zusatz „Gold Standard". 80% der Einnahmen gehen an die Projekte, es gibt länderspezifische Mindestpreise; eine Tonne kann laut Website (Abruf im Juni 2020) ab 12 US-Dollar kompensiert werden (siehe https://www.goldstandard.org/impact-quantification/carbon-markets). Unter den GS können auch Projekte fallen, die nicht den CDM-Anforderungen entsprechen, was angesichts des Anspruchs des GS problematisch ist.

GS CER (Gold Standard CER): Freiwilliger Markt; die Bedingungen erfolgen den CER entsprechend (siehe oben). Es besteht eine recht hohe Glaubwürdigkeit und Qualität dieser Variante, da sie besonders hohe Anforderungen in Bezug auf nachhaltige Entwicklung stellt (Aufforstungsprojekte sind ausgeschlossen).

GS VER (Gold Standard VER): Freiwilliger Markt (und keine CDM); hohe Glaubwürdigkeit, da besondere Anforderungen erfüllt werden müssen; insgesamt genauere Kontrollen und höhere Qualitätsanforderungen.

VCS (Verified Carbon Standard): Ins Leben gerufen von *The Climate Group*, der *International Emissions Trading Association* und dem *World Economic Forum*, mit dem Ziel, ein Programm für die Anerkennung glaubwürdiger Emissionsreduktionen zu schaffen; Kompensationen können nur ex post anerkannt werden, d.h. die Emissionsminderungen sind bereits realisiert, wenn sie an den Kunden verkauft werden (siehe zu den verschiedenen Standards Energiekonsens o. J., 4-5 und Lücken 2019, Kapitel 4 bis 7 mit detaillierten Beurteilungen der Standards hinsichtlich 11 relevanter Kriterien wie Zusätzlichkeit und Validierung).

Die Übertragbarkeit und Anrechenbarkeit v.a. aus CDM-Projekten im verpflichtenden Segment ist eine kleine Wissenschaft für sich. Als Kostprobe soll folgendes Zitat dienen:

> „Möchte der Betreiber einer emissionshandelspflichtigen Anlage CER und ERU in der dritten Handelsperiode des EU-Emissionshandels (2013-2020) für seine Abgabeverpflichtung verwenden, muss er sie zuvor in europäische Emissionsberechtigungen umtauschen. Dieser Umtausch ist **mengenmäßig begrenzt**: In Deutschland konnten Anlagenbetreiber in der Handelsperiode 2008-2012 Gutschriften aus JI und CDM in Höhe von 22 Prozent ihrer individuellen Zuteilungsmenge verwenden. Haben sie dieses Maximum bis 2012 nicht ausgeschöpft, können sie das in der dritten Handelsperiode nachholen. Für Neuanlagen und neu in den Emissionshandel aufgenommene Anlagen können Betreiber bis 2020 Gutschriften in Höhe von 4,5 Prozent ihrer Emissionsmenge einsetzen. Betreiber mit einer Zuteilung für 2008-2012, die eine wesentliche Kapazitätserweiterung oder neu eine emissionshandelspflichtige Tätigkeit durchführen, können für die Nutzungsmenge wählen zwischen 22 Prozent der Zuteilung aus den Jahren 2008-2012 oder 4,5 Prozent ihrer

Emissionen. Luftfahrzeugbetreiber können insgesamt 1,5 Prozent ihrer für die dritte Handelsperiode abzugebenden Emissionsmenge in Form von Gutschriften ausgleichen" (DEHSt 2016, 1).

Damit nicht genug:

> „Darüber hinaus gibt es **projektspezifische Einschränkungen**: Projekte zur Minderung von Trifluormethan (HFC-23) und Distickstoffoxid (N$_2$O) aus der Adipinsäureherstellung können zum Ausgleich der Emissionen seit 2013 nicht mehr genutzt werden. CER und ERU aus Nuklearprojekten – die auch international unzulässig sind – sowie Projekten der Land- und Forstwirtschaft (LULUCF) waren von Anfang an für die Verwendung im EU-Emissionshandel ausgeschlossen" (DEHSt 2016, 1).

Neben weiteren Regelungen sei hier nur noch erwähnt, dass CDM-Projekte, die ab 2013 registriert wurden, im EU-ETS nur noch aus den ärmsten Entwicklungsländern (*Least Developed Countries*) stammen dürfen.

Die teilweisen Überschneidungen der Anforderungen der Standards sind einigermaßen unübersichtlich. So kann der Goldstandard im freiwilligen, aber auch im verpflichtenden Markt eingesetzt werden. Sind es CER aus dem CDM, so liegen strengere Forderungen als im CDM selber vor. Generell ist der freiwillige Markt am CDM orientiert, vereinfacht aber in der Regel die Berechnungsmethoden und Dokumentationspflichten, ist also weniger streng, v.a. was die an anderer Stelle zu erklärende Zusätzlichkeit betrifft. Aber es ist auch möglich, dass der freiwillige Bereich strenger ist, da bestimmte fragwürdige Projekttypen unter dem freiwilligen Standard nicht registriert werden können. Nach Berechnungen von Martin Cames addierten sich die im CDM-Registry bis Ende 2017 erfassten Projekte insgesamt auf 1901 Millionen Tonnen. Am freiwilligen Markt belief sich die kumulierte Summe auf 390 Millionen Tonnen im gleichen Zeitraum. Der freiwillige Markt entspricht demnach 21% der im CDM insgesamt ausgegebenen CER. Bis Mitte 2020 wurden CER für über zwei Gigatonnen ausgestellt. Zum Vergleich: Jährlich werden weltweit ungefähr 45 Gigatonnen emittiert.

Zur Einschätzung der Wirkungsträchtigkeit: Die zwischen 2007 und 2020 ausgegebenen CER entsprechen ganzen 4% der tatsächlichen jährlichen globalen Triebhausgasemissionen. Dieses Verhältnis sollte man realistischerweise nie aus den Augen verlieren, wenn man mit Schwüren zur Klimaneutralität überhäuft wird.

5. Das Kyoto-Protokoll:
Kein klimapolitischer Aufbruch

Zusammenfassung: Das späte Inkrafttreten des Kyoto-Protokolls im Jahr 2008 (nach Rio 1992) verdankt sich der interessenbedingten Verhinderungstaktik einiger Akteure und vieler Länder. Die USA, China, Indien u.a. blockierten Einigungen und beteiligten sich nicht am Abkommen. Andere Länder stiegen später aus (Kanada) oder gingen erst gar keine Verpflichtungen ein. Es gab weder für Nichtteilnehmer noch für Aussteiger Sanktionsvereinbarungen. Auch wegen geringer Beteiligung entsprachen die in der zweiten Handelsperiode (2013-2020) vereinbarten Reduktionen nur 2,6% der weltweiten THG-Emissionen. Das THG-Minderungsziel war mit 5% minimal und konnte durch weitgehend wirkungslose Kompensationsprojekte (CDM und JI) verwässert werden. Überausstattung, CDM und geringere Nachfrage (Finanzkriseneffekt usw.) führten zu meist sehr niedrigen Preisen, die nicht zu technischen Innovationen anregten. Dies gilt auch für Deutschland, wo man Zertifikate lange Zeit an die Unternehmen verschenkte, Überschüsse an Zertifikaten vorlagen und die Preise niedrig waren. Da durch nationale Zusatzmaßnahmen (wie das EEG) weniger Zertifikate benötigt wurden (die dann anderswo eingesetzt wurden), verpuffte deren klimapolitische Wirkung (grünes Paradox) zusätzlich. Betrügereien und Spekulation mit Zertifikaten waren keine Seltenheit. Zwar reduzierte die EU im Rahmen des Kyoto-Protokolls ihren THG Ausstoß um 20%, bezieht man es aber nicht auf die Produktion, sondern auf den Verbrauch (einschließlich Importe), sind es nur 5% bezogen auf 1990. Fazit: Das Kyoto-Protokoll war ein Feigenblatt und Teil eines klimapolitisch verlorenen Jahrzehnts.

* * *

Im Jahr 1997 wurde das Zusatzprotokoll zur Ausgestaltung der Klimarahmenkonvention der Vereinten Nationen (UNFCCC) verabschiedet, das sogenannte Kyoto-Protokoll. Es lief bis Ende 2020 in verschiedenen Phasen und Varianten.[24] Die Vereinbarung war der internationale Startschuss

---

[24] Siehe zum Verhandlungsdokument https://unfccc.int/resource/docs/convkp/kpger.pdf und zum Verlauf Schellnhuber (2015, Kapitel 17).

zum verpflichtenden Emissionshandel, der auch als *compliance scheme* bezeichnet wird. Er überschnitt sich zum Teil mit den flexiblen Mechanismen (*voluntary programs*). Das Kyoto-Protokoll enthält zwei Mechanismen, den CDM und JI, die erste Varianten der später auch vom Kyoto-Protokoll unabhängigen, freiwilligen Gutschriften und Zertifikate zur Klimaneutralität waren.[25]

Nach dem Zusammenbruch des sogenannten realexistierenden Sozialismus Ende der 1980er Jahre gab es Hoffnungen und eine gewisse Aufbruchsstimmung für eine friedlichere, entmilitarisierte und umweltfreundlichere Welt. Als ein solches Zeichen galt der Erdgipfel von Rio im Jahr 1992, seit dem die weltweiten Emissionen allerdings um mehr als 60% gestiegen sind. Die erste Periode des Kyoto-Protokolls begann erst im Jahr 2008, also rund 15 Jahre später. Diese Zeitverschleppung steht für die Bremsspur, für die v.a. lobbygetriebene Industrieländer mit amerikanischen Juristen und Unternehmen (Stokes 2020) als Masterplayern und selbstgefällige Entwicklungs- und Schwellenländer verantwortlich sind. Leider haben die damaligen Umweltaktivisten aus dieser Verzögerungstaktik, die sich auch in den Inhalten des Kyoto-Protokolls fortsetzte, keine frühzeitigen Schlüsse gegenüber solchen Mammutveranstaltungen gezogen. In erstaunlichem Zutrauen haben sie sich freiwillig vor den Karren des Bummelzuges gespannt, der zum Kyoto-Protokoll führte.

China und Indien machten unter Berufung auf ihren Entwicklungsstatus beim Kyoto-Protokoll von Anfang an nicht mit. Andere Entwicklungsländer machten die Industrieländer für die meisten bisherigen THG-Emissionen verantwortlich, sahen sich in keiner Mitverantwortung und erhöhten unbeschwert durch Bevölkerungswachstum und nachholende Industrialisierung den Ausstoß der Klimagase.[26]

Die USA stiegen ebenfalls unter dem leider zutreffenden Vorwand aus, dass es zu viele Trittbrettfahrer (wie die zuvor genannten Länder) ohne eigene Verpflichtungen gäbe, die auch noch von dann niedrigeren Energiepreisen durch die gedrosselte Nachfrage profitierten. Es unterschrieben zwar die meisten Entwicklungsländer, sie hatten aber überhaupt keine eigenen Verpflichtungen. Kanada trat zunächst mit einem Minderungs-

---

[25] Zu teils parallelen, teils späteren Emissionshandelssystemen und ihren gemischten Erfolgsbilanzen siehe Rabe (2018), Wettestad/Gulbrandsen ((Hg.) 2018) und Mildenberger (2020).
[26] Zu den bitteren Wahrheiten zum Bevölkerungswachstum siehe bereits Boulding (1959) – 1959 lag die Weltbevölkerung noch bei 2,5 Mrd. Menschen; siehe zur Zunahme pro Sekunde https://countrymeters.info/de/World.

versprechen von 6% bei und trat dann 2013 – von der Weltöffentlichkeit praktisch unbemerkt – klammheimlich aus, um lieber Geld mit heimischem Ölsand zu verdienen. Dabei gibt Kanada sich nach außen gerne als naturverliebtes Land und kann sich nicht mit Überbevölkerung und z.b. einer kargen Natur herausreden. Zum Inkrafttreten des Kyoto-Protokolls mussten jedenfalls 55 Staaten das Abkommen ratifizieren, die für mindestens 55% der weltweiten Emissionen verantwortlich waren.

Dies gelang nur, nachdem man sich den Beitritt Russlands sicherte, indem man es zu keiner Reduktion seiner Emissionen verpflichtete und ihm wegen der Absorptionsleistungen seiner Wälder großzügig Zertifikate zubilligte. Auf russischer Seite hoffte man, durch den Verkauf der Zertifikate ohne Mühe Gewinn ziehen zu können. Dabei hätte Russland seit langem beste Gründe, sich frühzeitig beherzt zu engagieren. Mittlerweile taut, wie seit langem absehbar, dort nämlich der Permafrost, es werden bis zu fast 40 Grad Temperatur gemessen und die sibirischen Wälder brennen. Die Fundamente des Dieseltanks eines Kraftwerkes in Norilsk brachen im Mai 2020 aufgrund des Auftauens zusammen, mehr als 20.000 Tonnen Diesel flossen aus und verseuchten ein Gebiet halb so groß wie Deutschland.

Die Durchschnittstemperaturen in Sibirien lagen zwischen Januar und Juni 2020 teilweise um bis zu neun Grad höher als im langjährigen Mittel. Laut dem europäischen *Copernicus Atmosphere Monitoring Service* setzten die dortigen Brände etwa 56 Mio. Tonnen CO_2 frei, das entspricht fast dem, was das nahe Düsseldorf gelegene größte deutsche Braunkohlekraftwerk Neurath in zwei Jahren ausstößt. „Die Menge an CO_2, die aus den Permafrostböden von Sibirien, Alaska, Kanada und Skandinavien austreten könnte, ist atemberaubend. Forscher schätzen, dass sie 1,5 Milliarden Tonnen Kohlenstoff speichern, das entspräche fast doppelt so viel, wie derzeit an CO_2 in der Atmosphäre vorhanden ist" (*Der Spiegel*, 25.7.2020, 100-102, hier 101, auch mit Angaben zum vorher in diesem Absatz Ausgeführten).

Auch die Vorabaussteiger erhalten Anschauungsunterricht für ihr Nichtstun. Auf der anderen Seite der Beringstraße packen z.B. in Alaska die Menschen der fast 200 Inuit-Dörfer langsam ihre Siebensachen, da auch ihnen der gefrorene Untergrund wegschmilzt. Dessen ungeachtet entließ der dortige republikanische Gouverneur 2019 die Klimawandel-Taskforce (SZ, 4./5.7.2020, 17).

Zu erwähnen sind noch andere sich beteiligende Länder ohne Reduktionsverpflichtung, so Neuseeland und die Ukraine. Ihre Emissionen konnten bei 100% der Basisperiode verbleiben. Für Island wurden 110%, für Australien 108%, und für Norwegen 101% vorgesehen. Man musste scheinbar froh sein, dass diese Länder sich überhaupt auf eine Festsetzung einließen.

Die trotz einiger Schattierungen doch deutliche Verweigerungshaltung sehr vieler Länder war ein elementares Handicap des Kyoto-Protokolls. Nicht teilnehmende Länder hatten überhaupt keine Sanktionen zu befürchten. Kaum jemand kam auf die Idee, dass die Absenz der USA oder Chinas durch Sanktionen bei den Handelsbeziehungen mit ihnen etwa durch Importzölle zur Vermeidung von Wettbewerbsverzerrungen geahndet werden könnte. Natürlich wären auch bei Nichtbefolgung oder Austritt angemessene Strafzahlungen der Mitgliedsländer nötig gewesen, damit die zum Emissionshandel Verpflichteten sich an die Regelungen hielten. Aber entsprechende Vorkehrungen gab es nicht.

Doch kommen wir zu den Festlegungen des Abkommens. In einem gekappten (Handels-)System (*cap and trade*) wie dem des Kyoto-Protokolls gibt es eine begrenzte Anzahl von „Verschmutzungserlaubnissen" bzw. Zertifikaten. Wir klammern hier CDM und JI aus. Jedes Zertifikat steht für eine Tonne „Emissionsberechtigung" an CO_2. Neben der Festlegung der Gesamthöhe der Zertifikate ist vorab durch eine politische Regulierung festzulegen, wie die Gesamtmenge auf die Mitgliedsländer zu verteilen ist. Ferner ist zu entscheiden, ob und wie viele Zertifikate über Aktionen versteigert oder nach bestimmten Kriterien kostenlos zugeteilt werden.

Die 1997 im Kyoto-Protokoll einbezogenen THG sind neben CO_2: Kohlenstoffdioxid, Methan (CH_4), Distickstoffmonoxid (Lachgas, N_2O), teilhalogenierte Fluorkohlenwasserstoffe (H-FKW/HFCs), perfluorierte Kohlenwasserstoffe (FKW/PFCs) und Schwefelhexafluorid (SF_6). Sie weisen oft einen deutlich höheren Treibhauseffekt auf als CO_2, weshalb zwecks Vergleichbarkeit meist ihr Äquivalenzwert zum CO_2 (CO_2eq) angegeben wird.

Es ist etwas irreführend, bei solchen Handelssystemen von einem marktbasierten Instrument zu sprechen, da Marktprozesse, also der An- und Verkauf der Zertifikate, erst nach den „zentralverwaltungswirtschaftlichen" Grundentscheidungen über die Gesamtmenge und den Zuteilungsmodus zum Tragen kommen. „Der herrschende Diskurs ist ökonomisch, antiregulatorisch, und deshalb werden *Caps*-Systeme irreführend als ‚trading'-Systeme bezeichnet, oder man spricht vom ‚Emissionshandel', wobei für die Erreichung der Umweltziele allein die Caps [die begrenzte Anzahl an Zertifikaten] an sich zählen" (Madlener/Alcott 2011, 45, Fußnote 46).

Theoretisch ist die Logik von Emissionshandelssystemen bestechend und einfach. Die Umweltökonomie ging zunächst eher davon aus, dass man die der Gesellschaft durch Produktion und Konsum entstehenden Verschmutzungskosten genauer bestimmen kann und diese Umweltkosten dann über Steuern oder eine Mengenfestlegung z.B. über ein Emissionshandelssystem auf die entsprechenden Aktivitäten aufschlägt, so dass die einzelnen Preise dann „die Wahrheit" sagen. Ökonomen nennen dies Internalisierung externer Kosten.

Da diese Umweltkosten im Einzelnen und insgesamt schwer zu bestimmen sind, geht man seit vielen Jahren eher so vor, dass (Natur-)Wissenschaftler zunächst die akzeptablen maximalen Belastungs- und Emissionswerte ermitteln. Bei THG wie CO_2 ist es für die globale Erwärmung unerheblich, wo und durch wen diese entstehen, Hauptsache, die weltweit festgelegte maximale Menge wird nicht überschritten. Müssen Produzenten für ihre CO_2-Emissionen auf das akzeptable Maximum gedeckelte Verschmutzungsrechte (Zertifikate) kaufen, werden einige Unternehmen Innovationen vornehmen, sofern diese langfristig günstiger sind als die aufzukaufenden Zertifikate. In wachsenden Volkswirtschaften werden die Zertifikate immer teurer, da die Nachfrage nach ihnen bei konstantem Angebot stetig steigt.

Andere Unternehmen, für die produktionstechnische Neuerungen teurer wären, greifen lieber auf Zertifikate der Unternehmen zurück, die Innovationen durchführen und ihre ggf. überschüssigen Zertifikate verkaufen. Oder Unternehmen kaufen die Zertifikate an Börsen, auf denen diese in regelmäßigen Abständen von den Agenturen der teilnehmenden Staaten angeboten werden. Da es unerheblich ist, wo die Emissionen entstehen, sollen auch THG-Minderungsprojekte z.B. in Entwicklungsländern durch den CDM einberechnet werden, da anzunehmen ist, dass dort Minderungsbemühungen kostengünstiger durchzuführen sind. Es sollen also insgesamt unter Effizienzgesichtspunkten dort THG-Minderungen vorgenommen werden, wo sie am einfachsten und preisgünstigsten möglich sind. Dies setzt voraus, dass die Kappung streng genug ist, so dass Minderungsprojekte in Entwicklungsländern tatsächlich zu THG-Minderungen führen. So weit die Theorie.

Der erste Verpflichtungszeitraum des Kyoto-Protokolls lag in den Jahren 2008-2012. In diesem Zeitraum fiel der Preis der Zertifikate zeitweise auf unter zwei Euro.[27]

---

[27] Zu den teils erheblichen Überschüssen bei den teilnehmenden Ländern siehe Point Carbon (2012); einen guten Überblick über die Phasen des Protokolls und die entsprechenden Probleme und Diskussionen sowie Belegquellen bietet Buhofer (2018, Kapitel 6).

Die Emissionen der Mitgliedsländer (sogenannte Annex-B-Länder) sollten in der Verpflichtungsperiode durchschnittlich um mindestens 5% unter dem Wert des Basisjahres 1990 liegen. Die generelle Zielmarke des Kyoto-Protokolls fiel demnach äußerst bescheiden aus und führte zu systemwidrig niedrigen Preisen. Länder und Ländergruppen unterlagen verschiedenen Minderungsverpflichtungen und erhielten eine entsprechende Anzahl von als *Assigned Amount Units* (AAUs) bezeichneten Verschmutzungserlaubnissen (Zertifikate). Die ursprünglich teilnehmenden 15 EU-Länder bildeten eine Gruppe (*bubble*) und schufen 2005 im Rahmen des Protokolls das EU-Handelssystem (EU-ETS). Die EU verpflichtete sich, die THG-Emissionen zwischen 2008 und 2012 insgesamt um 8% zu mindern.

Die beteiligten Länder konnten unabhängig von gemeinsam eingegangenen Verpflichtungen frei über den Anteil anrechenbarer CDM-Projekte in Entwicklungs- und Schwellenländern entscheiden. Deren zusätzliche Gutscheine wurden *nicht* von der nationalen maximalen Nutzungszahl der Zertifikate abgezogen. Insofern verschaffte man sich Luft nach oben, da sie zum eigentlichen Zertifikate-Cap hinzukamen. In Deutschland waren großzügig bis zu 22% zulässig, in Estland gar keine.[28]

In einem ersten Schritt wurde in der EU aus den eingegangenen Verpflichtungen beim Kyoto-Protokoll die zulässige EU-Gesamtmenge auf die Länder verteilt (*burden sharing*). Deutschland sagte eine THG-Minderung von 21% zu, andere Länder lagen unter den 8% der EU. In einem zweiten Schritt wurde innerhalb der Länder von diesen festgelegt, welchen Sektoren (Private Haushalte, Dienstleistungen/Gewerbe, Energie, Industrie und Verkehr) welche Emissionsmengen zugestanden werden. Mehrzuteilungen an einen Sektor führen zwangsläufig zu einer Minderzuteilung an andere Sektoren. Diese Pläne waren der EU-Kommission zu unterbreiten. Hierbei kam es zu zähen Verhandlungen zwischen der EU-Kommission und den ursprünglich 15 beteiligten EU-Ländern.

In der ersten Handelsperiode von 2005-2007 hatten die EU-Mitgliedsstaaten somit einen erheblichen Ermessensspielraum beim jeweils national auszuarbeitenden „Nationalen Allokationsplan", was in Deutschland zu heftigen Auseinandersetzungen zwischen Bundesumwelt- und Bundeswirtschaftsministerium führte. Der Zwist war begleitet von starkem Lobbyismus, der z.B. wesentlich für die schlussendlich insgesamt 58 mög-

---

[28] Zum Stand der Kompensationsregeln in anderen Ländern siehe den Überblick in DEHSt (2017b).

lichen Regelkombinationen zur kostenlosen Emissionsberechtigung verantwortlich war.

Ein wesentlicher Punkt war die Frage, wie hoch der Anteil an der Gesamtmenge sein sollte, der kostenlos zugeteilt oder per Auktion erworben werden konnte. In der ersten Periode von 2005-2007 wurden in Deutschland 100% kostenlos zugeteilt, in der zweiten Periode durchschnittlich 90%. Die Detailregelungen sollen hier nicht interessieren,[29] es soll nur bemerkt werden, dass nach der Einführung teilweiser Auktionierung der Energiewirtschaftsbereich 85% und das dem internationalen Wettbewerb ausgesetzte produzierende Gewerbe 98,7% kostenlos erhielten.[30] Für die einzelnen Bereiche waren auch, wenngleich geringe, prozentuale Minderungen der Zuteilungsmengen vorgesehen, die nicht ins Gewicht fielen. Ab 2013 gab es einen gewissen Systemwechsel, da die Zuteilung seitdem direkt über die EU stattfand.

Seit Beginn wurden in Deutschland ungefähr 1800 Anlagen in Abhängigkeit von einer Mindestgröße der Produktionsanlagen einbezogen. Dabei entfallen über 90% der einbezogenen Emissionen auf nur 10% der Unternehmen, nämlich Verbrennungsanlagen zur Erzeugung von Strom oder Wärme, Raffinerien und Unternehmen der Stahl-, Chemie-, Zement- und Papierproduktion. Der Rest entfällt meist auf Kleinemittenten, für die die (Verwaltungs-)Kosten pro Tonne des EU-ETS um das Zehnfache höher lagen als für die wenigen Großemittenten. Sinnvoller wäre es grundsätzlich, anstatt viele Kleinemittenten zu belasten, *up-stream* zu regulieren. Das heißt, Kohle, Öl und Gas sollten bereits beim Import (zumeist von Großhändlern) mit einem CO_2-Preis belegt werden. Man müsste also Roh- und Treibstoffe unmittelbar in den Emissionshandel einbeziehen. Mit dem innerdeutschen Emissionshandel (siehe das entsprechende Kapitel) wählte man diesen Weg für die Bereiche Verkehr und Gebäude.

Jedenfalls gab es anfänglich nur ungefähre Schätzungen hinsichtlich des CO_2-Ausstoßes der rund 1800 Anlagen. Nicht zuletzt dank der großzügigen Angaben der Betreiber selber, auf deren Angaben man bei der Zuteilung teils zurückgriff, waren die festgelegten Zertifikatbudgets für einzelne Unternehmen höher als die tatsächlichen Emissionen der teilnahmeverpflichteten Anlagen. Man geht von einer durchschnittlichen Überausstattung von 4,3% aus. Als dann das so über den Daumen gepeilte, über-

---

[29] Aus grundsätzlicher skeptischer Sicht siehe Gilbertson und Reyes (2010).
[30] Siehe z.B. https://www.bmu.de/fileadmin/Daten_BMU/Download_PDF/Emissionshandel/nap_2008_2012.pdf.

dimensionierte und wie in den meisten anderen europäischen Ländern überwiegend kostenlos zugeteilte (*grandfathering*) Zertifikatbudget an die Betreiber verteilt wurde, war es kaum verwunderlich, dass es zu Niedrigpreisen für Zertifikate auf dem Markt kam. Die meisten Unternehmen waren überhaupt nicht auf den Aufkauf von Zertifikaten angewiesen.

An dieser Stelle erfolgt ein kleiner Exkurs zu den doch erstaunlichen Verteilungswirkungen der Reglements in den verschiedenen Phasen. Die geschenkten freien Zuteilungen entfielen zumeist auf Industriebetriebe, die 2013 noch 80% kostenlos erhielten, nachdem sie in Phase 1 (2005-2007) und Phase 2 (2008-2012), wie erwähnt, fast alle von ihnen benötigten Zertifikate kostenlos erhielten. Ein interessanter Nebenaspekt seit Beginn der kostenlosen Zuteilung bestand vor allem in der Anfangszeit darin, dass die profitierenden Unternehmen den Endkunden den Marktwert der Gutschriften, die sie hätten verkaufen können (Opportunitätskostenprinzip), in Rechnung stellten, obwohl sie die Zertifikate als Gutschriften kostenlos erhielten (*windfall profits*).

Da dies von den Stromunternehmen besonders stark ausgenutzt wurde, erhalten sie mittlerweile seit der dritten Phase keine kostenlosen Zuteilungen mehr – Ausnahmen gibt es für Unternehmen in einigen weniger „entwickelten" Mitgliedsländern zwecks Innovationen des Sektors.[31] Extragewinne konnten ferner dank der allfälligen Überschüsse an Zertifikatzuweisungen von über 100% z.B. bei Thyssen-Krupp und Arcelor-Mittal erzielt werden. Zwei weitere Beispiele für sogenannte Überdeckung seien genannt: 2010 wurde der Eisen- und Stahlerzeugung 184,3 Mio. Tonnen CO_2 zugeteilt, sie benötigte aber nur 113,7. Im Folgejahr fiel die Überdeckung noch höher aus. In der Zement- und Kalkindustrie gab es 214,4 Mio., benötigt wurden nur 152,6 Mio. Tonnen (Future Camp 2011, 16-17).

Die aus dem EU-ETS erzielten Extragewinne vieler Unternehmen sind jedenfalls ein Kapitel für sich und ein gesicherter Stand der Forschung. „Monetärer Wert der Zuteilung seit 2005: Insgesamt haben die 15 untersuchten [deutschen] Unternehmen bis 2012 CO_2-Emissionsberechtigungen im Wert von mehr als 30 Mrd. EUR kostenlos erhalten. Davon entfallen Emissionsberechtigungen im Wert von knapp 21,4 Mrd. EUR auf die fünf großen deutschen Stromversorger. Dieser Wert entspricht ca. dem Vierfachen des Wertes (5 Mrd. EUR) zusätzlicher Emissionsberechtigun-

---

[31] Zu den Ausnahmen siehe die Tabelle in EU-Kommission (2017, 38); zum EU-ETS als Erfolgsgeschichte siehe die Beiträge in Ellerman et al. (2010) und Delbeke und Vis ((Hg.) 2015).

gen, die die betrachteten Stromversorger zwischen 2005 und 2012 kaufen mussten, um ihre Emissionen zu decken. Monetärer Wert der Überzuteilung seit 2005: Insgesamt konnten die neun untersuchten Industrieunternehmen bis Ende 2012 CO_2-Emissionsberechtigungen im Wert von mehr als 1 Mrd. EUR verkaufen, die sie nicht für die Abgabepflicht ihrer Anlagen einsetzen mussten" (Cludius/Hermann 2014, 5).

Die folgenden Tabellen fassen Ergebnisse der Studien von Sandbag (2011), Carbon Market Watch (2016) und Bruyn (2016) zusammen, die sich auf den Zeitraum 2008-2014 beziehen und die Sektoren erfassen, die am meisten profitierten, und zeigen, wie sich die Beträge auf die Länder verteilten:

Land	Extra-Profite in Mio. Euro insgesamt	davon Extra-Profite durch		
		Überschüsse	CDM/JI	Einpreisung
Eisen/Stahl	9274	1044	235	7995
Zement	4710	2649	146	1915
Raffinerie	4431	170	83	4178
Petrochemie	1636	780	41	815

Land	Extra-Profite in Mio. Euro insgesamt	davon Extra-Profite durch		
		Überschüsse	CDM/JI	Einpreisung
Deutschland	4500	1121	187	3191
Großbritannien	3104	1010	58	2035
Spanien	2888	1672	49	1167
Frankreich	2710	818	112	1780
Italien	2315	519	53	1743
Belgien	1432	698	23	711
Niederlande	1082	236	27	819
Polen	1025	266	20	738
Slowakei	823	341	13	468
Schweden	729	388	15	326
Griechenland	679	359	20	300
Tschechien	673	194	15	463
Finnland	481	114	7	360
Portugal	446	227	7	211
Österreich	429	-226	14	641
Dänemark	237	110	3	124
Irland	212	163	1	48
Ungarn	210	54	4	151
Slowenien	38	15	1	22

Leuschner 2016, 1.

2018 wurden von den 13,9 Mrd. Euro der gesamten EU-ETS-Einnahmen, die sich von 2016-2018 auf 23 Mrd. Euro beliefen, in Europa nur 67% (9,3 Mrd., von 2013-2015: 85%) für den Klimaschutz eingesetzt, vorgeschrieben sind mindestens 50%. Die Angaben der Länder sind oft kaum überprüfbar, da sie sehr allgemein gehalten sind. Der Klimaschutzanteil lag in Deutschland bei fast 100% (Spanien: 60%, Italien: 10%). Von den Klimaschutzausgaben sollen nach Angaben des WWF (2019) zumindest 5% (480 Mio. Euro) für kontraproduktive Aktivitäten, wie nicht-nachhaltige Biomasseprojekte, eingesetzt worden sein. Laut Kommission wurden zwischen 2013 und 2018 80% der Einnahmen für klima- und „energiebezogene" Zwecke verwendet. Aber es sind auch 25% der Einkünfte aus den Versteigerungen für Teilkompensationen bei besonders stark ansteigenden Strompreisen für Unternehmen erlaubt, ohne dass hierbei die europäische Beihilfeordnung in die Quere kommen muss, worüber der Kommission aber zu berichten ist.

Nebenbei bemerkt: An sich sinnvolle Ausgaben für Klimaprojekte sind nicht automatisch zusätzlich (*additional*), da die Ausgaben auch ggf. ohne diese Einnahmen stattgefunden hätten. So aber stehen die Gelder, die sonst für den Klimaschutz aus den üblichen Budgets aufgewendet worden wären, für andere, z.B. auch nicht klimafreundliche, Ausgaben zur Verfügung.

Es wurde für das Jahr 2018 geschätzt, dass der Gesamtwert der Zertifikate des EU-ETS bei vollständiger Versteigerung nicht bei 13,8, sondern bei 25,2 Mrd. Euro gelegen hätte, durch die freie Vergabe demnach Einnahmen von 11,3 Mrd. verloren gingen. Von 2021-2030 sollen sich die Einnahmen geschätzt auf insgesamt über 200 Mrd. für diesen Zeitraum belaufen.

Edda Müller, ehemalige Umweltministerin in einem Bundesland und frühere Vizedirektorin der *Europäischen Umweltagentur* weist auf eine weitere, den Fiskus schädigende Schwachstelle hin. Vor allem in der ersten Periode kam es

> „zu erheblichen Betrügereien. Erinnert sei an den Umsatzsteuerbetrug, die sogenannten Karussellgeschäfte …, den Diebstahl elektronischer Emissionszertifikate sowie Betrügereien mit dem ergänzenden klimapolitischen Instrument Clean Development Mechanism (CDM) … Sie entlarvten … die realitätsferne Illusion der Wirtschaftswissenschaften hinsichtlich der unbürokratischen Natur des Emissionshandels. Heute ist die Euphorie über das Instrument verflogen" (Müller 2020, 17).[32]

---

[32] In einer Fußnote im Zitat verweist die Autorin auf eine Quelle, die anschauliche Betrugsbeispiele enthält: https://www.iwr.de/news.php?id=29528.

Frühzeitig war bekannt, dass die Emissionen bis zum Ende der dritten, von 2013-2020 gehenden Handelsperiode klar unter der Menge der verfügbaren Zertifikate (und Gutschriften) liegen würden. Im folgenden Schaubild zeigt sich dies in der Differenz zwischen den Säulen und den Linien. Die gestrichelte Linie zeigt, inwiefern Gutschriften v.a. aus CDM-Projekten diese Differenz noch verstärkten, was die Bildung von Knappheitspreisen und das vielbeschworene Hervorlocken von *breakthrough technologies* verhinderte. Teri (2012) berichtet in einer allerdings vom CDM-Projekte verwaltenden UNFCCC in Auftrag gegebenen Studie demgegenüber von nicht unerheblichen technologischen Transfers dank CDM. Im Zeitraum 2008 bis 2020 durften jedenfalls etwa 50% der Verpflichtungen zu Emissionsreduktionen durch Emissionsgutschriften aus dem *Clean Development Mechanism* (CDM) oder der *Joint Implementation* (JI) abgedeckt werden. Das entspricht einer nicht zu vernachlässigenden Gesamtmenge von 1,6 bis 1,9 Mrd. Tonnen.

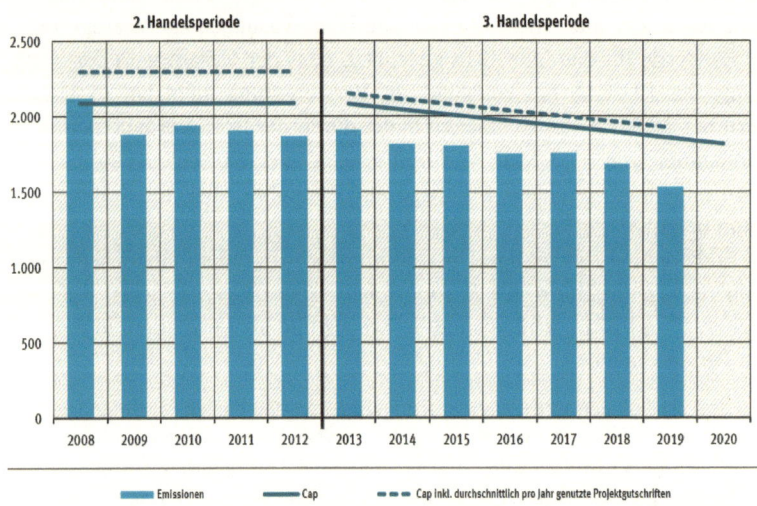

Gesamt-Cap und Emissionen im Europäischen Emissionshandel
Millionen Tonnen Kohlendioxid-Äquivalente

Quelle: Umweltbundesamt 2020, Deutsche Emissionshandelsstelle, eigene Berechnungen auf Basis von Daten der Europäischen Umweltagentur und der Europäischen Kommission (2013/448/EU)

https://www.umweltbundesamt.de/daten/klima/der-europaeische-emissionshandel#vergleich-von-emissionen-und-emissionsobergrenzen-cap-im-eu-ets.

Das gelegentlich vorgebrachte Argument, dass die Unternehmen schon von selber und quasi in Vorahnung auf die Daumenschrauben des Zertifikathandels Reduktionsbemühungen anstellten und sich die Überschüsse so erklären, dürfte sicher nicht zutreffen, da laut Befragungen Emissionsminderungen primär auf ganz unabhängig vom Emissionshandel stattfindende Prozessoptimierungen zurückgeführt werden und vielfach erst ab 2030 größere Ersatzinvestitionen anstünden (siehe zu den Details Heindl et al. 2018).

Die selbstkritische Beurteilung der Handelsperiode 2008-2012 von Seiten der EU-Kommission passt zu dieser Einschätzung. „Seit dem Beginn der zweiten Handelsperiode 2008 sanken die Emissionen um mehr als 10%. Aber auch wenn das Preissignal des EU-ETS zweifellos hierzu beigetragen hat, so ist doch die ökonomische Krise der wesentliche Grund für diese starken Emissionsminderungen" (EU-Kommission 2012, 3, Ü). Aus ihren Tabellen geht hervor, dass seit 2009 jedes Jahr das ausgegebene Angebot über der tatsächlichen Nachfrage lag und 2012 ein Zertifikatüberschuss von fast einer Milliarde vorlag.

Nachdem die Zertifikatpreise 2010 und 2011 auf 15 Euro anstiegen, fielen sie 2011 wieder auf unter 10 Euro, Ende 2017 lagen sie zwischen sieben und acht Euro. Auch in der dritten Handelsperiode sollte sich dies nicht wesentlich ändern, lag doch der Preis durchschnittlich bei 9 Euro.[33] 2019 stieg der Preis dann auf fast 25 Euro und das Angebots- und Verkaufsvolumen lag bei 128 Millionen Einheiten, was zu Einnahmen des deutschen Staates von etwas über 3 Mrd. Euro führte.[34]

Prinzipiell kann jeder Interessierte auch im heutigen EU-ETS Zertifikate erwerben, indem er an den Versteigerungen als Nachfrager mitbieten oder Zertifikate im Direktkauf von anderen Akteuren erwirbt, die über Zertifikatüberschüsse verfügen. Auf die Zertifikate konnten auch hier nicht näher zu erläuternde Futures, Forwards, Swaps und Optionen angeboten und nachgefragt werden, die sich für Absicherungen der verpflichteten Akteure, aber auch für Spekulationszwecke eigneten. Es gibt leider bisher keine tiefergehende Diskussion zu diesem Derivateuniversum. Friedrich et al. (2020a und 2020b) zeigen aber, dass die Marktpreise im heutigen europäischen Emissionshandel so gut wie gar nicht mit den marginalen Vermeidungskosten der Unternehmen zusammenhängen, was eigentlich der Fall sein sollte.

---

[33] Siehe den Überblick in EU-Kommission (2017) und COM (2018/842 final).
[34] Siehe auch zum Auktionsverfahren, den Teilnehmern usw. UBA (2020c).

Durch Spekulation ausgelöste Preisschwankungen sind nicht gerade vorteilhaft für die Planungssicherheit von Unternehmen. Sie können bei privaten und öffentlichen Unternehmen, die um Klimaschutz bemüht sind, zu Verunsicherung mangels eines erkennbaren Preispfades und zu Fehlinvestitionen führen. Hinzu kommt: Die Nichtspekulanten konnten nicht mit den niedrigen Zertifikatpreisen rechnen, die zum einen aus der Überversorgung mit Zertifikaten und den Spekulationsbewegungen resultierten, zum anderen daraus, dass das Wirtschaftswachstum niedriger war als angenommen und die erneuerbaren Energien Erfolg hatten. Sicher spielte zudem der allgemeine Übergang zum Dienstleistungssektor in vielen Mitgliedsländern eine Rolle, die ihre „dreckigen" Produktionszweige in nicht teilnehmende Länder auslagerten. Vielen Befürwortern des Emissionshandels wurde erst nach und nach klar, dass schwankende und schlecht vorhersehbare Zertifikatpreise das Ziel der TGH-Minderung nachhaltig beeinträchtigen können.

Das Kyoto-Protokoll maß übrigens nur die Emissionen, die innerhalb der teilnehmenden Länder entstanden, nicht jedoch die Intensität des in ihnen stattfindenden Konsums und Verbrauchs. Die Emissionen durch Importe (z.B. Flachbildschirme) bezog man nicht ein. Es ist in der Fachliteratur angesichts verschiedener Messmethoden umstritten, um wie viel die Emissionswerte sich hierdurch verändern. Aber es ist unzweifelhaft, dass sich die Bilanz für Länder wie Deutschland durch eine Verbrauchsberechnung negativ verändern würde. „Die EU hat ihre THG-Emissionen seit 1990 um fast 20% verringert, jedoch nur um 5%, wenn die Verbrauchsemissionen berücksichtigt werden", so die Berechnungen von Laurent. „Ein Land wie Frankreich sieht seine Klimaleistung seit 1990 völlig auf den Kopf gestellt, wenn Verbrauchsemissionen anstelle von Produktionsemissionen berücksichtigt werden" (Laurent 2017, 211, Ü; siehe auch Davis/Caldeira 2010).

Verbesserte sich die Lage in der zweiten Handelsperiode des Kyoto-Protokolls von 2013-2020? Zwar kamen Zypern, Malta, Belarus und Kasachstan hinzu, aber Russland, Japan und Neuseeland waren nicht mehr an Bord, ebenso wie weiterhin China, Indien, die USA und Kanada. Zwar wurden die Emissionsziele auf durchschnittlich 18% unter dem Wert in 1990 angesetzt, aber die angepeilte Reduktion entsprach bei einem weltweiten Emissionsanteil von nur noch 12% nur ganzen 2,6%! Wie umfassend war der Emissionshandel in der EU? Durch das EU-ETS wurden nur rund 45% der gesamten europäischen CO_2-Emissionen erfasst. Außen vor blieben hier die Privatverbräuche (Strom, Heizung, Kraftfahrzeugnutzung usw.), eine ganze Reihe von Wirtschaftsbranchen (Transport und Logistik), ferner Abfall, Gebäude, die Landwirtschaft und der Dienstleistungssektor. Durch eine Nachregulierung wird, wie sich noch zeigen wird, versucht, auch diese Bereiche ins Visier zu nehmen, was zu einem recht unübersichtlichen, überschneidungssensiblen Gesamtterrain führt.

Zwischen 2014 und 2016 wurde bereits der Cap-Wert für 2020 unterschritten, zwischen 2008 und 2020 ergab sich wieder einmal ein struktureller Gesamtüberschuss von akkumulierten 3,5 Mrd. Berechtigungen. So sah also das „Hauptinstrument der EU für den Klimaschutz" (EU-Eigenwerbung) in den ersten beiden Handelsperioden aus: Es gab deutliche Zertifikatüberschüsse, was dank der niedrigen Preise zu einer hohen Auslastung der Kohlekraftwerke v.a. in Deutschland führte (ein sogenannter Lock-in-Effekt). Zu einer Lenkungswirkung über einen marktwirtschaftlichen Preismechanismus konnte es kaum kommen. Es gab nur einen sehr eingeschränkten Handel mit Emissionsrechten, was bei den befragten Unternehmen damit begründet wurde, dass dies nicht nötig sei, da man genug Zertifikate zugeteilt bekam.

Im Unterschied zu den gleich vorzustellenden freiwilligen Systemen (*baseline-and-credit systems*) werden in verpflichtenden Emissionshandelssystemen durch die Nachfrage keine Zertifikate neu geschaffen, sondern nur Zertifikate der festgelegten Gesamtmenge zwischen den Beteiligten gehandelt. Können oder wollen zum Zertifikaterwerb Verpflichtete (Unternehmen) keine Zertifikate kaufen, müssen sie ihre Energieeffizienz erhöhen. Die Anregung des Einsatzes mit geringeren THG verbundener Technologien ist, wie schon erwähnt, der eigentliche Sinn von Emissionshandelssystemen. Die CO_2-Bepreisung über Zertifikate, deren Anzahl knapp genug anzusetzen ist, soll so hoch ausfallen, dass sich für Unternehmen solche Technologiewechsel lohnen. An diese Grundidee sollte hier nur noch einmal erinnert werden angesichts der bescheidenen Preise und fehlenden Mengeneffekte.

Ganz entscheidend ist bei einem gekappten System wie dem des Kyoto-Protokolls im Unterschied zu den freiwilligen Kompensationsmöglichkeiten: Es kommt durch neben dem Emissionshandel bestehende ordnungsrechtliche Maßnahmen (z.B. Verbote oder Subventionen wie beim deutschen Erneuerbaren Energiegesetz, kurz EEG) insgesamt *nicht* zu systemimmanenten Minderungen über die Anzahl der festgelegten Zertifikate hinaus. Warum? Einsparungen durch solche anderen Maßnahmen führen zu nicht benötigten, frei werdenden Zertifikaten, die von anderen Emittenten in anderen Mitgliedsländern genutzt werden, da die zunächst auftretenden Überschüsse immer am Markt angeboten und verkauft werden und das höhere Angebot an Zertifikaten auf dem Markt außerdem zu Preissenkungen der Zertifikate führt.

Die ordnungsrechtliche Stilllegung der deutschen Braun- und Steinkohlekraftwerke in den nächsten Jahren oder besser Jahrzehnten bis 2038, um ein Beispiel zu nennen, würde zu keiner Reduktion des CO_2-Ausstoßes führen, sofern die frei werdenden Zertifikate anderswo in Europa hätten verwertet werden können. Das wurde zum Glück letztlich doch noch durch die entsprechende Minderung an angebotenen Zertifikaten („Löschungen") verhindert. Das Angebot an Zertifikaten wurde also im Prinzip in Höhe der durch die Stilllegung frei werdenden Zertifikate gemindert. Senkungen des Ausstoßes in Deutschland würden ansonsten zu erhöhtem Ausstoß anderer deutscher Unternehmen oder in anderen EU-Ländern führen. Dieser Effekt wird auch als Wasserbetteffekt und von Hans Werner Sinn (2008) als „grünes Paradoxon" bezeichnet. Sowohl der Wasserbetteffekt als auch Varianten des grünen Paradoxons werden noch in anderen Kapiteln thematisiert werden. Da es bei vielen, wenn nicht gar den meisten nationalen klimapolitischen Maßnahmen nicht zu solchen Löschungen kam, blieben solche Zusatzmaßnahmen oft klimapolitisch folgenlos.

Durch das europäische Handelssystem EU-ETS, auf das noch näher einzugehen sein wird und das als europäische Fortführung des Kyoto-Protokolls gedacht ist, können sich nationale Minderungsprojekte wie Solaranlagen auf Schul- oder Firmendächern im negativen Sinne, also „klimaneutral" auswirken, denn es „kann die erzielte Einsparung durch erhöhte Emissionen an anderer Stelle zunichte gemacht werden, da die Gesamtemissionen Deutschlands durch das Kyoto-Protokoll [bzw. dessen europäisches Folgeprojekt, das EU-ETS] bereits begrenzt sind. Dies bedeutet, dass jede zusätzliche Einsparung im Land an anderer Stelle zusätzlich emittiert werden oder als Emissionszertifikat an ein anderes Land verkauft werden kann" (Harthan et al. 2010, 11). Umweltfreundliches Verhalten wird somit wirkungslos und die weniger umweltfreundlichen werden durch niedrigere Preise belohnt.

Oft stellen sich solche Aktivitäten hinsichtlich ihrer Wirkung letztlich als bloße Subventionierung heraus. Selbst bei den Stilllegungen deutscher Kohlekraftwerke ist das so, da durch die in letzter Zeit gestiegenen CO_2-Preise Kohlekraftwerke (wie das von Vattenfall im September 2020) sowieso nach und nach abgeschaltet werden, weil sie beim Preis von mittlerweile rund 30 Euro pro Zertifikat unrentabel werden. Die rund 40 Mrd. Euro Subventionen durch Kompensationszahlungen an Unternehmen und die betroffenen Regionen stellen so gesehen völlig unnötige Belastungen des Steuerzahlers dar. Die Braunkohlebetreiber können sich über mehr als vier Milliarden freuen, die sie bei einem über den Marktmechanismus erfolgenden Ausscheiden nicht bekommen hätten.

Hinzu kommen die diesmal per Auktion erfolgenden Stilllegungen bei der Steinkohle, die auch mit vielen hundert Millionen Euro aus der Steuerkasse zu Buche schlagen werden. Bei der ersten Versteigerung Anfang Dezember 2020 erhielt das höchste Gebot 150.000 Euro pro Megawatt Leistung, der Durchschnitt lag bei 66.000 Euro. Auch gehen zwei heiß umkämpfte, erst 2015 in Betrieb genommene Blöcke des Hamburger Kraftwerks Moorburg vom Netz. Allerdings: weltweit geplante und neu gebaute Kohlekraftwerke kommen auf ein Volumen von insgesamt 500 Gigawatt.[35]

Im Fall der unkalkulierbaren Ewigkeitskosten der nuklearen Altlasten schafften es die Konzerne, mit 24 Mrd. Euro aus der Verantwortung auszusteigen. Der unprofessionelle Hin- und Herausstieg der damals schwarzgelben Regierung nach Fukushima führte zu allem Überfluss noch zu unnötigen Entschädigungszahlungen von mehreren hundert Millionen Euro an die Kernkraftbetreiber. Eine selektive Großzügigkeit, gepaart mit Schlendrian, der das Vertrauen in „die Demokratie" nicht gerade festigt.

Wegen fehlender (innereuropäischer) Abstimmung kommt es zu vielfältigen „politischen Fehlsteuerungen" solcher Art, weil zusätzliche nationale Minderungsmaßnahmen in den später zu behandelnden Sektoren des europäischen Emissionshandels (EU-ETS), um dies noch einmal zu unterstreichen, selten automatisch zur Löschung der Zertifikate führen. Der sogenannte nationale Energiemix fällt laut EU-Verträgen nach wie vor in die Regie der Mitgliedsländer. So erwähnt Artikel 194,2 des AEUV „das Recht eines Mitgliedstaats, die Bedingungen für die Nutzung seiner Energieressourcen, seine Wahl zwischen verschiedenen Energiequellen und die allgemeine Struktur seiner Energieversorgung zu bestimmen" (https://dejure.org/gesetze/AEUV/194.html).

Ein Beispiel: Britische Kohlekraftwerke wurden angesichts der niedrigen Preise mit einer zusätzlichen CO_2-Steuer belegt, so dass dort eine Tonne 30 Euro kostete, in Deutschland bis vor kurzem jedoch nur 5-7 Euro. Effizient und wettbewerbsneutral ist das nicht, und die fehlende Besteuerung von deutscher Seite ist alles andere als umweltfreundlich, da so klimaschonendere Erdgaskraftwerke und sie installierende Kommunen

---

[35] SZ, 2.12.2020, 15 und https://coalexit.org/index.php/finance-data.

das Nachsehen hatten, da hierzulande die bereits bilanziell abgeschriebenen Kohlekraftwerke billiger produzieren konnten.

Eine den Emissionshandel ergänzende Steuer, die auch die innerhalb der Handelsperioden nur schwer zu readjustierenden Schwächen des Emissionshandels ausgleichen könnte, wäre auf der EU-Ebene sicher sinnvoll. Aber in Steuerfragen müssen einstimmige Beschlüsse gefasst werden, was eine gemeinsame Besteuerung verhindert, da sich immer Länder finden, die gemäß ihren kurzfristigen, vermeintlichen, nationalen Vorteilen handeln, z.B. zum Erhalt ihrer Kohlekraftwerke. Die Schwierigkeiten bei der Umsetzung sprechen nicht prinzipiell gegen solche zusätzlichen Maßnahmen, nicht zuletzt könnten durch sie in dynamischer Sicht zukünftig striktere Emissionsziele festgelegt werden. Konsequenterweise müssten aber grundsätzlich vom EU-ETS-Emissionsbudget entsprechende Einheiten zeitnah und quasi automatisch abgezogen werden.

Unterm Strich wurden die Emissionen in der EU in den letzten Jahrzehnten im Durchschnitt beachtlich vermindert. Die starken Minderungen lagen aber wesentlich daran, dass in Russland und anderen osteuropäischen Transformationsländern entgegen den Erwartungen die THG-Emissionen nach 1989 um 40% sanken, was mit dem Zusammenbruch ihrer Schwerindustrie zusammenhing, wovon auch die BRD nach der Schließung dieser Bereiche in der DDR rechnerisch profitierte (*wall fall profits*). Auch kam es nach der großen Finanzkrise 2008 zu temporären Produktionsrückgängen.

Weltweit zeigt der Emissionstrend aber stetig aufwärts. Bis 2010 ist der globale THG-Ausstoß um rund 29% gegenüber 1990 angestiegen. Ausschlaggebend für den bescheidenen Beitrag des Abkommens zur Verbesserung des Weltklimas war sicher auch die sehr begrenzte Reichweite des Kyoto-Protokolls. Die Gesamtzielmarke von durchschnittlich rund 5% in den Mitgliedsländern machte, gemessen an den globalen Emissionen (Basisjahr: 1990), gerade einmal 1,3% aus! Waren die Mitgliedsstaaten des Protokolls 1990 für 33% der weltweiten Emissionen verantwortlich, so sank ihr Anteil 2012 auf 20%. 2012 entsprach das Reduktionsziel des Protokolls gerade noch 1,9% der globalen Emissionen. Der erste Schritt einer internationalen Regelung verpuffte demnach weitgehend. Es ist nicht übertrieben, festzustellen, dass auch das Kyoto-Protokoll de facto eher als eine Art Feigenblatt diente und dass der Beginn des 21. Jahrhunderts klimapolitisch letztlich ein verlorenes Jahrzehnt war.

6. Das Pariser Abkommen:
Eine ungenügende Minimallösung

Zusammenfassung: Am Pariser Abkommen nehmen fast alle Länder dieser Erde teil, aber um den Preis des Fehlens klarer, einheitlicher Regelungen. Jedes Land kann unverbindlich einen beliebigen Strauß an kaum vergleichbaren Maßnahmen vorschlagen. So ist das proklamierte, aber schwammig formulierte 2- bis 1,5-Grad-Ziel nicht erreichbar. Sanktionen bei länderspezifischen Zielverfehlungen gibt es nicht. Die für den ungebremsten Wirtschaftsglobalismus entscheidende Schifffahrt und der Flugverkehr blieben außen vor. Eine weltweite Kohlenstoffsteuer stand nicht zur Debatte. Um das Ziel des Abkommens zu erreichen, müssten 80% der förderbaren fossilen Ressourcen im Boden bleiben. Stattdessen läuft ungeachtet des Abkommens nicht nur die Ölförderung auf Hochtouren. Freiwillige Kompensationsmöglichkeiten sind in Aussicht gestellt. Ihre Ausgestaltung und Qualitätsanforderungen liegen (bisher) nicht vor. Fazit: Der Klimawandel und seine Folgen werden immer deutlicher, die Weltstaatengemeinschaft ist nicht in der Lage oder willens, ihm zu begegnen.

* * *

Den vorläufigen Endpunkt des internationalen Wartespiels stellt das 2015 in Paris (COP 21) beschlossene und 2016 in Kraft getretene Pariser Abkommen dar. Die Hoffnung derer, die meinten, proaktives Verhalten im Vorfeld durch Teilnahme am Kyoto-Protokoll würde durch Aktivitäten noch nicht minderungsaktiver Länder belohnt, erfüllte sich nicht, obwohl (oder gerade weil?) sich an der internationalen Pariser Klimakonferenz praktisch alle Länder der Erde beteiligten. Es hätte die große Chance bestanden, eine weltweite THG-Steuer (oder ein Weltzertifikatsystem) mit großzügiger Unterstützung schwächerer Länder einzuführen. Doch dazu kam es nicht einmal in Ansätzen.

Fuhr et al. (2015) belegen neben der teilweise bescheidenen Rolle der EU bei den Verhandlungen die begrenzte Zahlungsbereitschaft vieler Länder für vorgesehene Unterstützungsfonds, unklare Berechnungsmethoden bei den Minderungsversprechen und deren fehlende Rechtsverbindlichkeit sowie die fehlende Bezugnahme auf die Menschenrechte. Sie unterstreichen den wichtigen Unterschied von „sollen" und „sollten" im Verhandlungsdokument und verweisen auf das völlige Ausklammern der internationalen Schiff- und Luftfahrt.

Alle Länder geloben eine Einschränkung ihrer Emissionen anzustreben. Es wurden aber, im Gegensatz zu Kyoto, und dies ist der elementare konzeptionelle Unterschied, keine festen Regeln und gemeinsamen Vorgaben vereinbart (DEHSt 2016). Es gibt keine weltweit einzuhaltende Kappung und numerisch eindeutige THG-Minderungsziele.

Stattdessen soll jeder Staat selbst (*bottom-up*) – in dem Maß, wie es ihm möglich erscheint – möglichst anspruchsvolle Begrenzungen anstreben und dem UNFCCC-Sekretariat diese NDCs (*Nationally Determined Contributions*) melden.[36]

Alle fünf Jahre, aber erst ab 2023, sollen die Fortschritte der angegebenen Ziele überprüft werden und die Länder werden angehalten, sich zu zunehmend anspruchsvolleren Vorgaben zu verpflichten. Aber: „China und Indien etwa haben eine Reduktion der CO_2-Intensität ihrer Wirtschaft (CO_2/BIP) versprochen. Ihr absoluter Beitrag zur globalen Emissionsminderung kann daher nur mit Hilfe von unsicheren und umstrittenen Annahmen über das künftige Wachstum ihrer Wirtschaft und Emissionen ermittelt werden. Damit bleibt unklar, was China und Indien tatsächlich zum Erreichen des globalen Ziels beitragen" (Edenhofer et al. 2016, 13).

Fuhr et al. weisen auf die unzweideutigen Zeichen hin, die zu beherzterem Herangehen hätten motivieren sollen, „wie z.B. die verheerenden Überschwemmungen in Indien, Ghana und Myanmar, die anhaltenden Dürren in Ostafrika, Brasilien und Kalifornien, die Hitzewellen rund um die Welt, die Hunderte von Menschenleben kosteten, und nicht zuletzt auch die Tatsache, dass das Jahr 2015 einen weiteren Hitzerekord aufstellte" (Fuhr et al. 2015, o. S.). Länder wie Somalia, die an sich politisch instabil sind, geraten durch Heuschreckenschwärme und schwere Fluten weiter ins Chaos. Dies hätte eigentlich zu einem radikalen und nicht zu einem aufweichenden Paradigmenwechsel unverbindlicher Zusagen führen müssen.

Die Warnsignale hätten der „Weltgemeinschaft" eigentlich die Vereinbarung nahegelegt, alle fossilen Brennstoffe so schnell und so weit wie möglich unangetastet zu lassen. Es gibt Berechnungen, dass zur Erreichung des 2-Grad-Zieles bis 2050 z.B. 80% der Kohlereserven im

---

[36] Siehe die Auflistung unter http://www4.unfccc.int/ndcregistry/Pages/All.aspx.

Boden bleiben müssten (zur tatsächlichen Entwicklung siehe Edenhofer et al. 2016 und Kornek/Edenhofer 2020). Billionen Euro an Gewinnen könnten die entsprechenden Konzerne und Länder dann aber nicht erlösen.

Auch Bettzüge und Peter geben an,

> „dass je nach Verfügbarkeit von CCS [CO_2-Abscheidung und -Speicherung, d.h. Reduktion von THG durch möglichst langfristige Einlagerung in unterirdische Lagerstätten] weltweit 82-88% der Kohlereserven, 49-52% der Gasreserven, und 33-35% der Ölreserven als ‚unburnable‘ klassifiziert werden müssten, um allein das 2°C-Ziel zu erreichen. Die größten Anteile an ‚unburnable coal‘ lägen dabei in den USA, China, Indien und Russland, an ‚unburnable gas‘ in Russland und im Nahen Osten sowie ‚unburnable oil‘ hauptsächlich im Nahen Osten, Südamerika und Kanada" (Bettzüge/Peter 2016, 28).

Anstatt sich an diesen Grenzplanken zu orientieren, kamen unverbindliche nationale Ankündigungen heraus, die mindestens drei Grad Erderwärmung bewirken werden. Um noch einmal die harte Wahrheit der reinen Zahlen sprechen zu lassen:

> „Das 2°C-Ziel erlaubt bis zum Jahr 2100 noch 630-1.180 Gt CO_2 netto in der Atmosphäre zu deponieren … Beim 1,5°C-Ziel schrumpft dieser Spielraum auf 90-310 Gt CO_2 zusammen – hier wären massive negative Emissionen etwa durch die großskalige Kombination von Biomasse und CCS Technologien erforderlich … Dagegen führt die Summe aller INDCs [nationalen Minderungspläne] schon zu ca. 815 Gt CO_2 kumulierten Emissionen bis zum Jahr 2030" (Edenhofer et al. 2016, 12).

Dies ergibt auch die Analyse von Rogelj et al. (2016) in *Nature*, die die teils verwaschenen Ziele der Länder und die – selbst bei vollständiger Erfüllung – Nichteinhaltbarkeit des 2-Grad-Zieles ermitteln (siehe auch die detailliere Analyse und Kritik von Damassa et al. 2015).

Während der Diskussionen, die zum Pariser Abkommen führten, gab es parallel Entwicklungen, die einer Minderungsorientierung zuwiderlaufen:

> „Beispielsweise investieren viele afrikanische Länder stark in die Ölförderung oder ermöglichen internationalen Ölunternehmen die Erkundung ihres Hoheitsgebiets. Australien wird voraussichtlich bis 2020 der weltweit größte Kohleexporteur sein. Chinas Emissionsniveau wird bis etwa 2030 steigen, die Zunahme seiner CO_2-Emissionen scheint einfach das widerzuspiegeln, was China ohnehin vorhatte, um die Zahl der Todesfälle durch lokale Luftverschmutzung zu verringern. Indien hat

nicht die Absicht geäußert, die CO_2-Emissionen zu erhöhen oder zu senken, und seine Kohleproduktion wird sich voraussichtlich im nächsten Jahrzehnt verdoppeln, und die Vereinigten Staaten konzentrieren sich auf Schiefergas, das die inländischen Emissionen reduziert, aber zu steigenden Kohleexporten führt" (Vorwort in Cramton et al. 2017, 2, Ü).

Wie schnell sich großartige Versprechungen vom Wirkungseffekt her de facto in Schall und Rauch auflösen können, zeigt das Beispiel Guyanas (780.000 Einwohner), das drittärmste Land im Nordosten Südamerikas. Es hat sich verpflichtet, bis 2025 zu 100% auf erneuerbare Energien umzustellen und die Verpflichtungserklärung des Landes zum Pariser Abkommen ist rührend.[37] Man entdeckte aber ein gigantisches Ölfeld mit dem leicht förderbaren *Light Sweet Crude* in seinen Hoheitsgewässern und per Vertrag wurde Exxon Mobil die Ölförderung übertragen. Guyana könnte schon Mitte dieses Jahrzehnts mehr Öl pro Einwohner aus der Erde holen als Kuwait. Man geht hier von einer Größenordnung von 750.000 bis zu 1 Mio. Barrels aus – und zwar pro Tag.[38] 300 Mio. US-Dollar sind so bereits eingenommen worden. So kann sich das Land seine Pariser Klimaverpflichtung auch problemlos leisten. Darüber hinaus lassen sich sicher noch Neutralisierungszertifikate an Gutscheine erwerbende Unternehmen und Privatpersonen in unseren Breitengraden für die regenerative Energieversorgung des Landes verkaufen.

Nur ein Beispiel sei noch angeführt, um zu zeigen, was alles unter dem Dach des Pariser Abkommens möglich ist, ohne in dessen Gesamtbilanz konkret einzufließen. Von Seiten der Käufer von Kompensationsgutschriften werden oft mögliche Kompensationen „ausgeglichen", indem umweltzerstörende Investitionen unterstützt werden. So soll in Bangladesch unter indirekter Mitfinanzierung der sich klimaneutral deklarierenden Deutschen Bank, der Allianz und eines deutschen Ingenieur- und Beratungsbüros ein riesiges Kohlekraftwerk mit 1320 Megawatt in Rampal gebaut werden, ganze 14 Kilometer von den zum Teil zum UNESCO-Welterbe erklärten Mangrovenwäldern entfernt. Es benötigt im Vollbetrieb knapp 5 Mio. Tonnen Kohle, die nur mit Schiffen ausgeliefert werden können (SZ, 3.7.2020, 16). Das wird nicht nur dem Weltklima, sondern auch Tigern, Flussdelphinen und Menschen an Ort und Stelle nicht gut bekommen.

---

[37] https://www4.unfccc.int/sites/ndcstaging/PublishedDocuments/Guyana%20First/Guyana's%20revised%20NDC%20-%20Final.pdf.
[38] Goos (2020); siehe auch den Beitrag im *Handelsblatt* (5.8.2020, 12).

Doch feierlich wurde wenigstens als abstrakte Marke das Ziel einer maximalen Erderwärmung von 2 oder sogar nur 1,5 Grad angestrebt. Aus späteren Kapiteln wird sich ergeben, dass bereits ein 1-Grad-Ziel gewagt ist. Ein skeptisch stimmender Aspekt des Abkommens ist jedenfalls die recht unklare Zielfunktion. In Artikel 4,1 heißt es eher schwammig:

„Um das in Artikel 2 festgelegte langfristige Temperaturziel zu erreichen, streben die Vertragsparteien an, den weltweiten Höchststand der Treibhausgasemissionen so bald wie möglich zu erreichen – wobei sie anerkennen, dass das Erreichen des Höchststands für Vertragsparteien, die Entwicklungsländer sind, länger dauern wird – und danach im Einklang mit den besten verfügbaren wissenschaftlichen Erkenntnissen rasche Reduktionen vorzunehmen, damit in der zweiten Hälfte dieses Jahrhunderts auf der Grundlage der Gerechtigkeit und im Zusammenhang mit der nachhaltigen Entwicklung und den Bemühungen um die Beseitigung der Armut ein Gleichgewicht zwischen den anthropogenen Emissionen von Treibhausgasen aus Quellen und dem Abbau dieser Gase durch Senken erreicht wird" (https://unfccc.int/resource/docs/2015/cop21/eng/l09r01.pdf, Ü).

In einer von mehreren Experten verfassten Studie wird beispielsweise auf in diesen Formulierungen enthaltene mehrdeutige Formulierungen hingewiesen,

„(d)ie ausgeglichenen Nettoemissionen, d.h. die Differenz zwischen Emissionen und Absorptionen, könnten somit in einer Interpretation den Treibhausgasemissionen entsprechen, die die globale Durchschnittstemperatur auf einem bestimmten Niveau (innerhalb der natürlichen Klimavariabilität) stabilisieren. Man beachte jedoch, dass das Pariser Abkommen keinen Hinweis darauf enthält, ob die globale Durchschnittstemperatur auf einem Niveau über dem vorindustriellen Niveau stabilisiert werden soll oder ob sie ihren Höhepunkt erreichen und danach wieder sinken kann. Da das langfristige Temperaturziel des Pariser Abkommens kein Enddatum für das Ziel, den globalen Temperaturanstieg auf 1,5° C zu begrenzen, festlegt, ist ein Ablauf mit einem zunächst globalen Temperaturanstieg und dann -abfall nicht ausgeschlossen." (Fuglestvedt et al. 2017, 2-3, Ü)

Unter Bezug auf zahlreiche weitere Fachbeiträge weisen die Autoren auf zusätzliche offene Punkte hin: Unklar bleibe, welche THG überhaupt einbezogen werden sollen. So haben einige Länder in ihren nationalen Plänen die Reduktion von NO_x, CO und BC-Aerosolen vorgesehen, Artikel 4 schließt aber BC (*Black Carbon* = Ruß) und SO_2 eigentlich aus der Gruppe der Elemente zur Erreichung der angestrebten Balance aus (um welche Verbindungen mit welchen Eigenschaften es sich genau handelt, ist hier unerheblich).

Ferner: Bezieht sich die Balance nur auf THG-Emissionen oder sollen (mindernde) Senken gegengerechnet werden? Geht es bei den Senken nur um anthropogene, d.h. vom Menschen aktiv eingerichtete bzw. gemanagte oder auch um natürliche Senken? Müsste es bei anthropogenen Senken wie z.B. Aufforstungen nicht einen Abschlag von z.B. 50% geben (Kim et al. 2008), da Waldbrände auftreten können und das Entweichen von CO_2 bei Bäumen nach einer bestimmten Zeit unvermeidlich ist, da sie eines Tages absterben? Auf welche Dauer sind Kompensationen angelegt angesichts der Tatsache, dass einige THG Jahrhunderte nachwirken, die angegebenen Maßnahmen sich aber meistens auf wenige Jahre beziehen?

Welcher Äquivalenzfaktor (z.B. zwischen CO_2 und Methan) soll zwischen den THG unterstellt werden? Entgegen dem öffentlichen Eindruck gibt es hier unterschiedliche Ansichten unter Fachleuten. Sollen auch die z.B. „positiven", d.h. den Temperaturanstieg drosselnden Effekte von THG, insbesondere Aerosolen, eingerechnet werden? Solche Fragen sind bisher weitgehend unbeantwortet geblieben und harren der Verständigung zwischen den Vertragsparteien. Offen ist schließlich, was man unter „Gerechtigkeit" zu verstehen hat, da es auf jeden Fall eine – wenn auch undefinierte – nachhaltige Entwicklung geben soll.

Ist schließlich an eine 2-Grad-Zielerreichung auf jeweils nationaler oder nur insgesamt auf globaler Ebene gedacht (was einen hohen Grad an internationaler Abstimmung voraussetzen würde)? Größere Hoffnungen, dass das Pariser Abkommen zu einer wirksamen Senkung der THG führen könnte, dürften sich angesichts fehlender Koordination beliebiger Minderungsziele und der angesprochenen offenen Fragen als Illusion erweisen. Sie können vielmehr als Beispiel für Selbsttäuschungen im Umweltdiskurs (Jaccard 2020) angesehen werden.

Eine weitere Tatsache nährt Ernüchterung. Es können sogar teilweise emissionssteigernde Effekte durch das Abkommen hervorgerufen werden.

„Unabhängige Bewertungen von NDCs legen nahe, dass einige Minderungsziele einem höheren Emissionsniveau entsprechen als den business-as-usual-Prognosen (BAU). Mit anderen Worten, einige Länder könnten ihre Ziele ohne weitere Minderungsbemühungen übertreffen. Solche Länder könnten daher Emissionsminderungen (im Verhältnis zu ihren Zielen) erzeugen, ohne tatsächliche Emissionsminderungen vorzunehmen. Wenn diese ‚heiße Luft' als ITMO [*Internationally Transferred*

Mitigation Outcomes, den wahrscheinlichen Nachfolgern des CDM] in andere Länder übertragen und zur Erreichung künftiger NDC-Ziele verwendet wird, würden sich die kumulierten aggregierten THG-Emissionen erhöhen, verglichen mit einer Situation, in der dieselben Ziele ohne Übertragung erreicht würden. Wenn Länder von der Übertragung heißer Luft profitieren, könnte dies darüber hinaus einen Anreiz für sie darstellen, künftig weniger ehrgeizige NDC-Ziele festzulegen." (Theuer et al. 2017, 5, hier ohne Hervorhebungen, Ü)[39]

Es würde hier zu weit führen, diese zum Teil längeren, empirisch die Länderverpflichtungen vergleichenden Studien detailliert vorzustellen. Sie belegen, dass in mehreren Dutzend Länderverpflichtungen mit sowohl relativen und absoluten Zielen der Faktor „heiße Luft" eine nicht unerhebliche Rolle spielen dürfte, ein Indiz, dass sich diese Länder nicht unbedingt der „Umweltintegrität" verpflichtet fühlen.[40]

Abgesehen von fehlenden Sanktionsmechanismen, die es auch beim Kyoto-Protokoll nicht gab, stellen die NDCs, wie angedeutet, eine bunte Mixtur dar, da sie auf unterschiedliche THG, ganz verschiedene Wirtschaftszweige, mal prozentuale Reduktionen, mal absolute Ziele zu verschiedenen Basis- und Zieljahren abzielen, öfter wird auf Pro-Kopf-Emissionen abgestellt. Versucht man, die Gesamtwirkungen dieses bunten Straußes zusammenzurechnen, steigen die jährlichen THG-Emissionen zwischen 1990 und 2030 um 45%, im Vergleich zu 2010 um 17%. Ohne die proklamierten NDCs würden die Emissionen zwar bis 2030 um 6% steigen. Damit aber mit einer Wahrscheinlichkeit von 66% der Temperaturanstieg in Zukunft unter 2 Grad Celsius liegen wird (was an sich schon einer recht gewagten Wette entspricht), müsste der Ausstoß auf ungefähr 40 Gt CO_2eq reduziert werden. Dies wurde von den Mitgliedsstaaten anlässlich der Unterzeichnung sogar selbst schriftlich festgehalten. Die aus den Maßnahmen errechneten 56,7 Gigatonnen liegen deutlich darüber, das 2-Grad-Ziel ist auf diese Art schlicht und einfach nicht zu erreichen.[41]

---

[39] Siehe auch Kollmuss (2017, 1); zu den zum Teil stark divergierenden Meinungen zu ITMOs und ihrer Ausgestaltung von Seiten der teilnehmenden Länder siehe Obergassel (2016 und 2017) und Obergassel und Asche (2017).

[40] Siehe vor dem Hintergrund des Minimalzieles von plus 2 Grad die erschreckend niedrigen Selbstverpflichtungen der Länder im Überblick bei https://climateaction tracker.org/. Die EU-Länder haben sich nicht einzeln, sondern insgesamt verpflichtet, siehe z.B. https://www4.unfccc.int/sites/ndcstaging/PublishedDocuments/Germany%20 First/LV-03-06-EU%20INDC.pdf.

[41] Siehe den ungeschminkten detaillierten Überblick zur Minderungslücke von Seiten der UNEP (2019).

Und dann sind im November 2019 auch noch die USA mit dem zwar vorgeschobenen, aber inhaltlich richtigen Argument, dass viele Länder Trittbrettfahrer seien, ausgetreten, um nach dem Wahlsieg Joe Bidens wieder einzusteigen. Zu große Hoffnungen sollte man sich nicht machen. Zwar ist der altbekannte John Kerry US-Klimabeauftragter, aber auch aus Rücksicht auf Gewerkschaften und Politiker beider Lager aus einigen Bundesstaaten ist Fracking auf Bundesebene nicht verboten und Kohle generell von Biden nicht ins Visier genommen worden.

Befürworter eines wettbewerblichen Emissionshandels heben hinsichtlich der im Pariser Abkommen vorgesehenen nationalen Minderungspläne hervor, „[e]ntscheidend ist dabei nicht so sehr, dass in dem Vertrag kein internationaler Emissionshandel beschlossen wurde, sondern dass es auch keine Spur von einem Prozess gibt, mit dem sich die Hoffnung verbinden könnte, dass es in (ferner) Zukunft einmal einen solchen Handel geben könnte … Das fatale an dem Pariser Abkommen ist, dass es diese Form der Klimapolitik quasi zum Goldstandard erklärt" (Weimann 2016, 4, siehe ausführlicher in 2012). Und das, obwohl dieser vermeintliche Goldstandard nur auf freiwilligen Selbstverpflichtungen beruht und keine Sanktionsmechanismen vorsieht. Hierzulande gab es in den letzten Jahrzehnten unzählige freiwillige Vereinbarungen, z.B. in und mit der Fleisch-, Ernährungs- und Autobranche. Das Ergebnis war immer das gleiche: Man hielt sich nicht daran, es funktionierte nicht.

In Artikel sechs des Pariser Abkommens wird allgemein ein Marktmechanismus wie im Kyoto-Protokoll (CDM) erwähnt, vermittels dessen sich ein Land Emissionsminderungen im Ausland anrechnen lassen kann. Aber es

> „ist völlig unklar, welche Art von Zertifikaten nach 2020 zur Verfügung stehen wird. Dies muss an den UN-Klimagipfeln noch entschieden werden. Die Verhandlungen werden schwierig sein, denn die technischen und politischen Voraussetzungen für effektive und bindende Regeln internationaler Marktmechanismen sind im Rahmen des Pariser Abkommens nicht wirklich gegeben" (Kollmuss 2017, 1, hier ohne Hervorhebungen).

Es gibt natürlich auch positivere Einschätzungen des Pariser Abkommens, z.B. von Seiten des Umweltbundesamtes (UBA).[42] Die zuständige Behörde vermerkt aber auch zutreffend: „Eines der Hauptprobleme ist fehlendes gemeinsames Verständnis davon, wie der Kohlenstoffmarkt

---

[42] https://www.carbon-mechanisms.de/en/2015/paris-lays-foundation-for-market-mechanisms/.

zukünftig im Rahmen des Paris-Abkommens ausgestaltet wird" (DEHSt 2017b, 25). Eine durch die Konstruktion des Pariser Abkommens in den Vordergrund rückende Problematik betrifft die Überschneidung von nationalen Minderungsplänen und freiwilligen Kompensationsprojekten.

Es gibt Vorschläge von Seiten der DEHSt, wie man die unbefriedigende Situation verbessern könnte.[43] „Annex-B-Staaten können beispielsweise dafür sorgen, dass die freiwilligen Zertifikate, für welche sie AAUs löschen, zusätzlich und umweltverträglich sind." Aber: „Solange sie dies nicht tun und unterschiedliche Standards mit unterschiedlichen Qualitätsniveaus koexistieren, ist der Gestaltungsspielraum für freiwillige inländische Projekte stark beschränkt. Die meisten international anerkannten Qualitätsstandards akzeptieren keine Projekte von Annex-B-Staaten ohne Löschung von AAUs" (DEHSt 2017b, 25, Ü). Einige Länder akzeptieren Projekte ohne Löschung aber trotzdem und es sei hier nur kurz auf die in anderen Kapiteln vertieften, kaum überwindbaren Probleme des Feststellens von Zusätzlichkeit usw. hingewiesen. Festzuhalten ist auch, dass es weder auf nationaler noch auf internationaler Ebene Register mit einer Auflistung der einzelnen Projekte gibt und es daher zu Doppelzählungen kommen kann.

Zwar haben 86 verkaufsinteressierte (Entwicklungs-)Länder Interesse an einem solchen internationalen Zertifikathandel im Rahmen des Pariser Abkommens bekundet, aber nur 13 Länder, die für rund 9% der weltweiten Emissionen verantwortlich sind, wollen unter Umständen als Käufer auftreten. Der Preisverfall in früheren Jahren bei CDMs, den anrechenbaren freiwilligen Projekten im Rahmen des Kyoto-Protokolls, wurde oft mit dem hohen CDM-Angebot bei geringerer Nachfrage begründet. Der Trend niedriger Preise dürfte sich daher fortsetzen.

Haben die Zusatzmechanismen freiwilligen Gutschriftenerwerbs des Kyoto-Protokolls (CDM und JI) nicht sogar zum Scheitern des Kyoto-Protokolls beigetragen? Und könnte sich dies beim Pariser Abkommen wiederholen? Praetorius et al. (2018) heben tatsächlich die problematische Auswirkung der flexiblen Mechanismen, nämlich die Flutung durch die internationalen Projektgutschriften hervor. CDM- (und JI-)Projekt-

---

[43] Eine Bemerkung zur Begrifflichkeit: Annex-B-Staaten sind die Gruppe von Ländern, die im Anhang B des Kyoto-Protokolls aufgeführt sind und die sich über ein Ziel ihrer THG-Emissionen geeinigt haben. Mit dabei sind alle Annex-I-Staaten mit Ausnahme der Türkei und Weißrussland. AAUs sind die ihnen zugeteilten Mengen an Emissionseinheiten, die sie für ihre Emissionen einsetzen oder bei Überschüssen verkaufen können.

gutschriften beliefen sich bisher auf über anderthalb Milliarden Zertifikate, die auch lange im EU-ETS angerechnet werden konnten (EU-Kommission 2017, 21).

Die Details zu diesen Mechanismen kommen in einem späteren Kapitel, hier ist nur der generelle Tatbestand erheblicher Überschüsse bedeutsam, der aus der Vergangenheit bekannt ist. Eine wichtige „Ursache [des Preisverfalls] ist der hohe Zufluss an Zertifikaten aus flexiblen Mechanismen des Kyoto-Protokolls …, mit denen Emissionsreduktionsprojekte in Osteuropa … beziehungsweise in Entwicklungsländern ermöglicht werden sollten – Zertifikate, die sich weitgehend als wertlose ‚heiße Luft' herausgestellt haben" (Praetorius et al. 2018, 108).

Neben Inflationierung werden Mitnahmeeffekte durch das Pariser Abkommen verschärft. Bereits vor vielen Jahren wurde im Zusammenhang mit dem Kyoto-Protokoll klar erkannt:

> „In einem globalen CER-Markt können die Gastländer aufgrund eines strategischen Dilemmas tatsächlich zögern, Projekte mit geringen oder keinen positiven Auswirkungen auf die nachhaltige Entwicklung abzulehnen. Wenn alle Gastländer Projekte mit geringem Nutzen für eine nachhaltige Entwicklung ablehnen würden, wäre das globale CDM-Portfolio betroffen, da sich Investoren und Projektentwickler auf Projekte mit hohem Nutzen für eine nachhaltige Entwicklung konzentrieren müssten. Wenn nur ein Land oder wenige Länder ehrgeizigere Kriterien für eine nachhaltige Entwicklung haben, wird dies ihren gesamten CDM-Marktanteil verringern, da die Investoren und Projektentwickler weiterhin Projekte mit geringem Nutzen für eine nachhaltige Entwicklung in anderen Ländern entwickeln könnten" (Schneider 2007, 47, Ü; siehe auch grundsätzlich Schneider 2009).

Jahrzehnte später hat man sich diesem Sachverhalt beim Pariser Abkommen wieder nicht gestellt. Derselbe Autor notiert Jahre später zur gegenwärtigen Situation (im Original deutsch und mit Eigenzitaten):

> „In der Praxis ist eine Einigung nicht nur politisch, sondern auch technisch schwierig. Unter dem Pariser Übereinkommen können die Länder selbst entscheiden, welche Art von Klimaziel sie sich setzen. Dies hat zu sehr unterschiedlichen Klimazielen geführt. Manche Länder haben Treibhausgasziele, andere nur Ziele für den Ausbau von erneuerbaren Energien oder die Aufforstung von Wäldern. Einige haben nur Ziele für bestimmte Sektoren, Treibhausgase oder Jahre. Und manche Ziele sind schlichtweg unklar. Dies erschwert eine saubere Bilanzierung von Verkäufen und Käufen von Emissionsminderungen.

‚Um die Umweltintegrität des internationalen Handels mit Emissionsminderungen zu gewährleisten, sollten die gleichen internationalen Regeln für alle Transaktionen gelten, so dass eine Doppelzählung in allen Fällen vermieden wird', resümiert Lambert Schneider. ‚Außerdem sollten Länder, die sich am internationalen Emissionshandel beteiligen, ihre Ziele in Zukunft so definieren, dass sie alle Sektoren und Treibhausgase einschließen und für kontinuierliche Perioden statt nur für einzelne Jahre gelten'" (Schneider 2019, o. S.).

In einem gut verständlichen Überblick über das Pariser Abkommen und seine Tücken unterbreiten Schneider et al. einige Reformvorschläge, die sich im Rahmen des Anspruchsniveaus des Abkommens bewegen: Es sollte

„ein einheitlicher Satz gemeinsamer internationaler Rechnungslegungsvorschriften gelten, unabhängig davon, welcher Kohlenstoffmarktmechanismus zur Erzielung von Emissionsminderungen verwendet wird und ob diese Reduzierungen von Ländern zur Erreichung ihrer Pariser Ziele genutzt werden oder von anderen Unternehmen, wie z.B. Fluggesellschaften, um ihre Minderungsverpflichtungen gemäß ICAO [der Internationalen Zivilluftfahrtorganisation] zu erfüllen. Dies ist wichtig, um Doppelzählungen zu vermeiden und gleiche Wettbewerbsbedingungen für die internationalen Kohlenstoffmärkte zu schaffen ... Eine solide Rechnungslegung würde erheblich erleichtert, wenn alle Länder Ziele festlegen würden, die gesamtwirtschaftlich sind, alle THG abdecken, für gemeinsame Mehrjahreszeiträume gelten und als THG-Emissionen ausgedrückt werden" (Schneider et al. 2019, 183, Ü).[44]

Es gab und gibt aber immer Sperrfeuer von verschiedenster Seite gegenüber solchen systemimmanenten Verbesserungsvorschlägen. So ist z.B. Saudi-Arabien gegen den Einbezug der Flugzeugemissionen, Kanada, Japan und die USA wenden sich gegen ein weltweites Register usw. Die EU, Indien und China haben sich sowieso grundsätzlich und ausdrücklich gegen den Einsatz internationaler Marktmechanismen ausgesprochen. Obergassel und Gomik (2015) bieten eine übersichtliche Tabelle mit allen Ländern, die Marktmechanismen (und in welcher Form) in Erwägung ziehen. Ihre Tabelle zeigt zudem, dass auch die Angaben der Länder häufig ziemlich schwammig bleiben.

Man darf vermuten, dass diese Blockadehaltungen vielen anderen Ländern nicht gerade ungelegen kommen und auch deshalb die Reformvorschläge nicht aufgegriffen werden. Am grundsätzlichen Konstruk-

---

[44] Auch mit einem Überblick zur Fachliteratur siehe Schneider und Theuer (2019), die Diskussion bei Cames et al. (2016, 11-12) und Schneider et al. (2017).

tionsfehler, dem Rückgriff auf eher unverbindliche, bunt zusammenge-
würfelte nationale Minderungspläne, wird sich nichts ändern.

Die vor längerem von der Stiglitz-Stern-Kommission (Stiglitz et al.
2017) errechneten nötigen Preise für CO_2-Emissionen müssten bis 2020
zwischen 40-80 und bis 2030 zwischen 50-100 US-Dollar pro Tonne liegen, damit man sich in Richtung des 2-Grad-Ziels bewegt. Eigentlich wäre
es am besten, jenseits kleinerer Retuschen, mit einer Planungssicherheit
schaffenden, internationalen Mindestpreisregelung vorzugehen, so dass
die Zertifikatpreise vorhersehbar und kontinuierlich steigen und nicht
volatil-erratisch schwanken. Nur so könnte wohl selbst das EU-ETS zur
zentralen Säule der europäischen Klimaschutzpolitik werden.[45]

Diese Einschätzung wird auch in Beiträgen internationaler Organisationen geteilt, beispielsweise in Diskussionspapieren des IWF, in denen
gefordert wird, vorhersehbare Mindestpreise und eine Kooperation wil-
liger Länder an die Stelle von zum Scheitern verurteilten globalen Lösungen und Kompensationen für einkommensschwächere Haushalte zu setzen.
Farid et al. (2016) skizzieren die ökologisch-ökonomischen Bedrohungen
klar und deutlich, ihre Literaturliste zum Thema führt die relevante Fachliteratur auf. Nach weltweiten Mindeststandards oder -preisen sieht es
demnach nicht aus.

Angesichts der offenen Anlage des Pariser Abkommens ist es praktisch unmöglich, weltweit sinnvolle Marktinstrumente oder gar eine
Kohlenstoffsteuer in ein System einzubauen, bei dem globale Obergrenzen fehlen und Länder sich nach eigenem Gusto einen bunten Maßnah-
menstrauß zusammenstellen können. Die Länder werden stattdessen indirekt motiviert, keine Maßnahmen zu ergreifen, um stattdessen Subventionen durch freiwillige Minderungszahlungen über Kompensationsprojekte zu erhalten. In diesem und dem vorherigen Kapitel ist die Mangel-
haftigkeit der internationalen Abkommen gezeigt worden. Im nächsten
Kapitel wird der Frage nachgegangen, ob innerhalb Europas ambitionier-
terer Klimaschutz betrieben wird.

Zuvor sei noch erwähnt, dass im Dezember 2020, fünf Jahre nach dem
Abschluss des Pariser Klimavertrages, in denen – von Corona abgesehen –
die Emissionen nicht sanken, ein virtuelles Treffen („Gipfel für Klima-
Ehrgeiz") von rund 70 Staats- und Regierungschefs stattfand. Bei dem
Treffen fehlten u.a. Russland, Brasilien, Saudi-Arabien, die USA und

---

[45] Edenhofer et al. (2018, 2019 und 2020) und Edenhofer (20189 diskutieren verschiedene Varianten.

Australien. China versprach immerhin, vor 2030 die Emissionen zu senken, bis 2030 den Anteil nicht-fossiler Energien auf 25% anzuheben und vor 2060 bei Null-Emissionen anzukommen. Trotz einiger Finanzzusagen der Industriestaaten und klimaneutraler Bekundungen von Österreich, Japan, Kanada, Südkorea und Äthiopien (bis 2050) sah Greta Thunberg in den Verlautbarungen vor allem leere Worte und auch Umweltaktionsgruppen zeigten sich enttäuscht. Selbst der UN-Generalsekretär Antonio Gutteres bemerkte treffend, die Uhr stehe bereits auf fünf nach 12. „Fünf Jahre nach dem Pariser Abkommen gehen wir immer noch nicht in die richtige Richtung". Regierungen müssten für ihre Länder den Klimanotstand ausrufen.[46]

Ein abschließendes Schaubild beantwortet die Frage, ob der Generalsekretär nicht etwa übertreibt und es seit 2016, dem Beginn des Pariser Abkommens, wie angepeilt nicht doch zu weltweiten Emissionsminderungen kam, wobei die Zahlen für 2020 auf Corona zurückgehen.[47] Tatsächlich gingen 2020 die weltweiten Emissionen um fast 2 Mrd. Tonnen CO_2 zurück, was dem gesamten Ausstoß der EU entspricht. Laut der Internationalen Energieagentur IEA steigt 2021 der weltweite Ausstoß wieder deutlich und IEA-Chef Faith Birol sprach einmal mehr die ernste Warnung aus, man müsse mehr für die Energiewende tun.[48]

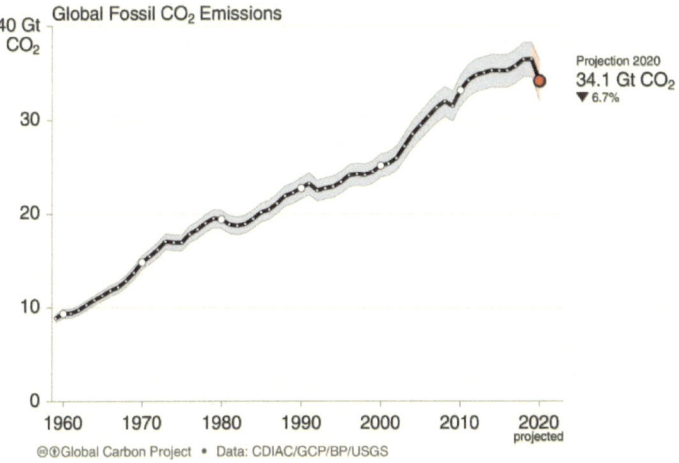

46 https://news.un.org/en/story/2020/12/1079032.
47 Zur Erhebungsmethode und detaillierten Zahlen siehe https://www.globalcarbonproject.org/.
48 https://www.iea.org/news/after-steep-drop-in-early-2020-global-carbon-dioxide-emis sions-have-rebounded-strongly.

7. Die EU-Klimapolitik: Das europäische Emissionshandelssystem (EU-ETS), die Klimaschutzverordnung (*Effort Sharing*) und der *Green Deal*[*]

Zusammenfassung: Der die Stromerzeugung und verarbeitende Industrie betreffende europäische Emissionshandel (EU-ETS) setzt mit dem Ziel von 43% bzw. neuerdings 55% THG-Minderung bis 2030 deutlich ehrgeizigere Ziele als die internationalen Vereinbarungen. Auch sind keine problematischen Kompensationsprojekte im Ausland mehr (CDM) vorgesehen. Es sollen aber innereuropäische Kompensationsprojekte anrechenbar sein, deren Details hinsichtlich qualitativer Anforderungen usw. noch nicht feststehen. 11.000 Unternehmen nehmen an europaweiten, regelmäßigen Auktionen für Verschmutzungsrechte teil, deren Einnahmen den Ländern zufließen. Nur 57% der Zertifikate werden versteigert, der Rest wird kostenlos an die exportorientierte Industrie verteilt, die in den letzten Jahren nur geringe THG-Minderungen vorzuweisen hat. Der Preis pro Tonne CO_2 liegt Ende 2020 bei rund 30 Euro. Dennoch ist die festgelegte Kappungsmenge für 2020-2021 enttäuschend, da die Emissionen (vor Corona) 2019 bereits unter dieser Menge lagen. Spekulation ist durch die Nichteinschränkung der an Auktionen teilnehmenden Akteure weiterhin möglich.

Die EU-Klimaschutzverordnung (*Effort Sharing*) betrifft Verkehr, Gebäude, Land- und Abfallwirtschaft. Bis 2030 soll hier eine THG-Minderung um 30% erfolgen (Basisjahr: 2005). Da sich die EU auf eine Minderung von insgesamt 55% festlegt, müsste in diesen Bereichen um 47% reduziert werden. In Abhängigkeit vom BIP/Kopf (je höher, umso höher die Minderungsverpflichtung) werden Emissionskontingente auf die Mitgliedsländer verteilt. Deutschland ist zu einer Minderung um 38% ver-

---

[*] Die EU-Kommission hat für den Juni 2021 Präzisierungen zum Green Deal und Verschärfungen der Emissionsminderungen angekündigt, die nach Vorliegen auf der Website des Verlages vorgestellt werden: https://www.metropolis-verlag.de/Klimaneutralitaet-jetzt%21/1470/book.do.

pflichtet, Bulgarien am anderen Ende darf nur keine steigenden Emissionen aufweisen. Die länderspezifisch zugeteilten Emissionsberechtigungen sind in gewissen Grenzen handelbar. Deutschland wird erhebliche Zukäufe tätigen müssen. Es gibt für die Länder keinerlei sektorale Vorgaben, wie und wo ihre Minderungen erfolgen sollen. Recht spät, nämlich 2027/28 (für 2026-2030) und 2032/33 (für 2026-2030) erfolgen die Zwischenbilanzen für die beiden Perioden.

Die Roadmap des *Green Deal* soll alle Wirtschafts- und Politikbereiche umfassen, ist aber bisher nicht spezifiziert und sehr allgemein gehalten. Wenn man sich aktuelle EU-Beschlüsse (z.B. im Bereich Landwirtschaft) anschaut, ist nicht klar, ob der Politik ausreichend bewusst ist, welch ambitionierte Maßnahmen erforderlich sind, um die Fernziele von EU-ETS, Effort Sharing und *Green Deal* zu erreichen.

* * *

Eine gewisse Fortsetzung des Kyoto-Protokolls, allerdings mit deutlich weniger beteiligten Mitgliedsländern, stellen die 2017 erfolgten Vereinbarungen auf EU-Ebene zur Emissionshandelsrichtlinie für die vierte Handelsperiode des europäischen Emissionshandels (EU-ETS) ab 2021 dar (EU 2018/410). Sie sehen eine teilweise Verschärfung der in der dritten Periode festgelegten Regelungen vor.[49]

Es ist vorab hervorzuheben, dass es mehrere Akteursebenen und Bereiche gibt, die hinsichtlich ihrer klimapolitischen Ambitionen nicht in einen Topf zu werfen sind: (1) Die freiwilligen THG-Minderungen von Unternehmen, Privatpersonen und öffentlichen Einrichtungen zur Erreichung von Klimaneutralität, (2) internationale Vereinbarungen wie das Pariser Abkommen, (3) die Maßnahmen innerhalb der EU und (4) mit ihnen eng verbundene Bestrebungen (europäischer) Nationalstaaten.

Ließ sich bisher feststellen, dass die verbindlichen (inter)nationalen Vereinbarungen auf den allerkleinsten Nenner hinausliefen, der weit unter allem von klimatologischer Seite her für nötig Befundenen blieb, so ergibt sich für die jetzt vorzustellenden Regelungen in der EU doch ein etwas anderes Bild. Dies gilt zumindest für die Zielsetzungen, wenngleich sie, wie sich im Kapitel über die IPCC-Berichte zeigen wird, immer noch zu zaghaft sind. Man strebt an, bis 2050 klimaneutral zu werden und gibt

---

[49] Siehe WWF (2019) und erweitert WWF (2020) mit einer guten Übersicht zu wesentlichen Eckdaten.

verbindliche Minderungspfade vor, die im Folgenden darzustellen und kritisch zu beleuchten sind. Auf den eigentlich auch hierher gehörenden Flugverkehr wird in Kapitel 11 näher eingegangen.

Beginnen wir mit dem Zertifikathandel des **EU-ETS**, der sich auf die Stromerzeugung und die verarbeitende Industrie bezieht und der z.B. den Schiffsverkehr ausklammert wie auch die Emissionen von Krankenhäusern und Abfallkraftwerken. In der dritten Handelsperiode von 2013 bis 2020 wurden rund 57% der EU-ETS-Emissionsrechte versteigert, der Rest, also fast die Hälfte, wurde frei vergeben (hierzu Näheres weiter unten). Das ist ein nach wie vor erstaunlich hoher Prozentsatz, der auch in der vierten Periode beibehalten wird.[50]

Die vierte Phase des EU-ETS begann am 1.1.2020 und läuft bis 2030. Am 16.11.2020 erfuhr man durch einen Beschluss der EU-Kommission, dass 2021 die Kappung bei 1.571.583.007 Tonnen und die weiter oben beschriebene jährliche Minderung um 2,2% bei jährlich 43.003.515 Zertifikaten (*allowances*) liegen wird.[51] Die festgelegte Kappungsmenge für 2020/2021 ist enttäuschend, da sie über den tatsächlichen Emissionen des Jahres 2019, also vor Corona liegt.

Immerhin sind Gutschriften aus Kompensationsprojekten (CDM) nicht mehr zulässig. Die ersteigerten oder zugeteilten Zertifikate aus dem Flugverkehrsbereich sind nun auch beim stationären, also nicht flugverkehrsbezogenen restlichen EU-ETS einsetzbar. Die durch die bisherige Mitgliedschaft Großbritanniens angefallenen Zertifikate wurden wegen des Brexits abgezogen. Überzählige Zertifikate aus Phase 3 können auch in Phase 4 eingesetzt werden, nicht aber solche aus Phase 4 für noch einzureichende Zertifikate aus Phase 3.[52]

Bereits in Phase 3 gab es eine Besonderheit, die mangels Erläuterungen in der Öffentlichkeit für Verwirrung sorgen konnte. Einerseits erfolgt der Zertifikaterwerb europaweit. Andererseits gibt es die Zuteilungen der zu auktionierenden Zertifikate gemäß einem Verteilungsschlüssel an die teilnehmenden Länder, und zwar 25 aus der EU plus Liechtenstein, Island, Norwegen und die mit Sonderregelungen partizipierende Schweiz. Diese nationale Zuteilung ist eigentlich nur insofern relevant, als den Ländern

---

[50] Zu den Details und rechtsverbindlichen Vorschriften siehe https://ec.europa.eu/clima/policies/ets/auctioning_en und die dortigen Querverweise. Leider sprühen diese Ausführungen nicht gerade vor Verständlichkeit.

[51] https://ec.europa.eu/clima/sites/clima/files/news/docs/c_2020_7704_en.pdf.

[52] https://ec.europa.eu/clima/news/start-phase-4-eu-ets-2021-adoption-cap-and-start-auctions_en.

die Erlöse „ihrer" Zertifikate zustehen. Anders war es z.b. in der ersten Handelsperiode, als jedes Land „Nationale Allokationspläne" aufstellte. Es gibt seit der dritten Handelsperiode drei Auktionsplattformen, auf denen die Länder ihre Zertifikate anbieten: in Leipzig, Polen und (bisher) London (es ist offen, wie es mit letzterer nach dem Brexit weitergehen wird). Die Plattform in Leipzig (EEX) ist die gemeinsame Plattform, über die die meisten Länder ihre Auktionen durchführen.

Die jährliche EU-weite Auktionsmenge wurde von der EU-Kommission zunächst mit dem Ziel einer Reduktion von 43% der THG-Emissionen bis 2030 im Vergleich zu 2005 festgelegt.

Mitte Dezember 2020, pünktlich zum fünften Jahrestag des Pariser Abkommens, einigten sich die 27 Staaten auf Vorschlag der EU-Kommission (das EU-Parlament forderte mindestens 60%) tatsächlich auf eine Minderung von 55% bis 2030 (Basisjahr: 1990). Allerdings: Diese Grenze gilt nicht für jedes einzelne Land, sondern für die EU als Ganzes, so dass u.a. Deutschland forscher zulegen muss. Es handelt sich bei den 55% um ein Nettoziel, bei dem nicht nur verringerte Emissionen eingerechnet werden, sondern auch entzogene THG z.B. durch Aufforstung. Auch bleibt es den Ländern überlassen, mit welchem Energie-Mix sie dies erreichen werden, einschließlich Atomkraft und Erdgas als „Brückentechnologie". Die Einigung erfolgte trotz massiven Widerstands u.a. Polens. Um die Unterstützung solcher „schwächeren Länder" zu erhalten, sind Milliardentöpfe vorgesehen: ein aus den Einnahmen des Emissionshandels finanzierter Modernisierungsfonds, ein Fonds für gerechten Wandel und auch aus dem Corona-Aufbaufonds, der zu mindestens 30% zur Umsetzung der Klimaziele dienen soll, werden Mittel aufgewandt. Das EU-ETS wird von der EU-Kommission als das wichtigste klimapolitische Instrument angesehen.

Insgesamt gab es nach der Festlegung der Kappung 2013-2020 15,6 Mrd. Zertifikate (EUA), das ergibt durchschnittlich knapp zwei Mrd. pro Jahr. Die *freien* Zuteilungen lagen im Jahr 2013 bei 1,014 Mrd. EUA, im Jahr 2020 waren es noch 719 Mio. EUA.[53] Der Basiswert ist 2199 Mio. Tonnen im Jahr 2010, der jährlich um 38,3 Mio. Tonnen in den Jahren 2013-2020 (= 1,74%) und in den Jahren 2021-2030 um 48,3 Mio. Tonnen (= 2,2%) reduziert wurde und wird.

---

[53] Siehe die übersichtlichen Tabellen unter https://www.eea.europa.eu/data-and-maps/dash boards/emissions-trading-viewer-1.

Die Auktionen für die nicht kostenlos verteilten Zertifikate erfolgen fast über das ganze Jahr regelmäßig im Wochenrhythmus. Sie laufen über verdeckte Gebote. Interessenten geben Gebote ohne Kenntnis der Gebote anderer ab. Die Höchstbietenden erhalten die Zertifikate zum – den Markt räumenden – niedrigsten Preis. Dieser Preis gilt dann für alle Anbieter, also auch für solche, die zunächst höhere Preise geboten haben.

Ist die jährliche Zertifikatmenge berechnet, werden die Emissionsrechte an die teilnehmenden Länder verteilt und zwar abhängig von den nachgewiesenen Emissionen der zertifikatverpflichteten Unternehmen im Basisjahr 2005 oder wahlweise der Jahre 2005-2007. Deutschland mit vielen teilnahmeverpflichteten Unternehmen erhält dementsprechend deutlich mehr Emissionsrechte zugesprochen als andere Länder. Man kann diesen Zuteilungsschlüssel kritisch sehen, denn wer damals mehr THG emittierte, bekommt nun auch mehr Zertifikate zugeteilt. Über die Auktionen generieren die Mitgliedsländer entsprechend dem Zuteilungsschlüssel Einnahmen.

Die Länder sind dafür verantwortlich, „ihre" Emissionen über zu benennende Auktionatoren an einer der drei Auktionsplattformen nach genau festgelegten Regeln anzubieten. Ganz entscheidend ist nun der Punkt, dass die rund 11.000 zertifikatverpflichteten europäischen Unternehmen an diesen drei Plattformen, an denen sich natürlich einheitliche Preise ergeben, ohne jegliche Vorzugsbehandlung durch „ihre" Länder, die die Auktionen organisieren, Preisgebote abgeben und Zertifikate erwerben. Aus dem deutschen Angebot können also nicht bevorzugt deutsche Unternehmen bedient werden, sondern es gelten die anonymen Bedingungen der Bildung eines sogenannten Gleichgewichtspreises.

Die Zuteilung erfolgt für alle zum Zuge Kommenden zu dem Preis, bei dem das Angebot der Nachfrage entspricht. Die Bedeutung der länderweisen Zuteilung besteht darin, dass diese die Erlöse aus ihren Angeboten vereinnahmen. 10% der Gesamteinnahmen werden allerdings in der vierten Phase aus ‚Solidarität, für Wachstum und Verbundenheit' an die einkommensschwächsten EU-Länder verteilt, so dass den Ländern generell nur 90% zufließen.

Die Gesamtemissionsmenge orientiert sich am längerfristig festgelegten Minderungspfad, der wie schon erwähnt, einen jährlichen linearen Kürzungsfaktor von 2,2% vorsieht, um das Reduktionsziel von nunmehr 55% zu erreichen. Dies schließt nicht aus, dass die Emissionen in einzelnen Jahren über denen des Vorjahres liegen (z.B. in 2016 um +0,18%), da es auf die Einhaltung in der gesamten Handelsphase ankommt. Die Gesamtsumme des Caps belief sich 2013 auf 2.084.301.856 Zertifikate, 2020 auf 1.816.452.135 (frei zugeteilte: 903 Mio. in 2013 und 796 Mio. in 2017). Die Gesamtminderungsmenge variiert jeweils (etwas), da sie durch andere Faktoren beeinflusst wird, v.a. ab 2019 durch die sogenannte Marktstabilitätsreserve (MSR, siehe Näheres zu ihr im nächsten Kapitel).

Die nachfolgende Tabelle gibt Auskunft über das Volumen und die Einnahmen aus dem Zertifikathandel. Interessant sind hier die prozentualen Abweichungen der Anzahl versteigerter Zertifikate im Verhältnis zu den verschenkten und die Schätzung des Preises für das Jahr 2020. Sie liegt fast um die Hälfte unter dem tatsächlichen Preis, was einmal mehr zeigt, wie schwer diese Preise vorhersagbar sind. Für die Planung von Unternehmen ist eine solche Unvorhersehbarkeit ein entscheidender Nachteil, der in Auktionshandelssystemen ohne Begleitmaßnahmen (Preiskorridore) wohl kaum vermeidbar ist.

	Average price (nominal € per tonne)	Volume of emissions allowances (million tonnes)	Value of emissions allowances (billion €)	Volume of auctioned allowances (million tonnes)	Value of auctioned allowances (billion €)	Ratio of auctioned allowances to total allowances (percent)
	(1)	(2)	(3)	(4)	(5)	(6)
2005	21.6	2,096	45.3	0	<1	<1
2006	17.6	2,078	36.7	7	<1	<1
2007	1.4	2,195	3.0	2	<1	<1
2008	22.4	2,011	45.0	53	1.2	3
2009	13.4	2,049	27.4	79	1.1	4
2010	14.5	2,081	30.1	92	1.3	4
2011	13.3	2,101	27.9	93	1.2	4
2012	7.5	2,169	16.2	125	0.9	6
2013	4.5	2,115	9.6	1,103	5.0	52
2014	6.0	1,569	9.4	631	3.8	40
2015	7.7	1,496	11.6	625	4.8	42
2016	5.4	1,550	8.3	719	3.9	46
2017	5.8	1,702	9.9	951	5.6	56
2018	11.7	1,843	21.6	837	9.8	45
2019	12	1,506	18.1	530	6.4	35
2020	14	1,566	21.9	640	9.0	41

Löfgren et al. 2018, 291.

Eine weitere Tabelle gibt Auskunft über die länderspezifischen Einnahmen:

	Auction revenues in phase 3 (November 2012–December 2016), euros	Country shares of total auction revenues in phase 3 (November 2012–December 2016)		Auction revenues as a percentage of country's GDP in 2016	
		Country rank	Percentage	Country rank	Percentage
	(1)	(2)	(3)	(4)	(5)
Germany	3,646,458,340	1	23.2	17	0.03
United Kingdom	1,820,105,040	2	11.6	23	0.02
Italy	1,739,175,575	3	11.1	19	0.03
Spain	1,558,597,685	4	9.9	15	0.04
France	988,022,425	5	6.3	25	0.01
Romania	637,798,500	6	4.1	2	0.13
Greece	622,137,495	7	4.0	4	0.09
The Netherlands	603,802,085	8	3.8	20	0.02
Poland	587,438,565	9	3.7	16	0.04
Belgium	450,847,100	10	2.9	18	0.03
Czech Republic	358,194,130	11	2.3	6	0.07
Portugal	316,303,870	12	2.0	13	0.04
Bulgaria	312,794,915	13	2.0	1	0.19
Finland	301,713,560	14	1.9	14	0.04
Slovak Republic	277,525,855	15	1.8	5	0.09
Austria	251,150,255	16	1.6	22	0.02
Hungary	237,418,060	17	1.5	7	0.06
Denmark	223,113,330	18	1.4	21	0.02
Ireland	165,673,755	19	1.1	24	0.02
Sweden	160,564,170	20	1.0	27	0.01
Croatia	105,505,090	21	0.7	11	0.05
Lithuania	88,423,355	22	0.6	8	0.06
Slovenia	79,853,570	23	0.5	9	0.05
Estonia	69,021,995	24	0.4	3	0.12
Latvia	48,512,275	25	0.3	10	0.05
Luxembourg	21,631,635	26	0.1	26	0.01
Malta	18,211,570	27	0.1	12	0.05
Cyprus	2,359,150	28	0.0	28	0.00
Total	15,692,353,350		100		

Löfgren et al. 2018, 293.

Ein wesentlicher Aspekt des EU-ETS betrifft die oben bereits angerissenen Regelungen zur Vermeidung der Verlagerung von CO_2-Emissionen in Drittstaaten (*Carbon Leakage*): „Gefährdete" Industrien bekommen weiterhin kostenlose Zertifikate zugeteilt. Nebenbei: Würden sich alle Länder tatsächlich dem Ziel der maximalen Erderwärmung um 1,5 Grad verschreiben, bestünde dieses Verlagerungsproblem kaum. Doch zurück in die Realität. Der Anteil kostenloser Zuteilung an der Gesamtmenge beträgt

43%, nur etwas über die Hälfte (57%) wird kostenträchtig versteigert.[54] Die Höhe der Zuteilung für die einzelnen Betriebe entspricht der Benchmark. Unternehmen bekommen also so viele Zertifikate, wie die effizientesten 10% der Unternehmen eines Sektors für ihre Produktionsmenge benötigen. Sie können, obwohl kostenlos zugeteilt, von den Unternehmen am Markt verkauft werden. Besonders problematisch ist bei der Zuteilung das Kriterium der Exportquote (Handelsintensität), da Studien ergaben, dass tatsächlich nur geringe Leakage-Effekte auftreten. Kritisch ist auch, dass hier produktspezifisch vorgegangen wird und weder die Größe des Unternehmens (Skalenerträge) noch die Lokalität der Produktionsstätte eine Rolle spielen.

Hinsichtlich Höhe und Modalitäten der Freivergabe haben sich sicher die Aktivitäten industrieller Lobbyverbände mit der Angst von Politikern vor Verlusten wettbewerbsintensiver Exportsektoren ergänzt. So werden in der dritten Handelsperiode weiterhin nur knapp die Hälfte der Emissionsrechte kostenpflichtig versteigert. Zwar beeinflusst dies nicht die festgesetzte Gesamtmenge der jährlich zugelassenen Emissionen, aber es stellt eine Bevorzugung dar, die zudem nicht gerade den Umstieg auf THG-mindernde Technologien in den de facto subventionierten Bereichen fördert.

Allerdings: Die kostenlos zugeteilten Zertifikate hängen von einer sich ändernden Benchmark in Abhängigkeit vom technologischen „Fortschritt" ab. Das kann Auswirkungen auf die Zuteilung für einzelne Unternehmen haben. Dadurch ändert sich auch die absolute Menge an kostenlosen Zuteilungen und es könnte zu einer Änderung der prozentualen Verteilung zwischen kostenlosen im Verhältnis zu den auktionierten Zertifikaten kommen. Vorgesehen ist jedenfalls davon unabhängig, dass mindestens 50% der Gesamtmenge auktioniert werden sollen, worauf gleich noch zurückzukommen sein wird.

In den Erläuterungen der EU hierzu liest man: „Die verarbeitende Industrie erhielt im Jahr 2013 80% ihrer Zertifikate umsonst. Dieser Anteil sinkt schrittweise von Jahr zu Jahr bis auf 30% im Jahr 2020, außer für Sektoren, die als Carbon-Leakage-gefährdet gelten".[55] Diese Formulierung ist missverständlich, da die hier so bezeichnete verarbeitende Industrie nur einen sehr kleinen Teil des Industriesektors ausmacht, bei dem

---

[54] Siehe die Liste unter https://www.emissions-euets.com/commission-decision-no-20102eu-of-24-december-2009-determining-a-list-of-sectors-and-subsectors-which-are-deemed-to-be-exposed-to-a-significant-risk-of-carbon-leakage.

[55] https://ec.europa.eu/clima/policies/ets/auctioning_en; hier ohne Hervorhebungen, Ü.

tatsächlich die Zuteilung auf 30% und später auf null sinken soll. Der weitaus größte Teil der Industrieemissionen fällt unter das Kriterium *carbon leakage* und für ihn gilt die prinzipielle 100%ige Zuteilung für die gesamte Dauer der Vereinbarungen unter Beachtung der sich verändernden Benchmark (und ggf. des sogenannten Korrekturfaktors und der Aktivitätsraten, was hier ausgespart werden kann).

Man kann sich fragen, ob dieser irreführende Satz ein schlechtes Gewissen der EU-Kommission ausdrückt, da hier einem bedeutenden Bereich langfristig Sonderrechte gewährt werden. Zumal im Jahr 2014 aufgrund der Zurückstellung von Zertifikaten (*backloading*) der Anteil der versteigerten Zertifikate nur 40% ausmachte und die Kommission den Versteigerungsanteil nur mit 50% angeben konnte, weil sie die – einigen Ländern kostenlos – zugeteilten Gutschriften für Energieunternehmen und die für neu eintretende oder sich vergrößernde Unternehmen vorgehaltenen Gutschriften einfach zur Versteigerungsmenge hinzuzählte, was als kleine Schummelei gewertet werden kann.

Die zahlreichen Details bei der kostenlosen Zuteilung, z.B. die Möglichkeit der Weitergabe über die Produktpreise, der Modernisierungsfonds usw. werden hier übergangen.[56] Folgendes Rätsel ist in diesem Zusammenhang allerdings noch zu lösen. Die Zahl der gesamten Zertifikate pro Jahr liegt fest. Die Liste und Regeln zu den kostenlos verteilten Zertifikaten auch, die sich aber angesichts angepasster Benchmarks verändert. Wie kann es dann sein, dass der mittelfristig genau bestimmte Prozentsatz von 57,5 (auf jeden Fall prinzipiell über 50%) zu versteigernder Zertifikate eingehalten werden kann und nicht nur zufällig weiterbesteht?

Hier kommt der 2017 ausgeheckte *cross-sectional correction factor* (CSCF) ins Spiel:[57] Damit die Relation zwischen freien und versteigerten

---

[56] Als Beispiel für Details sei aus dem oben angegebenen Durchführungsbeschluss zitiert: „Sektoren und Teilsektoren, bei denen das Produkt aus der Multiplikation der Intensität ihres Handels mit Drittländern, definiert als das Verhältnis des Gesamtwerts der Ausfuhren in Drittländer zuzüglich des Wertes der Einfuhren aus Drittländern zur Gesamtgröße des Marktes des Europäischen Wirtschaftsraums (Jahresumsatz plus Gesamteinfuhren aus Drittländern), mit ihrer Emissionsintensität in kg CO_2, dividiert durch ihre Bruttowertschöpfung (in EUR) 0,2 überschreitet, gelten als Sektoren bzw. Teilsektoren, bei denen davon ausgegangen wird, dass ein Risiko einer Verlagerung von CO_2-Emissionen besteht. Derartigen Sektoren und Teilsektoren werden für den Zeitraum bis 2030 Zertifikate in Höhe von 100% der gemäß Artikel 10a bestimmten Menge kostenlos zugeteilt."

[57] Zu den Details siehe https://www.emissions-euets.com/cross-sectoral-correction-factor-cscf.

Zertifikaten gleich bleibt, wird den Beziehern der kostenlosen Zertifikate gleichverteilt weniger zugeteilt, als ihnen eigentlich zustände. Im Jahr 2020 erhielten sie daher „nur" 82,43% der ihnen ursprünglich zugedachten Zertifikate. Wer das für ungerecht hält, möge bedenken, dass es sich hier aus Sicht der Unternehmen, die keine kostenlosen Zertifikate erhalten, von vornherein um selektive Geschenke handelt.

An anderer Stelle in diesem Text wird diskutiert, ob man nicht Grenzabgaben bei Importen aus nicht teilnehmenden Ländern einführen und dann auf die kostenlosen Zuteilungen verzichten könnte. Solche CO_2-Grenzabgaben, die in einem anderen Kapitel unter die Lupe genommen werden sollen, fanden tatsächlich schon in einem frühen Durchführungsbeschluss Erwähnung (EU 2018/419).

Was die kostenlosen Zuteilungen angeht, handelt es sich offenkundig um eine recht großzügige Herangehensweise, obwohl die EU-Kommission gleichzeitig am Ziel von null Emissionen bis 2050 festhält (siehe UBA 2018b). Laut einer Prognos-Studie (Prognos 2020) würde dies nach 2030 z.B. einen CO_2-Preis von 180 Euro im nationalen Emissionshandel erfordern. Gravierende weitgehende Freistellungen kann man sich eigentlich nicht weiter leisten, was auch die bisherigen THG-Minderungen der Sektoren belegen.

Was die konkrete bisherige Zielerreichung der vom EU-ETS erfassten Sektoren betrifft, sieht die Bilanz gemischt aus. Einerseits fand 2019 eine ganz wesentlich durch den Elektrizitätssektor[58] bedingte Gesamtminderung um 8,9% statt, man lag also deutlich über dem selbst gesetzten Minderungsziel von 2,2%. Dies hatte viel mit den überdurchschnittlich hohen Temperaturen, aber auch mit der Tatsache zu tun, dass der Kohlenstoffpreis so hoch lag, dass er den Kohle-Gas-Wechselschwellenwert erreichte. Dem weitgehend mit kostenlosen Zertifikaten ausgestatteten Industriesektor gelang nur eine Minderung unter 2%. Einige Bereiche (Zement, Glas) emittierten sogar mehr THG, wie aus dem Diagramm auf der folgenden Seite hervorgeht.

Mitgliedsstaaten wird optional erlaubt, aber nicht zwingend vorgeschrieben, bei einer nationalen Stilllegung von Kraftwerkskapazitäten dies durch eine Löschung von dem Land zustehenden Auktionsmengen auszugleichen. Das passierte in Deutschland schließlich beim geplanten Braun- und Steinkohleausstieg, was sehr im Sinne des Klimaschutzes ist, da ohne eine entsprechende Löschung der CO_2-Ausstoß durch die frei

---

[58] Zu den Details siehe Agora Energiewende und Sandbag (2020).

werdenden Zertifikate an anderer Stelle in gleicher Höhe erfolgen würde. Allerdings erlangte man die Bereitschaft zur Streichung erst nach einem langen Tauziehen. Ein Beispiel dafür ist die nachdrückliche Aufforderung von Pahle et al. (2019).

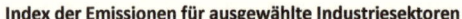

Index der Emissionen für ausgewählte Industriesektoren

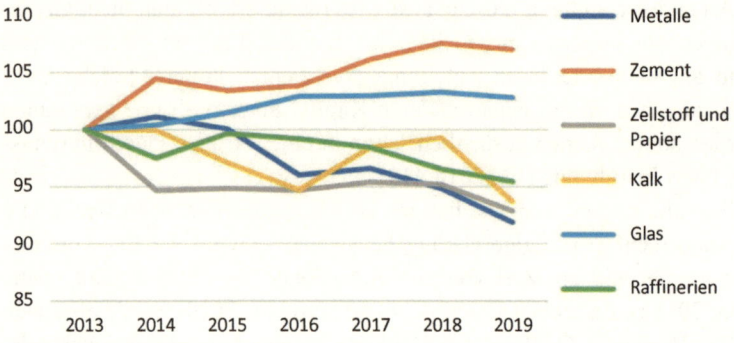

ERCST et al. 2020, 3, Ü.

Die hiermit verbundenen Probleme durch die Marktstabilitätsreserve (MSR) können hier nur angedeutet werden (siehe Kapitel 8): Es ist keineswegs eindeutig, wie viele Zertifikate eigentlich zu löschen sind und 80% der Löschungen werden wegen der EU-weiten „Bewirtschaftung" der Berechtigungen wohl von anderen Mitgliedsländern zu tragen sein, obwohl es sich um eine innerdeutsche Entscheidung handelt.

Zwar kann der Wasserbett- bzw. neutralisierende Verlagerungseffekt prinzipiell verhindert werden. Aber:

> „Die Bestimmung der konkret zu löschenden Menge ist mit erheblichen Unsicherheiten verbunden, und führt zudem zu problematischen Rückkopplungen auf den Zertifikatsmarkt … [Es] bestehen erhebliche Unsicherheiten sowohl im Hinblick auf die Bestimmung der Emissionsreduktionen des Kohleausstiegs als auch auf die Löschung von Zertifikaten durch die MSR – jeweils gegenüber einem kontrafaktischen Szenario ohne Kohleausstieg … [Hinzu kommt,] dass die Bestimmung der zusätzlichen nationalen Löschungsmenge mit hohen Unsicherheiten verbunden ist. Bei einem Preis von 25 €/t beispielsweise würde eine Löschung von Zertifikaten für 20 Mt CO_2 (mehr oder weniger) zu Kosten von einer halben Milliarde € (mehr oder weniger) für den Staat führen" (Pahle 2020a, 3).

Die frei werdenden Zertifikate zu streichen, ist somit kein leichtes Unterfangen. Eine Heldentat ist das vorgesehene Kohleausstiegsszenario im europäischen Vergleich sowieso nicht. Folgende Länder erklärten bereits den Kohleausstieg bis 2030: Österreich, Belgien, Dänemark, Finnland, Frankreich, Irland, Italien, Niederlande, Portugal, Slowakei, Schweden und Großbritannien.

Abschließend sei noch einmal bemerkt, dass trotz einiger Rejustierungen des europäischen Emissionshandels nach wie vor Spekulation mit Zertifikaten möglich ist. Zwar hat die Spekulation mit Zertifikaten nach der Finanzkrise nachgelassen, aber dies muss angesichts des Anziehens der Reduktionsschraube nicht so bleiben.[59] Man geht in der EU auch nach der Finanzkrise von der Grundthese aus, dass Märkten Spekulation guttut, da sie für Liquidität sorgt und der Preisfindung dient. Allerdings verdienen Finanzunternehmen bei Volatilität (Preisschwankungen) besonders gut und einige „Finanzprodukte" bzw. Praktiken wie Leerverkäufe sind grundsätzlich problematisch.[60]

Ohne dies auf Spekulation zurückführen zu wollen, hat sich gezeigt, dass nicht nur zu niedrige Zertifikatpreise, sondern auch ihre Fluktuationen, die bisher oft keinen klaren Trend erkennen ließen, dem Primärziel des Emissionshandels, nämlich der Einführung klimaschonenderer Technologien und Verhaltensweisen zuwiderlaufen.

Die Konstruktion des EU-ETS ruft von sich aus quasi zwangsläufig Spekulation hervor, da Unternehmen bereits im Februar eines Jahres die im Folgejahr im April einzulösenden Zertifikate erhalten und insofern in der Zwischenzeit mit Preisrisiken und Unsicherheit konfrontiert sind. Jedes Absicherungsgeschäft, das abgeschlossen wird, um diese Unsicherheit und daraus resultierende unerwünschte Überraschungen bei der Preisentwicklung der Zertifikate zu vermeiden, erfordert auf der Gegenseite einen „Spekulanten".

Nach Berta et al. (2017) sind aber 99% aller Markttransaktionen Derivate, die von ihrer Natur her eher nicht zur Deckung des natürlichen Bedarfs zur Erfüllung der Verpflichtungen dienen. Von den unmittelbaren rund 240 Akteuren, die auf den drei Plattformen auftreten, seien nur 6% regulierte Industrieunternehmen.[61] Eine Beschränkung der für den Börsen-

---

[59] Zur Entwicklung des Zertifikatmarktes siehe ERCST et al. (2020, 29-33).

[60] Siehe Peukert (2013) zur Diskussion der hier angesprochenen Grundannahmen und zu Destabilisierungspotenzialen.

[61] Siehe zur teilweise daraus folgenden grundsätzlichen Skepsis gegenüber dem Zertifikathandel https://greenfinanceobservatory.org/.

handel zugelassenen Akteure wäre sehr wahrscheinlich eine für das klimapolitische Ziel förderliche Maßnahme.

Das Marktgeschehen sollte eigentlich dazu dienen, Kosteneffizienz durch den über Märkte laufenden Ausgleich der marginalen Vermeidungskosten der Unternehmen herzustellen, was aber durch spekulative Aktivitäten konterkariert wird. Nur Befürworter einer einfachen Modellwelt, in der unrealistisch weitgehend vollständige Märkte vorausgesetzt werden, können die angesprochene Kosteneffizienz realökonomisch unterstellen. Auch auf dem Zertifikatmarkt hat man es wohl eher mit schon von Keynes geschilderten konventionellen Erwartungen und selbstreferentiellen Verstärkerprozessen zu tun, die kaum auf innovationsinduzierende Preispfade hinauslaufen, die Unternehmen klare klimapolitische Signale geben würden.

Generell scheint ein Instrument wie der Emissionshandel, wenn überhaupt, dann eher für den „Rauswurf" bestimmter Technologien (z.B. Kohle) durch höhere Preise gut zu sein und kaum bis gar nicht für die Anregung zur Einführung neuer Technologien. Sartor (2015) führt als Begründung an, dass meist sehr hoher Kapitalbedarf bei der Einführung und Implementierung neuer Technologien besteht und hierfür eher die Finanzierungsmöglichkeiten und die Aufbringung von Risikokapital entscheidend sind. Hinzu kommt, dass bestimmte Investitionsrisiken im Zeitverlauf nicht abzusichern (*hedging*) sind, da die Instrumente am Kapitalmarkt hierfür fehlen. Dies sei aber oft, so Sartor, wegen des *merit-order-effects* vonnöten. Der Effekt besage, dass die marginalen Kosten einmal eingeführter alternativer Energien oft nahe oder bei null lägen und daher mit zügigen Preissenkungen zu rechnen sei, was die Nutzer freue, Neues einführende Unternehmen aber schnell in Bedrängnis bringen könne. Schließlich komme als Unsicherheitsfaktor noch die Abhängigkeit von vorhandener oder nicht vorhandener Infrastruktur und bei der Stromerzeugung Speichermöglichkeiten hinzu, die von schwer vorhersehbaren politischen Entscheidungen abhängen. Es käme daher neben dem von Sartor befürworteten Emissionshandel auf flankierende Maßnahmen für einen (Preis-)Risikoausgleich an.[62]

---

[62] Siehe als grundsätzlich Kritik am Emissionshandel auch Lohmann (2012) und ausführlich http://www.daghammarskjold.se/wp-content/uploads/2006/09/carbon_trading_web.pdf.

Kommen wir jetzt zum zweiten Hauptstrang neben dem EU-ETS, der
EU-Klimaschutzverordnung (EKSV).[63] Das später zu behandelnde deutsche Klimaschutzgesetz ist eine natürliche Folge der Regelungen der
EKSV. Das nachfolgende Schaubild verdeutlicht zunächst einmal den
relativen Anteil des Emissionshandels und des sogenannten *Effort Sharing*
der EU-Klimaschutzverordnung an den Minderungszielen und das ambitionierte Gesamtziel für Deutschland.

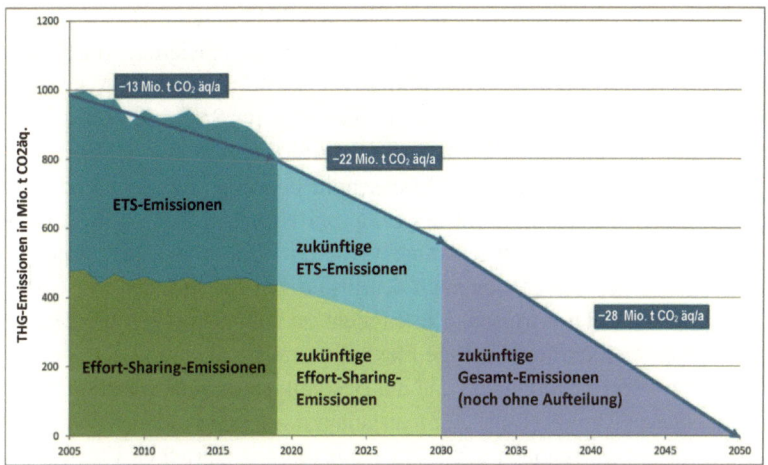

Böttcher et al. 2020, 34.

Aus dem Schaubild geht hervor, dass das frühere EU-Minderungsziel
von −40% in 2030 durch eine 43%ige Reduktion im ETS-Bereich und
eine 30%ige Minderung durch die EKSV bis 2030 (10% bis 2020) erreicht
werden soll. Das 55%ige Reduktionsziel wird weiter unten dargestellt.
Dieses sogenannte *Effort Sharing* der EKSV teilt die THG-Minderungen
verbindlich auf die EU-Mitgliedsstaaten auf. Nicht alle Länder müssen
die gleichen Emissionssenkungen vornehmen, sondern es sind prozentuale
Minderungen v.a. in Abhängigkeit von der Wirtschaftskraft der Länder
(BIP pro Kopf) vorgesehen.

In der Entscheidung 406/2009/EG aus dem Jahr 2009 war für die wesentlichen sechs THG zwischen 2013 und 2020 eine Minderung um min-

---

[63] Siehe https://eur-lex.europa.eu/legal-content/DE/TXT/PDF/?uri=CELEX:32018R1999.
Zur Aktualisierung durch den *Green Deal* siehe https://eur-lex.europa.eu/legal-content/
DE/TXT/PDF/?uri=CELEX:52020PC0080&from=DE.

destens 20% vorgesehen. Um unnötige Verkomplizierung zu vermeiden, werden hier nicht alle weiteren Verordnungen und EU-Regulierungen aufgeführt. 5% der zugeteilten Erlaubnisse konnten pro Jahr für das Folgejahr vorweggenommen und ebenfalls 5% an ein anderes Land übertragen werden. Bei Nichterfüllung pro Jahr musste die Minderung im Folgejahr mit dem Faktor 1,08, also einem kleinen Strafzuschlag, nachgeholt werden. Deutschland war laut Anhang II verpflichtet, um 14% zu mindern (Basisjahr 2005), Frankreich ebenfalls um 14%, Lettland wurde ein Plus von 17% und Bulgarien ein Plus von 20% zugebilligt.

Das Ziel für Deutschland lautet nach der Aktualisierung durch die Verordnung EU 2018/842 vom Mai 2018 −38% bis 2030 im Vergleich zu 2005. Die Spannweite reicht jetzt von −40% für Schweden bis zu 0% für Bulgarien. Temporäre Anpassungen in Abhängigkeit von der Entwicklung des BIP in den über dem Durchschnitt liegenden Ländern sind vorgesehen. Bei Verstößen droht am Ende bei Nichteinleitung von Sofortmaßnahmen ein Vertragsverletzungsverfahren. Ob es zu einem solchen kommen würde, müsste sich nach den bisherigen Erfahrungen mit Übertretungen erst noch erweisen. Um es nicht zu unübersichtlich werden zu lassen, werden hier die einmalige Flexibilitätsmöglichkeit und die Sondersicherheitsreserve ausgelassen und die Bestimmungen zu Wald und Boden in ein eigenes Kapitel (LULUCF) ausgelagert.

Die Gesamtemissionen der Länder müssen mit jährlichen Emissionsberechtigungen (AEA = *Annual Emission Allocations*) ausgeglichen werden, die den – den Ländern zugesprochenen – Emissionsbudgets entsprechen. Die EKSV dient dazu, die Bereiche abzudecken, die vom eben besprochenen EU-ETS und den dort betroffenen rund 11.000 größeren Unternehmen des Stromsektors und der verarbeitenden Industrie nicht abgedeckt werden. Es geht hier um die restlichen, durch das EU-ETS noch nicht erfassten Industriebetriebe und die im EU-ETS gar nicht einbezogenen Bereiche Verkehr, Gebäude, Landwirtschaft und Abfallwirtschaft.

Zwischen den ESD-Zertifikaten des EU-ETS und den ESR-Zertifikaten der EKSV besteht ein grundsätzlicher Unterschied: Zwar erhalten im EU-ETS die Mitgliedsländer auch Zertifikate in Abhängigkeit von ihren Emissionen im Basisjahr, die sie zu auktionieren haben und deren Erlöse sie einbehalten können. Aber die Auktionen erfolgen auf neutralen Plattformen, von denen Unternehmen ihre Emissionsberechtigungen kaufen müssen. Beim ESR wird stattdessen den Ländern ein länderspezifisches Maximum an Emissionsrechten eingeräumt und zugeteilt. Mit diesem „Budget" müssen sie die Emissionen der genannten Bereiche (v.a. Ver-

kehr, Landwirtschaft und Gebäude) im Rahmen dieser Gesamthöchst-
menge begrenzen. Wie sie dieses Budget auf die betreffenden Sektoren
aufteilen und wo sie die Zügel mehr und wo weniger anziehen, bleibt
ihnen überlassen, solange die Gesamtemissionen das ihnen zugebilligte
Budget nicht übersteigen. Die Länder können also unter Einhaltung sonstiger EU-Regelungen wie der Nitratbelastungsgrenzen der Böden z.b.
mehr Minderungen bei Gebäuden, Verkehr oder in der Landwirtschaft
vornehmen. Dank eines Flexibilitätsmechanismus können Länder, die die
ihnen zustehenden Emissionen überschreiten, von anderen Ländern, die
weniger verbrauchen, als ihnen zusteht, Emissionsrechte kaufen.

Von 2021-2025 können bei nationalen Überschüssen 5%, von 2026-
2030 10% an andere Mitgliedsstaaten übertragen und verkauft werden.
Deren Nachfrage unterliegt dann aber keiner Begrenzung außer der angebotenen Menge der Überschussländer. Halten wir fest: Ein AEA-Handel zwischen den EU-Mitgliedsstaaten ist erlaubt. Zwei Wege sind hierbei möglich, nämlich einmal über bilaterale Vereinbarungen zwischen
zwei Mitgliedsländern oder über einen noch nicht näher spezifizierten
EU-weiten zentralen Abwicklungsmechanismus.

Diese Zielsetzungen lassen sich auf dem Papier auf genaue Zahlenwerte herunterbrechen.

„Das derzeitige [und mittlerweile verschärfte] Ziel sieht eine EU-weite
Reduzierung von 40% gegenüber dem Emissionsniveau von 1990 vor.
Dementsprechend hat die EU ein Ziel von 43% für das EU-EHS (d.h.
1018 Mt CO_2) und von 30% für die Effort-Sharing-Verordnung (ESR)
(d.h. 857 Mt CO_2) in Bezug auf die Emissionen von 2005 festgelegt
(2368 beziehungsweise 2855 Mt CO_2). Dies bedeutet, dass das EHS bis
2030 voraussichtlich 54% zur Emissionsreduzierung beitragen wird.
Da das EU-weite Ziel auf 55% steigt (Erhöhung um 15%), sind bis 2030
zusätzliche Reduzierungen von 859 Mt CO_2 erforderlich. Unter der Annahme des gleichen Beitrags wie für die derzeitige Politik schätzen wir,
dass die Emissionen im EU-EHS zusätzlich um 467 Mt CO_2, d.h. insgesamt um 1485 Mt CO_2 reduziert werden müssten. Dieses Volumen bedeutet eine Verringerung um 63% gegenüber dem Wert von 2005. Ebenso würde eine EU-weite Reduzierung um 50% eine Reduzierung des
EU-EHS um 1249 Mt CO_2 im Jahr 2030 bedeuten, d.h. eine Reduzierung
um 56% gegenüber 2005" (Osorio et al. 2020, 24, Fußnote 10, Ü).

Man hat sich also mittlerweile auch für bisher eher vernachlässigte Bereiche wie den Verkehr Einiges vorgenommen. Im Folgenden werden hier
die teils sehr technischen Szenarien und Berechnungen der EU nicht

weiter vorgestellt. So soll z.B. bis 2030 ein rund 32%iger Anteil erneuerbarer Energien und eine gleich hohe Effizienzerhöhung und Endverbrauchsverringerung erreicht werden.[64]

Folgendes Schaubild gibt die unterschiedlichen Minderungsverpflichtungen an:

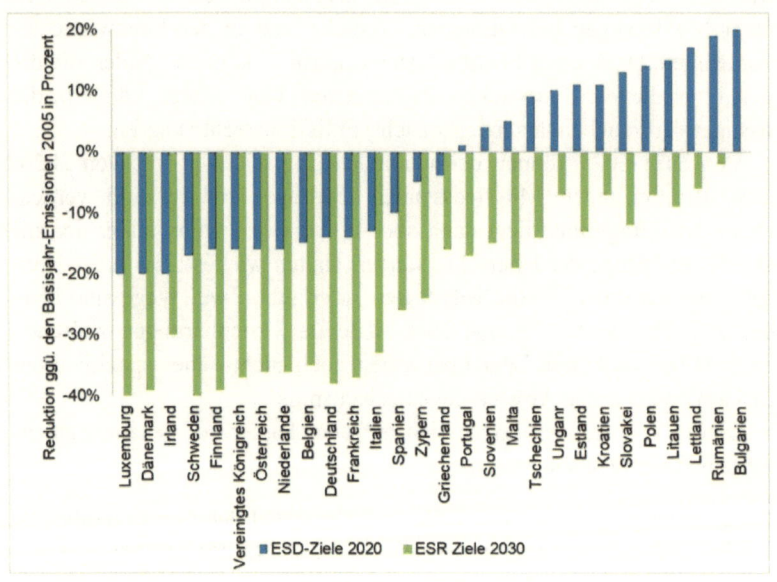

Böttcher et al. 2020, 12.

Die ESKV umfasst zwei Perioden, von 2013-2020 (ESD) und von 2021-2030 (ESR). Ähnlich wie am Anfang des EU-ETS gab es bis 2020 einen sehr deutlichen Überschuss von Zertifikaten, bis 2018 etwa 1,1 Mrd. AEA (2016: 1,7 Mrd.). Das entsprach fast dem Fünffachen der aktuellen Emissionen des Jahres 2018 von 2222 Mio. Tonnen.

Wie ersichtlich, nehmen die unterschiedlichen Minderungsverpflichtungen ab 2020 kräftig zu. Bei vielen Ländern wurden die Minderungen verschärft, bei anderen auf der rechten Seite von Null auf einen Minuswert angezogen. Bulgarien (ganz rechts) wurde z.B. bis 2020 eine 20%ige Erhöhung zugestanden, bis 2030 dürfen die Emissionen Bulgariens trotz erwünschten Wachstums des Landes nicht steigen. Das Land unterliegt

---

[64] https://ec.europa.eu/energy/sites/ener/files/technical_note_on_the_euco3232_final_14 062019.pdf.

einer Minderungsverpflichtung von Null. Die Länderziele erfolgen wie erwähnt in Abhängigkeit vom BIP/Kopf, weil man den weniger „entwickelten" Mitgliedsländern eine gewisse nachholende Entwicklung ermöglichen will.

Im Rahmen der europäischen Vereinbarungen zu Minderungszielen für die von *Effort Sharing* erfassten Bereiche müssen die EU-Länder regelmäßig über ihre Minderungserfolge berichten. Diese werden fein säuberlich auf der „EEA database on climate change mitigation policies and measures in Europe" aufgelistet.[65] Sie umfasst derzeit 2090 Eintragungen und man kann die Angaben nach Sektoren, Zielen, Politikinstrumenten usw. geordnet nachverfolgen. Allerdings handelt es sich auch bei dieser „einfachen" Auflistung der anvisierten Maßnahmen wieder um eine komplexe Angelegenheit mit jeder Menge spezieller Abkürzungen und Spezifikationen, so dass sogar die politischen Instanzen entweder selber nicht (mehr) ganz durchblicken oder aber kleine Schummeleien als lässliche Praxis angesehen werden.

Für einen übersichtlichen Eindruck, welche ambitiösen Ziele die EU anstrebt, seien hier zwei Schaubilder mit den angepeilten Projektionen aus einer PowerPoint-Präsentation wiedergegeben (MWMS = WAM = *with additional measures*; MMS = WEM = *with existing („ and adopted")* measures; ESD und ESR beziehen sich auf die europäische Klimaschutzverordnung, also *Effort Sharing*).

---

[65] http://pam.apps.eea.europa.eu/?source={"query":{"match_all":{}},"display_type":"tabular","sort":[{"Country":{"order":"asc"}},{"ID_of_policy_or_measure":{"order":"asc"}}],"highlight":{"fields":{"*":{}}}}.

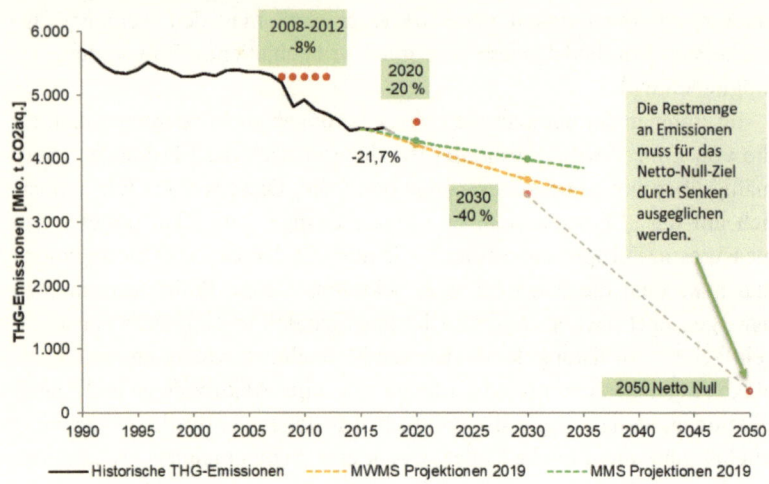

Böttcher et al. 2020, 4.

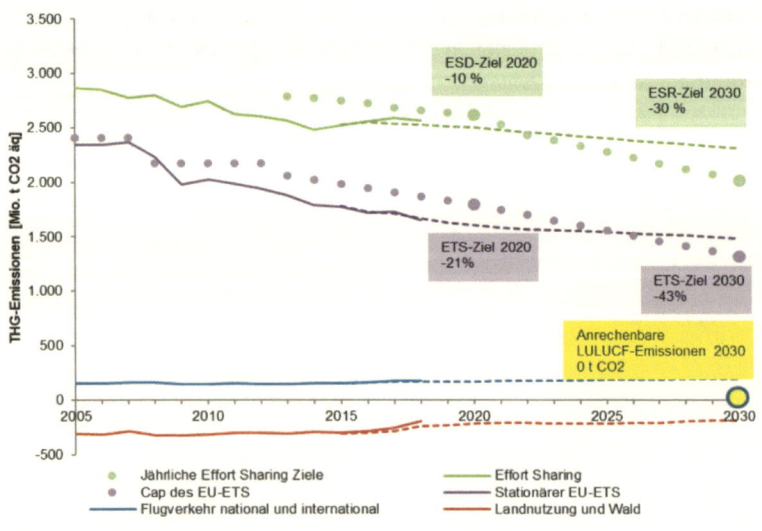

Böttcher et al. 2020, 5.

Um anschaulich klar zu machen, was man sich hier vorgenommen hat, seien zwei weitere Schaubilder angeführt:

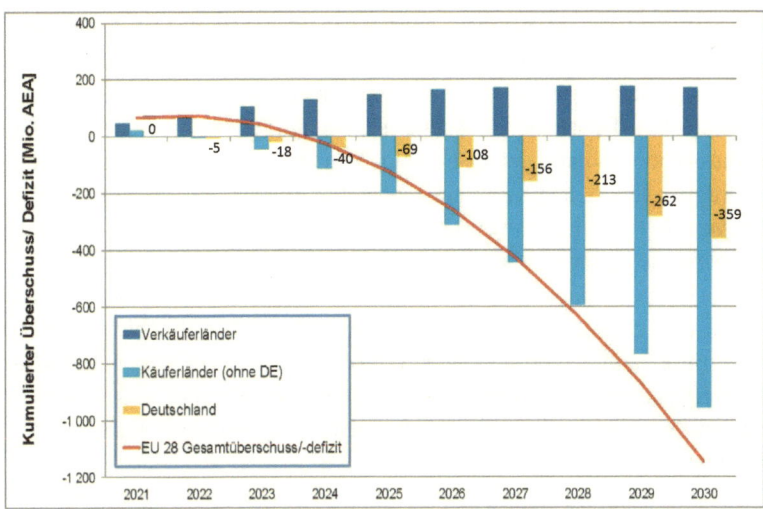

Böttcher et al. 2020, 31.

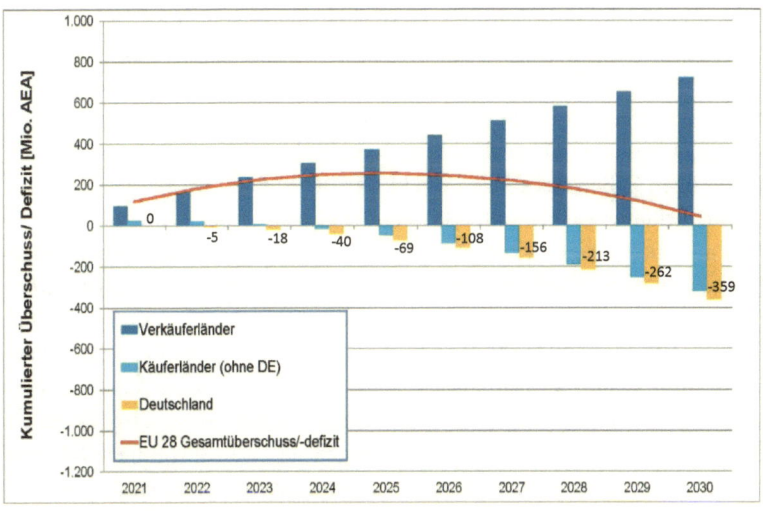

Böttcher et al. 2020, 32.

Die rote Linie in der oberen Abbildung zeigt an, wie schnell und wie weit man insgesamt in den nichterfüllenden Minusbereich rutscht, wenn man, in der oben eingeführten Diktion nur die WEM („existing and adopted measures") berücksichtigt. Dank eines Flexibilitätsmechanismus können, wie erwähnt, Länder mit über ihren Budgets liegenden Emissionen von anderen Ländern, die weniger verbrauchen, als ihnen zusteht, Emissionsrechte abkaufen. Man sieht, dass laut Projektionen und Berechnungen die Nachfrage das Angebot bereits ab 2023 übersteigen wird. Dies gilt insbesondere für Deutschland, das hier separat aufgeführt wird und bis 2030 voraussichtlich knapp unter 360 Mio. Tonnen „zukaufen" müsste. Dabei ist fraglich, ob es überhaupt ein relevantes Ausmaß an Verkaufsangeboten geben wird, und interessant zu sehen, welche Höhen dann wohl der Tonnenpreis erklimmen wird.

Die untere Abbildung der vorherigen Seite ergibt ein völlig anderes Bild, sofern man die WAM („with additional measures") einbezieht. Deutschland muss dann wegen fehlender WAMs nach wie vor knapp 360 Mio. Tonnen zukaufen, aber insgesamt übersteigt das Angebot an kompensierenden Zertifikaten zur nationalen Zielerreichung bei dieser Konstellation die Nachfrage.

Bei diesen Berechnungen und bei Durchsicht der oben angeführten EEA database fällt auf, dass insbesondere vier Länder zusätzliche WAM-Verpflichtungen abgaben, nämlich Frankreich, Spanien, Italien und Belgien, und welch hohen Einfluss die zusätzlichen Maßnahmen Belgiens auf die Gesamtbilanz zu haben scheinen. Die Divergenz der beiden wiedergegebenen Abbildungen zeigt zumindest an, was man sich vorgenommen hat, wie sehr man auf den guten (Zusatz-)Willen einiger Länder angewiesen ist, wie dürftig Deutschland im Vergleich abschneidet und auf welch wackeligen Füßen das ganze Projekt letztlich steht.

Zur Erhöhung der Flexibilität bei der Zielerreichung, die von Jahr zu Jahr natürlich schwerlich immer genau einzuhalten ist, und obwohl prinzipiell ein linearer Minderungspfad vorgesehen ist, sind Ansparen (*banking*) und Leihen (*borrowing*) innerhalb der Perioden möglich. Von 2021-2025 können 10%, von 2026-2029 5% der im Folgejahr zugeteilten Zertifikate vorweggenommen werden. Für die Jahre 2022-2029 können aus dem überschüssigen Teil der jährlichen Emissionszuweisung eines Landes bis zu 30% der jährlichen Emissionszuweisungen aus dem jeweiligen Jahr auf nachfolgende Jahre des Zeitraums bis 2030 übertragen werden.[66]

Außerdem können internationale Zertifikate aus CDM-Projekten (*Clean Development Mechanism*) hinzugekauft werden. So kann die Finanzierung von Minderungsmaßnahmen durch die Übertragung von Emissionsmengen erfolgen, wobei aber – im Unterschied zu den Regelungen beim

---

[66] Zu den aktuellen Zahlen beim *Effort Sharing* siehe im Detail Graichen et al. (2021).

Kyoto-Protokoll – die Projekte in teilnehmenden Ländern der ESKV und den betreffenden Sektoren liegen müssen. Für einige Länder ist eine begrenzte Umwandlung von ETS in überschüssige ESR-Zertifikate möglich, und zwar zwischen 2% und 4%, insgesamt maximal 100 Mio. Zertifikate. Dies gilt jedoch z.B. nicht für Deutschland, u.a. aber für Österreich, also nicht nur für Länder mit Aufholbedarf. Es ist kaum zu begründen, warum bestimmte Länder hiervon Gebrauch machen können und andere nicht. Da die Zertifikate im ETS weiterhin teurer als die des ESR sein dürften, ist dies eine lukrative Möglichkeit und eine Bevorzugung.

Es gibt eine jährliche Überprüfung des Fortschritts durch die Kommission, bei Überschreitungen muss ein Land innerhalb von drei Monaten Abhilfemaßnahmen vorlegen. Ab 2021 findet alle fünf Jahre eine umfassende Prüfung und Zwischenbilanz (*compliance*) statt, in den Jahren 2027 und 2028 für die Periode 2021-2025 und 2032 und 2033 für die Periode 2026-2030. Das sind eigentlich nicht zu rechtfertigende, sehr spät liegende Prüfungstermine.

Man kann sich fragen, ob hier eine ausreichend anspruchsvolle Verordnung vorliegt, die auch dem im Dezember 2019 publik gemachten **Green Deal** gerecht wird? Er will eine neue Wachstumsstrategie vorstellen, durch die die EU zu einer Gesellschaft werden soll, die fair und wohlhabend ist *und* in der im Jahr 2050 keine Netto-THG-Emissionen mehr freigesetzt werden. Ob dies überhaupt ausreicht, wird in Kapitel 18 zum IPCC diskutiert. Dies erfordere, so die Kommissionspräsidentin, alle Grundstrukturen auf allen Ebenen in Frage zu stellen und ihre jeweilige Ausgestaltung stärker auf die Ziele des neuen Deals auszurichten.

Das Kommissionsdokument enthält eine Roadmap mit den in Schaubildern dargestellten Zielwerten zur Transformation der EU-Wirtschaft. Die EU will in der Klimapolitik eine Vorreiterrolle einnehmen. Und damit das Erreichen der Klimaneutralität bis 2050 als Ziel für die gesamte Wirtschaft gilt, erfolgt ein umfängliches Impact Assessment mit fünf Szenarien zur Anhebung des 2030-Ziels auf -55% THG-Minderungen bis 2030 (SWD (2020) 176 final). An Ambitionen mangelt es also nicht. Dies geht aus dem Schaubild auf der folgenden Seite hervor.

Das entspricht einer Verdoppelung der Reduktionsrate im Vergleich zu 2005-2019 – 60% würde eine Verdreifachung bedeuten. Dies wird auf jeden Fall erhebliche Auswirkungen auf den EU-ETS, ESR (*Effort Sharing*) und

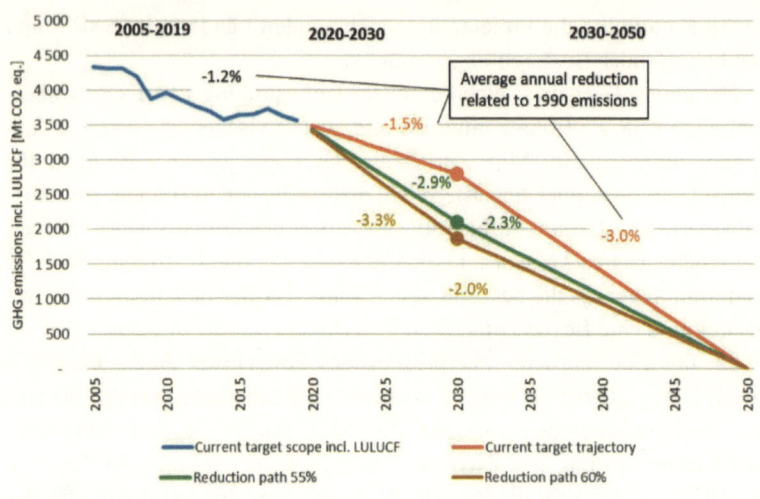

Gores et al. 2020b, 3.

LULUCF (Land, Landbewirtschaftung und Forstwirtschaft) haben.[67] Im Rahmen des Pariser Abkommens wird die EU hier auch ihren gemeinsamen Nationalen Minderungsplan (NDC) nachzubessern haben. Offen ist, inwieweit LULUCF (mit Anrechnung von Senken), der innerhalb der EU stattfindende Flugverkehr von nur dort startenden oder landenden Flugzeugen und der bisher völlig ausgeklammerte Schiffsverkehr einbezogen werden sollen. Ein *Just Transition Mechanism* über 150 Mrd. Euro soll von 2021-2027 einigen weniger entwickelten Ländern den Übergang erleichtern.

Neben diesen allgemeinen Zielen enthält der *Green Deal* bis Ende 2020 eine lange Auflistung an Absichtsbekundungen, aber bis Anfang 2021 (noch) keine unmittelbaren weiteren Spezifizierungen.[68] Wie man hört, hat er aber zu einigen Initiativen und internen Untersuchungen und Modellierungen angeregt. Als Kontrastfolie bietet sich der von Klimaaktivisten erarbeitete alternative *Green Deal for Europe* an, der anspruchsvoller, was die Maßnahmen betrifft, abgestimmter und von den Vorschlägen her präziser ausfällt.[69]

---

[67] Siehe Genaueres bei Gores et al. (2020b) und https://ec.europa.eu/clima/policies/eu-climate-action/2030_ctp_en.

[68] Siehe https://ec.europa.eu/info/strategy/priorities-2019-2024/european-green-deal_de.

[69] https://report.gndforeurope.com/cms/wp-content/uploads/2020/01/Blueprint-for-Europes-Just-Transition-2nd-Ed.pdf.

Eine ganze Reihe von NGOs halten das Ziel von −30% bis 2030 für zu gering. Um, wie von der Kommission selber mittlerweile gefordert, auf −55% (Basis 1990) kommen zu können, müsste man den Minderungswert beim *Effort Sharing* von −30% auf −47% erhöhen.[70]

Man kann auch den AEA-Handel zwischen den Ländern kritisch sehen, da einigen Ländern recht großzügige Minderungsziele zugesprochen wurden. Auch haben die Länder eine große Handlungsfreiheit bei der Aufteilung der THG-Minderungen auf die Sektoren, jegliche sektoralen Ziele fehlen. Dies ist einerseits gut, da es Gestaltungsspielräume bietet und man später vergleichen kann, welcher Mix besser und welcher schlechter ist, und man den Ländern nicht allzu viel vorschreibt. Andererseits kann jedes Land vor sich „hinwursteln", obwohl die Maßnahmen länderübergreifende Auswirkungen haben und so keine koordinierte Gesamtstrategie entstehen kann.

Bei projektbasierten Zertifikaten (beim Kyoto-Protokoll CDM und JI) fallen einem sofort die an anderer Stelle dieses Textes aufgeführten grundsätzlichen Schwächen solcher Kompensationsprojekte ein. Aber solche Projekte dürfen in diesem Fall nur in EU-Ländern erfolgen und man hätte durch die vorgeschriebenen Inventarlisten (*compliance*) beim UNFCCC einen guten Überblick. Bisher steht nicht fest, welche qualitativen Anforderungen usw. hier vorgesehen sind. Darauf wird es ankommen. Hinzu kommt die Verhinderung von Doppelzählungen. Sollte von deutscher Seite aus ein Projekt in Polen initiiert werden, das dazu führt, dass in Polen die Emissionen in durch *Effort Sharing* erfassten Sektoren sinken, so müsste die gesamte Emissionsmenge, die das Land zu mindern hat, um die durch das Projekt reduzierten Emissionen erhöht werden.

Auch gibt es eine problematische Verrechnungsmöglichkeit von ESR-Zertifikaten und solchen aus Land, Landnutzung und Forstwirtschaft, die im Kapitel zu LULUCF noch vertiefend behandelt wird. Laut Artikel 7 der *Effort Sharing Regulation* und Artikel 12 der LULUCF-Regulierung können Überschüsse aus dem nicht gerade eng geschneiderten LULUCF-Zertifikatbereich bis zu einer Gesamtsumme von 280 Mio. Zertifikaten zum Ausgleich von ESR-Defiziten herangezogen werden. Die nicht geminderten THG-Emissionen im ESR-Bereich sind definitiv entstanden und in der Atmosphäre gelandet, Ausgleichseinheiten aus LULUCF sind aber wegen möglicher späterer Abholzungen oder Brände eventuell nicht permanent.

---

[70] Zur Kritik der Stakeholder siehe den Überblick unter https://ec.europa.eu/clima/sites/clima/files/docs/pages/summary_esr_stakeholder_feedback_final_text.pdf.

Problematischer ist, dass ESR-Überschüsse ohne Begrenzung Defizite beim land- und forstwirtschaftlichen Bereich ausgleichen können. Wer den Schutz der Wälder für ein vorrangiges Ziel hält, kann hierüber nicht erfreut sein. Wenn es zu wirtschaftlichen Rezessionen kommt und Länder so ohne Mühe unter ihrem Emissionsbudget bleiben, können sie zum Ausgleich der ökonomischen Verluste und zur Nutzung der zur Verfügung stehenden Zertifikate beim Wald die Axt anlegen.

Ferner bleibt zwar das Gesamtemissionsvolumen beim Handel von AEA zwischen Ländern (Argument: Kosteneffizienz) gleich, dennoch lässt sich sagen, dass sich einzelne Länder durch Zukauf etwas aus der Verantwortung stehlen können und im Falle Deutschlands wohl müssen. Relevante Überschüsse dürften dann auftreten, wenn es zu weiterer Krisen wie Corona kommt und die Gesamtbudgets der Länder nicht ausgeschöpft werden. Man könnte sich auch eine BIP-Indexierung vorstellen, damit ein gewisser „Innovationselan" in den Ländern nicht erlischt, indem man das Emissionsbudget abhängig vom BIP des Vorjahres macht. Kommt es z.B. zu einem Lockdown, so sinkt demnach die Zuteilungsmenge. Das Gegenargument ist offensichtlich: Länder driften in eine Rezession und werden dann noch zusätzlich mit einer Senkung des Emissionsbudgets bestraft.

Es ist unklar, ob den Politikern ganz klar ist, auf welche Minderungsverpflichtungen man sich in den kommenden Jahren eingelassen hat. Das Öko-Institut bemerkt zu dieser Frage:

> „So waren die Regeln in der ersten Periode von 2013 bis 2020 noch relativ flexibel. Es war … möglich, überschüssige Annual Emission Allowances (AEAs) aus vergangenen Jahren aufzuheben und sogar welche aus der Zukunft zu leihen. Handel zwischen den Mitgliedsstaaten ist erlaubt und sollten die AEAs nicht ausreichen, können auch internationale Zertifikate aus CDM-Projekten (Clean Development Mechanism) hinzugekauft werden. Gleichzeitig waren für die erste Effort Sharing-Periode die Ziele so niedrig angesetzt, dass die europaweiten Emissionen merklich darunter liegen. Die Folge sind geringe Preise für die AEAs, was sich jedoch in der zweiten Periode ändern wird."[71]

Doch ab 2021 ist Schluss mit lässig.

---

[71] https://www.oeko.de/forschung-beratung/themen/energie-und-klimaschutz/effort-sharing-geteilte-lasten-gemeinsame-anstrengungen/; siehe detailliert https://www.oeko.de/fileadmin/oekodoc/Stand-der-Emissionsentwicklung-Mai-2020.pdf.

„In der zweiten Periode von 2021 bis 2030 sinkt die Flexibilität beträchtlich. Sowohl das Übertragen von Emissionen aus der Vergangenheit als auch Leihgaben aus der Zukunft wurden begrenzt, internationale Zertifikate [nur noch solche innerhalb der EKSV-Länder] dürfen gar nicht mehr eingesetzt werden. Vor allem aber wird erwartet, dass die Ziele ambitionierter werden und damit die Menge an verfügbaren überschüssigen AEAs aus anderen Mitgliedsstaaten sinkt. Somit steigen die Kosten für eine Überschreitung des Emissionsbudgets deutlich" (ebenda).

Die kommenden Jahre werden zeigen, ob man eine Rolle rückwärts gemacht hat. Sanktionen gegenüber Regelverletzungen, seien es Verschuldungsgrenzen, Menschenrechtsverletzungen, Verweigerung der Aufnahme von Migranten usw., sind in der EU wegen fehlender Einigkeit bisher immer Mangelware gewesen. Bei *Effort Sharing* fehlen schmerzhafte Disziplinierungen bei Nichteinhaltung und die Kommission hat keine Möglichkeit, den Ländern bei Verfehlungen Vorschriften zu machen.

Auch finden umfassende Überprüfungen (*comprehensive reviews*) nur alle fünf Jahre statt und auch erst Jahre nach dem Ende der Erfüllungsperioden, weil erst dann die Daten zur Verfügung stehen. Zwar müssen bei jährlichen Überschreitungen die ausstehenden Zertifikate des Vorjahres mit einer Strafgewichtung von 1,08 nachgekauft werden, aber es ist denkbar, dass Länder sich dieser Verpflichtung mit allen möglichen mehr oder minder fadenscheinigen Begründungen zu entziehen versuchen.

Auch kann es zu einer kollektiven Blockadehaltung oder schwammigen Kompromissen kommen, da selbst legalistisch orientierte Länder wie Deutschland durch Überschreitung ihres Emissionsbudgets in die Bredouille geraten werden. Während ich dies schreibe, hat sich die EU auf die Ausgestaltung der voluminösen Agrarsubventionen für die kommenden Jahre zusammengerauft. Dabei hat sich an den auch klimapolitisch gesehen bedenklichen, bedingungslosen Direktzahlungen, bei denen Masse und Größe zählt, kaum etwas geändert. 80% der Gelder gehen weiterhin an 20% der Bauern. Der Sektor hat in den letzten mehr als 20 Jahren seine Emissionen kaum reduziert, obwohl der Landwirtschaftsbereich immerhin mit 10% am europaweiten Gesamtausstoß beteiligt ist.

Nur bis zu 30% der EU-Landwirtschafts-Subventionen sollen ab 2021 an noch näher auszugestaltenden ökologischen Kriterien orientiert sein, die die einzelnen Länder selber formulieren können und deren Kernpunkte erst nach einer zweijährigen „Lernphase" umgesetzt werden sollen. Das ist eher ein *Old* und kein *Green Deal* und lässt nichts Gutes erwarten. Nachdem EU-Vizepräsident Frans Timmermans diese bescheidenen

Ziele als zu schwach zur Erreichung der EU-Klimaneutralität bis 2050 problematisierte, zeigte sich die deutsche Landwirtschaftsministerin Klöckner höchst irritiert und verwahrte sich gegen solche Einmischungen. Sie sorgte auch nach langem Tauziehen dafür, dass es in Deutschland bei 25% blieb.

Immerhin geht es beim Agrarsektor um die Verteilung von 387 Mrd. Euro in den kommenden sieben Jahren, fast 40% des gesamten EU-Budgets. Über diese Entscheidungen können sich neben Großlandwirten Millionäre freuen, die auch Landwirte im Nebenerwerb sind. So kassierte Brillenverkäufer und Biobauer Fielmann 2019 mehr als 630.000 Euro aus dem Agrarbudget.

Überhaupt Deutschland: Ohne drastische Maßnahmen wird es nach Berechnungen des Öko-Instituts seine Ziele drastisch verfehlen, mittlerweile deutlich gedämpft durch die Auswirkungen des Coronavirus. Nur dank Corona konnte man auch 2020 die vereinbarten Minderungen der Periode erfüllen. Für die Zukunft sieht es eher düster aus:

„Zwischen 2021 und 2030 wird Deutschland – auf Basis des beschlossenen Klimaschutzprogramms der Bundesregierung – sogar ca. 270 Millionen Tonnen CO_2-Äquivalente zu viel emittieren … Größtes Sorgenkind dabei ist der Verkehrssektor, dessen Emissionen immer noch ansteigen, statt zu sinken. Insgesamt ist er für rund 20 Prozent des deutschen CO_2-Ausstoßes verantwortlich. Im Gebäudebereich sinken die Treibhausgase zwar durch Dämmung und Heizungserneuerung, doch weitere Reduktionen sind unbedingt erforderlich.

In der Landwirtschaft ist eine leichte Steigerung der Emissionen zu verzeichnen, dieser Sektor benötigt für nachhaltige Reduktionen gänzlich andere Maßnahmen. Mit einer deutlichen Senkung der Treibhausgase kann lediglich der Abfallbereich aufwarten – dies ist jedoch in absoluten Zahlen gesehen nur ein sehr geringer Beitrag. Rund zehn Prozent der Emissionen aus der Energiewirtschaft und 25 Prozent aus der Industrie fallen nicht unter den Europäischen Emissionshandel sondern unter die Effort Sharing-Regelung. Auch hier werden die Minderungsziele klar verfehlt, die beiden Sektoren weisen gegenüber dem Jahr 2005 die stärksten prozentualen und absoluten Zuwächse auf" (ebenda).

Die unrühmlichen deutschen Zielverfehlungen könnten auch eine teure Angelegenheit werden.

„In der Periode bis 2020 bleiben die Kosten für den Zukauf der Emissionsmengen überschaubar, da es sehr viele überschüssige Zertifikate in anderen Ländern gibt. Ab 2021 ändert sich die Lage aber dramatisch:

je nach Annahme zur EU weiten Situation könnten Kosten in zweistelliger Milliardenhöhe entstehen. Diese Summen gilt es ins Verhältnis zu setzen zu den Aufwendungen für effektive Klimaschutzmaßnahmen in Verkehr, Gebäuden, Landwirtschaft und Industrie. Investitionen in den Klimaschutz sind Zukunftsinvestitionen – der Kauf von Emissionszertifikaten dagegen spart keine einzige Tonne CO_2 ein" (ebenda).

8. Ein Expertokratie-Beispiel: Die Marktstabilitätsreserve (MSR) des EU-ETS

Zusammenfassung: Angesichts niedriger Preise und einer erheblichen Überschussmenge an Zertifikaten im EU-ETS wurde die Marktstabilitätsreserve (MSR) eingeführt, die ein Musterbeispiel bürokratischer Verkomplizierung darstellt. Sie setzt an der in einem europaweiten Register festgehaltenen Differenz zwischen dem kumulierten Angebot an Zertifikaten und der kumulierten Nachfrage an. Unter das Angebot fallen die kumulierten versteigerten und kostenlos zugeteilten Zertifikate, die zu einem Teil von den Akteuren gehalten werden. Unter die Nachfrage fallen v.a. die zugeteilten und die gelöschten Zertifikate. Das Angebot überstieg bisher die Nachfrage deutlich. Den Überschuss bezeichnet man als Umlaufmenge. Übersteigt er am Jahresende 833 Mio., so werden 24% (ab 2024: 12%) der Umlaufmenge in die MSR eingestellt und dem Markt temporär entzogen. Liegt die Umlaufmenge unter 400 Mio., werden 100 Mio. Zertifikate aus der MSR dem Markt zugeführt. Die kostenlos ausgegebenen Zertifikate sind von alledem nicht betroffen, sie bleiben gleich. Ab 2023 wird die in die MSR eingestellte Zertifikatmenge auf die erfolgte Auktionsmenge des Vorjahres (57% des Gesamtcaps) beschränkt. Der darüber hinausgehende Betrag in der MSR wird gestrichen. Dies wird zu einer merklichen Verknappung mit ungewissem Ausgang hinsichtlich der sich dann einstellenden Preise führen. Diese Regelungen stellen einen deutlichen und insbesondere hinsichtlich der Eingriffsschwellen recht beliebigen Eingriff in den Marktprozess dar. Sie sind in den Details der Regelung komplex und bürokratieintensiv, führen zu schwer vorhersehbaren Interaktionseffekten (z.B. mit dem jährlichen linearen Reduktionsfaktor) und können Spekulation (um die Interventionspunkte herum) anheizen. Die Einführung der MSR ist nur politökonomisch durch Interessengruppeneinflüsse zu erklären ("Politik der Nebelwand").

* * *

Der EU-Emissionshandel sollte vom Ursprungsgedanken her dazu dienen, auf naturwissenschaftlicher Basis zunächst die zulässige Emissionsmenge an THG festzulegen und „den Rest", v.a. die „Preisfindung" und wer wie viele Zertifikate nutzt, dem Markt überlassen. Bereits beim Kyoto-Protokoll kam durch diverse Anrechnungsmöglichkeiten, Ausnahmen und fragwürdige zusätzliche Kompensationsmöglichkeiten (CDM, JI) ein klimapolitisch wenig wirksamer Hybrid heraus. Der europäische Emissionshandel (EU-ETS) ist ebenfalls eine hybride Mischung aus Ordnungsrecht und Marktsimulation. Durch die Einführung der Marktstabilitätsreserve (MSR) kam man, wie sich noch zeigen wird, noch ein Stück weiter vom Weg eines einfachen und von vornherein regelbasierten Verfahrens ab.

Die MSR wird hier in einem eigenen Kapitel behandelt, da sie im vorherigen Kapitel durch ihre Komplexität zu einer noch größeren Unübersichtlichkeit geführt hätte. Sie ist ein Musterbeispiel expertokratischer Verkomplizierung. Nur dank der Erklärungshilfen einiger Fachleute war es mir möglich, die Regelungen im Prinzip zu verstehen. Danken möchte ich an dieser Stelle besonders Michael Pahle, dem Leiter der Arbeitsgruppe „Klima- und Energiepolitik" des Potsdam Institut für Klimafolgenforschung.

Es ist einmal mehr bemerkenswert, dass es praktisch keine Verständnishilfe v.a. von Seiten derer gibt, die ansonsten den mündigen Bürger fordern: Weder auf der Website deutscher Ministerien oder entsprechender Einrichtungen noch auf den diesbezüglich schmallippigen Websites der EU findet man allgemeinverständliche Erläuterungen.[72] Man hat hier exklusives Expertenwissen geschaffen, das dem interessierten Alltagsmenschen praktisch völlig unzugänglich ist.

Über die Entstehungsgeschichte des EU-ETS wurde bereits berichtet. Mit der MSR wollte man auf die über längere Zeiträume hinweg kompromittierend niedrigen Preise der Zertifikate im EU-ETS reagieren – ein an sich löbliches Unterfangen. Als Ursachen wurden angeführt: die kostenlose Zuteilung der Zertifikate in den ersten beiden Handelsperioden von 2005-2012, die Ausgabe von insgesamt viel zu vielen Zertifikaten, die die Nachfrage lange Zeit deutlich überstiegen, die geringere Nachfrage nach der Finanzkrise 2008ff., die Übertragbarkeit von Zertifikaten aus der EU-ETS-Phase 2 in die Phase 3 (2013-2020) und die internationalen Gutschriften (z.B. aus CDM-Projekten). Schließlich schlug sich auch der Ausbau erneuerbarer Energien nicht zuletzt in Deutschland in den geringen Preisen nieder. Inwiefern (und dass) speziell durch EU-ETS angeregte Innovatio-

---

[72] Siehe https://ec.europa.eu/clima/policies/ets/reform_en. Eine halbwegs verständliche, aber sehr kurze Übersicht findet sich in SVR (2019, 37-38).

nen von Unternehmen überhaupt eine Rolle spielten, ist kontrovers und wird von vielen Fachleuten bestritten, obwohl dies der eigentliche Sinn des Ganzen sein sollte.

Auf jeden Fall kam es zu Beginn der Phase 3 zu einem Überschuss von rund 2 Mrd. Zertifikaten im Jahr 2013. Durch das sogenannte *Backloading* waren es 2015 nur noch 1,78 Mrd. Ohne dieses vorläufige Zurückhalten von 900 Mio. Zertifikaten wären 40% mehr Zertifikate im Jahr 2015 angefallen, d.h. in Summe noch deutlich mehr als 2013. Dieses Zurückhalten und Verschieben von 900 Mio. ansonsten per Auktion angebotener Zertifikate auf die Jahre 2019 und 2020 durch die EU-Kommission stellte natürlich bereits einen zwar verständlichen, aber dennoch insofern systemwidrigen Eingriff dar, als man per Beschluss dem Markt Zertifikate entzog und auf der Zeitachse umverteilte. Die sichtbare politische Hand kam somit der von Befürwortern des Emissionshandels vielbeschworenen unsichtbaren Hand des Marktes deutlich in die Quere.

Das Auktionsvolumen wurde hiermit 2014 um 400 Mio., 2015 um 300 Mio. und 2016 um 200 Mio. Zertifikate verringert. Diesen Beträgen liegen keine ökonomisch-sachlogischen Überlegungen, sondern eher Vermutungen über zu erwartende Preiseffekte zugrunde. Diese Verschiebungen brachten natürlich keine Reduzierung der gesamten (anzubietenden) Zertifikatmenge. Hier kommt nun seit Januar 2019 die MSR ins Spiel, in die sogleich die 900 Mio. dem Markt entzogenen Zertifikate eingestellt wurden.

Um das Folgende verstehen zu können, ist vorauszuschicken, dass alle kostenlos ausgeteilten und zu ersteigernden Zertifikate seit 2012 in einem zentralen EU-Register festgehalten werden,[73] so dass man einen vollständigen Überblick über alle angebotenen und nachgefragten Mengen in Europa hat. Jedes teilnehmende Unternehmen hat dort ein Konto zu unterhalten. Sollte es Zertifikate vorhalten oder (weiter)verkaufen, so ist dies der Registrierstelle zu melden und ihr somit bekannt. Sollte ein Zertifikat mehrmals an der Börse gehandelt werden, kommt es nicht zu Doppelzählungen, da es nur von einem Konto im Gesamtregister auf ein anderes wandert.

Mit der MSR sollen in erster Linie „überschüssige" Mengen aus dem Markt genommen werden. Entscheidend für die Bestückung der MSR, die 2017 von der EU angedacht wurde und sich v.a. nach der revidierten EU-

---

[73] https://ec.europa.eu/clima/policies/ets/registry_en.

ETS-Direktive[74] auf die Phase 4 (2021-2030) bezieht, ist die Differenz zwischen dem kumulierten Angebot und der kumulierten Nachfrage. Die Nachfrage besteht aus den kostenlos vergebenen *und* den per Auktion zu erwerbenden Zertifikaten. Bei Angebot und Nachfrage geht es um die kumulierte Differenz. Das Ziel der Übung ist die Einhaltung von −43% (Basisjahr 2005) des durch den EU-ETS erfassten Bereichs bis 2030. Es gilt also, die Menge an Zertifikaten so zu verknappen, dass dieses Ziel erreicht wird.

2019 wurde die MSR, wie schon erwähnt, erstmals mit den 900 Mio. Zertifikaten aus der früheren Verlagerung gefüllt.[75] Hinzu kommen rund 550-700 Mio. als Übertrag der Umschlagsmenge aus Phase 3. Diese Zertifikate stammen aus den zurückgelegten und nicht genutzten Zertifikaten für Neuanlagen und der Rückgabe von bereits gekauften Zertifikaten für Anlagen, die dann vorzeitig geschlossen wurden.

Das Angebot setzt sich zusammen aus den kostenlos zugeteilten und den bei Auktionen versteigerten Zertifikaten, ergänzt durch den Übertrag aus der Phase 2 und hier unerheblichen Zertifikaten im Rahmen von Programmen der Europäischen Investitionsbank. Es wird von Fachleuten für sehr unwahrscheinlich gehalten, dass es zu einer Situation kommt, in der in Auktionen angebotene Zertifikate nicht abgekauft werden. Die Nachfrage besteht aus den gesamten im Rahmen des EU-ETS durch Zertifikate abzudeckenden Emissionen und weiteren im gleichen Zeitraum gelöschten Zertifikaten. Bei Letzteren handelt es sich um Zertifikate, die von nicht zum EH verpflichteten Akteuren aus freien Stücken gekauft werden, z.B. den wenigen Idealisten, die sich über die niedrigen Preise ärgern. Grundsätzlich kann jede Privatperson an den drei hierfür vorgesehenen Börsen Zertifikate kaufen. Stärker zu Buche schlugen Spekulanten aus der Finanzbranche, die Zertifikate zu niedrigen Preisen aufkauften und auf steigende Preise spekulierten. Alle Großbanken einschließlich öffentlicher Einrichtungen, hatten entsprechende sogenannte EHS-Abteilungen. Nach dem Preiseinbruch infolge der Finanzkrise 2008ff. sank die Begeisterung und die Größe dieser Abteilungen.

Zwischen dem Angebot und der Nachfrage kann es zu einem Überschuss des Angebots kommen, d.h. dass mehr Zertifikate im Angebot sind, als nachgefragt werden. Die Nachfrage wird in erster Linie durch die zur

---

[74] https://ec.europa.eu/clima/policies/ets/revision_en.
[75] https://eur-lex.europa.eu/legal-content/DE/TXT/PDF/?uri=CELEX:32014R0176&from =EN.

verpflichtenden Abdeckung nötigen Zertifikate bestimmt. „Angebot" bedeutet nicht, dass Zertifikate auf dem Markt angeboten wurden und sie an den Verkaufsbörsen keine Abnehmer fanden. Auch dies kommt im Einzelfall vor, aber sehr selten. Sondern beteiligte Unternehmen, Spekulanten oder andere halten Zertifikate auf ihren Konten zwecks zukünftiger Nutzung. Die Differenz zwischen Angebot und Nachfrage wird daher – eigentlich missverständlich – als „Umlaufmenge" bezeichnet und nicht als Überschussmenge. Es handelt sich aber insofern um keinen Überschuss, als die „gebunkerten" Gutscheine und Zertifikate auf Grundlage eines, wie Ökonomen es nennen, intertemporalen Kalküls für Verwendung oder Verkauf in der Zukunft gehalten werden. Die Unternehmen können auf jeden Fall die ihnen zugewiesenen oder die ersteigerten Zertifikate zwischen den Jahren der einzelnen Phasen ohne Einschränkung sammeln und später verwenden.

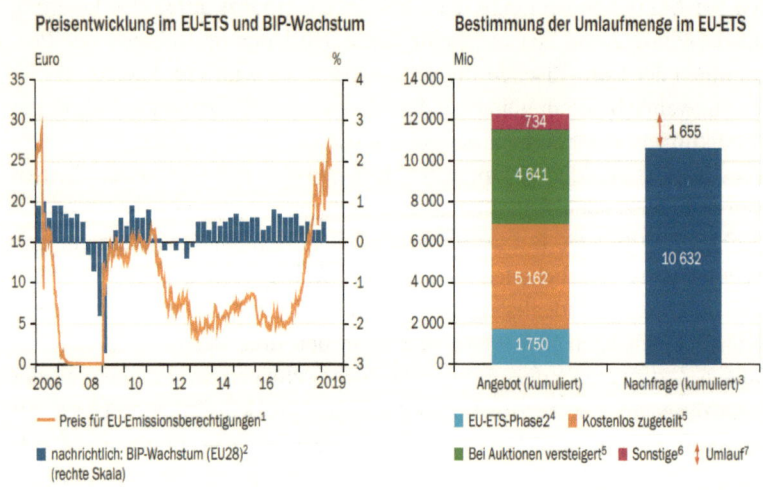

SVR 2019, 37.

So bestand 2019 das kumulierte Angebot aus rund 1,7 Mrd. EU-ETS-Phase-2-Übertragungen, 5,1 Mrd. kostenlos zugeteilten und 4,6 Mrd. bei Auktionen versteigerten Zertifikaten und einem Rest aus unerheblichen Posten. Die Nachfrage betrug 10,6 Mrd. Das Angebot überstieg also die Nachfrage um 1,6 Mrd. Dies ist fast genau die Menge an Zertifikaten, die pro Jahr versteigert werden. Diese Differenz (die Umlaufmenge) ist nun entscheidend dafür, wie viele Zertifikate in die MSR eingestellt und dem Markt temporär entzogen werden. Liegt nämlich diese Umlaufmenge über 833 Mio. Zertifikaten (was mit 1,6 Mrd. in 2019 der Fall war), so werden jährlich 24% der Umlaufmenge (= Überschussmenge) aus dem Vorjahr nicht auktioniert und der MSR zugeschlagen. Ab 2024 werden es 12% sein. Die 24% bzw. 12% beziehen sich also *nicht* auf die vorgesehene Auktionsmenge, sondern auf die Umlaufmenge (im Grunde die Summe der von Akteuren gehaltenen Zertifikate zwecks späterer Nutzung), was man leicht missverstehen kann. Die konkreten Zahlenwerte (833 Mio., 24% und 12%) verdanken sich über den Daumen gepeilten Festlegungen, deren konkrete Werte sich keiner tieferen ökonomischen Bestimmungslogik verdanken.

Ein Schaubild mag hilfreich sein, um einen Überblick über die drei möglichen Szenarien zu gewinnen:

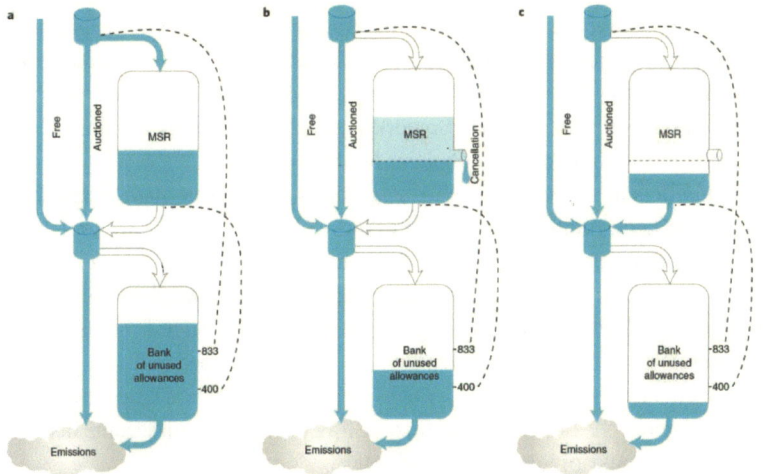

Perino 2018, 262.

Die „Bank of unused allowances" ist hier nur ein gestalterisches Mittel, um die Umlaufmenge einzufangen, es handelt sich nicht um eine real existierende Einrichtung.

Es sei darauf hingewiesen, dass z.B. nationale Minderungsmaßnahmen wie die des deutschen Erneuerbare Energiegesetzes (EEG), die neben dem EU-ETS stattfinden und sich mit dessen Zielen überschneiden, zum Wasserbetteffekt führen. An einer Stelle wird gemindert, an anderer Stelle (im EU-ETS) gibt es einen Überschuss bzw. Preisminderungen wegen geringerer Nachfrage. Es kommt somit nur zu einer Verlagerung der Emissionen und Zertifikate (z.B. von der Stromerzeugung zur Industrieproduktion) und nicht zu einer Reduktion der Gesamtemissionen. Das Wasser im Wasserbett (die Gesamtemissionen) verringert sich nicht, wenn man sich darauflegt, es verlagert sich nur, daher diese Bezeichnung.

Durch die MSR werden (in der kurzen Frist) nun aber nicht die durch z.B. das EEG und die Windkraft eingesparten Emissionen einfach von der Gesamtmenge der zu versteigernden ETS-Zertifikate abgezogen, sondern nach der hier beschriebenen Formel (833 Mio., 24%, 12%) in die MSR eingestellt. Sie werden damit zwar dem aktuellen Marktgeschehen entzogen, aber erst einmal nicht gestrichen („gelöscht"). Es wird also nur die Ausgabe der von Akteuren gehaltenen und (noch) nicht genutzten Zertifikate, die die Marke von 833 Mio. überschreiten, verzögert. Umgekehrt werden aus der Reserve 100 Mio. Zertifikate mehr durch die EU zur Versteigerung angeboten, sofern die Umlaufmenge unter 400 Mio. liegt. Eine komplexe Angelegenheit, die auch die jährlich tatsächlich zur Auktionierung angebotene Menge beeinflusst. Diese bisher den Sachverhalt so weit wie möglich vereinfachenden Bemerkungen deuten bereits an, um welch kompliziertes Gebilde es sich bei der MSR handelt.

Von alledem sind die kostenlos zugeteilten Zertifikate *nicht* betroffen, die gleich hoch bleiben. Um sowohl dem festen Prozentsatz freier Zuteilungen und der vorherbestimmten Menge zur Auktion kommender Zertifikate gleichzeitig gerecht zu werden, muss reduziert werden. Nun kann man aber schlecht diejenigen, die Zertifikate gekauft und auf ihrem Konto stehen haben, prozentual belasten und sie unvorhersehbar und von Jahr zu Jahr – was die Höhe betrifft – wechselnd teilenteignen. Daher reduziert man bei einer zu hohen Umlaufmenge über eine Verminderung der im Folgejahr zu auktionierenden Zertifikate.

Sollte die Umlaufmenge unter 400 Mio. sinken, so werden aus der MSR, sofern und solange vorhanden, 100 Mio. entnommen und den zu verkaufenden Zertifikaten hinzugefügt.

Ab 2023 wird der Umfang der in der MSR befindlichen Zertifikate auf die im Vorjahr auktionierte Menge beschränkt und der Rest gestrichen! Hier liegt der springende Punkt: Gibt es vorher auf der Zeitachse einen Verschiebebahnhof, durch den das Verhältnis von kumuliertem Angebot und Nachfrage in gewissen Bandbreiten gehalten werden soll, so kommt es jetzt zu definitiven Löschungen und einer „Vernichtung" von Zertifikaten.

Noch einmal: Vor 2023 werden jährlich 24% (ab 2024: 12%) der Um-laufmenge in der MSR geparkt, sofern die Umlaufmenge über 833 Mio. liegt, was der Fall sein wird. 2023 wird dann die Menge der in der MSR geparkten Zertifikate auf die Menge der im Vorjahr auktionierten Zertifikate begrenzt, der Rest wird aus der MSR gestrichen. Das ist schon eine harte Nummer. Die zur Auktion vorgesehene Menge beträgt schließlich nur 57% des gesamten Caps, der Rest wird ja kostenlos an bestimmte Unternehmen verschenkt. Nach Schätzungen (allerdings vor Corona) wird dies zu einer Vernichtung von rund 1,7 Mrd. Zertifikaten im Jahr 2023 führen. Man kann es so deuten, dass das Tal der Tränen erst 2023 beschritten wird und man sich vorher wieder einmal Zeit gekauft hat. Man darf Wetten darauf abschließen, ob die Regelungen zwischenzeitlich noch weichgespült werden.

Wie ist nun die MSR insgesamt zu beurteilen? Der deutsche Sachver-ständigenrat bewertet diese nachträglich eingefügten Extraregelungen positiv. Sie trügen zu einem funktionierenden marktbasierten Instrument bei, so dass die Ziele der EU erreichbar würden. Kritik kommt nicht nur von Seiten ordnungspolitisch Ausgerichteter wie dem *Zentrum für Europäische Politik* (CEP 2014), die Flickschusterei bemängeln, die sich sehr weit entfernt hat vom Konzept eines transparenten „Mechanismus", der nicht ständig unter politischem (Lobby-)Druck oder aus Opportunitäts-gründen verändert werden kann.

Die EU scheint sich selbst bestätigen zu müssen, dass man trotz oder mit der MSR jetzt feste und klare Regeln formuliert. Man versichert, „die MSR funktioniert völlig gemäß vorher festgelegter Regeln, die weder der Kommission, noch Mitgliedsstaaten bei der Durchführung Spielräume be-lassen".[76] Allerdings sind ab 2021 Überprüfungen (*regular reviews*) vor-gesehen, bei denen auch der Reduktionsfaktor, die Schwellenwerte (833 und 100 Mio., 24% und 12%) usw. ab 2022 neu justiert werden können. Die Rolle rückwärts ist also möglich.

Nun folgt ein sehr langes Zitat. Es soll andeuten, wie ungeheuer kom-pliziert die MSR in ihren Implikationen und praktischen Folgen ist. Man wird wohl vermuten dürfen, dass nur recht wenige Experten oder dieses komplexe Gebilde billigende Politiker die Materie halbwegs überblicken, ganz zu schweigen vom Bürger oder zivilgesellschaftlich Engagierten. Ich werde das Folgende nicht in eigenen Worten zusammenfassen und mich so auch nicht dem Verdacht aussetzen, es unnötig kompliziert

---

[76] https://ec.europa.eu/clima/policies/ets/reform_en, Ü.

gemacht zu haben. Daher lasse ich einen Experten zu Wort kommen. Es geht beim Lesen des Zitats nicht darum, den Inhalt und die Wirkmechanismen voll zu durchdringen, sondern die fast kafkaeske Komplexität auf sich wirken zu lassen und vielleicht im Hinterkopf an die großen Versprechen zu denken (Einfachheit, Transparenz, Verständlichkeit, Nichtmanipulierbarkeit), die ursprünglich als Argumente für den Emissionshandel nicht zuletzt von Ökonomen ins Feld geführt wurden. Hier also das lange Zitat:

„Die genaue Anzahl der entfernten Zertifikate hängt von zwei Variablen ab: (1) Der Gesamtzahl der in die MSR eingebrachten Zertifikate, die wiederum vom Jahr abhängt, in dem die Anzahl der Zertifikate unter 833 Millionen sinkt und (2) dem Zeitpunkt, zu dem die Anzahl der von Unternehmen eingezahlten Zertifikate unter 400 Millionen fällt. Ersteres bestimmt die maximale Anzahl der womöglich zu annullierenden Zertifikate, letztere, wie viele von ihnen von diesem Schicksal verschont bleiben. Wenn alles andere unverändert bleibt, erhöht eine zusätzliche Zulage im MSR die Anzahl der stornierten Zulagen um eins (direkter Effekt). Angesichts der Anzahl der Zulagen im MSR gilt: Je später die Bank den Schwellenwert von 400 Mio. überschreitet, desto mehr Zertifikate werden annulliert (indirekter Effekt).

Der lineare Reduktionsfaktor treibt Letzteres an, da er die Obergrenze jedes Jahr um etwa 50 Mio. reduziert (2,2% der Obergrenze im Jahr 2010). Sobald die MSR mit der Freigabe von Zertifikaten beginnt, ist der jährliche Rückgang der gespeicherten Anzahl (100 Mio.) größer als der Rückgang der Stornierungsschwelle (ca. 30 Mio.). Im Folgenden ignoriere ich sowohl den indirekten Effekt (da er vergleichsweise gering ist) als auch Nachfrageschocks, die den Trend eines Rückgangs der Umlaufmenge umkehren könnten.

Zweitens ist die Abfederung vorübergehend. Sobald die Bank die Schwelle von 833 Mio. (oder die Schwelle von 400 Mio., wenn der indirekte Effekt berücksichtigt wird) überschreitet, wird die langfristige Obergrenze effektiv fixiert und die Abfederung endet. Drittens ist die Abfederung rückwirkend. Die Anzahl der in die MSR aufgenommenen Zertifikate hängt von der Anzahl der Umlaufmenge Ende 2017 und danach ab. *Banking* zwischen den Phasen wurde in Phase 2 (2008-2012) eingeführt und seitdem ist die Anzahl der Bankguthaben immer streng positiv geblieben.

Abbildung 2 [hier nicht wiedergegeben] zeigt die kumulative Wirkung einer zusätzlichen Tonne, die durch eine EU-EHS-Anlage verringert wird, auf die Reduzierung der langfristigen Emissionen innerhalb des EU-EHS. Sie ist unabhängig davon, ob es 2008 oder 2017 zu einer Reduzierung gekommen ist, hängt jedoch von der Anzahl der Jahre ab, die die MSR die Zertifikate aufnimmt, was selbst wiederum ein Ergebnis von Marktprozessen ist. Beachten Sie, dass für jede zusätzlich eingezahlte Zulage die Anzahl der eingezahlten Zulagen angegeben wird.

Die MSR erhöht sich im ersten Jahr um 0,24 Zertifikate (0,12 nach 2023), im zweiten Jahr um $(1-0,24) \times 0,24 = 0,1824$ und so weiter." (Perino 2018, 263-264, Ü).

Als ob dies nicht schon kompliziert genug wäre, zeigt Knut Rosendahl (2016), dass Grischa Perinos Analyse von der geringen einzustellenden Menge an Zertifikaten (eine Tonne) und der Beschränkung auf direkte Effekte abhängt. In seiner Erwiderung stellt Perino zustimmend fest:

„Rosendahl weist auf den interessanten und stichhaltigen Punkt hin, dass eine erwartete zukünftige Emissionsminderung, die durch eine Politik induziert wird, die sich mit dem EU-ETS überschneidet, das Potenzial hat, die Gesamtemissionen zu erhöhen, indem sie zu einem Preisverfall bei den Zertifikaten und damit zu weniger ETS-bedingter Emissionsminderung, weniger Banking und weniger Löschungen führt ... Daher erfasst sie weder die Auswirkungen dauerhafter Minderungsmaßnahmen noch den potenziellen Anstieg der kumulierten Emissionen, wenn die Minderungen aufgrund sich überschneidender Politiken erfolgen, nachdem die MSR die Aufnahme von Zertifikaten gestoppt hat, aber bevor die Gesamtzahl der im Umlauf befindlichen Zertifikate oder der ‚Bank‘ auf null fällt" (Perino 2019, 736, Ü).

Die von den Autoren noch vertiefte Analyse der Effekte soll hier nicht weiterverfolgt werden. Sie ist keinesfalls weltfremd und abstrakt, da es eine schwer zu beantwortende Frage ist, ob der Wasserbetteffekt eintreten wird, wenn z.B. zu späteren Zeitpunkten deutsche Braunkohlekraftwerke vom Netz gehen sollen (Pahle 2019 und 2020a). Obwohl Deutschland die Menge der durch die Stilllegungen frei werdenden Zertifikate streicht (löscht), kann es zu einem teilweisen oder vollständigen Wasserbetteffekt kommen. Dann hätten die Stilllegungen keine oder geringere THG-Minderungen zur Folge.

Noch zwei kleinere Hinweise zur Komplexität dank eines Selbstverstärkereffektes: Da die Löschungen durch die Differenz zwischen dem MSR-Bestand und dem Auktionsvolumen des Vorjahres bestimmt werden, verstärken sich die Löschungen, denn sie implizieren eine niedrigere Gesamtobergrenze und damit höhere Zertifikatpreise. Oder ein weiteres Beispiel: Eine Erhöhung des Auktionsanteils würde eine höhere Aufnahme in die MSR ermöglichen, was letztendlich zu einer Zunahme der Löschungen führen würde, jedoch auch zu weniger Stornierungen für ein bestimmtes MSR-Niveau.

„Erstens bedeutet ein höherer LRF [der Kürzungsfaktor = *linear reduction factor*] ein geringeres Angebot an Zertifikaten und damit höhere Preise bei gleichem prozentualen Anstieg in jedem Zeitschritt. Gleichzeitig haben die Änderungen des LRF nur einen geringen Einfluss auf die kurzfristigen Obergrenzen, aber einen großen Einfluss auf die Obergrenzen in den Jahren 2040 und 2050 aufgrund der linearen Grundregel für die Berechnung der Obergrenze für jedes Jahr. So sinken die Emissionen im ersten Jahrzehnt aufgrund gestiegener Preise, aber die jährlichen Obergrenzen werden kaum gesenkt, was zu einem Anstieg der TNAC [Umlaufmenge] führt, was wiederum den Zufluss in die MSR erhöht und zu mehr Stornierungen führt. Zweitens führt ein höherer LRF zu Stornierungen, da diese von der Anzahl der versteigerten Zertifikate abhängen: In jedem Jahr werden Zertifikate im MSR über dem Auktionsvolumen des Vorjahres storniert" (Osorio et al. 2020, 21, Ü).

Eine höhere Einspeisequote, über die langfristigen 12% hinaus, dürfte laut der zitierten Quelle zudem die Preisvolatilität erhöhen und durch die Interaktion von Kürzungsfaktor (LRF) und MSR würde dies bedeuten, dass bei ungefähr 3% pro Jahr (anstelle der 2,2%) die Löschungen und die absolute Zufuhr an verwertbaren Zertifikaten nicht zu-, sondern abnehmen würden. Andererseits führe eine Anhebung des LRF von 2,2% auf 2,6% dazu, dass der EU-ETS-Anteil an der Erreichung des 55%igen Reduktionsziels der EU bis 2030 laut *Green Deal* erreicht wäre, da er dann anstatt mit −43% mit −63% (= 1006 Mio. Tonnen weniger) zu Buche schlagen würde. Der ESR wäre von −30% auf −44% anzuheben, was einem zusätzlichen Minus von 831 Mio. Tonnen entspräche. Alles klar?

Von der im Handbuch der EU-Kommission zum ETS gepriesenen „certainty about quantity" (EU-Kommission 2015, 5) ist eher wenig übrig geblieben. Das an sich übersichtliche Handbuch, das sich für Interessierte gut als Einführung eignen würde, ist leider nicht aktualisiert worden. Beim Durchblättern ist man beeindruckt, wie viele Verordnungen usw. bereits bis zum Publikationsjahr 2015 produziert wurden, zu denen in den letzten Jahren sicher noch einmal die gleiche Anzahl an Regelungen und Vorschriften hinzugekommen ist.

Perino beurteilt die MSR ausgesprochen kritisch. Auch wenn mit ihr versucht werde, überlappende Interventionen wie das EEG und freiwillige Aufkäufe zu endogenisieren, um sie nicht verpuffen zu lassen, so liege doch einer der am wenigsten transparenten Mechanismen vor, der sich denken lasse, dessen Komplexität Fachleute beschäftige, aber ansonsten keinen wirklich sinnvollen Zweck erfülle. Er stifte Politiker zu einem Vor und Zurück an, anstatt einfach, stabil, vorhersehbar und für Regulatoren, Politiker und Teilnehmer am Emissionshandel verständlich zu sein.

Auch dank der Coronakrise lassen sich Rückschlüsse auf Schwächen der MSR ziehen. In der ersten Woche des Bewusstwerdens in Deutschland, am 11.3.2020, sank urplötzlich der Preis pro Tonne CO_2 von 24 auf 15 Euro, was einem Minus von 40% entsprach, um dann recht bald wieder auf 21 Euro zu steigen.[77] Wie sind solche Schwankungen angesichts des über mehrere Jahre laufenden EU-ETS zu erklären? Realwirtschaftliche Nachfrageschwankungen können den Wiederanstieg nicht erklären. Eher scheint der Zertifikatpreis neben regulatorischen Ereignissen von finanzspekulativen Erwartungen abzuhängen, die Handel auslösen, der zu Volatilität führt.

Michael Pahle führt dementsprechend aus:

> „Der aller Wahrscheinlichkeit nach *wesentliche Faktor ist psychologischer Natur* … Eine neue Analyse der ETS-Reform von 2018 legt nun nahe, dass der daraufhin erfolgte Preisanstieg zumindest anfänglich eine spekulationsgetriebene Überreaktion des Markts war. Der Mechanismus dahinter: Die gute Nachricht der Reform (Löschung von Zertifikaten) wird im Hinblick auf ihren Preiseffekt durch optimistische Händler *überbewertet.* Die Überbewertung verstärkt sich im Lauf der Zeit selbst, weil andere Händler ihre Erwartungen über zukünftige Preise auf Basis der historischen Preise bilden (*Extrapolation*). Im Verlauf der Zeit baut sich diese Überbewertung jedoch wieder ab. In der Tat fiel der Preis nach dem Hoch von 30 Euro pro Tonne auf rund 25 Euro. Ein ähnliches Bild zeichnet sich aktuell im *Corona-Preissturz* ab, nur eben in die andere Richtung (schlechte Nachrichten) und zeitlich viel konzentrierter. Schnell wurde von einer Panik des Markts gesprochen und Analysten rechneten entsprechende Szenarien. Gut möglich, dass der Markt tatsächlich in Panik geraten ist, *überreagiert* hat, um sich danach wieder „*abzukühlen*". Ob das Ende dieses Prozesses allerdings schon erreicht ist, weiß man nicht" (Pahle 2020b, o. S., Hervorhebungen im Original).

Die Preisschwankungen durch Corona bestätigen somit anscheinend grundsätzliche Schwächen, aus denen in systemimmanenter Perspektive Reformvorschläge abgeleitet werden können bzw. deren Richtung.

---

[77] https://www.theice.com/products/197/EUA-Futures/data?marketId=400187&span=1.

„Es bleibt also die *generelle Unsicherheit*, wie sich der Preis angesichts solcher Dynamiken weiter entwickeln wird und ob er als stabiler langfristiger Wegweiser dienen kann. Bereits vor Corona war das *Preisrisiko* im EU-ETS hoch: Der Marktinformationsdienst CarbonPulse erhebt regelmäßig Preisvorhersagen von *Analysten*, die zuverlässig *nicht eintreffen*. Mit Corona dürfte sich die Unsicherheit noch weiter erhöht haben … [Die Preise müssten] *stabilisiert* werden, um die Funktion als langfristiger Wegweiser für Klimaschutz erfüllen zu können … Eine solche Stabilisierung des Preises erfordert einen dezidierten Mechanismus.

Die Marktstabilitätsreserve (*MSR*) im EU-ETS ist dazu kaum geeignet: Sie stabilisiert zwar die Menge der Zertifikate, aber ihre Wirkweise ist sehr komplex. Das erzeugt starke Preisunsicherheit und treibt wie oben beschrieben den Markt zur Spekulation. Vielmehr muss der Preis selbst stabilisiert werden. Das könnte man mit einer Weiterentwicklung der MSR zu einer *Preisstabilitätsreserve* (*PSR*) erreichen. Deren Kern ist ein *Preiskorridor*, also Mindest- und Höchstpreise … Damit kann der Preis kurzfristig stabilisiert und langfristig glaubwürdig auf einen *zielführenden Pfad* gelenkt werden" (Pahle 2020b, o. S., Hervorhebungen im Original; hier ohne Hinweise auf die im Zitat erwähnten Links).

In einer anderen Studie legt die ökonometrische Analyse von Pahle u.a. nahe, dass es seit 2018 mehrfach Überschwangphasen mit Bubbletendenzen gab, was in Zusammenhang mit der hohen Unsicherheit der Preisentwicklung stehe (Friedrich et al. 2020a und 2020b). Dies sei auf die komplexen Regelungen des EU-ETS zurückzuführen und nicht zuletzt auf die MSR mit kaum sicher vorhersehbaren Löschungen von Zertifikaten. Hinzu komme regulatorische Unsicherheit, da das Procedere sachbedingt und wie bereits eingeplant Überprüfungen erfahren wird und mögliche Änderungen bevorstehen. In einem kurzen, aber sehr gehaltvollen Blog-Beitrag gehen Pahle und Quemin (2020) noch einmal auf die Schwachstellen der MSR ein, der schließlich ein zentraler Stellenwert beim *Green Deal* und den Zielwerten der EU zukomme. Das dem *Green Deal* entsprechende Anziehen der Reduktionsziele wird mit der MSR durch eine schwer erkennbare Hintertür eingeführt.

Pahle und Quemin unterstreichen den Faktor Unsicherheit. In wissenschaftlichen Untersuchungen schwanken die Annahmen der durch das Procedere zu löschenden Zertifikate zwischen 2 und 13 Gigatonnen, was eine sehr große Schwankungsbreite ist. Sie hängt mit den Annahmen über die Diskontrate zusammen, d.h. wie wichtig den Akteuren die Entwicklungen in der Zukunft sind. Eine hohe Diskontrate bedeutet, dass den Entwicklungen in der Zukunft weniger große Bedeutung zugebilligt wird als denen der Gegenwart, d.h. vereinfacht gesagt, dass ein zukünftiges Ereignis keine 100%ige Relevanz besitzt, sondern z.b. eine 10% geringere als Ereignisse in der Gegenwart. Je höher die Diskontrate angesetzt wird, umso weniger wird z.b. durch Zurücklegen von Zertifikaten (*banking*) vorgesorgt und umso geringer fällt die Umlaufmenge aus.

Sie stellen die Annahme in Frage, dass ein hoher Überschuss (der Umlaufmenge, im Englischen auch als *allowances in circulation, allowances bank* oder auch *surplus* bezeichnet) zu einem niedrigen Preis und umgekehrt führt. 2018 habe sich der Preis vervierfacht, der Überschuss aber sei in der Höhe gleich geblieben. Hier habe wohl eher eine auf tönernen Füßen stehende Erwartungsbildung und Spekulation eine Rolle gespielt. Die Preise über ein quantitatives Management der MSR stabilisieren zu wollen, sei daher problematisch.

Hinzu komme eine prinzipielle Zeitverzögerung, da über die MSR auf Nachfrageschocks, z.b. geringere Nachfrage durch Produktionsrückgänge, erst im Folgejahr eine Reaktion erfolge(n könne), die dann auch noch mit (teils zuvor erfolgenden) Reaktionen der in den EU-ETS eingebundenen Unternehmen interagiere. So aber könne die MSR ihrem Primärziel, dem Markt genügend Zertifikate zu entziehen, nicht recht nachkommen.

Die Interventions-Grenzwerte von 833 Mio. und 100 Mio. könnten zudem selber einen Schock auf der Angebotsseite der Zertifikate auslösen, wenn spekulative Akteure versuchen, die Umlaufmenge über oder unter die Grenzwerte zu drücken, oder verhindern, dass dies entgegen den Erwartungen passiert, und dann hierdurch oder durch eigene Käufe oder Verkäufe spekulative Gewinne einfahren können. Wann diese Werte erreicht sein werden, ist meines Wissens bisher noch nicht per Simulation genauer untersucht worden.

Wie Michael Pahle dem Verfasser in einem Telefongespräch erläuterte, ist es – in den üblichen Dimensionen der Finanzmärkte betrachtet – mit recht geringen Finanzmitteln möglich, den Zertifikatmarkt zu kontrollieren (*cornering* und *squeezing*) und so zu einer starken Preisvolatilität beizutragen, die auch noch durch die MSR verstärkt wird (siehe zur Begründung Mauer et al. 2019). Nach Meinung der Autoren sollte man nicht an der MSR herumdoktern und sie noch komplizierter ausgestalten, sondern, wie erwähnt, durch eine quasi-revolutionäre, kohärente Fundamentalreform in Richtung einer *Price Stability Reserve* (PSR) ersetzen.

Auch von anderer Seite wird auf erstaunliche Nebenwirkungen der MSR-Konstruktion hingewiesen. So besteht nach Gerlagh et al. (2019) im Rahmen der MSR ein unvermeidbares grünes Paradox, das sich auf die Erwartungsbildung der Akteure bezieht. Nehmen diese, z.B. angeregt von politischen Minderungsversprechen und Verpflichtungen, an, dass es in Zukunft eine geringere Nachfrage nach Zertifikaten geben wird, so sinkt die Reservebildung (*backloading*). Dann fließen weniger Zertifikate in die MSR und der Regel folgend, dass die MSR ab 2023 maximal die Menge der auktionierten Zertifikate haben darf, werden dann auch weniger Zertifikate endgültig gelöscht. Die Antizipation zukünftiger Minderungsbemühungen kann daher zu einer kumulativen Zunahme der Emissionen führen, da weniger Zertifikate endgültig gelöscht werden.

Im August 2020 scheint völlig unklar zu sein, ob zukünftige Rejustierungen zu Verschärfungen oder Abschwächungen führen werden, da man einerseits das große Ziel der Nullemissionen vor Augen hat, andererseits die polnische Regierung bereits anfragte, ob man angesichts von Corona nicht gleich den ganzen ETS zu den Akten legen könne. Der tschechische Premierminister assistierte, man solle wegen der Folgen von Corona überhaupt am besten den *Green Deal* vergessen.[78]

Abschließend soll noch darauf hingewiesen werden, dass die Schwächen der MSR im Verbund mit dem EU-ETS von Anfang an im Fadenkreuz der Kritik standen und bereits im Vorfeld zahlreiche Vorschläge zu nachdrücklicheren und transparenteren alternativen Minderungsstrategien unterbreitet wurden. Auch innerhalb der offiziellen EU-Organe fand ein intensiver Konsultationsprozess mit Alternativvorschlägen statt.[79]

Einen Überblick über wesentliche Vorschläge bietet die von Graichen et al. (2019) übernommene Auflistung auf der folgenden Seite. In Spalte 2 beurteilen die Autoren auch die politische Durchsetzbarkeit der Vorschläge (umfassender siehe Table 10, S. 57). Unter *rebasing* ist eine Erhöhung der jährlichen Kappung (LRF) zu verstehen. Der tatsächlich dann aufgegriffene erhöhte prozentuale *intake* bezieht sich auf die in die MSR übertragene Menge an dann nicht auktionierten Zertifikaten in Abhängigkeit von der Grenze der 833 Mio. in der Umlaufmenge. Die *surrender charge* und der *auction reserve price* laufen auf einen Mindestpreis für Zertifikate hinaus, indem ein Preisaufschlag bei unter einem Mindestpreis liegenden Marktpreisen erfolgen sollte bzw. bei Auktionen ein Mindestpreis (oder ein Zielkorridor mit oberen und/oder unteren Grenzwerten)

---

[78] Siehe   https://www.euractiv.com/section/emissions-trading-scheme/news/eu-should-scrap-emissions-trading-scheme-polish-official-says/.

[79] Siehe z.B. http://ec.europa.eu/clima/policies/ets/reform/index_en.htm; http://ec.europa.eu/clima/policies/ets/reform/docs/com_2012_652_en.pdf und http://ec.europa.eu/clima/consultations/articles/0017_en.htm.

für Zertifikate angesetzt wird, unter dem keine Zertifikate verkauft werden. Aus Gründen der Durchsetzbarkeit könnte hier eine Gruppe der Willigen (die *frontrunner*) vorangehen.

Mit dem Stichwort *maritime transport* zeigt sich, dass auch diskutiert wird, die Emissionen in der Schifffahrt in den EU-ETS einzubeziehen. Der *tiered approach* läuft auf eine strengere Auswahl und geringere Zuteilung kostenloser Zertifikate hinaus. Bei der *unilateral cancellation* sollten die höchstmöglichen Löschungen bei speziellen Minderungsprogrammen wie dem auch für die Steinkohle geltenden deutschen Braunkohlegesetz erfolgen, da die Vorgaben bisher offenlassen, ob der durchschnittliche Emissionswert der letzten fünf Jahre einer Anlange ein Mal, für fünf Jahre oder für alle Jahre, die die Anlage ansonsten noch gelaufen wäre, anzusetzen ist. Und das dürfte natürlich meistens einen sehr großen Unterschied ausmachen.

		Abatement potential	Political feasibility	Timing of the impact
Strengthening the cap	Higher LRF	High	Medium	Medium- and long-term
	Rebasing	High	Medium	Medium- and long-term
	Rebasing and higher LRF	High	Medium	Medium- and long-term
Enhancing resilience	Enhanced MSR (24% intake rate)	Medium	High	Short-term
	Enhanced MSR (36% intake rate)	High	High	Short-term
	Unilateral cancellation	High	High	Short- and medium-term
Carbon price floor	Surrender charge on electricity by group of countries/ Nordic surrender charge on all ETS sectors	Medium	High	Medium-term
	Surrender charge on electricity EU-wide	Medium	Medium	Long-term
	Auction reserve price	High	Low	Long-term
Other	Extension of the scope to cover maritime transport	Low	Medium	Long-term
	Extension of the scope to cover road transport/decentralised heating	Low	Low	Long-term
	Tiered approach to free allocation	Low	Low	Long-term

Graichen et al. 2019, 8.

Aus dem Vorstehenden wird deutlich, dass sich die Konstruktion der MSR nicht sachlogisch verstehen lässt, sondern primär als Produkt eines komplizierten Gerangels zwischen verschiedenen und länderspezifischen

Herangehensweisen an den sich verschärfenden Klimawandel. Wettestad und Jevnaker (2019) haben in einem sehr aufschlussreichen Artikel den hier nicht im Einzelnen nachzuzeichnenden kurvenreichen Prozess, der zur MSR führte, nachverfolgt und in den Kontext politologischer Erklärungsmodelle zur „Entwicklungsdynamik" der EU gestellt:

Sie sehen die MSR aus diplomatischer Sicht als gelungenen Trick, um zu einer schlussendlichen Einigung gelangen zu können. Es gab zwar Interessengruppen aus der Energiewirtschaft, die eine Verteuerung der Zertifikate befürworteten, die Initiative der Kommission und die Unterstützung durch Teile des Europaparlaments, die für eine Verschärfung waren. Auch die Forderung der Begrenzung der Erderwärmung auf maximal 1,5 bis 2 Grad des Pariser Abkommens tendierte in diese Richtung. Jedoch misslang die Bildung einer Einigung der eher Unwilligen mit den Willigen (Frankreich, Schweden, die Niederlande), die zum Teil mit eigenen, höheren Minderungszielen vorangingen. Zu den Unwilligen gehörten einige osteuropäische Länder, die sowieso nur zu Zugeständnissen durch Zahlungen aus den Modernisierungs- und Innovationsfonds zu bewegen waren. Wettestad und Jevnaker resümieren ihre detaillierte Analyse mit den Worten:

> „Der wesentliche Punkt … besteht darin, dass es den politischen Unternehmern im [Europäischen] Rat durch die Fokussierung der Stornierung auf Zertifikate in der MSR (die von Natur aus niemandem gehören) und mit dem Beginn der tatsächlichen Stornierungen erst nach 2023 gelang, die Verteilung so vorzunehmen, dass die Kosten ziemlich dunkel und diffus sind – während die Vorteile (ein wahrscheinlich hoher Kohlenstoffpreis und höhere Auktionserlöse [für die Mitgliedsländer]) spezifischer und zeitnaher waren" (Wettestad/Jevnaker 2019, 652, Ü).

Die Autoren sprechen daher von *smokescreen politics*, d.h. einer Politik der Nebelwand. Ein ähnliches Bild ergab sich auch für den Autor dieser Zeilen bereits bevor Michael Pahle ihn auf diesen Artikel hinwies. Das sind keine guten Aussichten für zukünftigen konsequenten Klimaschutz, zumal in allen Verordnungen Revisionsverfahren vorgesehen sind und z.B. dementsprechend in der *Effort-Sharing*-Verordnung EU 2018/842 unter (28) steht: „Diese Verordnung sollte im Jahr 2024 und danach alle fünf Jahre zwecks Bewertung ihres allgemeinen Funktionierens überprüft werden". Im Bereich des EU-ETS wird 2021 über die Neugestaltung, inklusive der Verschärfung (?) des Kappungsfaktors, der Inklusion des Schiffsverkehrs (oder nicht) usw. neu verhandelt und bereits im September 2020 über die Zielwerte im Rahmen des *Green Deal* und der Vor-schläge der EU-Kommission diskutiert. Für die MSR sind regelmäßige Überprüfungen ab 2022 vorgesehen. Man darf gespannt sein. Zu einer sicher sinnvollen Radikalreform, etwa durch eine Preisstabilitätsreserve mit einem Preiskorridor oder einer eindeutig festgelegten höheren Ver-knappung der Zertifikate, an der man einfach stur festhält, wird es sicher nicht kommen.

9. Land, Landnutzung und Forstwirtschaft (LULUCF)

Zusammenfassung: Weltweit sind Wälder von Kahlschlag und Schädigungen bedroht. Freiwillige THG-Minderungsprojekte in diesem Bereich sind beliebt, aber besonders problematisch: an einer Stelle wird Wald geschützt, dafür direkt daneben abgeholzt; oft reicht für Projekte die Zusicherung, nicht abzuholzen. Bei Wiederaufforstung dauert es viele Jahre, bis nennenswert THG absorbiert werden, was auch vom sich ändernden Klima usw. abhängt. Studien halten die Kompensationswirkungen für gering. Oft werden die Interessen indigener Gruppen missachtet. Mit LULUCF (*Land Use, Land-Use Change and Forestry*) versucht die EU, Land, Landnutzung und Forstwirtschaft durch die verbindliche No-debit-Regel einzubeziehen. Sie besagt, dass bis 2030 dieser Bereich nicht mehr Emissionen (CO_2, Methan, Lachgas) freisetzen soll, als er bindet (Quellen = Senken). Dies ist ein extrem bescheidenes Ziel, da der Sektor bisher über 300 Mio. Tonnen mehr absorbiert als freisetzt. Folgende Landkategorien werden unterschieden: aufgeforstete oder entwaldete Flächen, Ackerflächen, Feuchtgebiete und bewaldete Waldflächen. Man beabsichtigt, die durch den Menschen verursachten, anthropogenen Einflüsse zu erfassen. Daher wendet man drei sehr unterschiedliche Berechnungsmethoden für die Landkategorien an: Netto-Brutto (Quellen minus Senken in einem Jahr), Netto-Netto (Veränderungen gegenüber den Referenzjahren 2005-2008) und für bewaldete Flächen das FRL (*Forest Reference Level*). Beim FRL wird ein Vergleich zu den Basisjahren 2000-2009 unter Extrapolation der sich ändernden Altersstruktur der Bäume und Annahme gleicher Waldbewirtschaftungsmethoden vorgenommen. Dabei werden nur die Veränderungen zu den Emissionswerten der Basisjahre berechnet. Das FRL ist ein kaum handhabbares Bürokratiemonster. Problematisch sind auch die Bestimmungen der Emissionsabsorption von verarbeiteten Holzprodukten (HWP) und die rein formale Bestimmung und Herausrechnung von „natürlichen Störungen" wie Stürmen.

Generell gibt es bei der Bestimmung der Nettoemissionen der Teilbereiche einen außergewöhnlich hohen Unsicherheitsbereich. Dennoch und trotz dreier völlig verschiedener Berechnungsmethoden der Kategorien ist der Ausgleich der Teilbereiche (im Rahmen gewisser Grenzen) möglich und es gibt sogar Verrechnungsmöglichkeiten mit den Zertifikaten aus *Effort Sharing*, was auch deutlich höhere und bereits vorgesehene Einschlagraten bei Waldbeständen erlaubt. Der Versuch, eine Erfassung der anthropogenen Einflüsse mit dem Einbezug der LULUCF-Maßnahmen in die Logik des verrechenbaren Emissionshandels und dem Schutz der Wälder zu kombinieren, dürfte zum Scheitern verurteilt sein. Gründe dafür sind: Erhebungsprobleme (viele sehr kleine Waldbesitzeinheiten), LULUCF ist nur bis 2030 angelegt, bei Wiederaufforstung geht es aber (mindestens) um Jahrzehnte, der Klimawandel kann Waldbestände sogar zu Nettoemissionsquellen werden lassen, Fragen der Biodiversität finden kaum Beachtung, man plant parallel katastrophale Freihandelsabkommen (Mercosur), die indigenen Bevölkerungsgruppen werden bei Wiederaufforstungen oder Nichtabholzungen übergangen, es sind keine klaren Sanktionsmaßnahmen vorgesehen. Völlig unklar ist außerdem, wie man die Waldbauern dazu bringen kann, so zu wirtschaften, dass die No-debit-Regel insgesamt eingehalten werden kann. Eigentlich hätte man erwartet, dass angesichts der Klimaziele der EU die Senkenwirkung des Bereichs von bisher über 300 Mio. Tonnen deutlich erhöht würde.

* * *

In diesem Kapitel stehen die Regelungen zur Wald- und Forstwirtschaft im Vordergrund. Das bedeutet eine Auseinandersetzung mit besonders komplizierten EU-Verordnungen. Die entscheidende Frage wird lauten: Ist es nur eine Herkulesaufgabe oder ist es letztlich unmöglich, auch in den Bereichen Land- und Forstwirtschaft „effizient" nach dem Muster der Industriebetriebe und des Stromsektors zu regulieren? Auf freiwillige Kompensationsprojekte, die es auch in diesem Bereich gibt, wird am Ende des Kapitels kurz eingegangen.

Im Oktober 2014 beschloss die EU, wirklich alle Sektoren in die Zielbestimmungen der THG-Minderungen aufzunehmen, indem zum ersten Mal auch Landnutzung, Landnutzungsveränderungen und Forstwirtschaft einbezogen wurden. Dies tangiert v.a. land- und forstwirtschaftliche Betriebe, aber auch generell Aktivitäten im landwirtschaftlichen Bereich.[80]

---

[80] Zu den diskutierten Alternativen der Ausgestaltung siehe z.B. Böttcher/Graichen 2015; ein weltweiter Zustandsbericht findet sich unter https://www.ipcc.ch/site/assets/uploads/sites/4/2020/08/SRCCL-SPM_de_barrierefrei.pdf.

Zuvor soll ein kurzer Blick in den Waldzustandsbericht 2020 der UN geworfen werden.[81] Er zeigt, dass Wald mit etwas über 4 Mrd. Hektar fast ein Drittel der Landfläche der Erde bedeckt. Mehr als die Hälfe dieser Wälder liegen in nur fünf Ländern: China, Brasilien, Russland, Kanada und den USA. Angesichts der wenig umweltorientierten Politik dieser Länder wundert es kaum, dass der Bericht vor voranschreitendem Kahlschlag und Schädigungen mit starken Nebenwirkungen auf die Artenvielfalt in alarmierendem Ausmaß warnt. Laut *Global Tree Search* gibt es knapp über 60.000 Baumsorten, von denen laut Weltnaturschutzunion mehr als 20.000 auf der roten Liste der gefährdeten Arten stehen, über 1400 drohen auszusterben und mit ihnen weitere Pflanzen, Pilze und Tiere. Seit 1990 sind weltweit 420 Mio. Hektar Wald durch Umwandlung in andere Flächen verloren gegangen, v.a. durch die Landwirtschaft (Rinderfarmen, Soja- und Palmöl). Der brasilianische Regenwald brennt und auch aus Kalifornien ziehen Menschen aus Angst vor den zunehmenden Bränden fort.

Zwischen 2015 und 2020 wurde die Entwaldungsrate auf 10 Mio. Hektar pro Jahr geschätzt, gegenüber 16 Mio. Hektar pro Jahr in den 1990er Jahren. Sollte man dies als Hoffnungsschimmer werten? Wald ist jedenfalls in den letzten Jahren aufgrund niedriger Zinsen und eines schwankenden Finanzsektors zu einem begehrten Anlageobjekt geworden, weil man Holz für vergleichsweise renditestark und weniger krisenanfällig hält. Ob diese Rechnung angesichts sterbender Wälder, Waldbränden und Wirbelstürmen aufgeht, bleibt abzuwarten. Dass Wald als privates Anlageobjekt gut für nachhaltige Bewirtschaftung ist, darf man bezweifeln.

Der von der verantwortlichen Landwirtschaftsministerin Julia Klöckner vorgetragene deutsche Waldzustandsbericht 2020 enthält den negativsten Befund seit Beginn der Aufzeichnungen im Jahr 1984.[82] Die trockenen letzten drei Jahre, Hitze, Sturmschäden und Schädlingsbefall haben die Sterberate der Bäume, v.a. bei Bäumen über 60 Jahre, deutlich erhöht. Auch die primäre Nutzung des Waldes als Holzlieferant mit entsprechender Auswahl der Bäume und wenig Durchmischung spiele eine Rolle, was eine weitere Schwächung der Abwehrkräfte bedeute, führen Vertreter des WWF aus. Vier von fünf Bäumen tragen laut Bericht lichte Kronen als Krankheitsanzeichen. Die Schadholzflächen entsprechen der Fläche des

---

[81] http://www.fao.org/3/ca8642en/CA8642EN.pdf.
[82] https://www.bmel.de/SharedDocs/Downloads/DE/Broschueren/ergebnisse-waldzustandserhebung-2020.pdf?__blob=publicationFile&v=4.

Saarlandes. Diese 277.000 Hektar Schadholz speichern kein CO_2, sondern geben es ab. Die angesprochenen Verschlechterungen treffen prinzipiell auf ganz Europa zu, meinen Forzieri et al. (2021), und schätzen, dass um das Jahr 2000 herum, steigende Temperaturen einen kritischen Punkt überschritten haben, weshalb man Wälder nicht als Klimaschützer überschätzen dürfe.

Projekte für eine größere Achtsamkeit dem Wald gegenüber sind somit dringlich. Unter dem Blickwinkel tatsächlicher THG-Reduktion handelt es sich in diesem Bereich allerdings von vornherein um oft schwierige Berechnungen, da die Emissionsbilanz vom Alter der Bäume, dem lokalen Klima und der zum Teil sehr langen Wachstumsrate der Bäume usw. abhängt, wobei die Bäume dann auch noch früher als ursprünglich geplant geschlagen werden könnten. Wenn ein alter Baumbestand abgeholzt wird, dauert es in der Regel Jahrzehnte, bis neue Bäume als ausgleichender Nettospeicher angemessen in die Bresche springen können. Einige Standards versuchen durch erhöhte Anforderungen, d.h. eher geringerer Anrechnung der Absorptionsfähigkeit von THG durch Bäume, der potenziellen Unbestimmtheit oder Unwirksamkeit (bei möglichen Abholzungen) zu begegnen.

Um es an dieser Stelle kurz zu veranschaulichen: Wenn z.B. ein Buchenwald 120 Jahre lang gewachsen ist und sein Holz dann verbrannt wird, wird das in dieser Zeit gespeicherte CO_2 in einem Rutsch freigesetzt. Wächst dann auf dieser Fläche wieder ein Buchenwald, dauert es 120 Jahre, bis die Klimabilanz ausgeglichen ist. Auch durch den Klimawandel zunehmende Waldbrände und Krankheiten oder Schädlingsbefall sowie illegaler Einschlag oder das Nachlassen der Senkenfunktion von Bäumen im Alter, können beim Wald die Emission von CO_2 unvorhergesehen erhöhen.

Schließlich besteht eine besonders hohe Leakage-Gefahr: An einer Stelle wird nicht abgeholzt, man lässt sich dies bezahlen und versorgt sich an einer anderen Stelle mit Holz, wobei die Rate der Abholzungen in erster Linie von der Nachfrage abhängt. Solange diese nicht abnimmt, haben solche Waldschutz-Projekte wenig Chancen, einen positiven Nettoeffekt zu entfalten.

Angesichts dieser Unwägbarkeiten waren Waldprojekte aus dem Bereich einreichbarer Gutschriften beim Kyoto-Protokoll weitgehend und bis 2020 im EU-ETS völlig ausgeschlossen. Kim et al. (2008) haben gezeigt, dass zunächst berechnete CO_2-Neutralisierungen durch landbasierte Sequestrierung (THG-einfangende Minderungswirkungen), wie es im

Fachjargon heißt, um bis zu 50% reduziert werden müssen, um der Nicht-
permanenz und den Erhaltungskosten der Minderungsaktivität gerecht zu
werden.

Ohne hier in die verwickelte Entstehungsgeschichte gehen zu wollen,
es stand bereits vor der Verabschiedung des Pariser Abkommens fest,
„dass die Beteiligung aller Staaten wahrscheinlich nur mit einem Mini-
malkonsens" erfolgen konnte (Hargita et al. 2016, 4). Das hieß für den
Waldbereich, dass schlussendlich überhaupt keine verpflichtenden Ziele
vorgesehen waren.

Das Ziel der entsprechenden EU-Verordnung (EU) 2018/841 (EU 2018)
war es, dazu beizutragen, die EU-THG um mindestens 40% bis 2030
(Basisjahr 1990) zu senken. Wald absorbiert in der EU jährlich 10% der
anfallenden THG. Anknüpfend an die Verordnung 529/2013/EU, in der
Anrechnungs- und Verbuchungsvorschriften festgelegt wurden, enthält die
später verabschiedete Verordnung (EU) 2018/841 bindende Verpflichtungen für jedes Mitgliedsland. Sie sieht zwei Perioden vor: 2021-2025
und 2026-2030, auf ihre Bedeutung wird weiter unten eingegangen. Die
Verordnung definiert die grundlegenden Kategorien (Flächenarten) und
gibt Regeln vor, wie die Berechnungen von Quellen (Emissionen) und
Senken vorzunehmen sind (Fern 2018). Senken bezeichnen die Absorption
von THG, die auch oft als *removals* bezeichnet werden.

Der erfasste Bereich und die Verordnung wird mit LULUCF (*Land
Use, Land-Use Change and Forestry*) abgekürzt (auszusprechen Lulu
und dann die Buchstaben C und F einzeln). Mit der Verordnung hat man
sich einiges vorgenommen und um klare Definitionen und Abgrenzungen
bemüht. Dies beginnt schon mit der Frage, welche Baumhöhe, Be-
deckungsdichte und welches Areal vorliegen müssen, um definitorisch
von einem Wald sprechen zu können.

Es kann an dieser Stelle nicht auf die Feinheiten der einzelnen Kategorien (Landschaftsnutzungsarten) und ihre Einteilungen, Berechnungs-
arten usw. eingegangen werden.[83] Allein beim Ackerbau gibt es fünf Unterkategorien, zu deren Berechnung es meist komplizierte Formeln gibt,
Unteruntergliederungen usw. Der Nationale Inventarbericht Deutschlands hat im Jahr 2020 erstmalig die 1000-Seitengrenze überschritten und
enthält ausführliche Darlegungen zu den jährlich stattfindenden Berechnungen der LULUCF-Bereiche (UBA 2020c, 531-698).

---

[83] Siehe grundlegend IPCC (2006) und (2013b).

Unterschieden werden grundsätzlich: (1) aufgeforstete Flächen (die durch Landnutzungsänderungen zu Waldflächen werden), (2) entwaldete Flächen (ehemalige, jetzt anders genutzte Waldflächen), (3) bewirtschaftete Ackerflächen (*cropland*; Flächen, die Ackerflächen sind oder waren, aber nicht umgewandelt wurden), (4) bewirtschaftetes Grünland (*grassland*), (5) bewirtschaftete Feuchtgebiete (*wetlands*) und (6) ganz wesentlich (*key indicator*) bewirtschaftete Waldflächen (*forest land*), d.h. Waldfläche, die Waldfläche bleibt (zu den genauen Definitionen siehe UBA 2020c, 575). Es gibt noch die Kategorie „Siedlungen" (*settlements*). Mit ihr werden Umwandlungen z.B. von Ackerland in Baugebiete oder Sportplätze erfasst. Die weniger relevante Restkategorie *other land*, kann hier vernachlässigt werden.

Feuchtgebiete (und Torfland) werden erst ab 2025 obligatorisch einbezogen, vorher gilt nur eine Meldepflicht. Dies gilt, sofern die Kommission nicht die eingeräumte Möglichkeit wahrnimmt und die obligatorische Einführung um weitere fünf Jahre verschiebt. Die Freiwilligkeit vor dem Jahr 2025 wird mit Erhebungsproblemen begründet, aber von NGOs stark kritisiert, da Feuchtgebiete (selbst in renaturierter Form) zu den wichtigsten Kohlenstoffspeichern zählen und reich an Biodiversität sind. Leider sind sie seit vielen Jahrzehnten häufig als Torfabbaugebiete genutzt worden und vielerorts verschwunden.

Ehemalige Moorböden wieder zu vernässen, ist im Grunde die wirksamste klimapolitische Option im LULUCF-Bereich und das mit einem sofortigen Effekt – wobei natürlich zu klären ist, wie man dauerhaft die Wasserstände erhöhen kann. Man könnte dort dann auch Schilfgras anbauen oder Wasserbüffel als Fleischlieferanten ansiedeln. Sind Moore trockengelegt, so entweichen täglich hohe Mengen an Kohlenstoff. Wenn Moore erst einmal richtig ausgetrocknet sind, ist nicht mehr viel rückgängig zu machen. Dies ist ein weiterer Grund, sich nicht allzu viel Zeit zu lassen.[84]

In vielen entwickelten Ländern sind Waldflächen, die Waldfläche bleiben, eine Nettosenke. Sie binden THG und bauen sie ab. Das ist noch, aber abnehmend in Deutschland so und (noch) sehr deutlich in Finnland, Lettland, Norwegen, Slowenien und Russland. Ackerflächen sind in vielen Ländern eine Emissionsquelle, d.h. sie geben mehr THG frei, als sie binden. Sie sind keine Senke (mehr). Geringfügig ist das so in Deutschland,

---

[84] Siehe zu regionalen freiwilligen Moor-Projektangeboten www.moorfutures.de. .

deutlicher in Finnland, Island, Litauen und der Ukraine, bezogen auf den Prozentsatz der länderspezifischen Gesamtemissionen.

Es geht bei allen Flächenarten (Kategorien) um bewirtschaftete (*managed*) Flächen, da man in den Berechnungen den menschlichen (anthropogenen) Einfluss messen möchte und nicht bewirtschaftete (*unmanaged*) Flächen nicht berichtet und berücksichtigt werden (sollen). In den meisten EU-Ländern, auch in Deutschland, sind alle Flächen bewirtschaftet und gehen daher vollständig in die Berechnungen ein. Zum Vergleich: In den USA werden 8% und in Kanada 34% der Flächen als nicht bewirtschaftet gemeldet. Der nur schwer genau festzuhaltende Unterschied zwischen direktem (Bäume ernten, Feuer legen) und indirektem (früher gepflanzte Bäume, die nun THG binden) menschlichen Einfluss kann hier vernachlässigt werden. Allerdings versucht die Verordnung, möglichst den direkten menschlichen Einfluss zu ermitteln.

Innerhalb der Kategorien sollen lebende Biomasse (ober- und unterirdisch), totes organisches Material (Totholz und Streu), organischer Kohlenstoff im Boden und Holzprodukte (in den Flächenverbundkategorien aufgeforstete Flächen und bewirtschaftete Waldflächen) erfasst werden. Der Einsatz von Maschinen in diesen Sektoren und z.B. der Transport von Wald- und Landwirtschaftsprodukten werden im Energiesektor verbucht.

Es gibt schließlich noch die Kategorie der verarbeiteten Holzprodukte (*harvested wood products*, HWP). Sie wurde 2006 vom IPCC eingeführt und definiert und spielte bereits bei den Berechnungen des Kyoto-Protokolls eine Rolle. Entsprechende Projekte konnten in einem gewissen Umfang auch als CDM und JI angerechnet werden, allerdings kam ihnen nur eine sehr geringe Bedeutung zu.

Gefällte Bäume gehen zunächst als Quellen in die Statistik ein, also als potenzielle Kohlenstoffemittenten. Aus ihnen hergestellte Holzprodukte speichern aber auch Kohlenstoff und zwar für ganz unterschiedliche Zeiträume. Unterschieden wird Papier mit einer Halbwertszeit (HWZ) von zwei Jahren, Holzwerkstoffe (*wood panels*) mit einer HWZ von 25 Jahre (Zerfallsrate 0,028) und Schnittholz (*sawn wood*) mit einer HWZ von 35 Jahren (Zerfallsrate 0,020). Es liegt also jeweils eine kürzere oder längere Speicherung vor und die Produkte tragen unterschiedlich zur Emissionsbilanz bei, auch wenn sie alle schlussendlich den Kohlenstoff wieder freigeben. In unserer heutigen Wegwerf-Unkultur dürften Halbwertszeiten von 25-35 Jahre häufig unterschritten werden.

Um es etwas anschaulicher zu machen: Papier hat eine Halbwertszeit von zwei Jahren. Daraus kann man die Zerfallsrate (k = ln(2)/Halbwertszeit) pro Jahr errechnen. Eine Zerfallsrate von 0,347 bedeutet, dass nach einem Jahr ungefähr ein Drittel des in Papier gebundenen Kohlenstoffs per Emission freigesetzt wurde. Von diesem um ein Drittel geminderten Speicherpotenzial des Papiers wird im Folgejahr wiederum rund ein Drittel freigesetzt usw.

Brennholz wird nicht einberechnet, da man davon ausgeht, dass es zeitnah verfeuert wird. Gleiches gilt für Holz auf Mülldeponien (*wood in landfills*), das eine hohe Emissionsrate aufweist.

Bedeutung kommt natürlich der Frage zu, ob man Im- und Exporte einrechnet oder nicht. Beim *Stock-Change*-Ansatz wird auf den „Konsum" der Holzprodukte abgestellt (einschließlich Importe), beim *Production*-Ansatz erfasst man die im Land hergestellten Produkte, einschließlich der Exporte. Bei LULUCF hat man sich für den Produktionsansatz entschieden. Eine Alternative wäre gewesen, das ganze Verfahren zu vereinfachen, indem man die verarbeiteten Holzprodukte (HWP) gar nicht berechnet und davon ausgeht, dass sich die Produkte eines Tages sowieso zersetzen. Aber die bestehende Regelung sorgt dafür, dass die waldreichen Länder wie Finnland und Schweden für LULUCF gewonnen werden konnten, die sich strukturell im Nachteil sehen. Wenn dort ein Gebiet für Wohnflächen oder anderes genutzt werden soll, muss, so ihr Argument, angesichts des Waldreichtums häufig auf Waldflächen zurückgegriffen werden. Jeder gefällte Baum bedeutet dann einen Emissionseintrag.

Da Holzexporte ein wesentlicher Wirtschaftsfaktor für diese Länder sind, bedeutet die Anrechnung von HWP, die beim Produktions-Ansatz die Exporte einschließt, dass die den Ländern angerechneten Emissionen, die als Debits bezeichnet werden, niedriger ausfallen. Allerdings bewegt man sich bei der Ermittlung dessen, wofür das Holz genau verwendet wird, in besonders unsicheren Gefilden. Zwar stellt in Deutschland das Umweltbundesamt entsprechende Statistiken zusammen und es gibt auch Holzmarktstatistiken, aber nicht zuletzt wegen der schwer nachzuverfolgenden Recyclingketten ergeben sich hier erhebliche Dokumentationslücken und das bei weitem nicht nur in Deutschland.

Die Einteilung in die oben aufgezählten Kategorien (Wald, Ackerland usw.) ist nicht selbstverständlich, aber nachvollziehbar und nach Expertenansicht begründbar. Ob die auf diesen Flächen sich abspielenden Prozesse miteinander zu verrechnen sind (alle Emissionen minus alle Absorptionen), ist eine ganz andere Frage! Jedenfalls haben die Kategorien und das Bemühen, diesen Bereich in den Klimaschutz einzubeziehen, eine lange, von der Öffentlichkeit kaum bemerkte Vorgeschichte, die bis in die

1990er Jahre zurückreicht und hier nicht im Detail ausgebreitet werden soll.

Eine wesentliche Rolle spielte der UNFCCC, in dessen Auftrag auch viele Sachvorschläge vom IPCC unterbreitet wurden und in dessen Rahmen Länder bereits seit langem verpflichtet waren, Inventare an- und vorzulegen. So gibt es in Deutschland ungefähr alle vier Kilometer einen Probepunkt mit einer Stahlnadel im Boden, um den herum der Bestand und die Biomasse ermittelt werden. Neben Mitarbeitern z.b. des Thünen-Instituts werden auch Personen eingestellt, um diese regelmäßigen Erhebungen durchzuführen.[85]

Ferner ergaben sich aus dem Kyoto-Protokoll für die verpflichteten Annex-I-Länder gewisse (Dokumentations-)Pflichten und hiermit zusammenhängend die REDD+-Initiative, mit der in sich entwickelnden Ländern u.a. der Abholzung (*logging*) Einhalt geboten werden sollte.[86] Insgesamt wurden hierfür sehr viele *Guidelines*, Dokumente, *Technical Corrections*, Analysen, wechselnde Anforderungen und Ansätze auf der Grundlage von Artikel 3,3 und 3,4 des Kyoto-Protokolls und seiner zwei Phasen aufgetürmt und häufige Veränderungen vorgenommen.

Sie zu verfolgen würde sehr strapaziös.[87] Generell kann man sagen, dass es viele Kannbestimmungen, aber auch definitive Dokumentationspflichten mit gewissen Anrechnungsmöglichkeiten gab.

Es ist hervorzuheben, dass sich dieser Bereich in wesentlichen Punkten von den anderen, v.a. durch das EU-ETS und *Effort Sharing* erfassten Sektoren unterscheidet.[88] Zunächst ist es offenkundig der einzige Bereich, in dem nicht nur Emissionen anfallen, sondern auch THG-Senken vorliegen, weil THG durch den Aufbau von Biomasse, Photosynthese usw. im Boden, in Pflanzen und in Bäumen absorbiert und „unschädlich" gemacht werden.

Quellen und Senken zu be- und verrechnen ist um ein Vielfaches komplizierter und komplexer, als die Emissionen z.B. eines Kohlekraftwerks zu messen. Man muss bei Land-, Landnutzung und Forstwirtschaft auch oft auf Schätzungen und selektive Vorortüberprüfungen zurückgreifen,

---

[85] Siehe den Überblick in UBA (2020c, 209), welche Institutionen bei der Datenerhebung beteiligt sind.

[86] Zur kritischen Einschätzung siehe auch die Beiträge von Jutta Kill unter https://www.boell.de/de/dossier-neue-oekonomie-der-natur und das von ihr verfasste Kapitel 10.

[87] Siehe den detaillierten Überblick bei Iversen et al. 82014a, Kapitel 2 und 3) und Iversen et al. (2014b), die einen gediegenen, wenn auch unkritischen Überblick bieten und bei denen auch die viele hundert Seiten umfassenden Guidelines aufgeführt sind.

[88] Siehe Nesbit et al. (2015) und Iversen et al. (2014a, 5-9).

die ein hohes Maß an Unsicherheit und Ungewissheit mit sich bringen. Es kommt auf viele Details an, z.b. auf die Art, die Dichte und die Höhe der Bäume oder auf die Temperatur. Sie kann entscheidend dafür sein, ob ein Wald netto eher eine Quelle oder eine Senke ist, was sich im Extremfall von Jahr zu Jahr ändern kann. Der Klimawandel kann sogar in Zukunft dazu führen kann, dass Senken (wie der Regenwald) dauerhaft zu Quellen werden.

Es wird vermutet, dass der Unsicherheitsbereich bei der Bilanzierung der Quellen und Senken bei LULUCF insgesamt sehr hohe 38% betragen kann, im Energiesektor liegt er bei nur 8%. Bei Ackerland liegt der Unsicherheitsgrad sogar bei 48% und bei Grasland bei erstaunlichen 374% (hier liegt kein Schreibfehler vor; siehe für Details Böttcher/Reise 2020).

Ein weiterer Unterschied im Vergleich zu den Nicht-LULUCF-Bereichen liegt oft in der Größe der Einheiten. Beim EU-ETS beispielsweise hat man es meist mit größeren Einheiten (*point-sources*) zu tun, die leichter zu messen und zu kontrollieren sind, wohingegen im landwirtschaftlichen Bereich oft kleinräumige Besitzverhältnisse vorliegen und die entsprechenden geringen Landflächen schwerer zu erfassen sind.

Des Weiteren versucht man, anthropogene von nicht-anthropogenen Emissionen und Senken zu unterscheiden. Bei den anderen Bereichen ist die Sache eindeutig: Die einbezogenen Emissionen sind alle vom Menschen verursacht. Wenn es aber z.B. unverschuldet zu Zerstörungen durch Stürme usw. kommt, stellt sich die Frage, ob dies in der Berechnung berücksichtigt und dem Mitgliedsland eine in der Folge niedrigere Senkenwirkung negativ angerechnet werden sollte oder nicht. Aber wie weit geht „anthropogene Verursachung"? Wenn ein Land an Förstern und Löschfahrzeugen spart, keine nachhaltige und vorsorgliche Waldbewirtschaftung betreibt, Monokulturen leicht entflammbarer Eukalyptusbäume anpflanzt und dann ein Feuer ausbricht, soll dieses dann anthropogenen oder nicht-anthropogenen Einflüssen zugerechnet werden?

Dann ist da noch der Klimawandel generell. Er führt z.B. zu höheren Temperaturen und Dürren (Büntgen et al. 2021) und macht den Ausbruch von Feuern wahrscheinlicher, wäre aber in der Berechnung von natürlichen Klimazyklen zu unterscheiden. Ist es heutzutage überhaupt noch möglich und sinnvoll, eine solche Unterscheidung zu treffen? Grundsätzlich haben solche „natürlichen" Effekte ein erhebliches Ausmaß angenommen. In Australien kommt übrigens Waldbränden seit jeher ein erhebliches Gewicht zu. 2003 brannten dort über 4,5 Mio. Hektar ab. Brände können daher nicht automatisch dem Klimawandel angekreidet werden.

Auch hat die Altersstruktur der Bäume und die davon abhängige „Ernte" (Abholzung) sowie die Neupflanzung eine erhebliche Auswirkung auf die Nettobilanz zwischen Quellen und Senken. Die Bepflanzung geht oft auf Entscheidungen vor Jahrzehnten oder sogar Jahrhunderten zurück, lange bevor man an so etwas wie das Kyoto-Protokoll dachte. Für diese Handlungen oder Unterlassungen tragen die heutigen Akteure der Mitgliedsländer keine Verantwortung (*legacy effects*). Auch in Deutschland findet man z.B. einige jahrtausendalte Bäume. Baumbestände haben bestimmte Altersstrukturen und ihr Absorptionspotenzial entwickelt sich dynamisch.

Dynamisch bedeutet, dass Baumbestände in der Zeit bestimmte Entwicklungsstadien durchlaufen, mit Auswirkungen auf sich dadurch verändernde Quellen- und Senkeneffekte. Oft, aber nicht immer, kommen ältere Baumbestände in ein Entwicklungsstadium, in dem ihre Senkenwirkung auf null geht oder sogar negativ werden kann (*saturation point*), so dass sie dann mehr Kohlenstoff abgeben, als sie aufnehmen. Insofern können ältere Baumbestände sich als „bilanzielles Risiko" erweisen. Die Absorptionswirkungen von Wäldern verändern sich und sind teilweise reversibler Natur.

Wie bereits erwähnt, gibt es waldreichere und waldärmere Länder. Es wäre unfair, einigen Ländern eine durch Waldreichtum verursachte hohe Senkenwirkung (ohne größeres eigenes Zutun) bilanziell zuzuschreiben und ihnen womöglich damit die Gelegenheit zu geben, die dadurch angerechneten Zertifikate in andere Bereiche wie den EU-ETS einbringen zu können. Man hat sich daher ein sehr kompliziertes Verfahren ausgedacht, um solche Effekte herauszurechnen. Dieses noch vorzustellende sogenannte *Forest Reference Level* (FRL) ist an Komplexität kaum zu überbieten.[89] Es beruht zwangsläufig auf bestimmten („Wert"-)Urteilen, die starke Implikationen für die ermittelten Messwerte haben. Allein die unvermeidbare Bestimmung der *Baseline*, d.h. die Frage, welcher Zustand der Wälder in welchen Jahren als „Urzustand" angesehen werden soll, mit dem man die weitere Entwicklung vergleicht, ist eine wesentliche Vorentscheidung. Wie man hört, gibt es mittlerweile selbst unter den Fachleuten, die das FRL einführten, Zweifel, ob man hier nicht ein viel zu kompliziertes Artefakt schuf.

Eine weitere Besonderheit des Sektors besteht in den erheblichen Zeiträumen, die eigentlich in Betracht gezogen werden müssten. Aufforstungen zeigen ihre THG-Minderungswirkungen meist erst nach Jahrzehnten.

---

[89] Siehe den Überblick bei Grassi und Pilli (2017).

Aber der Planungshorizont der EU geht vorerst nur bis 2030, ein im Grunde viel zu kurzer Zeitraum. Auch ist außer dem bescheidenen und noch näher zu erklärenden No-debit-Ziel kein langfristiger und europaweiter Entwicklungsplan des Sektors vorhanden und die Ausgestaltung der Maßnahmen wird zudem jedem Land in großzügigen Grenzen selbst überlassen. Es fehlt auch an einer schlagkräftigen europaweiten Waldpolizei, die z.b. die schnell voranschreitende „nachhaltige", zu einem guten Teil illegale Zerstörung der rumänischen Wälder verhindern könnte.

Anders als beim Wald zeigen positive Veränderungen im Bereich des Ackerlandes viel schnellere Wirkung und gehen sofort in die Bilanz ein, obwohl Aufforstungen vom Langzeiteffekt her gesehen eigentlich wünschenswerter sind. Es bedarf auch hier trickreicher Reglements, um diesem Aspekt etwas entgegenzusetzen.

Wenn ein Industrieunternehmen CO_2 emittiert, so sind die Emissionen mit einem klar bestimmbaren Anteil für einige Zeit ohne Wenn und Aber in der Atmosphäre. Wenn man jetzt Wälder als Senken gegenrechnet, so können diese in Brand geraten oder sie werden bewusst angezündet wie in Brasilien. Sie fallen dann nicht nur als Kompensation aus, sondern sind zusätzliche Emissionsquellen und auf keinen Fall THG-Absorptionsfaktor für die Zukunft.

Auch sollte es nicht nur um den bloßen THG-Effekt gehen, sondern auch Fragen des Erhalts und der Förderung von Biodiversität,[90] sensitiver Habitate, der Nichtfragmentierung von Flächen usw. sollten mitbedacht werden. Zwar wird Biodiversität und die Vermeidung der Abholzung des Regenwaldes in der Verordnung direkt erwähnt, aber nur insofern, als bei der Berechnung des FRL auf nachhaltige Bewirtschaftung Rücksicht genommen werden soll. Ohne dies letztendlich beurteilen zu können, kommt dem Verfasser dieser Zeilen die Verbindung und Austarierung zwischen den damals üblichen und nachhaltigen Bewirtschaftungspraktiken, die in die Bestimmung des FRL eingehen sollen, ausgesprochen schwammig vor (siehe weiter unten). Biodiversität taucht verbindlicher in der 2018 verabschiedeten Energie-Direktive (RED 2) auf, die z.B. untersagt, Flächen mit hoher Biodiversität zum Zweck der Gewinnung von Bioenergie umzuwandeln. Insbesondere in Irland formiert sich seit einigen Jahren lokaler Widerstand gegen kilometerlange monokulturelle Aufforstungsprojekte, deren Anlagen in punkto Biodiversität wenig hergeben, aber die irische Ökobilanz aufhübschen.

---

[90] Ein Beispiel führen Graham et al. (2015) aus.

Schließlich sind auch noch soziale Aspekte wesentlich, da indigene Gruppen, die oft seit Jahrhunderten in den Wäldern leben und diese auf ihre Art bewirtschaften, über keine klar definierten oder durchsetzbaren Besitztitel verfügen. Durch LULUCF treten die von ihnen bewohnten Landflächen jetzt möglicherweise ins Rampenlicht und Indigenen werden, ähnlich wie bei freiwilligen REDD-Kompensationsprojekten, Vorschriften oder Verbote vorgesetzt, die es vorher nicht gab.[91]

Wenn man sich dieser Besonderheiten bewusst ist, stellt sich unweigerlich die Frage, ob man wirklich bei Land- und Forstwirtschaft ein ähnliches Verfahren (Ermittlung eindeutiger und verrechenbarer Quellen und Senken) wie bei den nicht-natürlichen Bereichen (Energie, industrielle Produktion, Verkehr, Abfall usw.) durchführen und diese Kompensationsprojekte dann auch noch gegenseitig verrechenbar machen kann (Waldsenken als Ausgleich für anderweitig auftretende THG-Emissionen). Offen gesagt ist der Verfasser dieser Zeilen trotz des Vorliegens eines ausgefeilten Regelwerkes diesbezüglich ausgesprochen skeptisch.

Zur Illustration der komplexen, organischen Wechselwirkungen diene das folgende Schaubild.

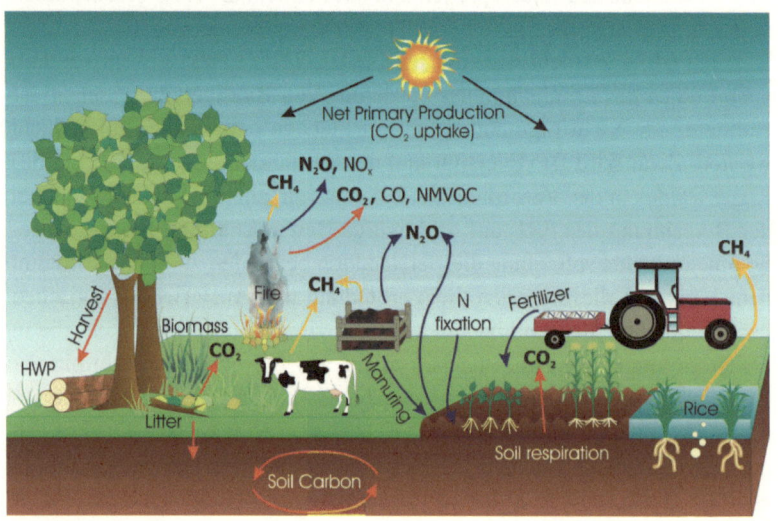

IPCC 2006, 6.

---

[91] Siehe Näheres weiter unten und im folgenden Kapitel von Jutta Kill.

Es umreißt überblicksartig wesentliche Quellen und Senken und ihr komplexes Zusammenspiel und lässt die zu einem guten Teil auch ohne den menschlichen Einfluss stattfindenden Interaktionen des Atmosphäre-Ozeane-Land-Verbundes mit entsprechenden Quellen und Senken erkennen. Von den mit 90% zu Buche schlagenden fossilen Emissionen (Verkehr, Industrie usw.) und den 10%, die auf die Veränderungen des Landgebrauchs zurückgehen, werden gegenwärtig (noch) 27% durch die terrestrische Biosphäre (Wald usw.) und 26% durch die Ozeane absorbiert, 47% verbleiben in der Atmosphäre. Wenn man zum LULUCF-Bereich noch landwirtschaftliche Aktivitäten hinzurecht, wie das Verbrennen von Ernterückständen, Düngerverabreichungen, Reiskultivierung und Viehzucht (z.B. Methan), kommt man auf 24% der globalen Emissionen neben Industrie, Energiesektor, Transport und Gebäude (denen natürlich die Senkeneffekte gegenüberstehen).

Die entscheidende Frage lautet, welche Anforderungen die LULUCF-Verordnung an die EU und die Mitgliedsländer richtet. Diese Frage ist auf den ersten Blick sehr einfach zu beantworten: Die CO_2-Emissionen sowie das weniger erhebliche Methan (CH_4) und Lachgas (N_2O) des Gesamtbereichs müssen (mindestens) durch entsprechende, gleich hohe Kompensationen (Senken, *removals*) des Gesamtbereichs ausgeglichen werden – so lautet die „ *no-debit* "-Regel. Der Gesamtsektor muss klimaneutral sein. Hierbei können Verrechnungen zwischen den LULUCF-Einzelbereichen (Kategorien) vorgenommen werden. Wenn Bäume gefällt werden oder Wald zu Ackerfläche (also emissionsmäßig gesehen degradiert) wird, so muss ein Ausgleich durch die Anpflanzung neuer Bäume, eine Verbesserung des „nachhaltigen Managements" des (verbleibenden) Waldes oder des Acker- oder Graslandes erfolgen (zu Ausnahmen siehe weiter unten). Die Ermittlung solcher Verbesserungen dürfte keine leichte Aufgabe sein.

Das Schaubild des Öko-Instituts auf der nächsten Seite informiert über die Quellen (über Null) und Senken (im Minusbereich) der Kategorien in der EU. Betrachtet man zunächst nur die Werte für „Total LULUCF", so wird ganz besonders die ausgesprochen bescheidene Zielsetzung „Emissionen = Senkenleistung" des Gesamtbereichs deutlich, da der Gesamtbereich 2017 noch eine viele Millionen Tonnen umfassende Nettosenke von 309 Mio. Tonnen bot und der in vielen Ländern wichtigste Bereich, der (bewirtschaftete) Wald, ein deutliches Senkenübergewicht aufwies. Kein Ruhmesblatt ist darin zu sehen, dass in den letzten Jahren die Gesamtsenkenwirkung des Sektors abnahm. Noch bescheidener ist die Projektion und Erwartung der Kommission, dass der Nettosenkenwert bis

2050 um 25% im Vergleich zu 2015 von 327 Mio. Tonnen auf 243 Mio. Tonnen zurückgehen dürfte.

EU-berichtete Emissionen 1990-2017

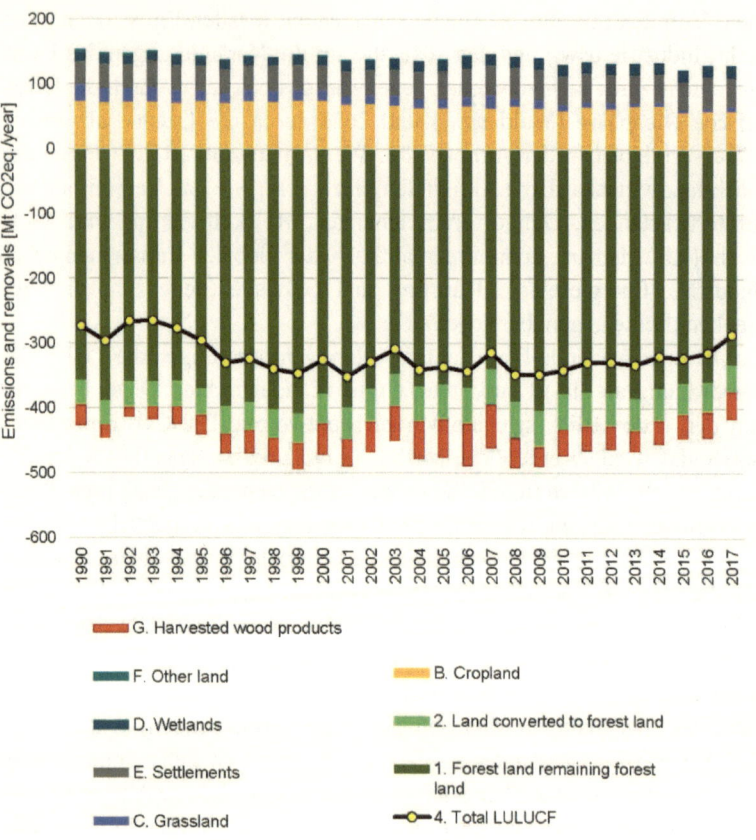

Böttcher et al. 2020, 18.

Neben der Alterung und damit geringeren Speicherfähigkeit der Bäume ist dies vor allem auf geplante höhere Einschlagraten zurückzuführen, die zum Teil dem zunehmenden Rückgriff auf Bioenergie anzurechnen sind. Der Senkenwert durch Aufforstung betrug 2015 nur 53 Mio. Tonnen, soll aber 2050 auf 129 Mio. Tonnen vor allem in Frankreich, Spanien, Italien und Polen steigen, wenn hier nicht die sicher zunehmenden Dürren der optimistischen Planung einen Strich durch die Rechnung machen. Und Wald, der Wald bleibt (*forest land remaining forest land*), wird sich vermutlich als Senke von 323 Mio. Tonnen (2015) kontinuierlich auf 161 Mio. Tonnen (2050) verringern (Böttcher et al. 2019, 24).

Dies entspricht einer glatten Halbierung und kann unter klimapolitischem Gesichtspunkt nur als katastrophales Armutszeugnis bezeichnet werden. Eine solche Entwicklung steht im Widerspruch zur Aufforderung der Verordnung, zur Aufrechterhaltung und Vergrößerung von Senken beizutragen: „Maßnahmen zur Eindämmung von Entwaldung und Waldschädigung und zur Förderung einer nachhaltigen Waldbewirtschaftung sind wichtig". Im Folgesatz wird ein massiver Abbau der Abholzung der Tropenwälder bedauert und gefordert, „dem weltweiten Verlust von Waldflächen spätestens bis 2030 Einhalt zu gebieten" (EU 2018/841, 2-3). An späterer Stelle der Verordnung wird bemerkt, es „sollten [sic: Konjunktiv] die Mitgliedsstaaten für die Erhaltung und gegebenenfalls [sic] Verbesserung von Senken und Speichern, inklusive aus Wäldern, sorgen" (ebenda, 5).

Die No-debit-Regel ist eine recht dürftige Zielsetzung, da die Emissionen des Sektors nur seine Senkenwirkung nicht überschreiten dürfen. Ihre Befürworter geben zu bedenken, dass der (in der Tat sehr relevante) Unterschied zwischen *reporting* und *accounting* zu berücksichtigen sei. Beim „Reporting" dokumentiert man die tatsächlichen Emissionen und Senkenabtragungen z.B. innerhalb eines Jahres. Zu ihrer Berechnung wurden ausgefeilte Vorschriften unter Federführung des UNFCCC entwickelt, die hier nicht interessieren sollen. Beim für die LULUCF-Berechnungen angewandten „Accounting" geht es um die Definition und das Verfolgen der Minderungsziele nur in Bezug auf Veränderungen, die auf anthropogene Einflüsse zurückzuführen sind, d.h. inwiefern menschliche Eingriffe die Gesamtbilanz verbessern oder verschlechtern. Natürliche Wachstumszyklen der Wälder, natürliche Regeneration und die Anpflanzungen vor langer Zeit sowie z.B. das schnellere Wachstum der Bäume durch höhere CO_2-Konzentration sollen dabei nicht berücksichtigt werden. Trotz sehr unterschiedlicher Ausgangssituationen sollen so auch die Aktivitäten in den einzelnen Ländern im LULUCF-Bereich vergleichbar gemacht werden.

Daher wählt man ein Basisjahr, einen Basiszeitraum oder eine andere *reference baseline*, die entweder auf historischen Daten und/oder auf Projektionen beruht, um die unterschiedlichen Ausgangssituationen in den Ländern so weit wie möglich berücksichtigen zu können. Rück- oder Fortschritte werden dann anhand dieser länderspezifischen *Baselines* gemessen. Man will so die durch das „Management" (die Bewirtschaftung) verursachten Entwicklungen herausfiltern.

Durch die Verpflichtung, bei der FRL die „früher üblichen" Managementmaßnahmen bei der Fortschreibung anzusetzen, soll ausgeschlossen werden, dass eventuell vorgesehene zukünftige Managementmaßnahmen, z.B. eine höhere Abholzungsintensität, aus der Berechnung ausgeschlossen werden. Bei LULUCF wird diese Berechnung vermittels des *land based accounting* vollzogen. Im Unterschied zum *activity-based accounting*, bei dem man die auf dem Land stattfindenden menschlichen Aktivitäten zu erfassen sucht, wird beim *land based accounting* der Kohlenstoffbestand auf den verschieden definierten Landflächen ermittelt.

Kurz sei auf den wahrscheinlich erstaunlichen Tatbestand hingewiesen, dass v.a. Acker- und Grasland im weiter oben wiedergegebenen Schaubild im Positivbereich liegen, d.h. als Quellen mit Nettoemissionen in die Bilanz eingehen, anstatt eine Senkenwirkung aufzuweisen. Normalerweise werden z.B. Äcker meist mit Null, also neutral verbucht (Quellen = Senken), auch wenn durch regelmäßiges Umpflügen organische Teile mit Emissionswirkung freigesetzt werden. Auf Grünland kann Klee wachsen, der Emissionen bindet. Wenn sich aber früher auf der Fläche ein Moor befand, so tritt im Vergleich zum früheren Zustand eine geringere (oder gar keine) Senkenwirkung mehr ein. Insbesondere durch die noch zu beschreibenden drei verschiedenen Berechnungsmethoden kann es durch solche Vorher-Nachher-Vergleiche bei Flächenumwandlungen dazu kommen, dass z.B. Grünlandflächen eher neutral sind oder sich sogar im Positivbereich als Quellen mit Nettoemissionen niederschlagen. Solche Flächenumwandlungen werden nicht nur im Jahr der Umwandlung verbucht, sondern können dazu führen, dass eine Umwandlung für viele Jahre nicht in die neue Kategorie fällt (siehe die Umwandlungstabelle bei Böttcher et al. 2019, 13). Wenn Waldfläche in Grünland verwandelt wird, ist diese Fläche sogar dauerhaft unter entwaldete Fläche und nicht unter Grünland zu verbuchen. Die komplizierten Umrechnungen sind eine anstrengende Kunst für sich, die hier nicht präsentiert werden soll.

Das folgende Schaubild enthält die Bilanz für Deutschland und zeigt auch die deutlich verminderte Senkenwirkung des Gesamtsektors. Der Datensprung von 2001 nach 2002 erklärt sich aus einer Neuinventarisierung in 2002 und nicht aus Messänderungen oder einem Extremereignis oder Ähnlichem. Diese Verminderung verdeutlicht, dass die Kohlenstoffspeicherung durch Wälder drastisch reduziert wird, weil sehr viel mehr Holz aus dem Wald entnommen wird. Der Klimawandel und die Flächenversiegelungen werden das Ihre beitragen.

Deutschland, berichtete Emissionen 1990-2017

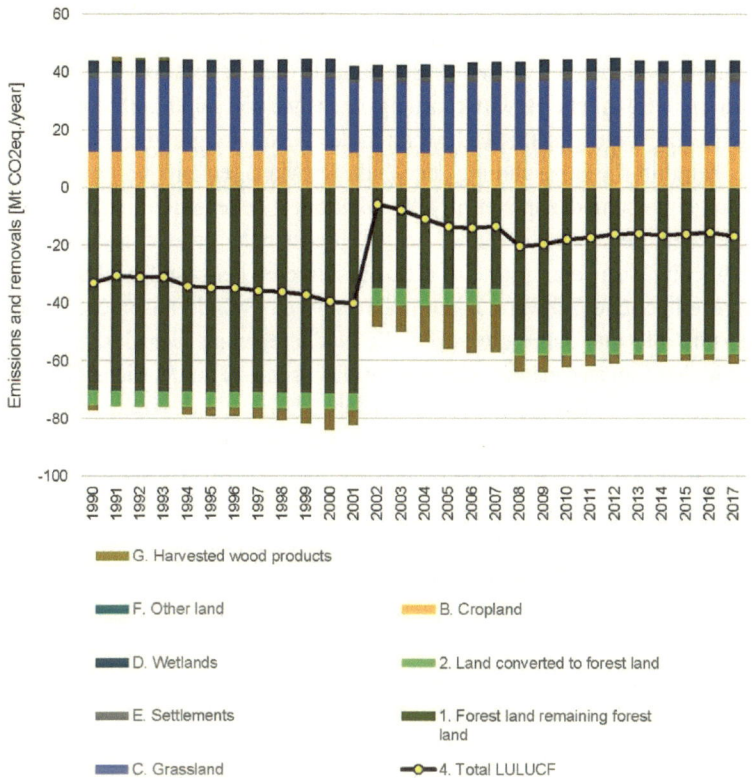

Böttcher et al. 2020, 24.

Diese Entnahmen erfolgen, obwohl unbestritten ist, dass aus längerer historischer Perspektive die Kohlenstoffspeicherung des Waldes immer noch sehr weit vom natürlichen, erreichbaren Maximum entfernt ist. Buchen könnte man problemlos 30-50 Jahre länger wachsen lassen und mit dieser Verlängerung der heute üblichen Rotationsperioden viel mehr Kohlenstoff binden.

Es gibt für die verschiedenen Kategorien drei Berechnungsmethoden (*accounting*). Um gleich mit der kompliziertesten zu beginnen: Bei Waldfläche (die Waldfläche bleibt), wird das **FRL** (*Forest Reference Level*), das Waldreferenzniveau, in Anschlag gebracht, das für jede der beiden Perioden von 2021-2015 und 2026-2030 einmal grundsätzlich festgelegt wird (aber dennoch gewissen weiteren Anpassungen unterliegt, siehe weiter unten). Das Ziel ist, die historisch bedingte Waldentwicklung herauszurechnen und u.a. dem Umstand Rechnung zu tragen, dass Bäume und Wälder über die Berichtszeiträume von 5 oder 10 Jahren hinausgehende Rotationsperioden aufweisen (Wachstum, Ernte, Neupflanzung). Hierfür wird die tatsächliche Bewirtschaftungsintensität von 2000-2009 im jeweiligen Land vorausgesetzt (auch wenn in der Verordnung in diesem Zusammenhang oft die Bezeichnung „nachhaltiges Management" vorkommt).

Im Unterschied zur Netto-Netto-Methode (siehe unten), bei der die Referenzjahre 2005-2009 sind, um möglichst nahe an der tatsächlichen Entwicklung zu sein, gilt beim FRL ein längerer Zeitraum, weil einzelne Jahre erhebliche Schwankungen aufweisen, da Brände ausbrechen können und alle vier Jahre eine offizielle Neuberechnung der Gesamtbilanzen in den Ländern erfolgt, was auch in Deutschland zu deutlichen Sprüngen führte (z.B. durch die Inventur im Jahr 2002).

Beim FRL wird eine *Business-as-usual*-Annahme getroffen, es wird der Zustand und die Entwicklung des Waldes in Abhängigkeit von Altersklasseneffekten und unter Annahme der in den Basisjahren vorherrschenden Managementmethoden fortgeschrieben. Diese herkulische Berechnung übernahmen die Mitgliedsländer selber, ihre Angaben wurden 2019 von einer Expertengruppe geprüft und 2020 festgeschrieben. Eingeflossen sind bei der Bestimmung die Altersklassenstrukturen, bereits durchgeführte Waldbewirtschaftungsaktivitäten und geplante Waldbewirtschaftungsaktivitäten „im Rahmen des normalen Geschäftsbetriebes" und das unter Bewirtschaftung stehende Areal, historische Daten des THG-Inventars usw. Das Tempo und die Rate der Holzernte sind hierbei die entscheidenden Faktoren. Aber auch die HWP (verarbeitete Holzprodukte) gehen mit in die Berechnung ein.

Bei den HWP wird das im Basiszeitraum charakteristische Verhältnis zwischen energetischer und stofflicher Nutzung beibehalten, das man dann mit den jeweils ermittelten tatsächlichen Relationen (und der oben erläuterten Aufteilung zwischen den drei HWP-Kategorien Papier, Holzwerkstoffe und Schnittholz) in den Berichtsjahren ab 2021 vergleicht, woraus sich ein aus der Differenz gebildeter Debit oder Credit für die HWP ergibt. Positive Anrechnungen werden generell als *credits* (Senken) bezeichnet, negative Anrechnungen (Quellen) als *debits*.

Doch zurück zum FRL. Die Quellen-Senken-Bilanz nach *accounting* ergibt sich aus der Differenz des Wertes, der sich durch die projektive Fortschreibung der üblichen Managementpraxis und der dynamischen Waldentwicklung im Vergleich zum tatsächlich vorgefundenen Quellen-

Senken-Resultat ergibt. Hätte sich also z.B. bei Fortschreibung ein Netto-senkenwert von 100 Mio. Tonnen CO_2 ergeben und tatsächlich hätte man 80 Mio. festgestellt, so würden nicht die 80 Mio. positiv angerechnet, sondern ein Minus von 20 Mio. als Differenz zum fortgeschriebenen FRL-Wert.

So kann man begründen, dass trotz des hohen „Total LULUCF"-Werts (siehe das Schaubild auf S. 170) *no debit* auch eine Herausforderung darstellen kann. Man kann das Bemühen um Präzision und genaue Erfassung der menschenbedingten Veränderungen anerkennen. Aber es fragt sich, ob sich solch kontrafaktische Berechnungen des FRL wirklich hieb- und stichfest objektivieren lassen und den Ländern nicht allzu viel Spielraum bei der Berechnung und Überprüfung durch Sachverständige bleibt.

Ein wenig paradox ist auch, dass Länder mit schlechterem Management zwischen 2000 und 2009 rechnerisch besser dastehen, als solche, die schon damals nachhaltigere Bewirtschaftung betrieben. Je schlechter man damals bewirtschaftete, umso höher liegt das FRL und umso leichter ist es nun, darunterzuliegen. Auch gewinnt man durch den sich ergebenden Wert nicht unbedingt Einsicht in die tatsächliche Kompensations-situation im Waldbereich. Angenommen z.B., die Emissionen überschreiten die Senkenwirkung und der fortgeschriebene FRL-Wert liegt mit, sagen wir, 100 Mio. Tonnen im Minus bei einem für das Jahr tatsächlich ermittelten Quellenwert von minus 80 Mio. Tonnen, so wird die Differenz positiv mit 20 Mio. Tonnen angerechnet. Dies geschieht, obwohl ohne diese Rechenkünste tatsächlich 100 Mio. Tonnen THG emittiert wurden.

Als weiteres Problem tritt hinzu, dass das FRL nicht ein Mal pro Periode festgelegt wird und sich die Parameter nicht mehr verändern, sondern dass es zu Korrekturen kommt, wenn z.B. eine durch ein „Natur-ereignis" zerstörte Fläche herauszurechnen ist. Zusammen mit der komplizierten Berechnung und anstehenden Vergleichen wird man erst 2027 dank der Compliance-Berichte der Länder wissen, ob die No-debit-Regel von den Ländern in der ersten Periode von 2021-2025 überhaupt eingehalten wurde oder nicht. Trotz jährlich zu erstellender Überblicke durch die Mitgliedsländer und Bewertungen von Seiten der EU bleibt hier doch ein problematischer Zeitverzögerungseffekt.

Trotz aller Bemühungen ist es schwierig, angesichts der verschiedenen geographischen Bedingungen klare und eindeutige Vorschriften festzulegen, wie das FRL berechnet werden soll. Die erheblichen Unterschiede v.a. der Waldbestände zwischen den Ländern führten dazu, dass die Mitgliedsländer unterschiedliche Bestimmungsmethoden anwenden können, z.B. bei fehlenden Daten. So kann die Einteilung nach geographischen regionalen Besitzverhältnissen, Baumarten und anderen Kriterien erfolgen und auch zur Bestimmung z.B. der Biomasse gibt es alternative Vorgehensweisen, die hier nicht ausgeführt werden sollen (siehe EU-Kommission 2018 mit einer 120-seitigen Beschreibung der anzuwendenden Regeln). Die mögliche Schwankungsbreite könnte erheblich sein und Korrekturen und Diskussionen in der „LULUCF Expert Group" weisen darauf hin, dass hier von den Ländern bei der (Methoden-)Wahl gerne Rosinenpickerei (*cherry picking*) betrieben wird, um die Anforderungen möglichst niedrig zu halten oder das eigene Land besser dastehen zu lassen.

Mit dem FRL hängt eine die bewirtschaftete Waldfläche betreffende Grenze der Verrechenbarkeit zusammen, die im besonders unverständlichen Artikel 13 der Verordnung festgehalten wird. Wenn sich mit Bezug auf das FRL eine Senke reduziert und ein Debit entsteht, der Wald also insgesamt noch eine Senkenwirkung hat, aber im Vergleich zum Referenzwert eine niedrigere, dann ist es möglich, einen Ausgleich mit den anderen LULUCF-Bereichen (Grasland usw.) vorzunehmen. Diese Möglichkeit besteht nicht, wenn der Bereich „bewirtschaftete Waldfläche" insgesamt eine Quelle ist, d.h. sie mehr Emissionen abgibt, als sie absorbiert. Ich bitte die Leserin und den Leser, hier nicht aufzugeben und einfach mit der Lektüre fortzufahren.

In Anhang VII (EU 2018, 25) sind Obergrenzen für den maximalen Ausgleich einer geringer gewordenen Senke bei bewaldeter Fläche für den Zeitraum 2021-2030 aufgelistet. Hiermit sollen Abholzungen Grenzen gesetzt werden. Als Nebenbedingung gilt noch, dass Mitgliedsstaaten bei Rückgriff auf diese Möglichkeit eine Strategie mit konkreten Maßnahmen vorlegen müssen, was sie zur Erhaltung oder Verbesserung der Senken zu unternehmen gedenken. Als weitere Randbedingung muss das No-debit-Ziel auf der EU-Ebene eingehalten werden.

Deutschland darf im Falle einer reduzierten Senkenwirkung bei Waldfläche maximal 27,6 Mio. Tonnen THG in beiden Perioden zusammen ausgleichen, Bulgarien 5,6 Tonnen. Nun kann man abwiegeln und sagen: Die Obergrenzenbeträge verteilen sich immerhin auf 10 Jahre und sorgen dafür, dass nicht noch mehr ausgleichend abgerechnet werden kann. Andererseits ist es alles andere als ambitioniert, überhaupt Reduzierungen im Vergleich zum FRL zu erlauben und diese sogar schon vorab vorzusehen. Rechnet man die länderspezifischen, erlaubten Senkenminderungen zusammen, so kommt man auf rund 370 Mio. Tonnen THG, was einer durchschnittlichen Abholzungsrate von 10% der Waldbestände entspricht, die sich aus der zulässigen jährlichen Abholzungsrate der beteiligten Länder ergibt (Rate streut von 4 bis 32%).

Der Festlegung dieser Obergrenzen ging sicher ein Verteilungskampf voraus, nicht zuletzt, um waldreiche Länder zur Teilnahme zu bewegen. Aber noch einmal im Klartext: 10% der bewaldeten Fläche dürfen in den beiden Perioden abgeholzt werden (mit Bezug auf das FRL).

Es gibt noch eine weitere Verrechnungsbegrenzung (Artikel 8). Fällt nämlich in einer Periode die Senke bei bewaldeter Fläche höher aus (im Vergleich zum FRL), so kann sie nicht unbegrenzt zum Ausgleich der anderen LULUCF-Bereiche der Länder angesetzt werden, sondern nur bis zu 3,5% eines Referenzjahres (Ähnliches gab es schon beim Kyoto-Protokoll). In Anhang III (EU 2018, 19) wird dieses Basisjahr für die Länder aufgeführt. Für die meisten gilt hier 1990 als Basisjahr, für Slowenien aber z.B. 1986. Der Zahlenwert dieses Basisjahres wird dann mit fünf multipliziert, da es um die Berechnung für die erste Periode von 2021-2025, also um einen Fünfjahreszeitraum geht (Gleiches ist für die zweite Periode vorgesehen).

Schauen wir uns kurz die Zahlen für Deutschland an. Ein Blick auf den v.a. von Seiten des Thünen-Instituts und des Umweltbundesamts erstellten deutschen Waldbericht (*National Forestry Accounting Plan for Germany*), der z.B. 51 Baumarten umfasst, gibt Auskunft über den projektierten FRL-Wert von 2021-2025:

Jährliche Netto-Emissionen für Deutschland (Mio. t CO_2-eq./a)

Pool	2021 - 2025
Living biomass	-7.0850
Soil (including litter)	6.7205
dead wood	-1.0810
Forest fires	0.0300
Sum (without HWP)	-1.4154
HWP	-8.6070
Sum	-10.0224

Rock et al. 2019, 16.

Überraschend ist der hohe Anteil von verarbeiteten Holzprodukten (HWP) an der Gesamtnettosenkenwirkung des Waldes. Es ist zu bedenken, dass hier auch bereits in der Vergangenheit in Holzprodukten gespeicherte potenzielle Emissionen enthalten sind. Noch überraschender ist allerdings der sehr geringe Senkenwert von 1,4 Mio. Tonnen CO_2 ohne HWP. Es ist interessant, diese von deutscher Seite angegebenen 10 Mio. mit dem Wert zu vergleichen, der in der EU-Verordnung (EU) 2018/841 im Anhang VII für Deutschland angegeben wird, nämlich −45,94 Mio. Tonnen als gemeldeter durchschnittlicher Abbau von CO_2 durch Senken für den Zeitraum von 2000-2009 pro Jahr. Gleichzeitig darf sich Deutschland zwischen 2021 und 2030 insgesamt 27,6 Millionen Tonnen aus Senken anrechnen lassen.

Im Unterschied zum Kyoto-Protokoll ist es bei LULUCF mit FRL anrechnungstaktisch vorteilhaft, einen möglichst niedrigen FRL-Wert anzusetzen, da er der Referenzwert für das Besser oder Schlechter der tatsächlichen Entwicklung ist: Liegt der FRL-Wert mit nur 10 Mio. Tonnen CO_2 im Minus (also eine Senke von 10 Mio.), so ist es leicht(er), tatsächlich darüberzuliegen und sich (in den erwähnten Grenzen) die Differenz als Credits zum Ausgleich für die anderen LULUCF-Bereiche anrechnen zu lassen.

Eine Überraschung stellt auch der hohe positive Wert (also Emissionen) für Boden (*soil*) mit 6,7 Mio. Tonnen dar. Er steht im Widerspruch zum Nationalen Inventarplan Deutschlands (NFI), wo noch ein negativer Wert ausgewiesen wurde.

Jedenfalls hat die EU-Kommission im August 2020 den niedrigen projizierten FRL-Wert Deutschlands für 2021-2025 nicht akzeptiert und ihn auf 34 Mio. Tonnen (mehr als das Dreifache) erhöht, was immer noch unter den fast 46 Mio. Tonnen der Verordnung (EU) 2018/814 liegt.[92] Ähnliche Korrekturen erfuhren acht andere Länder. Finnland, dessen Wert in der Verordnung noch über 36 Mio. Tonnen lag, gab 27,6 an und wurde auf 29,4 Mio. Tonnen heraufgesetzt. Auch bei anderen Ländern lassen sich sehr großen Divergenzen zwischen den Werten in der EU-Verordnung (VO) und den nun gemeldeten FRL-Werten (FRL) feststellen: Bulgarien −9,31 (VO), −3,01 (FRL); Lettland: −8,0 (VO), −1,7 (FRL) usw.[93]

Es gibt sogar einige Länder, die ihren FRL-Wert höher veranschlagten als in der Verordnung, d.h. die Anspruchslatte für sich höher legten. Dänemark und die „grüne Insel" Irland haben übrigens ihren Wert von knapp Minus (Senke) auf knapp Plus verändert, d.h. ihre Wald- und Forstwirtschaft und Landnutzung führt insgesamt zu Nettoemissionen. So weit ist

---

[92] Siehe https://www.endseurope.com/article/1692363/alarm-commission-publishes-draft-forestry-benchmarks zu den entsprechenden Textquellen und C (2020) 7316 final.
[93] Siehe https://ec.europa.eu/clima/sites/clima/files/forests/lulucf/docs/frl_proposed_by_ms_en.pdf.

es auf der vermeintlich grünen Insel gekommen, die sich seit vielen Jahren das Wirtschafts- und Einkommenswachstum als Priorität setzt. Wie das Tauziehen um den FRL-Wert ausging, stand bei Fertigstellung dieser Arbeit noch nicht fest. Aus den letzten Ausführungen geht aber klar hervor, dass die Festlegungen der FRL-Werte ein „Politikum" sind und dass viele Länder (Deutschland ganz vorne dabei) versuchen, Nachlässe zu erkämpfen, die es ermöglichen, eine höhere Abholzungsrate ohne Konsequenzen zu realisieren. Anstatt sich (kollektiv) anspruchsvolle Ziele zu setzen, wird also versucht, möglichst anspruchslose Varianten herauszuholen. Das lässt nichts Gutes erwarten.

Neben der Referenzniveau-Regel (FRL) gibt es noch zwei weitere, völlig andere Berechnungsmethoden. Bei der wohl am einfachsten zu verstehenden **Brutto-Netto-Methode** (*gross net*), die für aufgeforstete und entwaldete Flächen gilt, werden die Emissionen und Senken aus dem Verbuchungszeitraum (z.B. des Jahres 2021) miteinander verrechnet. Ein Beispiel: Vermindert sich eine Senke und liegt die Senkenwirkung des Bereichs aber immer noch über den Emissionen, so führt dieses Senkenplus bei dieser Methode nach wie vor zu entsprechenden Credits in der Höhe der Differenz aus dem konkreten Verrechnungszeitraum (ein reales Beispiel folgt noch).

Als Drittes gibt es noch die **Netto-Netto-Methode** (*net-net*), die für bewirtschaftete Ackerflächen, Grünland und Feuchtgebiete gilt. Auch hier gibt es einen Referenzzeitraum, dieses Mal 2005-2008. Es findet ein Nettoemissionsvergleich mit diesem Basiszeitraum statt. Verkleinert sich die Senke, entsteht ein Debit, nehmen die Nettoemissionen ab, entstehen Credits.

So gute Gründe man auch für die drei unterschiedlichen Berechnungsmethoden anführen mag, ihre Addition als Ergebnis des Gesamtsektors stellt natürlich eine recht künstliche Zahl dar, mit ihrer Zusammensetzung aus drei verschiedenen Verbuchungslogiken.

Jedenfalls erklärt der Einsatz dieser drei unterschiedlichen Berechnungsverfahren, warum es wichtig ist, zu welcher Kategorie eine Fläche gehört, da für die Bestimmung der Nettoemissionen jeweils unterschiedliche Berechnungen zum Einsatz kommen. Um dies an einem einfachen, in Blogs gerne verwendeten Beispiel zu demonstrieren: Nehmen wir an, ein Land hat eine Senke (die THG-Absorptionen sind also um diesen Betrag höher als die Emissionen) von 10 Mio. Tonnen als Durchschnitt im früheren Referenzzeitraum. Gleichzeitig errechnet sich bei gleichbleibendem Management eine laut FRL projektierte Minderung um 8 Mio.

z.B. durch ein höheres Alter der Bäume mit dann geringerer Speicher-
kapazität. Tatsächlich ergibt sich z.B. in 2021 eine gemessene Senke von
13 Mio. Tonnen.

Nach FRL-Berechnung ergäbe sich ein Credit-Plus von 5 Mio. Tonnen
als Differenz zum projektierten Wert von 8 Mio. Beim Netto-Netto-Ver-
fahren kommt ein Credit-Plus von 3 Mio. Tonnen als Differenz zu den 10
Mio. des Basiszeitraums heraus. Bei Brutto-Netto zählt nur die Differenz
Quelle minus Senke im Jahr der Messung (hier 2021) und so ergäbe sich
ein respektables Credit-Plus von 13 Mio. Tonnen. Ähnliche Wert-Unter-
schiede ergeben sich, wenn man anstelle von Senken mit Quellen rechnet.

Somit zeigt sich, dass die Werte, die sich aus den je nach Kategorie
verschiedenen Berechnungsmethoden ergeben, nicht vergleichbar und verrechenbar sind, ganz entgegen dem Anspruch der Verordnung, ‚transparent, genau, kohärent, vollständig und vergleichbar' zu sein. Die Fachleute
des Öko-Instituts haben anhand der Projektionen einen Vergleich der An-
rechnungsregeln vorgenommen, d.h. sie haben für den Wald einmal Brutto-
Netto angesetzt und als zweites die Bemessung nach FRL vorgenommen.
Für die Periode 2021-2030 ergab sich ein Unterschied von 300 Mio. Tonnen (Böttcher/Reise 2020 und Böttcher et al. 2019, Kapitel 5).

Unter anderem kommt hinzu, was hier nicht im Detail gezeigt werden
kann, dass die Anrechnungs- und Bemessungsvorschriften gewisse Freiheiten lassen und es z.B. tatsächlich nicht immer leicht ist, zwischen Grün-
und Ackerland zu unterscheiden. Die Addition der Credits und Debits aus
diesen drei Verfahren zur Ermittlung der Einhaltung der No-debit-Regel
des Gesamtsektors war eigentlich schon problematisch genug. Erweitert
wird das Problem noch dadurch, dass man auch die nationalen Ergebnis-
zahlen EU-weit zusammenträgt und Verrechnungen mit Nicht-LULUCF-
Sektoren erfolgen können.

Zu erwähnen sind auch die ganz und gar nicht trivialen und in vielen
Fällen sicher auch nur schwer und mit hohem bürokratischen Aufwand
zu überprüfenden Detailregelungen, die in den dicken technischen Anlei-
tungskatalogen aufgelistet sind. Nehmen wir das Beispiel Aufforstung,
d.h. Flächen, die aus der Flächenart Ackerfläche, Grünland, Feuchtgebiet,
Siedlung oder sonstige Fläche umgewandelt wurden. Generell werden die
Senkenwirkungen von Aufforstungen auf 20 Jahre angerechnet, danach
gelten sie als bewirtschaftete Waldflächen (*managed land*) und werden
dann am FRL gemessen. Bis dahin wird von einer Nulllinie ausgegangen,
d.h. ihre Nettosenkenwirkung wird zu 100% positiv bilanziert. Auch eine
30-Jahresfrist ist bei Aufforstungen möglich, aber nur in Ausnahmefällen,

wenn etwa in einem Land die Bäume besonders langsam wachsen, wie offenbar in Dänemark.

Bei der geschätzten Senkenwirkung einer Aufforstung wird nun davon ausgegangen, dass über die 20 Jahre, die die Fläche in der Aufforstungskategorie verbleibt, eine lineare Zunahme der Emissionsabsorption durch die wachsenden und damit aufnahmefähigeren Bäume erfolgt. Hierfür wird in einem (nationalen) Inventar die Fläche, die Baumart u.a. erfasst. Der Kohlenstoffspeicher durch die Bäume hängt neben der Baumart usw. auch von der geographischen Lage ab, die bei solchen Messungen zu berücksichtigen ist. Angesichts der unterschiedlichen Vorbedingungen muss auch für jedes Land genau definiert werden, wann Aufforstungen als „Wald" gelten und in die Kategorie *managed land* übergehen können (nur als „Wald" können sie nach 20 Jahren in diese Kategorie übergehen). In Anhang II der Verordnung ist hierfür eine Mindestfläche definiert (Tschechische Republik: 0,05 ha bis Malta: 1 ha) und es sind unterschiedliche Be- oder Überschirmungen (zwischen 10% und 30%) und Baumhöhen zwischen 2 und 5 Metern vorgesehen. Dies betrifft die potenzielle Höhe der Bäume im Reifealter.

Aufforstungen sind nur ein Beispiel für die Komplexität der Flächenumwidmungen, die in *land use matrices* festgehalten werden. Diese beruhen auf komplizierten, durch den IPCC entwickelten Regeln und Formeln, die in Nachschlagwerken niedergelegt sind. Jedes Jahr müssen die nationalen Behörden bestimmen, in welche Kategorien welche Flächen gehören. Hierbei kann es vorkommen, dass ein ehemaliges Ackerland in vier Unterkategorien zerfällt (z.B. Grünland, renaturiertes Feuchtgebiet usw.). Für Deutschland schlägt sich das in einem mittlerweile 1000-seitigen Überblick nieder, der vom Umweltbundesamt veröffentlicht wird. Die Angaben werden von einem Expertenpool geprüft, dessen Mitglieder eine Ausbildung zur Inventarüberprüfung durch den IPCC erfahren und auch Überprüfungen vor Ort durchführen.

Die Einteilungen und Berechnungen der wechselnden Flächennutzungen sind eine Wissenschaft für sich, die hier nicht im Detail ausgebreitet werden kann. Folgendes Zitat soll nur einen Eindruck vermitteln.

„Es ist ziemlich einfach, dass alle in Wälder umgewandelten Landflächen zu ‚aufgeforstetem Land' zusammengefasst werden und alle Landflächen, in denen Wald zu anderen Landnutzungen umgewandelt wurde, zu ‚abgeholztem Land'. Allerdings umfasst die Kategorie ‚bewirtschaftetes Ackerland' beispielsweise nicht nur alle verbleibenden Ackerlandflächen und Landflächen, die in Ackerland umgewandelt wurden, son-

dern auch alle Landflächen, die in den letzten 20 Jahren Ackerland blieben und in Feuchtgebiete, Siedlungen und anderes Land umgewandelt
wurden. Die relevanteste Umwandlung kann die Ausweitung von Siedlungen auf Ackerland oder Grünland sein, und die damit verbundenen
Emissionen und Absorptionen werden als ‚bewirtschaftetes Ackerland'
oder ‚bewirtschaftetes Grünland' im EU-Rechnungsführungssystem
eingruppiert, was möglicherweise nicht die erwartete Kategorie ist"
(Böttcher et al. 2019, 13, Ü; zu den Details siehe u.a. IPCC 2013b, es
finden hier ständige und teils hochformalisierte Überarbeitungen statt).

Angesichts der verschiedenen Berechnungsmethoden und des No-debit-
Ziels ist festzuhalten, dass sich LULUCF von EU-ETS, ESR, nEHS, Klimaschutzgesetz usw. neben den Besonderheiten des thematisierten Bereichs
insbesondere deshalb fundamental unterscheidet, weil aus der Verordnung kein (eindeutiges) Emissionsreduktionsziel für den Landnutzungssektor hervorgeht. Dies stellt hinsichtlich Transparenz und Verständlichkeit und angesichts der klimapolitischen Bedeutung von Wäldern und
Landnutzung eine echte Schwäche dar. Um wenigstens eine gewisse Vergleichbarkeit zu erreichen, wird oft gefordert, sich für eine Berechnungsmethode bei den Kategorien zu entscheiden. Viele Naturschutzverbände
und NGOs sprechen sich für die alleinige Verwendung der Netto-Netto-
Methode aus, da sie am besten die tatsächlich verursachten Emissionen
wiedergäbe (so auch CAN 2016 mit vielen treffenden Kritikpunkten an
LULUCF).

   Die No-debit-Regel ist kein beherzter Klimaschutz und bei den jetzt
vorzustellenden Verrechnungsmöglichkeiten mit dem *Effort-Sharing*-Sek-
tor (ESR) könnte man fast vermuten, dass sie dazu dienen sollen und können, die Anrechnungsmöglichkeiten der Mitgliedsstaaten ohne Mühe zu
verbessern, d.h. es ihnen klimapolitisch leichter zu machen. Offiziell sind
diese Verrechnungsmöglichkeiten eigentlich vorgesehen, um ein Erreichen der EU-Ziele auf möglichst kostenwirksame Weise zu ermöglichen.
   Mehrere Verrechnungsmöglichkeiten bzw. „Flexibilitäten" sind vorgesehen. Das Schaubild auf der folgenden Seite verdeutlicht die Varianten:
   Flexibility over time: Flexibilität „über die Zeit" bedeutet, dass ein Land
Überschüsse (Credits), die in der ersten Periode anfallen, in die zweite
übertragen und dann nutzen kann (*banking*). Dies gilt nicht umgekehrt,
d.h. Länder können nicht in der ersten Phase Debits aufhäufen und ver-
sprechen, sie in der zweiten Periode durch Überschüsse auszugleichen.
Generell wird am Ende jeder Periode abgerechnet und die No-debit-
Regel gilt für die gesamte Periode (nicht für die einzelnen Jahre).

Article 12 LULUCF Regulation - General flexibilities / Article 7 Effort Sharing Regulation

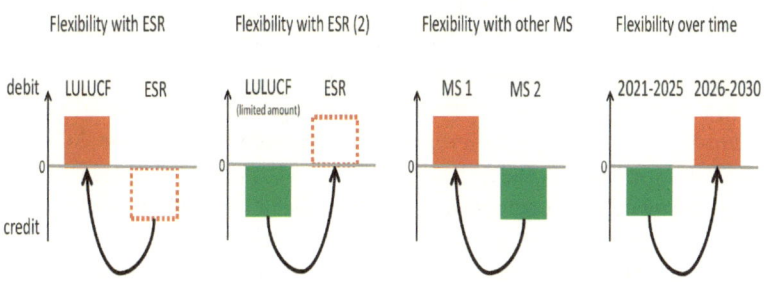

Böttcher et al. 2020, 23.

Flexibility with other MS: Flexibilität mit anderen Mitgliedsländern bedeutet, dass ein Land LULUCF-Debits eines anderen Landes durch „Verkauf" seiner eigenen mit LULUCF-Credits ausgleichen kann. Über den Aushandlungsmodus zwischen den beteiligten Ländern gibt es keine näheren Angaben, dies dürfte ohne Rahmenwerk bilateral erfolgen, auch was die Preisverhandlungen betrifft.

Flexibility with ESR (2): Wenn ein Land Credits im LULUCF-Bereich aufweist, kann es diese begrenzt für Bedarf im ESR-Sektor verwenden, der somit die THG-Minderungsverpflichtungen etwas entspannter angehen kann. Für alle Länder zusammen ist diese Flexibilität auf 280 Mio. Tonnen CO_2 begrenzt (*limited amount*). Dies ist insofern nicht unproblematisch, als die Credits bei LULUCF, wie gesehen, mit (wenn auch im Vergleich zum Basiszeitraum geringeren) Nettoemissionen verbunden sein können, zu denen sich nun noch die Möglichkeit höherer Emissionen im ESR-Bereich gesellt. Wie dargelegt können angerechnete Emissionen stark von den eigentlichen Berichtszahlen abweichen. Letztlich klimawirksam sind die tatsächlichen Absolutzahlen und nicht die in gewissem Sinne künstlich berechneten, so sehr sie auch die Änderungen der Bewirtschaftung widerspiegeln mögen.

Flexibility with ESR: Wenn ein Land schließlich im LULUCF-Bereich im Minus (Debit) ist, kann es quantitativ unbegrenzt aus seinen ESR-Reserven (*Effort Sharing*) schöpfen bzw. diese von anderen Ländern erwerben, da ein ESR-(Ver-)Kauf zwischen den Mitgliedsländern möglich ist. Diese Regelung ist äußerst kritisch: Nehmen wir an, in einer Rezession sinkt die Nachfrage nach den Ländern zustehenden ESR-Zertifikaten. Um den realökonomischen Kontraktionseffekt auszugleichen, werden nun die Wälder abgeholzt und diese Aktivität mit den ESR-Zertifikaten wohlfeil kompensiert. Dies ist nach Ansicht des Verfassers definitiv ein Holzweg. Wenigstens sind – ohne explizite Begründung von Seiten der EU – solche flexiblen Ausgleiche im EU-ETS-System nicht vorgesehen.[94]

Ein heikler Punkt ist noch der Einbezug „natürlicher Störungen" (*natural disturbances* oder *events*), d.h. Extremereignisse wie Stürme, Insektenschwärme, Brände, die *exceptional emissions* hervorrufen. Diese haben schon in der Vergangenheit teils erhebliche Ausmaße angenommen. Um ein Extrembeispiel außerhalb von LULUCF anzuführen: Zwischen 1990 und 2012 fluktuierten die durch die jährlichen Waldbrände verursachten Emissionen in Kanada zwischen 11 und 275 Mio. Tonnen CO_2, was dazu führte, dass die kanadischen Wälder im häufigen Wechsel mal Nettosenke, mal Nettoquelle darstellten.

Anhand statistischer Daten (Basisperiode: 2001-2020 unter Ausschluss von Ausreißern) wird zunächst und ganz unabhängig davon, ob ein solches Ereignis eingetreten war, ein „Hintergrundniveau" natürlich und häufiger auftretender Störungen und damit verbundener (Zusatz-)Emissionen für jedes Land ermittelt, dem eine gewisse Schwankungsmarge (die doppelte Standardabweichung) hinzugefügt wird. (Wobei dem Begriff „natürliche Störung" eine elementare Problematik innewohnt angesichts von Klimawandel, zu dichter Bepflanzung, zu wenig Forstpersonal usw.) Liegen die Werte einer Fläche über dem ermittelten Niveau, wird die entsprechende Fläche bis 2030 aus den Berechnungen ausgeschlossen. Auch wird sie aus dem FRL herausgenommen, das daher Veränderungen unterliegt.

Diese Ausklammerung gilt auch, wenn sich bis 2030 eine Senkenwirkung z.B. durch Wiederaufforstung ergeben sollte. Das mag zwar eventuellen Missbrauch verhindern, macht aber natürlich auch bilanziell gesehen Wiederaufforstung unattraktiver. Es gibt genaue Regeln zur Dokumentation und Ermittlung solcher Sonderereignisse, die das Gesamtkunstwerk LULUCF noch ein wenig komplexer machen, als es ohnehin schon ist. Durch die Anwendung einer derartigen formalen Berechnung geht man aber der (nicht)anthropogenen Verursacherdebatte aus dem Weg, da nur die reinen Zahlen und Standardabweichungen in die Berechnungen eingehen.

So entledigt man sich des Problems der Unterscheidung. Ende August 2018 kam es z.B. südöstlich von Treuenbrietzen nach wochenlanger gro-

---

[94] Siehe auch die Kritikpunkte bei DNR 2017 und https://ec.europa.eu/clima/sites/clima/files/docs/pages/summary_lulucf_stakeholder_feedback_final_en.pdf.

ßer Trockenheit auf etwa 400 Hektar zu tagelangen Waldbränden, die ein vielfältiges mediales Echo fanden. Auch die Folgen des Orkans Kyrill von 2007 waren dort noch nicht vergessen und es lag eine Monokultur aus Kiefern vor. War die Zerstörung dieses Waldes tatsächlich ein natürliches, nicht anthropogen verursachtes Ereignis?

Wenn es passt, wird der Klimawandel im Eigeninteresse aber ins Feld geführt. Der Klimawandel verschiebt die landwirtschaftliche Nutzfläche in Finnland nach Norden, wo derzeit noch Wald steht. Die finnische Regierung findet es unfair, den Waldverlust auch durch die wohl absterbenden Wälder im Süden als menschengmacht zu verbuchen. Es wird interessant sein, zu sehen, wie stark Länder wie Deutschland klimabedingte Waldverluste zu günstigen Neuberechnungen anführen werden.

Am Ende der Darstellung des – zumindest was die technische Messraffinesse betrifft – ambitionierten LULUCF-Projekts stellt sich natürlich die Frage, wie v.a. die No-debit-Regel politisch praktisch umgesetzt werden soll und kann, da die Vorstellungen und Regelungen der Verordnung zunächst nur auf dem Papier stehen und z.B. das Europäische Parlament überhaupt nur durch ihm gelegentlich unterbreitete Berichte beteiligt wird. Wie aber können sie realiter im Wald und bei der Landnutzung ankommen? Bei großen Kraftwerkbetreibern hat man primäre Ansprechpartner, aber in Deutschland gibt es kleine Waldbauern mit Beständen unter zwei Hektar, deren Bäume übrigens noch relativ am meisten CO_2 speichern. 30% der Flächen in Deutschland sind bewaldet, die Hälfte des Waldbesitzes besteht aus Flächen unter 20 Hektar. Man hat es also nicht nur in Deutschland mit sehr vielen und heterogenen Akteuren zu tun. Auch hat die EU im LULUCF-Bereich kaum über die Verordnung hinausgehende Regulierungskompetenzen und viele Länder sind sehr aversiv gegenüber weiteren Einmischungen eingestellt.

Die Verordnung überlässt die praktische Umsetzung den Mitgliedsländern. In Deutschland liegt die Kompetenz für diesen Bereich in erster Linie bei den Bundesländern und Wald befindet sich im Besitz verschiedenster Parteien: Privatleute (48%), Bund (3,5%), Länder (29%), Kommunen (19%). Die Landwirtschaft wird mit hohen Subventionen (größtenteils falsch) gesteuert, für den Wald gibt es (bisher) kein etabliertes Subventionssystem zur Beeinflussung. Es gibt gewisse Förderprogramme, die sich im Umfeld von LULUCF bewegen, z.B. im Bereich des Küstenschutzes, sehr viel mehr (zumindest bis vor kurzem) aber auch nicht. Auf die zahlreichen, oft auf Länderebene stattfindenden Förderprojekte kann hier nur hingewiesen werden. Insgesamt geht es seit 2019 um 1,5 Mrd.

Euro, die auf zwei Förderprogramme verteilt sind. Enthalten sind bis Ende 2021 zu beantragende rund 500 Mio. Euro als einmalige nachhaltige Waldflächenprämie. Die Prämie beträgt 100 Euro/ha für zertifizierte Waldflächen, weshalb Zertifizierungen rasant ansteigen. Diese Maßnahmen werden als das größte Aufforstungsprojekt in der Bundesrepublik angesehen. Ob hiermit das Absterben des Waldes (über)kompensiert werden kann, ist schwer zu beurteilen.

Im Nahgebiet des Verfassers ist der Wald jetzt zertifiziert, aber schwere Einsatzfahrzeuge und Holzvollernter zur Beseitigung des Schadholzes sind unübersehbar nach wie vor im Einsatz. Es gibt immer auch Gegenbewegungen, z.B. auf kommunaler Ebene. So sah die Baumschutzverordnung für die Stadt Wetzlar vor, dass alle privaten oder öffentlichen Bäume im Stadtgebiet ab einem Stammumfang von 61 Zentimetern unter besonderen Schutz gestellt werden sollten und bei Fällung Ersatzpflanzungen oder Ausgleichszahlungen vorzunehmen sind. Ende Dezember 2020 hat eine große Parteienkoalition dies auf einen Umfang von 100 Zentimetern entschärft, um den Bürgern nicht allzu viel zuzumuten.

Man darf auf jeden Fall gespannt sein, wie die Politik gedenkt, die Zielwerte von LULUCF praktisch vollumfänglich um- und durchzusetzen. Es sei noch darauf hingewiesen, dass es natürliche, enge Wechselwirkungen mit anderen Bereichen gibt, genannt sei hier nur die Landwirtschaft. In der LULUCF-Verordnung ist hinsichtlich der Landwirtschaft bei der allgemeinen Begründung von einer Erhöhung der Produktivität und einer nachhaltigen Intensivierung der Lebensmittelerzeugung sowie dem weltweiten Vorrang der Ernährungssicherheit die Rede.

Recht schweigsam ist die Verordnung hinsichtlich möglicher Sanktionen bei Nichterfüllung. Es wurde bereits erwähnt, dass eine große Inventur für die erste Erfüllungsperiode (2021-2025) erst 2027 und für die zweite Periode (2025-2030) erst 2032, also sehr spät erfolgen können. Eine genaue Bestimmung des FRL sei durch Korrekturen (Ausschluss durch Extremereignisse) und die erst gegen Ende der Perioden feststehenden Werte der *Harvested Wood Products* nur am Ende der Erfüllungsperiode möglich. Eine schnellere Bilanzierung, meinen Experten, wäre durch eine etwas andere und zügigere Datenerhebungen der Mitgliedsländer durchaus realistisch und auch sicher nötig, um frühzeitig Schlendrian aufdecken zu können. Überhaupt fehlt es an klar formulierten Sanktionsinstrumenten.

Die Referenzlevels um alle Hin- und Herrechnereien sind gut begründete Methoden, die vielem gerecht werden wollen, aber völlig intransparent sind. Da wundert es nicht, dass die Länder (wie gesehen teilweise inklusive Deutschland) mit der Ermittlung der Daten und der Einteilung in die Kategorien deutlich überfordert sind. Die Verordnung dürfte nicht nur (Wald-)Bauern, sondern selbst Fachpolitikern kaum und schon gar nicht dem Bürger zu vermitteln sein. Historische anstelle von künstlich ermittelten Werten wären besser und als Obermotto müsste einmal mehr gelten: *Simplify!*

No debit ist definitiv nicht genug für die EU. Aus Projektionen geht hervor, dass sogar das bisher übliche business-as-usual ausreichen würde, um das No-debit-Ziel zu erreichen (Böttcher et al. 2019, 25). Eigentlich müsste die Zielsetzung in einer klaren und eindeutig definierten Verbesserung bestehen, indem man sich anstelle von über 300 Mio. Tonnen CO_2 Total Credit im LULUCF-Sektor bis 2030 beispielsweise 400 oder 500 Mio. Tonnen abfordert. Von grundsätzlichen Bedenken gegenüber der Aufrechen- und Vergleichbarkeit von Böden als bloßen Kohlenstoffspeichern ganz abgesehen (Heuwieser 2018b). Das Schweizer Forstpolizeigesetz aus dem Jahr 1876 bestach durch seine Einfachheit und Konsequenz. Es enthielt ein Rodungsverbot: Gerodet werden durfte nur, wenn entwaldete Fläche wiederaufgeforstet und dem Prinzip der Nachhaltigkeit (Regenerationsfähigkeit) Rechnung getragen wurde. Damit kam es ohne Verrechnungen, FRLs usw. aus und entsprach dem demokratischen Prinzip der Verstehbarkeit.

Das Fazit lautet: Die EU verfolgt ein beschämend bescheidenes Ziel (*no debit*) und hat ein kafkaesk anmutendes bürokratisches Berechnungsmonster geschaffen, das gewisse Abholzungen und teilweise Verrechnungen mit anderen Sektoren ermöglicht. Um den Wald ist es nicht zuletzt wegen des Klimawandels schlecht bestellt. Eine schlagkräftige europäische Waldschutzpolizei und ein weitgehendes Abholzungsverbot gibt es nicht, ebenso wenig wie eine abgestimmte große Aufforstungsinitiative.

Am Schluss dieses Kapitels und als Vorgriff auf den Gastbeitrag von Jutta Kill sollen einige kursorische Überlegungen zu **freiwilligen Gutschriften** im Bereich Wald- und Forstwirtschaft (REDD) erfolgen, die sich international zunehmender Beliebtheit erfreuen. Hier soll vorrangig der soziale Aspekt im Vordergrund stehen.

REDD wurde ins Leben gerufen, als es bei den Klimaverhandlungen 2007 auf Bali nicht gelang, Wälder zu einem festen Bestandteil des CDM-Mechanismus zu machen. Waldreiche Länder und gutmeinende Organisationen wie der NABU setzten sich dann für REDD ein, auch um so eine Verteilung der Gelder für Entwicklungsländer zu erreichen. Die Problematik solcher Projekte wird durch den REDD-Monitor von Chris Lang minutiös dokumentiert (https://redd-monitor.org/; siehe auch Fatheuer 2015). Die beste und womöglich einzig zielführende Waldschutzpolitik, das zeigen auch die von ihm gesammelten Berichte, dürfte die vor der eigenen Haustür sein. So wurden die Abholzungen und Waldbrände in Brasilien zwischen 2004 und 2012 durch den dortigen Regierungsbeschluss um 60% eingedämmt.

Durchgesetzt hat sich aber das Konzept von REDD+:

> **REDD+** (*Reducing Emissions from Deforestation and Forest Degradation and the role of conservation, sustainable management of forests and enhancement of forest carbon stocks in developing countries*, dt. etwa ‚Verringerung von Emissionen aus Entwaldung und Waldschädigung sowie die Rolle des Waldschutzes, der nachhaltigen Waldbewirtschaftung und des Ausbaus des Kohlenstoffspeichers Wald in Entwicklungsländern‘) ist ein seit 2005 auf den Verhandlungen der internationalen Klimarahmenkonvention … diskutiertes Konzept, mit dem der Schutz von Wäldern als Kohlenstoffspeicher finanziell attraktiv gemacht werden soll‘ (https://de.wikipedia.org/wiki/REDD%2B; zur positiven Beurteilung von und Beteiligung an entsprechenden Projekten von Seiten des WWF siehe https://www.wwf.de/themen-projekte/waelder/wald-und-klima/leitfaden-redd-strategien/).

Auf eine Besonderheit der REDD-Projekte ist ausdrücklich hinzuweisen: Im Unterschied zur Errichtung einer Windkraftanlage, die in einer tatsächlichen Aktivität besteht, geht es bei den meisten REDD-Projekten um Unterlassungen: Wald wird nicht umgewandelt oder gefällt. Als extremes Beispiel: Ein Waldbesitzer tut kund, Flächen abholzen zu lassen, und schon startet ein Wald-Projekt, die Käufer von Gutschriften schmücken sich mit grünen Federn, der Waldbesitzer streicht ohne weitere Aktivitäten das Geld ein und die Verifizierer verdienen auch mit.

Im Auftrag mehrerer NGOs kommt ein Dossier, das dutzende Berichte aus den Medien und von REDD-Betroffenen u.a. aus Brasilien, Peru, Uganda, Kenia, Indonesien und Kambodscha auswertete zum Fazit:

> „[D]ie Auswahl der in dieser Sammlung von Konflikten, Widersprüchen und Lügen vorgestellten Erfahrungen zeigt, dass Gemeinden in vielen Fällen überhaupt nicht gefragt wurden, ob sie dem Waldkohlenstoffprojekt zustimmen. In vielen Fällen waren die Informationen, die den Gemeinden zur Verfügung gestellt wurden, auch voreingenommen oder unvollständig. Wenn den Gemeinden REDD-Projektpläne vorgelegt wurden, versprachen die Befürworter des Projekts viele Vorteile und Beschäftigungsverhältnisse, sollte die Gemeinde der vorgeschlage-

nen REDD-Aktivität zustimmen. Als Gegenleistung für die Versprechen erhielten die Dorfbewohner jedoch hauptsächlich Belästigung, Einschränkungen der Landnutzung, die ihren Lebensunterhalt sichern, und die Schuld daran, für die Entwaldung verantwortlich zu sein und den Klimawandel zu verursachen.

In sehr wenigen Beispielen wurde den Gemeinden mitgeteilt, dass das durch diese Projekte erzeugte ‚Produkt' Emissionsgutschriften an Umweltverschmutzer in Industrieländern verkauft werden würde und dass zu den Käufern einige der größten Unternehmen gehörten, deren Geschäft in der Gewinnung fossiler Brennstoffe besteht und die damit die Zerstörung der Gebiete indigener Völker anderswo betreiben. Die kleinbäuerliche Landwirtschaft, insbesondere wenn es um die Verlagerung des Anbaus geht, wird in der überwiegenden Mehrheit der REDD-Projekte als Ursache für die Entwaldung verunglimpft, während die wichtigsten wirklichen Treiber der Entwaldung – Ölförderung, Kohle, Bergbau, Infrastruktur, Großstaudämme, industrieller Holzeinschlag und internationaler Handel mit Agrarrohstoffen – in REDD-Initiativen unerwähnt oder unberücksichtigt bleiben" (World Rainforest Movement (Hg.) 2015, 5, Ü).

Ein besonderes Problem wird in den oben zitierten Studien gesondert hervorgehoben.

„Handelbare REDD-Gutschriften sind eine Form des Eigentums. Diejenigen, die den Kredit besitzen, müssen weder das Land noch die Bäume auf dem Land besitzen, aber sie besitzen das Recht zu entscheiden, wie dieses Land genutzt wird. Sie haben in der Regel auch das vertragliche Recht, jederzeit zu überwachen, was auf dem Land geschieht, und können jederzeit Zugang zum Hoheitsgebiet beantragen, solange sie die Emissionsgutschriften besitzen" (ebenda, 6, Ü).

In vielen Ländern besteht nur eine sehr begrenzte Rechtssicherheit. Bei Streitigkeiten tauchen mehrere Personen mit Besitztiteln auf und alle beanspruchen, gültige Dokumente zu besitzen. Die ursprünglichen Einwohner haben meist schlechtere Beziehungen zu Politikern und Richtern als betuchtere Akteure.

Aus der vom Bundesumweltministerium (BMU) in Auftrag gegebenen Studie von Schmidt und Gerber (2016) von Germanwatch zu 12 dem REDD+-Standard entsprechenden Projekten ergeben sich interessante Ergebnisse hinsichtlich der Klimaneutralität. Der Plus-Standard ist etwas anspruchsvoller als REDD. Die Projekte werden von den Autoren auch detailliert hinsichtlich Biodiversität, Menschenrechte usw. durchdekliniert mit einem insgesamt bescheidenen Gesamtergebnis.

Schmidt und Gerber definieren Klimaintegrität bei freiwilligen Projekten in ansprechend umfassender Weise:

> „Durch Projekte verursachte Emissionsminderungen müssen zusätzlich, real, messbar, überprüfbar und dauerhaft sein. Die Berechnung der Reduzierung der Netto-Treibhausgasemissionen muss konservativ sein, alle relevanten Kohlenstoffpools und Treibhausgase berücksichtigen und unabhängig validierte Methoden anwenden, das Risiko der Nichtbeständigkeit, Leckage und Unsicherheit berücksichtigen. Die Normen müssen die Dauerhaftigkeit der Emissionsminderungen während des Anrechnungszeitraums oder mindestens über 50 Jahre und – soweit möglich – darüber hinaus sicherstellen. Die ausgestellten Gutschriften dürfen weder zur Einhaltung des UNFCCC noch eines regionalen oder (sub-) nationalen THG-Programms verwendet werden" (2016, 10, Ü; zu Verbesserungsvorschlägen zu REDD+-Projekten siehe Germanwatch 2016).

Bei der so definierten Klimaintegrität erreichen laut Schreiber und Gerber nur zwei Standards (*Verified Carbon Standard* – VCS und *American Carbon Registry* – ACR) gute Werte, allerdings mit Schwächen in Bezug auf die Permanenz nach Projektende (in Kapitel 10 sieht Kill VCS kritischer). Alle anderen liegen bei 50% oder sogar darunter. Im nächsten Kapitel geht Jutta Kill als Expertin weiter auf diesen Kompensationsbereich ein.

10. Der Wald soll's richten: Konzerne und Klimaneutralität

von Jutta Kill

Zusammenfassung: Das Kapitel erläutert wesentliche Schwächen und Besonderheiten von REDD-Projekten und zeigt anhand von Beispielen die grundsätzliche Problematik solcher Kompensationsprojekte.

* * *

Konzerne von Shell bis Nestlé versprechen, ihre Tätigkeiten in den kommenden Jahrzehnten „klima-neutral" bzw. „kohlenstoff-neutral" gestalten zu wollen oder THG-Emissionen auf „Netto-Null" zu reduzieren. Auf die Nutzung fossiler Energieträger wollen sie aber nicht verzichten. So kündigte Shell im Februar 2021 an, bis spätestens 2050 das Ziel von „Netto-Null"-Emissionen zu erreichen, gleichzeitig aber die Förderung von Erdgas um bis zu 20% steigern zu wollen (Ambrose 2021). Kohlenstoff-Neutralität ist für Konzerne wie Shell also nur buchhalterisch zu erreichen, indem die verursachten Emissionen mit zugekauften Emissionsgutschriften verrechnet werden. Die Gutschriften dienen als Nachweis, dass geplante Emissionen an einem anderen Ort durch Maßnahmen im Rahmen eines Kompensationsprojekts – angeblich – vermieden wurden. Solche „Netto-Null"-Versprechen ermöglichen Konzernen, über 2050 hinaus fossile Energieträger einzusetzen und gleichzeitig in der öffentlichen Debatte um Maßnahmen zur Vermeidung einer Klimakrise den buchhalterischen Nachweis der Klimaneutralität als Beitrag zum Klimaschutz anzuführen.

Immer mehr Konzerne setzen dabei auf den Kohlenstoffspeicher Wald als Lieferant für Emissionsgutschriften. Oder sie finanzieren Kompensationsprojekte, die Bäume pflanzen (Knuth/Fischer 2020). Über Projekte in den Niederlanden, Spanien und Großbritannien lässt Shell zum Beispiel mehr als 6 Mio. Bäume pflanzen, die Emissionsgutschriften für „kohlenstoff-neutrales" Tanken an Shell-Tankstellen in den Niederlanden und

Großbritannien liefern sollen (Shell 2019a). Zudem kauft der Konzern Emissionsgutschriften aus Waldschutzprojekten, unter anderem in Peru, Kenia, Kambodscha, Indonesien und Australien (Shell 2019b). Der italienische Ölkonzern Eni kaufte 2020 erstmals 1,5 Mio. Emissionsgutschriften aus einem Projekt in Zambia, das sich als das größte Waldkompensationsprojekt in Afrika bezeichnet und eine Fläche von 900.000 Hektar umfasst. Bis 2030 will Eni 10 Mio. Tonnen THG-Emissionen *jährlich* durch den Kauf von REDD-Emissionsgutschriften kompensieren, bis 2050 sollen es sogar 30 Mio. Tonnen *pro Jahr* werden (Eni 2020). Der französische Energiekonzern Total plant, bis 2030 in Waldmaßnahmen zu investieren, die die Freisetzung von 5 Mio. Tonnen CO_2eq *pro Jahr* verhindern sollen (Total 2020). Allein für die seit Anfang 2020 angekündigten „Netto-Null"-Versprechen der Ölkonzerne müsste die Landnutzung auf *jährlich* mehrere Millionen Hektar Wald an den Kompensationsbedürfnissen dieser Konzerne ausgerichtet werden. Es bahnt sich eine Landnahme von gigantischem Ausmaß im globalen Süden an, sollten die Konzerne diese Pläne tatsächlich umsetzten.

Zunächst soll auf Wald in den UN-Klimaverhandlungen und als Lieferant von Emissionsgutschriften eingegangen werden. Waldprojekte, die Emissionsgutschriften generieren, sind auch unter der Bezeichnung REDD (*Reducing Emissions from Deforestation and Forest Degradation*, dt.: Verringerung von Emissionen aus Entwaldung und der Degradierung von Wäldern) bekannt. Der Ansatz wird seit 2005 im Rahmen der UN-Klimaverhandlungen diskutiert (UNFCCC 2007, Hein 2017, Wong et al. 2016, Angelsen et al. 2018). Hierbei sollen finanzielle Anreize als „ergebnisbasierte Zahlungen" die Zerstörung des Kohlenstoffspeichers Wald verhindern. Der – nicht näher definierte – nachhaltige Holzeinschlag in Wäldern und das Pflanzen von Bäumen fallen ebenfalls unter die Definition von REDD.

Der Aufnahme von REDD in die Klimaverhandlungen der UN folgte ein Boom an Initiativen und Pilotprogrammen, viele unter Beteiligung von UN Institutionen wie dem Entwicklungsprogramm der Vereinten Nationen (*United Nations Development Programme*, UNDP) und der Weltbank. Die Wissenschaftlerin Berenice Maxton-Lee (2020, 86) zählte mehr als 500 Pilotvorhaben seit Aufnahme von REDD im Jahr 2007 in die *Bali-Roadmap*, den Fahrplan zur dann 2009 in Kopenhagen gescheiterten Klimakonferenz für ein Nachfolgeabkommen zum Kyoto-Protokoll.

Die Regierungen Norwegens, Deutschlands und Großbritanniens zählen zu den größten Finanziers dieser Initiativen (Angelsen et al. 2018).

Genannt seien die im Dezember 2007 von der Weltbank aufgelegte *Forest Carbon Partnership Facility* (FCPF); die parallel zur FCPF von UNDP, dem UN Umweltprogramm (UNEP) und der Ernährungs- und Landwirtschaftsorganisation der Vereinten Nationen (FAO) betriebene *UN-REDD Initiative*; das REDD *Early Movers Programm* der Bundesregierung, welches von der Entwicklungsbank KfW umgesetzt wird, sowie die Klima- und Wald-Initiative Norwegens (Norway's *International Climate and Forest Initiative*, NICFI) als zentrales Finanzierungsinstrument der norwegischen Regierung. Seit 2018 werden REDD-Programme, die auf die Umsetzung staatlicher Maßnahmen zur Minderung von Entwaldung innerhalb gesamter Provinzen oder der gesamten Staatsfläche eines Landes abzielen, zunehmend über den *Green Climate Fund* finanziert. Für eine eingehendere Beschreibung und Zusammenfassung der „vorliegenden Evidenz" über die von Deutschland unterstützten REDD-Maßnahmen zwischen 2008 und 2018 sei auf die Synthesestudie des Deutschen Evaluierungsinstituts der Entwicklungszusammenarbeit (DEval) verwiesen, die auch auf die oben genannten Pilotinitiativen eingeht (Reinecke et al. 2020).

Es besteht ein ziemliches Begriffsgewirr rund um REDD. Der REDD-Diskurs weist eine verwirrende Vielfalt von Begriffen auf, die unterschiedliche Ausrichtungen des Instruments seit 2005 widerspiegeln. Zunächst ging es um Maßnahmen, die auf die Minderung von Entwaldung abzielen (RED). In den folgenden Jahren wurde die Definition um Maßnahmen zur Minderung von Entwaldung und Walddegradierung (REDD) sowie zur klimaschonenden Waldnutzung und dem Pflanzen von Bäumen (REDD+) erweitert. Auch die räumliche Ausrichtung veränderte sich im Verlauf der Diskussion. Viele frühe REDD-Initiativen waren als Einzelprojekte konzipiert, die auf dem sogenannten freiwilligen Markt für REDD-Emissionsgutschriften weiterhin dominieren. Bei den UN-Klimaverhandlungen standen jedoch früh REDD-Ansätze im Vordergrund, die größere Verwaltungseinheiten eines Landes oder die gesamte Waldfläche eines Landes, umfassen sollten („jurisdictional REDD"[95] oder „landscape REDD").

---

[95] Deutsche Übersetzungen für die Begriffe „jurisdictional" und „landscape" REDD haben sich nicht etabliert. Da der Ansatz von REDD zunehmend durch den noch breiter gefaßten Begriff „nature-based solutions" (naturbasierte Lösungen) abgelöst wird, ist eine Etablierung von Begrifflichkeiten in deutscher Sprache unwahrscheinlich. Es werden hier deshalb die englischen Begriffe verwendet.

Dadurch sollte verhindert werden, dass die Entwaldung lediglich über die Projektgrenzen in angrenzende Wälder verdrängt wird. Einzelprojekte sollten in diese, nun in den Klimaverhandlungen bevorzugten, umfassenderen REDD-Programme eingebettet werden („nested REDD"). Auch die Hauptadressaten von REDD-Maßnahmen veränderten sich. Eine einflussreiche Studie des ehemaligen Chefökonomen der Weltbank, Nicholas Stern, konzipierte REDD als Instrument, das durch finanzielle Anreize die Opportunitätskosten von großflächiger Entwaldung für Soja, Palmöl etc. ausgleichen und so Wald erhalten sollte (Stern 2007). Diese Ausrichtung auf den Ausgleich von Opportunitätskosten durch REDD fand anfangs breite Unterstützung, auch in den Klimaverhandlungen (McKinsey 2010, World Bank Institute 2011, IWG/IFR 2009). Unter anderem Dyer und Counsell wiesen jedoch früh auf die methodischen Schwächen und zweifelhaften Grundannahmen des Ansatzes hin (Dyer/Counsell 2010).

In der Realität sollten sich diese Einwände bestätigen. Nahezu alle Pilotinitiativen und bestehenden REDD-Projekte stellen kleinbäuerliche Waldnutzung als Ursache von Entwaldung in den Mittelpunkt und zielen darauf ab, insbesondere den Wanderfeldbau in tropischen Waldregionen zu begrenzen (Sills et al. 2014). Geist und Lambin belegen jedoch bereits 2002, dass „entgegen weit verbreiteter Meinungen Untersuchungen von Fallbeispielen [zeigen,] dass Wanderfeldbau nicht die primäre Ursache von Waldzerstörung ist" (Geist/Lambin 2002, 146, Ü, siehe auch Hosonuma et al. 2012).

REDD-Projekte oder Programme, die primär auf die Treiber und Ursachen großflächiger Entwaldung abzielen – industrielle Landwirtschaft, großflächiger Anbau von Soja und Ölpalmenplantagen, Bergbau und Großstaudämme –, fehlen hingegen bis heute weitgehend. Das Beispiel einer REDD-Initiative der Gesellschaft für Internationale Zusammenarbeit (GIZ) verdeutlicht, warum ein Ansatz wie REDD, der Wald als a-politischen Raum begreift, in dem sich Landnutzung allein durch finanzielle REDD-Anreize lenken lässt, die komplexe Dynamik von Entwaldung verkennt. Das CliPAD-Projekt in Laos änderte seine Standortwahl, nachdem Militärvertreter dem Projektbetreiber gegenüber klarstellten, dass es im ursprünglich vorgesehenen Gebiet an der Grenze zu Kambodscha, wo die Entwaldung sehr hoch war, kein REDD-Projekt geben werde. Hochrangige Militärs verdienten am illegalen Holzhandel in der Grenzregion mit. Im Zentrum des Projekts am neuen Standort steht die Verbesserung kleinbäuerlicher Landwirtschaft, der illegale Holzeinschlag in der Grenzregion blieb von der REDD-Maßnahme unberührt und die Entwaldung dort geht weiter (Dwyer/Ingalls 2015).

Das DEval geht in seiner Studie auf die zahlreichen Änderungen in der Ausrichtung von REDD ein. Dort heißt es, dass „sich die Theorie des Wandels im Laufe der Jahre merklich verändert hat" (Reinecke et al. 2020, XIII, Ü). Man könne die Veränderungen auch als Herunterschrauben von Erwartungen beschreiben, wodurch sich scheinbar positive Effekte im Kontext der begrenzten Strahlkraft des Instruments konstruieren ließen, das umfassendere Ziel, Entwaldung zu stoppen, jedoch verwässert werde (Reinecke et al. 2020, 17).

Parallel zu den REDD-Verhandlungen im Rahmen der UN-Klima-verhandlungen entwickelten auf kommerziellen Waldschutz spezialisierte Unternehmen wie *Wildlife Works* oder *Terra Global Capital* sowie internationale Naturschutzorganisationen wie der WWF und die US-ame-rikanische Organisation *The Nature Conservancy* (TNC) REDD-Kom-pensationsprojekte, die Emissionsgutschriften auf dem sogenannten frei-willigen Markt anbieten. Diese avancierten im Laufe der Jahre, wie oben erwähnt, zu einer begehrten Quelle von Emissionsgutschriften für Kon-zerne. Solche REDD-Projekte verwenden jedoch Buchhaltungsansätze, die nur bedingt kompatibel sind mit dem Ansatz einer nationalen Koh-lenstoff- bzw. THG-Buchhaltung und nationalen Ansätzen zur Minde-rung von Entwaldung, wie sie im Rahmen der UN-Klimaverhandlungen zu REDD beschlossen wurden. Da bisher nur wenige der REDD-Pro-jekte, die Emissionsgutschriften auf dem sogenannten freiwilligen Markt verkaufen, in die nationalen Waldkohlenstoffbilanzen der Länder einge-bettet sind, ist das Risiko für doppelte Anrechnung einer angeblichen Emissionsminderung durch REDD sehr hoch: Sowohl der Käufer der Emissionsgutschrift als auch die nationale Waldkohlenstoffbilanz ver-buchen die nur einmal getätigte Emissionsminderung. Auch steht in vielen Ländern eine Einigung zwischen Regierung und Betreibern sol-cher Einzelprojekte über Verfahren zur Vermeidung von Doppelzählun-gen und zur Einbettung von Einzelprojekten in die nationalen Kohlen-stoffbilanzen noch aus (Fern 2016). Hinweise auf dieses Risiko der Dop-pelzählung fehlen jedoch in den Ankündigungen der Konzerne, die zum Nachweis ihrer „Klimaneutralität" auf Emissionsgutschriften aus Wald-projekten zurückgreifen wollen.

Auch der Versicherungskonzern Allianz setzt auf Emissionsgutschrif-ten aus Waldprojekten. Das Unternehmen bezeichnet sich seit 2012 wahlweise als klima- oder kohlenstoff-neutral und gibt an, die Emissionen der eigenen Geschäftstätigkeit und des Anlageportfolios bis 2050 auf „Netto-Null" reduzieren zu wollen (Allianz Group 2019). Für die buchhalterische Kompensation der eigenen Emissionen greift die Allianz bereits seit 2012 auf Gutschriften aus Waldprojekten unter anderem aus Kenia, der Demokratischen Republik Kongo und Indonesien zurück. Die Projekte in Kenia und der Demokratischen Republik Kongo werden von *Wildlife Works* betrieben, einem in Delaware (USA) registrierten Unternehmen. Die Allianz kauft nicht nur Emissionsgutschriften von *Wildlife Works*, sie ist auch seit mehreren Jahren am Unternehmen beteiligt (Allianz Group 2020a, 60). Die Investition „hat bisher die erwarteten Gewinne erbracht", merkt Armin Sandhoevel, Chief Investment Officer Infrastructure Equity, Allianz Global Investors, in einem Interview an (Everland 2020). Der Jahresbericht 2019 der Allianz weist eine Beteiligung von 9% an *Wildlife Works* aus, bei einer Investitionssumme von 6,23 Mio. Euro und einem Gewinn in 2019 von 150.000 Euro (Allianz Group 2020a, 93).

Die beiden Projekte von *Wildlife Works* in Kenia und der Demokratischen Republik Kongo waren Gegenstand von Recherchen, in deren Rahmen die Autorin dieses Kapitels 2015 und 2016 Gemeinden in den jeweiligen Projektregionen besucht und die Projektunterlagen des Betreibers analysiert hat. Beide Projekte verdeutlichen, warum Neutralitätsversprechen, die auf Emissionsgutschriften aus Waldprojekten zurückgehen, ein besonders hohes Risiko bergen, nur auf dem Papier zu bestehen.

Das „Kasigau Corridor"-REDD-Projekt liegt im Südosten Kenias, in einem Korridor zwischen den Nationalparks Tsavo Ost und Tsavo West (WWC 2011). Auf einer Fläche von etwa 200.000 Hektar soll das Projekt über die 30-jährige Laufzeit (2006 bis 2036) den Ausstoß von 38 Mio. Tonnen Kohlendioxid verhindern. Für jede von externen Prüfern als nachweislich eingespart anerkannte Tonne Kohlendioxid kann das Projekt dann eine Emissionsgutschrift verkaufen, das wären dann 38 Mio. Gutschriften über einen Zeitraum von 30 Jahren. Die sozialen und ökologischen Folgen des Projekts unterscheiden sich wenig von denen in den meisten anderen REDD-Projekten: Konflikte um Landnutzung, bei denen oft kleinbäuerliche Landnutzung und Wanderfeldbau eingeschränkt werden, ohne dass adäquate alternative Einkommensmöglichkeiten angeboten werden.

Landrechte der lokalen Bevölkerung auf die Waldgebiete werden nicht anerkannt, während externe Projektbetreiber dubiose Landtitel vorweisen oder sich, wie im Fall des „Kasigau Corridor-Projekts, historisch bedingt ungerechte Landzuteilung zunutze machen. Der sozial-ökologische Kontext, in dem das „Kasigau Corridor"-REDD-Projekt umgesetzt wird und die daraus resultierenden Konflikte sind umfangreich dokumentiert (siehe u.a. Chomba et al. 2016, SSNC 2013, Counter Balance 2017, REDD-Monitor 2018), auf sie soll hier nicht weiter eingegangen werden.

Im Folgenden soll vielmehr der Frage nachgegangen werden, wie glaubwürdig die Annahmen sind, auf deren Basis das Projekt die Menge der (angeblich) eingesparten THG-Emissionen errechnet. Wie bei allen Kompensationsprojekten, beruht auch beim „Kasigau Corridor"-REDD-Projekt die Berechnung der THG-Einsparungen auf einer Spekulation. Anhand von bestimmten Kriterien wird zunächst die Emissionsmenge festgelegt, die vermutlich freigesetzt worden wäre, hätte es das Projekt nicht gegeben (das hypothetische Entwaldungsszenario, englisch *baseline scenario*).

Die Kriterien für diese Festlegung unterscheiden sich je nach Wahl des Zertifizierungsstandards, für den sich ein REDD-Projektbetreiber entscheidet (Estrada 2011). Die Mehrzahl der REDD-Projekte, die derzeit Emissionsgutschriften anbieten, nutzen eine von mehr als einem Dutzend Methodologien, die z.B. alle vom *Verified Carbon Standard* (VCS, www.verra.org/methodologies/) für REDD-Projekte angeboten werden. Die von *Wildlife Works* für die Projekte in Kenia und der Demokratischen Republik Kongo verwendete Methodologie VM0009 wurde, obwohl heute als Teil des VCS anerkannt, von *Wildlife Works* selbst entwickelt (VCS 2014).

Entscheidende Bedeutung kommt bei VM0009 (305 Seiten in der aktuellen Version 3.0) der Auswahl einer Referenzfläche (*proxy area*) zu. Die Vorgaben zur Auswahl einer solchen Referenzfläche sind wenig konkret. Es müssen die Treiber der Entwaldung sowohl auf der Referenzfläche als auch im REDD-Projekt identifiziert und beschrieben werden. Auch „wie, wann und wo [diese Treiber von Entwaldung] im Projektgebiet gewirkt haben könnten", muss dargelegt werden (VCS 2014, 44, Ü).

Ist das hypothetische Entwaldungsszenario für das REDD-Projektgebiet auf diese Weise festgelegt, muss der Projektbetreiber in einem weiteren Schritt mittels Vergleich mit alternativen Entwaldungsszenarien darlegen, dass das plausibelste Entwaldungsszenario gewählt wurde. Diese Einschätzungen werden dann im ersten von zwei Zertifizierungsschritten, der Validierung, geprüft. Emissionsgutschriften kann ein Projekt in der Regel erst nach Abschluss des zweiten Zertifizierungsschritts, der Verifizierung, anbieten.

Die Menge der Einsparungen, die ein REDD-Projekt rechnerisch nachweisen kann, steigt mit dem hypothetischen Entwaldungsrisiko: Je höher
die hypothetische Entwaldung, desto größer die errechneten Einsparungen
bei Umsetzung des REDD-Projekts – und die Menge an Emissionsgutschriften, die das Projekt zum Verkauf anbieten kann. Bei vielen REDD-
Projekten steht deshalb die Vermutung im Raum, dass wenig plausible,
überhöhte Entwaldungsrisiken konstruiert werden, um so das Volumen
an Emissionsgutschriften aufzublähen (siehe auch Cames et al. 2016 für
die weit verbreitete Tendenz bei Kompensationsprojekten aller Art, die
hypothetischen Emissionen zu überschätzen). Mehrere Untersuchungen
legen dies auch für die REDD-Projekte von *Wildlife Works* in Kenia und
der Demokratischen Republik Kongo nahe (u.a. SSNC 2013, Seyller et al.
2016, Chomba et al. 2016, Rainforest Foundation UK/APEM 2020).

Der Projektbetreiber des „Kasigau Corridor"-REDD-Projekts, genauer,
der Phase II des Projekts, aus dem die Allianz Emissionsgutschriften bezieht, beschreibt in den Projektunterlagen, dass ohne das „Kasigau Corridor"-REDD-Projekt im Verlauf von 30 Jahren etwa 90% der ober- und
unterirdischen Biomasse des Savannenwaldes zerstört sowie 55% des
Kohlenstoffs im Oberboden durch fortschreitende kleinbäuerliche Landnutzung freigesetzt worden wäre (WWC 2011, DNV 2011). Zur Begründung führt *Wildlife Works* den Entwaldungsverlauf in einem an das
REDD-Projekt angrenzenden Gebiet an.

Wo liegt das Problem? Die Referenzfläche ist trotz geographischer
Nähe nicht mit der Projektfläche vergleichbar. Die beiden Flächen unterscheiden sich deutlich in mehreren Parametern, die das Entwaldungsge-
schehen beeinflussen. So leben auf dem Gebiet der Referenzfläche mindestens 100.000 Menschen während die 200.000 Hektar des „Kasigau
Corridor"-REDD Projekts nur sehr spärlich besiedelt sind (SSNC 2013,
19f.). Auch die Landnutzung ist nur bedingt vergleichbar. Ein Teil der
Referenzfläche ist im Landnutzungsplan der Region als Ackerfläche ausgewiesen. Dies erklärt die nahezu vollständige Entwaldung auf diesem
Teil der Referenzfläche. Das Land, auf dem sich das REDD-Projekt von
Wildlife Works befindet, wurde jedoch zuvor für extensive Beweidung
genutzt; eine ackerbauliche Nutzung wie auf Teilen der Referenzfläche
war nicht vorgesehen.

Unterscheidet sich aber die Landnutzung auf Teilen der Referenzfläche von der im REDD-Projekt, ist auch von unterschiedlichen Entwal-
dungsdynamiken auszugehen, was wiederum bedeutet, dass die Entwal-

dungsdynamik auf der Referenzfläche keinen wirklichen Anhaltspunkt darstellt für die hypothetische Entwicklung im REDD-Projekt.

Trotz dieser grundlegenden Unterschiede bescheinigen externe Prüfer des *Verified Carbon Standard*, dass REDD-Projektfläche und Referenzfläche ausreichend „ähnliche Voraussetzungen und Treiber von Entwaldung" aufweisen (DNV 2011, 14). Die Berechnungen des „Kasigau Corridor"-REDD-Projekts entsprächen den Anforderungen von VM0009, heißt es im Validierungsbericht des Zertifzierers (DNV 2011, 14).

Die Konsequenz für das Klima: Zumindest ein Teil der Emissionsgutschriften geht nicht auf tatsächlich vermiedene Emissionen zurück, sondern basiert auf Einsparungen, die lediglich auf dem Papier bestehen, generiert durch die Annahme eines nicht wirklich nachvollziehbar hohen Entwaldungsrisikos auf der Projektfläche des „Kasigau Corridor"-REDD-Projekts. Zumindest *ein Teil* der Vegetation wäre vermutlich auch ohne das „Kasigau Corridor"-REDD-Projekt nicht zerstört worden. Ein Teil der Emissionseinsparungen, die sich die Allianz und andere Käufer gutschreiben, hat also vermutlich gar nicht stattgefunden.

Auch das „Mai Ndombe"-REDD-Projekt in der Demokratischen Republik Kongo steht im Verdacht, die eigenen Emissionseinsparungen durch Vergleich mit einem wenig plausiblen hypothetischen Entwaldungsszenario um bis zu 30% zu überschätzen (u.a. Lang 2019a, Seyller et al. 2016, World Bank 2018). Ähnlich wie beim „Kasigau Corridor"-REDD-Projekt, konstruierte *Wildlife Works* auch im Fall des REDD-Projekts in Mai Ndombe die hypothetische Entwaldung nicht, indem die historische Entwaldung im Projektgebiet in die Zukunft fortgeschrieben wurde (sie wäre sehr gering gewesen), sondern im Vergleich mit einer Referenzfläche, die etwa 600 Kilometer vom Projektgebiet entfernt, in der Provinz Bas Congo, liegt (WWC 2012).

Der Artikel von Seyller et al. (2016) analysiert die Wahl der Referenzflächen von drei REDD-Projekten, darunter dem „Mai Ndombe"-REDD-Projekt von *Wildlife Works*. Der Artikel beschreibt eine Reihe von Unterschieden, die die Vergleichbarkeit von Referenzfläche und REDD-Projektgebiet in Bezug auf die Entwaldungsdynamik infrage stellen. Das Projekt von *Wildlife Works* liegt in einem dichten Feuchtregenwald und mehr als doppelt so weit entfernt von der Hauptstadt Kinshasa (einem wichtigen Markt für Holzkohle) wie die Referenzfläche. Die Referenzfläche liegt zudem in der Nähe wichtiger Häfen, insbesondere dem Hafen an der Küste, während das REDD-Projekt weit von allen Hafenstandorten entfernt liegt und nur schwer zugänglich ist. Nicht zuletzt deshalb ist die Region nur sehr dünn besiedelt, die Besiedlungs-dichte ist um ein Vielfaches niedriger als in der Provinz Bas Congo, wo sich die Referenzfläche befindet. Die Autoren bezeichnen folglich die Wahl der Referenzfläche als „dubios" („a dubious choice").

Sie ziehen zudem die Annahme in Zweifel, der Wald wäre ohne das REDD-Projekt (legal) durch kommerziellen Holzeinschlag dezimiert und anschließend durch kleinbäuerliche Landnutzung und Wanderfeldbau nahezu völlig zerstört worden (wie es das Entwaldungsszenario des Pro-jektbetreibers *Wildlife Works* postuliert). Eine solche kommerzielle Holz-nutzung ist ein zentraler Aspekt im hypothetischen Entwaldungsszenario des Projektbetreibers (WWC 2012, o. S., Kapitel 2.4.3). Der Grund für die Zweifel am hypothetischen Entwaldungsszenario? Seit mehr als 15 Jah-ren besteht in der Demokratischen Republik Kongo ein Moratorium für die Vergabe neuer Holzeinschlagskonzessionen.

Dies betrifft auch die beiden Konzessionen, die die Wälder im Gebiet des heutigen REDD-Projekts umfassten: Sie wurden im Dezember 2008 annulliert (Kill 2016). Legaler kommerzieller Holzeinschlag hätte also bis heute in der ehemaligen Holzkonzession nicht stattfinden können. In wenigen Ausnahmen war trotz Moratorium ein Tausch annullierter Kon-zessionen mit anderen Flächen möglich. Der Projektbetreiber argumen-tiert in den Projektunterlagen, ein solcher Tausch sei imminent gewesen. Demnach habe die Neuvergabe bzw. Aktivierung einer Holzeinschlags-lizenz unmittelbar bevorgestanden und sei nur durch das Angebot für eine REDD-Konzession des damaligen Projektbetreibers nicht zustande gekommen (WWC 2012, o. S., Kapitel 2.3.4). Glaubwürdige Nachweise für diese Geschichte hat das Unternehmen nie vorgelegt (Lang 2017, Kill 2016).

Das wenig plausible hypothetische Entwaldungsszenario für das „Mai Ndombe"-REDD-Projekt von *Wildlife Works* geht von einer nahezu voll-ständigen Entwaldung der Fläche ohne Intervention durch das REDD-Pro-jekt aus (WWC 2012). Das REDD-Projekt generiert aktuell Emissions-gutschriften, obwohl die Entwaldung seit Beginn des Projekts gestiegen ist (Lang 2016). Dies ist möglich, weil das hypothetische Entwaldungs-szenario eine nahezu vollständige Abholzung der Wälder im REDD-Pro-jektgebiet im Laufe weniger Jahrzehnte postuliert. Durch Umsetzung der Maßnahmen im Rahmen des REDD-Projekts sollte dies verhindert und über eine Laufzeit von 30 Jahren die Freisetzung von 175 Mio. Tonnen Kohlendioxid vermieden werden (WWC 2012, o. S.).

Die aktuelle Entwaldung liegt deutlich niedriger als im hypothetischen Szenario erwartet. Im Vergleich zum hypothetischen Entwaldungsszenario vermeidet das REDD-Projekt von *Wildlife Works* demzufolge trotz steigender Entwaldung Emissionen. Da, wie oben dargelegt, die hypothetische Entwaldung unplausibel hoch angesetzt scheint, generiert das REDD-Projekt trotz der vorhandenen Entwaldung noch beträchtliche Mengen an Emissionsgutschriften. Der Verifizierungsbericht des Zertifizierers weist für den Zeitraum 2012-2016 (aktuellster Bericht) angeblich vermiedene Emissionen aus Entwaldung in Höhe von mehr als 10 Mio. Tonnen Kohlendioxid aus (VCS 2017, 37). In der Projektdokumentation, die der Betreiber 2012 zur Prüfung beim VCS einreichte, wird für den gleichen Zeitraum von einer Vermeidung von 14,8 Mio. Tonnen CO_2eq ausgegangen (WWC 2012, o. S., Kapitel 3.4.4).

Ein Dokument der Weltbank unterstreicht die Zweifel an der Plausibilität des hypothetischen Entwaldungsszenarios, auf dem die vermeintlichen Emissionseinsparungen im „Mai Ndombe"-REDD-Projekt beruhen. Die Provinz Mai Ndombe nimmt an einem REDD-Pilotprogramm im Rahmen der *Forest Carbon Partnership Facility* teil, bei dem REDD-Maßnahmen auf Provinzebene umgesetzt werden sollen (Rainforest Foundation UK/APEM 2020). Im Rahmen des Pilotprogramms wurde unter anderem eine Waldkohlenstoffbilanz für die gesamte Provinz Mai Ndombe erstellt, bei der bereits bestehende REDD-Projekte des Privatsektors (unter anderem das „Mai Ndombe"-REDD-Projekt von *Wildlife Works*) in die Bilanzierung auf Provinzebene „eingebettet" wurden. Im Gegensatz zum „Mai Ndombe"-REDD-Projekt von *Wildlife Works* bestimmt das Pilotprogramm auf Provinzebene die hypothetische Entwaldung ohne das REDD-Pilotprogramm jedoch nicht mittels Vergleich mit einer Referenzfläche, sondern durch Fortschreibung der historischen Entwaldung (zuzüglich eines „Entwicklungsfaktors", der für Regionen mit sehr niedriger historischer Entwaldung eine Fortschreibung höherer Entwaldung erlaubt). Bei der Einbettung des REDD-Projekts von *Wildlife Works* in die Buchhaltung des Pilotprogramms zeigte sich, dass die projekteigenen Berechnungen mehr als 30% über den Einsparungen lagen, die sich aus Berechnung der Emissionsminderung auf Basis fortgeschriebener historischer Entwaldung ergaben, wie sie für das Pilotprogramm verwendet wurde (World Bank 2018, 52).

Die beiden Beispiele verdeutlichen ein Dilemma, das letztlich alle (REDD-)Kompensationsprojekte betrifft: Sie beruhen auf der Annahme, hypothetische Emissionsszenarien seien verifizierbar und deshalb könne die Höhe des hypothetischen Emissionsszenarios die Menge der Emissionsgutschriften bestimmen, die ein Projekt vermarkten kann. Unternehmen, die Emissionsgutschriften kaufen, werben oft damit, dass die erstandenen Emissionsgutschriften „nachweislich" zusätzlich eingesparte Emissionen garantieren. In Wirklichkeit verifizieren die Prüfer von VCS und anderen Standards jedoch nicht den Nachweis einer *zusätzlichen* Emissionsminderung, sie prüfen lediglich die Plausibilität der Geschichte über hypothetische Entwaldung, die ohne eine Umsetzung des REDD-Projekts stattgefunden hätte. Seyller et al. (2016) schreiben hierzu: „[B]ei REDD+-Projekten gibt es eine Art nicht auflösbarer Unsicherheit darüber, was das ‚richtige Referenzszenario' sein sollte. Unsere Fallstudien zeigen, dass schon kleine Unterschiede in den Referenzszenarien – ob gewollt oder ungewollt – gravierende finanzielle (positiv für die Projektbetreiber) und ökologische (negativ für das Klima) Folgen haben können" (Seyller et al. 2016, 13).

Das Webportal REDD-Monitor (www.redd-monitor.org) sowie die Weltkarte des Dossiers „Neue Ökonomie der Natur" der Heinrich-Böll-Stiftung (https://www.boell.de/de/dossier-neue-oekonomie-der-natur) bieten Informationen zu einer Vielzahl von REDD-Projekten, die Emissionsgutschriften auf der Basis wenig plausibler hypothetischer Entwaldungsszenarien vermarkten. Verwiesen sei noch auf eine Greenpeace-Studie aus dem Jahr 2020, die auf ein REDD-Projekt in Indonesien eingeht, aus dem der Autokonzern VW Emissionsgutschriften bezieht (Greenpeace 2020). VW nutzte Gutschriften aus dem Katingan-REDD-Projekt, um Emissionen zu kompensieren, die bei der Produktion zweier e-SUV-Modelle entstehen (VW 2020), und die VW als „klima-neutral" vermarktet. Die Greenpeace-Studie zeigt auf, dass auch im Fall von Katingan-REDD das „Kasigau Corridor"-hypothetische Entwaldungsszenario wenig plausibel ist und die angeblich eingesparte Menge an Emissionen überschätzt (siehe auch Lang 2019b).

Nicht unerwähnt bleiben soll schließlich ein Artikel des Journalisten Ben Elgin (2020), der eine besonders absurde hypothetische Entwaldungsgeschichte entlarvt. Elgin beschreibt die Metamorphose eines Waldgebiets in Pennsylvania (USA) zum Waldkompensationsprojekt, das Emissionsgutschriften für *Disney Company* und andere generiert: Die US-amerikanische Naturschutzorganisation *The Natur Conservancy* (TNC) hat den Ansatz von REDD von Beginn an propagiert und eine Reihe von REDD-Projekten umgesetzt. Die Organisation erstand das „Pennsylvania Ridges"-Waldgebiet 1999 mit dem Erlös aus einer Fundraising-Kampagne, die damit warb, den Wald vor unmittelbar drohendem kommerziellen Holzeinschlag zu retten (‚specifically and immediately threatened by a pending logging contract').

Zwei Jahrzehnte später entwirft TNC in den Projektunterlagen des Kompensationsprojekts Pennsylvania Ridges ein hypothetisches Entwaldungsszenario, wonach angeblich ohne Einkünfte aus dem Verkauf von Emissionsgutschriften mit umfangreichen kommerziellen Holzeinschlägen, inklusive „großer Kahlschläge" in dem Wald zu rechnen sei. Mehr als 70% der lebenden Bäume sollten angeblich innerhalb von fünf Jahren entnommen werden – aus einem Wald, den TNC 1999 mit Spendengeldern erwarb, um ihn vor der Zerstörung durch kommerziellen Holzeinschlag zu schützen! TNC will hunderttausende Dollar mit dem Verkauf von Emissionsgutschriften verdienen, „um einen Wald zu schützen, den die Organisation bereits geschützt hatte", schreibt Elgin.

Auch die REDD-Projekte, aus denen die Allianz ihre Emissionsgutschriften bezieht, beruhen, wie beschrieben, auf wenig plausiblen, und letztendlich nicht verifizierbaren hypothetischen Entwaldungsszenarien, die alle eines gemeinsam haben: Sie maximieren die Ausbeute an Emissionsgutschriften, die der Betreiber des REDD-Projekts vermarkten kann. Nichtsdestotrotz erfreuen sich Emissionsgutschriften aus solchen Waldprojekten großer Beliebtheit. Das Marketingpotenzial ist allemal attraktiver als bei Emissionsgutschriften aus Industrieprojekten, etwa zur Abwärmenutzung in Stahlwerken in Indien oder China. Schlechte Nachrichten fürs Klima also, wenn Beispiele wie die der Allianz Schule machen und Konzerne vermehrt auf Emissionsgutschriften, insbesondere solche aus Waldschutz oder Baumpflanzprojekten zurückgreifen.

11. Kann über den Wolken die Freiheit wohl grenzenlos sein?

Zusammenfassung: Der weltweite Flugverkehr steigt exponentiell, nicht zuletzt dank massiver Subventionen der Flughäfen und Fluggesellschaften sowie Nichtbesteuerung. Wie der Schiffsverkehr wird er weder im Kyoto-Protokoll noch beim Pariser Abkommen einbezogen. In Europa ist er mittlerweile Teil des EU-ETS. Entgegen ursprünglichen Plänen, wird ausschließlich der innereuropäische Flugverkehr berücksichtigt, so dass nur ⅓ der Emissionen der in Europa startenden und landenden Flüge erfasst werden. Außerdem wird nur der CO_2-Ausstoß einberechnet und keine sonstigen klimawirksamen Aspekte des Fliegens. Es gibt außerdem zahlreiche Ausnahmen, z.B. für Militär- und Regierungsflüge. Auf Grundlage der Benchmark der Flüge von 2004-2006 (nicht 1990) werden in dieser Höhe kostenlos Zertifikate an die Flugzeugbetreiber entsprechend ihrer Flottengröße im Jahr 2010 verteilt. Sie müssen über ihr Kontingent hinausgehende Emissionen durch Zukauf von Zertifikaten aus dem stationären EU-ETS zukaufen, was dort zu erheblichen Engpässen führen könnte, da die Regelung einen nach Corona weiter stark anwachsenden Flugverkehr ermöglicht. Auch sind synthetische und Biokraftstoffe ausgenommen. Wegen des zurzeit bestehenden Überangebots dürfte diese Nachfrage aber nicht so stark ins Gewicht fallen, dass sie zu einer Emissionseinsparung an anderer Stelle führt.

Auf internationaler Ebene soll das von der *International Civil Aviation Organization* (ICAO) vorbereitete Abkommen CORSIA ab 2020 zu „kohlenstoffneutralem Wachstum" führen. ICAO ist eine UN-Sonderorganisation mit 191 Mitgliedern, die hauptsächlich als Lobby der Flugbranche auftritt. Als Basisjahr gilt jetzt 2019. In der Höhe der Emissionen dieses Jahres werden kostenlose Zertifikate auf die Fluggesellschaften nach ihren historischen Emissionsanteilen verteilt. Darüber hinausgehende Emissionen des Gesamtsektors können – anders als beim EU-ETS – durch Kompensationsprojekte (ähnlich den CDM) ausgeglichen werden, deren Problematik offenkundig ist. Zu diesen Projekten gibt es hinsichtlich klimapolitischer Qualität (noch) keine Vorgaben. International liegt bereits jetzt aber ein Überangebot vor, so dass die Preise für solche Projekte minimal sein werden. Darüber hinaus sind 118 weniger entwickelte Länder ausgenommen und bis 2026 ist die Teilnahme freiwillig (u.a. China und Russland sind einstweilen nicht dabei), nur CO_2 wird eingerechnet, nachhaltige Treibstoffarten (synthetische und problematische Biokraftstoffe) sind ausgenommen und es gibt keine Sanktionen bei Austritten. Dank Corona wird in den ersten Jahren von CORSIA kein Zukauf von Projektgutschriften nötig sein, da die Emissionen unter denen von 2019 bleiben werden. Ursprünglich war als Basiszeitraum 2019 und 2020 vorgesehen. Daneben können Privatpersonen Flüge z.b. bei atmosfair durch den Erwerb von Gutschriften aus Kompensationsprojekten klimaneutral stellen, was auch problematisch ist. CORSIA dient wohl eher zur Ablenkung effektiver Maßnahmen. Als solche könnte man anführen: Festlegung maximaler Emissionen aus dem Flugverkehr, Verbot von Neubauten und Rückbau von Flughäfen, Beenden des innereuropäischen und nationalen Flugverkehrs, Einführung einer Kerosinsteuer und einer progressiv steigenden Vielfliegerabgabe, Förderung neuer Flugtechniken (Zeppeline) und demokratische Beschlussfassungen jenseits der ICAO.

* * *

Der Flugverkehr tauchte bereits an einigen Stellen vorheriger Kapitel auf und wird dies auch in späteren Kapiteln noch tun. Hier wird ihm nun aber auch ein ganzes Kapitel gewidmet. Flugreisen stellen einen wesentlichen Aspekt bei freiwilligen Neutralisierungsbemühungen u.a. des Bundesumweltamtes und der Bundesverwaltung dar. Ebenso wie das Auto hat das Flugzeug hierzulande einen symbolischen Stellenwert, ist doch Deutschland, wie oft betont wird, „eine Luftfahrtnation der ersten Stunde. Pioniere wie Graf Zeppelin, Otto Lilienthal und Hugo Junkers haben Luftfahrtgeschichte geschrieben" (https://www.bdl.aero/de/themen-positionen/nach haltigkeit/klimaschutz/).

So gibt es in Deutschland rund drei Dutzend Flughäfen und 950 kleinere Flugplätze, die zusammen vor Corona einen dichten Kerosin- und Lärmteppich über Land und Flur legten. Angesichts des Klimawandels muss die Erfolgsgeschichte über den Wolken nun anders weitergehen. Im Luftfahrtdeutsch: Eine Schubumkehr ist nötig.

Bisher saßen nur ungefähr 5-10% der Weltbevölkerung in ihrem Leben in einem Flugzeug, obwohl sich zwischen den Jahren 2000-2015 der Flugverkehr verdoppelte. Vor Corona wurden jährlich 4,3 Mrd. Menschen auf diese Art befördert. Die internationale Arbeitsteilung mit verzweigten

Lieferketten führte dazu, dass das Frachtaufkommen in Deutschland gegenüber 1991 um 243% anstieg. Die Luftverkehrsorganisation ICAO schätzte vor Corona, dass bis 2050 der Flugverkehr um 300% ansteigen dürfte. Würde jeder Erdbewohner einmal im Jahr fliegen, würden die Emissionen rasant in die Höhe schießen.

Eine geringe Anzahl von Menschen ist für den größten Belastungsanteil verantwortlich, hierzu zählen berufliche Vielflieger der international ausgerichteten „Funktionseliten". Für viele Unternehmen stellen die Flugemissionen einen, wenn nicht den Hautposten ihres ökologischen Rucksacks dar. Hinzu kommen pro Jahr dutzende „Villa-Flüge" von Bessergestellten, die ihre Urlaubsresidenzen beehren. Dem Verfasser ist ein sehr nettes und fachlich kompetentes Akademikerehepaar bekannt, das ein halbes Dutzend Mal pro Jahr nach Griechenland fliegt, ohne je einen Gedanken an die Auswirkungen dieser Vielfliegerei verloren zu haben.

Weltweites Luftverkehrswachstum der letzten 70 Jahre

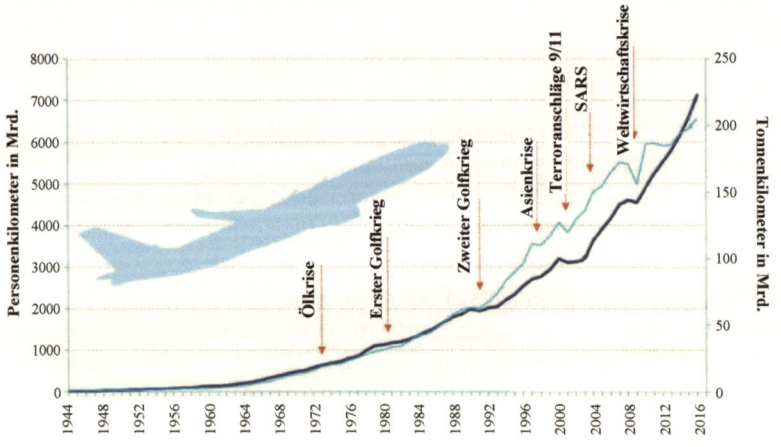

Bopst et al. 2019, 17.

Bis 2040 wurden noch kurz vor dem Ausbruch von Corona 9,4 Mrd. Flugreisende prognostiziert. Vor Corona befanden sich in jedem Moment „mindestens eine halbe Million Menschen in der Luft. In den letzten Jahrzehnten ist der Flugverkehr massiv gewachsen, deutlich mehr als andere Wirtschaftssektoren ... [Hunderte] Flughafenneu- oder ausbauten sind derzeit geplant – einige davon Megaprojekte, die ganze Shopping- und Industriegebiete einschließen und die Zerstörung großer Ökosysteme sowie Vertreibung von Anwohner/innen, Lärm-, Feinstaub- und Gesundheitsschäden zur Folge haben" (Heuwieser 2018a, 1). Bis 2050 könnten die Emissionen durch Flüge auf 22% der Gesamtemissionen ansteigen.[96]

Bei der weiteren Betrachtung werden folgende, über die rein flugbedingten THG-Emissionen hinausgehende Umweltbelastungen ausgeklammert: der Energie- und Materialverbrauch bei der Herstellung von Flugzeugen und beim Bau von Flughäfen (die teils zu ganzen Aircities expandieren), die Verschlechterung der Luftqualität, Ultrafeinstaub, der Flächenfraß und der Fluglärm sowie die jeweilige Anzahl der hierdurch gesundheitlich Betroffenen. Da sich die Expertisen nicht nur des UBA (Bopst et al. 2019, Kapitel 3) zu diesen Punkten auf vorliegende wissenschaftliche Studien berufen müssen, sei hier vermerkt, dass die Ergebnisse dieser Studien am konservativen unteren Ende angesiedelt sein dürften.

Dies dürfte auch damit zusammenhängen, dass häufig ehemalige „Praktiker" aus der Flugzeugbranche auf Lehrstühle berufen werden, die natürlich komparative Vorteile auch hinsichtlich der Drittmittelakquise gegenüber reinen „Theoretikern" aufweisen[97] und daher fast zwangsläufig Verständnis für ihre früheren Arbeitgeber und deren Sichtweisen haben. Ich habe dies vor langer Zeit am Beispiel des Diskursumfeldes „Lärm" untersucht. Hierbei zeigte sich auch, dass bereits die Berechnung des Lärms über eine logarithmische Dezibel-Skala das Problem herunterspielt (Peukert 1994).

Der in einer Studie des UBA als akzeptabel angegebene Mittelungspegel tagsüber in Wohngebieten von 63 dB(A) ist sehr hoch angesetzt und ein Nachtflugverbot des „regulären" Flugbetriebes von 22-6 Uhr sehr knauserig gegenüber der Bevölkerung. Dies ist wohl auch nötig, da man ansonsten den bisher immer mit Lärmemissionen verbundenen Maschinenpark der Megamaschine unseres Wirtschaftssystems stark begrenzen müsste, wollte man diesen Krankheitsaspekten angemessen Rechnung tragen.

Von 1940-2018 hat die Luftfahrtbranche 32,6 Mrd. Tonnen CO_2 emittiert. Das ist nicht sehr viel weniger, als der Mensch derzeit pro Jahr durch

---

[96] Zu den einzelnen Ausbauprojekten siehe https://stay-grounded.org/planned-airport-projects/ und zu den erwarteten Flugbewegungen Stay Grounded (2019, 5).

[97] Stolz berichtet der deutsche Hochschullehrerverband, dass in 2018 Professorinnen und Professoren an deutschen Universitäten (ohne medizinische Einrichtungen und Gesundheitswissenschaften) im Durchschnitt knapp über 280.000 Euro Drittmittel einwarben. Spitzenreiter war die RWTH Aachen mit 955.700 Euro pro Professor/in, siehe Forschung und Lehre (27 (2020), 892).

alle fossile Brennstoffnutzung ausstößt. Seit dem Jahr 2000 haben sich (bis vor Corona) weltweit die geflogenen Kilometer der Passagiere mehr als verdoppelt.

„Derzeit sind 423 neue Flughäfen in Planung oder im Bau, davon 223 im asiatisch-pazifischen Raum und 58 in Europa. Hinzu kommen weltweit 121 zusätzliche Start- und Landebahnen (28 in Europa). Vielen Projekten begegnen Anwohner*innen aus verschiedensten Gründen mit Protesten – die Umsetzung der Pläne ist somit noch umkämpft.

Nicht abgebildet sind hier [in der wohl besten Studie zum Thema grüner Flugverkehr] weitere 205 geplante Erweiterungen bestehender Pisten sowie 262 neue Terminals und 175 Terminalerweiterungen" (Finance and Trade Watch 2017, 1; die Dokumentation gibt auch einen umfassenden Überblick über die in diesem Kapitel angesprochenen Themen).

Das exponentielle Wachstum des Flugverkehrs schien ohne den Corona-Warnschuss keine natürlichen Grenzen zu kennen.[98]

Wachstum der Verkehrsleistung 2017 bis 2037 in RPK, nach Weltregionen

Bopst et al. 2019, 23.

Es erscheint selbst unter Berücksichtigung der wohl zeitlich auch nur begrenzten Corona-Bremsspur schleierhaft, wie man eine deutliche Minderung der Emissionen angesichts dieser Wachstumsprognosen und weltweiten Expansionsprojekte (inklusive Frankfurt/Main und München) er-

---

[98] Zu den genauen Zahlen siehe im Einzelnen Bopst et al. (2019, Kapitel 2).

reichen könnte. Außerdem gibt es Pläne v.a. in den USA und Japan, endlich Flugzeugen mit Überschallgeschwindigkeit zum Durchbruch zu verhelfen, die ab 2026 im zivilen Luftfahrtbereich erwartet werden. Sie werden einen 5-7fachen CO_2-Ausstoß pro Passagier haben, da sich bei dieser Geschwindigkeit die Luftmoleküle nicht mehr wegbewegen können, was manchmal auch zu Wolkenbildungen während der Unterdruckphase führt. Bei einem tatsächlichen Wirkungsfaktor von 4 wegen der neben dem CO_2-Ausstoß einzuberechnenden zusätzlichen Klimawirkungen (siehe unten) käme man beim 7fachen auf einen Wirkungsfaktor knapp unter 30. Nicht eingerechnet ist hier der am Boden vernehmbare Lärm beim Überschreiten der Schallmauer. Chinesische Ingenieure tüfteln bereits an transatmosphärischen Flugzeugen mit Staustrahlentriebwerken mit 9facher Schallgeschwindigkeit.

Insgesamt wird in Studien durchgehend realistisch davon ausgegangen, dass es auch bis 2050 trotz Effizienzverbesserungen beim normalen Flugverkehr zu höherem Kerosinverbrauch kommen wird. Glaubt man, dass u.a. das kompensierende Kochen mit den bei Zertifikatvertrieb beliebten kleinen Hocheffizienzöfen in aller Welt hierfür einen Ausgleich schaffen könnte?

Die Deregulierungen im Luftverkehr seit den 1970er und 1980er Jahren, die auch ein Schwerpunkt in der EU waren, haben die Preise in ungeahnte Niederungen purzeln lassen. Auch die vor Jahrzehnten international einmal beschlossene Steuerbefreiung trug dazu bei. Leider wird sie jedoch oft als generelles Steuerverbot missverstanden.

„Auf internationaler Ebene schränken das Chicagoer Abkommen sowie bilaterale Abkommen, z.B. das Open Skies Abkommen, die Besteuerung der Treibstoffe im Luftverkehr ein. Das Chicagoer Abkommen verbietet jedoch nur die Besteuerung des Kerosins, das sich bereits an Bord befindet und dem internationalen Weiterflug dient. Die Besteuerung von Kerosin, das für internationale Flüge an europäischen Flughäfen getankt wird, wäre also bei Änderung entgegenstehender bilateraler Abkommen durchaus möglich" (Bopst et al. 2019, 82).

Die Ausgliederung des Flugverkehrs seit den Anfängen des Kyoto-Protokolls aus den internationalen Klimaverhandlungen seit 1998 und seine Zuweisung in die weitgehend unbeachtete UN-Sonderorganisation ICAO, die von Lobbyisten der Flugbetreiber im Interesse des Wachstums der Branche dominiert wird, haben weltweit die Rollbahnen freigemacht, um die Erde mit dem klimaschädlichsten Transportmittel aufzuheizen. So landen Vorschläge wie eine absolute Reduktion von Flügen (ohne Kompensation), eine Schließung von Regionalflughäfen und Moratorien bei Flughafenprojekten sowie eine gesellschaftliche Debatte, welche Flüge notwendig sind, ganz leicht im Abseits, obwohl die Umweltbilanz des Flugzeugs desaströs ist. So werden bei einer Person, die sich einen Kilometer zu Fuß fortbewegt, null Emissionen freigesetzt, mit der Bahn durchschnittlich 5,4 Gramm CO_2, mit dem Bus 37,5, mit dem Auto 146 und mit dem Flugzeug 394. Ivanova et al. (2020) untersuchen das zum Teil erhebliche Einsparpotenzial der „Emissionsquellen" verschiedener Aktivitäten privater Haushalte und der zentralen Bedeutung des Flugverkehrs hierbei.

Das Flugaufkommen deutscher Flughäfen stieg seit 1990 um 260%, der damit verbundene Kerosinanstieg betrug 117%. Lohndumpingerprobte Billigfliegerfirmen erhalten auf dem Frankfurter Flughafen Rabatttarife und bekommen dank der EU-Kommission bisherige Startrechte der Lufthansa zugesprochen, die im Zuge von Corona von der deutschen Bundesregierung (neben Tuifly und Condor) ohne größere Auflagen, z.B. der Einstellung von Inlandsflügen, 9 Mrd. Euro ohne jegliche umweltpolitische Auflagen erhielt.[99] Der deutsche Verkehrsminister setzte sich im November 2020 vehement beim sogenannten Luftverkehrsgipfel dafür ein, auch alle Regionalflughäfen, die bereits vor Corona defizitär waren, in die Milliardenhilfen einzubeziehen.

Vor Corona flogen jährlich über 3 Mio. Bundesbürger auf die Kanaren, was 5,8 Mio. Tonnen CO_2 entspricht, da ein Hin- und Rückflug mit fast zwei Tonnen zu Buche schlägt (Bangkok: 5,5, Sydney: 10,2 Tonnen). Hiervon wurden 2016 gerade einmal 170.000 Tonnen kompensiert (Stiftung Warentest 2018). Eine Familie mit zwei Kindern beispielsweise produziert dann durch den Urlaubsflug einen solch hohen Fußabdruck, dass alle gut gemeinten THG-Einsparbemühungen zuhause demgegenüber verblassen.

Während ich dieses Kapitel im Juni 2020 zu schreiben begann, saßen die ersten Spaßurlauber wieder dicht gepackt in Flugzeugen nach Mallorca – Verzicht war offenbar unzumutbar und selbst kürzere Urlaubsflüge innerhalb des europäischen Festlands waren anscheinend „unvermeid-

---

[99] Zu den staatlichen Subventionen aufgrund von Corona siehe auch https://stay-grounded. org/pressemitteilung-lufthansa/; https://stay-grounded.org/lets-stay-grounded/savepeople notplanes/; https://stay-grounded.org/aua-rettung-bruchlandung-fuer-das-klima/; https:// stay-grounded.org/aua-staatshilfen-zehn-masnahmen-fur-klimagerechten-umbau/; https:// stay-grounded.org/9-billion-bailout-to-lufthansa/; https://stay-grounded.org/pressemittei lung-lufthansa/. Auch die meisten Ökonomen stehen den (konditionslosen) Unterstützungssubventionen kritisch gegenüber (https://theconversation.com/why-airline-bailouts-are-so-unpopular-with-economists-137372).

bar". Schulen und Kitas blieben dicht, in den Flugzeugen durften uneingeschränkt auch alle Mittelsitze besetzt werden, da es sich für die Betreiber-
gesellschaften sonst nicht lohnte, die das durch Experten widerlegte Ge-
rücht der Risikolosigkeit dank besonderer Klimaanlagen in die Welt setzten. Ab Ende August trugen die Urlauber dann zu den höheren Infektions-
zahlen bei, deren Folgekosten alle zu tragen hatten, auch die Zuhause-
gebliebenen. Im März 2021 waren Urlaubsaufenthalte im Inland untersagt,
aber hunderte Flugzeuge brachen mit deutschen Urlaubern nach Mallorca
auf.

Laut zivilgesellschaftlichem *Bailout Tracker* erhielten europäische
Flugzeuganbieter seit Ausbruch von Corona und zumeist ohne ökologische
Konditionen rund 33 Mrd. Euro.[100] Ohne Rücksicht auf die (oft ärmeren)
Bewohner der Einflugschneisen und Einfluggebiete und unter ständigem
Brechen von Versprechungen und der Beugung gesetzlicher Regelungen,
z.B. hinsichtlich des Ausbaus des Frankfurter Flughafens (Keber et al.
2015), werden Ausbaupläne durchgepeitscht. Immerhin hat die Europäische Investitionsbank, das Förderinstitut der EU, beschlossen, keine Kredite mehr für den Bau neuer Flughäfen vergeben.

Dutzende defizitäre Regionalflughäfen erhalten nicht nur, aber besonders in Deutschland viele Millionen an Subventionen aus den Haushalten
klammer Kommunen. Bevor das erste Flugzeug vom Berliner Flughafen
gestartet ist, wurde von der Staatssekretärin im Bundesfinanzministerium
Druck auf den Haushaltsausschuss des Bundestages ausgeübt, der Flug-
hafengesellschaft ein dringend erforderliches Darlehen und Zuwendungen
über zunächst 78 Mio. Euro zu gewähren, nachdem die Kosten bereits um
mindestens das Dreifache durch die undichte Decke gingen. Gutachten
ergeben, dass der Flughafen auch ohne Corona angesichts zu erwartender
Verluste Geldspritzen bis in den Milliardenbereich benötigen wird, um
nicht gleich zu kollabieren (*Der Spiegel*, 24.10.2020, 52-53).

Aber wird Flugscham nicht bald Geschichte sein, dank recht bald zur
Verfügung stehender, alternativer, v.a. synthetischer Antriebe? Was ist
von solchen Planungen und Versprechungen zu halten?

> „In der Luftfahrt ist dabei noch unsicheren [sic] als in anderen Sektoren,
> ob es je zu einem technologischen Durchbruch kommt, beispielsweise
> hinsichtlich elektrischer Antriebe und supraleichter Maschinen.

---

[100] https://www.transportenvironment.org/what-we-do/flying-and-climate-change/bailout-
tracker; siehe auch umfänglich Abate et al. (2020).

Falls ja, würden die Auswirkungen einer solchen Entwicklung erst in Jahrzehnten zum Tragen kommen – zu spät angesichts der sich verstärkenden Klimakrise. Die geplanten Effizienzgewinne im Kerosinverbrauch neuer Flugzeuge liegen derweil bei jährlich 1,5%. Bei Wachstumsraten des Flugverkehrs von teilweise 7% (2017) ist CO_2-neutrales Wachstum durch technologische Lösungen also illusorisch" (Heuwieser 2018a, 2).

Auch die Bundesregierung erklärte in mehreren Statements aus jüngerer Zeit, dass CO_2-freies Fliegen auf absehbare Zeit nur sehr begrenzt möglich sei.

Nicht besser sähe die ökologische Bilanz aus, wenn es zum erhöhten Einsatz problematischer (Bio-)Antriebsstoffe wie Palmöl käme, dessen Produktion in die Fläche (Biospritplantagen) und zu Lasten der (Regen-)Wälder oder der Nahrungsmittelproduktion geht. Mittlerweile weiß man auch, dass Palmöl in Kraftstoff (Agrodiesel) eine dreimal schlechtere Klimabilanz als fossiler Diesel hat. Dennoch wird Palmöl in der EU bis 2030 als Biokraftstoff zugelassen und allein in Deutschland stecken insgesamt 1,12 Mio. Tonnen u.a. auch noch in Schokolade, Fertigpizzas und Shampoos. Was zählt ist die Verwertbarkeit: Die Ölpalme ermöglicht 15 Ernten pro Jahr und das über 20 Jahre.

Umso erstaunlicher, dass der Flugverkehr *weder* im Kyoto-Protokoll *noch* im Pariser Abkommen Berücksichtigung fand. Dabei wäre unter ökonomischen Gesichtspunkten, die immer als ein Hauptargument für Zertifikatmärkte angeführt werden, der Flugverkehr ein ideales Objekt marktorientierter Neutralisierungen oder Begrenzungen, da z.B. Leakage ein geringes Problem darstellt: Wer nach Amsterdam fliegen will, fliegt sehr wahrscheinlich nach gestiegenen Preisen nicht nach Dubai. Für die absolut nicht zu vernachlässigende internationale Schifffahrt gilt Ähnliches, für sie ist auch eine Sonderinstitution der UN zuständig, die *International Maritime Organization* (IMO).[101]

Kollmuss (2020) weist darauf hin, dass mittlerweile in einigen Ländern aufwendig und oft subventioniert der Ersatz von Ölheizungen und das Dämmen von Häusern vorangetrieben wird, obwohl man so viel einfacher und preisgünstiger durch einen gedeckelten Flugverkehr etwas erreichen könnte. Überhaupt steht es um die ökonomische Rationalität im engeren Sinne bei Subventionszahlungen nicht allzu gut.

---

[101] http://www.imo.org/EN/Pages/Default.aspx.

„Eine zusätzliche Schwierigkeit von Kompensationsmechanismen besteht darin, dass Emissionsminderungen subventioniert werden, statt
den CO_2-Ausstoß zu besteuern. Das ist aus ökonomischer Sicht ineffi-
zient, entspricht nicht dem Verursacherprinzip, und kann zu höheren
Emissionen führen, selbst wenn Projekte zusätzlich sind" (Kollmuss
2017, 12).

Die Sonderbehandlung des Flugverkehrs wird häufig mit nationalen
Sicherheitsinteressen und der Rolle, die der Luftfahrt dabei zukommt, begründet. Bei Airbus entfallen tatsächlich 20% des Umsatzes auf Rüstungs-
verkäufe, bei Boeing sind es 50%.

Unter politökonomischem Gesichtspunkt erklären sich diese Ausnahmen wesentlich auch durch den Tatbestand, dass Flugverkehr und Super-
tanker die zentralen logistischen Schlüsselelemente der Globalisierung
sind und man nicht möchte, dass sie unter die Räder ökologischer Begrenzungen im Rahmen womöglich unkalkulierbarer Ergebnisse von internationalen Klimavereinbarungen kommen und dann unter intensiverer
medialer Beobachtung stehen. Viel lieber lässt man von „Experten" hinter
verschlossenen Türen Regeln ausknobeln, so dass Nebelkerzen zur vermeintlichen Neutralität des Flugbetriebs gezündet werden können und
der Neubau und Ausbau von Flughäfen und die Subventionierung der
Branche dennoch fast ungehindert weitergehen können.

Grundsätzlich stünde mit einer *absoluten* Begrenzung und Reduzierung des Flugverkehrs nicht nur der heutige globale Massentourismus und
dessen Alternative *slow travel* – hier ist die Reise schon Teil des Urlaubs –
zur Disposition, sondern die ganze auf fossiler Grundlage beruhende kapi-
talistische globale Ökonomie (der „Freihandel") mit ihren verzweigten
Lieferketten und Just-in-time-Produktionsplanungen und der mit ihr zu-
sammenhängende hypermobile Lebensstil. Drastische Einschränkung der
Fliegerei dürften systemsprengendes Potenzial enthalten. Auf jeden Fall
würde die internationale Arbeitsteilung abnehmen, was allerdings die
lokaleren Produktionsstrukturen stärken könnte.

Bei absoluten Begrenzungen würde sich auch unter Gerechtigkeits-
aspekten die Frage nach dem guten Leben für alle und unserem Lebensstil dringlich stellen: Wer darf zu welchen Zwecken und Zielen wie oft
und wie weit fliegen, ohne bestimmte Bevölkerungsschichten und Weltregionen zu benachteiligen und ohne unseren Planeten weiterhin zu
hohen THG-Emissionen auszusetzen? Welche Freiheiten sind einzugrenzen, um die Freiheiten anderer (Recht auf intaktere Umweltbedingungen)
zu gewährleisten?

Durch technokratische Arrangements und CORSIA, auf das gleich zurückzukommen sein wird, kann einer Begrenzung des Nadelöhrs Flugverkehr entgegengewirkt werden. CORSIA wurde 2016 als globale Klima-
schutzmaßnahme zur Begrenzung der Emissionen beschlossen. Hierbei
sollen die CO_2-Emissionen internationaler Flüge mit Projektgutschriften
(Offsets) und Emissionsberechtigungen aus Emissionshandelssystemen
kompensiert werden. CORSIA ist eine Initiative der ICAO, der internationalen Luftfahrtorganisation, die in erster Linie die Interessen der Luftfahrtbranche vertritt.

> „Die inzwischen 191 Mitglieder zählende Organisation [ICAO] wurde
> 1947 zur Sonderorganisation der UN ernannt und hat ihren Sitz im kana-
> dischen Montreal. Nahezu alle Länder, die an den UN-Klimaverhand-
> lungen teilnehmen, sind auch Mitglieder der ICAO und vertreten dort
> häufig Positionen, die mit ihrem Bekenntnis zum 1,5- bis 2-Grad-Ziel
> im UN-Klimaabkommen von Paris unvereinbar sind.
> Lobbyorganisationen der Flugindustrie spielen in der ICAO eine
> zentrale Rolle. Auch, wenn sie keine formale Position als ICAO-Mit-
> glieder inne haben, üben sie durch Entsendung von Expert*innen in
> Arbeitsgruppen vergleichsweise große Mitsprache in Diskussionen und
> Entscheidungen aus. Flugzeugbauer hatten zum Beispiel großen Ein-
> fluss auf die Arbeitsgruppen, die 2016 unambitionierte CO_2-Standards
> für neue Flugzeuge festlegten: Sie stellten alle Daten zur Verfügung
> und bestanden auf strikter Vertraulichkeit der Debatten.
> Die ‚International Coalition for Sustainable Aviation‘ (ICSA) ist
> die einzige zivilgesellschaftliche Organisation mit Beobachterstatus in
> der ICAO. ICSA ist eine Allianz von Umweltgruppen, darunter WWF
> und der ‚Environmental Defense Fund‘ aus den USA, die den Handel
> mit Kompensationsgutschriften propagieren, im Glauben, dieser sei
> ‚besser als gar nichts‘. Der Beobachterstatus ist mit Restriktionen ver-
> bunden. Unter anderem dürfen Positionen unterschiedlicher Mitglieds-
> staaten oder Argumente der Industrie nicht publik gemacht werden.
> Die ICAO selbst veröffentlicht nur spärliche Informationen über den
> Verlauf der Verhandlungen. Häufig werden Informationen erst bekannt
> gegeben, wenn die Entscheidungen bereits getroffen sind" (Finance
> and Trade Watch 2000, 7).

Der internationale Branchenverband und Interessenverband der großen
Luftverkehrsgesellschaften IATA hat im Jahr 2009 einen drei Stufen
umfassenden Plan für den internationalen Luftverkehr veröffentlicht, der
eine durchschnittliche jährliche Verbesserung der Kraftstoffeffizienz um
1,5% von 2009 bis 2020, ein „klimaneutrales Wachstum" der Branche ab

2020 (*carbon-neutral growth*), und eine bislang unverbindliche 50%ige absolute Reduzierung der Kohlenstoffemissionen bis 2050 vorsieht. Dieses Ziel ist in Anbetracht der in einigen Ländern erheblichen Ausbaupläne der Flughäfen äußerst unrealistisch.[102] Solche Baupläne, dies nur als Nebenbemerkung, führen häufig zu Ungerechtigkeiten durch Verdrängung der Anwohner und zu anderen Härten für die lokale Bevölkerung.[103]

Reine Inlandsflüge werden unter den vom UNFCCC registrierten nationalen Inventaren (NDCs) im Rahmen des Pariser Abkommens erfasst und fallen nicht unter die Berechnungen von CORSIA. Recht unverbindlich haben sich die Staaten beim Pariser Abkommen dazu verpflichtet, ihre jeweiligen nationalen CO_2-Emissionen zu reduzieren.

Im Unterschied z.B. zum EU-ETS, der bestimmte absolute Reduktionsziele festlegt oder zu LULUCF, das wenigstens eine Sektorenneutralität anstrebt (Quellen = Senken), wird hier der bereits viel zu hohe Benzinverbrauch der letzten Jahre als einzuhaltende Basislinie festgelegt. Nur der über 2019 hinausgehende Kohlenstoffverbrauch ist zu kompensieren!

Der Basisverbrauch bezieht nur die Routenverbräuche ein, die ab 2021 nach CORSIA zu Neutralisierungen verpflichtet sind. Für diese extrem konservative Ausrichtung gibt es keine sachliche Rechtfertigung. Mit dem Begriff der Klimaneutralität wird so auch Schindluder betrieben, da erwartet werden kann, dass bei den Flugpassagieren das Wörtchen klimaneutral hängenbleibt und man dann ja, wie meist ohne Kenntnis der genaueren Details, guten Gewissens in entfernte Destinationen entschwinden kann.

Die Basislinie ist ähnlich wie der Referenzwert bei LULUCF nicht auf Basis 2019 (und 2020?) fix, sondern verändert sich in Abhängigkeit von freiwillig teilnehmenden und/oder aussteigenden Ländern, Veränderungen der Flugrouten und neuen Anbietern. Dies macht die ganze Angelegenheit unübersichtlicher, nicht zuletzt, weil der Basiswert jedes Jahr neu kalkuliert wird. Und es ist schwer zu sagen, ob entsprechende Veränderungen zu einer weiteren Verwässerung führen werden. Um diese Neukalkulationen vornehmen zu können, sind auch internationale Flüge zwischen Nichtmitgliedsländern und zwischen einem Mitgliedsland und einem Nichtmitgliedsland in Form von *simplified reporting requirements*

---

[102] Am Beispiel der Expansionspläne der privaten Flughäfen in Großbritannien siehe https://www.carbonbrief.org/guest-post-planned-growth-of-uk-airports-not-consistent-with-net-zero-climate-goal.
[103] https://stay-grounded.org/map/.

zu melden. Bürokratischer Meldeaufwand entsteht also auch für Länder, die nicht zu Minderungsprojekten herangezogen werden.

Um das mehr als bescheidene Ziel eines klimaneutralen Wachstums ab 2020 zu erreichen, hatte die ICAO bereits im Oktober 2016 einen markt-basierten Mechanismus, das *Carbon Offsetting and Reduction Scheme for International Aviation* (CORSIA) vorgeschlagen, der dazu beitragen soll, ein „klimaneutrales Wachstum" in der Luftfahrtbranche zu erreichen (‚achieve the sustainable growth of the global civil aviation system', so die Vision). Zwischen 2021 und 2035 sollen 2,5 Mrd. Tonnen CO_2 neutra-lisiert, aber nicht eingespart werden.

Dieser Mechanismus zielt ausdrücklich *nicht* darauf ab, die CO_2-Emissionen in der Flugbranche selbst einzusparen. ICAO projektiert, dass der Benzinverbrauch bis 2045 um das 2,2- bis 3,1fache im Vergleich zu 2015 steigen wird. Es wird optimistisch eine jährliche Verbesserung der Nutzungseffizienz von 1-2% angenommen, aber eine jährliche Wachs-tumsrate des Flugverkehrs um 5% unterstellt (diese und andere hier wie-dergegebene Daten finden sich unter den über 200 Fragen und Antworten zu CORSIA).[104]

Als kleines Trostpflaster gibt die ICAO immerhin internationale Grenz-werte zur Minderung der Schadstoff- und CO_2-Emissionen vor, die bei der Zertifizierung von neuen Triebwerkstypen einzuhalten sind. „Der 2016 beschlossene CO_2-Standard der ICAO ist ein Zulassungsgrenzwert, der ab 2020 für neue Flugzeugtypen und ab 2028 für neu gebaute Flug-zeuge gilt. Für bereits gebaute und zugelassene Flugzeuge findet er keine Anwendung. Daher trägt er erst nach einer Durchdringung der Flugzeug-flotte in den nächsten Jahrzehnten zur Absenkung der CO_2-Emissionen bei" (Bopst et al. 2019, 68-69).

Alle über den Durchschnitt der Jahre 2019 und 2020 hinausgehenden Emissionen, die bei einem Wachstum der Branche nicht durch technische Verbesserungen abgefangen werden können, sollten kompensiert werden. Das wäre angesichts der wegen Corona stark reduzierten Flüge in 2020 eine umweltpolitische Glanztat. Aber Ende Juni 2020 forderte die ICAO wegen der Abnahme der Flüge im Jahr 2020, nur 2019 als Berechnungs-basis zu nehmen. Dies wurde sofort von den EU-Ländern und anschei-nend den USA unterstützt. Andere Länder wie China und Indien überleg-ten anfänglich, wahrscheinlich, um für sie (noch) günstigere Bedingungen

---

[104] https://www.icao.int/environmental-protection/CORSIA/Pages/CORSIA-FAQs.aspx.

aushandeln zu können.[105] Letzten Endes entschloss man sich natürlich nur 2019 als Basisjahr anzusetzen.

Da auch in nächster Zeit nicht zu erwarten ist, dass die Zahl der Flüge auf das alte Niveau zurückkehrt, dürften die Fluglinien schon alleine aus diesem Grund in den nächsten Jahren mit dem Kompensationsaufwand ziemlich ungeschoren davonkommen. Schneider und Graichen (2020) untersuchten ähnliche Ereignisse, die den Flugverkehr einbrechen ließen. Fast immer brauchte die Erholung Zeit und es kam zu einer längerfristig niedrigeren Trendlinie bei natürlich dennoch ansteigenden Emissionen. Anhand dreier möglicher Szenarien berechnen sie, dass eine Beschränkung auf 2019 als Basisjahr dazu führen wird, dass in der Pilot- und in der ersten Phase von CORSIA (bis 2026), im momentanen Zuteilungsrahmen wegen der niedrigeren Trendlinie und des Zeitbedarfs der Erholung wohl überhaupt keine Kompensationen erfolgen müssen. Deshalb plädieren sie im Namen eines minimalen Klimaschutzes dafür, als Referenzperiode 2019-2020 beizubehalten.

Grundsätzlich einbezogen werden sollen alle Fluggesellschaften, die auf mehr als 10.000 metrische Tonnen Emissionen pro Jahr kommen (oder über 5.700 kg Take-off-Masse haben), was, wie stets, trotz dieser Deckelung einigen technisch-administrativen Aufwand für die Erfassung der Flugzeuge und ihrer Verbräuche bedeutet. Zu Ausbildungszwecken wurden daher umfassende, knuffig als „Buddy Partnership" bezeichnete Schulungen eingeführt.[106]

Nicht einbezogen werden humanitäre, medizinische, polizeiliche und staatshoheitliche Flüge sowie Einsätze zur Feuerbekämpfung. Die erheblichen Emissionen durch Militärflugzeuge, Kampfjets usw. bleiben außen vor. Zudem kann auch eine Reihe nachhaltigen Treibstoffarten (*sustainable aviation fuels*) vom Verbrauch eines Anbieters abgezogen werden und die Emissionen mindern. Auf die ökologische Sinnhaftigkeit solcher Verwendungen und Anrechnungen und die ähnlich dem Biokraftstoff sehr wahrscheinlichen problematischen Nebenwirkungen wie Flächenfraß, Monokulturen und Waldabholzungen sei hier nicht näher eingegangen. Erwähnt werden soll auch nur im Vorübergehen, dass bei der Bestimmung des Kerosinverbrauchs fünf verschiedene Berechnungsmethoden

---

[105] https://www.nytimes.com/reuters/2020/06/30/world/asia/30reuters-climate-change-aviation.html (abgerufen am 10.7.2020).
[106] https://www.icao.int/environmental-protection/CORSIA/Pages/CORSIA-Buddy-Partnerships.aspx.

zur Anwendung kommen können, von denen tatsächlich anzunehmen ist, dass sie zum annähernd gleichen Ergebnis führen.

CORSIA ist definitiv ein weiteres weltweites, gigantisches bürokratisches Gebilde mit Registern, technischen Bestimmungen, Verifizierungsinstitutionen usw., was bereits ein kurzer Blick in die Einträge der ICAO erahnen lässt.[107] Dem Leser wird an dieser Stelle neben der Beschreibung der Möglichkeit des Bankings in den Perioden eine Darlegung der Varianten der Methodologien erspart, mit denen Staaten die von „ihren" Fluggesellschaften zu erbringenden Kompensationszahlungen berechnen können, die auch noch zwischen den Erfüllungsphasen wechseln (können). Berechnet werden grundsätzlich die RTK (*Revenue Tonne Kilometers*), die sich aus dem Gewicht (metrischen Tonnen) mal den geflogenen Kilometern zusammensetzen.

Auch bleiben Flüge aus Ländern, die bei CORSIA nicht mitmachen, in Länder, die ebenfalls nicht mitmachen, von den Maßnahmen ausgenommen. Gleiches gilt für Flüge von und nach Ländern, von denen eines bei CORSIA dabei ist, das andere aber nicht, was angesichts der Teilnehmerzahl nicht bedeutsam sein dürfte. Angesichts der derzeitigen 191 Mitgliedsländer ist die Auswirkung nichtteilnehmender Länder unerheblich. Da es keine Sanktionen für Aussteiger (Defektierer im Ökonomensprech) gibt, könnten einige große Länder sich zu einem Ausstieg ermuntert fühlen. Sie würden beteiligten Ländern nebenbei noch einen Gefallen tun, da diese dann auch ihre Flugbranche unbehelligter expandieren lassen können, wenn Flüge in Nichtmitgliedsländer unterwegs sind.

Die Pilotphase erstreckt sich von 2021 bis 2023. Hier, wie in der ersten Phase bis 2026, ist die Teilnahme sogar freiwillig. Es ist kein gutes Zeichen, dass sich China, Brasilien, Indien und Russland dank dieser Optionsmöglichkeit erst einmal ausklinkten. Ab 2027 bis 2035 ist die Teilnahme für entwickelte Länder dann obligatorisch.

Innerhalb der Erfüllungsphasen (*compliance periods*) muss der Ausgleich durch kompensierende Gutschriften von Seiten der einzelnen Fluggesellschaften erfolgen, die Angabe der CO_2-Emissionen durch die Fluggesellschaften erfolgt jährlich. Es gibt fünf solcher Phasen: 2021-2023, 2024-2026, 2027-2029, 2030-2032 und 2033-2035. Zwischen den Vorüberlegungen zu einem marktbasierten Mechanismus 2009 und der jetzt

---

[107] Siehe z.B. https://www.firstclimate.com/en/advisory-services-for-the-aviation-industry-sector/; siehe auch TÜV Süd o. J. a); zu den Einträgen der ICAO siehe https://www.icao.int/environmental-protection/CORSIA/Pages/default.aspx; Freunden technischer Details sei https://www.unitingaviation.com/publications/9501-Vol-04/#page=40 empfohlen.

vorgesehenen obligatorischen Einführung liegen großzügig fast zwei verschenkte Jahrzehnte des Schleifenlassens.

Falls sich Fluggesellschaften nicht an das Reglement halten, sollen die Staaten, in denen sie beheimatet sind, „erforderliche Schritte" unternehmen.[108] Die Staaten sind auch für die Kontrolle der Angaben und die Erfüllung der Verpflichtungen der heimischen Fluggesellschaften verantwortlich. Das ist natürlich nicht unproblematisch, was sich bereits bei der nationalen Kontrolle der Banken in der Finanzkrise zeigte. Welche Sanktionen Staaten bei Nichterfüllung durch „ihre" Flugzeugbetreiber zu verhängen haben, wird nicht spezifiziert, es wird nur bemerkt, dass Daten, die der Betreiber nicht liefert, bestmöglich zu schätzen sind. Wenn die Staaten keine Daten liefern, soll CORSIA stellvertretend die Schätzung vornehmen.

Im Klartext: Es sind keine verbindlichen Sanktionen vorgesehen. Wenn Ländern das Reglement nicht passt, können sie – wie schon beim Kyoto-Protokoll und dem jetzigen Pariser Abkommen – ohne Folgen CORSIA verlassen. Die Teilnahme ist freiwillig: Wer sich verabschieden möchte, tut dies bis zum 30. Juni kund und hat ab dem ersten Januartag des Folgejahres seine „Ruhe". Auch kann ICAO nicht zur Rechenschaft gezogen werden, sollte das Ziel des kohlenstoffneutralen Wachstums nicht erreicht werden.

Nicht alle Länder müssen teilnehmen. Es werden sogar 118 von 191 Ländern ausgenommen, v.a. die „Least Developed Countries", die „Small Island Developing States" sowie die „Landlocked Developing Countries", aus denen aber gerade exponentielle Wachstumsraten zu erwarten sind. Sie sind ausgenommen, unabhängig von ihrem Anteil am weltweiten Gesamtflugaufkommen. Consultingfirmen monieren das bisher kaum ausgeschöpfte Potenzial von Flugbewegungen z.B. in Afrika, der Heimat von zurzeit 1,4 Mrd. Menschen mit einer Landmasse, die drei Mal der Chinas oder der USA entspricht. Dank der Bevölkerungsentwicklung wird hier ein großartiges Wachstumspotenzial prognostiziert.[109] Afrikas Luftverkehr scheitere bisher nur an restriktiven Verkehrsrechten und man solle sich ein Vorbild an der vor Jahrzehnten erfolgten „Freigabe" des Luftverkehrs in Europa nehmen.[110]

Ferner fallen Länder, deren Anteil am internationalen Fluggeschehen unter 0,5% liegt, nicht unter die CORSIA-Regeln und es gibt noch andere

---

[108] Siehe zu den Details und den rechtlichen Regelungen https://www.icao.int/environmental-protection/CORSIA/Pages/CORSIA-FAQs.aspx.

[109] http://bevoelkerung.population.city/world/af.

[110] https://www.gridpoint.consulting/blog/another-setback-for-aviation-in-africa.

marginale Ausnahmen. Dass viele Länder ausgeklammert werden, freut natürlich nicht nur deutsche Reiseveranstalter: „Fliegt zum Beispiel ein TUI-Charterflug voller Tourist*innen von Berlin nach Nepal oder Haiti, muss TUI für diesen Flug keine Emissionsgutschriften nachweisen" (Finance and Trade Watch 2000, 11). Erklärt sich u.a. so das Schweigen der nach wie vor auf Wirtschaftswachstum setzenden deutschen Politikszenerie, der es auch aus der Perspektive eines nationalstaatlichen oder europäischen Protektionismus um „ihre" Fluglinie und Tuifly geht? Es wurde bereits darauf hingewiesen, dass dem TUI-Konzern von der Bundesregierung bis Anfang 2021 mit rund 4 Mrd. Euro unter die Arme gegriffen wurde, damit sobald wie möglich Urlaubshungrige wieder in alle Welt fliegen können.

Besonderes Augenmerk verdient die Ausgestaltung von CORSIA als routenbasierter Ansatz (*route-based approach*). Entscheidend für den Einbezug ist zunächst nicht, in welchem Staat eine Fluglinie ihren (formalen) Stammsitz hat. Entscheiden ist vielmehr, zwischen welchen Ländern die internationalen Flüge stattfinden. Eine Fluggesellschaft, deren Heimatland nicht teilnimmt, muss sich daher dennoch am Ausgleich beteiligen, sofern sie zwischen teilnehmenden Ländern fliegt. Auch kann sich dementsprechend ein Land beteiligen, das keine eigene Fluggesellschaft hat. Ein eventueller Beitritt zu CORSIA ist allerdings freiwillig.

Nebenbei: Was einfach klingt, ist es aber nicht, da juristisch einwandfrei zu klären und zu definieren ist, was z.B. ein Land, ein Flughafen, ein Flugzeug (im Unterschied z.B. zu nicht erfassten Helikoptern) und eine Destination (was ist mit Zwischenstopps?) ist, wie verschiedene fossile Treibstoffe zu vergleichen sind usw. Die Kalkulation der Verteilung der zu neutralisierenden CO_2-Emissionen auf die einzelnen Flugzeugbetreiber ist eine Wissenschaft für sich, die sich auch im Verlauf der Erfüllungsphasen verändern soll: 2021-2029 kommt ein 100%iger sektoraler Ansatz (und ein 0%iger individueller Ansatz) zum Zuge. Dies gilt für die Pilotphase, die erste Phase und den ersten Erfüllungszeitraum der zweiten Phase. 2030-2032 sollen mindestens 20% des Kompensationsbedarfs nach dem „individuellen Ansatz" (Verbrauch pro Betreiber) berechnet werden. 2033-2035 würden demnach mindestens 70% des Kompensationsbedarfs nach dem „individuellen Ansatz" berechnet werden. Bis 2035 soll dann ein 100%iger individueller Ansatz eingeführt worden sein.

Ununterbrochenes Wachstum in den Erfüllungsphasen wird anscheinend wie selbstverständlich unterstellt, da keine Berechnungsvorschläge für „Negativwachstum" vorliegen. Praktischerweise gilt bis 2026, dass nur das Wachstum der gesamten Branche für die Berechnung der „Belastungen" der Betreiber herangezogen wird. Erst ab 2027 fließen die Wachstumswerte der einzelnen Betreiber ein. Dieses Arrangement hat aus Umweltsicht negative Anreizwirkungen, da ein Betreiberunternehmen versuchen wird, bis 2027 so schnell wie möglich zu wachsen. Weniger wachsende Unternehmen unterliegen den gleichen Anforderungen.

Die routenbasierte Ausgestaltung führt dazu, dass es für Länder lukrativ sein könnte, auszusteigen. Nehmen wir London als Ausstiegskandidaten. Sollten die Gutscheinpreise deutlich steigen, was ökologisch sicher sinnvoll wäre, käme es zu deutlich höheren Flugpreisen, da die Gutschriftenkosten der Flugzeugbetreiber sich in ihnen niederschlagen würden. atmosfair hält übrigens einen Preis von rund 25 Euro pro Tonne CO_2-Emission für nötig, um sinnvolle Projekte zu fördern. So könnte es zu wettbewerbsverzerrenden Verhaltensänderungen kommen, indem Passagiere anstatt von Frankfurt von London abflögen, das ja nicht mehr der Kompensationspflicht unterliegen würde. Wird argumentiert, zu solchen Verlagerungen (*leakage*) würde es nicht kommen, setzt man voraus, dass die Gutschriftenpreise sehr niedrig sein werden.

Würde man den tatsächlichen weltweiten Kerosinverbrauch als Basismenge für die Berechnung der Gutschriften heranziehen, also auch den Verbrauch von Flügen von nichtteilnehmenden zu teilnehmenden oder sogar von nichtteilnehmenden zu nichtteilnehmenden Ländern, würden die „dummen" Teilnehmerländer, ihre Flughäfen, Steuerbehörden und ggf. Fluglinien (im Beispiel durch Umstieg auf die englische Gesellschaft) nicht nur durch Verlagerungen geschädigt, sondern müssten zudem noch den Treibstoffverbrauch der Nichtteilnehmenden mitbezahlen, wenn man ihnen die Gesamtwachstumsrate des Flugverkehrs zurechnete. Dies würden die Mitgliedsländer natürlich nicht akzeptieren, mit der Folge, dass ein Teil der CO_2-Emissionen weder durch CORSIA noch sonst wie erfasst würde. Da es so kommen dürfte, ist dies eine weitere elementare Schwachstelle.

Noch einmal: In dynamischer Sicht und mit den erfolgten Ausstiegen aus dem Kyoto-Protokoll im Hinterkopf, ist die gegenwärtige Konstruktion eine Einladung zum Ausscheren, da ein Land ohne Folgen – außer kaum zu erwartenden Reputationsschäden – aussteigen und damit seine nationale Fluglinie durch niedrigere Preise (kein Gutschriftenaufschlag) unterstützen kann, womöglich Flugverkehr ins eigene Land zieht, bei anziehenden Gutschriften- bzw. Flugpreisen und dadurch eventuell niedrigerer Kerosinnachfrage durch die Fluggesellschaften der Mitgliedsländer (steigende Preise, geringere Nachfrage) selber günstiger an Kerosin kommt und die eigenen Preise senken könnte. Ist es abwegig, mit einem Ausstieg der USA oder Chinas zu rechnen? Mit der manchmal nicht ganz falschen Brille des nüchternen Ökonomen betrachtet, handelt es sich definitiv um ein völlig verunglücktes Anreizschema, aber um ein leicht gangbares Hintertürchen, um selbst minimalen Ausgleichszahlungen zu entgehen.

Wenn sich erst einmal die Absetzkarawane in Gang gesetzt hätte, könnte man mit Bedauern bei den alle zwei Jahre vorgesehenen *Reviews* der Organisation Korrekturen anregen, bei denen auch Kostengesichtspunkte für die Airlines einbezogen werden sollten. Eine solche Vermutung ist nicht aus der Luft gegriffen. In Resolution A39-3 wird unter Punkt 17 festgehalten: Die ICAO-Generalversammlung

> „… *beschließt* die Notwendigkeit, bei CORSIA Schutzmaßnahmen vorzusehen, um die nachhaltige Entwicklung des internationalen Luftverkehrssektors zu gewährleisten und eine unangemessene wirtschaftliche Belastung des internationalen Luftverkehrs zu vermeiden, und *ersucht* den Rat, über die Grundlage und die Kriterien für die Auslösung solcher Maßnahmen zu entscheiden und mögliche Mittel zur Lösung dieser Probleme zu ermitteln" (https://www.icao.int/environmental-protection/Documents/Resolution_A39_3.pdf, 5, Ü).

Dieser recht lässige Angang widerspricht der klimapolitischen Dringlichkeit. Eigentlich müssten Emissionen aus dem internationalen Flugverkehr bis 2030 deutlich niedriger sein als 2005. Die ICAO-Zielsetzung der gleichbleibenden Emissionen ab 2020 ist daher absolut unzureichend. Hierbei handelt es sich sogar nur um das angestrebte Ziel (*aspiration goal*). In Resolution A 40-19 wird ausdrücklich vermerkt, dass man sich zwar Mühe gebe, das Ziel aber auch verfehlen kann. Man

> „erkennt auch an, dass trotz dieser Fortschritte die Umweltvorteile durch Flugzeugtechnologien, betriebliche Verbesserungen und nachhaltige Flugkraftstoffe möglicherweise nicht ausreichen werden, um die CO_2-Emissionen so weit zu reduzieren, dass das Wachstum des internationalen Luftverkehrs rechtzeitig bewältigt werden kann, um das weltweit angestrebte Ziel zu erreichen, die globalen Netto-CO_2-Emissionen aus dem internationalen Flugverkehr ab 2020 auf dem gleichen Niveau zu halten" (https://www.icao.int/environmental-protection/Documents/Assembly/Resolution_A40-19_CORSIA.pdf, 3, Ü).

An mehreren Stellen wird darauf verwiesen, dass diese Zielsetzung nur angestrebt werden soll, sofern dem internationalen Flugverkehr damit keine unangemessenen Lasten aufgebürdet werden.

Dazu kommt, dass CORSIA nur den Klimaeffekt von CO_2 berücksichtigt. Der übrige wissenschaftlich belegte Klimaeffekt der Flugemissionen (Ozon, Kondensstreifen, Zirrusbewölkung etc.), der mindestens doppelt so groß ist, wird weiterhin außer Acht gelassen (Heuwieser 2018a). Flugzeuge stoßen neben CO_2 tatsächlich diverse Aerosole aus, die Ruß und Sulfate absondern, sowie Stickoxide, die u.a. zur Ozonbildung führen, oft begleitet von Kondensstreifen und zerfaserten Zirruswolken.[111] Besonders bei Starts und Landungen werden Millionen Nanopartikel freigesetzt, die auf Land und Leute herabsegeln. Zwischen den Minderungen einzelner THG bestehen teilweise Zielkonflikte, d.h. Methoden zur Senkung eines Emissionsfaktors führen zu einer Erhöhung des anderen. Das Umweltbundesamt weist darauf hin,

„dass neben dem CO_2 auch noch andere indirekte Wirkungen auftreten, wie z.B. durch Kondensstreifen, NOx, Ruß usw. Während manche Fluggesellschaften lediglich den reinen Kohlenstoffausstoß berechnen, multipliziert z.B. Atmosfair diesen mit einem RFI-Faktor von 3 [siehe auch https://www.atmosfair.de/de/fliegen_und_klima/flugverkehr_und_klima/ klimawirkung_flugverkehr/]. Dies gilt jedoch nur für geflogene km über 9000 m Flughöhe … Es zeigt sich, dass die Kompensation mancher Fluggesellschaften, die generell mit einem RFI-Faktor von 1 rechnen, zu gering kalkuliert wird … Der Weltklimarat (IPCC) gibt einen RFI von 2,7 an und das Umweltbundesamt empfiehlt, einen RFI von 3 für Langstreckenflüge ab 400 km allen Berechnungen zu Grunde zu legen" (UBA 2010, 38).

Hierauf sind auch die teils verblüffenden und weiterbestehenden Unterschiede zwischen den Preisen bei unterschiedlichen Kompensationsanbietern zurückzuführen, siehe die Bewertung der größten Anbieter in Stiftung Warentest (2018). Übrigens sind die Gutschriften bei den meisten Anbietern steuerlich als Spende absetzbar.

---

[111] Kollmuss (2020), auch mit der Angabe von Belegliteratur und umfassend Lee et al. (2020).

Flug-gesellschaft	Genutzter Anbieter von Kompensationsdienstleistungen	Emissionen	Preis
TUIfly (eigener Rechner)	Myclimate	0,132 tCO$_2$e	2,00 €
EasyJet (eigener Rechner)	Direkt vom Projektentwickler	0,16 tCO$_2$e	2,47 €
FlyBe	PURE (Rechner)	0,34 tCO$_2$e	4,34 £ (ca. 4,83 €)
Lufthansa (eigener Rechner)	Myclimate	0,279 tCO$_2$e	6,00 € (plus Bearbeitungs-zuschlag von 3,00 € bei Beträgen unter 20,00 €)
	Kauf und Berechnung direkt bei myclimate	0,404 tCO$_2$e	CHF 15,00 (ca. 9,92 €) für Projekte weltweit/ CHF 45.00 (ca. 29,76 €) für Projekte in der Schweiz
	Kauf und Berechnung direkt bei Atmosfair	0,52 tCO$_2$e	13 00 €

UBA 2010, 38.

Eine weitere Schwachstelle dürfte sich in einer großzügigen Anrechnung von Gutschriften auftun. Um diese Kriterien findet gerade das große Tau-ziehen statt, wobei man den Eindruck gewinnt, dass die Partei der THG-Minderungsskeptiker einen schweren Stand hat. Genannt werden bisher CDM-Projekte, REDD+ und die unvermeidlichen Vorzeigeprojekte wie die mit Kleinöfen. Der Skepsis gegenüber diesen Projekten wird detail-lierter in anderen Kapiteln Ausdruck verliehen. Heuwieser (2015) erläutert die oft neokolonialen Auswirkungen.

Über eine Mindesthöhe der Preise gibt es trotz der teilweise beschei-denen Erfahrungen mit Kompensationsprojekten in der Vergangenheit keine Anforderungen. ICAO bemerkt, dies hänge eben von den Angebots- und Nachfragebedingungen ab, anhand derer sich die Preise bilden. Hätte man hier bestimmte Vorgaben gemacht, würde Sand ins Getriebe der ver-folgten Logik „kräftiges Wachstum mit billigem grünen Anstrich" ge-streut. So kann dann wohl eine Tonne CO$_2$ mit unter einem Euro weg-neutralisiert werden, was die Betreiber sicher nicht zur Entwicklung neuer Technologien anspornen wird.

Eine empirische Studie von Warnecke et al. (2019) kommt zu dem er-staunlichen Ergebnis, dass es ein erhebliches (Über-)Angebot an (CER-) Gutschriften gibt, nämlich 4 mal 10^9, was zu Preisen unter einem Euro führen dürfte und gleichzeitig bedeutet, dass geschätzte 92% dieser Pro-jekte nicht bestandsgefährdet wären, d.h. auch ohne Subventionen durch Gutschriften weitergeführt würden. Es handelt sich dann eigentlich um

Billiglizenzen zum weiterverschmutzen. Ohne klare Einschränkungen zuzulassender CORSIA-Projekte, so die Studie, und nur bei bestandsgefährdeten und gänzlich neuen Projekten, sei ein klimaneutralisierender Effekt zu erreichen.
Mit dieser Einschätzung sind die Autoren nicht alleine.

> „Ob, beziehungsweise welche Kriterien für die Anerkennung von Kompensationsgutschriften im Rahmen von CORSIA gelten, ist noch offen. Es könnte sein, dass die Luftfahrtorganisation ICAO keinerlei Einschränkungen formuliert, was die Aktualität, Zusätzlichkeit oder die ökologischen und menschenrechtlichen Auswirkungen der Projekte angeht ... Ohne jegliche Einschränkungen der Zulässigkeit stünde ein so großer Pool von CDM-Gutschriften zur Verfügung, dass diese für weiterhin nur 1 € pro Tonne CO_2 verkauft werden könnten, so eine Studie des New Climate Instituts von 2018" (Heuwieser 2018a, 4).

Folgende – nicht immer sehr restriktive – Standards sind von Seiten der ICAO im Gespräch: das American Carbon Registry, das China GHG Voluntary Emission Reduction Program, der Clean Development Mechanism, die Climate Action Reserve, der Gold Standard und der Verified Carbon Standard. Ihre Projekte müssen zwischen Anfang 2016 bis Ende 2020 implementiert worden sein.[112]
Bisher hat man auch zur Vermeidung von Doppelzählungen bereits 19 Qualitätskriterien aufgestellt.[113] Zwar werden im Rahmen von CORSIA ganz allgemein die erwünschten Kriterien der Zusätzlichkeit, der nachhaltigen Wirkung usw. gefordert. Aber am Beispiel von REDD-Projekten, die bereits von Fluggesellschaften angeboten wurden, hat Fern (2017, siehe auch 2016) generelle wunde Punkte beim Einbezug von Waldprojekten ausgeleuchtet, auf die hier nur hingewiesen werden soll. CORSIA öffnet jedenfalls (bisher) einem besonders umstrittenen Projektabsatzmarkt Tür und Tor.
Es gibt schließlich noch ein weiteres potenzielles Schlupfloch.

> „Die Kompensationsverpflichtung der Fluggesellschaften kann durch den Einsatz so genannter anrechenbarer Kraftstoffe reduziert werden. Als anrechenbare Flugkraftstoffe [*eligible fuels*] sieht das CORSIA-Regelwerk nachhaltig hergestellte alternative Flugkraftstoffe (Biokraft-

---

[112] https://www.firstclimate.com/corsia-programm-icao-rat-verabschiedet-zulassungs kriterien-fuer-emissionsminderungsprojekte/.
[113] https://www.icao.int/environmental-protection/CORSIA/Documents/TAB/TAB%20 2020/ICAO_Doc_CORSIA_Eligible_Emissions_Units_August_2020.pdf.

stoffe oder synthetische Kraftstoffe wie Power to Liquid) … vor. Auf Drängen einiger Mitgliedstaaten der ICAO sind 2017 zudem ‚bessere' konventionelle Kraftstoffe, die auf Basis einer Lebenszyklusanalyse (LCA) mindestens 10% weniger Treibhausgas emittieren als fossile Referenzkraftstoffe mit durchschnittlich 89 gCO_2/MJ anrechenbar. Der Einsatz solcher Kraftstoffe bewirkt keine Reduzierung der CO_2-Emissionen bei der Verbrennung. Hier werden lediglich die geringeren Treibhausgasemissionen bei der Kraftstoffherstellung, d.h. aus der Vorkette, berücksichtigt. Diese verminderten Emissionen können sich die verpflichteten Fluggesellschaften in CORSIA anrechnen lassen" (Bopst et al. 2019, 79-80).

Die ICAO ist hier auch stark auf Biokraftstoffe fokussiert, die das UBA grundsätzlich u.a. wegen des hohen Flächenbedarfs kritisch einstuft. In der Studie im Auftrag des UBA wird festgestellt:

„Die Nachhaltigkeitskriterien in CORSIA sind sehr schwach. So besteht kein prinzipielles Verbot des Anbaus von Biomasse auf frisch umgebrochenen Flächen, solange die LCA eine Treibhausgas-Einsparung von mindestens 10% gegenüber der fossilen Referenz aufweist. Andere Nachhaltigkeitskriterien, die im Rahmen der Biomassenutzung entwickelt wurden und die den Qualitätserhalt von Wasser, Boden und Luft, die Arbeits- und Landnutzungsrechte und Lebensmittelsicherheit adressieren, sind in CORSIA bisher nicht enthalten" (Bopst et al. 2019, 80).

Im Jahr 2020 spielten synthetische und Biokraftstoffe in der Flugpraxis praktisch (noch) keine Rolle.

Wie ist angesichts dieser im Sinne wirksamer THG-Minderungen offenkundigen Schlupflöcher die Zustimmung und teilweise Begeisterung für die angepeilte Zertifikatlösung zu erklären? Außer den Organisatoren von CORSIA feiern natürlich auch die Unternehmen die Einführung des geplanten Mechanismus als Durchbruch, die mit den damit verbundenen luftfahrtbezogenen Beratungsdienstleistungen (z.B. Monitoring-Plänen) Geld verdienen: „Durch die Teilnahme an CORSIA können Fluggesellschaften und Flugzeugbetreiber dazu beitragen, die globale Herausforderung des Klimawandels zu bewältigen und ihren Stakeholdern zu versichern, dass ihr Unternehmen der Nachhaltigkeit verpflichtet ist" (TÜV Süd o. J. b, Ü; es ist beachtlich, in welch breitem Spektrum dieses Unternehmen weltweit unterwegs ist). Auch der CEO des Beratungsunternehmens *First Climate* („dedicated, naturally"), Jochen Gassner, sieht die Branche auf einem guten Weg zu einem klimaneutralen Wachstum *und* als *„ein Zeichen für das ernsthafte Engagement der Airlines und die hohe*

Priorität, die dem Thema Klimaschutz innerhalb der Branche beigemessen wird" (First Climate 2020, o. S.).

Diese positiven Kommentare sind nicht verwunderlich, erfüllen sie doch einen „guten Zweck". „Tatsächlich erreichte die Industrie mit der von ihr vorangetriebenen Kompensationsstrategie das, was sie wollte: Eine Ablenkung von effektiven Maßnahmen zur Begrenzung der Flüge, wie die Abschaffung der unzähligen steuerlichen Privilegien der Luftfahrt. So ist beispielsweise Kerosin bisher nicht besteuert" (Heuwieser 2018a, 5). Als Beispiel für Beschwichtigungen führt sie den langen Kampf um die dritte Startbahn des Flughafens Wien-Schwechat an, die gebaut werden konnte, nachdem man v.a. das Zugeständnis machte, den Flughafen klimaneutral zu stellen. So wird der Klimaverbrauch im Terminal neutralisiert, aber die Flüge, das eigentliche Funktionsziel des Flughafens, bleiben ausgeklammert.

Für das Vorhaben, einen Flughafen klimaneutral zu machen, gibt es seit 10 Jahren natürlich ein genau standardisiertes Verfahren (*Airport Carbon Accreditation*) und eine spezielle Organisation, die bereits hunderte Flughäfen in aller Welt im wie eben beschrieben begrenzten Sinne akkreditierte.[114]

Den meisten Befürwortern aus Wirtschaft und Politik ist sicher bewusst, dass die geplanten Maßnahmen nicht zur wirklichen Begrenzung des Flugverkehrs führen werden. Entwarnung ist angesagt, denn es wird damit gerechnet, dass die (bescheidenen) Maßnahmen nicht teuer zu werden drohen.

> „Mit einem eigenen Paragraphen deckelt CORSIA die Kosten und prognostiziert für 2025 Betreiberkosten in Höhe von 0,2% bis 0,6% der Gesamteinnahmen der internationalen Luftfahrt, für 2030 wären es 0,5 bis 1,5. Das ist deutlich weniger als die Kosten, die sich aus den normalen Schwankungen des Kerosinpreises ergeben" (Finance and Trade Watch 2017, 11).[115]

Die ICAO teilt ihren Mitgliedern dementsprechend mit:

> „Laut einer von der IATA durchgeführten Kostenanalyse wird erwartet, dass die mit der Umsetzung eines globalen Kompensationsschemas verbundenen Kompensationskosten einen wesentlich geringeren Einfluss auf die internationale Luftfahrt haben werden als die durch die

---

[114] https://www.airportcarbonaccreditation.org/airport/participants.html.

[115] Die hier weggelassenen Fußnotenbelege im Zitat beziehen sich u.a. auf https://www. icao.int/environmental-protection/Documents/Resolution_A39_3.pdf.

Volatilität der Treibstoffpreise verursachten Kosten … Um einen Anhaltspunkt für die Größenordnung zu geben: In den letzten zehn Jahren
betrug die Standardabweichung des Kerosinpreises jährlich fast 40 US-
Dollar pro Barrel, was bedeutet, dass es den Fluggesellschaften gelungen ist, mit Ölpreisschwankungen (meist nach oben) fertig zu werden,
die mehr als 15 Mal so hoch sind wie die geschätzten Ausgleichskosten
im Jahr 2030" (https://www.icao.int/environmental-protection/Pages/A39
_CORSIA_FAQ3.aspx, Ü).

Nominal ist der Kerosinpreis in den letzten 20 Jahren überhaupt nicht
gestiegen.[116]

Weniger als die beschriebenen Kompensationsmaßnahmen geht wohl
kaum, um sich nicht gänzlich lächerlich zu machen. Da man sich aber
auch zu den in Paris vereinbarten Klimazielen bekennt, könnte man das
Vorgehen auch guten Gewissens als Unverschämtheit bezeichnen. Ab
2022 sollen die Maßnahmen alle drei Jahre überprüft werden, was natürlich auch weitere Verwässerungen ermöglicht. Neue Anbieter werden
zudem hinsichtlich der Neutralisierungs-Verpflichtungen für drei Jahre
oder bis sie 0,1% der Gesamtemissionen des Sektors ausmachen frei-
gestellt, je nachdem, was früher der Fall ist. Vorher unterliegen sie nur
der Berichtspflicht.

Jenseits aller Details ist unverkennbar, dass CORSIA keine umwelt-
relevanten Verbesserungen bringen wird, wohl aber in der Lage ist, Kritik einzudämmen. Der Verfasser dieser Zeilen erinnert sich gut an ein
Treffen mit Wirtschaftsethikern in Siegen im Februar 2020, die in den
Tagungspausen von ihren Urlaubsflügen auf spanische Ferieninseln
schwärmten. Da mehrere Beiträge dieser Schwärmer zu Umweltthemen
auf der Tagesordnung standen, wagte ich einzuwenden, dass das doch
nicht gerade umweltfreundliches Verhalten sei. Schlaumeierhaft wurde ich
auf den innereuropäischen Emissionshandel verwiesen, der dafür sorge,
dass man innerhalb der EU frei von jeder Flugscham auch als Umwelt-
ethiker unbekümmert in den Urlaub fliegen könne.

Neben den bereits kurz erwähnten und weiter unten zu vertiefenden
Plänen zu einem „kohlenstoffneutralen Wachstum" auf internationaler
Ebene, gibt es auch eine Initiative auf EU-Ebene. Die Erfassung von
Emissionen und Transportleistungen im Luftverkehrsbereich erfolgt hier,
wenngleich in der Öffentlichkeit fast unbemerkt, bereits seit 2010. Betei-
ligt sind auch Island, Norwegen und Liechtenstein und mit Sonderrege-

---

[116] https://www.indexmundi.com/de/rohstoffpreise/?ware=kerosin&monate=240.

lungen die Schweiz. Der Luftverkehrsbereich wurde seit 2012 in den EU-ETS mit von den Fluggesellschaften zu erfüllenden Aufgaben der Überwachung, Berichterstattung und Prüfung eingebunden (*monitoring*, *reporting* und *verifying*).

Es bestehen demnach zwei parallele Systeme, nämlich CORSIA und der den Flugverkehr betreffende Bereich des EU-ETS, die beide sowohl für nicht-gewerbliche Flüge gelten als auch für gewerbliche, die pro geflogenen Tonnenkilometern im Vergleich deutlich mehr THG emittieren. Ein Flug von Berlin nach München fällt nur unter das EU-ETS, ein Flug von Berlin nach New York nur unter CORSIA. Ein Flug von Berlin nach Paris unterliegt aber beiden Systemen, da es sich um Flüge zwischen zwei teilnehmenden Ländern (CORSIA-Bedingung) und um einen innereuropäischen Flug handelt. Es ist unschwer zu erkennen, dass das zu Komplikationen führt. Eine Lösung solcher „Doppelzählungen" ist bisher nicht in Sicht.

Bis zu einer internationalen Lösung sollten ursprünglich alle Flüge, die mit Starts oder Landungen in den EU-Mitgliedsländern verbunden sind, erfasst werden, unabhängig davon, aus welchen Ländern die Fluggesellschaften und die Flüge nach Europa kommen und wohin die Flüge nach Starts oder Landungen gehen. Dies hätte eine beachtliche Erfassungsintensität von potenziell 4000 Betreibern bedeutet.

Aber China, Indien, Russland, die USA und andere Länder beschwerten sich über diese nach ihrer Meinung auch juristisch unzulässige Einmischung in die staatliche Souveränität. Mit diesem Scheinargument ließen sich fast alle umwelt- und sozialpolitischen Maßnahmen in der heutigen arbeitsteiligen Welt konterkarieren, z.B. das Verbot in China hergestellter Plastiktüten oder das Verbot von Kinderarbeit (z.B. auch von in Indien in Kinderarbeit hergestellter Fußbälle), vom – wie auch immer final weichgespülten – Lieferkettengesetz ganz abgesehen.

Man beschränkte sich angesichts der Widerstände auf den Luftverkehr innerhalb Europas mit potenziell etwas über 670 Betreibern, unter Ausschluss von Flügen, die außerhalb Europas starten oder landen. Dies ist eine erhebliche Einschränkung ohne angemessene sonstige „Kompensation", wie sich bei der Darstellung von CORSIA erweisen wird. Da der EU-ETS nur innereuropäische Flüge abdeckt, werden über 60% der Luftverkehrsemissionen nach dem THG-Inventar der EU nicht erfasst. Nur nebenbei sei bemerkt, dass es zwar gut ist, dem zunehmenden Flugverkehr mit europäischen Regulierungen zu begegnen, dass sich aber generell die Frage stellt, ob es innereuropäischen Flugverkehr auf dem Festland überhaupt geben sollte.

Im Schaubild auf der folgenden Seite sind in einem Überblick die üblichen technisch-regulatorischen Details von CORSIA dargestellt. Abgesehen wird hier von den nicht so ins Gewicht fallenden Ausnahmen wie Sonderreglungen des Monitorings oder Mindestgrößen für Kleinemittenten und dem Ausschluss von Flügen zwischen (aber nicht innerhalb) den Flughäfen in über 30 Randregionen (*outermost regions*) wie Gibraltar, den Kanaren, Guadeloupe und den Azoren sowie überseeischer Gebiete wie Grönland und den Bermudas.

Ausgenommen aus der Verpflichtung des Einsatzes von Zertifikaten sind auch Flüge der Militärs, der Polizei, des Zolls, Rettungsflüge, Trainings- und Testflüge, solche im staatlichen oder Regierungsauftrag und solche zu Offshore-Installationen und Explorationen von Öl- und Gasplattformen. Sind diese Flüge aufgabenbedingt etwa emissionsneutral? Sachlich einzusehen sind diese Ausnahmen nicht. Auch die Verbräuche des Militärs sind in den jährlich zu erstellenden THG-Inventarlisten im Gefolge des Kyoto-Protokolls aufgeführt. Ob die Angaben zu diesem meist sehr unter Ausschluss der Öffentlichkeit gehaltenen Sektor für alle Länder zutreffen, kann offenbleiben. Die eben aufgeführten zivilen Ausnahmen dürften nicht sonderlich ins Gewicht fallen.

Ziele	Zielwerte
Reduktionsziele 2012 und 2013 bis 2020	-3 % (2012) und -5 % (ab 2013) im Vergleich zum Durchschnitt der Jahre 2004 bis 2006 (Basislinie), d. h. das Cap liegt bei 97 % bzw. 95%
Reduktionsziel der EU in absoluten Werten (bezogen auf den grundsätzlichen Anwendungsbereich)	Basiswert: 221,4 Mio. t CO_2 Cap 2012: 214,8 Mio. t CO_2 Cap 2013-2020: 210,4 Mio. t CO_2
Aktive Teilnehmer am Emissionshandel im Luftverkehr	Europaweit mehr als 500 Luftfahrzeugbetreiber, für ca. 70 ist Deutschland zuständig
Kostenlose Zuteilung	85 % der Luftverkehrsberechtigungen 2012 82 % der Luftverkehrsberechtigungen ab 2013 nach europaweit einheitlichem Transportleistungs-Benchmark
Reserve	3 % der Luftverkehrsberechtigungen ab 2013
Versteigerungsquote	15 % der Luftverkehrsberechtigungen

Bopst et al. 2019, 73-74.

Wesentliche Bestimmungen finden sich in den Regulierungen EU 421/2014 und EU 2017/2392,[117] die als Regulierungen im Unterschied zu Verordnungen keiner weiteren nationalen Umsetzungsgesetze bedürfen. Es gibt für diesen Bereich hinsichtlich des CO_2-Ausstoßes eine Obergrenze, indem Zertifikate (die *European Union Aviation Allowances* – EUAA) in entsprechender Höhe benötigt werden. Das klingt erst einmal prima.

Aber: Angelehnt an die durchschnittlichen Emissionen der Branche zwischen 2004 und 2006 wurde in der EU eine Menge jährlich *kostenlos* zu vergebender Zertifikate festgesetzt (zu den Details siehe DEHSt 2012). Dieser Zeitraum, und nicht wie ansonsten meist 1990, wurde als Basiszeitraum festgelegt, da nach Aussagen der Kommission zwischen 1990 und 2004-2006 der Luftverkehr sehr stark angestiegen sei. Damit wird das Problem zur Lösung gemacht und der Referenzwert schon gleich bei seiner Bestimmung verwässert.

Die Zuteilung von Emissionsberechtigungen an Luftfahrzeugbetreiber erfolgt für die Handelsperioden 2012 und 2013-2020. Es stellt sich die Frage, wie das Angebotsdefizit an Zertifikaten von 26,8 Mio. Tonnen CO_2-Emissionen (64,3 minus 37,5) im Flugbereich abgedeckt werden kann? Hier kommt die „Hilfe" aus dem sonstigen EU-ETS: Anstelle der Flugzeugzertifikate (den EUAAs) können neben dem direkten Ankauf von Zertifikaten von anderen Unternehmen zur Erfüllung auch Zertifikate aus dem restlichen (stationären) EU-ETS (die EUAs) bei Auktionen gekauft und eingesetzt werden. Wenngleich sich die Situation durch den Reduktionsfaktor und die MSR bald ändern könnte steht zunächst fest:

„Im stationären EU-ETS gibt es einen erheblichen Überschuss an Zertifikaten, 2019 betrug er über 1000 Millionen an zulässigen Emissionszertifikaten (European Union Allowance EUA) ... Die etwa 30 Millionen Zertifikate, die der Luftverkehr jährlich aus dem stationären Sektor zusätzlich nachfragt, fallen bei dem bestehenden Überangebot nicht so stark ins Gewicht, dass sie zu einer Emissionseinsparung an anderer Stelle führen würden" (https://fliegen-und-klima.de/europaeische-und-internatio nale-regulierung.html).

Die Website des Öko-Instituts Freiburg, der auch das Zitat entnommen wurde, gibt einen vorbildlichen Überblick über die Situation im Flugverkehr (https://fliegen-und-klima.de/). 2019 stiegen die Emissionen im innerdeutschen Flugverkehr um 1,5%, seit 2013 um 28%, im Unterschied zu

---

[117] https://ec.europa.eu/clima/sites/clima/files/transport/aviation/docs/faq_aviation_ets_ regulation_en.pdf.

den anderen Sektoren des EU-ETS, die um 20% sanken. Zwar wird der inländische Flugverkehr bei den Emissionsberechnungen zum *Effort Sharing* einberechnet und es müssen seine CO_2-Emissionen beim EU-ETS „abgebucht" werden, aber nicht die mit ihm verursachten Methan- und Lachgasemissionen.[118]

Ryanair emittierte alleine in den letzten Jahren rund 10 Mio. Tonnen CO_2 und 2018 waren die Fluglinien unter den Top 5 der nationalen Emittenten. 2019 kosteten die EU-ETS-Zertifikate den Flugsektor 900 Mio. Euro, denen 27 Mrd. Euro gegenüberstanden, die an nicht zu zahlender Kerosinbesteuerung gespart wurden. Die 32 Mio. kostenlos zugeteilten Zertifikate hatten einen Marktwert von 810 Mio. Euro. Auch ohne freie Zuteilungen stünden den dann 1,7 Mrd. nach wie vor die eingesparten 27 Mrd. Euro gegenüber.[119]

In den ersten zehn Monaten in 2020 wurden an der EEX in Leipzig insgesamt rund 93 Mio. EUA und EUAA im Gesamtwert von knapp 2,23 Mrd. Euro für Deutschland versteigert. Hieraus ergibt sich ein volumengewichteter Durchschnittserlös pro Berechtigung in Höhe von 24,06 Euro. Es gab knapp unter 2 liegende Überzeichnungen von im Durchschnitt 20 Bietern.

Kerndaten der deutschen Versteigerungen an der EEX in 2020

	2020	
Versteigerungsprodukt	EUA-Spot-Kontrakte der dritten Handelsperiode	EUAA-Spot-Kontrakte der dritten Handelsperiode
Versteigerungszeitraum	10.01.2020 bis 11.12.2020	07.10.2020
Versteigerungsmenge Gesamtjahr	107.433.000 EUA (vorläufig)[1]	769.000 EUAA
Versteigerungsmenge pro Termin	Januar–Juli: 2.363.000 EUA August: 1.181.500 EUA September–Dezember: 2.593.000 EUA	769.000 EUAA am 07.10.2020
Versteigerungsfrequenz	Wöchentlich (Freitags von 09:00–11:00 Uhr MEZ)	Am 07.10.2020 (13:00–15:00 Uhr MEZ)
Gebotsgröße	500 EUA/EUAA	
Versteigerungsmodus	Einheitspreisverfahren mit einer Bieterrunde und geschlossenem Orderbuch	

DEHSt 2020b, 4.

Flugzeugbetreiber können also benötigte Zertifikate aus dem EU-ETS kaufen. Dies gilt aber nicht umgekehrt: Die unter das sonstige EU-ETS-

---

[118] https://eur-lex.europa.eu/legal-content/EN/TXT/PDF/?uri=CELEX:32014R0749, Annex X.
[119] https://www.transportenvironment.org/state-aviation-ets.

System fallenden Unternehmen (z.B. Stromanbieter) können umgekehrt keine EUAAs kaufen und einsetzen. Falls die Unternehmen der Abdeckung durch Zertifikate nicht nachkommen, drohen klar definierte Strafen, nämlich neben einer „Nachzahlung" pro Jahr 100 Euro pro Tonne nicht kompensierter CO_2-Emssionen (plus Inflation).

Beim Flugverkehr werden, wie oben schon erwähnt, nur die CO_2-Emissionen gemessen und nicht weitere klimawirksame Faktoren wie Ruß oder Wolkenbildung. Würden diese Faktoren miteingerechnet, müssten im Flugsektor für jede Tonne CO_2 zwischen 2 und 4 (tonnenbasierte) Zertifikate erworben werden. Dies wird sogar in der Regulierung EU 2017/2392 unter (13) offen angesprochen:

„Nach Schätzungen des Zwischenstaatlichen Sachverständigenrats für Klimafragen sind die Gesamtauswirkungen des Luftverkehrs auf das Klima derzeit um zwei bis vier Mal stärker als die Auswirkungen seiner bisherigen CO_2-Emissionen für sich genommen. Bis wissenschaftliche Fortschritte erzielt werden, sollten so weit wie möglich alle Auswirkungen des Luftverkehrs berücksichtigt werden" (EU 2017/2392).[120]

Das Europaparlament fordert bereits eine Erhöhung des Korrekturfaktors und im November 2020 kündigte die EU-Kommission an, sich dazu bei Gelegenheit zu äußern.

Man tut hier so, als bestünden diesbezüglich noch recht grundsätzliche, wissenschaftlich ungeklärte Fragen. Über einen höher anzusetzenden Multiplikationsfaktor herrscht wissenschaftlicher Konsens, obwohl seine exakte Bestimmung zugegebenermaßen nicht einfach ist wegen unterschiedlicher Flughöhen, verschiedener „Lebensdauern" der THG-Emissionsbestandteile usw. Gefordert wird als nicht unrealistische Perspektive ein für jeden Flug bestimmbarer Faktor.

Ein Multiplikationsfaktor von zwei hätte es vorerst auch schon einmal getan. Um sich dann keinen Engpass für den Wachstumsprozess des Flugverkehrs einzuhandeln, hätte man folglich die Basismenge deutlich erhöhen oder z.B. CDM-Zertifikate akzeptieren müssen, was man sich aber angesichts des öffentlichen Drucks nicht erlauben kann. Würde man es bei den sonstigen Regelungen belassen, könnte es eng werden. Doch Vertreter der Luftfahrzeugbetreiber produzieren neben der Hoffnung auf neue Antriebstechniken auch überraschende Lösungsvorschläge: „Zur Vermeidung von Kondensstreifen gibt es daher Ideen, wie man Gebiete,

[120] https://eur-lex.europa.eu/legal-content/DE/TXT/PDF/?uri=CELEX:32017R2392&from=EN.

in denen diese entstehen, umfliegen kann – etwa indem Flugroute- und -höhe angepasst werden".[121]

Ein Multiplikationsfaktor von 2-4 kommt den Interessenvertretern offenbar nicht in den Sinn. Dann würde auch ihre strahlende Bilanz etwas verdüstert. Die Anbieter verweisen darauf, dass bei deutschen Flugzeugbetreibern der Treibstoffverbrauch pro Passagier und 100 km seit 1990 um 44% auf 3,55 Liter gesunken ist. Selbst ohne regulatorische Anreizwirkungen haben die Betreiber angesichts des Kostenfaktors genügend Motivation für weitere Senkungen, weil Kerosin ein Drittel der Betriebskosten ausmacht.

Mit 3,55 Liter liegen sie dann unter dem realen Durchschnittsverbrauch gängiger Autos, und zwar sogar solcher mit bisher manipulierter Abstelleinrichtung. Auch ICEs, die nur auf wenigen Kilometern der Strecken voll aufdrehen, verbrauchen im Vergleich nicht so viel mehr. Ein ICE 3 benötigt bei 300 km/h 80% seiner Gesamtenergie zur Überwindung des Luftwiderstandes. Wenn man für den Flugsektor wie jetzt noch einen Multiplikationsfaktor von 1 ansetzt, wäre der Verbrauchswert recht gut. Bei einem Multiplikationsfaktor von vier (nach dem Vorsichtsprinzip) ergäben sich anstelle von 3,55 Liter auf einmal 14,20 Liter. Das sieht weniger „wettbewerbsfähig" zu anderen Verkehrsmitteln aus.[122]

Jedenfalls ergibt sich so eine Schieflage: Während ein Kraftwerk für eine Tonne CO_2 im EU-ETS ein Zertifikat (im Gegenwert einer Tonne) erwerben muss, können Flugunternehmen auf dem EU-ETS-Markt ebenfalls EUAs im Gegenwert einer Tonne CO_2 kaufen, obwohl sie nach ziemlich einhelligen Aussagen der Fachleute und des Umweltbundesamtes eigentlich mehrere Zertifikate für eine Tonne erwerben müssten.

Ein bisher scheinbar wenig beachtetes Problem tritt durch die starke Nutzung von Zertifikaten aus dem EU-ETS durch die Flugzeugbetreiber auf, die die Zertifikate aus dem stationären EU-ETS dazukaufen, weil die Emissionen des Flugverkehrs die ihm zur Verfügung gestellten Zertifikate überschreiten. Als Nebenaspekt sei erwähnt, dass diese Beanspruchung zum baldigen Verschwinden der Umlaufreserve TNAC führen wird (Graichen 2018). Folgendes Schaubild zeigt das auch in 2019 weiter erhöhte Volumen dieser Inanspruchnahme, bevor Corona sie erst einmal drastisch verringerte.

---

[121] https://www.bdl.aero/de/themen-positionen/nachhaltigkeit/klimaschutz/.
[122] Zu Vergleichen aus Sicht der Flugzeugbetreiber siehe z.B. https://www.airliners.de/energieverbrauch-bahn-flugzeug-apropos/36592 versus https://www.co2online.de/klimaschuetzen/mobilitaet/bahn-oder-flugzeug-der-vergleich/.

Mio. emission units / Mt CO$_2$-eq

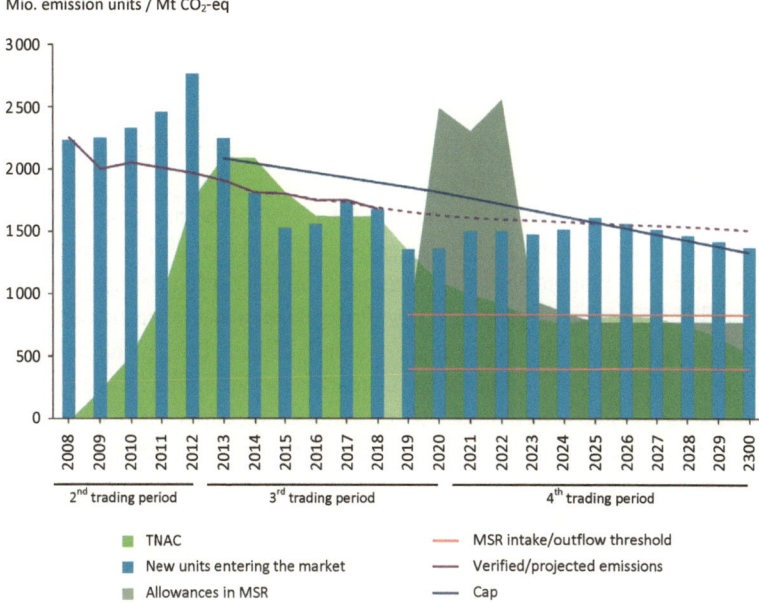

Healy et al. 2019, 31.

Auf der EU-Website wurde beruhigend versichert, dass 2020 der Anstieg der Ticketpreise innereuropäisch zwischen 1,80 und 9 Euro und bei einem Flug nach New York um 12 Euro höher läge und die Erhöhungen damit deutlich geringer seien als der in dem Zeitraum erfolgte Anstieg des Ölpreises. Diese Zugriffsmöglichkeit der Flugzeugbetreiber auf den EU-ETS-Markt und die bisher weitgehend niedrigen Preise der Zertifikate haben bisher dazu geführt, dass in 2017 die operativen Kosten der Unternehmen nur um geschätzte 0,3% stiegen, wodurch sicher keine ökologische Lenkungswirkung erzielt wurde.

Die kostenlosen Zertifikate werden den einzelnen Betreibern im Flugsektor nach einer Benchmark-Regel zugeteilt. Im Unterschied zu den kostenlosen Zuweisungen im stationären EU-ETS bedeutet *benchmark* hier aber nicht, dass man sich an den (umwelt)technisch besten (Verbrauchs-)Werten der Maschinen der einzelnen Flottenbetreiber orientiert, sondern die Verbrauchswerte der Betreiber im Jahr 2010 werden zusammengerechnet und die frei zu verteilenden Zertifikate (= jährlicher Basiswert minus Versteigerungssumme minus Sonderreserve) in Abhängigkeit von

ihrem damaligen Verbrauch aufgeteilt; derzeit gibt es 0,6422 Zertifikate
pro 1000 geflogenen Tonnenkilometern. Da die Emissionen der Flugzeugbetreiber ständig steigen und der Basiswert, d.h. die Anzahl frei verteilter
Zertifikate, für den Zeitraum 2013-2020 feststand, ergibt sich eine immer
geringere, prozentuale freie Zuteilung. Betrugen die freien Zertifikate der
von Deutschland verwalteten Betreiber 2013 noch 59% aller Zertifikate,
so lag diese Zahl 2017 bei 56%.

Die jährliche Kappung in Phase 3 (2013-2020) betrug ursprünglich
210.349.264 Zertifikate. Nur 15% der Gesamtmenge sind nicht kostenlos
und wurden in beiden Perioden versteigert. 85% wurden demgegenüber
anfänglich kostenlos zugeteilt.[123] Diese Prozentzahlen beziehen sich auf die
Verbrauchsmengen des Referenzzeitraums (2004-2006), nicht auf die
aktuellen tatsächlichen Emissionen. Über einen solch hohen Subventions-
anteil konnten sich die Betreiber sogenannter ortsgebundener bzw. statio-
närer Anlagen (Kraftwerke usw.) nur wundern, denn in diesem Bereich
liegt er bei rund 50% und ist „nur" selektiv für bestimmte exponierte Bereiche vorgesehen.

Hinzu kommt, dass sich die kostenlosen Zuteilungen zwar um den
entsprechenden Betrag verringern, wenn ein Anbieter wie Air Berlin aus-
scheidet, die kostenlosen Zuteilungen für Airlines werden aber nicht
reduziert, wenn die Unternehmen eine Verkleinerung ihrer Flotten beschließen. Die geringere Nachfrage aufgrund des Ausbruchs des isländi-
schen Vulkans Eyjafjallajökull führte nicht zu einer Anpassung des Caps
nach unten. In der LULUCF-Diktion würde es sich um eine „natürliche
Störung" handeln. Die Begründung lautete, dass sich keine Ungerechtigkeiten ergäben, da sich keine verzerrenden Verteilungswirkungen zwischen den Flugzeugbetreibern ergaben.

Die Länder sollen die Einnahmen aus den Zertifikat-Auktionen für die
Bekämpfung oder Anpassung an den Klimawandel einsetzen, insbesondere auch in den Bereichen Raumfahrt und Luftverkehr. 3% der Zertifikate fließen in eine Sonderreserve für Betreiber, die ihren Betrieb nach
2010 aufgenommen haben oder deren Transportleistungen „signifikant"
angestiegen sind. Dies belegt, dass Expansionsbestrebungen kein Einhalt
geboten werden soll. Auch wenn Betreiber aus der Sonderreserve zusätzliche Zertifikate bekommen, erhalten sie dennoch ihren Anteil aus
den kostenlos verteilten Zertifikaten. Sie erhalten diese auch dann, wenn

---

[123] https://ec.europa.eu/clima/policies /ets/allowances/aviation_en.

es sich um Übererfüllung handelt, d.h. der Betreiber weniger Emissionen verursacht, als ihm geschenkt werden.

Generell lässt sich zu einer solchen rein europäischen Lösung hinsichtlich des begrenzten regionalen Umfangs feststellen:

„Derartige europäische Insellösungen erzeugen nur wirtschaftliche Verzerrungen und Konflikte und schaden letztlich dem Klima – denn geflogen wird weiterhin – nur nicht mit europäischen Fluggesellschaften, sondern mit denjenigen Fluggesellschaften, deren Drehkreuz außerhalb Europas liegt und somit die Flüge dorthin nicht dem europäischen Regime unterliegen" (Klimaschutzportal, o. J., o. S.; das Portal vertritt grundsätzlich die Sicht der Flugzeugbranche).

Im Jahr 2017 wurde tatsächlich beschlossen, das Emissionshandelssystem bis 2023 (nur) für den innereuropäischen Flugverkehr fortzuführen, um abzuwarten (*stop the clock*), ob das System in ein internationales überführt werden kann. Entsprechend wurden die kostenlos zu vergebenden Zertifikate vermindert und viele Luftverkehrsbetreiber fielen aus dem System, da sie keine innereuropäischen Flüge anbieten.[124] Rein rechtlich hätte man in Europa alle An- und/oder Abflüge einbeziehen können. Aber hätten dann die Gegner einer solchen Lösung weiterhin den Airbus bestellt? Das war wohl die entscheidende Frage. Alle An- und/oder Abflüge sind übrigens im gemeinsamen EU-Klimaziel enthalten. Im EU-NDC update wird es einen Annex geben, der das explizit bestätigt.

Vermeintliche Argumente, warum man der Luftfahrt unbedingt eine Sonderrolle zubilligen muss und dies nur in Form der hier dargestellten Lösung möglich ist, sind leicht zu entkräften.

„Regierungen rechtfertigen die Sonderstellung der internationalen zivilen Luftfahrt (und der maritimen Schifffahrt) damit, dass sich die Minderungsziele der UN-Klimaabkommen auf Emissionen beziehen, die innerhalb der Grenzen eines Nationalstaates freigesetzt werden. Die Emissionen internationaler Flüge entzögen sich somit einer Zuteilung auf nationale Territorien, heißt es. Doch das Argument ist wenig schlüssig, schließlich werden viele national hergestellte Produkte exportiert und deren Emissionen [oder als Credits bei verarbeiteten Holzprodukten, den HWPs] dennoch dem Produktionsland zugerechnet. *Berechnet werden könnte somit auch das auf Flughäfen getankte Kerosin.* Bei entsprechendem politischen Willen hätte sich also auch im UN-Rahmen, der auf nationalstaatliche Verantwortung für Emissionen ausgerichtet

---

[124] https://ec.europa.eu/clima/sites/clima/files/docs/0029/registered_en.pdf.

ist, eine plausible und praktikable Lösung finden lassen." (Finance and Trade Watch 2000, 7, Hervorhebungen hinzugefügt, H. P.)[125]

Jedenfalls findet durch die innereuropäische Lösung eine Benachteiligung und Wettbewerbsverzerrung für europäische Fluganbieter und Flughäfen statt, da einiger Flugverkehr eher über außereuropäische Drehkreuze erfolgen dürfte, sofern die Maßnahmen klare Preiseffekte aufweisen.

Ob das weiter oben beschriebene CORSIA das EU-ETS ersetzt, was prinzipiell sinnvoll wäre, ist politisch noch nicht entschieden. Kein gutes Zeichen hinsichtlich des angestrebten Niveaus ist, dass bei CORSIA klare Regelungen immer wieder verschoben wurden und auch Ende 2020 immer noch in der Luft hingen. Sollte es zu keiner zufriedenstellenden Lösung kommen, gilt das rein innereuropäische Verfahren in der EU ab 2024 weiter.

Welche Positionen vertreten eigentlich die für die deutsche Umweltpolitik zuständigen politischen Institutionen zu CORSIA, dem EU-ETS und der Frage, ob es mit dem Wachstum des Flugverkehrs nicht einmal ein Ende haben müsste? Die hier bereits mehrfach zitierte Studie von Bopst et al. (2019) verdient diesbezüglich eine etwas genauere Betrachtung, da sie die Ansichten des Umweltbundesamtes und der Engagiertesten im Politikbetrieb widerspiegelt.[126] Das UBA geht zunächst davon aus, dass die Bemühungen von Verwaltung, Politik und der Luftfahrtbranche nicht ausreichen, um die insgesamt gesteckten (inter)nationalen Ziele zu erreichen. Es bedürfe eines umfassenden Ansatzes und einer ganzheitlichen Verkehrswende. Sie soll die Umweltauswirkungen angemessen mindern *und* den Mobilitätsbedürfnissen der Menschen, wie es heißt, Genüge tun. Man hält die Vision eines umweltschonenden Luftverkehrs und ein gleichzeitiges „radikales Umlenken" für möglich.

Natürlich enthält die Studie viele begrüßenswerte Vorschläge wie die Herstellung der Flugzeuge aus recyclebaren Bestandteilen, den Einsatz (wenn auch erst mittelfristig verfügbarer) synthetischer Kraftstoffe und Beimischquoten, ein besseres Flugroutenmanagement, lärmmindernde An- und Abflugvarianten, eine verstärkte Beteiligung der Öffentlichkeit, die Eindämmung von Umsteigeflügen zur Auslastung der jeweiligen Drehkreuze, Maßnahmen zur Geräuschsenkung, den Ausbau des Schienennetzes, bis hin zu Gebietssperrungen für Flüge in besonders sensiblen meteo-

---

[125] Zum Einbezug selbst von Fluglinien außerhalb der EU oder zur einführenden Jurisdiktion siehe Faber und O'Leary (2018).
[126] https://www.umweltbundesamt.de/publikationen/schwerpunkt-2-2019-fliegen.

rologischen Gebieten.[127] Wie man, wie angestrebt, eine genaue Internalisierung der durch den Flugverkehr verursachten externen Kosten ermitteln will, bleibt ein Rätsel.

Die Problematik „systemimmanenter" engagierter deutscher Umweltpolitik zeigt sich aber bei der Haltung zur Frage, ob es denn in naher oder
fernerer Zukunft zu absoluten Begrenzungen oder Reduzierungen der
Flugbewegungen kommen sollte.

> „Die Erweiterungen von Flugplätzen dürfen nur im Einklang mit diesem
> übergeordneten Standortkonzept und unter Berücksichtigung umwelt-
> politischer Ziele erfolgen. Flugplätze, die dieser Planung des Bundes
> mit den dazugehörigen Bewertungsschritten nicht Stand halten oder eine
> übermäßige Umweltbelastung verursachen, werden bis 2050 zugunsten
> des Schutzes von Mensch und Umwelt geschlossen und renaturiert
> oder einer dem Standort angemessenen Nachnutzung zugeführt. Auf
> einen Neubau von Flugplätzen wird verzichtet" (Bopst et al. 2019, 57).

Erweiterungen sind also, wenn auch nur in wenigen begründeten Fällen,
laut UBA grundsätzlich möglich. Zwar sollen Flugbewegungen auf die
Schiene verlagert werden, aber auch nur für solche Flüge, bei denen die
Bahn „konkurrenzfähig" ist, d.h. ein vergleichbarer Zeitaufwand vorliegt,
wenngleich dies mit vier Stunden auf die meisten innerdeutschen Flüge
zutreffen würde. Man kann sich fragen, wie die Rechnung bei drei Stunden aussähe. Werden die frei werdenden Slots dann gestrichen? Das wäre
eine klimapolitisch zielführende Maßnahme. Doch: „Durch die frei werdenden Flughafen-Slots werden Kapazitätsengpässe an Flughäfen besei-
tigt" (ebenda, 59). Sie könnten dann wohl für weitere Interkontinental-
flüge genutzt werden, nach dem Motto: Wie gewonnen, so zerronnen.
Wenn der Ausbau von Flughäfen nicht zuletzt wegen der ansteigenden
Bürgerproteste kaum mehr möglich sein sollte, würde ich für die Belegung
der Slots von Inlandsflügen plädieren, die die sonst frei werdenden Ab-
flugfenster blockieren.

Das Dilemma einer solchen einsichtigen und dennoch vor Begrenzungen hier und heute zurückschreckenden Position wird an späterer Stelle
deutlich, wo im 8. und letzten Baustein, der wohl nicht ganz zufällig das
Schlusslicht in der Aufzählung ist, neben der Tatsache, dass letztlich die
aggregierte Menge an THG-Emissionen auf globaler Ebene entscheidend
ist, anerkannt wird:

---

[127] Siehe die Überblicke in Bopst et al. (2019, 90-92, 113-114 und 128); zu den ökonomischen preis- und marktbasierten Anreizen siehe weiter unten.

„Auch mit weitreichenden technischen Innovationen ... werden sich bei anhaltendem Verkehrswachstum die negativen Auswirkungen nicht hinreichend reduzieren lassen. Oftmals ist das Gegenteil der Fall – ein ununterbrochenes Wachstum der Flugbewegungszahlen kompensiert früher oder später die Einsparpotentiale bei Lärm- und CO_2-Emissionen neuerer Luftfahrzeuge" (ebenda, 60-61).

Ein solcher Rebound dürfte nach bisherigen Erfahrungen oft stattfinden und eher früher als später eintreten. Was folgt aus dieser Einsicht?

„Die zunehmenden Umwelt- und Gesundheitsprobleme, die vom Luftverkehr verursacht werden, führen **bis 2030** allmählich zu einem Umdenken. Unternehmen und Konsumierende sind weniger stark auf Leistungen des Luftverkehrs fixiert, nicht zuletzt aufgrund ökonomischer Anreize und regulatorischer Maßnahmen ... sowie Alternativen im Bahnverkehr ... Steigende Ticketpreise, der vermehrte Ersatz von Geschäftsflügen durch leistungsfähige Kommunikationsinfrastruktur, das Kaufen regional angebauter oder produzierter Waren sowie eine höhere Akzeptanz längerer Transport- und Reisezeiten tragen dazu bei, das Luftverkehrsaufkommen **bis 2050** zu reduzieren" (ebenda, 61, Hervorhebung im Original).

So haben die zunehmenden Umwelt- und Gesundheitsprobleme doch auch ihr Gutes. Schade nur, dass es weitere 10 Jahre brauchen wird, bis diese Erkenntnis annahmegemäß nur allmählich ins gesellschaftliche Durchschnittsbewusstsein durchsickern wird, was als Voraussetzung für die große Verkehrswende gesehen wird. Erst 2050 wird sich dann das Verkehrsaufkommen reduziert haben. Zuvor werden aber kurzfristig in der realen Welt erst einmal noch die Kapazitäten überall mit Hochdampf ausgebaut (siehe oben). Man lässt sich 30 Jahre Zeit, bis es merklich zu Reduzierungen bis dahin exponentiell ansteigenden Flugbewegungen kommen soll.

Die bisherigen Ausführungen bezogen sich auf die angedachte internationale und innereuropäische Zertifikat- und Gutschriftenvariante. Beide gehen auf Initiativen der politischen Institutionen zurück und sind für alle entsprechenden Fluggesellschaften verbindlich. Daneben gibt es v.a. für Unternehmen, öffentliche Einrichtungen und Privatpersonen auch die **Möglichkeit, freiwillig zu kompensieren** und Klimaneutralität anzustreben. Einer der interessantesten Kompensationsanbieter ist atmosfair mit Einnahmen von rund 20 Mio. Euro im Jahr 2019, der auch eigene Forschung zum Thema betreibt. Bei atmosfair, die einen Verwaltungsaufwand von 10% angeben, werden alle Projekte nach CDM-Standard betrieben und unterliegen ferner dem Goldstandard, womit Co-Benefits bei Projekten obligatorisch sind. Eine Ausnahme hinsichtlich der Standards gibt es für Kleinprojekte unter 10.000 eingesparten Tonnen pro Jahr. Nach wie vor ist aber die Einschätzung von Schneider zutreffend: „Die Bestimmungen zum Nachweis der Zusätzlichkeit von Kleinprojekten sind sehr allgemein gehalten und sollten expliziter gestaltet werden" (Schneider 2007, 9, Ü).

In einer E-Mail vom 7.7.2020 gibt atmosfair folgendes Beispiel zum praktischen Procedere:

„Auf Dächern in einer Außensiedlung von Cape Town in Südafrika wird das gesamte Warmwasser normalerweise mit Dieselkochern erhitzt. Dies ist emissionsintensiv und zudem teuer. atmosfair vereinbart mit einem Projektbetreiber in Südafrika die Installation von Solarpanels, die auf die Häuserdächer montiert werden und das Wasser direkt erhitzen. Für die Realisierung der 50 Anlagen bekommt der Betreiber die benötigten 23.000 € von atmosfair. In zehn Jahren vertraglicher Laufzeit sollen damit jährlich 40000 Liter Diesel und dem Klima so insgesamt 1000 Tonnen Kohlendioxid (CO_2) erspart werden. atmosfair kann mit 23.000 € also 1000 Tonnen CO_2 in diesem Projekt einsparen.

atmosfair schließt mit dem Projektbetreiber einen Vertrag, wonach dieser für eine nachweislich eingesparte Tonne CO_2 einen Betrag von 23 € von atmosfair bekommt, und bezahlt die ersten 15.000 EUR als Vorschuss, damit der Betreiber das Projekt beginnen kann. Den Nachweis über die erfolgreiche CO_2-Minderung müssen zugelassene UN-PrüferInnen erbringen, die für Fehler haften".

Interessant ist noch, dass in der Mail bemerkt wird: „Diese 23 Euro werden aktuell benötigt, um eine Tonne CO_2 in hochwertigen Klimaschutzprojekten in Entwicklungsländern einzusparen." Daraus kann man schließen, dass es sich bei Projekten mit deutlich günstigeren Preisen um deutlich weniger hochwertige Projekte handeln muss, was wohl zu Recht ein schlechtes Licht auf Kompensationspreise bis zu unter einem US-Dollar wirft.

atmosfair hält sich außerdem an die mit dem Bundesumweltministerium (BMU) und NGOs wie Germanwatch entwickelten Kriterien „Plus X", um überzeugende Nachweise für die Zusätzlichkeit und die Mittelverwendung in den Projekten erbringen zu können und nachweisbar einen transformativen Beitrag zu einer nachhaltigen Wirtschaftsweise zu bieten. Einen Überblick zu ausgeschlossenen Projekten bietet atmosfair (2018, 23-24), eine interessante Tabelle, da sie im Umkehrschluss offenlegt, welche Schwächen im Sinne geringerer Anforderungen Projekte bei den anderen Standards haben.

> „Generell hat atmosfair festgestellt, dass kein Standard [auch CDM und Goldstandard nicht] gut genug ist, um sicherzustellen, dass zertifizierte Projekte tatsächlich einen Beitrag zur Großen Transformation leisten. Dies liegt vor allem daran, dass sie zu technisch und eng aufgebaut sind und transformative Faktoren nicht berücksichtigen" (atmosfair 2018, 11).

Hervorgehoben wird von der Organisation eine erforderliche hohe „Kohlenstoffquote", die angibt, zu wie viel Prozent das Projekt durch atmosfair finanziert wird. 100% bedeuten Vollfinanzierung, bei 25% ist die Organisation mit 25% Ko-Finanzierer. Bei Wind- und Wasserkraft, sowie Photovoltaik muss sie über 10%, bei Bioenergie über 20% und bei effizienten Öfen über 50% liegen, damit sich die Kleinbauern die Öfen auch wirklich leisten können.

Auch soll die aktuelle Entwicklungsstufe eines Landes unter partizipativem Einbezug der lokalen Bevölkerung als konstruktiver Beitrag zur Nord-Süd-Kooperation gefördert werden.

> „Die Kompensation der Umweltverschmutzung durch Unternehmen oder Konsument_innen in Industriestaaten ist jedoch keine bedingungslose Wiedergutmachung der globalen Umweltbelastung durch die Industriestaaten, die an Entwicklungsländer gezahlt wird. Finanzmittel fließen nur gegen den Nachweis erbrachter Klimaschutzleistungen" (Bauriedl 2015, 189).

Zweifelhafte Technologien wie CO_2-Sequestrierung (zur Problematik siehe z.B. Kartha/Dooley 2016) und jegliche fossilen Energieträger werden von atmosfair von vornherein ausgeschlossen und wenn möglich werden eigene Projekte entwickelt und durchgeführt. Die Mindestlebensdauer der Technologien muss 10 Jahre betragen. Auf die Problematik von Additionalität und wachstumsinduzierenden Rebounds wurde bereits hingewiesen.

Aus klimatologischer Perspektive ist bedenklich, dass von atmosfair geförderte Projekte dem jeweiligen „Besitzer einen zusätzlichen wirtschaftlichen Vorteil bringen" sollen und man die Entwicklungsziele der Länder stärken will. So baut man z.B. in Flüchtlingslagern im Irak Photovoltaikanlagen, um auch einen „Impuls für das Entstehen lokaler Unternehmensstrukturen" auszulösen. Die erhöhte Produktivität lokaler Handwerksbetriebe „setzt auch Anreize für die Aufnahme weiterer handwerklicher- [sic] und unternehmerischer Tätigkeiten" (atmosfair 2018, 20, 7, 15f. und 18). In einer früheren Studie von Schneider wird darauf hingewiesen, dass Projekte, die sehr wahrscheinlich additional sind, oft wenig soziale *co-benefits* haben, und es sich bei Projekten mit keiner oder geringer Zusätzlichkeit genau umgekehrt verhält (Schneider 2007, 12-13).

An dieser Stelle sollen kurz die generellen Probleme der Zusätzlichkeit zur Sprache kommen, die bereits im Zusammenhang mit den von atmosfair durchgeführten und betreuten Projekten, von denen auch das BMZ seine Gutscheine bezog, eine nicht unerhebliche Rolle spielen. Es soll mit einem längeren Zitat die Frage aufgeworfen werden, ob nicht der eindeutigen Klimaschädigung durch Flüge möglicherweise eher fiktive kompensierende THG-Minderungen gegenüberstehen.

„Erstens und vor allem ist es sehr schwierig, wenn nicht unmöglich, das Problem der Zusätzlichkeit für alle außer einer begrenzten Anzahl von Projekttypen anzugehen. Die Informationsasymmetrie zwischen Projektteilnehmern und Regulierungsbehörden bleibt eine erhebliche Herausforderung. Diese Herausforderung ist durch Verbesserungen der Regeln nur schwer zu bewältigen. Zweitens beinhalten internationale Kreditvergabemechanismen ein inhärentes und unlösbares Dilemma: Entweder schaffen sie perverse Anreize für politische Entscheidungsträger in den Aufnahmeländern, keine Richtlinien oder Vorschriften zur Bekämpfung der THG-Emissionen umzusetzen – da dies das Potenzial für internationale Kreditvergabe verringern würde – oder sie schreiben Aktivitäten gut, die nicht zusätzlich sind, da sie aufgrund von Richtlinien oder Vorschriften sowieso implementiert werden. Drittens ist für viele Projekttypen die Unsicherheit der Emissionsminderung erheblich. Unsere Analyse zeigt, dass Risiken für Überkredite oder perverse Anreize für Projektbesitzer, die Emissionsminderungen zu erhöhen, nur teilweise angegangen wurden. Es ist auch höchst ungewiss, wie lange Projekte die Emissionen reduzieren werden, da sie möglicherweise zu einem späteren Zeitpunkt ohne Anreize durch einen Kreditvergabemechanismus umgesetzt werden – ein Thema, das nach den aktuellen CDM-Regeln überhaupt nicht behandelt wird. Ein weiteres übergeordnetes Manko der Kreditvergabemechanismen besteht darin, dass nicht die Umweltverschmutzer zahlen müssen, sondern dass man die Reduzierung der Emissionen subventioniert. Die meisten dieser Mängel sind auf die Verwendung von Kreditvergabemechanismen zurückzuführen, die die Wirksamkeit internationaler Kreditvergabemechanismen als zentrales politisches Instrument zur Klimaschutzminderung in Frage stellen" (Cames et al. 2016, 17, Ü, hier ohne Hervorhebungen).

Kommen wir nach grundsätzlichen wahrscheinlichen Schwachstellen abschließend noch einmal auf die Frage nach den empirisch ermittelbaren und prognostizierbaren Folgen des verpflichtenden internationalen Gutschriftenhandels im Flugverkehr zurück und welche Forderungen sich daraus für eine wirksamere Minderungsstrategie ableiten lassen. In einer unlängst im Auftrag der DEHSt erstellten, auf empirischen Daten und Schätzungen beruhenden Studie durch das *Stockholm Environment Institute* und das *New Climate Institute* (Köln) wurden die voraussichtlichen klimatologischen Auswirkungen von CORSIA anhand des Zertifikatangebots des CDM, des *Verified Carbon Standard*, des *Gold Standard* und der *Climate Action Reserve* für den Zeitraum von 2013-2035 untersucht.

> „Wir können aufzeigen, dass bereits bestehende Projekte im Rahmen der vier Programme [der vier eben genannten Standards] etwa 18 Milliarden Minderungsgutschriften bereitstellen könnten. Dies entspricht mehr als das Sechsfache [sic] der für CORSIA erwarteten Gesamtnachfrage während der vorgesehenen Laufzeit. Ohne strenge Zulassungsbeschränkungen wird CORSIA nicht zu signifikanten Emissionsminderungen führen, die nicht auch ohne die Projekte aufgetreten wären. Dies resultiert daraus, dass mehr als 80 Prozent des Angebots aus Projekten stammen, die wahrscheinlich unabhängig davon, ob sie Emissionsgutschriften verkaufen, weiterlaufen werden und kontinuierlich Emissionen vermeiden. Gutschriften ohne anspruchsvolle Zulassungskriterien zuzulassen, würde daher das Ziel von CORSIA – ein kohlenstoffneutrales Wachstum zu erreichen – unterminieren. Um diesen Risiken zu begegnen, empfehlen wir den politischen Entscheidungsträgern, Zulassungsbeschränkungen zu etablieren, die entweder neue zusätzliche Minderungsprojekte fördern oder solche bestehende Projekte [sic] unterstützen, die ohne die Erlöse aus Gutschriftenverkäufen die Treibhausgasminderungsaktivitäten einstellen müssten" (DEHST 2019, o. S.).

Das bereits zitierte Forscherteam Cames et al. ergänzt:

> „Wir empfehlen potenziellen Käufern von CERs, den Kauf von CERs auf bestehende Projekte zu beschränken, bei denen das Risiko besteht, dass die Reduzierung der THG-Emissionen eingestellt wird, wenn der Anreiz aus dem CDM aufhört ... oder auf neue Projekte unter den wenigen identifizierten Projekttypen, bei denen eine hohe Wahrscheinlichkeit auf Gewährleistung der Umweltintegrität besteht" (Cames et al. 2016, 11, Ü, hier ohne Hervorhebungen).

Zum Verständnis: Die meisten der bereits laufenden Projekte seien nicht bestandsgefährdet, so dass der Verkauf an Flugbetreiber und die dadurch erzielte Subventionierungen der Projekte zu keinen zusätzlichen Minderungen führe.

Die wohl umfassendste, bereits angesprochene Studie stammt von Warnecke et al. (2019). Ohne hier auf die Details ihrer breiten und ausführlichen Studie, bei der sie über 8000 Projekte einbezogen haben, eingehen zu können: Der Überschuss von Minderungsgutscheinen ist gegenüber der zu erwartenden Nachfrage einschließlich CORSIA immens. Es wird abzuwarten sein, ob die von diesen Autoren der Studie geforderten „harten" Auswahlkriterien (nur neue Projekte, seriösere Bedarfsprüfung usw.), ohne die CORSIA sich von vornherein als Farce erwiese, eingeführt werden.

Dem bereits am Anfang dieses Buches zitierten Kevin Anderson vom Klimainstitut der Universität Manchester sei noch einmal das Wort gegeben. Er thematisiert negative „dynamische" Folgen von freiwilliger Kompensation am Beispiel des Fliegens, weshalb er persönlich den Besuch meist folgenloser Tagungen zum Thema mittlerweile ablehnt. Es sei angesichts der unsicheren Zukunft unmöglich, Null-Emissions-Versprechen durch Kompensationen abzugeben, da die tatsächlichen Emissionen Jahrzehnte in der Atmosphäre verblieben und im Prinzip alle weiteren Effekte des Verhaltens einzurechnen seien. Äußerst wahrscheinlich träten wachstums- und emissionsinduzierende Effekte auf, die weit über selbst tatsächlich angemessene Kompensationen hinausgingen.

> „Angenommen, ich habe meine (selbst auferlegte) siebenjährige Flugverweigerung gebrochen, meinen Ausgleich von 35 Pfund bezahlt [es wäre auch billiger möglich] und bin für die Konferenz in ein Flugzeug von Manchester nach London gestiegen. Auf diese Weise trage ich zur ohnehin schon starken Überlastung der Flughäfen bei, was zu weiteren Verzögerungen führt und es den Politikern ermöglicht, für eine größere Flughafenkapazität einzutreten. Diese Argumente werden nun durch den Anstieg der Passagiere verstärkt, die auf Neutralisierungsangebote zurückgreifen. Um der steigenden Nachfrage gerecht zu werden, fordert man die Fluggesellschaften auf, neue Flugzeuge zu bestellen, von denen sie versprechen, dass sie effizienter sind. Eine zukünftige Regierung spürt den Druck und genehmigt neue Landebahnen" (Anderson 2012, 7, Ü).

Doch der Rebound-Effekt (Golde 2016) geht noch weiter. Denn was ist laut Anderson auf Seiten der Länder der Projektempfänger zu erwarten?

„In einem indischen Dorf, in dem mein Ausgleichsgeld zur Finanzierung einer Windkraftanlage beigetragen hat, verfügen die Dorfbewohner nun über den (kohlenstoffarmen) Strom zum Fernsehen, der Werbe-
treibenden eines mit Benzin betriebenen Mopeds mehr Zuschauer und
Kunden verschafft. Es folgt ein Tanklager, um die neue Nachfrage zu
befriedigen, und ermutigt andere, in alte Lastwagen zu investieren, um
Waren zwischen Dörfern zu transportieren. Innerhalb von 30 Jahren
haben Dorf und Umgebung neue Straßen und viele weitere mit Benzin
betriebene Mopeds, Autos und Lastwagen. In der Zwischenzeit wirken
sich die Emissionen meines ursprünglichen Fluges immer noch wär-
mend aus und werden noch etwa 100 Jahre andauern" (ebenda).

Der Ablasshandel durch CORSIA verdient demnach die rote Karte. Das
Ziel müsste lauten: Weniger, anstelle von mehr Flugbewegungen.
Schlimmstenfalls ersetzt CORSIA das etwas ambitioniertere europäische
Interimskonzept. Es kann hier nicht auf das Totschlagargument der entstehenden oder verloren gehenden Arbeitsplätze eingegangen werden, das
beim Mediationsverfahren des Frankfurter Flughafens entzaubert wurde,
was aber leider nicht in der Öffentlichkeit ankam. Zugespitzt hier nur so
viel: Wenn Blumen nicht aus Kolumbien eingeflogen würden, entstünden
vermutlich Arbeitsplätze in diesem Bereich hierzulande.

Angesichts von Überlegungen wie denen Andersons zu einem sich
selbst verstärkenden Wachstumsprozess und der Dringlichkeit der THG-
Minderung mehrt sich der Widerstand v.a. zivilgesellschaftlicher Initiativen gegen die teils gigantischen Ausbaupläne von Flughäfen. Finance and
Trade Watch (2000) belegt zahlreiche Beispiele bereits früheren Wider-
standes.

Im Vergleich des europäischen Arrangements zum Flugverkehr mit
CORSIA schneidet trotz aller genannten Schwächen des EU-ETS-Sys-
tems dieses doch besser ab, wenngleich die europäische Variante bisher
das Wachstum des Flugverkehrs bestenfalls leicht bremste und ein
Beitrag zur Dekarbonisierung bisher nicht erfolgte. Die europäischen
Regelungen enthalten eindeutige Sanktionszahlungen, sie schließen Gutscheine aus (kein *offsetting* ab 2020), enthalten eine klar formulierte und
sinkende Kappung, einen ansteigenden Auktionsanteil und sicher teurer
werdende EUAs, deren Preis schon bald nicht mehr als Billigablasshan-
del bezeichnet werden kann. Bei CORSIA dürfte auf absehbare Zeit
nichts Vergleichbares herauskommen.

Ohne Zweifel könnte es nicht schaden, das europäische Reglement, wie es heutzutage so schön heißt, anzuschärfen.[128] Vorschläge laufen darauf hinaus, den Anteil zukaufbarer EUAs zu begrenzen, die Benchmark abzusenken, den Auktionsanteil zu erhöhen (was von der EU-Kommission tatsächlich angedacht wird), den Wirkungsmultiplikator zu erhöhen (eine Tonne CO_2-Emission erfordert 3-4 Zertifikate) und die ausgenommenen Flüge (Militär, Polizei usw.) einzubeziehen.

Und natürlich könnte man insbesondere und unabhängig von CORSIA und den Mäkeleien großer nicht-europäischer Länder sehr bald auch die in Europa landenden und startenden, also nicht nur die rein innereuropäischen Flüge einbeziehen. Dann hätte man erhebliche ⅔ Emissionen mehr erfasst, als wenn man ausschließlich innereuropäische Flüge einbezieht. Man ist ohne Zweifel auf Seiten der EU grundsätzlich bemüht, sich dem Problem steigender Flugemissionen zu stellen und hat sich als Ziel gesetzt, die Emissionen im Transportsektor einschließlich des Flugbereichs bis 2030 um 55% zu senken (Basisjahr: 1990). Allerdings scheut man vor einer absoluten Deckelung und ähnlich radikalen Maßnahmen wie einer absoluten Emissionssenkung und abnehmender Flugbewegungen zurück.

Doch ohne solche Maßnahmen lassen sich die gut gemeinten Ziele des Pariser Abkommens und das in den Regulierungen immer wieder genannte Langfristziel, die CO_2-Emissionen aus dem Flugverkehr bis 2050 im Vergleich zu 2005 zu halbieren, nicht erreichen. Ein Ziel, das gleichwohl immer noch zu mager ist. Selbst wenn man die Emissionen

„2035 stark senken und im Jahr 2050 auf die Hälfte der CO_2-Emissionen des Jahres 2005 reduzieren könnte, würde [dies] zu nicht kompensierten CO_2-Emissionen von jährlich immer noch 200 Mio. t führen. Wie der jüngste Bericht des IPCC zur Erwärmung um 1,5°C gezeigt hat, müssen die globalen CO_2-Emissionen bis zum Jahr 2030 aber um ca. 45% gegenüber 2010 reduziert und um das Jahr 2050 auf netto Null reduziert werden" (Bopst et al. 2019, 81).

Bei der in diesem Buch angestellten Analyse der IPCC-Berichte wird sich zeigen, dass wir eigentlich schon heute bei Netto-Null angekommen sein müssten.

---

[128] Siehe als breite und fundierte Übersicht und Analyse mit wenngleich wachstumskonformen Reformvorschlägen Bopst et al. (2019, Kapitel 5); im Konsultationsverfahren 2016 wurden viele radikalere Verbesserungen vorgetragen, siehe https://ec.europa.eu/clima/sites/clima/files/docs/0029/registered_en.pdf.

Sollte es zu einer internationalen Vereinbarung im Rahmen von
CORSIA kommen, kann man sich bei realistischer Betrachtung nicht einmal vorstellen, dass die europäischen bisherigen Maßnahmen als Minimum aufgegriffen werden. Wahrscheinlich wird die europäische Politik
bei einer Überprüfung der Maßnahmen kalte Füße bekommen, wenn z.B.
plötzlich die lückenfüllenden EUAs teuer und knapp werden und die Mas-
sentouristen sich beschweren oder die Exportwirtschaft Wettbewerbsnachteile beklagt.

Notwendige Forderungen zur Verhinderung eines Klimakollapses werden dementgegen von Seiten kritischer Wissenschaftler und zivilgesellschaftlicher Organisationen erhoben. Eine auch von der analytischen
Schärfe hervorzuhebende Initiative ist *Stay Grounded*. Sie

> „ist ein globales Netzwerk, das aus mehr als 150 Mitgliedsorganisatio-
> nen besteht. Dazu gehören lokale Flughafen-Oppositionsinitiativen,
> Klimagerechtigkeitsgruppen, NGOs, Gewerkschaften, Akademiker, Grup-
> pen, die Alternativen zum Fliegen fördern, und Organisationen, die Ge-
> meinden unterstützen, die gegen Kompensationsprojekte am Boden oder
> Biokraftstoffplantagen kämpfen. Das Netzwerk begann sich 2016 zu bil-
> den, dem Jahr, in dem eine sehr schwache globale Strategie zur Bekämp-
> fung der Klimaauswirkungen des Luftverkehrs (CORSIA) ins Leben ge-
> rufen wurde" (Stay Grounded 2019, 2, Ü).

Solche zivilgesellschaftlichen Gruppen fordern das Aus für nationale und
europäische Flüge und/oder solche Ziele, die mit der Bahn in 4-5 Stunden
zu erreichen sind oder weniger als 1000 km entfernt liegen. Dies wäre
natürlich durch bessere Bus- und Bahnverbindungen sowie das Angebot
von nicht traumschiffartigen Schiffsreisen und erhöhten Fahrintervallen
zu flankieren. Fairtransport gelingt es z.B., mit einer motorlosen Segel-
flotte nachhaltige Fracht nur mit der Kraft des Windes über das Meer zu
transportieren und so mit biologischen und traditionell gefertigten Waren
aus fernen Ländern zu handeln (https://fairtransport.eu/de/).

Bei den letzten Wahlen zum Europaparlament zeigte sich, dass solche
Überlegungen mittlerweile sogar auf der politischen Bühne angekommen
sind. So forderte Spitzenkandidat Frans Timmermans ein Verbot innereuropäischer Flüge, sein Gegenkandidat ließ sich immerhin zu Überlegungen zu Einschränkungen hinreißen, was mit den Umfragewerten in
der Bevölkerung zur Flugproblematik zusammenhängen dürfte.

Jenseits der Politikerempfehlungen wäre eine ausreichende Begrenzung und Steuerung im Flugsektor möglicherweise nur durch eine Über-

führung der privatwirtschaftlich operierenden Airlines in demokratisch kontrolliertes, öffentliches Eigentum möglich. Auch könnte man Flughäfen vorschreiben, dass sie nur einen niedrigen Prozentsatz an kürzeren Flügen anbieten dürfen. Wichtiger wäre, eine maximale Zahl (Kappung) an Flugbewegungen (*slot*-Regulierung), also schlicht und einfach eine absolute Grenze festzulegen. Ebenfalls wirksam könnte die Einstellung der Werbung für Flüge sein, ähnlich dem Tabakwerbeverbot, am besten mit Hinweis auf die Gesundheitsgefährdungen durch Flüge auf den Tickets und ein Untersagen der Vielfliegerbonussysteme, bei denen die Firma die Flüge zahlt und der Bonus für den privaten Urlaub genutzt wird.

Natürlich bietet sich auch eine der Benzin- vergleichbare Kerosinsteuer an, die bisher in keinem einzigen EU-Mitgliedsland erhoben wird. Allerdings lehnen einige EU-Länder eine solche deutlich ab und unterstützen „ihre" Fluglinien lieber mit großzügigen Subventionen. In Steuerfragen bedarf es einstimmiger Beschlüsse, so dass das Veto eines Landes zur Verhinderung ausreicht. Diese ablehnende Haltung einiger EU-Länder ist ein Indiz für einen auch in der EU doch weithin gebremsten Ehrgeiz in Sachen THG-Minderungen im Bereich des Flugverkehrs.

Inlandsflüge unterliegen in Deutschland und einigen anderen Ländern der Mehrwertsteuer. Durch bilaterale Vereinbarungen könnte diese auch für transnationale Flüge in der EU erhoben werden. Der grenzüberschreitende gewerbliche Luftverkehr unterliegt derzeit keiner Mehrwertsteuerpflicht. In Deutschland gibt es eine Luftverkehrssteuer, die Passagiere mit einem Betrag zwischen 7,50 und 43 Euro belastet. Sie ist variabel, da an die Einnahmen aus dem Emissionshandel gekoppelt, und dadurch gedeckelt: beide zusammen dürfen 1 Mrd. Euro nicht überschreiten; man hat jetzt die Obersumme auf 1,75 Mrd. Euro erhöht. Dies ist eine kaum einsichtige Regelung, da die Steuerausfälle aus nicht erhobener Mehrwertsteuer (für Nichtinlandsflüge) und Kerosinsteuer in 2012 12,3 Mrd. Euro betrugen. Der Steueranteil bei Benzin liegt bei 65,45 Cent pro Liter.

Es gäbe einige mögliche EU-Steuervarianten: eine Mehrwertsteuer, eine Kohlenstoffabgabe, eine Ticketsteuer usw. Nach Berechnungen ergäbe eine Mehrwertsteuer von 19% beim Flugaufkommen vor Corona Einnahmen in Europa in Höhe von 30 Mrd. Euro pro Jahr und eine Verringerung des Flugaufkommens um 18%. Bei einer Kerosinbesteuerung von 0,33 Cent pro Liter kämen 17 Mrd. Euro zusammen und eine Reduktion des Flugaufkommens um 11%. Auf eine Darstellung des Flickenteppichs der tatsächlichen Besteuerungen bei Inlandsflügen in der EU wird hier verzichtet. Nach Berechnungen entfallen in Deutschland rund

200.000 Flüge pro Jahr auf Destinationen, die unter drei Stunden zu erreichen sind.

Der Kontakt per Telefon- und Videokonferenzen würde durch höhere Flugpreise sicher noch mehr gesteigert. Auf die vielfältigen Möglichkeiten von dezentralen, freiwilligen internen Möglichkeiten (*bottom-up*) sei hier nur nebenbei hingewiesen. Hierzu zählt die Erlaubnis für Beschäftigte, bei Dienstreisen mit der Bahn länger unterwegs zu sein als mit dem Flugzeug. Die Finanzbranche könnte über ein grün motiviertes Desengagement (*divestment*) in die Flugsparte nachdenken.

Bei einer europaweiten Besteuerung käme es natürlich darauf an, dass die nationalen Regierungen nicht kompensierend Subventionen ausschütten würden und man den Billigfliegern das Leben nicht noch leichter macht. Auf globaler Ebene wäre es wünschenswert, dass die Regulierung nicht durch die ICAO stattfände, die letztlich ein Interessenverband der Luftfahrtbranche ist, sondern wenigstens in den Händen des UNFCCC läge.

Bei den Berechnungen des Kerosinverbrauchs, aber auch unter Einrechnung der weiteren treibhauswirksamen Effekte (Multiplikationsfaktor 3), wäre es angebracht, Wege zu finden, wie bei den Ticketpreisen und Umweltfolgenabschätzungen die indirekten Emissionen bei der Herstellung des Kerosins oder der Flugzeuge und die mit der Anreise zu den Flughäfen verbundenen Emissionen der Passagiere einzukalkulieren sind. Stark von Flughäfen abhängige Städte wie Frankfurt/Main hätten wesentliche Aspekte der durch sie hervorgerufenen Emissionsentstehung in ihre Klimabilanzen aufzunehmen. Ferner müssten die Verbräuche der Militärs sauber ermittelt und dann den Ländern zugerechnet werden.

Auch ließe sich z.B. eine progressive Vielfliegerabgabe von 20% für den ersten bis zu 250% ab dem neunten Flug einführen. Oder der erste Flug in vier Jahren wäre frei, der zweite kostet 150 Euro zusätzlich, jeder weitere das Doppelte des vorherigen Betrages. Die Einnahmen könnten als Unterstützung für den globalen Süden zum Ausgleich der Folgen dieser Restriktion verwendet werden, um einen sozialen Ausgleich hinzubekommen.[129]

Des Weiteren werden ein Nein zu Infrastrukturerweiterungen und eine absolute Begrenzung, d.h. Moratorien wie bei Atomstrom und Kohle, und Schrumpfung sowie ein Rückbau der Flughafenkapazitäten und deren

---

[129] Siehe den wissenschaftlich begründeten Vorschlag von Devlin und Bernick (2015) und von fellow.travellers.org.

teilweise Schließung gefordert. Alternativen zum Fliegen bis hin zu Zeppelinen sollen entwickelt werden.[130]

Und schließlich können sich auch Wissenschaftler engagieren und sich bemühen, weniger zu fliegen (https://academicflyingblog.wordpress.com/). Es ist erstaunlich, wie wenig dieses Thema bisher am Horizont ansonsten aufgeklärter und hochreflektierter Menschen mit den besten Absichten aufscheint. Dies gilt generell für die sogenannten kritisch-kreativen Milieus, die durch überdurchschnittlich hohe Energieverbräuche im Mobilitätssektor auffallen.

Was die EU und CORSIA betrifft, darf man wohl bestenfalls hoffen, dass alle innereuropäischen Flüge als Ausnahmeinsel gelten und die dortigen Regelungen nicht durch eine „Harmonisierung" verwässert werden. Die bei CORSIA vorgesehenen Kompensationsprojekte dürften so preisgünstig ausfallen, dass durch ihre Preise sicher kein technischer Fortschritt angeregt oder geringere Verbräuche anfallen werden. Die erste weltweite, einen bestimmten Sektor betreffende Regelung ist letztlich eine große Enttäuschung. Die Diskussion des der Menschheit noch zur Verfügung stehenden Restbudgets im Rahmen der IPCC-Berichte wird verdeutlichen, dass nicht wirklich nötige Flüge und der Urlaubstourismus mit dem Flugzeug unverzeihliche Verschwendung sind.

---

[130] https://stay-grounded.org/aua-staatshilfen-zehn-masnahmen-fur-klimagerechten-umbau/; siehe auch die Literaturverweise und tiefergehende Analyse sowie eine Vertiefung auch weiterer Begrenzungsvorschläge und zivilgesellschaftliche Strategieüberlegungen bei Stay Grounded (2019).

12. Klimapolitik in Deutschland: Das nationale Emissionshandelssystem (nEHS) und das Klimaschutzgesetz

Zusammenfassung: Das deutsche Klimaschutzgesetz (KSG) aus dem Jahr 2019 und der nationale Emissionshandel enthalten präzisierende Maßnahmen für das Ziel der THG-Neutralität 2050. Das KSG umfasst die Bereiche Energie, Industrie, Verkehr, Landwirtschaft, Gebäude und Abfall. Es legt – ein echtes Novum – feste jährliche maximale Verbräuche der entsprechenden Ministerien fest und macht die Minister verantwortlich für die Einhaltung, allerdings ohne klare Sanktionsmaßnahmen bei Nichterfüllung. Es könnte sein, dass die hohen Anforderungen des KSG nicht einhaltbar sind. Es bedarf regelintensiver Abgrenzungen zur Vermeidung von Doppelzählungen, z.B. mit dem EU-ETS.

Der nationale Emissionshandel (nEHS) bezieht sich auf die Bereiche Wärme und Verkehr. Benzin, Diesel, Heizöl, Erdgas und Kohle werden bei den „Inverkehrbringern" v.a. des Großhandels erfasst. Es gibt keine kostenlosen Zertifikate, keine CDM-ähnliche Anrechnung von Kompensationsprojekten und klare Sanktionen bei Nichterfüllung durch die Unternehmen. Den beiden Sektoren stehen Zertifikate im Verhältnis zu ihrem Gesamtverbrauchsanteil (Basiszeitraum 2016-2018) an allen durch das KSG erfassten Bereichen zu. Die absolute Höhe hängt von den zugelassenen Gesamtemissionsmengen des Effort Sharing für Deutschland ab. Bei Überschreitung des Anteils beider Sektoren werden in der Festpreisphase entweder per politischem Beschluss die Mengen der anderen Sektoren reduziert oder (bilateral) von anderen Ländern, wie bei *Effort Sharing* vorgesehen, zugekauft. Bis 2027 gibt es eine steuerähnliche Festpreisphase (und einen Preiskorridor) mit Tonnenpreisen von 25-55 Euro. Dann sollen Auktionierungen erfolgen, deren Beginn aber auch noch einmal verschoben werden kann. Trotz Nachbesserung bei den Festpreisen wird ab 2021 der Superbenzinpreis nur um 6 Cent steigen. Auch soll es noch nicht genau festgelegte Ausnahme- und Ausgleichsregelungen wegen Leakage geben. Durch den zwischenstaatlichen Zukauf sind Überschreitungen möglich.

* * *

Es gibt noch ein weiteres, in Deutschland aufgesetztes nationales Emissionshandelssystem. Es soll zur Realisierung des im Bundes-Klimaschutzgesetz (KSG) vom Dezember 2019 festgelegten hochgesteckten Ziels beitragen, 2050 landesweit treibhausgasneutral zu sein.[131] Die Debatte um die entsprechenden Beschlüsse zur baldigen CO_2-Bepreisung erfreute sich großer medialer Aufmerksamkeit, allerdings kaum unter dem alle Aspekte umfassenden Banner des nationalen Emissionshandelsgesetzes.

Im Rahmen der bereits häufiger erwähnten EU-Klima- bzw. Lastenteilungsverordnung (EU 2018/842) hat Deutschland sich verpflichtet, in den Nicht-EU-ETS-Sektoren bis 2030 eine THG-Minderung um -38% im Vergleich zum Basisjahr 2005 zu erreichen. Folgendes Schaubild zeigt, wie ambitioniert diese Zielmarke ist:

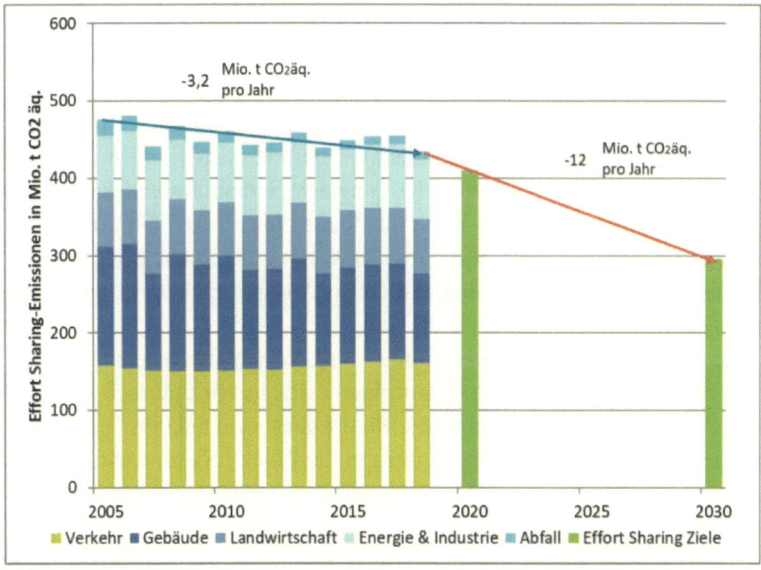

Jährliche Minderung um etwa 12 Mio. t CO_2äq erforderlich, um 38% Reduktion bis 2030 zu erreichen.

Böttcher et al. 2020, 15.

Ohne Corona hätte Deutschland das für 2020 anvisierte Minderungsziel nicht erreicht. Leicht erkennbar ist der anspruchsvolle Minderungspfad zwischen 2020 und 2030. Das bereits erwähnte Bundesklimaschutzgesetz dient dazu, den erforderlichen Pfad festzulegen, wobei neben den ökolo-

[131] http://www.gesetze-im-internet.de/ksg/BJNR251310019.html.

gischen auch soziale und ökonomische Folgen berücksichtigt werden sollen, was ein schwieriger Spagat werden dürfte. Man fühlt sich jedenfalls den Anforderungen des Pariser Abkommens und der Reduzierung der relevanten sechs THG verpflichtet und listet im Gesetz ein Bündel von EU-Verordnungen auf, die zu berücksichtigen sind oder deren Anforderungen noch angezogen werden sollen.

Bis 2030 sollen die Emissionen, als Verschärfung gegenüber den vorläufigen Zielen der EU, um 55% sinken (das Vergleichsjahr ist 1990). Die THG-Netto-Neutralität bis 2050 gehört mit zu diesem Katalog, ebenso wie eine insgesamt klimaneutrale Bundesverwaltung bereits bis 2030 und eine öffentliche Hand, die in Bereichen wie Beschaffung usw. eine Vorbildfunktion einnehmen soll. Die Bundesregierung ernennt einen rein beratenden und kommentierenden Expertenrat für Klimafragen mit fünf Mitgliedern, der aber – wie bereits in Kommentaren kritisch vermerkt wird – weitgehend zahnlos konzipiert ist.

In Anlage I des Gesetzes werden präzise die vom KSG erfassten Bereiche der Energiewirtschaft, der Industrie, des Verkehrs, der Landwirtschaft, der Gebäude und des Abfalls usw. definiert. 2025 sollen die Ziele für die Jahre nach 2030 durch die Bundesregierung festgelegt werden. Ordnungswidrigkeiten können mit Geldbußen bis zu 50.000 Euro geahndet werden. Beim Ankauf von Emissionszuweisungen aus dem Ausland ist darauf zu achten, dass die dadurch im Ausland erzielten Einnahmen zur Bekämpfung des Klimawandels eingesetzt werden.

Das KSG setzt neben diesen Punkten eine elementare Neuerung um, die es vorher nicht gab. Es enthält auf einer Zeitachse mit jährlich genauen Vorgaben konkrete Minderungsziele für die genannten Sektoren *und* nimmt die jeweiligen Bundesministerien dazu in die Pflicht. Sie sind nämlich zuständig und verantwortlich, dass folgende Zielwerte eingehalten werden:

(Fundstelle: BGBl. I 2019, 2520)

Jahresemissionsmenge in Mio. Tonnen CO_2-Äquivalent	2020	2021	2022	2023	2024	2025	2026	2027	2028	2029	2030
Energiewirtschaft	280		257								175
Industrie	186	182	177	172	168	163	158	154	149	145	140
Gebäude	118	113	108	103	99	94	89	84	80	75	70
Verkehr	150	145	139	134	128	123	117	112	106	101	95
Landwirtschaft	70	68	67	66	65	64	63	61	60	59	58
Abfallwirtschaft und Sonstiges	9	9	8	8	7	7	7	6	6	5	5

KSG 2019, 6 (http://www.gesetze-im-internet.de/ksg/BJNR251310019.html).

Zwar kann die Bundesregierung vermittels einer Rechtsverordnung ohne Zustimmung des Bundesrates die Jahresemissionen der Sektoren für das folgende Kalenderjahr ändern, aber nur in Einklang mit den Zielen des Gesetzes und der v.a. durch das *Effort Sharing* vorbestimmten, angepeilten Gesamtminderungsmenge, was insgesamt keinen großen Spielraum zulässt. Bei Überschreitungen dieser präzisen Jahresminderungszielwerten müssen die betreffenden Ministerien ein Sofortprogramm vorlegen, um baldmöglichst die Einhaltung wieder sicherzustellen. Es gibt allerdings keine klar definierten Sanktionen bei Nichterfüllung bzw. Nichtlieferung eines Sofortprogramms durch die Ministerien. Inwiefern die zur Zeit der Formulierung dieser Zeilen im Amt befindlichen Minister für Verkehr und die Ministerin für Landwirtschaft für eine solche Zielsetzung die richtige Besetzung sind, mag der Leser für sich beantworten. Es überrascht generell, wie einerseits Emissionsminderungen vorgenommen und Pläne entwickelt werden, andererseits sehr naheliegende und mit keinem größeren Aufwand verbundene Maßnahmen wie die Einführung eines Tempolimits auf deutschen Straßen unterbleiben.

Als ein wichtiges Klimaschutzinstrument ist in diesem Gesamtkontext die CO_2-Bepreisung von Emissionen insbesondere in den Bereichen Wärme und Verkehr anzusehen, die das EU-ETS nicht einbezieht. Sie sollen durch das Brennstoffemissionshandelsgesetz (BEHG) vom 20.12.2019 erfasst werden. Das BEHG sieht vor, hierzulande ab 2021 ein nationales Emissionshandelssystem (nEHS) für diese Bereiche einzuführen.

Beim nEHS sollen v.a. Benzin, Diesel, Heizöl, Flüssiggas und Erdgas (und ab 2023 Kohle) mit ihren CO_2-Emissionen einbezogen werden. Biomasse wird ausgenommen, sofern sie bestimmte Nachhaltigkeitskriterien erfüllt. Bis dato ist unklar, was dies konkret bedeutet. Aufgrund der großen Zahl der (End-)Verbraucher (z.B. beim Autoverkehr) sollen nur die sogenannten „Inverkehrbringer" der Brennstoffe, immerhin noch über 4000 Unternehmen, herangezogen werden (*upstream*-Ansatz). Hierbei handelt es sich z.B. um Gaslieferanten oder Unternehmen der Mineralölwirtschaft, also Großhändler oder Hersteller von Brennstoffen und Importeure. Dies können natürliche oder juristische Personen oder Personengesellschaften sein, die die zusätzlichen Kosten an die Verbraucher weitergeben.

Die Inverkehrbringer müssen einen Überwachungsplan erstellen, einen jährlichen Emissionsbericht abliefern, dessen Daten in ein nationales Emissionsregister eingetragen werden, entsprechende Zertifikate erwerben und diese an das DEHSt abgeben. Auch Nicht-Inverkehrbringer können ein Konto eröffnen und mit den Zertifikaten handeln. Spekulanten können somit mitmischen.

So hofft man, dass finanzielle Anreize zu Emissionsminderungen führen und Verhaltensänderungen über höhere Preise ausgelöst werden. Laut Angaben des UBA wird Superbenzin durch die Steuer 2021 um 6 Cent teurer (UBA 2020b, 8), bei dem ursprünglich vorgesehenen Einstiegspreis von 10 Euro wären es nur 2,8 Cent gewesen. Ob die Autofahrer durch diesen „Preisschock" weniger Auto fahren werden, ist fraglich, liegt dieser Betrag doch unter der üblichen täglichen Schwankungsbreite des Benzinpreises an Tankstellen. Und werden die Produzenten hierdurch angeregt, neue Technologien einzuführen? Wird so, wie intendiert, ein knappes Gut (Zertifikate) produziert, dessen Preis über den Kosten von Innovationen in diesen Sektoren liegt? Die Verteuerung des Heizöls tragen zumindest über die Nebenkostenrechnung die Mieter.

Wenn man auf deutschen Autobahnen durch Baustellen bedingte Spurverengungen mit Tempo 80 fährt, bemerkt man überall in der Republik Planierarbeiten, die zwecks teils beeindruckender Verdoppelungen der Fahrbahnen vorgenommen werden. Ist die verkündete Verkehrswende mit diesen Ausbauplänen vereinbar?

Auch beim nEHS werden die Emissionen jedenfalls auf ein ganz bestimmtes Budget an Emissionszertifikaten begrenzt. Es gibt keine kostenlose Zuteilung von Zertifikaten. Man setzt auf die effizienzfördernde Wirkung von Angebot und Nachfrage auf dem Zertifikatmarkt bei „freier Preisbildung" – aber erst ab 2026 (UBA 2020b, 6, auf dessen Informationen dieses Kapitel im Wesentlichen beruht)!

Vorgeschaltet ist nämlich zur „Eingewöhnung" eine Festpreisphase von 2021 bis 2025, in der gesetzlich festgelegte Preise vorgegeben werden und daher praktisch eine Mengensteuer vorliegt. Ab 2026 werden die Zertifikate dann versteigert, aber doch wieder nicht ohne Sonderregelung, da die Versteigerungen in einem Preiskorridor verlaufen sollen, mit einem Mindestpreis von 55 und einem Höchstpreis von 65 Euro gegen Ende. Ab 2027 soll sich der Preis endlich „frei" am Markt bilden, doch auch definitiv wieder nicht über die unsichtbare Hand des Marktes, denn 2025 kann von politischer Seite entschieden werden, auch für das Jahr 2027 einen Preiskorridor vorzusehen. Es bedürfe eben einer Gewöhnungsphase. Oder wird Marktwirtschaft nur dann zugelassen, wenn es nicht allzu teuer wird?

Es gibt eine weitere, die Wettbewerbsfähigkeit von Unternehmen betreffende Abweichung von einer reinen Emissions-Marktwirtschaft, um die Verlagerung von Unternehmen und deren Emissionen ins Ausland zu vermeiden. Es geht um die bereits vom EU-ETS bekannte Problematik des Leakage, das hier auch hinsichtlich der europäischen Nachbarn auftritt, da die meisten europäischen Nachbarländer kein vergleichbares nationales Emissionshandelsgesetz einführten. Noch wenig detailliert heißt es hierzu in Erläuterungen zum Gesetz:

> „Wo sich eine Vermeidung von Carbon Leakage und der Erhalt der EU-weiten und internationalen Wettbewerbsfähigkeit betroffener Unternehmen durch eine finanzielle Unterstützung für klimafreundliche Investitionen nicht sicherstellen lässt, können Kompensationen bei der DEHSt beantragt werden … Außerdem besteht ein Mindestschutz vor unverhältnismäßigen indirekten Belastungen, die in ganz atypischen Einzelfällen in Folge der Einführung des nEHS entstehen könnten. Betroffene Unternehmen sind solche, die durch die Einführung des BEHG hohe Zusatzkosten und keine Möglichkeit haben, diese Kosten an ihre Kundinnen und Kunden weiterzureichen … Entsprechende Konkretisierungen erfolgen ebenfalls in einer Rechtsverordnung" (UBA 2020b, 12).

Es bleibt abzuwarten, welche Bereiche hier Sonderregelungen erhalten bzw. sich lobbyistisch erkämpfen können und inwiefern sich größere Schlupflöcher zu Lasten des Klimaschutzes auftun. Im September 2020 wurde beschlossen, diesbezüglich ähnliche Regelungen wie beim EU-ETS anzuwenden, z.B. eine Orientierung an der Benchmark.[132]
Im nationalen Emissionshandel gibt es immerhin klare Sanktionen bei Verstößen.

> „Kommt ein Inverkehrbringer seiner Abgabepflicht nicht oder nicht in ausreichender Höhe nach, setzen wir für jede Tonne CO_2, für die kein Zertifikat abgegeben wurde, eine Zahlungspflicht fest. Für die Festpreisphase 2021 bis 2025 ist das der doppelte Zertifikatspreis des betreffenden Jahres … Der Inverkehrbringer bleibt aber weiterhin verpflichtet, die zu wenig abgegebenen Zertifikate nachträglich im nationalen Emissionshandelsregister abzugeben und damit die verursachten Emissionen vollständig abzudecken.
> Nach der Festpreisphase beträgt die Zahlungspflicht 100 Euro für jede Tonne CO_2, für die kein Zertifikat abgegeben wurde … Wenn ein Inverkehrbringer bis zum 31.07. jeden Jahres keinen Emissionsbericht für das vorhergehende Berichtsjahr eingereicht hat, wird sein Konto im nationalen Emissionshandelsregister gesperrt … Ferner sieht das BEHG

---

[132] https://www.bmu.de/fileadmin/Daten_BMU/Download_PDF/Klimaschutz/eckpunkte papier_behg_kompensation_bf.pdf.

eine Reihe von Bußgeldvorschriften vor: Verstöße gegen die Pflichten (beispielsweise eine fehlerhafte Berichterstattung) können mit Geldbußen bis zu 500.000 Euro geahndet werden."[133]

Ursprünglich waren für das Jahr 2021 10 Euro pro Tonne und gesteigert bis zu 35 Euro im Jahr 2030 vorgesehen. Diese äußerst minimale Besteuerung führte zu erheblichen Protesten in der Zivilgesellschaft und auch innerhalb einiger politischer Parteien, insbesondere bei den Grünen. Durch Verhandlungen im Vermittlungsausschuss wurde der Anfangsbetrag dann auf zunächst 25 Euro angehoben (2022: 30, 2023: 35, 2024: 45 und 2025: 55 Euro), ein gemessen an den Gesamtminderungszielen nach wie vor geringer Einstiegspreis. Es besteht in dieser Anfangsphase fixer Preise keine Möglichkeit, Zertifikate für die nächste Periode zu bunkern (*banking*). Ab 2027 ist dies möglich. 10% können aber bis Ende Februar des Folgejahres durch Zukauf nachträglich ausgeglichen werden, genauso wie ein Defizit durch Käufe auf dem Sekundärmarkt für Zertifikate.

Natürlich kann es zu Überschneidungen zwischen deutscher Sonderbesteuerung und dem EU-ETS kommen, wenn z.B. ein besteuerter Brennstoff an eine unter das EU-ETS fallende Anlage geliefert und dort eingesetzt wird, so dass die Emissionen dieses Brennstoffs von beiden Systemen erfasst werden. Deshalb können die sogenannten Inverkehrbringer ihre Abgabeverpflichtung um die an EU-ETS-Anlagen gelieferten und dort eingesetzten Brennstoffmengen reduzieren oder der Betreiber einer solchen Anlage kann einen Ausgleich bei der DEHSt beantragen.

Die entscheidende Frage ist natürlich, wie hoch insgesamt die zugelassene Menge ausfällt und wie das Cap bestimmt und festgelegt wird. Hierzu gibt es eine *Basis-* und eine *Erhöhungsmenge*. Wenig verständlich heißt es hierzu:

„Grundlage für die Ermittlung der Basismenge sind die Minderungsverpflichtungen Deutschlands aus der EU-Klimaschutzverordnung. Die Minderungsverpflichtungen betreffen die CO_2-Emissionen außerhalb des EU-ETS und werden von der EU-Kommission für jedes Kalenderjahr festgelegt. Für die Basismenge wird in einem ersten Schritt der Anteil der vom nEHS erfassten Brennstoffemissionen an den deutschen Gesamtemissionen außerhalb des EU-ETS berechnet.

Zur Ermittlung dieses Anteils für die erste Handelsperiode (2021 bis 2030) werden die Jahre 2016 bis 2018 als Referenzjahre herangezogen.

[133] https://www.dehst.de/DE/Nationaler-Emissionshandel/Sanktionierung/sanktionierung_node.html.

Die sich daraus ergebende Menge an Emissionen, die vom nEHS erfasst werden, wird ins Verhältnis zu den Emissionszuweisungen gesetzt,
die Deutschland in dem betreffenden Jahr nach der EU-Klimaschutzverordnung zustehen. Aus der Berechnung ergibt sich die Basismenge
der jährlichen Zertifikate, die dem nEHS zugeordnet sind ... Da diese
im nEHS und EU-ETS doppelt erfassten Emissionen bei der Berechnung der Basismenge nicht berücksichtigt wurden, werden zusätzliche
Zertifikate [die Erhöhungsmenge] im entsprechenden Umfang im nEHS
bereitgestellt" (UBA 2020b, 9).

Noch einmal: In einem ersten Schritt wird ermittelt, wie hoch der Anteil
der unter das nEHS fallenden Brennstoffemissionen an den Gesamtemissionen ist, die nicht durch das EU-ETS erfasst werden, sondern unter
Effort Sharing fallen. Dieser Anteil wird für die Jahre 2021-2030 auf der
Basis des prozentualen Durchschnitts dieses Anteils zwischen 2016 und
2018 ermittelt. Dann schaut man, wie viele Emissionen Deutschland insgesamt unter *Effort Sharing* zustehen und stellt für den unter das nEHS
fallenden Bereich anteilig Zertifikate zur Verfügung, die versteigert werden. Die formale Bestimmung des Start- und Zielwerts für die konkreten
jährlichen Emissionszuweisungen an Deutschland sollte in der zweiten
Jahreshälfte 2020 erfolgen.

Aber: In der anfänglichen Festpreisperiode kann es zu Überschreitungen der zugeteilten Menge kommen. Für diesen Fall ist Folgendes vorgesehen:

„Bei einer Überschreitung des verfügbaren nationalen Budgets nach der
EU-Klimaschutzverordnung muss Deutschland das Defizit allerdings
vollständig ausgleichen, indem entweder in den nationalen Sektoren
außerhalb des nEHS zusätzliche Emissionsminderungen erbracht werden oder Emissionszuweisungen von anderen Mitgliedstaaten der Europäischen Union erworben werden" (UBA 2020b, 9).

Es ist also möglich, dass in den ersten Jahren in den neu einbezogenen
Bereichen eine Überschreitung und keine Deckelung möglich oder nötig
ist. Zwar werden an anderen Stellen des gesamten deutschen und europäischen Zertifikatsektors Abzüge erfolgen, aber von einer eindeutigen
Begrenzung und Reduzierung der durch das nEHS erfassten Emissionen
und einer inländischen Höchstmenge kann keine Rede sein. Nicht zuletzt
durch die Doppelzählungen wird definitiv eine ganze Menge zusätzliche
Bürokratie benötigt; eine Emissionsberichterstattungsverordnung und eine
Brennstoffemissionshandelsverordnung waren im Dezember 2020 bereits
auf dem Weg.

Abschließend lässt sich feststellen, dass das nEHS zumindest in der Anfangsphase wegen der recht geringen Wirkung auf die Endverbraucherpreise nicht als schlagkräftiges Instrument gegen den Klimawandel angesehen werden kann, was in zahlreichen kritischen Kommentaren u.a. von Umweltverbänden moniert wurde. Das nEHS wurde gar als Mogelpackung und Farce verbucht.[134]

Die niedrigen Preise werden tatsächlich kaum eine Lenkungswirkung entfalten, eine solche wird von einigen Fachleuten erst ab einem Anfangspreis von 60 Euro erwartet. Die merkwürdige Doppelung von Festpreisen und (dann mehr oder minder) Auktionierung ist nicht nur verfassungsrechtlich möglicherweise problematisch, sondern auch verwirrend und man fragt sich, warum nicht gleich eine Besteuerung mit vorhersehbaren Preisschritten vorgenommen wurde. Geschah dies womöglich, um sich nicht definitiv festlegen zu müssen und bei Bedarf den Rückwärtsgang einlegen zu können?

Die Festpreisphase zu Anfang ist natürlich mit einer notwendigen Eingewöhnungszeit zu begründen. Zum anderen kann so aber anfangs die bittere ökologische Wahrheit verschleiert werden, dass man Klimaschutz nicht ohne schmerzliche Nebenwirkungen für die Wirtschaft haben kann und die Preise eigentlich viel höher ausfallen müssten. Da in dieser Phase Zertifikate in unbegrenzter Menge verkauft werden können, hat man durch den möglichen Verschiebebahnhof auf jeden Fall mal wieder ein wenig Zeit gewonnen. Die von der EU-Kommission für Verkehr und Gebäude Deutschland zugestandene Menge kann auch danach durch von anderen Ländern zugekaufte Zertifikate gestreckt werden.

Relevanten Interessengruppen wurde bei der Verabschiedung der gesetzlichen Grundlagen kaum Zeit gegeben, Stellung zu nehmen, die Rede ist von zwei Tagen. Da alle Endverbraucher gleich von den Preiserhöhungen betroffen sein werden, wird zusätzlich kritisiert, dass das nEHS unsozial sei. Als Ausgleich Entlastungen bei der Entfernungspauschale anzubieten, ist sicher umweltpolitisch gesehen kontraproduktiv. Die Auszahlung der Einnahmen an alle Bürger als feste Klimaprämie wurde nicht aufgegriffen. Das würde aber vermutlich auch zu Rebound-Effekten führen, da die Menschen das Geld für andere Produkte usw. ausgeben könnten, die wiederum zu Emissionen führen.

---

[134] Siehe z.B. https://www.iwr.de/news.php?id=36371. Zur Kritik und zu Alternativen siehe https://www.bee-ev.de/fileadmin/Publikationen/Positionspapiere_Stellungnahmen/BEE/201907_BEE-Konzeptpapier_CO2-Bepreisung.pdf.

Es stellt sich schließlich die Frage, ob Deutschland und andere Mitgliedsländer die durch die EU über *Effort Sharing* vorgegebenen und u.a. durch das KSG heruntergebrochenen Zielwerte überhaupt erfüllen können. Das Öko-Institut hat folgende Werte ermittelt:

EU-weites Angebot von AEA mit existierenden Politiken und Maßnahmen

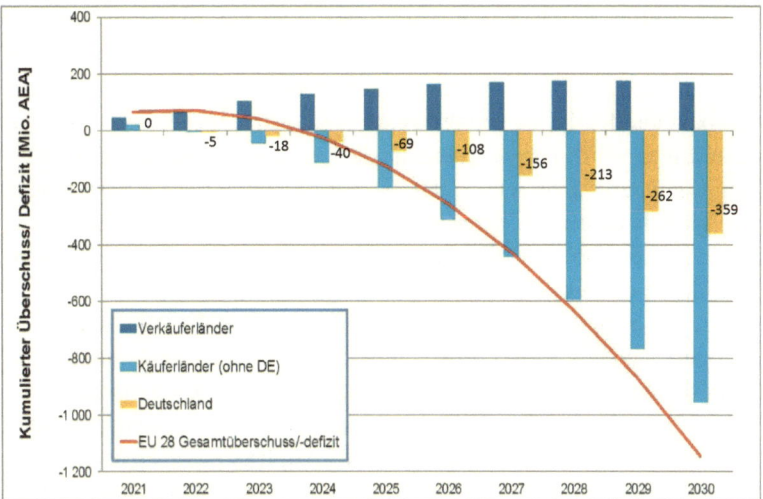

Defizite und Überschüsse der EU-Mitgliedsstaaten mit *zusätzlichen* Politiken und Maßnahmen

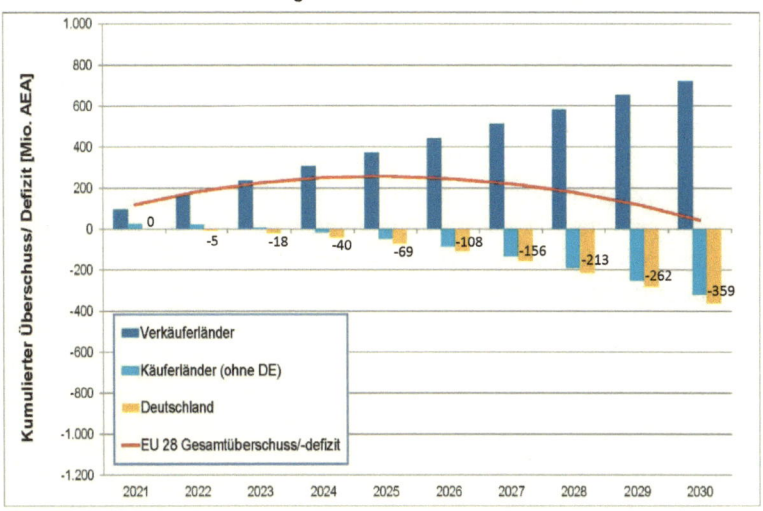

Böttcher et al. 2020, 31 und 32.

Aus diesen Berechnungen geht hervor, dass Deutschland nur unter deutlichem Zukauf bei anderen Ländern seine Zielwerte wird einhalten können, sollte die Corona-Krise bald ausgestanden sein. Zwar soll bei solchen Zukäufen darauf geachtet werden, dass die Einnahmen aus diesen Zertifikatverkäufen zur Bekämpfung des Klimawandels ausgegeben werden, aber Länder können diese Gelder z.B. für umweltpolitische Aktivitäten einbuchen, die ohnehin geplant waren. Aus den Berechnungen geht auch hervor – wie bereits in einem vorherigen Kapitel gesehen –, dass EU-weit ohne die Zusatzminderungsversprechen einiger weniger Länder sehr bald ein deutliches, immer weiter ansteigendes Defizit an Zertifikaten auftreten würde (obere Abbildung auf S. 261). Aus der unteren Abbildung auf S. 261 geht hervor, dass es bei Einhaltung der Zusatzzusagen über viele Jahre einen Überschuss geben wird, so dass Deutschland sein zu erwartendes hohes Defizit ausgleichen kann und es daher auch beim nEHS keine definitive absolute Minderungsverpflichtung gibt.

Aus den bisherigen Ausführungen dürfte das komplizierte Zusammenspiel der Ziele des Pariser Abkommens, des EU-Emissionshandels (EU-ETS), der europäischen Klimaschutzverordnung und des deutschen KSG inklusive des nationalen Emissionshandels (nEHS) deutlich geworden sein. Dieses in den Details ausgesprochen komplexe Zusammenspiel internationaler und europäischer Abkommen und Verpflichtungserklärungen untersuchen Gores et al. (2020a).

Kritisch ist festzuhalten: Bis 2027 gibt es eine steuerähnliche Festpreisphase (und einen Preiskorridor) mit Tonnenpreisen von 25-55 Euro. Dann sollen Auktionierungen erfolgen, deren Beginn aber auch noch einmal verschoben werden kann. Trotz Nachbesserung wird ab 2021 der Superbenzinpreis nur um 6 Cent steigen. Es soll noch nicht genau festgelegte Ausnahme- und Ausgleichsregelungen wegen Leakage geben. Durch den zwischenstaatlichen Zukauf sind Überschreitungen möglich. Es könnte sein, dass die hohen Anforderungen des KSG nicht einzuhalten sind und Ministerien die ihren Sektoren zuzurechnenden Emissionshöchstmengen nicht einhalten.

13. „Klimaneutralität" und freiwillige Kompensationsprojekte

Zusammenfassung: Freiwillige Kompensationsprojekte (FKP), die bis 2020 als CDM-Projekte auch begrenzt bei den Verpflichtungen aus dem Kyoto-Protokoll angerechnet werden konnten, werden von privaten Organisationen im Rahmen eines teils aufwendigen Projektzyklus aufgelegt. Sie sollen v.a. Unternehmen ermöglichen, „unvermeidliche" Emissionen durch Minderungsprojekte z.b. in Schwellenländern zu „neutralisieren", für die sie Gutschriften als Beleg erhalten. Es gibt vier Projekttypen: Biologische Sequestrierung (Speicherung durch Wälder), Einfangen und Einlagerung (z.b. unterirdisch), Erhöhung der Energieeffizienz und Förderung regenerativer Energien. Recht verschiedene Standards mit unterschiedlichen Qualitätsanforderungen werden angeboten, z.b. bezüglich des Monitorings durch unabhängige Dritte. Im Unterschied zu verpflichtenden Zertifikaten gibt es keine Mengenbegrenzung. Das weltweite Angebot übersteigt die Nachfrage deutlich, obwohl immer mehr (Groß-)Unternehmen FKP nicht zuletzt aus Reputationsgründen nachfragen.

Bei FKP muss eine kontrafaktische Baseline festgelegt werden: Wie hoch wären die Emissionen ohne die Projekthilfe ausgefallen? Ist die Zusätzlichkeit gesichert oder wäre z.b. das Windkraftprojekt sowieso in Angriff genommen worden? Führt die Stromeinspeisung über regenerative Energien tatsächlich zu fossilen Einspeisungsminderungen? Hat das Projekt permanente Wirkung oder wird der Wald nach Ablauf des Projekts abgeholzt? Finden Verlagerungen (Leakage) statt: Wird eine Waldfläche geschützt und eine andere direkt daneben abgeholzt? Weitere kritische Punkte sind die zum Teil sehr niedrigen Preise, ökologische Nebenwirkungen von oft geforderten sozialen Co-Benefits etwa in Form von Einkommenserhöhungen der lokalen Bevölkerung, nicht vorliegende Unabhängigkeit der Prüfer, das Fehlen eines wenn möglich weltweiten, übersichtlichen Zentralregisters (auch zur Vermeidung von Doppelzählungen), empirisch festgestellte Nichtwirksamkeit und gesamtökologische Fragwürdigkeit vieler Projekte (Großstaudämme), zu große Ausgestaltungsspielräume bei Anträgen z.B. zur Rentabilität, sehr eng definierte Systemgrenzen der „klimaneutralisierenden" Käufer (die dann wenig Gutschriften für das Neutralitäts-Label erwerben müssen) und negative Anreize für Empfängerländer, die eigene THG-Minderung unterlassen, wenn dies vom Ausland bezahlt wird. Hinzu kommen fehlende Einbettung der Projekte in eine lokale oder nationale Klimaschutzstrategie, Eingriffe in Gewohnheitsrechte indigener Gruppen, günstige Möglichkeiten, kostspieligeres Vermeiden und Reduzieren in der Heimat zu umgehen und den Übergang in eine Suffizienzwirtschaft hintanzustellen. Fazit: FKP haben grundsätzliche, konzeptionelle Probleme (Baseline, Zusätzlichkeit) und erkleckliche potenzielle Schwachstellen (Nichtwirksamkeit, Niedrigstpreise), so dass ihr Einsatz Netto-THG-Minderungen eher im Wege steht.

* * *

Im Rahmen des Kyoto-Protokolls bestand die Möglichkeit, Gutschriften als Ergänzung zu Zertifikaten zu erwerben, mit denen teilnehmende Industrieländer in Entwicklungsländern, die am Kyoto-Protokoll nicht teilnahmen, Projekte zur THG-Minderung realisieren und sich anrechnen lassen konnten. Dieser Prozess wurde als *Clean Development Mechanism* (CDM) bezeichnet (wir klammern hier *Joint Implementation* (JI) aus). Bis 2020 war es möglich, dass Unternehmen eine bestimmte Menge CDM-Gutschriften neben den verpflichtenden und begrenzten Zertifikaten einreichen konnten und so die Deckelung umgehen konnten.[135]

Zusätzlich gab und gibt es daneben noch den sogenannten *freiwilligen*, nicht in die verpflichtenden Systeme eingebetteten Markt für THG-Minderungen. Er wurde von privaten Organisationen entwickelt und förder(e) privatwirtschaftliche, freiwillige Kompensationen über THG-Minderungsprojekte. Auch hierfür gibt es vom UNFCCC verwaltete Projekte, die den Anforderungen von CDM entsprechen und sogar als CDM-Projekte bezeichnet werden. Sie sind aber nicht mit den ehemaligen CDM des Kyoto-Protokolls zu verwechseln. Einen ersten Überblick bietet das Schaubild auf der folgenden Seite.

Die Kosten betragen bei CDM durchschnittlich 0,10 US-Dollar je Gutschrift, die für die ersten 15.000 Tonnen CO_2eq pro Jahr ausgestellt wird und 0,20 US-Dollar für jede Gutschrift aber einer Menge über 15.000 t CO_2eq. Für CDM-Projektaktivitäten mit einer erwarteten durchschnittlichen jährlichen Emissionsreduktion von weniger als 15.000 Tonnen CO_2eq während des Anrechnungszeitraums sind keine Gebühren zu entrichten.

---

[135] Siehe den kritischen Überblick von den Anfängen bis zur Gegenwart bei Carbon Market Watch (2020a).

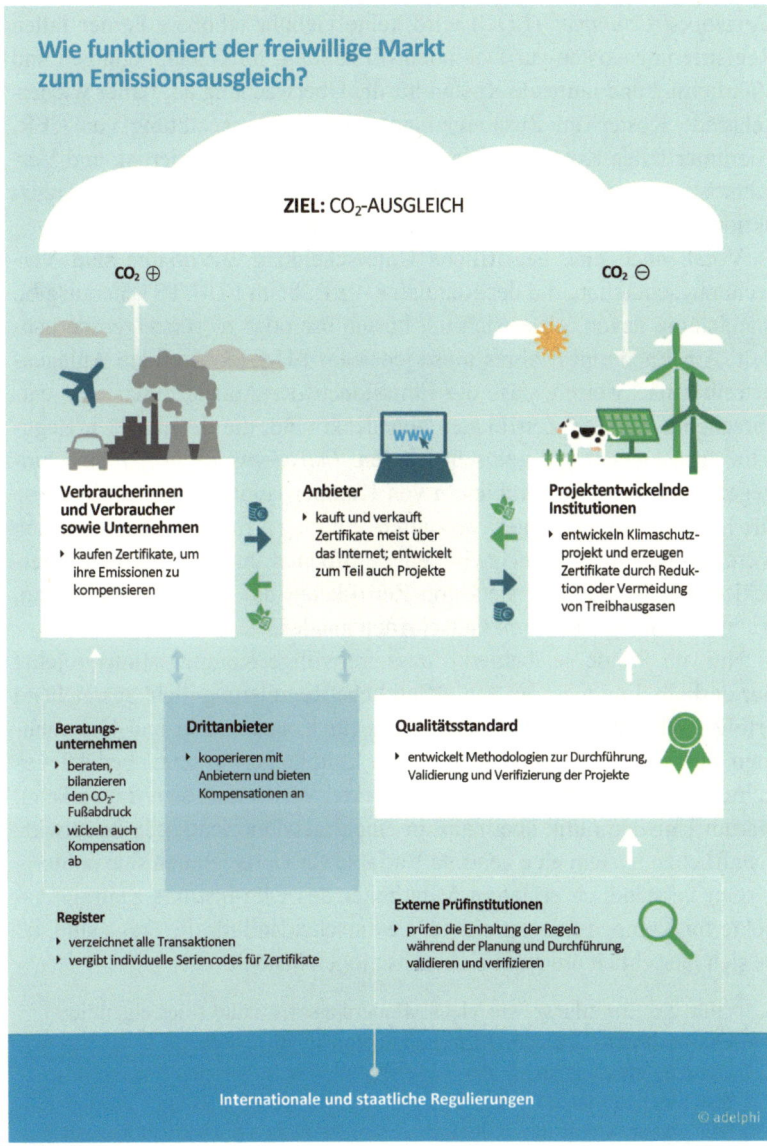

UBA 2018c, 17.

Der Ratgeber, aus dem das Schaubild stammt, ist ein guter, wenngleich eher unkritischer Überblick über freiwillige Kompensationsprojekte. Für Projekte und PoAs (*programs of activities*) in den sogenannten *Least*

Developed Countries (LDC) wird keine Gebühr erhoben. Ferner fallen Registrierungskosten zur Dokument-Erstellung, für Genehmigungen und Validierung und laufende Kosten für die Überwachung an, ferner wiederkehrende Kosten im Zusammenhang mit der Ausschüttung von CER. Hierunter fallen Kosten für die Berichterstellung, Verifizierung und Verfahrenskosten und solche aus dem Handel der Zertifikate, z.B. Transaktionskosten für Broker (DEHSt 2015, 45 und 58).

Vorab noch eine begriffliche Unterscheidung: *Zertifikate* sind Verrechnungseinheiten, die der Regulator – z.B. beim EU-ETS – herausgibt, unabhängig davon, ob es sich um kostenlose oder zu versteigernde handelt. Am Ende eines Jahres muss jeder am EU-ETS beteiligte Anlagenbetreiber nachweisen, dass die Emissionen der Anlage durch eine entsprechende Zahl an Zertifikaten abgedeckt sind, die dann an den Regulator zurückgehen und gelöscht werden. *Emissionsgutschriften* sind hingegen Nachweise von Anbietern von Kompensationsprojekten, die diese für Emissionsminderungen verkaufen. Es mag irritieren, dass in vielen Veröffentlichungen nicht zwischen Zertifikaten und Gutschriften unterschieden wird, sondern stets von Zertifikaten die Rede ist, auch dann, wenn es sich eigentlich um Gutschriften handelt.

Nur am Rande sei bemerkt, dass freiwillige Kompensationsprojekte nur deshalb Sinn machen, weil öffentliche Regulierung nicht ausreichend erfolgt. Wäre dies der Fall und wären für Konsumenten und Unternehmen ausreichende Rahmendaten und Leitplanken gesetzt, bedürfte es keiner freiwilligen Kompensationsprojekte. Wobei man sich fragen kann, warum Umweltpolitik überhaupt in einem gewinnorientierten privatwirtschaftlichen System eine zentrale Variable für Unternehmen sein sollte.

Gut verständlich erläutern Mitarbeiter des Öko-Instituts zentrale Aspekte für Kompensationsprojekte, die entscheidend für die Frage sind, ob es sich tatsächlich um reale Kompensationen handelt.

„Für die Ermittlung, wie viele Minderungszertifikate [hier eigentlich Gutschriften] durch ein Klimaschutzprojekt unter dem CDM erzeugt werden, muss zunächst der Referenzfall (die so genannte *Baseline*) festgelegt werden. Die **Baseline** gibt an, wie viele Emissionen entstanden wären, wenn das Klimaschutzprojekt nicht verwirklicht worden wäre. So kann Strom aus einem Windpark beispielsweise Strom ersetzen, der sonst in Kohle- oder Gaskraftwerken erzeugt worden wäre. Die Baseline muss für jedes Projekt spezifisch und den nationalen Gegebenheiten angepasst ermittelt werden. Die Differenz zwischen den THG-Emissionen des Klimaschutzprojekts (falls relevant) und der Baseline entspricht der Emissionseinsparung.

Ein weiterer wichtiger Aspekt bei der Bewertung von Klimaschutz-projekten betrifft mögliche Emissionsverlagerungen an eine andere Stelle (**Leakage**). Leakage bedeutet, dass Emissionsminderungen, die durch das Projekt erzielt wurden, an anderer Stelle (teilweise) wieder aufgezehrt werden. So kann beispielsweise die Nutzung nachwachsen-der Brenn- und Treibstoffe zu zusätzlichen Emissionen bei Erzeugung (Düngermitteleinsatz, Landnutzungsänderungen) und Transport führen.

Bei Waldprojekten muss außerdem auf die Dauerhaftigkeit (**Permanence**) des Projektes geachtet werden. Wird durch ein solches Projekt Kohlenstoff in Wäldern eingebunden, so wird dieser zu großen Teilen wieder freigesetzt, wenn der Wald durch Rodung, Brände oder Kata-strophen ge- oder zerstört oder wenn die Forstprodukte energetisch ge-nutzt werden. Der erzielte Klimanutzen kann in diesem Fall null werden.

Ein weiteres zentrales Kriterium bei der Bewertung solcher Klima-schutzprojekte ist die Darlegung der Zusätzlichkeit (**Additionality**). Mit Hilfe der Projektdokumentation muss dargestellt werden, dass das Pro-jekt beispielsweise aus Gründen der Wirtschaftlichkeit oder anderer Investitionshemmnisse **ohne** den Geldfluss durch die vom Kompensa-tionsprojekt generierten Klimaschutzzertifikate **nicht** verwirklicht wor-den wäre. Kann dieser Nachweis nicht geführt werden, so ist das Pro-jekt nicht zusätzlich und es werden keine zusätzlichen Emissionen ein-gespart" (Harthan et al. 2010, 7-8, Hervorhebungen im Original).[136]

Gut wäre es natürlich, wenn es eine Website gäbe, auf der man einen Überblick über alle Projekte und Gutschriften hätte, womöglich mit den Preisangaben, Informationen zu anfallenden Gebühren usw. Eine solche konsolidierte Übersicht gibt es leider nicht und die vereinbarten Preise sind meist ohnehin nicht zugänglich.

Im Bereich freiwilliger Gutschriften bewegen sich v.a. Unternehmen, die teilweise oder völlige „Klimaneutralität" anstreben. Aber auch Regie-rungen, Privatpersonen und NGOs können im freiwilligen Bereich aktiv werden, der volumenmäßig deutlich geringer ist als der verpflichtende. Solche Gutschriften dürfen (seit 2020) weder von den Staaten noch von Unternehmen, die unter die Kyoto-Regelungen oder das EU-ETS fallen, auf deren Verpflichtungen angerechnet werden.

Bei Gutschriften wird der Preis nicht durch ein gedeckeltes Angebot (den Cap) beeinflusst, sondern wesentlich durch eine (nicht durch einen Cap angebotsbegrenzte) Nachfrage. Zwar unterliegt hier der Preis den viel

---

[136] Siehe auch den detaillierten Überblick von Schneider et al. (2014) und die Anforde-rungen an qualitativ hochwertige Zertifikate und Gutschriften auch mit Bezug auf das Pariser Abkommen und weiterführender Literatur bei Schneider et al. (2020).

besungenen Kräften von Angebot und Nachfrage, aber es liegen gewisse Besonderheiten der Marktkonstellation vor, da sich hier keine Akteure mit entgegengesetzten Interessen gegenüberstehen.

> „Offset-Märkten fehlt eine kritische Wettbewerbskontrolle wie in gut funktionierenden Märkten, in denen die Interessen von Käufer und Verkäufer natürlich gegeneinander abgewogen werden. In Offset-Märkten profitieren sowohl der Verkäufer als auch der Käufer von der Maximierung der Anzahl der Offsets, die ein Projekt generiert" (Kollmuss et al. 2008, 10, Ü).

Zwar gibt es zwischen den Anbietern einen Wettbewerb um Marktanteile auch über „wettbewerbsfähige" Preise, der aber eben in Richtung niedrigerer Preise wirken dürfte. Sie bieten einen billigen „Freibrief" für Emissionen, wobei die niedrigen Preise leider mangels finanzieller Wirksamkeit nicht zu größeren THG-Minderungen führen dürften.

Folgendes Schaubild bietet einen Überblick über Volumen- und Preisentwicklung von CDM-Projekten (in der Abb. = CER) und hier nicht weiter verfolgten JI-Projekten (in der Abb. = ERU).

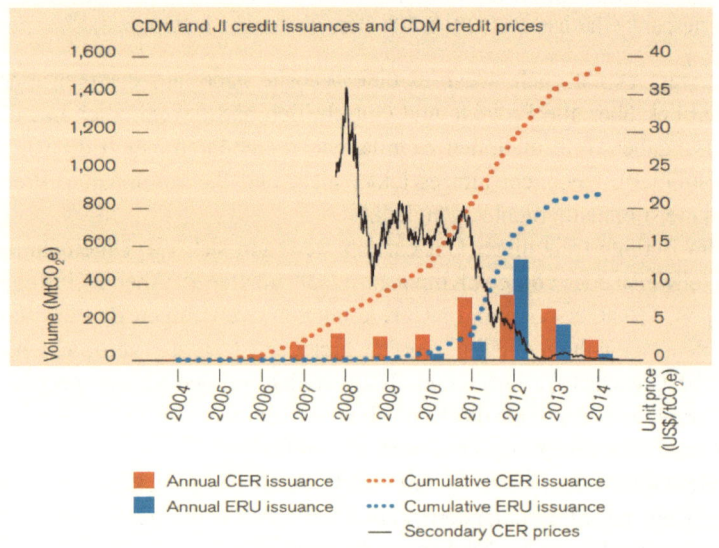

Hache 2019, 16.

Bei diesen Projekten gelten oft andere Berechnungsmethoden als bei der Anrechnung im verpflichtenden Segment, da sie weniger strengen Kriterien hinsichtlich Baseline und Zusätzlichkeit unterliegen. Auch entfällt die nationale Genehmigungspflicht im Nehmerland, die bei anrechenbaren CDM-Gutschriften z.b. beim Kyoto-Protokoll vorgeschrieben ist. So kann es zu Widersprüchen zwischen Projekten und offiziellen Regierungszielen kommen, wenn z.b. bei Projekten auf fossile Energien zurückgegriffen wird, die eine Regierung eigentlich verbannen möchte, und Projekte nur die Emissionsmenge der fossilen Energieträger mindern. Ebenso fehlen oft zentrale einheitliche Register, die Doppelzählungen wahrscheinlicher ausschließen würden. Ferner gelten, abhängig vom gewählten Standard, keine ähnlich strengen Monitoringvorschriften. Um dem Eindruck der Verwässerung entgegenzuwirken, bevorzugen viele Nachfrager daher den Goldstandard, der nur bestimmte Projekte zulässt, z.b. nur solche zu erneuerbaren Energien und Energieeffizienz (siehe zur Negativliste auch atmosfair 2018, 22-23).

Eine überblicksartige Unterscheidung der verpflichtenden und freiwilligen Systeme bietet folgendes Schaubild:

Features	Cap-and-trade	Baseline-and-credit
Exchanged commodity	Allowances	Carbon Credits
Quantity available	Determined by overall cap	Generated by each new project
Market dynamic	Buyers and sellers have competing and mutually balanced interests in allowances trades.	Buyers and sellers both have an interest in maximizing the offsets generated by a project.
Sources Covered	Usually high emitters such as the energy sector and energy intensive industries	As defined by each standard. Not limited to just high emitting sectors.
Independent third party	Minor role in verifying emissions inventories.	Fundamental role in verifying the credibility of the counterfactual baseline and thus the authenticity ("additionality") of the claimed emission reductions.
Emissions impact of trade	Neutral, as is ensured by zero-sum nature of allowance trades.	Neutral, providing projects are additional. Otherwise, net increase in emissions.
		Possible decrease in emissions in the voluntary market.

Kollmuss et al. 2008, 3.

Laut einer Studie des UBA (2015) ist der freiwillige Kompensationsmarkt in Deutschland „krisenfest". Trotz weniger Primärdaten lasse sich festhalten, dass die Preise für diese freiwilligen Kompensationen erheblich von 40 Cent bis zu 50 Euro pro Tonne CO_2 schwanken. Selbst hochqualitative Gutschriften, z.B. solche, die Zusatzstandards aufweisen, sind schon für etwa 5 Euro pro Tonne CO_2 erhältlich.

Die meisten Anbieter sind Projektentwickler, sie verkaufen Emissions-gutschriften aus eigenen Projekten. Gemeinnützige Anbieter hatten 2013 einen Marktanteil von 15%. Unternehmen machen etwa 80% der Nach-frage aus, davon 34% kleine und mittelständische Unternehmen (KMU). Sie sind damit deutlich die wichtigste Gruppe vor Privatpersonen mit 14%.

Am häufigsten werden Flugreisen kompensiert und bei der Kaufent-scheidung ist nach den Umwelt- und Klimawirkungen laut Befragungen der Preis das zweitwichtigste Kriterium. Die meisten Gutschriften kom-men aus Asien und dem Pazifik. Fast 80% der Projekte kommen aus dem Bereich der erneuerbaren Energien, gefolgt von Forst- und Landwirt-schaft mit 15%.[137] Häufig betätigen sich Ableger von Großbanken als Projektmanager (CME), so beim Projekt CDM PoA 4791 für effizientere Öfen in Bangladesch z.B. die *J.P. Morgan Ventures Energy Corporation.*

Grundsätzlich lassen sich vier Projekttypen unterscheiden. Eine Mög-lichkeit ist die biologische Sequestrierung, d.h. die CO_2-Speicherung durch technische Abspaltungen am Kraftwerk und die möglichst lang-fristige Einlagerung in unterirdische Lagerstätten. Es gibt ferner die durch *Land Use, Land-Use Change, and Forestry* (LULUCF) erfassten Speicherungen durch Wald, Wiesen usw. Hierbei kann es um die konser-vierende Verhinderung von Entwaldung gehen (REDD = *Reduced De-forestation and Degradation*) oder z.B. um Wiederaufforstung oder die Verbesserung der Bodenabsorption von THG. Wälder dienen als Senken, wachsende Bäume nehmen Kohlendioxid aus der Atmosphäre auf und speichern es in Holz, auch die Humusschicht des Bodens absorbiert THG (siehe Näheres hierzu in Kapitel 9).

Eine zweite Methode besteht im Einfangen (*capturing*) und Speichern von THG wie CO_2 oder Methan. Zu diesen *high-end* und *end-of-pipe-*Technologien ließe sich einiges sagen und kritisch hinterfragen. Hierbei müsste man aber in technische Details gehen, wovon an dieser Stelle abgesehen wird. Der dritte Weg besteht in der Förderung ansonsten nicht erfolgender Projekte zur Erhöhung der Energieeffizienz. Als Beispiel wird hier gerne die Ersetzung einer alten durch eine neue Autofirmenflotte mit durchschnittlich weniger CO_2-Ausstoß angeführt.

Die vierte Variante besteht in der Förderung erneuerbarer Energien, wobei es oft schwerfällt, ihre Zuschussbedürftigkeit nachzuweisen, nicht zuletzt, da sie sich mittlerweile oft von selbst rentieren. Ohne hier in die

---

[137] Siehe ausführlich UBA (2015) und die Kurzzusammenfassung bei Wolters und Becker (2015).

recht interessanten Details zu gehen, soll folgende Tabelle einen un-
gefähren Überblick vermitteln, welche Varianten bei welchen Standards
zulässig sind:

Standard	Accepted Project Types
CDM	Any* except nuclear energy, new HCFC-22 facilities and avoided deforestation (REDD)
GS	Renewable energy (including methane-to-energy projects) and end-use energy efficiency. No large hydro above 15 MW
VCS	Any except projects that can reasonably be assumed to have generated GHG emissions primarily for the purpose of their subsequent reduction, removal or destruction (e.g. new HCFC-22 facilities)
VER+	Any except any HFC projects, nuclear power projects and hydro power projects exceeding 80MW. Hydro projects exceeding 20MW with World Commission on Dams compliance only
CCX	Renewable energy, energy efficiency, HFC-23 destruction except from new HCFC-22 facilities, methane capture and destruction, forestry (including REDD) and agricultural practices
VOS	GS VERs: see above or CDM plus large hydro above 20 MW have to comply with WCD guidelines; no new HCFC-22 facilities.
CCBS	LULUCF
Plan Vivo	LULUCF except commercial forestry
GHG Protocol	Any
ISO 14064-2	Any

* Any project that reduced the emissions of one of the GHGs covered under the Kyoto Protocol: CO_2, CH_4, N_2O, HFCs, PFCs, and SF_6.

Kollmuss et al. 2008, 25.

Bevor ein Klimaschutzprojekt als CDM Gutschriften erzeugen kann, muss
es den CDM-Projektzyklus durchlaufen. Er umfasst mehrere Stadien, die
hier nicht genau nachgezeichnet werden sollen (ausführlich Kollmuss et al.
2008, Kapitel 3). Bei Anbietern von Nicht-CDM-Projekten können einzelne Stadien entfallen, was administrativ einfacher, aber qualitativ schwä-
cher ist.

Zunächst bedarf jedes Projekt einer technischen und konzeptionellen
Planung. Sie wird in einer Dokumentation festgehalten, die auch die Zusätzlichkeit unter Berücksichtigung der hypothetischen Baseline enthält,
wobei auf offiziell anerkannte Berechnungsmethoden zurückzugreifen ist.
Dann bedarf es der anschließenden Genehmigung durch eine nationale
Behörde, in deren Land das Projekt realisiert werden soll, bevor nach der
Validierung, Registrierung und Verifizierung Gutschriften angeboten
werden dürfen. Ein kritischer Punkt ist hierbei die Frage, ob und wie
lange die Gutschriften rückwirkend (nach Inbetriebnahme von Anlagen

CDM-Projektzyklus
Konzeptionierung
Nationale Genehmigung
Validierung
Registrierung
Monitoring
Verifizierung
Ausschüttung

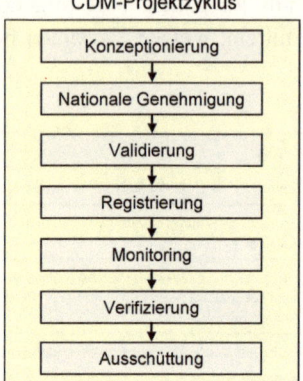

Harthan et al. 2010, 8.

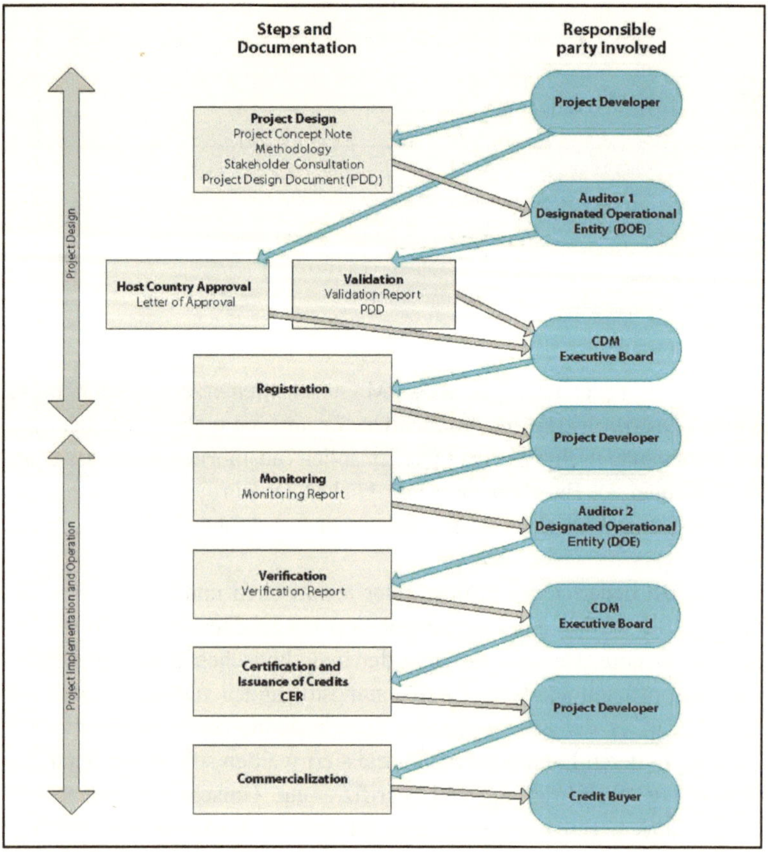
Steps and Documentation
Responsible party involved
Project Design
Project Implementation and Operation
Project Design
Project Concept Note
Methodology
Stakeholder Consultation
Project Design Document (PDD)
Project Developer
Auditor 1
Designated Operational Entity (DOE)
Host Country Approval
Letter of Approval
Validation
Validation Report
PDD
CDM
Executive Board
Registration
Project Developer
Monitoring
Monitoring Report
Auditor 2
Designated Operational Entity (DOE)
Verification
Verification Report
CDM
Executive Board
Certification and Issuance of Credits
CER
Project Developer
Commercialization
Credit Buyer

Kollmuss et al. 2008, 8.

usw.) angeboten werden dürfen. Denn wenn das Projekt sowieso schon läuft, kann man sich fragen, ob Gutschriften überhaupt unabdingbar waren. Daher sind rückwirkende (*retroactive*) Ausgaben zumindest beim CDM verboten.

Nur am Rande erwähnt werden soll hier das häufige Erfordernis der sozialen *Co-Benefits* (die z.b. beim CDM nicht verpflichtend sind), die *Stakeholder*-Konsultationen und die nur beim CDM (durch das *Executive Board*) für den Goldstandard und den *Chicago Climate Exchange* (CCX) vorgesehenen zertifizierten und unabhängigen Drittauditoren und deren Fehlen (z.b. beim Standard VCS, der auch keine Technologie explizit ausschließt).

Bereits in den ersten 10 Jahren der freiwilligen Emissionsneutralisierungen streuten die Projektkosten für die Nachfrage erheblich, von rund zwei (Plan Vivo)[138] bis zu 50 US-Dollar. Es handelt sich strukturell tatsächlich um einen sehr fragmentierten Markt. Bei CDM-Projekten lag 2008 der Durchschnittspreis für Gutschriften bei 18 US-Dollar (der Goldstandard lag 5-25% darüber), der Durchschnitt für alle Projektanbieter lag bei 5-10 US-Dollar (Kollmuss et al. 2008, Kapitel 6). Generell gibt es mittlerweile eine Preisspanne von unter einem Euro bis nach oben hin tendenziell unbegrenzt.

Es sollen hier nur im Anschluss an Kollmuss et al. einige beteiligte Akteure angesprochen werden, ohne die der Ablaufprozess nicht recht verständlich ist. Der Projektbesitzer ist

> „[d]er Betreiber und Eigentümer der physischen Anlage, in der das Emissionsminderungsprojekt stattfindet. Er kann eine Privatperson, ein Unternehmen oder eine andere Organisation sein. Der Projektentwickler ist eine Person oder Organisation mit der Absicht, ein Emissionsminderungsprojekt zu entwickeln. Dies kann der Projektinhaber, ein Berater oder ein spezialisierter Dienstleister sein.
>
> Projektfinanzierer können Banken, Private-Equity-Unternehmen, Privatinvestoren, gemeinnützige oder andere Organisationen sein. Sie können Eigenkapital zur Finanzierung eines Projekts verleihen oder investieren. Einige der Standards enthalten Regeln zur Frage, welche Art von Finanzierung, abgesehen von den Ausgleichseinnahmen, für ein Ausgleichsprojekt möglich ist. Stakeholder sind Einzelpersonen und Organisationen, die direkt oder indirekt vom Emissionsminderungsprojekt betroffen sind. Zu ihnen zählen die Parteien, die an der Entwicklung eines bestimmten Projekts interessiert sind (z.B. Eigentümer, Ent-

---

[138] Siehe zu diesem Anbieter https://www.planvivo.org/.

wickler, Geldgeber, die lokale Bevölkerung), die vom Projekt betroffenen Parteien (z.B. die lokale Bevölkerung, Umwelt- und Menschen-
rechtsanwälte oder die betreffende Region) und nationale und internationale Behörden" (Kollmuss et al. 2008, 11, Ü).

Um – das am ehesten beim VCS anzutreffende – „Trittbrettfahrerverhalten" zu minimieren, werden die meisten Standards von Drittprüfern
durchgesehen, um die Emissionsminderungen zu überprüfen.

> „Die Prüfer werden jedoch vom Entwickler eines Projekts ausgewählt
> und bezahlt. Die Prüfer stehen daher unter Druck, Projekte zu geneh-
> migen, um ihre Geschäftsbeziehungen zu den Projektentwicklern auf-
> rechtzuerhalten. Dies beeinträchtigt die Unabhängigkeit und Neutra-
> lität der Abschlussprüfer. Um dieser Dynamik Rechnung zu tragen, be-
> nötigen Offset-Märkte eine Verwaltungsinfrastruktur, um sicherzustel-
> len, dass die Schätzungen der Prüfer angemessen sind. Dies hat sich als
> eine viel größere Herausforderung erwiesen, als erwartet" (Kollmuss
> et al. 2008, 90, Ü).[139]

Bei CDM-Projekten prüfen bei der UN akkreditierte unabhängige Zertifi-
zierungs- und Validierungsunternehmen, ob die eingereichten Dokumente
hinsichtlich Anforderungen und Berechnungsmethoden den erforderlichen
Standards entsprechen. Nach erfolgreicher Registrierung des Projekts beim
CDM-*Executive Board* und der offiziellen Anerkennung können Minde-
rungsgutschriften angeboten werden. Was den zeitlichen Rahmen betrifft,
gibt es einmalig zehn Jahre oder drei mal sieben Jahre während Projekte.
Bei Letzteren wird nach jeweils sieben Jahren die Baseline neu bestimmt
und es erfolgt ein erneutes Monitoring.

Im Bereich der freiwilligen Dekarbonisierungsinitiativen gibt es mehrere Standards, die zum Teil bereits kurz erwähnt wurden (siehe auch die
Übersicht in UBA 2018a). Die wichtigsten sind hinsichtlich ihres Anspruchsniveaus: der *Clean Development Mechanism* (CDM), der *Gold
Standard* (GS), der *Voluntary Carbon Standard* (VCS), VER+, der *Voluntary Offsetting Standard* (VOS), die *Chicago Climate Exchange* (CCX),
die *Climate, Community and Biodiversity Standards* (CCBS), das *Plan
Vivo System*, die ISO 14064-2, und das *WIR/WBCSD GHC Protocol for
Project Accounting* (nach wie vor sehr verständlich und mit guter Übersicht Kollmuss et al. 2008). Es gibt insgesamt rund ein Dutzend Standards,
ohne dass sich ein bestimmter deutlich durchgesetzt hätte. Laut atmosfair

---

[139] Siehe auch Schneider (2007) und Haya (2007).

(2018) erfüllen die bestehenden Standards maximal 80% der üblichen Kriterien.[140]

Angesichts dieser Unübersichtlichkeit wurde frühzeitig in Umfragen festgestellt:

> „,Die Bereitschaft, Emissionen durch die Förderung von Klimaprojekten auszugleichen, ist da', sagte vzbv-Vorstand Gerd Billen. ,Aber die Verbraucher fühlen sich unzureichend informiert, viele sind über die Höhe der Zahlung verunsichert oder wünschen sich mehr Informationen über die Klimaschutzprojekte'" (Billen 2010, 1).

Die folgende Tabelle enthält die Bewertungen für 4 Standards durch den Kompensationsdienstleister atmosfair:

Kriterium	Maximale Punktzahl	Clean Development Mechanism (CDM CERs)	Gold Standard (GS VER)	CDM Gold Standard (GS CERs)	Verified Carbon Standard (VCUs)
Gesamt	270	212	140	242,5	97,5
Transparenz	35	35	14	32,5	23,5
Klimaintegrität	135	97	66	115	53
Nachhaltigkeit	45	25	30	40	6
Governance	55	55	30	55	15

atmosfair 2018, 5.

Die Beurteilungen und interessanten ausführlichen Begründungen zu den hier aufgeführten Aspekten sollen an dieser Stelle nicht seitenlang reproduziert werden (atmosfair 2018, 34-42).[141] Sinnvolle Kriterien zur Unterscheidung der Standards sind die Unterstützer und jeweiligen Initiatoren, der Marktanteil und die Preise der oft als *carbon offsets* oder *carbon credits* bezeichneten Kompensationen. Des Weiteren kommt es darauf an, ob eine dritte, unabhängige Partei die Emissionsreduktion überprüft, um Trittbrettfahrerverhalten zu vermeiden, ob eine Trennung zwischen der Verifikation und der endgültigen Bestätigung stattfindet und ob es ein (einsehbares) Register gibt.[142]

---

[140] Siehe zur Feinanalyse nach wie vor informativ Kollmuss et al. (2008, 48-86). Zu den eigenen Anforderungen an Projekte siehe atmosfair (2017).

[141] Siehe auch die übersichtliche Zusammenstellung in UBA (2018c, 33-40).

[142] Siehe zu dieser Forderung auch Lücken (2019, 79-81), die auch ein zentrales Portal für die Angebote vorschlägt, um Transparenz herzustellen.

Ferner geht es um die Vermeidung von Doppelzählungen und darum, welche Informationsdichte und Vollständigkeit bezüglich der Projektdokumente vorliegen, ob zweifelhafte Projekte (z.B. bei Wiederaufforstung) ausgeschlossen werden und ob soziale und ökologische Zusatzeffekte gefordert werden (*co-benefits*). Es fällt auf, dass der oft als hochqualitativ eingestufte CDM-Standard in einigen Kernbereichen nicht besonders anspruchsvoll ist.

> „So verkaufte das brasilianische Unternehmen Vallourec (ehem. Mannesmann) Emissionsgutschriften aus einem CDM-Projekt, obwohl auf den Eukalyptusplantagen des Projektes ein Kleinbauer vom privaten Sicherheitsdienst des Unternehmens ermordet wurde. Die Eukalyptusplantagen liefern die Holzkohle, die im Vergleich zur Verbrennung von Kohle eine angeblich emissionsschonendere Eisenverhüttung darstellt, und dem Unternehmen erlaubt, Emissionsgutschriften zu verkaufen … In Brasilien können Landbesitzer statt der gesetzlich vorgeschriebenen Renaturierung illegal gerodeter Flächen Renaturierungsgutschriften an einer „Grünen Börse" kaufen – und die illegal gerodeten Flächen weiterhin für die lukrative Rinderzucht oder den Sojaanbau nutzen" (Kill 2016b, 3-4).

Als genereller Schwachpunkt ist festzuhalten:

> „Bestehende Standards fordern nicht den Vergleich zwischen verschiedenen Optionen für Projekttechnologien bezüglich ihrer Eignung vor Ort. Auch in der Förderung lokaler Wertschöpfungsketten bleiben die uns bekannten Vorgaben bestehender Standards hinter unseren [atmosfairs] Anforderungen zurück: So verlangen die Standards zwar in der Regel, dass ein Projekt keine negativen ökonomischen und sozialen Auswirkungen haben sollte, und berücksichtigen ökonomische und soziale Zusatznutzen. Es gibt jedoch keine expliziten Anforderungen, die darauf hinwirken, dass Produkte möglichst vor Ort hergestellt werden.
> Ähnliches gilt für die Vorgaben im Bereich Recycling: Die Lighting Global Initiative der Weltbankgruppe beispielsweise fördert die Verbreitung von Off-Grid-Solarsystemen. Sie unterstützt private Anbieter solcher Systeme, etwa durch Marktanalysen, Aufklärung von Verbrauchern und Qualitätssicherungsmaßnahmen. Im Rahmen letzterer definiert Lighting Global Qualitätsstandards für seine Produktgruppen. Diese verbieten zwar Kupfer und Kadmium als Inhaltsstoffe für die verbauten Batterien, nicht aber Blei. Auch müssen Hersteller kein Konzept für die Entsorgung alter Batterien vorlegen. Der Gold Standard fordert ein Konzept für das Recycling, macht das Recycling selbst jedoch nicht zur Auflage, soweit keine entsprechenden Möglichkeiten vor Ort vorhanden sind" (atmosfair 2018, 21).

Main Supporters	Market Share	Additionality Tests (relative to CDM)	Third-party Verification Required	Separation of Verification and Approval Process	Registry	Project Types	Excludes Project Types with high chance of adverse Impacts	Co-Benefits (relative to CDM)	Price of Offsets
Clean Development Mechanism									
UNFCCC Parties	large	=	yes	yes	yes	All minus REDD, new HFC, nuclear	no	=	€14–30
Authors' Comments:	The CDM is part of the Kyoto protocol and aims to create economic efficiency while also delivering development co-benefits for poorer nations. It has been successfull in generating large numbers of offsets. Whether it also has delivered the promised development co-benefits is questionable.								
Gold Standard									
Environmental NGOs (e.g. WWF)	small but growing	=/+[1]	yes	yes	Planned	EE, RE only	yes	+	VERs: €10–20 CERs: up to €10 premium
Authors' Comments:	The GS aims to enhance the quality of carbon offsets and increase their co-benefits by improving and expanding on the CDM processes. [1] For large scale projects the GS requirements are the same as for CDM. Yet unlike CDM, the GS also requires the CDM additionality tool also for small-scale projects.								
Voluntary Carbon Standard 2007 (VCS 2007)									
Carbon Market Actors (e.g. IETA)	new; likely to be large	=[2]	yes	no	Planned	All minus new HFC	no	-	€5–15 [3]
Authors' Comments:	The VCS aims to be a universal, base-quality standard with reduced administrative burden and costs. [2] The VCS plans to develop performance based additionality tests. These tools have not yet been developed and are thus not included in this rating. [3] Prices are for projects implemented under VCS ver. 1.								
VER+									
Carbon Market Actors (e.g. TÜV SÜD)	small but growing	=	yes	no	yes	CDM minus large hydro	yes	-	€5–15
Authors' Comments:	VER+ offers a similar approach to CDM for project developers already familiar with CDM procedures for projects types that fall outside of the scope of CDM.								
Chicago Climate Exchange (CCX)									
CCX Members and Carbon Market Actors	large in the US	-	yes	yes	yes	All (mostly soil carbon)	no	-	€1–2
Authors' Comments:	CCX was a pioneer in establishing a US carbon market. Its offset standard is part of its cap-and-trade programme.								
Voluntary Offset Standard (VOS)									
Financial industry and Carbon Market Actors	N/A	=	yes	no	Planned	CDM minus large hydro	yes	=	N/A
Authors' Comments:	VOS closely follows CDM requirements and aims to decrease risks for offset buyers in the voluntary market.								
Climate, Community and Biodiversity Standards (CCBS)									
Environmental NGOs (e.g. Nature Conservancy) and large corporations	large for LULUCF	=	yes	no [4]	N/A	LULUCF	yes	+	€5–10
Authors' Comments:	The CCBS aims to support sustainable development and conserve biodiversity. [4] The CCBS is a Project Design Standard only and does not verify quantified emissions reductions.								
Plan Vivo									
Environmental and social NGOs	very small	=	no	no	yes [5]	LULUCF	yes	+	€2.5–9.5
Authors' Comments:	Plan Vivo aims to provide sustainable rural livelihoods through carbon finance. [5] It verifies and sells ex-ante credits only. Third party verification is not required but recommended.								

Kollmuss et al. 2008, x.

In der Tabelle auf der vorhergehenden Seite wird noch einmal ein – leider nicht aktualisierter – geraffter Überblick über die genannten Standards gegeben, der aber nach wie vor weitestgehend, auch was die Preisrelationen angeht, zutreffen dürften.

Zu den größten Kompensationsdienstleistern gehören *atmosfair, climate friendly, first climate, myclimate* u.a. Die von Mutschler (2012, 62-63) aufgeführten Checklisten, die Unternehmen wie *lastminute.com* und Deutsche Post DHL ausfüllen und bei ihm wiedergegeben werden, sind lang. Aus seiner Analyse stechen dennoch gravierende Berechnungsunterschiede hervor: Ein Economy-Flug von Stuttgart über Paris nach Detroit schlägt nach dem *myclimate*-Rechner mit 2,8 Tonnen CO_2, beim Lufthansa-Rechner nur mit 1,4 Tonnen zu Buche (zu den Gründen siehe 2012, 46-47).

Neben den Preisdifferenzen gibt es weitere kritische Aspekte freiwilliger Kompensationsprojekte. Wie schon erwähnt, werden die *Projekt-Verifier*, die die Bücher prüfen, von den Projektbetreibern ausgewählt und bezahlt, was natürlich problematisch ist und zu Interessenkonflikten führt.

> „Die Prüfer stehen daher unter Druck, Projekte zu genehmigen, um ihre Geschäftsbeziehungen zu den Entwicklern aufrechtzuerhalten … Dies führt zu einem Interessenkonflikt, da der Prüfer unparteiisch sein muss, jedoch möglicherweise Probleme großzügig übersehen und Emissionsminderungen überschätzen möchte, um den Kunden zu halten" (Kollmuss et al. 2008, 10 und 35, Ü).

Dies kann auch reputationsschädliche Auswirkungen auf den ganzen verpflichtenden Bereich hervorrufen.

> „Der derzeitige Markt für freiwillige Offsets wird als potenziell unterbietend für den Compliance-Markt [den verpflichtenden Bereich] angesehen, da billigere Offsets nicht eindeutig zusätzlich sind und die falschen Preissignale senden. Da die Öffentlichkeit und die Medien häufig nicht zwischen dem Compliance- und dem freiwilligen Markt unterscheiden, besteht auch die Gefahr, dass der Ruf der Compliance-Märkte geschädigt wird" (Kollmuss et al. 2008, 13, Ü).

Besser wäre es sicherlich, wenn Überprüfer von unabhängiger Seite bestellt würden.

Objektiv gesehen sind dem freiwilligen Kompensationsmarkt keine Grenzen gesetzt, da es wohl fast unendlich viele Möglichkeiten gibt, kompensierend tätig zu werden. Paradoxerweise wächst der potenzielle

Markt teilweise mit dem Grad der Umweltzerstörung: Je mehr Wald durch Dürre abstirbt, umso mehr Fläche kann wiederaufgeforstet werden. Je stärker die Vermüllung der Weltmeere voranschreitet, umso mehr Möglichkeiten der Müllbeseitigung bieten sich an. Wenn durch Projekte der vorangeschrittenen Zerstörung der Umwelt in den letzten Jahren etwas entgegengesetzt wird, so werden THG-Emissionen längerfristig gesehen ökologisch nicht kompensiert, sondern einem früheren Zustand nur angenähert.

Man müsste daher auf der Makroebene eine Baseline – z.b. den Umweltstatus im Jahr 1975 oder 1990 – zugrunde legen, die obligatorisch von den Ländern erfüllt werden müsste und erst darüber hinaus würden freiwillige Kompensationsprojekte angerechnet. Die Bestimmung der Baseline erfolgt aber immer auf der Mikroebene.

Man kann sich leicht ausmalen, wie durch ökonomische Sekundäreffekte gut Gemeintes wirkungslos bleibt. Wenn z.B. die Initiativen zur Verhinderung von Abholzungen Erfolg hätten, würde der Preis für Soja steigen, was zu umso „nachhaltigeren" Abholzungen anderswo führen dürfte. Dies ist überhaupt ein zentraler Schwachpunkt verpflichtender und freiwilliger Standards: Sollte sich der Umschwung zu regenerativen Energien nicht zuletzt dank freiwilliger Kompensationsprojekte durchsetzen, werden die fossilen Anbieter kurz vor Ultimo alle Kohle und alles Öl und Gas fördern, um wenigstens überhaupt noch etwas zu erlösen. Und steigen die Preise für Öl, Gas und Kohle, lohnt sich Fracking umso mehr.

Bei der Bestimmung der Zusätzlichkeit handelt es sich eigentlich um eine einfach zu beantwortende Frage, nämlich ob die ausgleichende Aktivität – wenn alle anderen Umstände gleich blieben – auch erfolgen würde, wenn es keine Erlöse aus Gutschriften gäbe. Falls ja, wäre das Projekt nicht zusätzlich. Aber es

> „gibt keine vereinbarte Methode zur Berechnung des Projektanteils, daher können verschiedene Anbieter verschiedene Kosten in ihre Berechnungen einbeziehen. Zum Beispiel interne Verwaltungskosten für den Anbieter können in den Verwaltungskosten für ein bestimmtes Projekt enthalten sein oder nicht … Der Kauf von Offsets mit einem hohen Projektanteil, die erheblich teurer sind als andere Offsets, ist möglicherweise nicht die effektivste Verwendung der verfügbaren Mittel, da dieselben Mittel verwendet werden könnten, um mehr Emissionsminderungen zu einem niedrigeren Preis zu erzielen" (Kollmuss et al. 2008, 43, Ü).

Es handelt sich auf jeden Fall um einen kontrafaktischen Vergleich, da man nicht genau weiß, wie die Entwicklung ohne die Maßnahme verlaufen wäre, während man gleichzeitig noch vergleichend bestimmen muss, wie groß die Differenz zwischen dem Nichteingetretenen und dem zukünftig Vermuteten ausfällt. Um die Bedeutung dieses Punktes noch einmal hervorzuheben: Wenn ein Projekt nicht additional ist und dennoch als Kompensationsprojekt registriert wird, dann resultiert die Ausgabe in einer Erhöhung der Emissionen, da vom Gutscheinkäufer die mit Emissionen verbundene Tätigkeit weiter (guten Gewissens) erfolgt und anderswo eine Wirtschaftsaktivität hinzukommt, die ohne Gutschrift womöglich nicht stattfände.

Die erhebliche Beliebigkeit bei der Feststellung der Zusätzlichkeit ist ein oft wiederkehrendes Thema bei den Untersuchungen der Forschungsinstitute.

> „Die Hindernisse für den Nachweis von Zusätzlichkeit sind oft nicht sehr glaubwürdig. Viele Projekte nutzen allgemeine finanzielle oder politische Risiken, wie zum Beispiel das ‚Wechselkursrisiko' oder das ‚Risiko einer möglichen künftigen Senkung des Einspeisetarifs'. Oft sind Hindernisse sehr subjektiv: In einigen Projekten wird das Management selbst für unfähig erklärt, ein Projekt zu verwalten. andere geben lediglich an, dass das ‚Projekt ohne CERs bankrottgehen würde'. Viele Projekte verwenden ‚Kosten' als Barriere, manchmal ohne die Höhe der Kosten anzugeben oder die Einnahmen aus dem Projekt zu ignorieren. Bei anderen Hindernissen ist eher unklar, warum sie überhaupt als Hindernisse gelten (z.B. ‚Die Region ist unterentwickelt und benötigt hohe Investitionen')" (Schneider 2007, 8, Ü; siehe auch Schneider 2011).

> „Additivität ist schwer zu testen. Additionalitätstests versuchen festzustellen, dass ein Offset-Projekt in einem Business-as-usual-Szenario nicht stattgefunden hätte. Die größte Schwäche von Offset-Systemen, die sich auf die projektbasierte Minderung konzentrieren, besteht darin, dass Emissionsminderungen an einer kontrafaktischen Realität gemessen werden müssen. Die Emissionen, die aufgetreten wären, wenn der Markt für Offsets nicht existiert hätte, müssen geschätzt werden, um die Menge der durch das Projekt erzielten Emissionsminderungen zu berechnen. Diese hypothetische Realität kann nicht bewiesen werden; stattdessen muss darauf geschlossen werden, und daher ist ihre Definition immer bis zu einem gewissen Grad subjektiv. Wenn das Problem der Zusätzlichkeit nicht wirksam angegangen wird, ist unklar, inwieweit Offsets einen nützlichen Beitrag zum Klimaschutz leisten können" (Kollmuss et al. 2008, 89, Ü).

„Die Berechnungsmethode hat auch den Effekt, dass ein Kompensationsprojekt mehr Gutschriften erzeugt, je verschmutzter oder zerstörter die hypothetische Zukunft ohne Kompensationsprojekt beschrieben wird ... Hypothetische Geschichten sind ... grundsätzlich nicht überprüfbar, und das prognostizierte Volumen an Treibhausgasemissionen ohne Projekt wird durch die Realität mit Projekt unüberprüfbar. Eine Konsequenz aus dieser Grundannahme, die Unüberprüfbares als verifizierbar annimmt, ist, dass die Emissionsszenarien zahlreicher Kompensationsprojekte sehr hohe hypothetische Emissionswerte prognostizieren, um so die Menge der Gutschriften, die ein Projekt verkaufen kann, zu maximieren" (Kill 2016a, o. S.).

Auch in einer Studie von *International Rivers* wird neben vielen Beispielen zu problematischen Projekten wie größeren Staudämmen,[143] gewieftem *story-telling* der Antragsteller und laxer Verifikation die grundsätzliche Fragwürdigkeit freiwilliger Kompensationen hinsichtlich des entscheidenden Kriteriums der Zusätzlichkeit festgestellt.

„Während einige der Mängel des CDM behoben werden könnten, wenn der politische Wille vorhanden wäre, ist die Unbeweisbarkeit kontrafaktischer Baselines und der Projektzusätzlichkeit mit der Konzeption des Mechanismus verbunden. Sie können nicht behoben werden, solange der CDM ein projektbasiertes Basis- und Kreditsystem bleibt. Es kann nicht definitiv nachgewiesen werden, dass ein Entwickler oder Fabrikbesitzer, wenn er kein Zusatzeinkommen erhalten würde, sein Projekt nicht aufbauen oder seine Kraftstoffversorgung wechseln würde – und dies nicht über das Jahrzehnt, für das sein Projekt Ausgleichszahlungen verkaufen kann.

Was wäre, wenn Windfarms 'R Us behauptet, dass sie ihr Projekt nicht bauen werden ohne Einkommensausgleich, weil sie nicht mit Kohlekraftwerken konkurrieren können. Aber ein Jahr später steigen die Kohlepreise und die Regierung beschließt, Windparks Steuergutschriften zu gewähren und plötzlich ist Wind für Investoren attraktiv? Ebenso ist auf 10 Jahre im Voraus nicht abzusehen, wie hoch die Emissionen z.B. des Stromsektors wären, wenn kein CDM-Elektrizitätsprojekt gebaut würde. Wenn Windfarms 'R Us ihr Projekt nicht gebaut hätte: Hätte MegaCarbon Corp. dann mehr Kohlekraft verkauft oder hätte Standard Wind stattdessen sein Projekt fortgesetzt?" (International Rivers 2008, 6-7, Ü).

---

[143] Zu fragwürdigen Großprojekten siehe auch die empirische Analyse von Lazarus et al. (2012).

Man muss eigentlich kaum mögliche und auf tönernen Füßen stehende Aussagen über zukünftige Entwicklungen treffen, ohne die aber „freiwilliger Klimaneutralisierung" der Boden entzogen wäre.

Zwar kann ein Vergleich statisch oder dynamisch erfolgen. Im statischen Fall wird vor oder zu Beginn des Projekts die Berechnung angestellt, im dynamischen wird während des Projekts mehrfach die Differenz unter Beachtung ggf. veränderter Rahmenbedingungen ermittelt. Aber wenn diese sich ändern, läuft das Projekt eventuell bereits seit einiger Zeit. Soll man unter diesen Umständen das Projekt abblasen und die damit verbundenen Gebäude, Anlagen usw. abreißen und schreddern? Und muss der Käufer von Gutschriften sein erworbenes Label der Klimaneutralität nachträglich zurückziehen?

Es gibt mehrere Herangehensweisen und Methoden, um Zusätzlichkeit zu ermitteln. Beim *Investitionstest* darf sich das Projekt nur lohnen, wenn ohne die Kompensationszahlungen keine (orts)übliche Rendite erzielbar wäre. Voraussetzung hierbei ist natürlich, dass die firmeninternen Zahlen stimmen (Problem der Informationsasymmetrie) und dass die Rendite nicht beliebig und so gewählt wird, dass sich das Projekt sonst nicht rentierte.

Um das Folgende besser verstehen zu können, sei eine Erklärung vorweggeschickt: Eine IRR (*internal rate of return*) dient zur Berechnung der Profitabilität eines Projekts. Sie gibt die Diskontrate an, die einen Gegenwartswert von Null ergibt.[144] „Das Problem bei diesen Indikatoren ist, dass die IRR-Zahlen leicht manipuliert werden können, jedes Projekt Hindernisse überwinden muss und die ‚gängige Praxis' schwach definiert wurde" (Haya 2007, 5, Ü).[145]

Die Erhöhung der Gewinnspannen (IRR) durch Kompensationszahlungen beträgt bei Solarprojekten nach Hayas Berechnungen ganze 1-1,5%. Bei den meisten chinesischen Projekten wird in der Regel standardisiert ein IRR von 8% festgelegt und die Parameter so angepasst, dass die Zusätzlichkeitsbedingung passt, was die Autorin der Studie an Beispielen demonstriert. Schneider bemängelt dies ebenfalls seit vielen Jahren.

„Bei einigen Projekten sind die Auswirkungen des CDM sehr gering. Beispielsweise kann der IRR eines Projekts aufgrund von CER-Ein-

---

[144] Siehe zur Erklärung https://www.investopedia.com/terms/i/irr.asp; zum Gegenwarts- bzw. Barwert siehe wiederum https://wirtschaftslexikon.gabler.de/definition/barwert-27685.
[145] Zur ausgesprochen komplizierten Berechnung siehe die vom UNFCCC herausgegebene Information F-CDM-AM-Subm ver 01.

nahmen nur von 2% auf 3% erhöht werden, während der IRR, der erforderlich ist, um das Projekt durchführbar zu machen, 10% beträgt. Um die Bewertung der Zusätzlichkeit glaubwürdiger zu machen, sollte gezeigt werden, dass der CDM einen bedeutenden Einfluss auf die wirtschaftliche Attraktivität oder die identifizierten Hindernisse hat" (Schneider 2007, 10, Ü).

Beim *Barrieretest* geht es um Hemmnisse durch lokale (politische) Widerstände, Wissensmängel und sonstige „institutionelle Barrieren". Bei diesen Kriterien tritt besonders das Problem subjektiver Beliebigkeit auf. Der Barrieretest hat sich von Anfang an als recht schwammige Angelegenheit erwiesen.

„Barrieren, die sehr subjektiv oder unternehmensspezifisch sind, sollten nicht zum Nachweis von Zusätzlichkeit verwendet werden, da eine objektive Validierung sehr schwierig ist. Die ‚Erste-ihrer-Art'-Barriere [die Technologie wurde vorher im relevanten Gebiet noch nicht verwendet] sollte weiter spezifiziert werden. Die Verwendung der Barriereanalyse für Großinvestitionen wie den Bau großer Kraftwerke ist nicht sehr glaubwürdig. Die Investitionsanalyse sollte für solche Projekttypen obligatorisch sein. Zusätzlich sollte die Investitionsanalyse weiter spezifiziert und geklärt werden, z.B. in Bezug auf die Ableitung der Hürdenrate ... Um die Analyse der gängigen Praxis objektiver zu gestalten, könnten für einige Sektoren quantitative Schwellenwerte eingeführt werden" (Schneider 2007, 9-10, Ü).

Als weiteres Verfahren gelten *Performance Standards* mit von den Standardsetzern erhobenen und festgelegten aggregierten Daten, die Benchmarks festlegen, mit denen die Projekte verglichen werden. Alternativ können Positivlisten mit förderungswürdigen Technologien aufgestellt werden. Doch auch Positivlisten haben ihre Kehrseite.

„Um den Projektentwicklern mehr Investitionssicherheit zu geben, wechselten manche Initiativen wie der australische ERF und der italienische Forest Carbon Code von projektbasierten zu aktivitätsbasierten Zusätzlichkeitsprüfungen und führten Positivlisten ein, die Technologien und Aktivitäten benennen, die per se als zusätzlich betrachtet werden. Die Standardisierung der Zusätzlichkeitsprüfung durch Positivlisten oder Leistungskriterien reduziert wesentlich die Anforderungen, die an Projektentwickler gestellt werden. Zugleich entsteht dadurch das Risiko, dass nicht zusätzliche Gutschriften generiert werden" (DEHSt 2017b, 32).

und so Projekte herausfallen, die durchaus sinnvoll sein könnten.

Eine spätere Studie von *International Rivers* (2013) bietet eine Art kurze Synopse der umweltpolitischen Fehlschläge von freiwilligen Kompensationsprojekten, die teilweise auch durch die fragwürdigen Berechnungsmethoden verursacht wurden. Unter anderem bemerken die Autoren zusammenfassend:

> „Studien zu bestimmten Projekten haben gezeigt, dass die Qualität der Anwendung einer Investitionsanalyse sehr unterschiedlich ist. Die meisten Projekte, die die Investitionsanalyse verwenden, leiten die finanziellen Benchmarks eher aus internen Unternehmensinformationen als aus externen Quellen ab, wie dies für das Zusätzlichkeitstool erforderlich ist.
>
> Die in der Investitionsanalyse verwendeten Zahlen werden ebenfalls nicht immer korrekt angegeben. Zum Beispiel weichen die Art und Weise, wie Projektentwickler die erforderliche interne Rendite berechnen, erheblich voneinander ab, selbst bei Projekten desselben Typs innerhalb desselben Landes. Darüber hinaus werden staatliche Subventionen und Zölle bei den Berechnungen häufig ignoriert. Eine Studie über indische und chinesische CDM-Projekte ergab beispielsweise, dass drei indische Windprojekte lukrative Steuervergünstigungen in ihren Projektdesign-Dokumenten (PDDs) ignorierten, während Wasserkraftentwickler in China die Menge an Strom, die ihre Projekte erzeugen würden, unterschätzten" (International Rivers 2013, 2, Ü).

Häufig wird in der kritischen Berichterstattung über freiwillige Kompensation auf die faktenreiche und mit viel Empirie unterlegte, im Auftrag von *International Rivers* erfolgte und hier bereits angeführte Studie von Barbara Haya (2007) von der University of California (Berkeley) zu Wasserkraftwerken hingewiesen. Obwohl es sich um eine frühe Studie handelt, lagen bereits Erfahrungen mit mehreren Hundert Projekten vor, einschließlich einiger Großstaudämme. Nach Auswertung der einsehbaren Unterlagen kommt die Autorin unter Anführen von Beispielen zu eindeutigen Ergebnissen.

> „Es kann davon ausgegangen werden, dass nur sehr wenige dieser Wasserkraftprojekte realistischerweise Emissionsgutschriften erfordern. Mehr als ein Drittel der vom EB [*Executive Board*] genehmigten („registrierten") Hydroanlagen waren zum Zeitpunkt der Registrierung bereits fertiggestellt und fast alle befanden sich bereits im Bau. In China, dem aktivsten Dammbauer der Welt, beantragen die meisten großen Wasserkraftprojekte, die kurz vor dem Abschluss stehen, jetzt CDM-Gutschriften. Die Anzahl der im Bau befindlichen Anlagen hat sich jedoch im Vergleich zu den letzten Jahren, als sie keine Gutschriften

erhielten, nicht wesentlich erhöht. Die meisten Kredite, die durch diese Projekte generiert werden können, sollten daher als ‚heiße Luft' betrachtet werden – gefälschte Kredite, die die globalen Treibhausgasemissionen erhöhen" (Haya 2007, 3, Ü).

In einer Folgestudie mit Interviews mit Projektentwicklern, Zertifizierern und Regierungsoffiziellen kam sie zu folgendem Ergebnis:

> „Die meisten CDM-Projekte sind ‚nicht zusätzlich' und stellen daher keine echten Emissionsminderungen dar. Ein einigermaßen genauer Filter für nicht zusätzliche Projekte ist nicht möglich. Die Notwendigkeit, die Projektzusätzlichkeit zu testen, die von Natur aus schwierig und ungenau ist, erhöht die Unsicherheit und die benötigte Zeit für den CDM-Antragsprozess und beeinträchtigt dessen Effektivität bei der Unterstützung wirklich zusätzlicher Projekte. Abgesehen von den Problemen bei der Prüfung der Zusätzlichkeit führt die Struktur der projektbasierten Verrechnung zu einer Übergenerierung von Krediten und schränkt deren Fähigkeit zur Emissionsreduzierung ein. Der großflächige Einsatz von Kompensationen behindert die globalen Bemühungen zur Eindämmung des Klimawandels in den kommenden Jahren" (Haya 2009, i, Ü).

In einer weiteren Studie mit einem Coautor (Haya/Parekh 2011) werden Wasserkraftwerke unter die Lupe genommen. Im Jahr 2011 gab es bereits über 1000 geförderte CDM-Projekte in diesem Bereich. Haya und Parekh weisen auf die teilweise hohen (human)ökologischen Folgen von Großstaudämmen hin, weshalb ihr Bau generell nicht gefördert werden sollte. Auch sei die Zusätzlichkeit in den Hauptländern wie China und Indien sehr fraglich, da von staatlicher Seite der Bau von Kraftwerken zur staatlichen Entwicklungsstrategie zählt und die meisten Projekte staatlich initiiert wurden. Bereits in der früheren Studie hatte Haya bemerkt:

> „Wasserkraft wird durch tief verwurzelte Interessen in Regierungen und im privaten Sektor unterstützt, so dass nach Ansicht der Weltstaudammkommission viele Wasserkraftprojekte gebaut werden, auch wenn sie weit von der kostengünstigsten Option entfernt sind" (Haya 2007, 5, Ü).

Ihren Eindruck teilen andere unabhängige Fachleute. Fraglich ist auch für Cames et al.,

> „ob die Investitionsanalyse für Investitionen geeignet ist, die weitgehend von anderen (nicht wirtschaftlichen) Faktoren bestimmt werden. Die Kritik zielt darauf ab, dass viele Investitionen in gängige CDM-Aktivitäten – z.B. Stromerzeugung – aus einer Vielzahl von politischen, so-

zialen und strategischen Gründen erfolgen, die über die einfache Wirtschaftlichkeit auf Projektebene hinausgehen und möglicherweise nicht auf die Maximierung der wirtschaftlichen Rendite ausgelegt sind. Solche Kritiker argumentieren, dass ein marktbasierter Test wie die Investitionsanalyse in einem weitgehend nicht marktbezogenen Umfeld nicht anwendbar ist, möglicherweise insbesondere in zentral geplanten Ländern wie China ... [Es wird] argumentiert, dass die Regierungen bereits große Wasserkraftprojekte in Entwicklungsländern lange vor dem CDM subventioniert und entwickelt haben, was zeigt, dass sie finanziell tragfähig sind und die Frage aufwirft, ob sie ohne den vom CDM bereitgestellten Anreiz nicht weiterbestehen würden.

Damit die Investitionsanalyse – und damit jeder zusätzliche Test – ordnungsgemäß funktionieren kann, muss sie mit hoher Sicherheit nachweisen können, dass der CDM der entscheidende Faktor für die Projektinvestition war. Für Projekttypen, die routinemäßig außerhalb des CDM erstellt werden, einschließlich (aber nicht ausschließlich) aus allgemeineren wirtschaftlichen, energetischen oder politischen Gründen, bleibt es äußerst schwierig, mit Sicherheit zu bestimmen, dass in einem bestimmten Fall die finanziellen Erträge eines Projekts der Grund sind und dass es das Projekt ohne den vom CDM bereitgestellten finanziellen Anreiz nicht gäbe" (Cames et al. 2016, 38, Ü).

Um ein konkretes Beispiel aus einem anderen Bereich zu nennen: Purdon (2014) untersuchte von 2008-2014 die sieben Jahre währende Unterstützung einer Kraft-Wärme-Koppelungsanlage dank CDM-Gutschriftenverkauf in Uganda und kam zu dem Ergebnis, dass die Einsparungen fossiler Energien deutlich geringer ausfielen als unterstellt, nicht zuletzt durch veränderte Rahmenbedingungen der Energiewirtschaft des Landes, da keine dynamischen Benchmark-Anpassungen vorgenommen wurden. Zudem lag eine finanzielle Unterstützung des Projekts durch die Weltbank vor, deren Erwähnung im Antragsdokument „vergessen" wurde.

Auch Schneider kommt hinsichtlich der Seriosität der Projekte in einer frühen Analyse für das Öko-Institut zu einem ähnlich skeptischen Ergebnis, das frühzeitig auch von einigen anderen Wissenschaftlern geteilt wurde (siehe z.B. Olsen 2007). Aus dem bereits zum Zeitpunkt der Studie globalen Markt mit hunderten registrierten Projekten wählte Schneider für seine Untersuchung 93 Projekte aus, führte Interviews mit Beteiligten und durchkämmte die Fachliteratur. Er stellte einen eklatanten Preisrückgang fest, der durch den harten Wettbewerb um Zertifikatkäufer entbrannte. Den Validierenden (*Designated Operational Entities* = DOEs) drohten bei Fehlern kaum Sanktionen.

„Bei der Auswahl eines DOE versuchen viele Projektteilnehmer, die Validierungs- und Verifizierungskosten niedrig zu halten, möchten einen schnellen Validierungs- oder Verifizierungsprozess und bevorzugen ein DOE, das in der Vergangenheit keine oder nur wenige Probleme aufgeworfen hat, wodurch das Risiko ihres Projekts minimiert wird. Dies hat die DOEs erheblich unter Druck gesetzt, weniger Zeit für die Validierung und Verifizierung aufzuwenden, den Prozess zu beschleunigen und die Anforderungen „flexibler" zu interpretieren. Im schlimmsten Fall könnte diese Entwicklung zu einem „Wettlauf nach unten" hinsichtlich der Qualität des Validierungs- und Verifizierungsprozesses führen, da diejenigen DOEs, die weniger Zeit für die Validierung und Verifizierung aufwenden, niedrigere Preise anbieten können und dadurch einen großen Marktanteil generieren" (Schneider 2007, 20, Ü).

Zwar würde die Zahl der abgelehnten Projekte bei der für die für CDM-Zulassungen zuständige Stelle zunehmen, aber oft würden weiterhin elementare Fehler bei den Anträgen übersehen und die Daten zu einer Nachverfolgung des Investitionsansatzes fehlten. Es mangele ferner an der Beteiligung der Stakeholder. Dem könnte recht einfach entgegengewirkt werden:

„Die Unabhängigkeit von DOEs kann gestärkt werden, wenn der CDM-Vorstand über das UNFCCC-Sekretariat die DOEs aus dem Anteil des Erlöses zur Deckung der Verwaltungskosten auswählt und bezahlt. Die Finanzierung des Dienstes von DOEs durch den Anteil der Einnahmen könnte auch die Entwicklung kleinerer Projektaktivitäten fördern, da die Kosten für die Projektentwicklung für solche Projekte gesenkt würden" (Schneider 2007, 7, Ü).

Auch seien die Produktionstechnologien oft so eng definiert, dass man sich nicht wundern müsse, dass sie den entsprechenden Additionalitäts-Test ohne Probleme bestünden. Mindestens 40% der Projekte seien daher fragwürdig. Andere Studien führen bis zu 80% an. Dies gelte auch für den „Sonderfall" der Zerstörung des Treibhausgases HFC-23 v.a. in China; bei dem es zu stark perversen Effekten komme, da erst die Produktion von HFC-23 heraufgefahren werde, um sie dann gewinnbringend zu neutralisieren (Näheres in Schneider 2011). Allgemeiner: Die nötigen Gewinnspannen variierten selbst bei ähnlichen Projekten zwischen 4% und 22% und viele Interviewte gaben ehrlich an, dass die Projekte so oder so realisiert worden wären (siehe wiederum Scheider 2007 mit zahlreichen empirischen Belegen zum hier nur Zusammengefassten).

Einen kritischen Aspekt stellt bei allen Projekten zwangsläufig die enge oder weite Festlegung der sogenannten *Systemgrenze* des Projekts dar, zu den Systemgrenzen der Gutscheinkäufer später mehr. Soll man bei einem Projekt beispielsweise auch den ökologischen Fußabdruck einbeziehen, der bei Zulieferern oder bei der Herstellung von Produktionsanlagen entsteht, oder nicht? Grundsätzlich gilt:

> „Die Umweltintegrität wird auf Projektebene definiert und berücksichtigt nicht die indirekten positiven oder negativen Auswirkungen des CDM auf die THG-Emissionen. Die Perspektive eines Projekts entspricht den Modalitäten und Verfahren des CDM, die erfordern, dass die Zusätzlichkeit, die Basisemissionen und die Projektemissionen auf Projektebene bestimmt werden" (Schneider 2007, 18, Ü). Mehr nicht.

Diese kritischen Überlegungen werden von einer viel beachteten, langen Studie des Öko-Instituts empirisch bestätigt, die einen erfreulich detaillierten, wenngleich von den Ergebnissen her niederschmetternden Überblick über die bis dato erfolgten Projekttypen, beteiligten Länder und Akteure gibt.

> „Insgesamt deuten unsere Ergebnisse darauf hin, dass 85% der in dieser Analyse behandelten Projekte und 73% des potenziellen Angebots an zertifizierter Emissionsreduzierung (CER) für den Zeitraum 2013-2020 eine geringe Wahrscheinlichkeit haben, dass Emissionsreduzierungen zusätzlich sind und nicht überschätzt werden. Nur 2% der Projekte und 7% des potenziellen CER-Angebots haben eine hohe Wahrscheinlichkeit sicherzustellen, dass Emissionsminderungen zusätzlich sind und nicht überbewertet werden. Unsere Analyse legt nahe, dass der CDM immer noch grundlegende Mängel in Bezug auf die allgemeine Umweltintegrität aufweist. Es ist wahrscheinlich, dass die große Mehrheit der im Rahmen des CDM registrierten Projekte und CERs keine echten, messbaren und zusätzlichen Emissionsminderungen bietet" (Cames et al. 2016, 11, Ü, hier ohne Hervorhebungen; siehe auch Kollmuss 2017, 4).

Im Einzelnen kommen sie zu folgenden Ergebnissen:

> „Die meisten *energiebezogenen Projekttypen* (Wind, Wasser, Abwärmerückgewinnung, Umstellung auf fossile Brennstoffe und effiziente Beleuchtung) *sind wahrscheinlich nicht zusätzlich*, unabhängig davon, ob sie die Erhöhung erneuerbarer Energien, Verbesserungen der Energieeffizienz oder die Umstellung auf fossile Brennstoffe beinhalten. *Industriegasprojekte* (HFC-23, Adipinsäure, Salpetersäure) *sind wahrschein-

lich zusätzlich, solange die Minderung nicht anderweitig durch Richtlinien gefördert oder vorgeschrieben wird. *Methanprojekte* (Deponiegas, Kohleminenmethan) sind *mit hoher Wahrscheinlichkeit zusätzlich.* *Biomassekraftprojekte* haben eine *mittlere Wahrscheinlichkeit*, insgesamt zusätzlich zu sein, da die Bewertung der Zusätzlichkeit sehr stark von den lokalen Bedingungen der einzelnen Projekte abhängt.

Die Zusätzlichkeit bei derzeit zunehmenden *effizienten Beleuchtungsprojekten* mit kleinskalierten Methoden ist *höchst unwahrscheinlich*, da in vielen Gastländern die Abkehr von Glühlampen bereits weit fortgeschritten ist. Bei *Kochherdprojekten* reichen die CDM-Einnahmen häufig nicht aus, um die Projektkosten zu decken und das Projekt wirtschaftlich zu gestalten. Bei Kochherdprojekten werden die Emissionsminderungen aufgrund einer Reihe unrealistischer Annahmen und Standardwerte *wahrscheinlich erheblich überschätzt*" (Cames et al. 2016, 10-11, Ü, Hervorhebungen im Original).[146]

Sie raten daher, dass solche freiwilligen Projekte – sofern überhaupt – prinzipiell nur eine zeitlich begrenzte Nischenrolle spielen sollten.

Angesichts der Vielzahl von Projekten, die in der dichten Forschungsarbeit von Cames et al. durchgesehen wurden, verdienen ihre generelle Einschätzung und ihre näheren Begründungen ein weiteres längeres Zitat.

„Im Vergleich zu früheren Bewertungen der Umweltintegrität des CDM deutet unsere Analyse darauf hin, dass sich die Leistung des CDM insgesamt trotz Verbesserungen einer Reihe von CDM-Standards alles andere als verbessert hat. Der Hauptgrund dafür ist eine Verlagerung des Projektportfolios hin zu Projekten mit fragwürdiger Zusätzlichkeit. Im Jahr 2007 machten CERs aus Projekten, die keine anderen Einnahmen als CERs haben, etwa zwei Drittel des Projektportfolios aus, während das CER-Lieferpotenzial dieser Projekttypen für den Zeitraum 2013-2020 nur weniger als ein Viertel beträgt. Ein zweiter Grund ist, dass das CDM Executive Board (EB) nicht nur die Regeln verbessert, sondern auch Vereinfachungen vorgenommen hat, die die Integrität untergraben. Beispielsweise wurden Positivlisten für viele Technologien eingeführt, von denen einige hinsichtlich Zusätzlichkeit fraglich sind und von denen einige in manchen Regionen durch Richtlinien und Vorschriften gefördert oder gefordert werden (z.B. effiziente Beleuchtung). Ein dritter Grund ist, dass das CDM EB keine wirksamen Maßnahmen ergriffen hat, um Projekttypen mit einer geringen Wahrschein-

---

[146] Siehe die Überblicktabelle auf den Seiten 148-152; auf die präsentierten vielen Detailanalysen in der Studie zu Positivlisten, dem Überangebot durch automatisch anerkannte Technologien, Fallstricke der Baselines, Länderstudien usw. sei hier nur hingewiesen.

lichkeit der Zusätzlichkeit auszuschließen. Während man Positivlisten einführte, wurden Projekttypen mit fragwürdigerer Zusätzlichkeit nicht aus dem CDM ausgeschlossen. Standardisierte Baselines bieten einen weiteren Weg, um die Zusätzlichkeit zu demonstrieren, verringern jedoch nicht die Anzahl der Projekte, die fälschlicherweise Zusätzlichkeit beanspruchen. Die Verbesserungen des CDM zielten hauptsächlich darauf ab, die Anforderungen zu vereinfachen und die Anzahl der falsch negativen Ergebnisse zu verringern, ohne jedoch die falsch positiven Ergebnisse zu berücksichtigen" (Cames et al. 2016, 14, Ü, hier ohne Hervorhebungen).

Ihre Beurteilung von Kochherdprojekten – sie bezweifeln, dass sie durch die Einnahmen aus den Gutschriften ökonomisch tragfähig sind – ist insofern besonders brisant, weil mehrere öffentliche Einrichtungen wie das BMZ und das UBA, aber auch atmosfair solche Reduktionsgutschriften gerne aufkaufen und als besonders wertvoll ansehen. Sehr nachdenklich stimmt auch, wie die Studie energiebezogene Projekte aller Art beurteilt, die doch häufig als Musterbeispiele klimaschonender Investitionen gelten. Ihre Begründung für dieses sehr skeptische Urteil lautet:

„Es ist unwahrscheinlich, dass die meisten energiebezogenen Projekttypen (Wind, Wasser, Abwärmerückgewinnung, Umstellung auf fossile Brennstoffe und effiziente Beleuchtung) zusätzlich sind, unabhängig davon, ob es sich um die Erhöhung erneuerbarer Energien, Effizienzverbesserungen oder einen Ersatz fossiler Brennstoffe handelt. Ein wichtiger Grund, warum diese Projekttypen wahrscheinlich nicht zusätzlich sind, ist, dass die Einnahmen aus dem CDM für diese Projekttypen im Vergleich zu den Investitionskosten und anderen Kosten- oder Einnahmequellen gering sind, selbst wenn die CER-Preise [aus solchen CDM-Projekten] viel höher wären als heute. Darüber hinaus sind viele Projekte wirtschaftlich attraktiv, teilweise aufgrund von Kosteneinsparungen durch die Projektumsetzung (z.B. Umstellung auf fossile Brennstoffe, Abwärmerückgewinnung) oder inländische Unterstützungsprogramme zur Erzeugung erneuerbarer Energie" (Cames et al. 2016, 12-13, Ü, hier ohne Hervorhebungen).

Die Frage der Unvermeidbarkeit hat noch weitere Aspekte. Zutreffenderweise wird gefordert, dass Kompensationen in eine umfassende Klimaschutzstrategie der betreffenden Länder eingebettet sein sollten, deren erster Schritt in der notwendigen Minderung „unvermeidlicher" Emissionen besteht. Dies ist allerdings eine höchst subjektive Angelegenheit, denn man kann völlig unterschiedliche Vorstellungen darüber haben, welche Verbrauchsreduktionen unvermeidlich sind. Da die freiwilligen

Maßnahmen tatsächlich nur in einen mikroökonomischen Kontext (IRR usw.) gestellt werden, erfolgen sie praktisch immer ohne Bezug auf eine übergreifende Klimaschutzstrategie.

Auf die Einbettung von Projekten in eine weiterblickende Klimastrategie jenseits rein kurzfristiger Kostenvergleiche zur THG-Minderung käme es auch noch aus einem weiteren Grund an.

> „CO_2-Ausgleichsmaßnahmen können Maßnahmen zu Hause ersticken. Durch den CO_2-Ausgleich können Industrienationen Maßnahmen im Inland vermeiden, Unternehmen ineffiziente und nicht nachhaltige Produktionsmethoden beibehalten und Einzelpersonen nicht-nachhaltige Lebensstile weiterführen" (Kollmuss et al. 2008, 89, Ü).

> „‚Billige' Kompensation konkurriert allerdings [möglicherweise] mit Innovation in den IL [Industrieländern], die jedoch die Basis für den zur Eindämmung des Klimawandels notwendigen Umbau des Energiesystems ist – oder mit anderen Worten: Kompensation, welche nicht an Vermeiden und Reduzieren gebunden ist, schaltet den Innovationsmotor in den IL aus" (atmosfair 2019, 17).

Schneider sieht es ähnlich:

> „Einige CDM-Projekte können technologische Innovationen hervorrufen, was zu positiven Spillover-Effekten und weiteren Emissionsminderungen in den Gastländern führt. Andererseits kann die Verwendung des CDM die Notwendigkeit und Geschwindigkeit technologischer Innovationen in [am Kyoto-Protokoll, aber auch jetzt am Pariser Abkommen teilnehmenden] Annex-I-Ländern verringern oder dazu führen, dass in diesen Ländern THG-intensive Technologien gebunden werden" (Schneider 2007, 18; so auch atmosfair 2019, 4).

Kollmuss et al. ergänzen:

> „Die Kostenwirksamkeitsargumente für Offset-Märkte sollten zwar nicht verworfen werden, es ist jedoch wichtig anzumerken, dass sie auf etwas vereinfachten Interpretationen des erforderlichen Übergangs zu einer Wirtschaft mit niedrigen THG-Emissionen beruhen.
> Es ist richtig, dass eine Tonne Kohlenstoff unabhängig von ihrer Quelle die gleichen Auswirkungen auf die atmosphärischen THG-Konzentrationen hat … Unterschiedliche Reduzierungen haben jedoch unterschiedliche langfristige Auswirkungen auf technologische Innovation, Markttransformation und infrastrukturellen Übergang. Zum Beispiel kann eine Reduzierung, die durch die Umstellung des Kraftstoffs von Öl auf Gas entsteht, billiger sein als eine vergleichsweise kostspielige Investition in ein öffentliches Verkehrssystem. Die Umstellung auf Gas

ist jedoch ggf. viel weniger effektiv, um langfristige Veränderungen zu ermöglichen. Ersteres könnte auf völlig konventioneller Technologie basieren und rückgängig gemacht werden, sobald sich die relativen Kraftstoffpreisanreize umkehren. Im Gegensatz dazu kann das neue öffentliche Verkehrssystem dazu beitragen, eine relativ neuartige Praxis voranzutreiben (z.B. Hybridbus-Schnellverkehr) und die weitere Ausbreitung des Individualverkehrs einzudämmen, indem ein dichterer städtischer Kern attraktiver gemacht wird und attraktive Alternativen zur Abhängigkeit von Kraftfahrzeugen aufgezeigt werden. Aus diesem Grund reichen Marktmechanismen allein nicht aus, um den Klimawandel anzugehen" (Kollmuss et al. 2008, 89, Ü).

In einer Studie für atmosfair wird dies ähnlich gesehen.

„Bestehende Standards machen keine ausreichenden Vorgaben bezüglich der Abstimmung von Projekten mit der Entwicklungsstufe eines Landes oder der Position einer Region auf der Energieleiter. So ist beispielsweise sowohl unter CDM als auch unter dem GS [Gold Standard] die Zertifizierung von Wasserfiltern oder Chlorspendern zur Verbesserung der Trinkwasserversorgung in Dörfern erlaubt, ohne dass erwogen werden muss, ob eine nachhaltigere Investition in die Wasserversorgung, z.B. durch den Bau eines Brunnens, möglich wäre. Der CDM gibt lediglich als nicht verbindliche ‚Best Practice' an, dass im Monitoring geprüft wird, ob eine öffentliche sichere Trinkwasserversorgung tatsächlich nicht vorliegt" (atmosfair 2018, 19).

Der Verfasser dieser Zeilen hat die deutliche Kritik an den Prinzipien und der praktischen Durchführung der Projekte anhand des CDM-Handbuchs überprüft und ihm sind die nicht gerade unbürokratischen Procedere aufgefallen. Ein Beispiel sei hier einmal ohne Übersetzung angeführt.

„The definition of forest becomes applicable to a Party when: (a) For an Annex I Party, the Party selects a single minimum tree crown cover value between 10 and 30 per cent, a single minimum land area value between 0.05 and 1 hectare and a single minimum tree height value between 2 and 5 metres, as provided under paragraph 16 of the Annex to decision 16/CMP.1; (b) For a non-Annex I Party, the Party selects a single minimum tree crown cover value between 10 and 30 per cent, a single minimum land area value between 0.05 and 1 hectare and a single minimum tree height value between 2 and 5 metres, as provided under paragraph 8 of the Annex to decision 5/CMP.1" (UNFCCC 2019, 25).

Auf den 277 Seiten des eben zitierten Handbuches werden hunderte – mit schönen Icons geschmückte – nähere Bestimmungen und Berechnungen aufgeführt. Teilweise überraschen die hier nicht im Detail vorzustellenden Angaben. So wird bei erneuerbaren Energien wie Windkraft davon ausgegangen, dass sie Projekte mit *zero-emissions* seien (siehe z.B. Projekt AM 0009), was schon angesichts der in Windkraftanlagen enthaltenen Rohstoffe nicht (ganz) stimmt und durch die Emissionen aus Wartungsarbeiten und Entsorgung, die ebenfalls einzubeziehen wären, nicht richtiger wird.

Für die Bestimmung des Baseline-Szenarios kann laut Handbuch – überraschenderweise – auch sogenannte „unterdrückte Nachfrage" zur Festlegung der Vergleichsbasis (*Baseline*) angesetzt werden: Wenn in einer unterentwickelten Gegend nur zeitweise und mit Kerzen beleuchtet wird, so wird zur Berechnung der Baseline ein Minimumkonsum an Licht vorausgesetzt, um hinsichtlich eines Beleuchtungsprojekts eine Emissionsminderung berechnen zu können (UNFCCC 2019, 24-25). Des Weiteren: Wenn Gas, das bei der Erdölförderung mit austritt, bisher nicht genutzt wurde, so sind Projekte anrechenbar, die dieses Gas einfangen und in Pipelines einspeisen. Dies sind doch recht großzügige Regelungen.

Auch ist in einem gewissen Sinne die Vernachlässigung klimapolitischer Maßnahmen von Seiten lokaler politischer Entscheidungsträger Bedingung für Projekte zur Neutralisierung. Beim Projekt CDM PoA 2898, einer Biogasanlage in China, gibt es bereits ein staatliches Subventionsprogramm zur Einführung von Biogasöfen, das allerdings nicht ausreicht, um auch ärmeren Menschen den Zugang zu ermöglichen können. Die Unterlagen sind leicht im Internet unter der Projektangabe zu finden. Die deutsche Bundesverwaltung hat hier übrigens eine Menge Gutschriften gekauft.

Die fehlende öffentliche Unterstützung und die Tatsache, dass von Seiten der Politik im Beispiel keine verbindliche Anzahl von zu installierenden Öfen vorgeschrieben ist, sind hier die problematische Vorbedingung für die Zusätzlichkeit dieses freiwilligen Kompensationsprojekts. Beim CDM PoA 4791 zu vorgesehenen Bioherden (IKS) in Bangladesch wird vermerkt, es gebe weder Gesetze noch Richtlinien, die die Einführung von IKS durch Haushalte in Bangladesch oder deren Verbreitung vorschreiben. Hier sind also Unterlassungen nationaler Regierungen die Voraussetzung für entsprechende Projekte.

Ein weiterer kritischer Aspekt besteht im Ziel der Unterstützung, was zu begleitenden Unterlassungen führen kann. So wird im durch die Bundesverwaltung unterstützten Projekt CDM PoA 9626 in Ruanda (siehe auch CDM PoA 5962 in Kenia) verschmutztes und mit Keimen belastetes Wasser für Familien durch eine Filtervorrichtung gereinigt, die in

Deutschland etwa durch Britta bekannt ist. Besser wäre es, die Ursachen der Verunreinigungen anzugehen, was aber durch das Projekt weniger dringlich erscheinen dürfte. Hinzu kommt oft,

> „dass die Kompensationskosten nur einen Bruchteil der gesamten Vermeidungskosten betragen, da die Kompensation nicht die notwendige Transformation in Wirtschaft und Gesellschaft [des eigenen und des Ziellandes der Kompensation] bewirkt … Somit wird deutlich, weshalb die marktüblichen Kompensationskosten nicht die Dekarbonisierungskosten abbilden, sondern stets darunterliegen: Die Kompensation greift die ‚tief hängenden Früchte' ab, indem sie zu vergleichsweise niedrigen Kosten vorhandene Technologien zur Emissionsreduzierung verbreitet" (atmosfair 2019, 14 und 17).

Die Gastländer, die im verpflichtenden Bereich bei CDM-Projekten zustimmen mussten, spielten eine oft unrühmliche Rolle.

> „Es kann nicht beobachtet werden, dass die Gastländer Projekte mit hohen Auswirkungen auf die nachhaltige Entwicklung priorisieren, indem sie Projekte ablehnen, die nur geringe oder keine Auswirkungen auf die nachhaltige Entwicklung haben. In den meisten Ländern müssen Projekte nicht alle oder die meisten Kriterien für eine nachhaltige Entwicklung erfüllen, sondern nur eines davon (z.B. die Schaffung von Arbeitsplätzen)" (Schneider 2007, 10, Ü).

Nicht zu vernachlässigen ist auch die schon häufiger angerissene Leakage-Problematik. Zum indirekten Leakage kann in diesem Zusammenhang auch die durch das Pariser Abkommen verschärfte Gefahr gerechnet werden, dass durch freiwillige Kompensation falsche Anreize gesetzt werden.

> „So können insbesondere Regierungen in Entwicklungsländern geneigt sein, keine weitergehende Umweltgesetzgebung einzuführen oder umzusetzen, um damit der Gefahr der Doppelzählung aus dem Weg zu gehen" (Harthan et al. 2010, 13, so auch Cames et al. 2016, 11).

Kommen wir nun zu den Problemen, die mit den Definitionen der Grenzziehungen bei den Kompensationskäufen verbunden sind. Grundsätzlich wird bei der Systemgrenze zwischen Scope 1 bis 3 unterschieden. Die sehr komplizierte Normierung dieser Scopes mit stattlichen 23 Emissionshandelskategorien soll hier nicht im Detail ausgebreitet werden.[147] Das folgende Schaubild verdeutlicht aber die Abgrenzung zwischen Scope 1 bis 3.

---

[147] Zu den 23 Kategorien siehe https://ghgprotocol.org/, siehe auch https://www.dqs.de/blog/klimamanagement/thg-bilanz-ermittlung-mithilfe-iso-14064-1/.

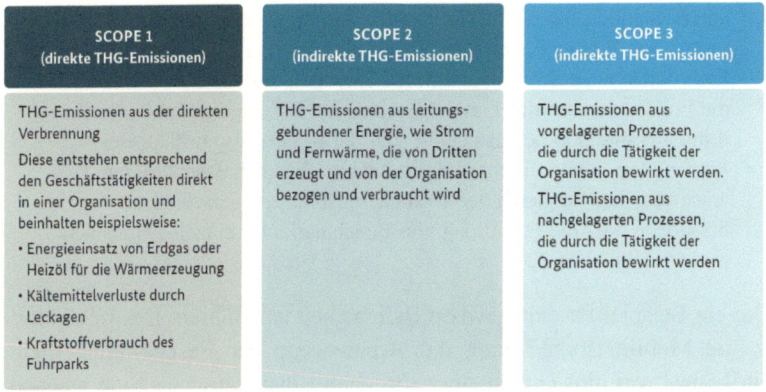

BMZ 2019, 19.

Zur Übersichtlichkeit sei noch eine zweite Darstellung angeführt:

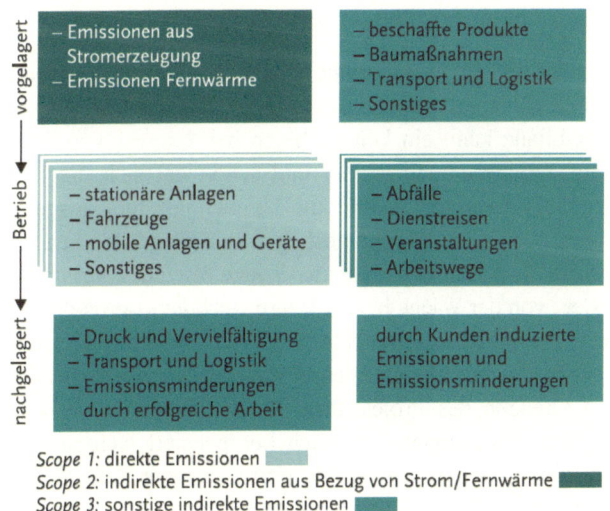

Huckestein 2020, 22.

Die Möglichkeit, zwischen drei verschiedenen Varianten beim Ziehen der Systemgrenze wählen zu können, hat Folgen.

„Sie belassen einen großen Ermessensspielraum, welche Emissionen [von Seiten des Gutscheinkäufers] einbezogen, wie diese abgegrenzt und mit welchen Emissionsfaktoren sie ermittelt werden. Dementsprechend unterschiedlich fallen die Treibhausgasbilanzen verschiedener Organisation aus: Während zum Beispiel ein Unternehmen ausschließlich die Emissionen nach Scope 1 und Scope 2 erfasst, bezieht ein anderes auch die Emissionen aus den Geschäftsreisen der Beschäftigten mit ein, eine dritte Organisation berücksichtigt statt der Reisen ausgewählte Beschaffungen, den Lieferverkehr und die Arbeitswege der Beschäftigten. Das erschwert den Vergleich der Treibhausgasbilanzen verschiedener Organisationen oder die Ermittlung von Benchmarks für einzelne Branchen" (Huckestein 2020, 22).

Um ein Beispiel für eine gewisse Beliebigkeit anzuführen: Das UBA lässt in die Mobilitätsberechnung die Arbeitswege der Beschäftigten nicht einfließen, was hinsichtlich einer ehrlichen Bilanz durchaus Sinn machen würde.

„Die Arbeitswege unserer Beschäftigten gehören grundsätzlich zu deren privaten Lebensbereich. Die daraus resultierenden CO_2-Emissionen in Höhe von jährlich rund 2.000 Tonnen rechnen wir demnach nicht der Treibhausgasbilanz des UBA zu" (UBA 2018a, 20).

Eng verbunden mit der Bestimmung dieser Systemgrenze ist die Problematik des undichten Ausweichens (*Leakage*). Zur Verbesserung der eigenen Umweltbilanz kann ein Unternehmen bei Scope 1 von der eigenen Kantine auf Zulieferung umstellen und schon hat sich die Bilanz des Unternehmens verbessert, obwohl die Umweltbelastung insgesamt z.B. durch längere Anlieferungswege gestiegen sein mag. Man kann bei einer Ökobilanz die Prozessabfolge „von der Wiege bis zum Fabriktor" (*cradle-to-gate*) oder „von der Wiege bis zur Bahre" (*cradle-to-grave*) betrachten.

Eine entscheidende Komponente bei Kompensationsprojekten ist also die Festlegung der berücksichtigten physischen, juristischen und organisationellen Grenzen des Projektunterstützers, da durch sie entschieden wird, wie viele Emissionen eigentlich kompensiert werden müssen. Je enger man die Systemgrenzen wählt, umso geringer fällt der auszugleichende Fußabdruck aus und umso weniger Gutschriften muss man kaufen. Soll ein Flughafen, um ein praktisches Beispiel zu nennen, nur die unmittelbaren Verbräuche seiner Gebäude berücksichtigen oder auch den Verbrauch der auf ihm startenden und landenden Maschinen? Der Unterschied dürfte einen Faktor von 100 ausmachen. Hierbei entstehen heikle Zurechnungs- und Inklusionsfragen hinsichtlich Vorketten und nachgelagerter Emissionen.

„Bei der Beantwortung dieser rein quantitativen Fragen fallen sehr
viele Emissionsquellen aus der Messung, die nicht eindeutig zu lokali-
sieren sind. Eine Stadt wie Frankfurt a.M. will sich zum Beispiel nicht
die Emissionen, die durch Starts und Landungen am internationalen
Flughafen entstehen, in seine Bilanz schreiben. Das Gleiche gilt für die
Emissionen durch Schiffsdiesel im Hamburger Hafen oder Kohlekraftwerke für die überregionale Versorgung. Diese nicht unerheblichen Werte fallen auf diese Weise regelmäßig ganz aus der nationalen wie der globalen Rechnung heraus, wenn lediglich die kommunalen Emissionsdaten addiert werden" (Bauriedl 2015, 188).

Auch auf der Mikroebene stellt sich die Frage der Systemgrenzen: Sollte
z.B. auch der ökologische Pfotenabdruck des Hundebesitzers einbezogen
werden? „Ein 15 Kilogramm schwerer Hund belastet die Umwelt über
13 Lebensjahre so stark wie die Produktion eines Mittelklasse-Mercedes
oder 13 Flüge von Berlin nach Barcelona" (SZ, 3.9.2020, 11, dort auch u.a.
Angaben zu Pferden). Und mit welchen Umweltbelastungen ist eigentlich
der Lebensmittelkonsum einzubeziehen? Unter Einrechnung wesentlicher
Umweltbelastungen (z.B. Stickstoff, THG, Energieinput) würde ein Liter
H-Milch anstatt 79 Cent 1,75 und ein Pfund gemischtes Hackfleisch 7,62
anstelle von 2,79 Euro kosten. Hiermit soll nur angedeutet werden, wie
wenig in den Verbrauchspreisen die Umweltexternalitäten berücksichtigt
sind.[148]
Der maritime Fußabdruck des Menschen, als ein weiterer Aspekt der
Systemgrenzen menschlicher Aktivitäten, gerät überhaupt erst in jüngster
Zeit ins Blickfeld. Bauwerke bedecken mehr als 32.000 Quadratkilometer des Meeresgrundes, hinzu kommen Ölplattformen, Tiefseekabel, Off-
shore-Windparks und insbesondere Fischzuchtanlagen, so dass man auf
3,4 Mio. Quadratkilometer kommt, die Lärm, Schadstoffeinträge und veränderte Meeresströmungen verursachen.[149] Aber wo und wie werden sie
wem zugerechnet?
Abschließend sollen, teils wiederholend, noch fünf basale Tatsachen
zum freiwilligen Emissionshandel zur Sprache kommen. Die erste spricht
das Kompensationsunternehmen atmosfair verdienstvollerweise klar an:

„Kompensation ist allein [zur Erreichung des 2°C-Ziels] nicht zielführend, sondern kann nur flankierend zur notwendigen CO$_2$-Reduktion

---

[148] https://www.tollwood.de/wp-content/uploads/2018/09/20180914_how_much_is_the_
dish_-_was_kosten_uns_lebensmittel_langfassungfinal-2.pdf.
[149] https://www.nature.com/articles/s41893-020-00595-1 und Duarte et al. (2021).

an der Quelle, durch Innovation und Verbreitung der nötigen Technologien und Verhaltensweisen, sinnvoll sein. Selbst wenn alle Industrieländer ihre CO_2-Emissionen vollständig in Entwicklungsländern
kompensieren würden, und damit alle Menschen in den Industrieländern dem Marketing nach ‚klimaneutral' leben würden, kann damit das
globale 2°C Klimaschutzziel nicht erreicht werden. Dies liegt daran,
dass schon die verbleibenden Emissionen der Industrieländer zu viel
für das 2-Grad-Ziel sind" (atmosfair 2019, 4).

Zweitens wird der meist mit dem Zertifikathandel auch beabsichtigte
Nord-Süd-Ausgleich kritisch gesehen.

„Der Handel mit Emissionsgutschriften ist im Kern ungerecht, weil die-
jenigen, die am wenigsten zum Problem beigetragen haben, zusätzlich
Emissionen reduzieren sollen, damit die größten Emittenten weiter über
Maß natürliche Ressourcen – im Fall von Emissionsgutschriften, fossile
Brennstoffe – nutzen können" (Kill 2016a, o. S.; siehe auch Heuwieser
2018a, 3).

Zur Beurteilung der klimapolitischen Wirkung freiwilliger Gutschriften
ist drittens folgender Aspekt im Auge zu behalten:

„Sie schaffen durch ihre Projekte im Ausland und dem Handel mit
Emissionsrechten keine Reduktion ..., da Emissionen, die an einem Ort
vermieden wurden, an einem anderen auftreten" (Buhofer 2018, 111).

„Handel mit Emissionsgutschriften reduziert keine Emissionen, er verschiebt sie nur. Die nachzuweisende zusätzliche Emissionsminderung
durch das Kompensationsprojekt, das sich über den Handel mit solchen Gutschriften finanziert, erlaubt an anderer Stelle die Freisetzung
von fossilem Kohlenstoff über einen gesetzlichen oder moralischen
Grenzwert hinaus. Unterm Strich bleibt beim Handel mit Emissionsgutschriften also maximal eine Netto-Null" (Kill 2016a, o. S.).

Viertens sei noch einmal unterstrichen, dass in einem freiwilligen Markt
Zusätzlichkeit nur vorliegt, „solange die Emission auch ohne Ausgleich
stattgefunden hätte und nicht dadurch entstand, dass ein Ausgleich geplant war" (Buhofer 2018, 111). Gegenüber vielen Produkten und Dienstleistungen gäbe es zudem sicher größere Bedenken und ihre Herstellung
auf Seiten der Käufer der Gutschriften würde unterbleiben, wenn nicht
ein grüner Hauch ihre Akzeptanz erhöhen und Widerstände neutralisieren
würde.

Generell stellt sich fünftens folgendes Problem:

> „Der Anbau von Agrartreibstoffen, Photovoltaik-Freiflächenanlagen und Stauseen als Stromspeicheranlagen konkurriert um Flächen für den Nahrungsmittelanbau oder den Naturschutz. Das Gleiche gilt für die zunehmende internationale Nachfrage nach Kohlenstoffkompensationsprojekten im Globalen Süden. Es werden mit den Kompensationszahlungen nicht nur Klimaschutzprojekte in Entwicklungsländer verlagert, sondern auch deren Umsetzungskonflikte" (Bauriedl 2015, 192).

Daher lautet eine Forderung:

> „Keine Verlagerung von Umweltproblemen auf eine andere Ebene. Ein Beispiel: Die Intensivierung der Landwirtschaft könnte die Entwaldung verringern, aber der intensive Einsatz energieintensiver Düngemittel könnte schwerwiegende Auswirkungen auf die aquatischen Ökosysteme und die Trinkwasserqualität haben" (Schmidt/Gerber 2016, 12, Ü).

Die gleiche Forderung einer Nichtverlagerung könnte man auch auf Länderebene erheben, indem man freiwillige Kompensationsanstrengungen auf inländische Projekte beschränkte, die zudem über die private Eigenregie hinauszugehen hätten.

> „Ein durch eine zentrale nationale Behörde bewilligtes System für freiwillige inländische Projekte könnte weitere Anreize setzen. Aufbauend auf Beispielen guter Praxis aus anderen Ländern könnte die Regierung den Projektentwicklern mittels eines solchen Systems garantieren, ihnen eine festgelegte Menge der von ihnen generierten Zertifikate abzukaufen – ähnlich dem Australischen Modell. Zugleich könnten zentral anerkannte Zertifikate über den freiwilligen Kohlenstoffmarkt verkauft werden" (DEHSt 2017b, 32).

Wollte man dann noch zur THG-Minderung beitragen, so könnten z.B. von durch ein Projekt geschaffenen 10 Tonnen Minderung nur 5 als Gutschriften verkauft werden und der Rest verfiele. Doch dann wären freiwillige Kompensationen keine Ersatzlösung und kein Sicherheitsventil gegen Minderungsforderungen aus der Gesellschaft mehr.

Der bisherige freiwillige Emissionshandel richtet angesichts der vielfältigen systemimmanenten Schwächen trotz aller Verbesserungsbemühungen unter dem Strich bisher eher Schaden als umweltpolitischen Nutzen an. Oft scheint das Motto zu sein: Jeder will dabei sein, und sei es nur zum Schein. Oder – Wie bekomme ich eine weiße Weste dank eines grünen Mäntelchens?

14. Beispiele für „Klimaneutralität": BMZ, GIZ, KfW, die Bundesverwaltungseinrichtungen und die Klimapolitik der DAX-Unternehmen

Zusammenfassung: Das Bundesministerium für wirtschaftliche Zusammenarbeit und Entwicklung (BMZ) bezeichnet sich trotz intensiver Reisetätigkeiten in „Entwicklungsländer" und zwischen den beiden Standorten Bonn und Berlin als erstes klimaneutrales Ministerium. Der bürokratische Erhebungsaufwand ist immens. Neben nicht unerheblichen THG-Minderungen an den deutschen Standorten wurden mit Emissionsgutschriften aus CDM-Projekten in Nepal und Ruanda „unvermeidliche" Emissionen kompensiert. Die Preise für die Gutschriften bleiben geheim, sie müssten bei rund 8 Euro liegen und den Etat des BMZ mit 0,0004% belasten. Die Projekte sind hinsichtlich *co-benefits*, die zu höheren Emissionen führen (Rebounds), der Weiterverwendung von Holz, fragwürdiger Zusätzlichkeit, des Einspringens für von den Ländern selbst vernachlässigten Minderungsinitiativen, der Unterstützung autoritärer Regierungen usw. nicht unproblematisch. Das ausgegebene Ziel, bis 2040 auch ohne Kompensationen klimaneutral zu sein, scheint dem BMZ selber nicht ganz geheuer zu sein. Der versuchte angemessene Einbezug der Systemgrenze (Scope 3) durch die Partnerinstitutionen GIZ (Deutsche Gesellschaft für Internationale Zusammenarbeit) und KfW (Kreditanstalt für Wiederaufbau) gelingt u.a. wegen mangelnder Daten und Problemen bei der Erfassung der Emissionen nicht wirklich. Durch die mangelnde Präzision („nichtbilanzielle Erfassung") entsteht eine ungenaue Grauzone, die es dem BMZ eigentlich nicht erlaubt, sich als klimaneutral zu deklarieren.

Die Nachhaltigkeitsberichte und Kompensationsprojekte von GIZ und KfW, die wie das BMZ genauere Auskünfte über die Preise der Gutschriften vorenthalten, legen einige Schwachstellen offen: nach wie vor sehr viele (und steigende) innerdeutsche und innereuropäische Flüge, die Verbuchung von E-Autos und Bahntickets mit null Emissionen und eine KfW, die keine Klimaneutralität anstrebt und in ihren Green Bonds die Finanzierung von Investitionen in Öl nicht ausschließt, sondern nur solche in Ölschiefer, Teer- und Ölsande. Die Mobilitäts-Neutralisierung (Flug,

Bahn, PKW) der Bundesverwaltungseinrichtungen erfasst mittlerweile 116 Ministerien und Behörden. 2017 wurden 1,7 Mio. Tonnen CO_2 kompensiert. Die wie stets geheimen Einzelpreise lagen insgesamt unter 5 Euro. Der Bundeshaushalt 2017 belief sich auf rund 330 Mrd. Euro. Die Kosten trug das Bundesministerium für Umwelt, nicht die verursachenden Einrichtungen.

Eine Kurzanalyse der DAX-Unternehmen ergibt, dass zwar gewisse THG-Minderungen vorgenommen wurden und weitere geplant sind, diese aber nicht zu grundlegenden Änderungen der Produktionspalette, z.b. der Abkehr der Produktion von Premiumfahrzeugen führen, was für eine zupackende Klimapolitik nötig wäre. Keines der Unternehmen gibt die Preise für Kompensationsprojekte preis.

* * *

Das BMZ gibt an, es sei ihm gelungen, als erstes deutsches Bundesministerium überhaupt klimaneutral zu werden. Es hat rund 1120 Mitarbeiter an zwei Standorten in Bonn und Berlin, was zu regen „unvermeidlichen" Hin- und Zurückflügen führt. Eine eigens eingerichtete Projektgruppe errechnete zunächst für den Zeitraum 2017-2018 anhand einer genau quantifizierten THG-Bilanz die zu kompensierenden Emissionen pro Jahr. Mit rund 200 Maßnahmen, v.a. in den Bereichen Gebäude (Wärme- und Strombedarf), Mobilität (Dienstreisen und Fuhrpark), Beschaffung und Auftragsvergabe sowie Veranstaltungsmanagement und kurzfristig möglicher Einsparmaßnahmen bei Energie, Strom, Papier oder Abfall bemühte man sich, das angepeilte Ziel zu erreichen.

Man ist bestrebt, mit den zukünftig jährlich aufgestellten Bilanzen und Neutralisierungen Vorbild zu sein und dem Pariser Abkommen, der Agenda 2030 und der deutschen Nachhaltigkeitsstrategie zu entsprechen. Der umtriebige Minister erklärt völlig zutreffend im Vorwort des BMZ-Berichts „Klimaneutrales BMZ 2020": „Der Klimaschutz ist die Überlebensfrage der Menschheit" (BMZ 2019, 7). Sehen wir, wie das BMZ Klimaneutralität erreichte.

THG fallen an im sogenannten Ministerialbetrieb für den Ressourcenverbrauch der Mitarbeiter an den Standorten in Bonn und Berlin, bei Dienstreisen im In- und Ausland und für Veranstaltungen des Ministeriums und in der von ihm finanzierten deutschen Entwicklungszusammenarbeit, in der Kooperation mit den Partnerländern und multilateralen Organisationen und in der Zusammenarbeit mit der Zivilgesellschaft und der Wirtschaft (siehe BMZ 2019, Kapitel 4 zu den Details). Als Prinzip gilt ‚Vermeiden (Videokonferenz statt Flug) vor Reduzieren (Umstieg auf Hybrid- oder Elektroautos) vor Kompensieren'.

> „Nicht vermiedene Treibhausgasemissionen des Ministerialbetriebs werden durch den Ankauf von Emissionsgutschriften nach anspruchsvollen Standards ausgeglichen. Für seine Treibhausgasemissionen aus den Jahren 2017 und 2018 hat das BMZ Emissionsgutschriften aus zwei Klimaschutzprojekten in Nepal und Ruanda erworben. Beide Projekte sind durch den Clean Development Mechanism (CDM) der Vereinten Nationen sowie nach dem ‚Gold Standard for the Global Goals' zertifiziert. Dies stellt sicher, dass sie hohe entwicklungs- und klimapolitische Standards erfüllen" (BMZ 2019, 8).[150]

Nebenbei sei noch einmal festgehalten, dass solche Projekte das Kriterium der Zusätzlichkeit nur erfüllen können, weil beide Länder *nicht* aus eigener Initiative die Anschaffungen u.a. von umweltfreundlichen Kochöfen unterstützen. Ruanda hatte laut SIPRI 2019 Militärausgaben in Höhe von 121 Mio. US-Dollar bei einem BIP von ungefähr 25 Mrd. US-Dollar. Beim Ruanda-Projekt ist auch der privatwirtschaftlich-gewinnorientierte TÜV Rheinland als DOE (*Designated Operational Unit*) neben atmosfair als Projektkoordinator beteiligt.

Man erfährt aus den Dokumenten, dass ein deutscher Hersteller bei einem Projekt den Stahlbehälter vorfertigt. Man liest auch, dass zwar 80% des früheren Holzverbrauchs bei einem der Projekte eingespart werden, die thermische Effizienz aber nur bei knapp über 50% liegt. Man könnte sich auch fragen, ob das Ruanda-Projekt nicht unter die von atmosfair so bezeichnete Kategorie der Auslaufmodelle fällt, die Projekte bezeichnet, in denen Produkte gefördert werden, „für die es jetzt schon eine gleichwertige klimafreundliche technische Alternative gibt" (atmosfair 2019, 5). Denn das Projekt in Nepal zeigt, dass es auch ohne Holzkohle geht, und zwar mit Kleinbiogasanlagen, die Kuhdung, weitere Agrarabfälle und Fäkalien durch anaerobe Vergärung in Biogas umwandeln.

---

[150] Siehe zu diesen Projekten https://www.atmosfair.de/de/klimaschutzprojekte/biogas-biomasse/nepal/ und https://www.atmosfair.de/de/klimaschutzprojekte/energieeffizienz/ruanda/. Auf der Internetseite des UNFCCC findet man die Projekte unter https://cdm.unfccc.int/ProgrammeOfActivties/poa_db/7BSCYZMH2U05TWXFJKELND18PRQ96O/view und https://cdm.unfccc.int/ProgrammeOfActivities/poa_db/J8SI1GZNVU6FQ7KC24OA3LE50WDTRH/view.

Der Verfasser hat E-Mails mit Rückfragen zu diesen Projekten an die angegebene Referenzadresse des BMZ gesendet und am 27.2, 3.3. und 9.3.2020 zeitnah Antworten erhalten. Aus ihnen geht hervor, dass der Erwerb der Klimazertifikate ausgeschrieben wurde und atmosfair den Zuschlag erhielt. Die Zertifikate des BMZ müssen mit dem Goldstandard ausgestattet sein, aus Ex-post-Zertifikaten bestehen, d.h. Ausgaben mussten nach der THG-Minderung erfolgen. Das Projekt muss noch betrieben werden, entwicklungspolitische und andere globale Ziele der UN müssen erfüllt werden und die Projekte müssen aus den am wenigsten entwickelten Ländern (LDCs) stammen. Die Erfüllung dieser inhaltlichen Anforderungen wurde mit 60%, der Preis mit 40% gewichtet.

Als Ökonom interessiert mich natürlich besonders der Preis für die Zertifikate aus Nepal und Ruanda, die im BMZ-Bericht leider keine Erwähnung finden. Auf Anfrage wurde in einer E-Mail mitgeteilt, dass der Gesamtpreis für die 2017 und 2018 kompensierten Mengen von zusammen 4593 Tonnen CO_2eq (2017: 2763 und 2018: 1830) (BMZ 2019, 49) knapp über 40.000 Euro brutto und 33.807 netto betrug. Pro Jahr waren dies also gerade einmal 20.000 Euro. Die vom Umweltbundesamt UBA vorgenommenen Ausgaben zur Neutralisierung des Fuhrparks und (inter)nationaler Flüge sind hier nicht enthalten (BMZ 2019, 48).

Diese Summe ist bei einem Gesamthaushalt von knapp über 10 Mrd. Euro in 2020 nicht gerade belastend, sie entspricht 0,0004%. Betrüge der BMZ-Haushalt im nächsten Etatentwurf des Bundeshaushalts 12 Mrd. Euro, wären es 0,00033%. Die Neutralisierung einer Tonne CO_2 kostete demnach durchschnittlich unter 10 Euro pro Tonne, nämlich 8,766 Euro – eine für das BMZ günstige Angelegenheit. Dieser passable Preis überrascht, da Projekte mit hohen Anforderungen üblicherweise teurer sind und um die 20 Euro liegen. Auf eine Nachfrage beim Auftraggeber (atmosfair) erhielt ich per E-Mail am 5.3.2020 die Antwort, dass ein Zertifikat aus dem ruandischen Effiziente-Öfen-Programm derzeit 23 Euro kostet. Man erklärte, die sogenannten Gestehungskosten hingen von allen möglichen Faktoren ab, u.a. der Technologie, der in Ruanda armutsbedingt besonders hohen Förderbedürftigkeit der Zielgruppe, der Laufzeit, der Projektgröße usw. Sie können über oder unter dem „Spenderpreis" liegen. Beim Ruanda-Projekt lagen laut atmosfair die Gestehungskosten zu Beginn bei über 100 Euro und aktuell bei 12-18 Euro, wobei es sich immer nur um Momentaufnahmen handele. Jedenfalls waren die Zertifikate für das BMZ ziemlich günstig.

Auf Nachfrage nach den Einzelpreisen für die Projekte beim BMZ
wurde übrigens mitgeteilt, dass vom Auftragnehmer (atmosfair) als Teil
des Vertrages nur eine Zustimmung zur Veröffentlichung des Gesamtwerts der Beschaffung erfolgte, nicht jedoch zu Kosten einzelner Zertifikate. Auf die Nachfrage, warum das denn so sei, erfolgte die Antwort,
dass eine Veröffentlichung anderen zukünftigen Bietern einen Vorteil
verschaffen könne und womöglich einen Preiskampf begünstige. Man
könne eine Anfrage an das BMZ richten und sich auf das Informations-
freiheitsgesetz (IFG) berufen, dessen Paragraph 6 aber leider den „Schutz
des geistigen Eigentums von Betriebs- oder Geschäftsgeheimnissen"
anführe, so dass eine solche Anfrage erfolglos enden könne.

Ich habe auf eine solche Anfrage verzichtet, da man aus den Gesamt-
ausgaben bereits den Durchschnittspreis ableiten kann. Aus dem Hinweis
auf Preiskämpfe geht hervor, dass man wohl einen Discountpreis aus-
handelte. Die Nichtpreisgabe der Kosten ist ein allgemein übliches,
eigentlich keineswegs selbstverständliches und im Sinne der Transparenz
ausgesprochen problematisches Vorgehen, für das letztlich keine überzeugende Begründung angeführt werden kann. Natürlich habe ich auch
beim UNFCCC nachgefragt, welche Preise bei beiden Projekten galten.
In einer E-Mail vom 4.3.2020 wurde mitgeteilt, dass die Platzierung mit
entsprechenden Angaben auf der Plattform ganz im Ermessen des Projektentwicklers stehe und in diesen Fällen wohl fehle.

Die Projekte sollen noch etwas näher unter die Lupe genommen werden.

> „Das BMZ kompensiert für das Jahr 2017 2.763,41 t CO_2eq und für das
> Jahr 2018 1.830,81 t CO_2eq. Dafür hat das BMZ hochwertige Emis-
> sionsgutschriften (Certified Emission Reductions, CER) aus dem CDM
> am Markt für die freiwillige Kompensation erworben … Die im Juni
> 2017 eingeführte Auszeichnung „Gold Standard for the Global Goals"
> fordert zusätzlich, dass ein Beitrag zu mindestens 3 der 17 „Nachhal-
> tigen Entwicklungsziele" (SDG) der „Agenda 2030" geleistet wird"
> (BMZ 2019, 49).

Die Neutralisierungen der „unvermeidbaren" Emissionen werden zumeist
vom BMZ, aber auch teilweise, z.B. für (inter)nationale Flüge und Dienst-
fahrzeuge, vom Umweltbundesamt (UBA) durchgeführt. Dazu erwirbt
das UBA Emissionsgutschriften aus CDM-Projekten.

Man will keine Projekte aus Ländern mit höherem BIP, sondern prio-
ritär aus *Least Developed Countries* unterstützen, nicht jedoch groß-
volumige Wasserkraftvorhaben oder Projekte, die fossile Brennstoffe

verarbeiten, oder solche, die gentechnisch modifizierte Organismen einsetzen oder nicht-nachhaltige Aufforstung betreiben. Ferner ist eine Obergrenze an Emissionsgutschriften pro Projekt vorgegeben und es sollen eher kleine und mittelgroße Projekte gefördert werden. Mit diesen Vorgaben wurden vom BMZ, wie erwähnt, zwei Projekte ausgewählt: eines in Nepal zur Konstruktion von kleinen Haushalts-Biogasanlagen in ländlichen Gegenden und ein zweites in Ruanda, bei dem es um die Konstruktion und Nutzung von kleinen, hocheffizienten Öfen für Privathaushalte geht.

Von den wenn auch nach wie vor mit Holz betriebenen, so doch hocheffizienten Öfen in Ruanda sollen die Haushalte profitieren, die mit gestiegenen Holzkohlepreisen kämpfen, hervorgerufen durch starke Nachfrage sowie erhöhte Transport- und Herstellungskosten. Zudem verbrennen die Öfen das Holz sauberer, was durch Rauchentwicklung hervorgerufene Krankheiten reduziert.

> „Die Einsparungen durch den geringeren Holzbedarf ermöglichen es zudem, andere finanzielle Ausgaben, etwa für die Bildung, zu decken … Ruanda hat sich in seinen NDCs zur Reduktion von THG verpflichtet. Die Verwendung der beschriebenen Öfen stellt hierbei einen zentralen Bestandteil des Plans zur Erreichung der THG-Emissionsminderungsziele dar. Bis 2030 soll eine 100%ige Abdeckung der Haushalte erreicht sein. Ruanda ist hierfür jedoch auf internationale finanzielle Unterstützung angewiesen, und das Projekt leistet einen entscheidenden Beitrag" (BMZ 2019, 50).

So lobenswert die Unterstützung auf den ersten Blick aussehen mag, so stellen sich doch einige Fragen zu den Aktivitäten in einem Land, das nach wie vor in Sachen Menschenrechte und z.B. Meinungs- und Pressefreiheit sehr zu wünschen übrig lässt, da man mit der Unterstützung von Regierungsaktivitäten dieses Regime unweigerlich (unter)stützt. Das Kochen mit Holz ist ein besonders großes Problem in Ruanda, da es sich um das am dichtesten bevölkerte Land Afrikas handelt, dessen eher ländliche Struktur zu „nachhaltigen" Abholzungen auch der natürlichen Bergwälder führte, in denen sich die letzten Berggorillas im Nebel verstecken.

Die ruandische Regierung, die das in Europa und Deutschland unmöglich erscheinende Verbot von Plastiktüten mit saftigen Strafen als Beispiel ernsthafter Umweltbemühungen durchsetzte, sorgte durch als Schutzmaßnahmen gedachte Gesetze mit dafür, dass die Holzpreise stiegen. Ruanda versucht, alternative Energieformen, etwa Briketts aus nichtkompostierbaren organischen Abfällen zu fördern. Es kann nun sein, dass durch bezahlbarere Holzöfen dank der Kompensationsprojekte diese Strategie behindert wird. Zur Rechtfertigung des Projekts bemerkt atmosfair auf Nachfrage, dass man immer auf der Entwicklungsstufe der jeweiligen Projektregion ansetze und es sich in Ruanda um Menschen mit einem sehr geringen Einkommen handele, die sich mehrere hundert Euro teure Biogasanlagen nicht leisten könnten und auch keine zwei Kühe oder Rinder hätten, um den notwendigen Dung zu produzieren. Zudem kochten die Menschen in Ruanda gewohnheitsgemäß meist im Freien. Doch ein unguter Eindruck entsteht dennoch, da die nachvollziehbare Regierungspolitik „Weg vom Holz" konterkariert wird.

Hinzu kommt, dass die ruandische Regierung selbst verkündete, im Rahmen des Pariser Abkommens bis 2030 eine Abdeckung von 100% bei den effizienten Öfen zu erreichen. Es mag schon sein, dass dieses Ziel für das Land aus eigener Kraft nicht leicht zu erreichen ist, aber genau genommen widerspricht das Projekt eigentlich dem Prinzip der Zusätzlichkeit (Additionalität). Überspitzt kann man sagen: Dieses Geld wird auf Regierungsseite jetzt gespart und kann an das in Ruanda nicht gerade sekundäre Militär überwiesen werden, um sich an der Regierung halten zu können, oder aber verwendet werden, um das offiziell angepeilte 8%ige Wachstumsziel durch Straßenbau usw. zu befeuern. Dieses Rebound-Argument gilt auf jeden Fall auch für die privaten Haushalte, die nun mehr finanziellen Spielraum haben: Schön, wenn sie das Geld für Bildung ausgeben, ökologisch schlecht, wenn sie sich dafür ein Motorrad oder Auto kaufen. An solchen Beispielen zeigen sich exemplarisch die vielen Fallstricke solcher sicher gut gemeinten Projekte.

In Kapitel 8 des BMZ-Berichts wird an mehreren Stellen die Unterstützung der nationalen Klimabeiträge (NDCs) hervorgehoben. So hat man 2016 eine „NDC-Partnerschaft" mitinitiiert, die bei der Formulierung ambitionierter nationaler Ziele in sich entwickelnden Ländern mithelfen soll. Aber Partnerländer werden auch direkt finanziell unterstützt. Als ein Beispiel wird erwähnt:

> „Mit der Deutsch-Indischen Solarpartnerschaft (Indo-German Solar Energy Partnership, IGSP) beispielsweise unterstützt das BMZ seit 2015 das indische Ausbauziel, 100 Gigawatt Solarenergie bis 2022 zu realisieren, durch die Förderung von Solardachanlagen, dezentraler ländlicher Elektrifizierung mit ‚grünem' Strom sowie Solarparks" (BMZ 2019, 58).

Von Zusätzlichkeit kann hier kaum die Rede sein. Es geht um den Ausbau der Infrastruktur und klassische Entwicklungshilfe zur Hebung des

Sozialprodukts, weshalb atmosfair (2017) in einer Studie erhebliche Zweifel an ihrer Zusätzlichkeit vorbringt.

An Stellen wie diesen deuten sich grundsätzliche Probleme im Sinne von Zielkonflikten der *co-benefits* an: Was gut für die Menschen vor Ort ist, kann negative ökologische Auswirkungen haben. Im nicht gerade unbescheiden formulierten „Zukunftsvertrag für die Welt" wird die gleichzeitige Verfolgung aller 17 an sich natürlich begrüßenswerten Ziele der UN (SGS) propagiert und der Schulterschluss von Nachhaltigkeits- und Entwicklungsagenda angestrebt. Das BMZ bemerkt dazu: „Mit deutscher Unterstützung werden zurzeit in mehr als 50 Ländern neue Solarkraftwerke, Windkraftparks oder Geothermieanlagen errichtet" (BMZ 2017, 17). Damit mag man Ländern oder Regionen entwicklungspolitischen Auftrieb geben. Aber es ist zumindest offen, wie der ökologische Nettoeffekt aussieht und ob diese Bemühungen nicht letztlich eher „zusätzliche" Umweltbelastungen mit sich bringen.

Hier ist auch ein Einflussfaktor zu beachten, der von vielen kritischen Menschen zur Vermeidung neokolonialistischer (Selbst-)Vorwürfe meist ausgespart wird. Wenn es zu einer Verbesserung der Lebenssituation der Menschen im Allgemeinen kommt, werden die Menschen älter und verbrauchsökonomisch gesehen bedeutet dies, dass sie die Umwelt länger belasten. Eine weitere Folge könnte eine höhere Geburtenrate sein und die liegt in Ruanda im Moment immer noch bei knapp unter vier Kindern. Über 40% der Bevölkerung sind unter 14 Jahren. Das Bevölkerungswachstum nötigt bereits heute zu Nahrungsmittelimporten.

Schauen wir uns die Maßnahmen der THG-Minderungen an den deutschen Standorten an. Die Zahlen für die Reduktionsleistung im Ministerialbetrieb lauten:

> „Das Ministerium hat im Jahr 2017 Treibhausgasemissionen in Summe von rund 6.950,97 t Kohlenstoffdioxid-Äquivalenten (CO_2eq) verursacht, im Jahr 2018 sind die Emissionen auf etwa 5.923,94 t CO_2eq gesunken … Allein durch die Umsetzung erster kurzfristiger Maßnahmen konnte das Ministerium von 2018 auf 2019 bereits Stromeinsparungen im Umfang von 185.000 kWh erreichen, was dem Jahresstromverbrauch von 32 Einfamilienhäusern entspricht" (BMZ 2019, 9).

Das ist nicht besonders viel, aber es handelt sich immerhin um tatsächliche Minderungen vor Ort. Ob die gering erscheinende Gesamtmenge des vom BMZ produzierten THG nicht eventuell zu niedrig angesetzt wird, kann hier mangels technischen Wissens nicht beurteilt werden.

Überhaupt hat man sich schwierigen Berechnungen zu stellen. Bei den meisten Projekten des Ministeriums fallen THG in der Durchführungsphase an, z.B. für Reisetätigkeiten, dann für Projektinfrastruktur sowie für die eigentlichen Entwicklungsprojekte in anderen Ländern selbst sowie für indirekte Begleitumstände, etwa durch den Aufbau von Verkehrsinfrastruktur. Gegenzurechnen sind dabei die bei vielen Projekten auch entstehenden positiven Klimawirkungen, da sie dazu beitragen, Emissionen zu vermeiden oder zu reduzieren (z.B. durch die Förderung von erneuerbaren Energien). Durch die häufige Auftragsvergabe an die GIZ (Deutsche Gesellschaft für Internationale Zusammenarbeit)[151] und den lobenswert hohen Anspruch, Scope 1-3 und nicht nur Scope 1 oder 2 zu beachten, werden die Berechnungen zusätzlich verkompliziert.

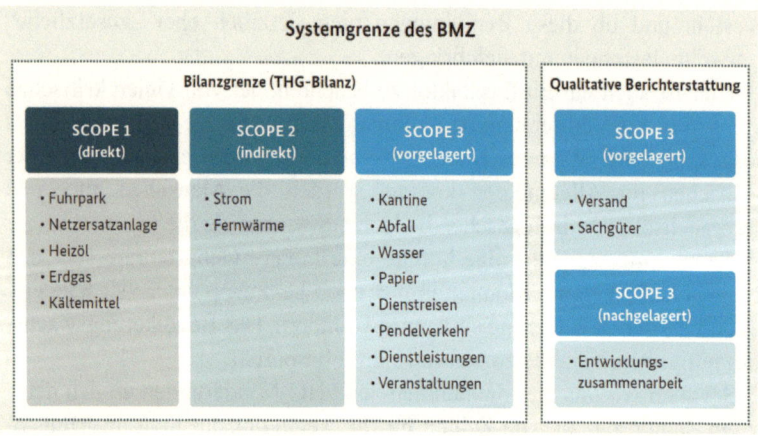

BMZ 2019, 24.

Hinsichtlich der Scopes könnte man sich fragen, ob (Umwelt-)Ökonomen nicht folgende Opportunitätskostenrechnung anstellen sollten: Wenn die Ausgaben des BMZ ungefähr 10 Mrd. Euro betragen, wie viel Umweltbelastung war eigentlich nötig, um die entsprechenden Mittel aus Steuereinnahmen zu generieren? Man könnte es aber auch anders sehen: Wenn die sowieso vorhandenen Steuereinnahmen in den Militärhaushalt gegangen wären, wäre die Umweltbelastung sicher höher. Mit diesen Bemerkungen soll nur angedeutet werden, wie subjektiv die Bemessungsgrundlagen zur Klimaneutralität letztlich meist sind.

[151] Siehe https://www.giz.de.

Um einmal zu verdeutlichen, welchen Aufwand es bedeutet, in diesem Bereich eine zutreffende Bilanz zu erstellen, sei beispielhaft der Grobüberblick der zu erfassenden Posten innerhalb der Systemgrenze aufgelistet, deren Zahlen aus vorliegenden Daten, Stichproben, Statistiken und Schätzungen entnommen oder abgeleitet wurden (siehe hierzu die Gesamtübersicht in BMZ 2019, 25-31):

	Emissionsquelle	Bilanzgrenze	Einheit	Erfassungsgröße
Scope 1				
Direkte Emissionen	Wärme	Wärmeerzeugung durch Heizkessel für Gebäudeheizung an den Standorten	kWh	Erdgas
			Liter	Heizöl
	Netzersatzanlage	Kraftstoffverbrauch der NEA an den Standorten	Liter	Heizöl
			kWh	Erdgas
	Fuhrpark	Kraftstoffverbrauch des eigenen Fuhrparks für die Standorte in Bonn und Berlin	Liter	Diesel
			Liter	Benzin
			kWh	Strom
	Kältemittel	Nachfüllmengen von Kältemitteln an Klimageräten[5]	kg	je Kältemittel
Scope 2				
Indirekte Emissionen aus Energieverbräuchen	Wärme	Wärmeverbrauch für Gebäudeheizung aus Fernwärmebezug an den Standorten	kWh	Fernwärme
	Strom	Stromverbrauch der Gebäude aus Fremdbezug (Ökostrom) und aus der Eigenerzeugung der Photovoltaikanlage	kWh	Strom
			kWh	PV-Strom
Scope 3				
Indirekte vor- und nachgelagerte Emissionen aus	**Dienstreisen**			
	Flugreisen	Mit dem Flugzeug zurückgelegte Strecken auf Dienstreisen	km	Reisestrecke
	ÖPNV	Mit dem ÖPNV zurückgelegte Strecken auf Dienstreisen	km	Reisestrecke
	Bahnreise Nah	Mit der Bahn zurückgelegte Strecken auf Dienstreisen bis 50 km	km	Reisestrecke
	Bahnreise Fern	Mit der Bahn zurückgelegte Strecken auf Dienstreisen über 50 km	km	Reisestrecke
	Mietwagen	Mit dem Mietwagen zurückgelegte Strecken auf Dienstreisen (nicht erfasst sind die Fahrten mit Privatfahrzeugen und Taxis)	km	Reisestrecke
	Hotelübernachtungen[6]	Die Hotelübernachtungen werden mit einem Pauschalwert pro Übernachtung berechnet	Anzahl	Übernachtungen
	Pendelverkehr			
	ÖPNV	An- und Abreise der Mitarbeiterinnen und Mitarbeiter zu den Dienstsitzen in Bonn und Berlin per ÖPNV	km	Reisestrecke
	Pkw	An- und Abreise der Mitarbeiterinnen und Mitarbeiter zu den Dienstsitzen in Bonn und Berlin per Pkw	km	Reisestrecke
	Fahrrad	An- und Abreise der Mitarbeiterinnen und Mitarbeiter zu den Dienstsitzen in Bonn und Berlin per Fahrrad	km	Reisestrecke
	Dienstleistungs- und Lieferunternehmen			
	An- und Abreise	An- und Abreise externer Dienstleistungs- und Lieferunternehmen	km	Reisestrecke

⋮

BMZ 2019, 22-23.

Erklärungsbedürftig ist hier der Umfang von Scope 3.

> „Dazu zählen insbesondere die Dienstreisen im In- und Ausland, der Pendelverkehr der Mitarbeiterinnen und Mitarbeiter sowie die Veranstaltungen des BMZ … das Kantinenangebot … die Wasserversorgung aller Liegenschaften. Im Bereich Beschaffung verursachen die Dienstleistungs- und Lieferunternehmen durch ihre An- und Abreise sowie die angeschafften Sachgüter THG-Emissionen … [hinzu kommt die] Abfallentsorgung" (BMZ 2019, 21).

Festzuhalten ist, dass die Bilanzierung einige Posten ausklammert, die eigentlich in die definierte Systemgrenze gehören:

> „Zum aktuellen Zeitpunkt liegen dem BMZ sowohl für den Versand und die bezogenen Sachgüter als auch die Emissionen der nachgelagerten Prozesse keine Daten vor. Die Emissionsquellen sind daher nicht Teil der Bilanzgrenze und werden in der THG-Bilanz nicht aufgeführt" (BMZ 2019, 24).

Im Schaubild auf S. 308 sind dies die Positionen unter der Rubrik „qualitative Berichterstattung". Als ein sicher problematisches Ergebnis der Durchsicht der Infoschrift des BMZ ist zu vermerken, dass man sich die erreichte Klimaneutralität stolz auf die Fahnen schreibt, während gleichzeitig darauf hingewiesen wird, v.a. die gesamte Entwicklungszusammenarbeit zurzeit nicht erfassen zu können und sie dementsprechend nicht in die Berechnung einzubeziehen!

Doch wie relevant ist diese Auslassung? Einige erläuternde Seiten zu dieser Frage finden sich in Kapitel 8 über ungefähre Angaben zu den nichteinbezogenen Belastungen des nachgelagerten Scope 3:

> „Auf Basis erster Schätzungen handelt es sich bei den nachgelagerten THG auch im BMZ um eine deutlich größere und sehr signifikante Größenordnung von THG, die im Vergleich zu jenen im Scope 1, 2 sowie 3 vorgelagert stehen (voraussichtlich in der Größenordnung Millionen t CO_2eq) … Im Sinne der Grundprinzipien ‚Relevanz' und ‚Genauigkeit' des GHG-Protocol sollten die THG des nachgelagerten Scope 3 des BMZ daher berücksichtigt werden" (BMZ 2019, 59).

Abbildung 23, auf die hingewiesen wird (hier abgedruckt auf S. 313), enthält keine Zahlenwerte, aber notierenswert ist die Aussage von „in der Größenordnung Millionen t CO_2eq".

Die zum Teil erheblichen Einsparungen des BMZ zwischen 2017 und 2018 von insgesamt 14,78% gehen aus folgender Tabelle hervor:

THG-Emissionsquelle	t CO₂eq 2017	Anteil 2017	t CO₂eq 2018	Anteil 2018	Datenquelle
SCOPE 1					
Fuhrpark	92,40	1,33%	60,38	1,02%	Berechnung
Wärme (Erdgas und Heizöl)	75,85	1,09%	19,77	0,33%	Messung
Kältemittel	8,35	0,12%	31,40	0,53%	Messung
Netzersatzanlage	4,00	0,06%	0,93	0,02%	Berechnung
SCOPE 2					
Wärme (Fernwärme)	695,04	10,00%	666,56	11,25%	Messung
Strom (100 % Ökostrom)	55,31%	0,80%	53,16	0,90%	Messung
SCOPE 3					
Dienstreisen	4.128,09	59,39%	4.178,48	70,54%	Berechnung, inkl. Schätzung
Pendelverkehr	371,96	5,35%	374,61	6,32%	Berechnung, inkl. Schätzung
Veranstaltungen	1.147,10	16,50%	184,13	3,11%	Berechnung, inkl. Schätzung
Dienstleistungs- und Lieferunternehmen	154,40	2,22%	154,40	2,61%	Berechnung, inkl. Schätzung
Kantine	148,27	2,13%	135,88	2,29%	Berechnung
Abfall	25,13	0,36%	21,15	0,36%	Berechnung
Papier	36,95	0,53%	33,91	0,57%	Berechnung
Wasser	8,14	0,12%	9,19	0,16%	Messung
Summe	6.950,97	100,00%	5.923,94	100,00%	
Mitarbeiterzahl (VZÄ)	1.062		1.120		
CO₂eq/VZÄ	6,55		5,29		

BMZ 2019, 31.

Wie sind diese erstaunlichen und schnellen Reduzierungen in einigen Bereichen in kürzester Zeit möglich gewesen? Eine triviale Erklärung bezieht sich auf den Bereich „Veranstaltungen". „Im Jahr 2018 wurden insgesamt deutlich weniger Veranstaltungen als im Vorjahr durchgeführt, so dass sich der Anteil an den Gesamtemissionen hier um rund 13,39% verringert hat" (BMZ 2019, 32). Einen sehr großen Anteil haben nach wie vor die Dienstreisen, der Anteil des Pendelverkehrs als drittgrößte einzelne Emissionsquelle hat sogar zugenommen. Man sei aber prinzipiell bestrebt, dies trotz der Eigenschaft, ein „flugintensives Ressort" zu sein, zu ändern. Ohne Frage wurden im Kleinen und vor Ort sehr viele positive Veränderungen vorgenommen, die im Bericht aufgeführt werden, etwa durch die Optimierung der Laufzeiten von Lüftungsanlagen, der Beleuchtung von Fahrstühlen und durch die Photovoltaik-Anlage auf dem neuen Dienstgebäude usw.

Aber nach wie vor ist nur von einer Reduktion innerdeutscher Flüge und keiner angepeilten Einstellung und einem kontinuierlichen Ersetzen der Fahrzeugflotte durch emissionsärmere Fahrzeuge (Elektro, Hybrid, Wasserstoff) die Rede. An den Standorten erfolgte bisher immerhin die Anschaffung von jeweils rund 8 E-Bikes. Auf Seite 39 des BMZ-Berichts ist der schicke Abteilungsleiter Dr. B. Felmberg mit einem neu beschafften E-Bike zu betrachten.

Am Ende des Berichts fragt man sich gespannt, wie wohl die in Aussicht gestellte Bilanzierung der bislang ausgeschlossenen „Entwicklungszusammenarbeit" ausschauen wird? Kann man überhaupt die Gesamteffekte annähernd erfassen und zusammenstellen? Wie sieht die endgültige Nettobilanz aus? Schließlich sind die Endprodukte der BMZ-Wertschöpfungsketten, wie in Kapitel 8 zutreffend bemerkt wird, nicht Produkte, sondern Vorhaben der deutschen Entwicklungszusammenarbeit.

In einem gedanklichen Einschub könnte man sich vorab fragen, wie es denn wäre, wenn es überhaupt keine Entwicklungszusammenarbeit in der bekannten Art und Weise gäbe und dann z.B. die immensen Reisetätigkeiten entfielen. Wenn man alle Dienstreisen und das Entwicklungshilfeministerium komplett schließen würde und den Ländern dafür in gleicher Höhe die Schulden erließe: Wie sähe dann der ökologische Nettoeffekt aus? Jahrzehnte der Entwicklungshilfe haben letztlich augenscheinlich wenig für die dort lebenden Durchschnittsmenschen und die Natur gebracht, aber einer ganzen Reihe von Helferkolonnen ein schönes und teils abwechslungsreiches Leben beschert, während man mit Hilfeleistungen einigen Potentaten unter die Arme griff. An dieser Stelle soll nicht auf die kontroverse Debatte über Entwicklungshilfe und ihre möglichen Varianten eingegangen und kein populistisches Verdammungsurteil über die „Entwicklungshilfe" abgegeben werden, es soll nur betont werden, dass alles mindestens zwei Seiten hat.

Zum Abschluss des BMZ-Berichts wird auf das heikle Thema der Berechnung der eigentlichen Entwicklungshilfe eingegangen.

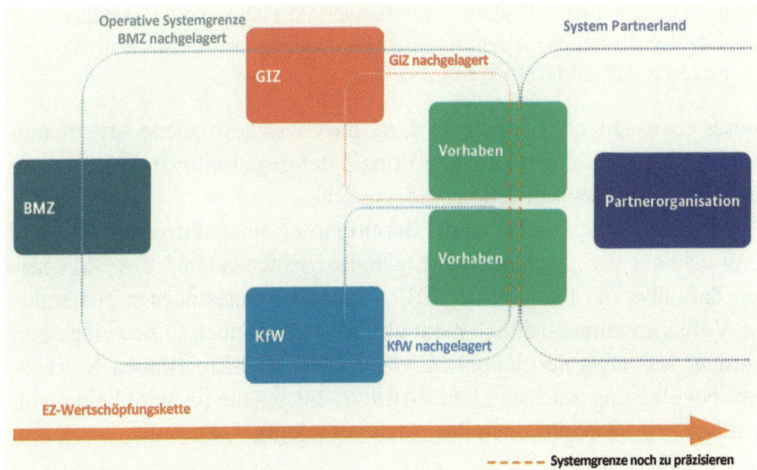

BMZ 2019, 60.

Kommentierend zum Schaubild heißt es: „Da die nachgelagerten THG des BMZ deutlich andere Merkmale aufweisen als die durch den Ministerialbetrieb des BMZ verursachten THG …, muss auch die Zielsetzung im Rahmen der Klimaneutralität anders formuliert werden" (BMZ 2019, 60), denn die initiierten Vorhaben stellten einen positiven Beitrag zum Klimaschutz und zur Erreichung der Klimaziele auch in den Partnerländern dar. „Die Investitionen des BMZ sollen also zur Vermeidung und Verminderung mindestens ebenso vieler THG beitragen, wie durch EZ-Vorhaben [EZ = Entwicklungszusammenarbeit] zusätzlich verursacht werden" (BMZ 2019, 61). Das ist eine sehr ambitionierte und lobenswerte Absichtserklärung. Allerdings:

„Die Darstellung positiver und negativer Klimawirkungen impliziert dabei keine Verrechnung. Die durch BMZ-finanzierte EZ-Vorhaben vermiedenen und geminderten THG-Emissionen sind Beiträge zu den nationalen Klimabeiträgen der Partnerländer des BMZ. Im Bereich der EZ-Vorhaben soll zudem keine Kompensation von verursachten THG-Emissionen bzw. negativen Klimawirkungen erfolgen. Ein Ausgleich dieser ‚produktbezogenen' THG-Emissionen durch den Ankauf von Klimazertifikaten ist nicht vorgesehen: Zum einen sind die Projektmittel originär intendiert für die Finanzierung von gemeinsam mit den Partnerländern entworfenen Zielen, Maßnahmen und Aktivitäten. Zum anderen sollten im Sinne des Prinzips ‚Vermeiden vor Reduzieren vor Kompensieren' begrenzte Ressourcen zunächst dafür verwendet werden, die mit den Partnerländern vereinbarten Aktivitäten so zu gestalten, dass der zusätzliche Ausstoß von THG möglichst vermieden und verringert wird" (BMZ 2019, 61).

Dieses etwas längere Zitat diente dazu, die etwas gewundene Argumentation des BMZ zu zeigen, die dem Prinzip der gegenseitigen Aufrechnung bei freiwilliger Neutralisierung widerspricht.

Unter Einbezug von Daten der durchführungsunterstützenden GIZ und KfW geht aus der „Aggregierten Ergebnisberichterstattung" des BMZ hervor, dass über die Laufzeit der 2017 vom BMZ angestoßenen bilateralen EZ-Vorhaben voraussichtlich mehr als 230 Mio. Tonnen CO_2eq eingespart wurden, was etwa der doppelten Menge der THG-Emissionen Nigerias, dem bevölkerungsreichsten Land Afrikas, entspräche (es wird keine Aufschlüsselung nach einzelnen Projekten vorgelegt).

> „Negative Klimawirkungen sind zusätzliche THG-Emissionen, die im nachgelagerten Scope 3 des BMZ verursacht werden. Dabei handelt es sich sowohl um betriebsbezogene THG-Emissionen der Durchführungsorganisationen als auch um nicht beabsichtigte Nebenwirkungen aus den EZ-Vorhaben selbst. Die GIZ und die KfW haben bereits vor Projektbeginn in unterschiedlichem Ausmaß einen THG-Fußabdruck in ihren Scopes 1, 2 sowie 3 vorgelagert erhoben" (BMZ 2019, 61).

In einer Fußnote auf derselben Seite erfährt man, dass die für dieses Kapitel 8.6 dargestellten Textbeiträge der GIZ und KfW nicht im Umfang der Begutachtung des vorliegenden Klimaneutralitätsberichts durch den externen Umweltgutachter enthalten sind. Auf einigen Seiten wird eine Kurzfassung des Umweltmonitorings von GIZ und KfW gegeben.

Bei der *GIZ* (*Deutsche Gesellschaft für Internationale Zusammenarbeit*) handelt es sich um eine nicht zu den Bundesbehörden zählende Organisation, deren Dienstreisen daher auch nicht vom BMU beglichen werden. Sie ist in 120 Ländern aktiv und hat rund 20.000 Mitarbeiter. Auch sie erhebt für die Tätigkeiten ihrer Mitarbeiter die positiven und die negativen Klimawirkungen (*carbon footprint*), rechnet diese aber bewusst nicht gegeneinander auf. Laut ihrem Nachhaltigkeitsbericht verursachte die Organisation in Deutschland 25.0000 Tonnen CO_2eq, für die Auslandsbüros fielen geschätzte und hochgerechnete 100.000 Tonnen CO_2eq an (hauptsächlich für Flüge), wobei die Emissionen der Auslandsbüros (noch) nicht neutralisiert werden. Aber für jedes Projekt ist vorgeschrieben, mögliche THG-Einspareffekte im Auge zu behalten. Etwas unklar ist die Entscheidungslage bei Konflikten zwischen Preisgünstigkeit und Nachhaltigkeit. Immerhin muss bei der Wahl zwischen Bahn und Flugzeug nicht mehr das häufig günstigere Flugzeug genommen werden.

> „In den Jahren 2015 bis 2017 wurden nach internen Analysen durch GIZ-Vorhaben direkte und indirekte THG-Emissionen in Höhe von rund 36 Millionen t CO_2eq vermieden (davon im BMZ-Auftrag 29 Millionen t CO_2eq)" (BMZ 2019, 64).

Im August 2020 lief die neue Ausschreibung für Zertifikatangebote der GIZ,[152] die die Emissionen der Jahre 2017 und 2018 neutralisieren sollen.

In früheren Jahren gab es ein Projekt in Thailand, bei dem 60.000 Tonnen neutralisiert wurden, bei dem die GIZ selbst mit federführend war (GIZ 2020a und 2020b). Laut vorliegenden Dokumenten[153] besteht der Zweck der von Chumporn in Thailand angewandten Biogastechnologie für ein fortschrittliches Abwassermanagement darin, das bei der Herstellung von Palmöl entstehende Abwasser zu behandeln und die aus dem Abwasser entfernten organischen Stoffe zur Erzeugung von Wärme aus sauberer, erneuerbarer Energie (Biogas) zu verwenden. Man mag sich wundern, dass hiermit implizit die Palmölproduktion akzeptiert wird. Das Gegenargument lautet, dass Thailand – etwa im Unterschied zu Malaysia – versucht, bei der Palmölproduktion umweltfreundlichere Wege zu gehen.

Eine Antwort auf die Preis-Frage wurde wie üblich unter Hinweis auf das Geschäftsgeheimnis abgelehnt. Pro (Inlands-)Mitarbeiter wurde ein jährliches Emissionsvolumen von 6,35 Tonnen durch ihre Berufstätigkeit ermittelt, indem die (Inlands-)Gesamtemissionen durch die Zahl der (Inlands-)Mitarbeiter geteilt wurde. Auch bei der GIZ werden Bahnfahrten mit null Emissionen angesetzt, da die Bahn mit „klimaneutralem Ökostrom" fährt. Die Reisekilometer pro Mitarbeiter in Deutschland betrugen 2019 rund 17.000 km. Davon entfielen 14.350 km auf Flüge. Folgende Angabe überrascht:

> „Während die Bahnkilometer pro Inlandsmitarbeiter*in in 2018 im Vergleich zum Vorjahr gesunken sind, sind die Reisekilometer pro Kopf insgesamt gestiegen. Der Grund dafür liegt bei einem Anstieg der Flugkilometer pro Inlandsmitarbeiter*in" (GIZ 2020b, 17).

Hier fallen die Flüge zwischen Bonn und Berlin ins Gewicht, die man bestrebt ist, zugunsten von Bahnreisen und Videokonferenzen zu reduzieren.

---

[152] Siehe https://ted.europa.eu/udl?uri=TED:NOTICE:38670-2020:TEXT:DE:HTML.
[153] https://cdm.unfccc.int/Projects/DB/TUEV-SUED1218620986.14.

Auch die Auslandsflüge der Mitarbeiter sind in diese Rechnung einbezogen. Aber ein Ruhmesblatt sind die vielen Flüge bis dato nicht.

In Abzug ist bisher noch Folgendes zu bringen:

> „Neben diesen Emissionen werden auch pilothaft weitere THG-Emissionen erhoben, die aber nicht klimaneutral gestellt werden. Hierunter fallen Sachgüter, wie beispielsweise Laptops, PCs und Monitore sowie PKWs".

Man bemüht sich aber um nachhaltige Beschaffung (siehe auch die hierfür eingerichtete „Kompetenzstelle" des BMU.[154] Der Text fährt fort:

> „Außerdem werden neben den Flugemissionen der Inlandsmitarbeiter*innen auch die Flugemissionen der Auslandsmitarbeiter*innen, der Entwicklungshelfer*innen, Gutachter*innen und Partner sowie Delegationen im Projektkontext erhoben, die über das deutsche Reisebüro HRG gebucht werden. Hierbei handelte es sich um weitere knapp 20.000 Tonnen THG-Emissionen" (GIZ 2020b, 16).

Auch werden bisher die stattlichen 100.000 Tonnen im Ausland anfallende Emissionen, von denen 80% Flugreisen betreffen, noch nicht neutralisiert, da diese schwer zu ermitteln sind, da nicht über ein Reisebüro gebucht. Dem steht folgende Überschlagberechnung gegenüber:

> „In den Jahren 2015-2017 wurden nach internen Analysen durch GIZ-Projekte direkte und indirekte THG-Emissionen in Höhe von ca. 36 Millionen Tonnen vermieden (ex-post berechnet; davon im BMZ-Auftrag 29 Millionen Tonnen)" (GIZ 2020b, 22).

Für Externe ist schwer zu beurteilen, ob diese Zahlen zutreffen, z.B. wird darauf hingewiesen, dass bei den GIZ-Projekten Baumaterialien wie Zement nicht betrachtet werden.

Dem Problem der Doppelzählungen begegnet auch die GIZ durch Nichteinberechnung.

> „Die GIZ erhebt zwar sowohl die positiven als auch negativen Klimawirkungen (Carbon Footprint), rechnet diese allerdings bewusst nicht gegeneinander auf, um damit Doppelzählungen zu vermeiden und die Klimaschutzanstrengungen des jeweiligen Landes zu respektieren" (GIZ 2020b, 22).

---

[154] http://www.nachhaltige-beschaffung.info/SharedDocs/Kurzmeldungen/DE/2020/200 728_Neue_Infos_UBA.html?nn=3631298.

Aus Gesprächen mit einem Mitarbeiter der GIZ gewann ich den Eindruck, dass man zwar durch allerlei Monitoringverfahren ernsthaft um eine THG-Minderung bemüht ist, dennoch fällt es schwer, hier zu einer zutreffenden Wirkungsbestimmung und Aufrechnung zu kommen.

Für die *KfW (Kreditanstalt für Wiederaufbau)*, der auch ein Abschnitt gewidmet ist, wird im Bericht des BMZ festgestellt: „Die THG-Redultion [sic] durch KfW-Neuzusagen eines Jahres schwanken dabei zwischen 4,5 und 15 Millionen t CO_2eq pro Jahr" (BMZ 2019, 66). Man gewann bisher zumindest den Eindruck, keine letztendliche Gewissheit über die Nettoeffekte dieser Organisationen gewonnen zu haben. Auch stellt sich die interessante Frage, wie Investitionsfinanzierungen der KfW für Projekte hinsichtlich ihrer Klimafolgen berechnet werden. Die Kompensation innerhalb der deutschen Systemgrenze findet bei der KfW jedenfalls über ein Windkraftprojekt in Indien statt, dessen Strom in ein öffentliches Netz eingespeist wird und bei dem sich natürlich sofort einmal mehr die Frage der nachweisbaren Zusätzlichkeit stellt.

Trotz mehrmaliger Lektüre der entsprechenden Abschnitte aus „Klimaneutrales BMZ 2020" wurde nicht klar, wie das BMZ die Emissionen der KfW „verbucht". Man könnte es so verstehen: Weil die KfW selber zu einem wesentlichen Teil neutralisiert, ist sie zwar innerhalb der Systemgrenze, braucht aber nicht veranschlagt zu werden, da sie sich selber um Neutralisierung bemüht. Im BMZ-Bericht heißt es:

„Da das ‚Endprodukt der BMZ-Wertschöpfungskette' die finanzierten Vorhaben sind, werden die Durchführungsorganisationen als Teil der Wertschöpfungskette des BMZ verstanden. Dieses Vorgehen wird der Tatsache gerecht, dass die Durchführungsorganisationen integraler Bestandteil der Durchführung bilateraler Entwicklungszusammenarbeit sind. Ohne die Aufträge des BMZ und anderer Auftraggeberinnen und Auftraggeber würde ein signifikanter Teil der THG-Minderungen, aber auch zusätzlich verursachter THG-Emissionen der GIZ und KfW, nicht auftreten" (BMZ 2019, 60).

Was heißt das nun praktisch-rechnerisch? In einer E-Mail vom 10.8.2020 antwortet das Nachhaltigkeits-Team der KfW auf diese Frage:

„Projekte der FZ [Finanzielle Zusammenarbeit] tragen wesentlich zu globalen THG-Einsparungen bei. Im Durchschnitt der Zusagejahre 2010-2019 erwarten wir jährliche THG Einsparungen von 9,6 Mio. t CO_2eq/Jahr. Gleichzeitig verursachen FZ-geförderte Investitionen weiterhin THG Emissionen (Fußabdruck). Diese können nicht mit den Einsparungen verrechnet werden, so dass im bilanziellen Sinne nicht von Klimaneutralität der FZ Projekte gesprochen werden kann. Das BMZ spricht deswegen auch nicht von bilanzieller Klimaneutralität, sondern von positiven und negativen Effekten".

Man gewinnt den Eindruck, dass es hier beim BMZ eine Grauzone des Nichtgeklärten gibt. Man behauptet beim BMZ letztlich nicht, eine bilanzielle, klar definierte und mit genauen Zahlen unterlegte und überprüfbare Bestimmung vorzunehmen, verwendet aber nichtsdestotrotz gerne den wohlklingenden Begriff der Klimaneutralität.

Interessant ist ein näherer Blick in den Nachhaltigkeitsbericht 2019 der KfW, die nicht das Ziel anstrebt, völlig klimaneutral zu werden, oder behauptet, dieses sogar schon zu sein.

> „Der Bankbetrieb der KfW Bankengruppe im Bereich Energie (Gebäude) und Dienstreisen ist weitestgehend klimaneutral. Die Emissionen, die trotz der Umstellung auf erneuerbare Energien und des Einsatzes umweltfreundlicherer Verkehrsträger noch verbleiben, werden kompensiert … Die KfW Bankengruppe arbeitet auch weiterhin kontinuierlich daran, möglichst alle Emissionen zu erfassen und zu kompensieren" (KfW 2020, 84).

In einer E-Mail fragte ich, welche Bereiche bisher nicht kompensiert wurden, welche man zu kompensieren plant und welche voraussichtlich auch in Zukunft nicht kompensiert werden sollen und ob es richtig ist, dass die KfW im Unterschied etwa zum BMZ nicht von sich sagt, im Inlandsbereich klimaneutral zu sein oder werden zu wollen? Die Antwort lautete:

> „Eine hundertprozentige Klimaneutralstellung ist im Grunde wegen der nicht oder nur zu prohibitiv hohen Kosten möglichen Erfassung der Emissionen zu erreichen [sic, fehlt in diesem Satz ein „nicht" gegen Ende, um Sinn zu ergeben?]. Daher setzt sich die KfW das Ziel, die spezifischen Systemgrenzen mit Fokus auf die größten Hebel kontinuierlich auszubauen. Lücken wird es auch zukünftig geben (müssen) und sind aktuell z.B. die Nichtbilanzierung des Pendlerverkehrs und nur eine sporadische Betrachtung der Außenbüros des Konzerns. Für beide Bereiche gibt es Überlegungen, sie in die Klimaneutralstellung zu integrieren. Ihre Frage zum Inlandsbereich bezieht sich auf die Finanzierungsseite; diese ist nach unserem Begriffsverständnis nicht Teil des ‚Bankbetriebs' (sondern des ‚Bankgeschäfts')".

Diese Antwort sprüht nicht gerade vor Minderungsehrgeiz und Liebe zu Detailangaben. Nicht nur der unklare erste Satz vermittelt den Eindruck eines gewissen Unwillens, die gestellten Fragen (präzise) zu beantworten. Warum sollte es so schwierig sein, den Pendlerverkehr zu erfassen und zu neutralisieren? Eine weitere Frage betraf nähere Angaben zu den von der KfW ausgegebenen Green Bonds. Für welche Projekte wurden sie ausgegeben? Ist es richtig, dass hier nur Kernkraft und Kohle prinzipiell ausgeschlossen sind, nicht aber z.B. Öl? Wie sieht die Ausschlussliste aus? Die Antwort vom 10.8.2020 lautete:

> „Die KfW begibt Green Bonds welche mit den Kreditprogrammen Erneuerbare Energien Standard und Energieeffizientes Bauen und Sanieren verknüpft sind. Bei beiden Kreditprogrammen handelt es sich um Programme, die schwerpunktmäßig Projekte im In- und europäischen Ausland finanzieren und auf welche die hausweite Ausschlussliste Anwendung findet (https://www.kfw.de/PDF/Download-Center/Konzernthe men/Nachhaltigkeit/Ausschlussliste.pdf). Nähere Informationen zu den Green Bond Emissionen finden Sie unter www.kfw.de/greenbonds".

Damit hat die KfW eine wenig ambitiöse Ausschlussliste. Sie schließt zwar weitgehend das Engagement der Bank bei radioaktivem Material, Atomkraftwerken und Kohle aus, nennt aber ferner nur den Handel und die Produktion „kontroverser" Waffen und schließt bei Öl nur Ölschiefer, Teer- und Ölsande aus. Die Green Bonds beziehen sich tatsächlich ausschließlich auf erneuerbare Energien und Erhöhung der Energieeffizienz.[155]
Im Bereich der Ausschlusskriterien stellt die KfW auch eher geringe Ansprüche.[156]

> „Mit der *Klimaprüfung Minderung* wird analysiert, ob als Folge des geplanten Vorhabens Treibhausgase emittiert werden, wie hoch die Emissionen gegebenenfalls sind und welche Maßnahmen zur Einsparung von Emissionen erforderlich sind" (KfW 2020, 69, Hervorhebung im Original).

Meine Frage an die KfW war: Gibt es hierzu etwas genauere Spezifizierungen, da die Formulierung sehr allgemein gehalten ist? Die recht unpräzise Antwort lautete:

---

[155] Siehe auch https://www.kfw.de/PDF/Investor-Relations/PFD-Dokumente-Green-Bonds/ Green-Bond-Framework-V2019.pdf.
[156] https://www.kfw.de/PDF/Download-Center/Konzernthemen/Nachhaltigkeit/Ausschluss liste.pdf.

„Die Finanzielle Zusammenarbeit schätzt in der Klimaanalyse aller FZ-
Vorhaben (Klimamainstreaming) zunächst die Signifikanz möglicher
THG Emissionen ab, und spezifiziert die Abschätzungen dann für die
Projekte, die als signifikant eingestuft werden. Derselbe Prozess wird
für die Abschätzung signifikanter Minderungspotenziale durchlaufen.
Zur Abschätzung der Emissionen/Minderungen setzt die FZ sektorspe-
zifische Berechnungstools ein. Dieses Vorgehen ist für etwa 50% aller
FZ Projekte umsetzbar. Für offene Programme und Reformfinanzierun-
gen werden qualitative und quantitative Einschätzungen vorgenommen".

Auf die Frage, mit welchen Projekten konkret die Kompensation angegangen wurde, gab es folgende Reaktion:

„Der KfW Konzern kompensierte 2019 14.632 t (siehe Seite 85 des
NH-Berichts 2019). Genutzt wurden Emissionsminderungszertifikate des
Projekts Enercon Wind Farm (Hindustan) in Karnataka (Indien) mit der
Gold Standard Reference GS 3664. Den Preis veröffentlichen wir nicht".

Weder auf der Website des Goldstandards noch auf der des UNFCCC
findet man das Projekt und eine Preisauskunft lehnt die KfW, wie gerade
gehört, ab.

Eine gewisse Genervtheit lässt die Antwort auf die Frage erkennen,
warum die Emissionen insgesamt gestiegen sind und der Pro-Kopf-Verbrauch „in etwa gleich geblieben" ist (KfW 2020, 53):

„Sind Sie der Meinung, dass knapp 2 t CO_2 pro Beschäftigten bei einem
intensiven internationalen Geschäft (internationale Flugreisen) hoch ist?
Zu berücksichtigen ist, dass die KfW Bankengruppe im Auftrag der
Bundesregierung die deutsche (Export-)Wirtschaft fördert und z.B.
auch mit der Durchführung der Finanziellen Zusammenarbeit in Ent-
wicklungs- und Schwellenländern betraut ist. Als nicht nur national
sondern auch weltweit agierende Förderbank ergeben sich unmittelbare
und zum Teil unvermeidbare Implikationen auf den THG-Fußabdruck
unseres Bankbetriebs. Davon abgesehen ist die Menge pro Beschäftigten seit 2015 sinkend. Das sehen wir als Erfolg".

Die Flugreisen sind ein neuralgischer Punkt, zu dem ich folgende Frage
stellte: Verstehe ich es richtig, dass innerdeutsche und innereuropäische
Flüge pro Jahr bei rund 10.000 km liegen und auf die Bahn im Vergleich
6.000 km entfallen? Das sieht nicht gerade umweltbewusst aus, wenn so
viel im Land und in Europa herumgeflogen wird. Die Aussage, dass nur
nicht vermeidbare CO_2-Emissionen kompensiert werden, erscheint doch

etwas unglaubwürdig, was z.B. innerdeutsche Flüge betrifft. Oder gibt es dafür gute Gründe? Die Antwort:

> „Neben rein ökologischen Faktoren müssen auch wir als KfW weitere Faktoren bei Dienstreisen berücksichtigen. Dazu gehören neben dem Preis oftmals auch Zeitgründe, so dass eine sinnvolle Vermeidung von Emissionen bestimmte Grenzen hat. Denn nicht alle Abläufe und Terminansetzungen sind kompatibel mit der Option Bahn, die wir selbstverständlich wo immer möglich präferieren".

Eine weitere Frage bezog sich auf die Verbuchung der Bahnfahrten: Zur Bahn wird bemerkt, dass diese CO_2-neutral fahre und dementsprechend in ihrer Bilanzierung angesetzt wird, da sie mit Ökostrom unterwegs ist. Andererseits wird der selbstgenutzte Ökostrom nicht mit null Emissionen angesetzt, da er ja tatsächlich nicht (völlig) klimaneutral ist. Das trifft doch aber auch auf die Bahn zu. Warum wird hier unterschiedlich gemessen? Die Antwort, für die das Sprichwort „In der Kürze liegt die Würze" gelten kann:

> „Die Bahn stellt für ihre Kunden, so auch für die KfW, die Bahnfahrten zu 100 Prozent klimaneutral. Es würde zu weit führen, die von der Bahn hinterlegten Parameter zu hinterfragen".

Auch auf einige andere Fragen gab es recht kurze Antworten. Frage: Gehen Sie davon aus, dass der Neubau energieeffizienter Gebäude und die Finanzierung und der Bau von Offshore Windparks (KfW 2020, 59-60) klimaneutralisierende Wirkungen hat, obwohl ja neue Häuser zu den alten dazukommen, die in der Regel nicht abgerissen und weiterhin bewohnt werden? Windparks (Stichwort: grünes Paradox) setzen Emissionszertifikate frei, die andernorts dann günstig eingekauft werden können. Wie sieht das aus Ihrer Sicht klimapolitisch aus, müsste man nicht Zertifikate in entsprechender Höhe vom Markt nehmen? Die Antwort: „Wir stellen unsere Finanzierungen nicht klimaneutral, weshalb sich diese Frage nicht stellt". Auf die Frage, ob es nähere Erläuterungen zur Risiko-Szenarioanalyse gibt, der eine 2-Grad-Klimaerwärmung zugrunde liegt (2020, 48-49) hieß es kurz und bündig: „Diese Frage ist uns nicht verständlich".

Dieser Streifzug durch Fragen und Antworten zu GIZ und KfW hat letztlich kein klares Gesamtbild ergeben. Aber obwohl die zunehmende Unübersichtlichkeit der Informationen den Leser hier und da verwirrt haben dürfte und eventuell für Unmut gesorgt hat, sollte deutlich geworden sein, dass trotz eindeutigem Bekenntnis des BMZ zur Klimaneutralität und Nachfragen meinerseits einiges in der Grauzone bleibt und man den Mund hier alles in allem recht voll genommen hat.

Kommen wir noch kurz auf das Langfristziel des BMZ zu sprechen. Es lautet, Klimaneutralität sogar *ohne* Kompensation im Jahr 2040 erreichen zu wollen! Es würde zu weit führen, hier alle im betreffenden Bericht angeführten Maßnahmen vorzustellen (BMZ 2019, Kapitel 6). Die Emissionsminderungen sollen tatsächlich fast 100% betragen. Dies soll gelingen, indem u.a. dank des klimaneutralen BMZ-Neubaus in Berlin keine THG-Emissionen aus dem Betrieb und der Nutzung des Gebäudes mehr anfallen. Die Netzersatzanlage wird nicht mehr mit Diesel, sondern mit E-Fuels betrieben, alternativ werden Batteriespeicher eingesetzt; Dienstleistungs- und Lieferunternehmen reisen, so die Planung, aufgrund alternativer Antriebe bereits ab 2026 klimaneutral an und ab. Der Fuhrpark sowie die Nutzung von Mietwagen wird aufgrund alternativer Antriebe ebenfalls bis 2026 klimaneutral; verbleibende THG-Emissionen aus Flügen reduzieren sich um jährlich 20% aufgrund neuer, alternativer Treibstoffe und des sonstigen technischen Fortschritts und bis 2040 um 89% (siehe alle Angaben in BMZ 2019, 53).

Dass bereits in fünf Jahren Dienstleistungs- und Lieferunternehmen aufgrund alternativer Antriebe klimaneutral anfahren sollen, erscheint besonders optimistisch. Wie kann dies überhaupt zu 100% klimaneutral geschehen, wenn man den ökologischen Rucksack von Automobilen über den reinen THG-Ausstoß hinaus einbezieht? Auch Windkraftanlagen enthalten nicht nur regenerative Elemente. Den Autoren scheinen selber Zweifel gekommen zu sein, was zu gewissen sprachlichen Verrenkungen führt.

> „Aus heutiger Sicht erscheint die Annahme, dass mit den aktuellen Innovationen eine klimaneutrale Luftfahrt im Jahr 2040 erreicht werden kann, als nicht realistisch. Daher muss das BMZ aktuell noch davon ausgehen, sein Ziel der Klimaneutralität 2040 ohne Kompensation nicht zu erreichen. Dennoch möchte das BMZ an diesem Ziel festhalten, um sein Ambitionsniveau und damit die Leitplanken für sein Handeln zu markieren" (BMZ 2019, 54).

Aus solchen Formulierungen geht hervor, dass man sich wohl doch etwas zu viel vorgenommen hat, obwohl das Ziel eigentlich nötig und wünschenswert wäre.

Kommen wir nun zu den *Neutralisierungen der Bundesverwaltungseinrichtungen*, in deren Rahmen auch die Mobilitätsemissionen des BMZ neutralisiert werden.

„Die Bundesregierung hat 2015 beschlossen, die Klimawirkung aller Dienstreisen ihrer Beschäftigten ab Beginn der Legislaturperiode 2014 bis 2017 zu kompensieren. Einbezogen werden die Pkw-Fahrten und Flugreisen von derzeit 116 Ministerien und Behörden. 90 Prozent der berücksichtigten Emissionen entfallen dabei auf den Flugverkehr, zehn Prozent auf die Pkw-Nutzung. 2018 wurden für rund 300.000 Tonnen CO_2-Emissionsgutschriften angekauft – dies ist gegenüber 2014 ein Anstieg um mehr als das Doppelte. Ob dies ein Indiz für eine Zunahme der durch Dienstreisen verursachten Treibhausgasemissionen ist oder sich die Behörden stärker beteiligt haben, lässt sich aus den vorliegenden Daten nicht beantworten" (Müller 2020, 18).

Für Flüge wird redlicherweise der Faktor 3 angesetzt, d.h. eine Tonne CO_2 mit drei multipliziert, um auch die Auswirkungen von Kondensstreifen usw. zu erfassen. Flüge und Autofahrten der Bundesregierung und mittlerweile vieler Bundesverwaltungseinrichtungen (2018: 116 Einrichtungen) werden seit 2014 mit CDM-Gutschriften kompensiert, nicht jedoch (wie bei der KfW) die „grünen Fahrkarten" der Bahn.

Natürlich gelte generell das Motto ‚zuerst vermeiden, dann reduzieren' und wenn dann noch nötig ‚das Unvermeidbare kompensieren'. Das Motto wird sinnigerweise durch ein Banner, das ein Flugzeug zieht, dargestellt (DEHSt 2020a, 4).

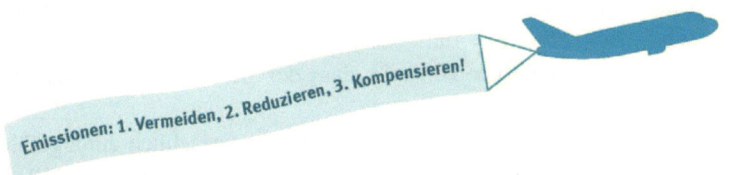

Emissionen: 1. Vermeiden, 2. Reduzieren, 3. Kompensieren!

In diesen Zusammenhang passt ein Zitat des Fachgebietsleiters für Klimaschutzprojekte bei der DEHSt:

„Nur unvermeidbare Emissionen sollten kompensiert werden. Die Kompensation leicht vermeidbarer Emissionen, z.B. aus unnötig hochgerüsteten Autos, ist unglaubwürdig" (Wolke 2011, 10).

Es seien seit 2014 1,2 Mio. Tonnen THG vor allem durch Projekte in Asien und Afrika, vorzugsweise mit den uns bereits bekannten Haushaltsbiogasanlagen und Kochöfen, kompensiert worden (2018: rund 310.000 Tonnen). Bei vielen solcher Projekte kann man sich wieder fragen, ob bei den wachstumsbestrebten Ländern überhaupt von Zusätzlichkeit ausgegangen werden kann. Über die Preise der Zertifikate werden einmal mehr in der entsprechenden Broschüre keine Angaben gemacht. In einer allgemeinen Studie zur Preis-Frage erfährt man:

> „Offsets für saubere Kochherde aus Asien und Afrika wurden mit durchschnittlich 2,9 USD/tCO$_2$e bzw. 5,1 USD/tCO$_2$e abgewickelt (wobei die Offset-Transaktionen für saubere Kochherde aus beiden Kontinenten im Allgemeinen zwischen 2 USD/tCO$_2$e und fast 20 USD/tCO$_2$e lagen)" (Ecosystem Marketplace 2017a, o. S.; siehe auch ihren Bericht für 2019).

Aus einer E-Mail an den Verfasser vom 22.7.2020 von Seiten des Umweltbundesamtes (BMU) geht hervor, dass eine Aufschlüsselung nach Ministerien nicht erfolgen kann, da diese nicht gesondert ausgewertet werden. 2017 fielen Emissionen in Höhe von 298.040 und 2018 von 309.358 Tonnen CO$_2$eq an. Hierfür wurden für beide Jahre 1,7 Mio. Euro ausgegeben. Da sich die (tendenziell ansteigende) Behördenliste und die Berechnungsgrundlage änderten, seien die Zahlen nicht umstandslos vergleichbar.

Diese Kosten enthalten die Umsatzsteuer von 19%, die jeweils rund 340.000 Euro betrug. In einer Mail ebenfalls vom 22.7.2020 teilte der Kundenservice der DEHSt mit, dass keine Auskunft über die Kosten der einzelnen Projekte gegeben werde, da es sich um „Vertragsinhalte" handele und das Auswirkungen auf das Bieterverhalten bei künftigen Vergaben haben könne. Der zumindest ermittelbare Nettopreis lag durchschnittlich bei knapp unter fünf Euro. Für Freunde genauer Kommastellenberechnung genüge der Hinweis, dass der Bundeshaushalt 2019 bei rund 335 Mrd. Euro lag.

In der Broschüre der DEHSt (2020a) sind alle tatsächlich durchgeführten Kompensationsprojekte der letzten Jahre aufgeführt. Die für 2019 anstehende Suche nach neuen Projekten für 347.507 Tonnen zu kompensierender THG erfolgte am 7.7.2020 über eine Ausschreibung.[157] Es gibt vorab keine vorgefertigte Liste, welche genauen Projekte bezuschlagt werden, und keine Möglichkeit, die Angebote ex post einzusehen, um nachvollziehen zu können, welche Projektangebote insgesamt vorlagen. Bei der Auswahl sind keine NGOs beteiligt, sondern die Auswahl erfolgt behördenintern.

Es soll in Zukunft weiterhin die Neutralisierung der Dienstreisen und -fahrten der Bundesregierung und (in Teilen) der Bundesverwaltung, des

---

[157] Siehe https://www.evergabe-online.de/tenderdetails.html?1&id=337272.

BMU und der Bundesbank, aber auch der 13. Deutschen Ratspräsident-
schaft erfasst werden.

In einer E-Mail vom 30.7.2020 wurde vom Kundenservice der DEHSt
u.a. mitgeteilt:

> „Angebote werden anhand der aufgeführten (Qualitäts-) Kriterien und
> des dargestellten Verfahrens hinsichtlich ihrer Wirtschaftlichkeit bewer-
> tet. Bei der Auswahl der Angebote wird sowohl die Leistung, in Form
> der genannten Qualitätskriterien, als auch der Preis pro Gutschrift eine
> Rolle spielen (Qualitäts-Preis-Verhältnis). Die Angebote werden anhand
> dieser Kriterien in eine Rangliste gebracht. Die Prüfung der Angebote
> erfolgt dabei durch das UBA in Abstimmung mit dem BMU. Eine sub-
> jektive Bewertung ist somit ausgeschlossen. Aus vergaberechtlicher
> Sicht ist die Einbeziehung weiterer, nicht beteiligter, Stellen zudem kri-
> tisch bzw. sogar unzulässig. Die Angebote enthalten Geschäftsgeheim-
> nisse und sonstige geschützte Daten. Eine Einsichtnahme durch Dritte
> ist nicht erlaubt … [Es] werden alle Bieter über das Ergebnis des Ver-
> fahrens informiert. Dabei erhalten die Bieter jedoch nur Informationen
> (Bewertungsangaben) zu den von Ihnen selbst eingereichten Projekten.
> Weiterführende Veröffentlichungspflichten bestehen nicht".

Der Fokus liegt auf Kleinprojekten in am wenigsten entwickelten Ländern,
die auch dem Goldstandard entsprechen.

Was die Löschung der Zertifikate für die Bundesverwaltung betrifft,
soll der Umstand hervorgehoben werden, dass das BMU den Ausgleich
der von den übrigen Behörden und Ministerien durch Dienstreisen verursachten CO_2-Emissionen bezahlt. Dies ist nicht selbstverständlich. „Es
stellt sich [nämlich] die Frage, ob dieses Verfahren die beteiligten Behörden ausreichend dazu motiviert, durch Dienstreisen verursachte Emissionen in erster Linie zu vermeiden und zu verringern" (Müller 2020, 18).
Wenn die entsprechenden Beträge aus dem Budget des BMU bezahlt werden, stehen sie für andere Aktivitäten des Bundesumweltministeriums
nicht zur Verfügung (Einzelplan 16, Kapitel 1602, Titel 531 02).

Es würde zu weit führen, die Nachhaltigkeitsstrategien und Verspre-
chungen aller deutschen Großunternehmen eingehend zu analysieren.
Doch ein Überblick soll angesichts der geradezu explodierenden Unter-
nehmensbekundungen erfolgen. Die ernsthaft betriebene Untersuchung des
Frankfurter Start-ups und Beratungsunternehmens *Right* kann als guter
Einstieg dienen.[158] Das Unternehmen setzt sich zum Ziel, klimawissen-

---

[158] https://www.right-basedonscience.de/.

schaftliche Erkenntnisse mit makro- und mikroökonomischen Daten zu verbinden, um die Transparenz für klimarelevante Chancen und Risiken im Markt zu erhöhen. Laut Website hat das Unternehmen den Anspruch, gemeinsam mit Kunden aus der Real- und Finanzwirtschaft, mit Privatunternehmen, aber auch öffentlichen Einrichtungen wie Kommunen mit methodischen Maßstäben zur THG-Minderung beizutragen.

Im Jahr 2019 veröffentlichte *Right* den „What-If-Report", der folgende Übersicht enthielt (in Anlehnung an Schnell et al. 2019, 15):

	Derzeitiger Stand	Eigene Zielsetzung des Konzerns	Sektor-/ Branchenziel
Adidas	3,35°C	k.A.	2,39°C
Allianz	3,23°C	1,5°C	2,78°C
BASF	4,26°C	4,24°C	3,73°C
Bayer	2,02°C	1,79°C	1,43°C
Beiersdorf	2,61°C	2,6°C	3,73°C
BMW	2,57°C	2,56°C	2,94°C
Continental	4,13°C	2,86°C	3,87°C
Covestro	5,12°C	5,09°C	3,73°C
Daimler	2,98°C	2,84°C	2,94°C
Deutsche Bank	2,77°C	2,77°C	1,93°C
Deutsche Börse	1,95°C	1,94°C	2,01°C
Dt. Lufthansa	3,55°C	2,75°C	3,04°C
Deutsche Post	2,1°C	1,62°C	2,44°C
Deutsche Telekom	1,56°C	1,51°C	1,45°C
Eon	8,25°C	8,06°C	5,17°C
Fresenius	1,61°C	k.A.	1,8°C
FMC	1,62°C	k.A.	1,62°C
Heidelberg Cement	10,69°C	10,3°C	6,98°C
Henkel	4,46°C	4,46°C	3,73°C
Infineon	1,82°C	1,82°C	1,8°C
Linde	6,62°C	6,6°C	3,73°C
Merck	1,64°C	1,62°C	1,43°C
MTU Aero Engines	5,84°C	5,88°C	3,88°C
Munich Re	5,3°C	5,26°C	2,78°C
RWE	13,82°C	9,5°C	5,17°C
SAP	1,62°C	1,38°C	1,5°C
Siemens	4,29°C	4,26°C	2,77°C
Volkswagen	3,38°C	3,28°C	2,94°C
Vonovia	2,28°C	k.A.	2,15°C
Wirecard	2,47°C	k.A.	1,66°C

Zur Erläuterung: Wenn alle Unternehmen weltweit so wirtschafteten wie zurzeit z.B. BASF, dann würde die Erde sich bis 2050 um 4,26 Grad erwärmen. Sofern BASF seine geplanten Maßnahmen zur CO_2-Minderung tatsächlich umsetzt, würde die Erderwärmung „nur" 4,24 Grad betragen. Hält sie die von der Internationalen Energieagentur berechneten Branchenziele ein, würden 3,73 Grad anfallen. Die Zahlen zu den Unternehmen geben also an, um wie viel sich die Erde erwärmen würde, wenn jedes Unternehmen dieser Welt so viel emittieren würde wie die hier untersuchten. Als Basis dient die jeweilige Bruttowertschöpfung, die in Beziehung zu den vom Unternehmen freigesetzten Klimagasen gesetzt wird. Der Bericht selber ist nicht mehr zugänglich, er wurde zurückgezogen. Ich führte mit der Mitautorin der Studie und Gründerin von *Right*, Hannah Helmke, ein interessanteres Gespräch zum besseren Verständnis des methodischen Vorgehens. Trotz des Rückzugs der Studie entsprächen die Zahlen des Schaubildes den tatsächlichen Daten, die sich bis 2020 nicht wesentlich veränderten. Beim derzeitigen Stand der Technologien und Emissionen der aufgeführten Unternehmen würde keines dem 1,5-Grad-Ziel bis 2050 entsprechen, nur vier lägen leicht darüber.

Anders sieht es aus, wenn man die eigenen Zielsetzungen der Konzerne ins Auge fasst, dann läge z.B. die Allianz bei 1,5 Grad. „k. A." steht im Schaubild dafür, dass die Unternehmen keine Angaben machten. Dies bedeutet in der Regel, dass sie keine klaren und nachvollziehbaren Minderungspläne haben oder diese nicht plausibel erläutern konnten.

Natürlich können die Unternehmen bei einer Zielerreichung bis 2050 viel versprechen. *Right* greift bei der Beurteilung auf die CDP-Berichte zurück. CDP steht für das *Carbon Disclosure Project*. Das CDP ist eine globale Non-Profit-Organisation mit Hauptsitz in London und Büros und Partnern in 50 Ländern. Seit über 20 Jahren treibt es nach Aussage seiner Website (https://www.cdp.net/en) Maßnahmen von Unternehmen und Städten voran, um THG-Emissionen zu reduzieren, Wasserressourcen zu schützen und Abholzung zu verhindern. Im Auftrag von Investoren, Einkäufern und Regierungen fordert es von Unternehmen und Städten Informationen über ihre Auswirkungen auf und Abhängigkeiten von natürlichen Ressourcen sowie über ihre Strategien zu deren Management.

Es verfügt über den reichhaltigsten und umfassendsten Datensatz zum Handeln von Unternehmen. Die „globale akademische Gemeinschaft" des CDP soll die CDP-Daten in aussagekräftige und relevante Informationen umwandeln, die Veränderungen in Unternehmen, Städten und Regierungen vorantreiben werden. Mit Partnern auf der ganzen Welt erstellt das CDP Berichte, in denen die Maßnahmen von Unternehmen in den Bereichen Klimawandel, Wasser und Wälder analysiert und bewertet werden.

Man kann auch als Privatperson nach kostenloser Registrierung pro Berichtszyklus 20 Antworten vom Unternehmen auf der Website abrufen, was man jedem Interessierten, der sich einen Überblick über Minderungsstrategien der erfassten Organisationen verschaffen will, nur empfehlen kann. Ein erweitertes Datenset lässt sich über eine kostenpflichtige Lizenz erwerben. Die Einzelberichte umfassen mehrere Dutzend, meist zwischen 50 und 150 Seiten, in Beantwortung eines Bündels konkreter Fragen. Neben den Angaben der Unternehmen zu Scope 1 und v.a. dem unmittelbaren Eigenverbrauch an Energie und Scope 2 zu vor- und nachgelagerten Bereichen greift *Right* für Scope 3 auch auf den kostenpflichtigen Datenanbieter *Aguntum* zurück. Scope 3 erfasst u.a. Emissionen durch die externe Nutzung der Produkte und Dienstleistungen durch die Käufer.[159]

Auf dieser Datengrundlage und der der Nachhaltigkeitsberichte der Unternehmen und Organisationen untersucht *Right* neben der Ermittlung des derzeitigen Standes die Plausibilität und Präzision der jährlich neu untersuchten Angaben. Hierbei kommt es auch darauf an, ob es sich um einen konsequenten Emissionsabbaupfad handelt, der möglichst als linearer Pad konzipiert sein soll. Eine erst in späteren Jahren angestrebte Reduktion oder eine zu vage, nicht quantifizierte, offenkundig heiße Luft enthaltende und unglaubwürdige Strategie führen zur Nichtakzeptanz durch *Right*. So erklären sich auch die „k. A." der Tabelle. Die Reaktion der Unternehmen auf Nachfragen falle unterschiedlich aus, viele seien konstruktiv, aufgeschlossen und bemüht, zur „Klimaheldin" zu werden, einige andere mauern.

Sowohl das CDP, als auch *Right* machen den Eindruck, objektiv vorzugehen, soweit dies möglich ist. Ohne Frage erhöhen sie den Druck auf Unternehmen, transparent aufzutreten und wirkliche THG-Minderungen nicht unerheblichen Ausmaßes anzustreben. Dennoch ist eine gewisse Skepsis gegenüber dem Vorgehen der Unternehmen und der z.B. von *Right* in ihrem Modell verarbeiteten Daten angezeigt. Zunächst liegt die von den meisten Unternehmen angestrebte Netto-Null im Jahr 2050 (sofern überhaupt realistisch) in einer zeitlichen Entfernung von 30 Jahren. Das ist für ein Unternehmen ein sehr langer Zeitraum.

Nicht nur nach den Berechnungen des *Wuppertal Instituts* gilt unter Annahme der weltweit gleichen Verteilung der akzeptablen Emissionenrestmenge pro Kopf und dem Ausschluss fragwürdiger Technologien zu negativen Emissionen:

> „Um die 1,5-°C-Grenze mit einer Wahrscheinlichkeit von [nur!] 50 Prozent zu erreichen, muss die Menge der zukünftig global ausgestoßenen Treibhausgase eng begrenzt werden … Das Einhalten dieser Zielmarke ist nur dann zu erreichen, wenn Deutschland bis etwa zum Jahr 2035

---

[159] Siehe näheres in Right (2020) und Helmke et al. (2020).

CO_2-neutral wird und dies auch nur dann, wenn die Emissionen schon in den unmittelbar vor uns liegenden Jahren besonders stark sinken ... Binnen der nächsten fünf bis sechs Jahre müssen sich die deutschen Treibhausgasemissionen demnach etwa halbieren, was einer mittleren Reduktion von 60 bis 70Mt CO_2 pro Jahr entspricht. Im Licht der Entwicklungen in den letzten zehn Jahren, in denen die jährliche Reduktion im Schnitt lediglich 8Mt CO_2 betrug, stellt dies eine enorme Herausforderung dar" (Wuppertal Institut 2020, 10).

Da die meisten deutschen Unternehmen bis 2030 nur deutlich darunterliegende Etappenziele anstreben, dürfte es trotz aller Mühen selbst bei den Unternehmen zu wenig sein, die nach eigener Zielsetzung zwischen 1,5 und 2 Grad anzielen. Fünf Unternehmen erhielten von *Right* ein k. A., was ganz sicher kein gutes klimapolitisches Zeichen ist. Acht Unternehmen liegen hinsichtlich eigener Zielsetzungen unter dem 2 Grad-Ziel, nur SAP und die Allianz unter oder bei 1,5 Grad. Mehr als die Hälfte aller DAX-Mitglieder erfüllt demnach – teilweise deutlich – selbst gestreckt bis 2050 die notwendigen Minderungsziele nicht.

Um es nicht zu verkomplizieren, sollen hier die Berechnungen der Sektor- und Branchenziele der IEA (Internationale Energieagentur), die im Schaubild in der rechten Spalte aufgelistet werden, nicht vertieft werden. Es handelt sich um die spezifischen, zu erreichenden Sektorziele, die die IEA auf Basis des Pariser Klimaabkommens berechnete. Hier mag der Hinweis genügen, dass doch einige deutsche Unternehmen deutlich über diesen Richtwerten liegen, und es sei unter Ausklammerung der EU-Offenlegungsverordnung auf den *Global ESG Monitor* hingewiesen, der 140 der weltweit führenden Konzerne untersuchte und große Qualitätsunterschiede und häufige Mängel bei der Transparenz der Berichterstattung der Unternehmen feststellt.[160]

Eine gewisse Schwäche der Datenverarbeitung von *Right* besteht darin, dass sie Kompensationsprojekte ohne Wenn und Aber voll anrechnen. Wenn ein Unternehmen reale Emissionsminderungen vornimmt oder dies vorhat, gilt dies genauso viel wie der Ankauf von Gutschriften für Kompensationsprojekte. Man kann verstehen, dass *Right* schon genug Daten zu ermitteln und zu verarbeiten hat und sich nicht auch noch mit der Fragwürdigkeit von Klimakompensationsprojekten herumschlagen kann. Außerdem gibt es zu solchen Projekten grundsätzliche und im Detail sehr unterschiedliche Ansichten von empfehlenswert bis abzulehnen.

---

[160] https://www.cometis.de/de/global-esg-monitor-2021-enthuellt-gravierende-maengel/.

Es ist aber darauf hinzuweisen, dass durch eine solche „Vollanrechnung" sehr problematische Projekte die Bilanz aufpäppeln können.

Nehmen wir die Allianz, die beim CDP mit A− bewertet wird. Sie wartet mit großartigen Zielwerten auf, bezeichnet sich seit dem Jahr 2012 als kohlenstoffneutrales Unternehmen und bietet mehrere (mehr oder minder) nachhaltig ausgerichtete neue Fonds an. Abgesehen von einer recht engen Fassung von Scope 3 (nur Reisetätigkeiten) hat man dies auch durch die Neutralisierung von 334.040 Tonnen THG für das Jahr 2019 durch Projektgutschriften hinbekommen.[161] Nach den spärlichen Angaben hierzu im CDP-Bericht der Allianz unter C11.2a handelt es sich um ein freiwilliges Biodiversität-Projekt in Rimba Raya auf Borneo nach dem *Voluntary Carbon Standard* (VCS). Es ist das weltweit größte Waldschutzprojekt im Rahmen des REDD-Programms der UN, über dessen Details und den Preis der Gutschriften man auf der Website des Konzerns nichts erfährt.[162]

Die Angaben der allgemeinen Unternehmensberichte beim *Carbon Disclosure Project* (CDP) sind sehr übersichtlich und umfangreich. Es gibt neben den allgemeinen ferner gesonderte Berichte zu Wasser und Wald. Man findet darin Informationen zu Verantwortlichen im Nachhaltigkeitsbereich der Unternehmen und von ökologischen Kriterien abhängigen Vergütungen, eine umweltbedingte Risikoanalyse für Unternehmensaktivitäten, Definitionen der Systemgrenzen, Informationen zur Teilnahme am EU ETS oder anderen Emissionshandelssystemen, eine Aufschlüsselung, in welchen Ländern und Bereichen welche THG-Emissionen auftreten und an welchen Initiativen die Unternehmen teilnehmen usw.

Fast 10.000 Unternehmen lassen sich bei CDP erfassen, viele treten mit hohen Zielen an, wie z.B. Apple, das bis 2030 Klimaneutralität verspricht. Sogar Shell hat sich das Ziel gesetzt, bis 2050 den eigenen und den CO_2-Ausstoß der Kunden auf null zu senken. Das wäre dann im wahrsten Sinne des Wortes „Brent Spar", doch bisher kaufen weltweit 30 Mio. Kunden täglich rund 500 Mio. Liter Benzin und Diesel und 700.000 Becher Kaffee bei Shell.[163]

Auch fast alle DAX-Unternehmen sind dabei. Auf einer Skala von A-F (A = sehr gut, F = keine Teilnahme, ergänzt durch mögliche Minusbewertungen) lagen 2020 dank ihrer beim CDP abgegebenen Berichte 12 Unter-

---

[161] In Kurzform siehe https://www.allianz.com/content/dam/onemarketing/azcom/Allianz _com/sustainability/documents/Allianz_Explanatory_Notes_2019.pdf.

[162] https://www.allianz.com/de/nachhaltigkeit/artikel/rimbaraya.html.

[163] Siehe *Der Spiegel* (5.12.2020, 66-69), mit kritischen Anmerkungen zur ambitionierten Zielsetzung.

nehmen bei B, jeweils 7 bei A und A−, eines bei B− und 2 bei F. Die Deutsche Bank erhielt als einziges Unternehmen ein C. Das noch im DAX befindliche *Wirecard* und jetzt *Delivery Hero* erhielten für die Nichtteilnahme ein F, ebenso wie Covestro, das seit jeher *declined to participate*, also die Teilnahme verweigert. Die Berichte von Deutsche Wohnen und Vonovia waren zu Beginn des Jahres 2021 *not available*. Auch deklarieren einige Unternehmen ihre Berichte *non-public* (Fresenius, Linde, Vonovia), so dass sie nicht einsehbar sind. Es kann an dieser Stelle keine genaue Analyse der Angaben und Bewertungen vorgenommen werden. Das wäre zwar wichtig, würde aber ein eigenes Forschungsprojekt erfordern, in dem die Angaben, Projekte usw. im Detail zu untersuchen wären. Es überrascht aber, dass ein Unternehmen wie HeidelbergCement ein A erhält und die Automobilunternehmen Daimler (A−), VW (A−) und BMW (A) ebenfalls im vorderen Bereich liegen. Trotz des Erwerbs von Monsanto bekam Bayer weiterhin ein glattes A (BASF erhielt ein A−).

Es wird in vielen Unternehmen ohne jeden Zweifel eine ganze Menge zur THG-Minderung unternommen, z.B. durch Umstellung auf regenerative Energiequellen, da sonst Reputationsschäden drohen und andererseits positive Nachrichten in Sachen Nachhaltigkeit erfreulich auf die Kursentwicklung ausstrahlen. Alle DAX-Unternehmen wollen wachsen, neben bestimmten Minderungen (Adidas: Scope 1 und 2 −30% bis 2020, Basisjahr: 2015) streben viele Unternehmen bis 2030 (Bayer) oder 2050 (VW, Continental) Klimaneutralität an. BASF will bis 2030 CO_2-neutral wachsen, Beiersdorf bis 2025 70% weniger Emissionen pro hergestelltem Produkt im Vergleich zu 2014 benötigen und HeidelbergCement bis 2030 seine Emissionen um 30% im Vergleich zu 1990 reduzieren. Die Deutsche Bank verspricht, ab 2020 generell keine Kohleminen und kein Öl und Gas aus der Arktis oder Ölsand zu finanzieren.

Einige Unternehmen sind nicht an freiwilligen Kompensationsprojekten beteiligt: Siemens, Merck, Bayer, BMW, Continental, E.ON, FMC, HeidelbergCement, Henkel und MTU. Gutschriften über Projekte kauften VW, Munich Re, SAP, Allianz, BASF, Beiersdorf, Daimler, Deutsche Bank, Deutsche Börse, Deutsche Post, mit wenigen Gutschriften RWE und Deutsche Telekom. Leider schweigen die Unternehmen wie gewohnt zu den Preisen der Gutschriften. So wurde mir in E-Mails zwischen dem 7. und 13.1.2021 von der Allianz, der Deutschen Bank, der Deutschen Post, RWE und Beiersdorf mitgeteilt, man könne leider keine Auskünfte geben. Die restlichen Angeschriebenen antworteten erst gar nicht.

Man kann aber auch Gegenrechnungen zur schönen grünen Zukunft aufstellen. Nehmen wir die Automobilunternehmen. Daimler veranschlagt in seinem Nachhaltigkeitsbericht für einen PKW bei einer Lebensdauer von 10 Jahren und einer jährlichen Fahrleistung von 20.000 Kilometern Emissionen von rund 50 Tonnen CO_2. In die Berechnung einbezogen sind dabei die Emissionen sowohl aus der Herstellung als auch aus der Nutzung inklusive unterstellter, dann erfolgender Entsorgung. Vor allem für Dienstwagen dürfte der Wert für die jährlichen Fahrleistungen aber recht konservativ angesetzt sein.[164] Daimler gibt stolz an, 2019 inklusive Fremdfabrikate 3,3 Mio. Fahrzeuge produziert zu haben. Hierzu zählen auch Busse, LKW und Kleinbusse. Demnach hat Daimler in einem Produktionsjahr die Welt mit einem zukünftigen Emissionspotenzial von 165 Mio. Tonnen belastet, wenn man für alle Fahrzeuge den niedrigen PKW-Wert ansetzt.

Nicht anders sieht es bei BMW aus, die ein Produktionsvolumen von 2,5 Mio. Fahrzeugen angeben bei einer Laufzeit von 15 Jahren und 150.000 km. Für den weltweiten Durchschnittsverbrauch pro Fahrzeug werden 140 g CO_2/km angegeben. Das entspricht 6,1 Liter Benzin auf 100 km. Tatsächlich dürfte der Verbrauch bei 8 Litern aufwärts liegen. Wenn man sich die notwendig anzustrebenden Klimaziele anschaut, muss man feststellen, dass sich die Weltgesellschaft solche Fahrzeuge im „Premiumsegment", das die Automobilhersteller unbedingt weiter bedienen wollen, nicht weiter leisten darf und es sich um unverträgliche Auslaufmodelle handeln sollte. Ob sich die Umweltbilanz dieser Autos durch Elektroantrieb oder gar grünen Wasserstoff verbessern wird, ist zurzeit sehr fraglich. Dementsprechend problematisch ist es, eine „Innovationsprämie" für Elektrofahrzeuge von bis zu 9000 Euro auszuschenken.[165]

Wie unterschiedlich klimapolitische Bewertungen ausfallen können, zeigt sich auch bei einem Vergleich der CDP-Bewertungen mit denen von *Right* in der oben wiedergegebenen Tabelle. Wenngleich hier kein direkter Vergleich vorgenommen werden kann, überrascht es doch, dass z.B. HeidelbergCement vom derzeitigen Stand von 10,69 Grad Erderwärmung bis 2050 (wenn alle Unternehmen diese Emissionsintensität hätten) nach eigenen Zielsetzungen zu 10,3 Grad kommen möchte und bei CDP trotzdem eine glatte A-Bewertung erhält. Bei den ebenfalls bestbewerteten BMW ist eine Veränderung von 2,57 auf 2,56 Grad geplant. Bei Siemens, mit A− bewertet, ergibt sich eine Veränderung bei *Right* von 4,29 auf 4,26 Grad.

---

[164] https://nachhaltigkeitsbericht.daimler.com/2020/reporting/klimaschutz-und-luftreinhaltung/klimaschutz.html?q=Scope%203-Emissionen%20Mercedes-Benz%20Cars%20Siehe.
[165] http://www.irrtum-elektroauto.de/lexikon/co2-rucksack/.

Insgesamt erweckt diese Kurzanalyse der DAX-Unternehmen den Eindruck, alle relevanteren Unternehmen hierzulande würden den CDP-Fragebogen ausfüllen und relevante THG-Minderungen anstreben. So will Vodafone tatsächlich bis 2025 klimaneutral und bis 2040 völlig emissionsfrei werden. In einer noch nicht veröffentlichten Studie über alle kapitalmarktorientierten berichtspflichtigen Unternehmen in Deutschland, auf die hier nur verwiesen sei, wird der Eindruck, alle oder die Mehrzahl deutscher Unternehmen strebten Klimaneutralität an, jedoch korrigiert.[166]

Abschließend sei bemerkt, dass ausschließlich unternehmensbezogene Aussagen keinen Rückschluss auf sektorale oder branchenbezogene Veränderungen zulassen. Wenn RWE nach den Restrukturierungen und EU-Fusionserlaubnissen das Geschäft in den Bereichen Stromerzeugung und Großhandel dominiert und E.ON das Endkundengeschäft, erlangen beide Konzerne eine große Marktmacht. Das dürfte klimapolitische Auswirkungen haben, die durch Unternehmensberichte nicht erfasst werden. E.ON ist als größter Stromanbieter und Verteilnetzbetreiber nunmehr auf mehr als der Hälfte der Fläche Deutschlands Grundversorger. Damit würde es E.ON leichter fallen, (in)direkt viele Regionen beim Strom- und Gasvertrieb zu beherrschen und unabhängige und kommunale und mittelständische Unternehmen aus dem „Markt" zu verdrängen.[167]

Das Fazit dieses Kapitels lautet: Neben durchaus anzuerkennenden Minderungsbemühungen zeigte dieses Kapitel, dass die stets geheim bleibenden Kompensationspreise insgesamt recht niedrig liegen und die Etats kaum belasten. Die Projekte sind hinsichtlich *co-benefits*, die zu höheren Emissionen führen (Rebounds), der Weiterverwendung von Holz, fragwürdiger Zusätzlichkeit, des Einspringens für von den Ländern selbst vernachlässigten Minderungsinitiativen, der Unterstützung autoritärer Regierungen usw. nicht unproblematisch. Durch den Einbezug der Partnerinstitutionen GIZ und KfW gelingt die Gesamterfassung der Emissionen nicht. Auch die Nachhaltigkeitsberichte und Kompensationsprojekte von GIZ und KfW legen eine ganze Reihe von Schwachstellen offen. Die Preise der Mobilitäts-Neutralisierungen der Bundesverwaltungseinrichtungen lagen insgesamt unter 5 Euro. Die Kosten trug das Bundesministerium für Umwelt. Die deutschen DAX-Unternehmen nehmen ohne Frage THG-Minderungen vor, ihr Engagement ist aber letztlich begrenzt und kann leicht überschätzt werden.

[166] https://www.fair-finance-institute.de/2020/05/11/evaluation_csr_berichterstattung/.
[167] https://www.energiezukunft.eu/wir-spielen-nicht-mit/.

15. Kritik des Emissionshandels, der Kohlenstoffzölle und des Vorschlags eines weltweiten Kohlenstoffpreises

Zusammenfassung: Sollten angesichts der anspruchsvollen EU-Ziele die CO_2-Preise deutlich steigen oder der Cap oder der Reduktionsfaktor noch angezogen werden, so tritt die Verlagerungsproblematik (Leakage) in den Vordergrund. Selbst viele Ökonomen sehen daher mittlerweile Kohlenstoffzölle (*carbon border taxation*, CBT) für Importe als unvermeidlich an. Die EU-Kommission hat ein entsprechendes Konsultationsverfahren eröffnet. Einen solchen Zoll hat es bisher nirgendwo gegeben. Die Ausgestaltung ist extrem kompliziert: Wie ist eine CBT WTO-kompatibel zu gestalten? In welchen Ländern soll sie auf welche Produkte ab welcher Relevanzschwelle gelten, sofern im Exportland selber z.B. gewisse CO_2-Belastungen vorliegen? Auf welcher Aggregationsebene: Unternehmen, Produktionsverfahren, Branchen oder Länder sollte sie ansetzen? Mit starkem Widerstand der betroffenen Exportländer wäre zu rechnen. Trotzdem: Sollte man den CBT nicht einführen, müsste man entweder die Minderungsziele aufweichen, weiterhin kostenlose Zertifikate an die heimische Exportindustrie austeilen oder spürbare Produktionsverlagerungen in Kauf nehmen.

Beim Emissionshandel treten grundsätzliche Probleme auf. Neben behebbaren, v.a. anfänglich angefallenen *windfall profits* und unrealistischen Hoffnungen in die Sequestrierung ist Emissionshandel vom Konzept her grundsätzlich indifferent gegenüber lokalen Wirkungskreisläufen; steigende CO_2-Preise haben zwangsläufig unerwünschte Verteilungseffekte; THG-Emissionen verbleiben bis zu Jahrhunderten in der Atmosphäre, während Emissionshandelssysteme (EHS) über deutlich kürzere Zeiträume laufen; bei über alle Sektoren gehenden Handelssystemen können die Preise nicht allzu hoch ausfallen, da sonst energieintensive Branchen eingehen, wenn man sie nicht mit systemwidrigen kostenlosen Zuteilungen stützt. Sollte der Umstieg auf erneuerbare Energien erfolgreich sein, werden die Länder mit reichen fossilen Rohstoffvorkommen ihre Bestände umso schneller anbieten und zwar zu Niedrigstpreisen, bevor sie vollständig ersetzbar sind. EHS fördern Monokulturen (kilometerlange Fichtenaufforstungen), Fragen der Biodiversität treten in den Hintergrund und der zu hohe Gesamtanteil der Wirtschaft in der Flächennutzung, der zu Übernutzungen führt, wird nicht erfasst. EHS-Märkte senden nicht nur wegen hoher Volatilität keine klaren Preissignale aus usw.

Einige Ökonomen schlagen zur Überwindung der bisherigen Schwächen der EHS einen weltweit in allen Ländern verbindlichen und gleich hohen CO_2-Preis vor. Die Einnahmen daraus dürften die Länder behalten. Für die Einhaltung des gleichen CO_2-Preises haben die Länder freie Hand und können ein EHS, Steuern oder das Ordnungsrecht einsetzen. Durch den einheitlichen Weltpreis würde Trittbrettfahrerverhalten ausgeschlossen. Der von Ländern bei Verhandlungen gebotene Mindestpreis würde für alle gelten. Ein *Green Climate Fund* soll dafür sorgen, dass Schwellenländer aufgrund von Kompensationszahlungen bereit sind, einem hohen Preis zuzustimmen. So, die Hoffnung der Ökonomen, könne man frühere Umweltsünder durch materielle Anreize und ein gutes Spieldesign zu ökologischen Engeln machen.

Ähnliche Arrangements funktionieren jedoch selbst in der regional begrenzten EU kaum. Wer stellt sicher, dass der globale CO_2-Preis ausreichend hoch ist und dass die Länder ihre Einnahmen nicht zu Subventionen missbrauchen? Wenn die Zahlungen aus dem grünen Fonds nicht über den Einsparungen durch den Bezug von Öl, Gas und Kohle zu niedrigen Weltmarktpreisen liegen, wäre es für viele Länder profitabler, nicht mitzumachen. Diese und andere Probleme zeigen, dass es sich nicht um die geniale Musterlösung raffinierter Ökonomen gegenüber ansonsten egozentrischen Nationalstaaten handelt. Ein deutscher Vertreter dieses Vorschlags setzt mittlerweile eher auf massive Forschungsförderung und -lenkung zur Entwicklung alternativer Technologien. Dies ist nicht falsch, entspricht aber wiederum einer gewissen Technikhörigkeit.

* * *

Ziehen wir nun ein kritisches Fazit zum Zertifikathandel, einschließlich des EU-ETS, des nationalen Emissionshandels und von CORSIA, ohne deren unterschiedliche Stringenz zu vernachlässigen, und fragen, ob Emissionshandel klimapolitisch ein zentraler Pfeiler sein sollte oder ob er eher ein grundsätzlich problematischer Ansatz ist, der durch zielführendere Pfade aus der Klimakrise ersetzt werden sollte.

Systemimmanent gesehen wäre es natürlich besser, wenn z.B. die Einnahmen aus dem EU-ETS nachweislich in die Steigerung des europäischen

Klimaschutzes fließen würden, was aber andererseits auch nur ein Tropfen auf die heißer werdenden Steine wäre. Eine härtere Bedingung läge vor, wenn alle Zertifikate nur noch versteigert würden und man für jede regenerative Energiegewinnung, die neu hinzukommt, sofort die Minderung der Zertifikate in entsprechender Höhe vornähme. Zu denken wäre auch an einen höheren jährlichen Minderungsfaktor von z.b. 5% (oder noch höher) anstelle von 2,2%. Man könnte über den EU-ETS durch das Drehen an einigen Stellschrauben viel erreichen, gäbe es nicht erhebliche Kollateralschäden.

Allerdings relativiert selbst der WWF, der dies eigentlich befürwortet, die Forderung nach vollständiger Versteigerung. Da bei sofortiger Umstellung vermutlich einige Industriezweige in die Knie gehen würden, müsse man gegebenenfalls doch freie Zuteilungen zulassen, aber bitte mit Maßen (2019, 2, Fußnote 2).

Aus ökonomischer und ökologischer Sicht bedenklich ist neben Wettbewerbsverzerrungen der bei stark ansteigender CO_2-Bepreisung (z.B. über 100 Euro hinaus) wahrscheinliche Produktionsverlagerungsprozess (Leakage), der sicher klimapolitisch kontraproduktive Wirkungen entfalten würde.

Eine halbwegs realistische, anspruchsvolle europäische Insellösung birgt tatsächlich erhebliche Verlagerungsprobleme, die auch durch Zölle (Grenzausgleichsabgaben) nicht leicht zu lösen wären. Bis vor wenigen Jahren hatten Zölle oder Abgaben für Importe mit hohem Kohlenstoffgehalt (*carbon border taxes*) kaum Fürsprecher unter Ökonomen. Als Beispiel für eine ablehnende Haltung lässt sich auf Weitzel und Peterson (2012) verweisen, ein zeitnahes Gegenbeispiel sind Krenek et al. (2020). Mittlerweile gibt es bereits 3000 v.a. angelsächsische Ökonomen, die sich für Zölle aussprechen und ebenso viele – nicht nur französische – Politiker. Mittlerweile ist von Seiten der EU-Kommission eine Kohlenstoffsteuer vorgesehen und Mitte November 2020 fand ein Konsultationsverfahren statt, bei dem Vorschläge und Kommentare zu einem solchen Importzoll unterbreitet werden sollten. Auch wird die generelle Unvereinbarkeit mit den internationalen Freihandelsregeln und Abkommen (z.B. der WTO) bei angemessener Ausgestaltung nicht mehr zwangsläufig in Frage gestellt.[168]

Probleme und Ausgestaltung eines von der EU so bezeichneten *carbon border adjustment mechanism* (CAM) verdienten eigentlich ein eigenes Kapitel, hätte nicht die EU bereits Ende November 2020, also vor Ab-

---

[168] Bueb et al. (2017); ähnlich bereits Volmert (2011).

schluss des Konsultationsverfahrens im Juni 2021, ausgerechnet durch Frans Timmermans angedeutet, dass man nach netten Worten zum Klimaschutz von Seiten Chinas und nach der Wahl Bidens zum amerikanischen Präsidenten womöglich auf einen solchen Mechanismus verzichten könne.

Tatsächlich ist weltweit bisher noch nie über Landesgrenzen hinweg ein solcher CAM in Angriff genommen worden. Eine ihm ähnelnde Regelung im Flugverkehr, ein- und/oder ausgehende Flüge in der EU zu erfassen, wurde, wie gesehen, fallengelassen und im stationären EU-ETS wählt man lieber die nicht gerade umweltfreundliche freie Allokation für Unternehmen (u.a. der Schwerindustrie), die dem internationalen Wettbewerb unterliegen. Man nimmt diese systemwidrige Vorgehensweise in Kauf, um Wettbewerbsverzerrungen zu vermeiden (*leveling playing field*).

Anstatt auf Quoten und Standards zur Herstellung fairen Wettbewerbs und zum Fernhalten von Billigkonkurrenz zu setzen, werden Preissignale über Zölle oder alternativ Steuern oder Auktions-Zertifikate bevorzugt, da sie eher „marktwirtschaftlichen" Prinzipien und einem „freien" Welthandel entsprechen. Bei den meisten Vorschlägen zu Importzöllen sollen aus Gründen der Wettbewerbsfähigkeit daher zwar einerseits die durch Abgaben ansonsten nicht erfassten Importe belastet werden, *aber* andererseits diese Belastungen bei Exporten entfallen. Es kommt dadurch zu einer Rückerstattung der Beträge, ähnlich wie bei der Mehrwertsteuer, so dass bei Exporten die ökologische Lenkungswirkung verpufft.

Der Grundgedanke einer CAM ist gut, aber der Teufel liegt hier mehr als bei anderen regulatorischen Maßnahmen definitiv in den Details.

„Es stellt sich eine Vielzahl von praktischen Gestaltungsfragen. Für welche Produkte sollten BCAs [bzw. CAMs] gelten, und zwar aus welchen Ländern und auf welcher Grundlage? Unter welchen Bedingungen sollten BCAs ausgesetzt werden? Welche Zuständigkeiten sollten welchen Behörden übertragen werden, und wie könnten die Interessenvertreter gegen Entscheidungen von Bundesbehörden Berufung einlegen? Welche Art von Emissions- oder Wirtschaftsdaten würden die BCA-Administratoren benötigen, und wie kann das Programm einfach genug bleiben, um praktikabel verwaltet werden zu können? Welche Zwänge erlegen die Regeln der Welthandelsorganisation (WTO) dem Design eines BCA-Programms auf? Welche Auswirkungen hätte es für die Vereinigten Staaten [oder die EU], wenn andere Länder ähnliche Maßnahmen auf US[EU]-Güter anwenden würden? Wie kann das System der sich ständig weiterentwickelnden Landschaft der verwendeten Technologien und der Klimapolitik auf der ganzen Welt Rechnung tragen? Weder in der wissenschaftlichen Literatur noch bei Gesetzesentwürfen gibt es einen Konsens über die Politikgestaltung" (Morris 2018, 1, Ü, die die vielen, sehr unterschiedlichen Vorschläge in den USA diskutiert, die teilweise dort bereits als Gesetzesvorlagen vorliegen).

Auch auf der Mikroebene stellen sich viele Fragen.

„Auf der Produktseite können zwei ähnliche Produkte aus demselben Sektor, die von ähnlichen Unternehmen hergestellt werden, stark unterschiedliche Emissionsraten aufweisen. Innerhalb eines einzigen Sektors können ähnliche Güter auch mit sehr unterschiedlichen Verfahren hergestellt werden und somit sehr unterschiedliche Kohlenstoffgehalte aufweisen: Die Menge der eingesetzten Energie hängt davon ab, wo sie produziert und/oder wohin sie transportiert wird; die Qualität der eingesetzten Energie bezieht sich auf den Primärenergieträger (Gas oder Kohle), auch wenn die eingesetzte Endenergie dieselbe ist" (Bueb et al. 2017, 65, Ü).

In einem Gespräch mit dem Verfasser am 26.9.2020 führte Manuela Troschke zur Problematik von Emissionszöllen aus: (1) Die Bepreisungsgrundlage im Inland sind die realen Emissionen, die Bepreisungsgrundlage für Importe aber muss der CO_2-Gehalt der Güter sein, da die realen Emissionen nicht bekannt sind. Dieser CO_2-Gehalt der Importe muss unter Annahmen über die verwendete Technik geschätzt werden, da auch die tatsächlich verwendete Technik nicht bekannt ist. Da diese nicht bekannt ist, muss zur Schätzung im Grunde die beste verfügbare Technik angenommen werden, um Diskriminierung auszuschließen, welche zu Beschwerden bei der WTO führen würden. Schmutzige Produzenten mit alter Technologie hätten also immer noch Kostenvorteile, und zudem unter ansonsten gleichen Umständen keine Anreize zu Investitionen in neue saubere Technik.

(2) Die Preisfindung im Inland findet nun aber (neben den fixen Kosten der EEG-Umlage) für die in den Emissionshandel einbezogenen Unternehmen über den Emissionshandel EU-ETS statt – die Preise für dort emittiertes CO_2 waren bereits in der Vergangenheit oft recht volatil, um nur eines der größeren Probleme zu nennen. Eine angedachte Grenzbesteuerung (*border tax*) kann aber nicht volatil sein. Die Systeme passen nicht zusammen.

(3) Die Entlastungen und Ausnahmen für inländische Produzenten müssten zurückgenommen werden, da diese bei Bepreisung der ausländischen Produzenten nicht mehr gerechtfertigte Subventionen wären. Allerdings entsteht die Frage, um wie viel diese Subventionen zu mindern wären, denn der „schmutzige" ausländische Produzent hat immer noch

einen Kostenvorteil, den man aber aufgrund unbekannter Technik und unbekannter Emissionen nicht kennt.

Man könnte diesen Fragenkatalog zu Sektoren, potenziellen Ausnahmen von Ländern oder Produkten, Grenzwerten, ab denen eine Belastung erfolgen sollte, zu erwartenden Ausweichreaktionen, zu Fragen, ob das Schwergewicht auf die Energieintensität oder Handelsbetroffenheit gelegt werden soll, ob Handelskriege zu erwarten sind, in welchen Abständen technische Updates zu den Emissionen erfolgen sollen, wie man Verteilungswirkungen durch teurere Importe für weniger Wohlhabende abfedern könnte usw. seitenlang weiterführen. Zahlreiche Zielkonflikte treten auf: Je niedriger die Aggregationsstufe ist, am besten natürlich auf der Ebene einzelner Unternehmen und Produkte, desto aufwendiger und komplexer würden die in dieser Form wohl unrealistischen Erhebungen. Je höher die Aggregation ausfällt, z.B. auf Basis von Branchen- oder Länderdurchschnitten, desto angreifbarer (über die WTO) und „ungerechter" fielen dann die Regelungen aus und der zu erwartende Vorwurf des Protektionismus würde lauter.

Ein einfach zu etablierender „Mechanismus" ist ein CAM sicher nicht und er würde bei Anwendung in der notwendigen Höhe zur Vermeidung von Wettbewerbsverzerrungen zu erheblichen „Disruptionen" in den Handels- und Lieferketten führen.[169] Nebenbei bemerkt: Das grüne Paradox würde dadurch nicht behoben, da durch einen konsequenten CAM eine Senkung der Öl-, Gas- und Kohlenachfrage erfolgen dürfte, die zu einer Preissenkung auf dem Weltmarkt und zu ihrer erhöhten Nachfrage als Energieinput bei Produkten führt, und diese gingen nicht in die EU mit ihrem CAM ein.

Wahrscheinlich beträfe eine CAM-Belastung viele Produkte aus Schwellen- oder Entwicklungsländern (BRICS), denen man ansonsten in solchen Dingen eher mit Entgegenkommen begegnet. Würde man hier konsequent vorgehen (können), da eine Importsteuer ihre Exporte träfe? Nimmt man die am wenigsten entwickelten Länder vom CAM aus, so dürfte es auch zu einem regen Karussellhandel kommen, indem Produkte von Land A, die für Land C bestimmt sind, zuerst in Land E (Entwicklungsland) gehen und dann in Land C exportiert werden.

Die entwicklungspolitische Frage weist auf eine seit langem bestehende Inkonsequenz hin: Im Zuge der „Hyperglobalisierung" unterstützte man

---

[169] Zur konkreten Berechnung zu erwartender Preisveränderungen siehe https://www.bcg.com/en-gb/publications/2020/how-an-eu-carbon-border-tax-could-jolt-world-trade.

von Seiten der Industrieländer Produktionsverlagerungen (*outsourcing*) in Schwellenländer so weit wie möglich. Deren Wettbewerbsvorteil bestand meist darin, dass vor Ort den mittlerweile vorgestellten hehren 17 Zielen der UN zum Arbeitsschutz, zu Umweltbelastungen usw. weniger Beachtung geschenkt wurde als in den Industrieländern. Jetzt steht die Schubumkehr mit Co-Benefits, Klimakompensationsprojekten und möglicherweise CAM an.

Die Erde sähe anders aus, wenn die Industrieländer sich vor 50 Jahren, als die Umweltkrise erkennbar wurde, entschlossen hätten, andere Welthandelsabkommen und eine „grüne Globalisierung" anzustreben, indem man aus Schwellen- und Entwicklungsländern nur – ökologisch gesehen – Best-Practice-Produkte importiert und sie nicht in Verschuldungskaskaden gelockt hätte, an denen sie natürlich eine Mitschuld trifft.

Natürlich wäre ein CAM der freiwilligen Zuteilung vorzuziehen, da er dem Verursacherprinzip entspräche, öffentliche Einnahmen generierte, man die am wenigstens entwickelten Länder ausnehmen und sich realistischerweise (zunächst) auf Stahl, Zement und wenige Chemikalien beschränken könnte. Um dem Einstimmigkeitsprinzip bei Steuerregelungen in der EU zu entgehen, könnte man die Teilnahme am EU-ETS am besten ohne Veränderung der Gesamtmenge (*Cap*) vorschreiben, so dass ausländische Unternehmen nicht gegenüber denen der EU benachteiligt würden und inländische Exporteure – sofern man den Exportausgleich für unumgänglich halten sollte – nur einen Ausgleich in Höhe der produktbasierten Benchmarks wie beim EU-ETS erhielten.[170]

Doch die klimapolitische Uhr ist fast abgelaufen, für eine tastend-graduelle Vorgehensweise ist eigentlich keine Zeit mehr, wie sich bei Untersuchung der IPCC-Berichte zeigen wird. Es gibt eine überhaupt nicht nachhaltige Weltarbeitsteilung und man denkt über Maßnahmen wie den CAM nach, der mit komplexen Regelungen verbunden wäre, sofern er überhaupt im Rahmen der bestehenden internationalen Rechtsbestimmungen und Wirtschaftsbeziehungen in einer wirksamen Variante zur Vermeidung von Wettbewerbsverzerrungen und Verlagerungen bei einer CO_2-Bepreisung von über 100 Euro oder mehr realistisch ist. Die Schwierigkeit der Ausgestaltung eines CAM dient Interessengruppen als ideales Argument für das Weiterbestehen der freien Zuteilung beim EU-ETS und gegen die Einführung einer zusätzlichen Kohlenstoffsteuer. Aus einem Gutachten des Wissenschaftlichen Beirates beim Bundesministerium für

---

[170] Siehe Carbon Market Watch (2020b) mit den Argumenten für eine solche Ausgestaltung.

Wirtschaft und Energie gehen die vielen Probleme eines CAM hervor (BMWi 2021). Den Autoren fällt letztlich nicht mehr als die Schaffung eines Klimaclubs v.a. mit den USA, Australien und Kanada ein, Länder, die nicht gerade durch klimapolitische Höhenflüge auffallen.

Mit Hache (2019),[171] der auch einen guten Überblick über die weltweit praktizierten Emissionshandelssysteme und die Entwicklung des EU-ETS bietet, sollen noch einmal kurz wesentliche Schwachstellen des Emissionshandels erwähnt und darüber hinausgehend der Emissionshandel als solcher, also auch unabhängig von der Frage, ob es sich um eine Insel- oder eine weltweite Lösung handelt, infrage gestellt werden. Hache weist zunächst auf die rund 23 Mrd. Euro an *windfall profits* zwischen 2008 und 2014 hin, die Unternehmen im EU-ETS durch kostenlose Zuteilung zufielen, und darauf, dass Betrug leicht gemacht wurde und auch die CER-Preise aus CDM-Projekten viele Jahre bei wenigen Euro lagen.

Neben diesen ggf. behebbaren Punkten sieht er *grundsätzliche* Schwächen bei marktbasierten Emissionshandelssystemen! Die Verrechenbarkeit von Emissionen müsse zwangsläufig geographisch spezifische Faktoren und regionale ökologische Wirkungskreisläufe ausklammern, auf die es aber neben den globalen Klimawirkungen genauso ankomme.

Wenn alles über Preiserhöhungen und nicht z.B. über Quotierungen laufe, sei Verteilungsungerechtigkeit vorprogrammiert, da sich Betuchtere die dann teureren Flugreisen nach wie vor leisten könnten, andere nicht. Höhere Stromkosten tragen die Mieter.

Beim Klimawandel gehe es auch um nichtlineare Prozesse, denen man durch einfache Formeln wie dem Reduktionsfaktor des EU-ETS nicht beikommen könne. Da die THG teilweise über mehrere Jahrzehnte oder sogar Jahrhunderte in der Atmosphäre verbleiben und sich nur langsam abbauen, sind die Zeiträume der Reduktionspläne und v.a. die Planungshorizonte der Beteiligten (Unternehmen) viel zu kurz.

Die Abdiskontierung der Zukunft bei Kosten-Nutzenrechnungen sei fraglich, da zukünftige Generationen, sofern es sie geben wird, hiermit sicher nicht zufrieden sein werden und die eingesetzten Werte arbiträr seien. Es frage sich überhaupt, warum der Zukunft ein geringerer Wert eingeräumt werden sollte als der Gegenwart. Auch könnten zukünftige Generationen auf den Zertifikatmärkten nicht mitbieten und dies bedeute zwangsläufig eine Verzerrung.

---

[171] Siehe auch Hache (2020a) und (2020b).

Des Weiteren sei die Gleichsetzung und Verrechnung der Gase aus fossiler Verbrennung und des in Pflanzen und Bäumen gebundenen Kohlenstoffs unzulässig, weil die THG durch fossile Verbrennung auf jeden Fall in der Atmosphäre verbleiben, der gebundene Kohlenstoff beispielsweise in Bäumen wegen möglicher Abholzung aber nur temporär gebunden sein mag.

Durch den Emissionshandel sei dem Problem, dass der Anteil der formalen Ökonomie am biophysischen Zusammenspiel des Planeten zu hoch sei, nicht angemessen beizukommen. Dem ganzen Emissionshandel läge implizit die Prämisse zugrunde, dass Wirtschaftswachstum weiterhin möglich sei und es nur auf eine angemessene Aufteilung des Kuchens und eine gewisse Veränderung der Kochrezepte und neue Technologien ankomme, deren deutlich geringerer CO_2-Ausstoß die Vergrößerung des Kuchens schon auffangen könne. Überhöhte Hoffnungen in technische Lösungen und Fähigkeiten hätten schon öfter katastrophal geendet.

Die Teilnehmer internationaler Klimaverhandlungen verhielten sich wie Passagiere auf der Titanic, die um die Kostenaufteilung bei der Besetzung der Rettungsboote stritten. Die bei fast allen Klimakonferenzen als unabdingbar angesehenen und einberechneten Sequestrierungen seien als Langfristlösung sehr fragwürdig: Kann CO_2 unterirdisch wirklich über Jahrzehntausende eingefangen werden? Zusätzliche (auch freiwillige) Kompensationen dürften insgesamt eher zu mehr als weniger Emissionen führen, da meist die Zusätzlichkeit in Frage stehe und so eine klar definierte Kappung der Gesamtmengen umgangen werde.

Im Anschluss an das leider nicht übersetzte Buch von Bouleau (2018) und weitere Fachliteratur begründet Hache (2019, 41-49), warum Märkte Knappheit im Klimabereich nicht richtig erfassen können und entsprechende Märkte nicht zu Kosteneffizienz bei THG-Emissionen führen. Es geht hierbei nicht nur darum, dass der betreffende Derivatebereich destabilisierend auf die Preise wirken kann. Angesichts stark schwankender (Öl-)Preise wie nach dem Ausbruch von Corona werden wegen der starken Schwankungen (Volatilität) keine klaren längerfristigen Preissignale für die Akteure ausgesandt. Dies würde sich auch nicht durch eine (z.B. prozentuale) CO_2-Steuer ändern.

In Ergänzung zu Hache: Anders wäre dies bei einer variablen Steuer, die vom Gesamtpreispfad abhängt und dazu dienen könnte, bei schwankenden Marktpreisen dafür zu sorgen, dass der geplante vorgezeichnete Preispfad eingehalten wird. Dem steht natürlich das Argument entgegen, dass hiermit jegliche Flexibilität geopfert würde. Bei einem Konjunktureinbruch wären relevante Inputpreise wie Energie dennoch gleich teuer und durch Preissenkungen könnten die Rezessionsfolgen nicht gedämpft werden. Dem könnte durch eine BIP-Indexierung begegnet werden: Wenn das BIP um einen mehr oder minder erheblichen Prozentsatz sinkt, passt sich der Preispfad (kurzfristig) an. Allerdings schwächt dies den klaren und vorhersehbaren Preistrend und ist für alle, die eine Senkung des BIP für nötig halten, wenig ansprechend.

Eine andere Variante wäre, bei Festhalten am Preispfad besonders betroffenen Unternehmen Ausgleichssubventionen zu zahlen, was natürlich Begehrlichkeiten wecken und zu neuen Abmachungen und Verteilungskämpfen führen würde. Eine harte Lösung bestünde darin, die Flexibilität nach dem Motto, wo im Sinne des Klimaschutzes gehobelt wird, fallen leider Späne, hintanzustellen, um dem Klimaschutz Vorrang einzuräumen, auch wenn dies mit an sich bedauerlichen Kollateralschäden wie Unternehmenspleiten verbunden wäre. Die Marktstabilitätsreserve des EU-ETS kann als ständiger Herumbastelversuch interpretiert werden, um diesen Zielkonflikten zu begegnen.

Doch kommen wir wieder zurück zu Haches Analyse. Er stellt folgenden Effekt vor: Zunächst finden Innovationen wie die im Bereich der regenerativen Energien statt, die durch geringere Nachfrage von Rohstoffen zu Preissenkungen z.B. des Erdöls führen. Irgendwann findet aber eine Überkompensation statt, so dass der Erdölpreis steigt, da die Knappheits- die Innovationskomponenten überwiegen. Zuerst, so schreibt Hache, träten daher über längere Zeiträume zu niedrige Preise auf, die dann plötzlich erheblich anzögen. Spätestens zu diesem Zeitpunkt trete regulatorische Unsicherheit darüber auf, ob die Politik genug Standfestigkeit zeigen könne, um die Folgen steigender Preise und sinkender Wachstumsraten zu tragen. In der Finanzkrise 2008ff. hat sich u.a. mit den Bankenrettungsschirmen gezeigt, dass die Politik diese Standfestigkeit nicht hatte, was bei Ökonomen unter dem Stichwort der Zeitinkonsistenz diskutiert wird. Überhaupt müsste jetzt schon der CO_2-Preis zwischen 40 und 80 Euro liegen, um über das Instrument des Emissionshandels und nicht nationaler Zusatzmaßnahmen wie der des deutschen Erneuerbaren Energiegesetzes eigenständig zu Technologiewechseln beizutragen.

Die meisten Instrumente des (inter)nationalen und europäischen Klimaschutzes verdankten sich einer fragilen Allianz, bei der (eher) linke und bunte Klimaschützer, liberale Befürworter von Märkten, Unternehmensvertreter (*green business*) und wachstumsorientierte Politiker eine unselige große Koalition eingingen, um niemandem richtig weh tun zu müssen. Selbst der EU-ETS ist nach Hache schlechter (und nicht wie sicher erwartet: besser) als gar keine Regelung, da man angesichts der Umweltzerstörung auf der politischen Bühne nicht nichts tun könne und hiermit ein undurchschaubares Instrument erschaffen habe, das allerdings keinesfalls *das* zentrale weltweite Instrument der Klimapolitik sei, als das es in der EU neben anderen Maßnahmen stets herausgestellt werde.

Stattdessen, und diese Einschätzung wird vom Autor dieser Zeilen geteilt, solle man stärker auf Instrumente des Ordnungsrechts setzen. Dieses habe z.B. beim Montreal-Protokoll durch ein schlichtes Verbot u.a. von FCKW seine Wirkung bewiesen. Klare Begrenzungen und Regeln müssten eingeführt werden, bis hin beispielsweise zum Verbot von Plastiktüten. Man könnte ohne Ausweichkompensationen bestimmte Mengen z.B. des Flugverkehrs klar und für jedermann verständlich deckeln und bestimmte technische Anforderungen an Industrieanlagen und absolute Verschmutzungshöchstmengen bei Kraftfahrzeugen usw. festsetzen.

Schließlich fragt Hache mit Blick auf die ethisch-moralische Komponente, ob wir es eigentlich richtig fänden, wenn auch Strafpunkte bei Verkehrsvergehen einem Punktetausch und -aufkauf unterliegen würden, um die Vermeidungskosten bei Übertretungen zu minimieren.

Die Skepsis gegenüber Emissionshandelssystemen reicht mittlerweile bis weit ins Lager des beratenden und wissenschaftlichen Mainstreams, der nach wie vor meint, eine Wachstumsgesellschaft ließe sich mit klugen Ökoreformen nachhaltig gestalten. Cullenward und Victor (2020, ähnlich Jaccard 2020) seien hier als Beispiel für Autoren angeführt, die der Meinung sind, zunächst viel zu niedrige Zertifikatpreise, die dann in die Höhe schießen, in Verbindung mit starken Preisschwankungen und anderen Schwächen, seien aus Gründen der vorherrschenden Logik politischer Prozesse unvermeidbar und aus der zugrunde liegenden Politikdynamik zu erklären. Politiker bevorzugten verdeckte Kosten und sichtbare Aktionen, die hohe Endrechnung würde auf das Ende hin verschoben und dann womöglich weiter zu prolongieren versucht.

Jeder Sektor habe außerdem einen eigenen Stand der Technologie. Um nicht bestimmten energieintensiven Sektoren den Garaus zu machen, könnte daher die Kappung insgesamt nicht allzu hoch ausfallen. Ausnahmen, die auch aus Gründen der Wettbewerbsfähigkeit eingeführt würden, seien schon immer Einfallstore für gut organisierte Lobbys. Stattdessen solle man weniger den „Marktkräften" überlassen und lieber gezielte direkte ökologische Industriepolitik betreiben – am besten in einer Koalition der willigen Staaten. Man sollte nicht auf möglichst umfassende Rege-

lungen aus sein, die nur auf den kleinsten gemeinsamen Nenner hinausliefen. Damit die Produzenten innerhalb der Koalition der Willigen keine
Wettbewerbsnachteile gegenüber den Unwilligen außerhalb hätten, müssten Ausgleichszölle erhoben werden. Anstelle eines Handelssystems sollten Steuern bevorzugt werden, die klare Preiskorridore signalisieren.

Auch aus einem anderen Blickwinkel werden der Zertifikathandel und
insbesondere nicht weltweit geltende Emissionshandelsmodelle mit grundsätzlicher Skepsis betrachtet.

> „Ob wir das Klima retten, wird nicht von Angela Merkel, der EU-Kom-
> mission oder uns Verbrauchern bestimmt, sondern von den Eigentümern
> der fossilen Kohlenstoffvorräte in der Erde. Der iranische Präsident
> Mahmud Ahmadinejad, der kolumbianische Präsident Hugo Chavez,
> die arabischen Ölscheichs und Putins Oligarchen sind die wahren
> Klimamacher. Sie bestimmen, wie schnell die Erderwärmung fortschrei-
> ten wird, und haben damit das Schicksal der Menschheit in der Hand"
> (Sinn 2008, 15).

Obwohl einige der erwähnten Autokraten durch andere ersetzt wurden,
ist das Problem treffend umrissen, zumal die Liste nicht vollständig ist.
Folgendes Schaubild verdeutlicht das Problem, wobei die schwarzen
Rechtecke über Null den bisherigen Verbrauch seit Beginn der industriellen Revolution, die helleren Bereiche den Zusatzverbrauch bis zum Ende
des Jahrhunderts in einem *Business-as-usual*-Szenario angeben. Ihnen
zur Seite stehen noch ungeheure, selbst bis dahin noch nicht geförderte
Mengen:

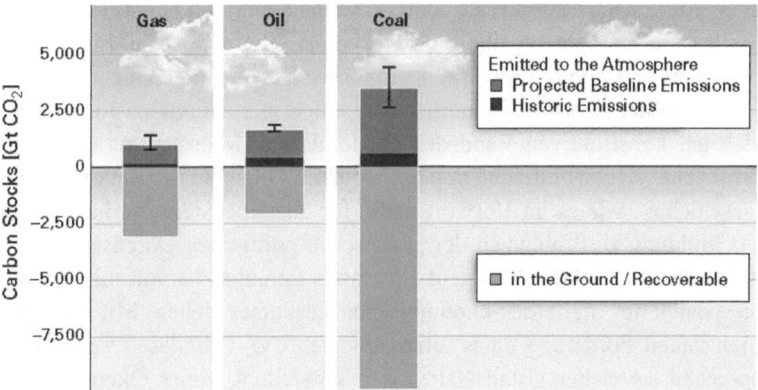

Gollier/Tirole 2017, 169.

Sinn legt bei den nicht-globalen Abkommen (z.B. EU-Abkommen) den Finger in die Wunde:

> „Mit unserer Energiesparpolitik können wir das weltweite Angebot an Kohlenstoff nicht aushebeln. Wir mindern lediglich partiell die Nachfrage und verringern dadurch den Anstieg der Weltmarktpreise, mehr nicht" (2008, 15).

Aber warum sollten wir nicht fix auf grüne Technologien umsteigen und alles wird gut?

> „Bedrohen wir die Ressourcenbesitzer mit einer immer grüner werdenden Politik, die ihnen das zukünftige Geschäft kaputt macht, kommen sie der Bedrohung zuvor und fördern ihre Bodenschätze nur noch schneller. Statt den Klimawandel zu bremsen, beschleunigen wir ihn. Das ist das grüne Paradox" (ebenda, 15).

Was aus dieser Vermutung folgt, wird im abschließenden Kapitel dieses Buches diskutiert.

Neben dem Emissionshandel gibt es von Seiten der Wirtschaftswissenschaften vor allem ein weiteres Steuerungsinstrument, nämlich die *Erhebung von Steuern auf Kohlenstoff*. Hier soll eine avancierte Variante vorgestellt und kritisch beleuchtet werden, die auch die Schwächen von Steuerlösungen berücksichtigt und darüber hinausgehend von rein ökonomischem Denken in Modellen, die durch raffiniertes Design den egoistischen Eigennutz der Beteiligten unterlaufen und klimapolitisch einzuspannen vermögen. Die Erörterung konzentriert sich – auch zwecks Begrenzung der Literaturliste – auf die Beiträge eines einzigen Buches (Cramton et al. 2017; siehe carbon.price.com). Es enthält zum Teil bereits an anderer Stelle veröffentlichte Artikel von Ockenfels, Stiglitz, Tirole, Edenhofer, Nordhaus und Tobin. Eine Frau ist in diesen Buchbeiträgen nicht dabei.

Es handelt sich um Ökonomen, die einen internationalen Ruf haben, sich am konstruktiven Rand des ökonomischen Mainstreams befinden, drastische THG-Minderungen beim ‚größten Dilemma der menschlichen Geschichte', wie es im Vorwort heißt, für überlebensrelevant halten und Tuchfühlung zu Problemen der praktischen politischen Durchsetzbarkeit haben. Aus ihren Beiträgen geht ein ernstes Bemühen hervor, mit dem sie an avancierter Stelle des ökonomischen Diskurses stehen. Mit ihrer gemeinsamen Forderung eines internationalen CO_2-(Mindest-)Preises entsprechen sie sicher grundsätzlich der Vorstellung vieler Ökonominnen und Ökonomen, die dies für den effizientesten Weg zur THG-Minderung halten.

Von Kyoto bis zum Pariser Abkommen wurde ihrer zutreffenden Ansicht nach Trittbrettfahrerverhalten belohnt und das *Common-pool*-Dilemma der THG-Anreicherung in der Atmosphäre nicht gelöst, da keine Vertrauensbildung erfolgen konnte. Es fehlte v.a. an reziproken, alle verpflichtenden Vereinbarungen als Voraussetzung für erfolgreiche menschliche Kooperationsbeziehungen, u.a. da Aussteiger nichts zu befürchten hatten und man einigen Ländern durch Anrechnungen (heiße Luft) weit entgegenkam. Beim Kyoto-Protokoll mussten viele Länder überhaupt keinen Beitrag leisten oder bekamen wie Russland Beitrittsgeschenke. Nach langem Hin und Her wurde zunächst eine Begrenzungsmenge festgelegt, um die dann ein Verteilungskampf entbrannte, der zu einem rationalen „Wartespiel" führte: „Verpflichtest du dich mehr, muss ich weniger beitragen". So konnte es nach Ansicht der Autoren nur zu einem „egoistischen Gleichgewicht" (Minimalsenkungen) kommen.

Beim Pariser Abkommen fehlte von Anfang an ein numerisches Oberziel und auch die Verpflichtung auf ein unverbindliches 2-Grad-Ziel. Stattdessen konnte jede Partei beliebig angeben, was sie zu mindern gedenke. Dementsprechend lau fielen die Zusagen aus. Diese Grundsatzkritik leuchtet sicher auch mathematisch ungeschulten Menschen ein. Es sei überraschend, dass sich die „Weltgemeinschaft" jahrzehntelang auf diese Holzwege einließ und einlässt. Doch wie könnte man es besser anstellen? Die Ökonomen versprechen, dass durch ihren Gestaltungsvorschlag ‚selbst absolute Egoisten wie Heilige kooperieren werden', sofern man die Zielfestlegung, die Lastenverteilung und die Durchsetzung und Sanktionierung clever und smart angeht und sich die Beteiligten nicht mehr in einem nicht-kooperativen Gefangenendilemma befinden, durch das sie sich alle gegenseitig schädigen.

Da einige der Ökonomen auch im Bereich Marktdesign und Spieltheorie unterwegs sind, geben sie das Beispiel eines Spiels, bei dem 10 Personen mit 10 Euro aufgefordert werden, einen bestimmten Betrag in den Topf zu tun, der dann gleich unter den 10 Teilnehmern aufgeteilt wird. Bei Annahme des rationalen Egoisten würde sich im Topf am Ende nicht ein einziger Euro oder zumindest nur sehr wenige befinden. Das sei ungefähr der Modus des Kyoto-Protokolls und des Pariser Abkommens. Wie aber ginge das Spiel aus, wenn jeder zwischen einem und 10 Euro einzahlen könnte, der Spielleiter aber schließlich nur einen Betrag in den Topf legte, der der Mindesteinlage eines der Spieler entspräche *und* die Spieler dann das Doppelte des (Mindest-)Einlagebetrages erhielten?

Dann würden alle Spieler, da sie nicht mehr als andere zahlen würden, den Maximalbetrag einzahlen. Hinzu kommt die Verdoppelung der eingelegten Beträge, deren Ursprung zu Beginn etwas nebulös ist; ‚by natural climate benefits', so auf Seite XII des Vorwortes. Ohne Veränderung der „menschlichen Natur" oder des – zumindest was die globale Kooperation angeht – an sich geringen umweltpolitischen Willens käme man durch die Regel „I will, if you will" von Null auf das mögliche Maximum.

Praktisch wird dieses Wunder über die Festlegung eines klaren *focal point*, in diesem Fall eines globalen Kohlenstoffpreises, erreicht, der leicht zu verhandeln und fair sei, weil reziprok und dem Verursacherprinzip entsprechend. Er wäre weniger betrugs- und lobbyanfällig auch im Vergleich zu gekappten Handelssystemen. Deutlich geringer würden auch die administrativen (Transaktions-)Kosten ausfallen. Es geht hier um einen Mindestpreis, da die Länder sich auch eigenständig höhere Preise verordnen können.

Ein wesentliches Argument pro Mindestpreis und contra THG-Emissionshandelssysteme besteht nach Meinung der Autoren in der Ausschaltung des Faktors „Unsicherheit" bezüglich zukünftiger Preisentwicklungen, wie z.B. beim bestehenden EU-Emissionshandel, bei dem es zu unvorhersehbaren, größeren Preissprüngen kam. Sollten die Preise plötzlich erheblich steigen, trete das Zeitinkonsistenzproblem auf, das man z.B. beobachten konnte, als die Nichtbeistandsregel des EU-Vertrages (No Bail-Out) in der Finanzkrise beiseitegeschoben wurde: Da hohe Emissionspreise ganze Industriezweige in die Knie zwingen könnten, lässt man entgegen vorheriger Vereinbarungen temporäre Ausnahmen zu und der Staat reicht seine helfende Hand – so die Befürchtung.

Dieser von den Autoren geforderte, in allen Ländern einheitlich durchgesetzte Kohlenstoffpreis ist nicht zu verwechseln mit einem einheitlichen Steuersatz, der angesichts sehr unterschiedlicher bisheriger Umweltpolitiken zu stark voneinander abweichenden „nationalen" Kohlenstoffpreisen führen würde. Ein wesentliches Zusatzargument für ihre Variante besteht in der Akzeptanz einer – zwar ökonomisch gesehen nicht unbedingt effizienten – Lösung durch die Zubilligung von Freiräumen für die Teilnahmeländer. Sie seien aus realpolitischer Einsicht für den Erfolg des Vorschlages nötig. So steht es, als Besonderheit ihres Vorschlags, den Ländern frei, ob sie den einheitlichen (Welt-)Preis über das Ordnungsrecht (Ge- und Verbote), allgemeine oder selektive Steuern, Emissionshandelssysteme oder andere Instrumente durchsetzen.

Auch dürfen die Länder(gruppen) die anfallenden Einnahmen behalten, anstatt z.b. für Zertifikatkäufe bezahlen zu müssen. In der länderspezifischen Summe müssen die Kohlenstoffpreise also dem festgelegten Mindestpreis entsprechen, und zwar nicht jedes Jahr, sondern durchschnittlich in gewissen, wenngleich nicht allzu langen Zeitintervallen. Auch ist mehr Flexibilität durch die Möglichkeit des Ankaufs von Berechtigungen andere Länder möglich, deren Preis über dem Mindestpreis liegt.

Ungefähr alle fünf Jahre müsste der Preis angesichts der ökonomischen und ökologischen Entwicklung angepasst werden. Einige der beteiligten Ökonomen halten auch zur Motivation der Bevölkerung und aus verteilungspolitischer Sicht eine Bürgerdividende für zielführend, bei der die Einnahmen pro Kopf ausgezahlt würden. Oder aber der Staat benutzt die Einnahmen zielgerichtet, um das Wirtschaftswachstum zu fördern.

Natürlich werden einem ambitionierten Kohlenstoffpreis v.a. die Schwellen- und Entwicklungsländer (SEL) nicht zustimmen. Hier kommt ein *Green Climate Fund* ins Spiel, um einen höheren Preis für fossile Brennstoffe auch bei ihnen durchsetzen zu können. Wäre dieser zu bescheiden ausgestattet, würden die SEL nur einem niedrigen Preis zustimmen. Wären die Lasten durch den Fonds zu hoch, spielten die entwickelten Länder nicht mit. Es gelte also, einen Mittelweg zu finden, der am besten von *Midway*-Ländern festzulegen sei, d.h. solchen, die ungefähr gleich durch den Mindestpreis belastet und durch den Fonds entlastet würden.

Sie hätten den „Generositätsfaktor" festzulegen, d.h. wie viele Euro bekommen die SEL an Unterstützung für eine Tonne des dann teureren Kohlenstoffs, der sich in den Endprodukten niederschlägt. Und bessere Luft usw. gebe es schließlich auch für sie noch obendrein. Generell dürfe kein Konsensprinzip, sondern es müsse ein (qualifiziertes) Mehrheitsentscheidungsverfahren zum Einsatz kommen, auf das man sich zu Beginn einigen müsste. Am erfolgreichsten dürfte es ihrer Ansicht nach sein, zuerst über den Fonds und dann in einem separaten zweiten Schritt über den Preis entscheiden zu lassen.

Am einfachsten wäre es natürlich, die Länder, deren CO_2-Verbrauch über dem des Durchschnitts liegt, den Fonds bestücken zu lassen. Aber das wäre wohl angesichts zu erwartender Widerstände der entwickelten Länder schwer durchsetzbar. Überhaupt plädieren einige der Ökonomen vorerst für eine „Koalition der Willigen" (Nordhaus 2015) von ungefähr 30-40 der am stärksten emittierenden Länder, da eine unmittelbare weltweite Lösung wohl doch eher unrealistisch sei. Aber es wird auch ein Weltklimarat mit einem „Ein Land, eine Stimme"-Prinzip angedacht.

Bei einer solchen Clublösung mit einer begrenzten Teilnehmerzahl und mutig anziehendem Kohlenstoffpreis tritt natürlich das Leakage-Problem auf: Die Produktion würde ins Ausland verlegt und die Konsumtion auf billigere Importe verlagert. Daher bedarf es nach Meinung der meisten beteiligten Diskutanten einer Importbesteuerung (*cross-border tax sanctions*), die Stiglitz schon früher forderte (2006a, Kapitel 6, 2006b und 2017). Deren Umsetzungsprobleme wurden bereits weiter oben angesprochen und werden gleich noch einmal aufgegriffen.

Entscheidend für diese Vorschläge sind natürlich auch die Hausnummern: Wie hoch sollen beispielsweise der Einstandspreis und die Einzahlungen in den Fonds und wie merklich sollte die Importsteuer ausfallen? Meist werden im Buch keine konkreten Zahlen genannt. Nordhaus liegt mit 25 US-Dollar und einer 2%igen Importsteuer am unteren Ende, Stiglitz nennt 80-100 US-Dollar und schlägt 20% der Einnahmen der reicheren Länder zur Befüllung des Fonds vor.

Da Investitionen oft auf Jahrzehnte hinaus geplant werden, kommt es nach Ansicht einiger der an dieser Diskussion beteiligten Ökonomen auch darauf an, klare Preissignale über einen längeren Zeitraum auszusenden. Dazu werden Formeln vorgeschlagen, welchem Preispfad zu folgen sei.

Ohne Frage ist die Schwachstellenanalyse bisheriger internationaler Vereinbarungen durch die Ökonomen zutreffend. Inwiefern beendet ihr Vorschlag aber durch eine bloße Veränderung des Procederes und der Gestaltung des „Spiels" im Rahmen der bestehenden mentalen Egoismen, der vorherrschenden politischen Entscheidungsträger und -strukturen und jenseits aller Interessen- und Machtverhältnisse die Zaghaftigkeit bisheriger Abkommen? Die Autoren gestehen zu, dass es sich nicht um einen wasserdichten und logischen Vorschlag handelt, sondern um eine Zusammenstellung plausibler Argumente.

Ihrer Kritik an den bisherigen Verhandlungsformaten ist voll zuzustimmen. Es ergeben sich aber einige Fragezeichen hinsichtlich Plausibilität und Durchsetzungschancen ihres Vorschlags. Zunächst kann man aus der Sicht Pluraler Ökonomik (Staveren 2015) bezweifeln, dass es eine transhistorisch gültige egoistische „Rationalität" in Form rein eigeninteressierten Verhaltens gibt nach dem hier zugegebenermaßen zugespitzt formulierten Motto „Zahlen sollen, wenn möglich, die anderen und ich hole für mich das Maximum heraus, selbst wenn nach mir die Sintflut kommt". Sogar einige führende Spieltheoretiker sind sich nicht sicher, ob dieses Rationalitätsprinzip als universell zutreffend unterstellt werden kann. Außer Frage steht allerdings, dass dies im heutigen sozialen, kulturellen und institutionellen Sozialisationsumfeld die vorherrschende Denkform ist, die nicht zuletzt durch die wirtschaftswissenschaftlichen Verhaltensannahmen und die Anlage der Klimaverhandlungen zementiert wird.

Wie würde das zu Anfang angeführte Spiel mit Berücksichtigung nur des geringsten Angebots durch den Spielleiter ausgehen, wenn es nicht auch zu einer Verdoppelung der Einsätze käme? Würde man sich dann auch in Richtung Maximum bewegen? Man würde von Ökonomen eigentlich etwas nähere Auskünfte erwarten, woher der Geldsegen kommt. Wenn die Länder weitgehend freie Hand bei den Instrumenten und der Verwendung der Einnahmen haben, wie kann ohne großen bürokratischen Aufwand verhindert werden, dass die Länder zwar den entsprechenden Kohlenstoffpreis erheben, ihre Industrien aber durch verdeckte Subventionen „kompensieren"? Zwar wird vorgeschlagen, bei der Berechnung der nationalen Durchschnittspreise die Subventionen in Abzug zu bringen. Aber dann wird ein Streit darüber entbrennen, was unter Subventionen fällt und was nicht, eine Debatte, die man aus Deutschland kennt.

Einige Autoren verweisen darauf, dass man mit den Einnahmen das Wachstum unterstützen könnte, womit die THG-Bepreisung durch andere Umweltbelastungen unterlaufen werden könnte, oder dass z.B. dank erhöhter Kaufkraft durch die Bürgerdividende kohlenstoffintensive Produkte aus dem Ausland bezogen werden könnten (sofern es zu keiner Importsteuer kommt).

Wenn es einfacher ist, einen *focal point* in Form eines Mindestpreises zu erheben, wieso ist es dann über Jahrzehnte in der EU nicht gelungen, angesichts des Zertifikatpreisverfalls einen Mindestpreis beim Emissionshandel zu etablieren? Wäre ein von den Naturwissenschaften vorgegebener Cap mit der fixen Regel der Minderungsverpflichtungen pro Kopf der Teilnehmer nicht auch ein *focal point*, der mit einem *Green Fund* kombinierbar wäre? Wo der Wille fehlt, hilft womöglich das beste Verhandlungsdesign nichts.

Die Autoren geben zu, dass der *Green Fund*, bei dem weitgehend offenbleibt, wofür die Länder die ihnen zufließenden Mittel verwenden dürfen, ihrem Vorschlag etwas die erwünschte Einfachheit und Simplizität raubt. Sie räumen ein, dass nicht verklausulierte, transparente Geldtransfers politisch schwer durchzusetzen sind. Woher kommt ihre Zuversicht, dass einem Weltklimarat mit Mehrheitsentscheidungen zugestimmt wird oder man *Midway*-Ländern unter einem Schleier des Nichtwissens ihrer Entscheidung das Mandat überträgt und ihre Entscheidungen dann als bindend anerkennt? Und wie kann man sicherstellen, dass diese Länder den Preis so festlegen, dass das 2-Grad-Ziel noch erreichbar ist?

Sollte man einer einfachen Zahlungsregel folgen, wird es bei der heutigen Einstellung sicher zu Streit hervorrufendem Vermeidungsverhalten kommen. Müssen alle Beteiligten 20% ihrer Bepreisungen zur Absicherung des Kohlenstoffpreises in den Fonds einzahlen, werden einige Akteure mit Sicherheit versuchen, ihre Einnahmen zumindest bilanziell zu senken, indem z.B. auf ordnungsrechtliche Ge- oder Verbote zurückgegriffen wird, um Einnahmen zu vermeiden.

Auch der oben diskutierte Vorschlag muss alle paar Jahre angesichts der unsicheren Zukunft und neuer Erkenntnisse, Technologien, Erreichen von Kipppunkten usw. neu angepasst werden. Warum sollte dies einfacher sein als bei der Rejustierung der Caps in aktuellen Handelssystemen? Dies beträfe auch den wohl gelegentlich neu festzulegenden langfristigen Preispfad. Ob hier der Vorschlag Tiroles zum Zuge kommen sollte, die Preiszunahme generell am risikolosen Zinssatz zu orientieren, erscheint nicht zuletzt angesichts des Nullzinsumfeldes fraglich.

Staaten mögen durch die Einnahmen der Besteuerung zur Teilnahme motiviert werden, aber die betroffenen Produzentenlobbys könnten den Verhandlungen gemäß der Logik kollektiven Handelns (Olson) umso stärkeren Widerstand entgegensetzen. Es dürfte ferner kaum möglich sein, die Entscheidungen über den Fonds und den Preis in zwei separate Schritte zu unterteilen, da die zustimmungspflichtigen Länder mit Sicherheit über beides zusammen entscheiden möchten.

Woraus speist sich ferner die Gewissheit, dass ein Generositätsfaktor gefunden wird, dem die entwickelten Länder zustimmen und der auch dem 2-Grad-Ziel entspricht? Einige der Autoren bemerken, damit dieser Weg Chancen habe, müsse man mit moderaten, niedrigen Preisen beginnen. Doch diese Zeit haben wir angesichts des noch zum Verbrauch zulässigen weltweiten THG-Emissionskontos nicht mehr. Die Berechnungen von Nordhaus ergeben sogar, dass es generell schwierig wäre, einen THG-Club zusammenzuhalten, wenn der Preis pro Tonne bei 100 US-Dollar läge.

Überhaupt kann man sich fragen, ob der Erfolg eines solchen Unternehmens nicht gleichzeitig einen Sargnagel für die eigentliche Zielsetzung enthielte, wie weiter oben bereits angesprochen: Wenn es zu einer signifikanten Senkung der Nachfrage nach Öl, Kohle usw. kommen sollte, wäre es für Länder sehr lukrativ auszusteigen, sofern die Ersparnis durch niedrige fossile Weltmarktpreise die Zahlungen aus dem *Green Fund* überwiegt. Nur bei einem erfolgreichen und standhaften Club der Willigen

wäre das grüne Paradox gebannt, nach dem bei bevorstehendem Total-
umstieg auf nicht-fossile Energien die Produzentenländer so viel wie
möglich fördern, wenn die Rate, zu der der Kohlenstoffpreis ansteigt,
geringer ist als die des langfristigen Zinssatzes auf dem Kapitalmarkt
(Edenhofer/Kalkuhl 2011).

Selbstverständlich ist diese Entwicklung nicht. Was ist, wenn die Rate
des Anstiegs des Kohlenstoffpreises höher sein müsste, um das 2-Grad-
Ziel zu erreichen, und/oder wenn der langfristige Zinssatz dank Intervention der Zentralbanken oder der Sparschwemme einfach nicht ansteigen
will? Will und kann man sie durch punktuelle Eingriffe herbeiregulieren?
Wenn man dies will und kann, müssen vollkommen rationale Regulierer
und Wirtschaftsakteure vorausgesetzt werden, die auch ziemlich genau
über die langfristige Zinsentwicklung Bescheid wissen müssen. Kurzum:
Der Nichteintritt des Paradoxes hat viele Voraussetzungen.

Um sich gegen Ökodumping zu schützen, werden, wie bereits weiter
oben gesehen, mittlerweile diverse Varianten von Importsteuern diskutiert, z.B. eine Besteuerung bei Importen und eine Steuerfreistellung bei
Exporten (entsprechend der Mehrwertsteuer), wobei aber in den die Exporte empfangenden Ländern keine Wirkung erzielt würde und sie kein
Teilnahmemotiv hätten. Würde man alle Produkte aus dem Ausland besteuern ohne eine Bepreisung mit einem gleich hohen Satz, wäre dies
einfach, aber „ungerecht". Die Ermittlung des Kohlenstoffgehalts auf
Einzelproduktebene ist eine wohl kaum durchführbare Aufgabe. Unklar
ist somit die Bepreisungsgrundlage für Importe. Bei einer klaren Emis-
sionssteuer könnte man davon ausgehen, eine ähnlich hohe Ausgleichs-
steuer auf Importe zu erheben. Eine solche „einfache" Lösung ist aber
beim Vorschlag der Autoren nicht möglich, da auch ordnungspolitische
Ge- und Verbote im Inland zur Herbeiführung des Kohlenstoffpreises
erlaubt sind.

Auch dürfen die Länder die Einnahmen aus möglichen Steuern zur Herstellung des einheitlichen Preises behalten. Will man dann den Export-
ländern die Zolleinnahmen zurückgeben, ohne ihnen untersagen zu können, sie als Subventionen für die Importsteuer zu nutzen? Viele weitere
elementare Umsetzungsprobleme treten auf, die hier nicht vertieft werden
können. So oder so würde es zu heftigen Kontroversen und zu Vergel-
tungsmaßnahmen der ausländischen Besteuerten kommen.

Alles in allem: Dass man mit diesem Ansatz ceteris paribus, also unter
sonst unveränderten institutionellen, kulturellen, politischen und wirtschaftlichen Rahmenbedingungen, durch ökonomisch-spieltheoretisch listen-

reich angelegtes Design aus Egoisten Heilige machen kann, wie es die Autoren so schön formulieren, ist doch eher zweifelhaft.

Hat sich Ockenfels mittlerweile eingestanden, dass ihr Vorschlag doch einigermaßen illusionär war? In einem jüngeren Beitrag wiederholt er nämlich in Kurzform den Mindestpreisvorschlag, der weiter zu verfolgen sei, bringt dann aber eine Alternative ins Spiel, der Ökonomen meist skeptisch gegenüberstanden (erinnert sei an die Tiraden gegen das Erneuerbare-Energien-Gesetz) und die in eine völlig andere Richtung zielt als ihr bisheriger Vorschlag.

> „Die zweite Möglichkeit, andere zum Klimaschutz zu bewegen, ist (irgend)eine sichere und zuverlässige grüne Energie billiger zu machen als fossile Energie" (Ockenfels 2020, 907).

Das haben viele zumeist nicht durch ein Ökonomiestudium gebildete „Umweltbewegte" schon seit Jahrzehnten favorisiert. Gelänge dies, fährt der das Exzellenzzentrum für ökonomisches und soziales Verhalten leitende Autor fort,

> „wäre es fortan im Eigeninteresse aller Staaten und Unternehmen, die fossilen Ressourcen in der Erde zu lassen. Klimapolitik, Kooperation und internationale Verhandlungen [auf deren Design sie doch früher solche Mühe verwandten] wären überflüssig" (ebenda).

Der Autor fordert tatsächlich eine ökologische, früher sagte man, Finalisierung der Wissenschaft in diesem Bereich, d.h. gezielte unilaterale und nicht unbedingt international koordinierte Forschungslenkung. Man solle erwägen,

> „explizit Ziele für Forschung und Innovation zu formulieren und zu verfolgen. Schon mit einem kleinen Teil der deutschen Klimapolitikkosten könnten die besten Wissenschaftler der Welt gewonnen werden, und ihnen könnten Forschungsinfrastrukturen angeboten werden, die die Möglichkeiten von Stanford, Harvard und MIT zusammengenommen übersteigen" (ebenda).

Immer in der Hoffnung, dass weitere Super-Exzellenzzentren bahnbrechende Technologiesprünge hervorbringen, die alles verändern können.

Mit diesen etwas großspurigen Formulierungen, die anklingen lassen, dass am deutschen Forschungswesen die Welt genesen könne, schießt Ockenfels im Magazin des deutschen Hochschullehrerverbandes über das Ziel hinaus. Aber wer hört im Wissenschaftsbetrieb nicht gerne, dass wir es packen können, die amerikanischen Spitzenuniversitäten zu übertrumpfen. Die deutschen Klimapolitikkosten scheinen ihm allerdings insgesamt zu hoch sein, daran soll offenkundig gespart werden, anstatt zusätzliche Mittel bereitzustellen.

Letztlich erweisen sich seine Zusatzüberlegungen als fortschritts- und marktgläubig. Alles scheint eine Frage des Geldes für eine neue Forschungsinfrastruktur zu sein, wobei sicher auch Geld für einige Exzellenzzentren anfallen dürfte. Beide Forderungen: weltweiter Kohlenstoffmindestpreis und Super-Forschung sind entpolitisierend, da sie jegliche Überlegungen zu tragbaren Lebensstilen, systemimmanenten Wachstumszwängen, womöglich einzuschränkenden Produktionsbereichen, Verteilungsfragen usw. trotz gelegentlicher Lichtblicke v.a. zur unabdingbaren Forschungslenkung (in diesem Sinne Peukert 2020a) ausklammern. In einem späteren Beitrag über „Lehren für die Klimapolitik" (*Handelsblatt*, 16.11.2020, 8) lässt Ockenfels den Weltvertrag zum Kohlenstoffmindestpreis gleich ganz weg.

Allerdings erfasst er einen Aspekt, den Ökonomen, die das Erneuerbare-Energien-Gesetz (EEG) so gerne wegen seines nicht marktorientierten Ansatzes kritisieren, oft vernachlässigen – die Förderung der Forschung. Nemet (2019) zeichnet den spannenden Weg zur Durchsetzung der Photovoltaik nach, von Einsteins Analyse photoelektrischer Effekte, ersten kommerziellen Umsetzungen in den USA in den 1950er Jahren und der öffentlichen (militärischen) Forschungsförderung, der Rolle der japanischen Elektronikkonglomerate, dem deutschen EEG seit 2000 bis zur chinesischen Großoffensive. Bei gezieltem Vorgehen und nicht heterogenen Akteuren ohne Gesamtplan hätte man die Photovoltaik Jahrzehnte früher breit einsetzen können. Daher hält Nemet es für essentiell, dass kontinuierlich in Forschung und Entwicklung investiert wird, die öffentliche Hand finanziell aktiv ist und die Rahmenbedingungen unterstützt, es gebildete Arbeitskräfte gibt und man Wissen kodifiziert festhält und verbreitet. Für eine auf technologische Innovationen setzende Klimapolitik bedeutet dies, weniger auf Lenkung über (Knappheits-)Preise und Märkte als vielmehr auf direkte Regulierung und Forschungsförderung zu setzen. Hierbei kann, was das Ausmaß betrifft, die gezielte Forschungsförderung zum Corona-Impfstoff als Beispiel dienen, ohne die hierbei aufgetretenen Unwuchten bagatellisieren zu wollen. Ausschreibungen für Professuren in den Wirtschaftswissenschaften zu einer kritischen Umweltökonomie sucht man bezeichnenderweise seit Jahrzehnten und nach wie vor vergebens.

16. Kritik freiwilliger Kompensationsprojekte und die Grenzen grüner Investments

Zusammenfassung: THG-Minderungen sollten, um wirklich wirksam zu sein, nur einmal angerechnet werden. Gerade bei freiwilligen Kompensationsprojekten lassen sich allerdings verschiedene Formen von Doppelzählungen nachweisen wie z.B. die doppelte Ausgabe oder der doppelte Gebrauch. Durch das Pariser Abkommen mit nationalen Minderungsplänen dürfte es häufig zu klimapolitisch kontraproduktiven Überschneidungen offizieller Verpflichtungen und freiwilliger Maßnahmen kommen, da sich Regierungen freiwillig erzielte THG-Minderungen auf ihre Pläne anrechnen lassen können.

Unter Rebound versteht man Bumerangeffekte, bei denen technische Effizienzsteigerungen und THG-Minderungen bei einzelnen Produkten oder Dienstleistungen zu direktem (effizientere Motoren → weniger Kosten pro Kilometer → mehr gefahrene Kilometer) oder indirektem Mehrverbrauch führen (z.B. Co-Benefits → mehr Kaufkraft → mehr Verbrauch) oder räumliche Verlagerungen oder höhere Flächennutzungen (bei Alternativenergien) stattfinden. Bei der Berechnung von klimapolitischen Effizienzsteigerungen werden meist ein den Umständen nicht entsprechender Null-Rebound und absolute Einsparungen unterstellt, was aber ein proportionales Weniger an Konsum und Arbeit und eine konstante Bevölkerung voraussetzt.

Studien ergeben, dass nicht zuletzt aus klimapolitischer Sicht sehr beliebte, aber tatsächlich häufig nachträglich (mit)finanzierte Hydro-, Wind- und Solarprojekte kaum zusätzlich sind, da hohe Anfangskosten entstehen, sich die Projekte im weiteren Verlauf aber oft selber tragen. Es bestehen auch grundsätzliche Zweifel, ob sich Zusätzlichkeit bei Projekten, ohne die eine Kompensation anderswo entstandener Emissionen nicht vorläge, überhaupt belegen lässt. Auch werden für die Empfängerländer perverse Anreize gesetzt: Nur, wenn sie auf dem Gebiet, auf dem Kompensation stattfinden soll, nicht selber aktiv werden, liegt Zusätzlichkeit vor. Zudem lässt sich kaum jemals die tatsächliche Emissionsminderung nachweisen (führt eine Windkraftanlage wirklich zu weniger fossil basierter Stromeinspeisung ins Netz?). Anders sähe es bei rein inländischen Projekten z.B.

in den EU-Ländern aus, sofern diese auch unter öffentlich festgelegten und kontrollierten Qualitätsanforderungen mit Zentralregister erfolgten.

Zur Erreichung des 2-Grad-Ziels müssten einer anregenden Studie von atmosfair zufolge bestimmte Produkte und bestimmter Konsum (hoher Fleischkonsum) nicht kompensiert, sondern mindestens stark reduziert werden (die „Unverträglichen"). Auch bei sogenannten „Auslaufmodellen" (Projekte zu fossiler Stromproduktion) sollten keine Kompensationsprojekte ansetzen, da es bereits Alternativen gibt. Nur bei den „Wandelbaren", bei denen Alternativen noch nicht unmittelbar einsetzbar sind, ist Kompensation zur Überbrückung sinnvoll (synthetische Treibstoffe).

Mittlerweile gibt es auf den Finanzmärkten hunderte von grünen Investitionsangeboten. Eine kritische Durchsicht zeigt, dass diese von ganz wenigen Ausnahmen abgesehen entweder sehr teuer (Verwaltungskosten), zu wenig diversifiziert (Branchenindizes), sicher und gut, aber ohne Rendite, oder bei breiter Aufstellung meist klimapolitisch sehr verwässert und ausgesprochen problematisch sind. Die Unterstützung einzelner grüner Projekte durch den Kauf von Anteilen geht mit der Gefahr des Totalverlustes bei Insolvenz einher. Nach wie vor gibt es keine klaren Qualitätsanforderungen und der durchschnittliche Kaufinteressent hat kaum einen Überblick. Offen ist, ob von einer Geldanlage auf den Kapitalmärkten (Dekarbonisierung) ausreichende Signale zu einer klimapolitischen Transformation ausgehen können. Diversifizierte, wirklich grüne Angebote für den Durchschnittsbürger sind eine „Marktlücke".

* * *

In diesem Kapitel sollen die zum Teil bereits angerissenen Argumente zur kritischen Beurteilung von Kompensationsprojekten und ihren Problemen (Doppelzählungen, Rebounds) vertieft werden. Ferner wird die Unterscheidung der Projekte in Unverträgliche und Auslaufmodelle versus Wandelbare in Konsum und Produktion aufgegriffen sowie grüne Investments unter die Lupe genommen. Es wird hierbei die zunehmend verbreitete Vermutung geteilt, dass Kompensationsprojekte unter dem Strich umweltpolitisch eher schaden als nutzen (Cullenward/Victor 2020, Kapitel 5).

Zunächst zu den bereits öfters erwähnten Doppelzählungen und Rebound-Effekten bei Kompensationsprojekten. Aus den zugänglichen Zahlen und Verlautbarungen von Projekten gehen sie zwar selten klar hervor, schränken die THG-Minderungsbemühungen aber trotzdem oft erheblich ein.

Es gibt verschiedene Ursachen für das Auftreten unerwünschter *Doppelzählungen*.[172] Bei der doppelten Ausgabe (*double issuance*) wird eine tatsächlich getätigte Reduktionsmenge mehrfach gezählt; beim doppelten Gebrauch (*double use* bzw. *double monetisation*) wird eine Gutscheineinheit doppelt verkauft; bei Doppelbeanspruchung (*double claiming*) wird ein Reduktionsgutschein von verschiedenen Minderungsakteuren mehrfach veranschlagt (näheres bei Goldstandard 2020).

Auch die dem BMU unterstehende Deutsche Emissionshandelsstelle (DEHSt) äußert sich in einer Studie zu diesem Problem zwischen verpflichtenden und freiwilligen Kompensationen. Hervorzuheben ist das

> „*Double claiming:* Zertifikate, die durch freiwillige nationale Projekte generiert werden, beeinflussen in der Regel das nationale Inventar und das AAU-Budget [die EU-ETS-Emissionsberechtigungen]. In Sektoren, in denen keine Abrechnung im nationalen Inventar für Kyoto-Zwecke vorgesehen ist, besteht theoretisch kein Risiko von double claiming, weil sie nicht auf dem ‚Radar' des Staates sind – allerdings gibt es, abgesehen von bestimmten LULUCF-Aktivitäten [betreffend Landnutzung, Landnutzungsänderung und Forstwirtschaft], kaum Sektoren, die durch Kyoto noch nicht abgedeckt werden. Im Ergebnis würden Annex-B-Staaten [am bindenden Emissionshandel beteiligte Länder] mit freiwilligen inländischen Initiativen sicherstellen müssen, dass für jedes ausgestellte freiwillige Zertifikat ein AAU annulliert wird, damit die Reduktion bzw. die Einbindung nicht doppelt geltend gemacht werden könnte" (DEHSt 2017b, 12, Ü, Hervorhebung im Original).

Eine Minderungsmaßnahme durch freiwillige Kompensation führt zu einer Verringerung des THG-Ausstoßes im entsprechenden Sektor im Durchführungsland. Sie ist dann im Inventar des Gaststaates. Wenn dieses an einem (Selbst-)Verpflichtungssystem beteiligt ist, wird sie sowohl ihm als auch dem die THG-Minderung durchführenden Unternehmen zugerechnet. Dieses und die folgenden Probleme treten auch im Rahmen des Pariser Abkommens bei den Nationalen Minderungsplänen der Länder (INDC) auf. Es gibt noch eine weitere Variante:

> „*Double monetisation:* Freiwillige Projekte in Sektoren, die durch das Kyoto-Protokoll abgedeckt werden, bergen das Risiko des unbeabsichtigten Freiwerdens von AAUs und somit der doppelten Monetarisierung [double monetisation]. Die Löschung von AAUs für jedes Zertifikat, das

---

[172] Zum Dickicht der Problematik und den unzähligen Regelungsversuchen zu ihrer Vermeidung siehe aus juristischer Sicht Unger (2018).

auf dem freiwilligen Markt ausgestellt wird, d.h. eine Verpflichtung, freigewordene AAUs nicht zu verkaufen, würde das Risiko der doppelten Monetarisierung vermeiden. Während doppelte Anrechnung [double claiming] nur bedeutet, dass ein Land die Reduktion auf seine Ziele anrechnet, bedeutet doppelte Monetarisierung, dass freigewordene AAUs verkauft werden und es einem anderen Staat ermöglichen, seine Emissionen zu erhöhen – was somit zur Erhöhung der globalen Emissionen anstatt einer Kompensation führt. Doppelte Monetarisierung beeinträchtigt daher die Umweltintegrität und doppelte Anrechnung kann die wahrgenommene Umweltintegrität beschädigen, falls der Vorgang nicht transparent kommuniziert wird" (DEHSt 2017b, 12, Ü).

Das Problem der Doppelzählungsvarianten erfasst folgendes Schaubild:

Type of double counting	Scenario(s)	Implications for environmental integrity	Solutions to avoid double counting
Double selling	One unit of CO_2eq is sold more than once to different actors.	Environmental integrity unimpaired as long as the units derived from the same ton of CO_2 equivalent are not claimed towards emission reduction commitments. Must nevertheless be avoided because it is fraud.	Establish reliable registries that record the full history of transactions.
Double issuance	One unit is credited twice under two different standards or in two different registries, or duplicated in a registry and/or issued twice (e.g. to two different entities) on the back of one actual emission reduction unit.	Environmental integrity of the unit is impaired, as one unit does not correspond to one ton of CO_2eq reduced anymore.	Project developers should attest that they do not seek credit issuance under another standard / scheme. Registries need to assign unique serial numbers to each GHG emission reduction unit and that indicates the exact project location.
Double claiming	One unit is used by a company to voluntarily offset parts of its GHG emissions, and this unit is accounted for in the national inventory and claimed by the host government towards their national target.	The voluntary reduction helps the government to achieve its reduction target, which may not be desirable as it runs counter the notion of 'voluntary' action. As long as this is communicated transparently, it does not undermine environmental integrity.	Cancellation of AAU for each voluntary unit issued. Transparent communication.
Double monetisation	One unit from voluntary domestic project is used by a company in an Annex B country to offset its emissions, 'freeing up' AAUs that the government sells to another Annex B country.	Environmental integrity is impaired, as this leads to a net increase in emissions. Exceptions: 1) LULUCF reductions larger than capped amount country can count towards its target. 2) Emission reductions or removals not captured in the national inventory.	Cancellation of AAU for each voluntary unit issued or commitment not to sell excess AAUs.

DEHSt 2017b, 43 (vgl. auch die Erläuterungen ebenda, Kapitel 2.2.2, 37-44).

Ein längeres Zitat von Lambert Schneider (nicht wundern: er zitiert sich selbst im Zitat) vom Öko-Institut erläutert anschaulich den Zusammenhang zwischen dem angesprochenen Problem und dem Pariser Abkommen und bietet eine einfache Lösung:

„Ein erhebliches Risiko ist die Doppelzählung von Emissionsminderungen. Einige Länder, wie Brasilien, schlagen Regeln vor, die es ihnen ermöglichen würden, Emissionsminderungen an andere Länder zu verkaufen und diese gleichzeitig selbst zur Erreichung ihrer Ziele zu nutzen. ‚Ein solches System würde die Umweltwirkung des Pariser Übereinkommens untergraben. Auf dem Papier würden Länder ihre Ziele erreichen, aber in der Atmosphäre würden mehr Treibhausgase ankommen‘, sagt Lambert Schneider …

Eine Doppelzählung von Emissionsminderungen könnte nicht nur zwischen Ländern passieren, sondern auch im internationalen Flugverkehr. Ab 2021 müssen Fluggesellschaften unter der Internationalen Zivilluftfahrorganisation [sic] den Anstieg ihrer CO_2-Emissionen durch den Aufkauf von Emissionsminderungen aus Klimaschutzprojekten ausgleichen. Solche Klimaschutzprojekte mindern allerdings auch die Emissionen, die Länder zur Erreichung ihrer Ziele unter dem Pariser Übereinkommen berichten. Somit könnten sich sowohl die Gastländer der Klimaschutzprojekte als auch die Fluggesellschaften die gleiche Minderung anrechnen. Einige Länder, vor allem Saudi-Arabien, lehnen aber Regeln ab, die eine solche Doppelzählung verhindern würden.

Dabei ist die Lösung im Prinzip einfach: Wie beim Geldtransfer zwischen Bankkonten müssen beide Seiten den gleichen Betrag abziehen oder hinzurechnen, nur[,] dass beim Emissionshandel die Währung Treibhausgasemissionen heißt. Das Verkäuferland muss verkaufte Emissionsminderungen auf seine Emissionen aufschlagen, der Käufer kann sich die erworbenen Emissionsminderungen von seinen Emissionen abziehen. Dies gewährleistet, dass die Minderungen nur vom Käufer, aber nicht mehr vom Verkäufer zur Erreichung der Klimaziele genutzt werden können.

In der Praxis ist eine Einigung nicht nur politisch, sondern auch technisch schwierig. Unter dem Pariser Übereinkommen können die Länder selbst entscheiden, welche Art von Klimaziel sie sich setzen. Dies hat zu sehr unterschiedlichen Klimazielen geführt. Manche Länder haben Treibhausgasziele, andere nur Ziele für den Ausbau von erneuerbaren Energien oder die Aufforstung von Wäldern. Einige haben nur Ziele für bestimmte Sektoren, Treibhausgase oder Jahre. Und manche Ziele sind schlichtweg unklar. Dies erschwert eine saubere Bilanzierung von Verkäufen und Käufen von Emissionsminderungen.

‚Um die Umweltintegrität des internationalen Handels mit Emissionsminderungen zu gewährleisten, sollten die gleichen internationalen Regeln für alle Transaktionen gelten, so dass eine Doppelzählung in allen Fällen vermieden wird', resümiert Schneider. ‚Außerdem sollten Länder, die sich am internationalen Emissionshandel beteiligen, ihre Ziele in Zukunft so definieren, dass sie alle Sektoren und Treibhausgase einschließen und für kontinuierliche Perioden statt nur für einzelne Jahre gelten'." (Schneider 2019, o. S.)

Auch in der Studie für die DEHSt formuliert man Lösungen, die aber weder bis zum Ende des Kyoto-Protokolls noch im EU-ETS und schon gar nicht im Umfeld des Pariser Abkommens vorgesehen waren bzw. sind.

„Um sowohl double claiming als auch double monetisation zu vermeiden, wäre die Löschung von AAUs für Projekte in Kyoto-Sektoren ... eine gute Option für Annex-B-Staaten [teilnehmende Mitgliedsländer]. In der Realität haben Annex-B-Staaten allerdings nicht für alle VERs auch AAUs gelöscht" (DEHSt 2017b, 25, Ü).

Es gibt einige Versuche, dem durch das Pariser Abkommen verschärften Problem der Doppelzählungen zu Leibe zu rücken (Goldstandard 2020) – bisher ohne nennenswerte Wirkungen. So ist nicht ausgeschlossen, dass ein Land eine bestimmte Reduktionsverpflichtung von 30% zusagt, über den freiwilligen Markt von Unternehmen anderer Länder aber bereits 10% reduziert werden, so dass sich diese Firmen mit Klimaneutralität brüsten können und das Land seine Verpflichtungen erfüllt, wenn es aus eigener Anstrengung nur noch 20% leistet. Man könnte dies nur dann durchgehen lassen, wenn z.B. freiwillige Minderer nicht von sich behaupten, durch den Kauf von Gutschriften Klimaneutralität zu bewirken. Dies ist aber unwahrscheinlich, da dann der legitimatorische öffentliche Effekt für die Unternehmen verloren ginge und sich die freiwillige Kompensierung nicht mehr rentierte.

Neben Doppelzählungen sind *Rebound-Effekte* nicht zu unterschätzen, die daher eine nähere Analyse verdienen.[173] Selbst wenn es zum Einsatz besserer Technologien kommt, muss dies wegen Umweg- bzw. Bumerangeffekten nicht unbedingt einen Sieg für eine klimafreundlichere Welt bedeuten. In einer im Auftrag der Enquete-Kommission „Wachstum, Wohlstand, Lebensqualität" erstellten Studie zu diesen Effekten im Energie- und Umweltkontext stellen die Autoren zunächst fest, dass es wenig For-

---

[173] Siehe auch die kurze und übersichtliche Darstellung bei Golde (2016) und Alcott (2008) und (2010).

schung und verlässliche Schätzungen zu Rebound-Effekten gibt und die wenigen vorliegenden Beiträge in ihren Ergebnissen weit auseinandergehen, was auch daran liegt, dass in einigen Studien nur THG, in anderen auch weitere Ressourcenverbräuche erfasst werden.

Die Möglichkeit der Senkung des absoluten Ressourcenverbrauchs (absolute Entkopplung) ohne Wachstumseinschränkungen wäre eine frohe Botschaft für den Umweltschutz, da relative Entkoppelung, d.h. ein geringerer Materialeinsatz pro Produkt, nicht ausreicht. Denn auch dann würde eine erhöhte Produktion und Konsumtion trotz Einsparungen pro Produkt- oder Konsumeinheit zu insgesamt höheren Verbräuchen führen. Die ökonomisch-theoretisch sehr anspruchsvollen und aufschlussreichen Analysen zu Preis- und Einkommenseffekten und deren Elastizitäten in der Studie können hier vernachlässigt werden. Aber die qualitativen Ausführungen und Unterscheidungen verschiedener Effekte verdienen Beachtung, da sie auch die freiwilligen und verpflichtenden Ansätze zur Klimaneutralisierung betreffen.

> „Rebound (‚Zurückspringen') ist eine in Prozenten ausgedrückte theoretische Menge von *engineering savings* (möglichen Einsparungen). Am Anfang der Betrachtungen steht jeweils eine technische *Effizienzsteigerung* – z.B. bei einer Leuchte, die eine gegebene Helligkeit mit weniger Strom erzeugt … Einsparungen beim Einsatz von Inputfaktoren sind nur *theoretisch*, weil dabei angenommen wird, dass nicht mehr oder heller beleuchtet und nicht häufiger oder weiter gefahren wird … So lässt sich ausrechnen, wie viel Energie gespart werden *könnte*, wenn ‚das System' sich nicht vergrössern [sic] *würde* … Das Problem dabei ist, dass sich in Wirklichkeit das System [vergrößern kann]: Es gibt immer mehr Beleuchtung, Fahrzeuge und Häuser (und Menschen). Natürlich erfolgt die Vermehrung der Bevölkerung, Güter, und Dienstleistungen nicht *wegen* der technischen Effizienzsteigerungen allein. Es gibt weitere Faktoren, z.B. andere Effizienzsteigerungen, die dazu beitragen" (Madlener/Alcott 2011, 6, Hervorhebungen im Original).

Rebound bezeichnet, kurzgefasst,

> „den gesteigerten Konsum von Ressourcen-Inputs, der (1) diesen Effizienzsteigerungen ‚folgt' und (2) von diesen irgendwie verursacht oder zumindest ermöglicht wird" (ebenda, 7).

Bei einer Verbesserung der Verbrennungsmotoren gibt es sparsamere Fahrzeuge. Wenn dann aber u.a. durch den geringeren Verbrauch leistungsfähigere Motoren nachgefragt werden oder mehr gefahren wird, findet womöglich eine (Über-)Kompensation der Einsparungen durch die Effizienzverbesserung statt.

Neben dem *direkten* (billigerer Strom führt zu mehr Verbrauch) gibt es den *indirekten* Rebound, der sich meistens daraus ergibt, dass der Konsument Kaufkraft übrighat, die er dann für andere Produkte oder Dienstleistungen ausgeben kann: Ein effizienterer PKW ermöglicht Kosteneinsparungen, dank derer man sich dann einen Urlaubsflug leisten kann. Oder Produkte werden durch die Effizienzsteigerung indirekt billiger, so dass mehr Kunden sie sich leisten können. Auch wird beim Strombeispiel, wie die Autoren erläutern, der Energieinput selbst billiger, weil die Effizienzsteigerung einer (temporären) Senkung der Nachfrage gleichkommt, was die Nachfrage wiederum ankurbelt.

> „Eine indirekte Form des Rebound-Effekts stellt der ‚Moral-Licensing-Effekt‘ dar: Der Erwerb eines kompensierten Produkts kann die Nachfrage nach anderen klimaschädlichen Produkten steigern. So kann es ein Kunde durch den Kauf eines klimafreundlichen Produkts für gerechtfertigt halten, an anderer Stelle ‚klimaschädlich‘ zu handeln, da er ja bereits etwas Gutes fürs Klima getan hat" (atmosfair 2019, 12).

Rebound wird auch durch regulatorische Defizite gefördert, so dass guter Wille zu eher schlechten Handlungen führt.

> „Nicht optimal gesetzte Rahmenbedingungen können für einen regulatorisch induzierten Rebound-Effekt sorgen. Zum Beispiel berücksichtigt das Energieeffizienzlabel zu wenig den absoluten Energieverbrauch. So lässt sich beispielsweise eine höhere Energieeffizienz für einen größeren Kühlschrank technisch leichter erreichen als für einen kleineren Kühlschrank. Die effizienteren Modelle sind somit tendenziell größer. Gerade wenn die Käufer ihr Augenmerk auf eine hohe Energieeffizienz legen, kann es sein, dass sie einen größeren Kühlschrank wählen als sie benötigen. Die Energieeffizienz des Geräts ist dann zwar besser, aber das höhere Nutzvolumen wirkt dieser positiven Wirkung entgegen, da ein größerer Kühlschrank insgesamt mehr Energie benötigt als ein kleiner" (Golde 2016, 7).

Beim ökonomischen Alltagsverhalten der Menschen dürften Umweltgesichtspunkte oft eher im Hintergrund stehen. Für den Ökonomen zählen sowieso meist finanzielle Anreize als primär wirksames Instrument. Rein materielle Motivierung kann aber besonders leicht zu erhöhtem Rebound führen, da Kostenersparnisse Zusatzkonsum anregen, bei dem nicht auf die Umweltbelastung geachtet wird.

„Starke *finanzielle Anreize*, wie hohe Nutzungskosten und starke Einsparungen führen zu hohen Rebound-Effekten. Auch wenn finanzielle Motive bei den Effizienzsteigerungen im Vordergrund stehen, sind eher hohe Rebound-Effekte zu erwarten. Auf der anderen Seite sind Rebound-Effekte eher geringer, wenn Umweltschutz eine starke Motivation für die Effizienzmaßnahme war" (Golde 2016, 8, Hervorhebung im Original).

Physikalisch ist nur der Gesamtemissionseffekt die umweltrelevante Größe. Selten dürfte ein echter ,Null-Rebound' vorliegen, dass also der Konsum nicht gesteigert wird, sondern alle Betroffenen weniger kaufen, arbeiten und verdienen, und zwar proportional zur Effizienzveränderung. Im medialen Diskurs werden aber meistens relative Einsparungen und Effizienzsteigerungen implizit als absolute Einsparungen ohne Rebound-Effekte präsentiert und der Sonderfall des Null-Rebounds einfach unterstellt. Bei seinem tatsächlichen Eintreten würde natürlich arbeitsmarktpolitisch gesehen ohne Strukturveränderungen schnell Arbeitslosigkeit entstehen.

Hinzu kommt, dass man eigentlich die graue Energie vom Energiespareffekt abziehen müsste, d.h. die in die neue Technik eingeflossenen Forschungs- und Entwicklungsausgaben und den zur Wartung eventuell neuen (zusätzlichen) Maschinenpark. Doch damit nicht genug. Auch bei der Effizienzmessung kommt es zu Unterschätzungen.

„Man misst z.B. Liter pro Fahrzeug-Kilometer und nicht etwa Tonnen-Kilometer; weil aber die Fahrzeugflotte in den letzten Jahren durchschnittlich schwerer wurde, werden die möglichen Einsparungen (engineering savings) überschätzt und – weil Rebound davon ein Prozentsatz ist – wird dieser dadurch unterschätzt" (Madlener/Alcott 2011, 9; hier ohne Hervorhebungen).

Im Extremfall kann es bei Berücksichtigung aller Effekte sogar zu einer höheren Umweltbelastung kommen als ohne technische Verbesserungen und der Ressourcenverbrauch höher sein als vor der Effizienzsteigerung. Das wird als *backfire* bezeichnet – es erfolgt dann ein Gegenschlag bzw. eine Rückzündung, was auch als Jevons' Paradox bezeichnet wird. Alcott (2008) belegt die Bekanntheit dieses Paradoxes bei den Gründergenerationen der Wirtschaftswissenschaften, nicht zuletzt bei Adam Smith.

Ein sicher für viele unerwarteter Rebound ist die mögliche Rückwirkung von Windkraftanlagen auf den Wind und das Klima selber, indem v.a. die Windbewegungen verlangsamt werden, was, so die starke These, im Extremfall Dürren hervorrufen oder sie zumindest verstärken kann.[174]

---

[174] https://www.achgut.com/artikel/wie_deutschland_seinen_wind_ausbremst.

Nicht zu vernachlässigen ist der von Golde beschriebene gesamtöko-
nomische Reboundeffekt, der zwar nicht leicht zu quantifizieren, aber sehr
systemrelevant ist. Bei ihm rufen Einzelmaßnahmen oft unerwünschte,
verzweigte Nebenwirkungen hervor, wodurch sich die „Systemlogik" des
Wachstums auf allerlei Umwegen durchsetzt.

„Gesamtwirtschaftlicher Rebound-Effekt: Die Kostenersparnisse durch
die Effizienzsteigerung führen über mehrstufige Wirkungsketten zu
einer Mehrnachfrage nach Energie oder energieverbrauchenden Gütern,
so dass auf der Ebene der Gesamtwirtschaft die Energieeinsparungen
geringer ausfallen als berechnet. Bei dieser Abgrenzung des Rebound-
Effekts werden nicht nur direkte Nachfrageänderungen für die effizien-
teren Produkte und die Entscheidungen der unmittelbaren Nachfrager
dieser Produkte berücksichtigt, sondern auch die indirekten Auswirkungen auf die Energienachfrage aller Konsumenten einbezogen.

Beispiel: Effizientere Pkw lassen die Kosten pro gefahrenen Kilometer sinken. Damit ist die Nutzung von Autos attraktiver. In der Folge
kaufen sich mehr Haushalte Autos und der energieeffizientere öffentliche Verkehr ist weniger ausgelastet. Die Auswirkungen können aber
noch weiter gehen: Geringere Fahrtkosten machen ein Einfamilienhaus
auf dem Land attraktiver. Dies erhöht unmittelbar die zurückgelegten
Wege und führt darüber hinaus tendenziell zu einer höheren Wohnfläche
und mehr Energieverbrauch für das Heizen" (Golde 2016, 5, hier ohne
Hervorhebungen).

Erwähnenswert ist in diesem Zusammenhang noch, dass

„Zeitersparnisse für die Rebound-Effekte teilweise von erheblicher Be-
deutung sind. Relevant ist dies beispielsweise bei der Nutzung von
Verkehrsmitteln, wo auch eine Verkürzung der Fahrzeit durch einen
Verkehrswegeausbau zu Rebound-Effekten führt" (ebenda, 8).

Mit vielen Klimakompensations-Projekten in sich entwickelnden Ländern
soll eine gesamtwirtschaftliche Entwicklungsdynamik angeregt werden,
was aber natürlich auch häufig zahlreiche Rebound-Effekte mit sich bringt.
Ein Beispiel:

„Die Idee für einen klimafreundlichen Trekkingpfad in der Helambu
Region in Nepal entstand als Gemeinschaftsprojekt zwischen dem forum
anders reisen (FAR) und atmosfair nach den verheerenden Erdbeben in
Nepal im Jahr 2015 ... atmosfair plante und errichtete Lodges entlang
des Trekkingpfades, welche einen deutlich höheren Komfort als die in
Nepal üblichen Tea Houses bieten" (atmosfair 2018, 20).

Für ein anderes Projekt, bei dem nach wie vor – wenn auch deutlich weniger – Holz verbrannt wird, identifizierten die Projektförderer folgende Entwicklungspotenziale:

> „Holzvergaseröfen verbrennen das Feuerholz nicht direkt. Durch ihre Bauform vergasen sie das Feuerholz so, dass als Reststoff keine Asche übrigbleibt, sondern Holzkohle. Während die Familien weiterhin alle Vorteile der effizienten Öfen genießen, entsteht bei ihrer Nutzung etwa ein Kilo Holzkohle pro Ofen und Tag, welches sie zur weiteren Nutzung an Restaurants und Unternehmen weiterverkaufen können. Da diese Holzkohle nicht erst hergestellt werden muss, sondern als Nebenprodukt anfällt, kann sie zu einem günstigeren Preis angeboten werden und stößt auf eine hohe Nachfrage … Auch die Unternehmen, die auf die Kohle der Holzvergaseröfen umstellen, sparen Geld" (atmosfair 2018, 26).

Mit diesem Geld können dann nicht in die definierte Systemgrenze fallende Rebounds erzeugt werden. Aufgrund noch nicht eintretender Sättigungseffekte wird in der Literatur sicher zutreffend erwartet, dass die angeführten Rebound-Effekte deutlich höher ausfallen als in Industrieländern (Golde 2016, 8).

Gar kein Rebound kann prinzipiell nur vorliegen, wenn

> „alle Menschen im System proportional zum technischen Effizienzgewinn weniger arbeiten und produzieren, und wenn die Bevölkerung nicht wächst" (Madlener/Alcott 2011, 42)!

Der Aspekt der Bevölkerungszunahme wird oft ausgeklammert, verdient aber Beachtung.

> „Die Messung von Rebound …. wirft eine methodische Frage auf: die Rolle der Bevölkerungszunahme. Wenn größere Effizienz bei der Nahrungsmittelproduktion diese Zunahme ermöglicht oder verursacht, … schlägt dann die zusätzliche Nachfrage als Rebound zu Buche … Wenn ja, muss man wohl von einem 100%igen Rebound sprechen, auch wenn zusätzliche Nachfrage nach mehr Nahrungsmitteln pro Person und mehr Tierprodukten mitwirkt" (Madlener/Alcott 2011, 24).

Null-Rebound setzt also auch eine stabil-stationäre Bevölkerung voraus, deren Kontrolle für viele ein Tabuthema darstellt. Genauso wird die Kombination von Ressourcenschonung und Wachstum von den Autoren sehr zutreffend als der heilige Gral der Politik bezeichnet wird (ebenda, 47).

Die gesamtwirtschaftlichen Rebounds, die Madlener und Alcott für einzelne Sektoren im Detail vorstellen (siehe die Übersichttabelle in Madlener und Alcott 2011, 27), bewegen sich insgesamt zwischen 50 und 100%. Golde (2016, 8) schätzt die direkten Rebound-Effekte auf 10-30%. Natürlich gibt es zahlreiche Vorschläge, Rebounds zu begegnen.

> „Wenn die Energiepreise im gleichen Maße steigen, wie die Effizienz steigt, würden keine Kosteneinsparungen auftreten und die dadurch verursachten Rebound-Effekte entfielen" (Golde 2016, 10).

Doch traut sich die Politik, im Dienste des Klimaschutzes solche Maßnahmen durchzusetzen, die wehtun? Es werden bezeichnenderweise schon Abmilderungen diskutiert: eine Bürgerdividende, die höhere Energiekosten gleich wiedererstatten soll, und eine Pendlerpauschaule, um für bestimmte Betroffene die zu erwartende (magere) Preiserhöhung beim Benzin im Zuge des nationalen Emissionshandels auszugleichen.

Abschließend sei Niko Paech erwähnt, der die Palette der bisher angeführten Rückwirkungseffekte noch etwas erweitert:

> „(1) Die physische Verlagerung lässt sich am Beispiel der Energiesparbirne demonstrieren, die zwar im Vergleich zum Standardleuchtmittel energieeffizienter ist, sich jedoch in der Produktion und Entsorgung als problematischer erweist. (2) Räumliche Verlagerungseffekt bestehen darin, [dass] umweltintensive Prozessstufen der Herstellung in entfernt liegende Länder (oft China oder Indien) verlagert werden, so dass die ökologischen Schäden in den Umweltbilanzen Europas nicht mehr erfasst werden.
> (3) Manche umwelttechnologischen Neuerungen wie etwa Wärmedämmverbundsysteme oder Fotovoltaikanlagen verwandeln sich nach ca. 20 Jahren in ein Entsorgungsproblem, so dass hier eine zeitliche Verlagerung vorliegt. (4) Wiederum andere Maßnahmen wie etwa Windkraft- oder Biogasanlagen erzeugen zwar vergleichsweise weniger Emissionen (vollkommen emissionsfrei können sie schon infolge der Anlagenproduktion nicht sein), verbrauchen oder beeinträchtigen dafür Landschaften und Flächen. Hier liegt eine systemische Verlagerung vor, das heißt Umweltschäden werden von einem physischen Aggregatzustand in einen anderen überführt, aber eben nicht gelöst oder vermieden. Erschwerend kommt hinzu, dass eine derartige Verlagerung irgendwann an Systemgrenzen stößt, etwa wenn alle geeigneten Flächen besetzt sind" (Paech 2016, 216).

Paech stellt die hier besprochenen Rückschlageffekte in den übergreifenden gesamtgesellschaftlichen Kontext: Angesichts der vielfältigen Rebounds sei grünes Wachstum die Zuspitzung moderner Fortschrittsillusionen. Die Ökosphäre und die Konsumgesellschaft ließen sich eben nicht schmerzlos und gleichzeitig retten. Man setze primär auf eine erhöhte *Energie-effizienz* (z.B. ein sparsamerer Antrieb) oder auf das *Konsistenzprinzip*, d.h. eine verringerte Schadensintensität der verwendeten Ressource etwa durch den Einsatz anderer Energieträger (Biokraftstoff, Autogas oder Elektrizität aus Wind, Sonne, Wasserkraft oder Biomasse). Über Effizienz und Konsistenz werde versucht, der Festlegung absoluter Produktions- und Konsumtionsgrenzen zu entgehen. Die von ihm geforderte *Suffizienz* hieße z.B. einfach, weniger zu fahren (Paech 2020, 124-131).

Kommen wir nun zur Frage der *klimapolitischen Wirksamkeit von Kompensationsprojekten*. Zunächst soll ein Gedankenexperiment angestellt werden, um zu klären, ob mit Kompensationsprojekten in einer sich entwickelnden Wirtschaft unbedingt THG-Minderungen einhergehen. Stellen wir uns zwei Unternehmen vor: Ein neues Unternehmen A plant die Aufnahme einer bisher nicht erfolgten Produktion, sieht sich aber umweltpolitsicher Kritik ausgesetzt. Ein anderes Unternehmen B will die Produktion erweitern oder überhaupt erst aufnehmen, hat wenig umweltpolitische Ambitionen, steht aber womöglich ebenfalls im Fadenkreuz klimapolitischer Kritik.

Beide Unternehmen kommen nun zusammen, indem B dem Unternehmen A Gutschriften in Höhe seiner CO_2-Emissionen für den Einbau eines Filters bei sich anbietet. Daraufhin kann Unternehmen A sich als klimaneutral bezeichnen, obwohl es eine neue Produktion aufnimmt und seine Emissionen in Wirklichkeit höher sind als vorher. Die Geschichte lässt sich fortsetzen: Unternehmen A hat ja neutralisiert und plant nun guten Gewissens eine weitere Produktionsstätte, da es die vorherige Zunahme ausgeglichen hat. Zufällig hat auch die Unternehmung B (oder C) ein Expansionsprojekt im Blick, für das die Nachfrage nach Gutschriften von Unternehmen A (oder einem anderen) gerade zur rechten Zeit kommt. Wir haben es also mit einer „Plus 1-Gleichung" zu tun und nicht mit Klimaneutralität.

Als Nächstes sei auf eine Studie des Öko-Instituts Freiburg und des *New Climate Institute* hingewiesen. Diese umfängliche Untersuchung für das UBA (DEHSt 2017a) enthält einen sehr gediegenen Überblick über die weltweiten CDM-Projekte unter der Fragestellung, ob zu erwarten ist, dass bestimmte Projekttypen vorzeitig beendet würden, wenn keine Co-Finanzierungen durch nach Projektbeginn erfolgende Kompensationszahlungen erfolgten. Hydro-, Wind- und Solarprojekte, die v.a. hohe Anfangskosten haben und sich dann oft durch die Einnahmen von selbst tragen, sind generell wenig gefährdet, eine Mittelposition nehmen Biomasseprojekte ein. Bei Kochherden dürfte es für die Verwender schwer sein, diese ohne längerfristige Förderung zu ersetzen.

Daraus folgt für die Verfasser: Gerade diejenigen Projekte, die auf den ersten Blick aus klimapolitischen Gründen unmittelbar überzeugen dürften, nämlich Hydro-, Wind- und Solarprojekte, sind im Bereich der freiwilligen Kompensation v.a. in Drittländern prinzipiell fragwürdig, wenn ihre Finanzierung ex post, d.h. nach Fertigstellung der Anlagen erfolgt. Diese Studie stellt Kompensationsprojekte nicht grundsätzlich in Frage. verdeutlicht jedoch, dass ihre Beurteilung ein recht komplexes Unterfangen ist.

Im Anschluss an die vorbildliche Studie von Cames et al. (2016) seien wesentliche Überlegungen wiedergegeben, die dafür sprechen, dass freiwillige Kompensationsprojekte kaum zu behebende systemimmanente Schwächen aufweisen und dass sie vom Ansatz her und noch mehr durch die zu erwartende Verknüpfung mit diversen nationalen Minderungsplänen beim Pariser Abkommen wenig geeignet sind, die ihnen zugedachten Aufgaben zu erfüllen.

Ihr kritisches Urteil trifft selbst dann zu, wenn man – wie bereits im entsprechenden Kapitel weiter oben angesprochen – die Beantragungsperiode, wenn ein Projekt bereits läuft, deutlich verkürzen würde, die Barriereanalyse fallen ließe, bei der Frage, ob es sich um eine neue oder bereits gebräuchliche Praxis und Technik handelt, das gesamte Land und nicht nur die lokal begrenzte Praxis einbezöge, die Laufzeiten von Projekten z.B. deutlich verkürzen und dynamische Beurteilungen vorgenommen würden usw. Es bleibt dabei, dass selbst mit zahlreichen Nachbesserungen immer prinzipielle, nicht überwindbare Schwierigkeiten verbleiben würden. Die Quintessenz lautet: Freiwilligen Kompensationsprojekte zur THG-Minderung sollte bestenfalls eine Nischenrolle zukommen.

„Erstens, und das ist das Wichtigste, ist es bei den meisten Projekttypen sehr schwierig, wenn nicht unmöglich, die Zusätzlichkeit nachzuweisen. Unsere Analyse zeigt, dass viele CDM-Projekttypen wahrscheinlich nicht zusätzlich sind. Informationsasymmetrie zwischen Projektteilnehmern und Regulierungsbehörden bleibt eine erhebliche Herausforderung. Dieser Herausforderung ist durch Verbesserungen der Regeln nur schwer zu begegnen. Eine weitere Standardisierung kann hilfreich sein, um die Transaktionskosten zu senken, sie hat jedoch, insbesondere innerhalb des CDM, einen begrenzten Spielraum, um die Zusätzlichkeit zu belegen.

Der Spielraum für zusätzliche Standardisierung ist durch die Anzahl der zugänglichen Projekttypen und die großen Unterschiede in den Bedingungen in den CDM-Gastländern begrenzt. Standardisierungsansätze waren in regionalen Kreditprogrammen wie Kalifornien oder Australien am erfolgreichsten, wo sie sich auf eine begrenzte Anzahl geeigneter und weitgehend nicht-energetischer Projekttypen wie Deponien oder Kohlebergwerke konzentrierten. Die allgemeine Integrität des CDM könnte nur erheblich verbessert werden, wenn der Mechanismus auf diejenigen Projekttypen beschränkt würde, bei denen eine hohe Wahrscheinlichkeit für zusätzliche Emissionsminderungen besteht. Nach unserer Einschätzung würde dies erfordern, die meisten aktuellen CDM-Projekttypen auszuschließen und sich hauptsächlich auf Projekte zu konzentrieren, die andere THG als CO_2 reduzieren.

Zweitens beinhalten internationale Kreditvergabemechanismen ein inhärentes und unlösbares Dilemma: Entweder könnten sie für politische Entscheidungsträger in den Aufnahmeländern perverse Anreize schaffen, keine Richtlinien oder Vorschriften zur Bekämpfung der THG-Emissionen umzusetzen, womit das Potenzial für internationale Gutschriften reduziert würde, oder sie schreiben Aktivitäten gut, die nicht zusätzlich sind, weil sie aufgrund von Richtlinien oder Vorschriften umgesetzt werden. Dieses bekannte Dilemma wurde vom CDM EB (*Executive Board*) ohne Lösung diskutiert.

Drittens ist für viele Projekttypen die Unsicherheit der Emissionsminderung erheblich. Unsere Analyse zeigt, dass Risiken für eine Übergutschrift oder perverse Anreize für Projektbesitzer, die Emissionsminderungen zu erhöhen, nur teilweise angegangen wurden. Es ist auch sehr ungewiss, wie lange Projekte Emissionen reduzieren, da sie möglicherweise zu einem späteren Zeitpunkt ohne Anreize durch einen Kreditvergabemechanismus umgesetzt würden – ein Thema, das nach den aktuellen CDM-Regeln überhaupt nicht behandelt wird.

Ein weiteres übergeordnetes Manko der Kreditvergabemechanismen besteht darin, dass nicht alle Umweltverschmutzer zahlen, sondern die Emissionsreduzierungen subventioniert werden. Dies senkt die Kosten des Produkts oder der Dienstleistung und führt zu Reboundeffekten, die in den CDM-Regeln nicht berücksichtigt werden und zu einer Übergutschrift führen. Die meisten dieser Mängel sind mit der Verwendung von Kreditvergabemechanismen verbunden, die die Wirksamkeit internationaler Kreditvergabemechanismen als zentrales politisches Instrument zur Klimaschutzminderung in Frage stellen" (Cames et al. 2016, 160-161, Ü).

Hiermit soll nicht völlig gegen freiwillige Kompensation Stellung bezogen werden. Eine tatsächlich realistische Perspektive zur THG-Minderung könnte auf nationaler Ebene ansetzen und sollte nicht primär in privater Eigenregie erfolgen. Freiwillige Kompensationsstrategien, oft zu Discountpreisen, sollten nicht länger in fernen Ländern stattfinden (DEHSt 2017b, 32).

Das Zusammenführen solcher freiwilligen Aktivitäten in einem nationalen Rahmenwerk würde Transparenz schaffen und die diversen Möglichkeiten für Doppelzählungen vermeiden. Das gäbe den Projektentwicklern Planungssicherheit und der hoffentlich dazu bereiten Regierung Kontrolle über die Qualitätsanforderungen. Das Interesse an glaubwürdigen inländischen Zertifikaten sei groß, aber das Angebot bisher schwach, dabei könne es zur „Schaffung lokaler sozialer, wirtschaftlicher und ökologischer Vorteile" dienen (DEHSt 2017b, 33, Ü). Wie schon erwähnt, könnte sich die Rolle der freiwilligen Kompensationen als oft preisgünstiges Feigenblatt in Richtung eines tatsächlichen Klimaschutzes verändern. Natürlich besteht auch die Möglichkeit, Kompensation über den privaten, freiwilligen Kauf von Zertifikaten aus dem EU-ETS vorzunehmen, wobei allerdings die tatsächliche Minderungswirkung von der Interaktion mit der Marktstabilitätsreserve abhängt (Doda et al. 2021).

Nach dem bisherigen Streifzug durch die diversen Kompensationsvarianten und die dazugehörigen Fallbeispiele drängt sich dem Verfasser dieser Zeilen jedenfalls der Eindruck auf, dass das folgende, pointierte Resümee nicht von der Hand zu weisen ist.

„Von einem solchen Kompensationsansatz profitieren vor allem Konzerne und Investoren, deren Geschäftsmodell Raubbau an der Natur bedingt: industrielle Landwirtschaft, Bergbau sowie Landschaften zersiedelnde Infrastruktur und Urbanisierung. Kompensationsgutschriften ermöglichen so die weitere Expansion und damit die Zerstörung und Verschmutzung von Natur, während durch sie gleichzeitig Produkte als klimaneutral oder urwaldfrei vermarktet werden können. Darüber hinaus nutzen Investoren und Konzerne Kompensationsgutschriften, um lokale Widerstände gegen die Zerstörung von Natur zu delegitimieren, indem sie darauf verweisen, dass die Naturzerstörung ja an einem anderen Ort ausgeglichen werde" (Kill 2016c, 3).

Wenn Unternehmen und Organisationen unter dem Druck stehen, vor der eigenen Tür etwas für die Umwelt tun zu müssen, würde dies in der Tat eine sehr teure Angelegenheit, wenn man nicht für wenig Geld Kompensationsgutschriften aus ferneren Ländern aufkaufte würde, sondern z.B. (sofern sinnvoll) konsequentere Gebäudedämmung betreiben oder ganze Produktionsbereiche kostentreibend umstellen oder gar einstellen müsste.

Daran führt aber kein Weg vorbei. Angesichts der zwar nicht ausreichenden, aber doch zupackenden drastischen Minderungsbestrebungen in der EU und mehr noch angesichts der objektiv nötigen THG-Minderungserfordernisse ist es wenig sinnvoll, heute Produktionsvorgänge länger als unbedingt nötig beizubehalten und zu kompensieren, die man morgen sowieso verändern muss.

Natürlich ist nichts dagegen zu sagen, wenn Unternehmen finanziell den Übergang zu sauberer Produktion in anderen Organisationen und Ländern unterstützen. Man sollte dann aber besser von *„result-based payments"* (Carbon Market Watch 2020c) sprechen und keine klimaneutralisierenden Rechnungen aufstellen und (Voll-)Kompensation beanspruchen, während man der Versuchung erliegt, möglichst preisgünstige Gutschriften zu kaufen. Oft wäre es auch besser, stattdessen Forschungsvorhaben zu unterstützen, die in der Zukunft zu neuen Minderungswirkungen beitragen könnten.

Man kann noch einen Schritt weitergehen. Eine innovative, ökologisch zwingende und kritische Untersuchung von atmosfair unterscheidet drei Arten von Produkten und Tätigkeiten und nährt aus einem ergänzenden Blickwinkel weitere Zweifel an vielen Kompensationsprojekten. Die Studie geht der Frage nach, ob nicht innerhalb der „Kompensationslogik" sinnvolle Beschränkungen ihrer Anwendung nötig wären, selbst wenn es sich um tatsächliche Minderungen handelt und das Kriterium der Zusätzlichkeit erfüllt ist.

Es soll daher aus einer ganzheitlichen Perspektive und einen Schritt *vor* den üblichen Untersuchungen und Ratschlägen angesetzt werden, nämlich bereits bei der Produktauswahl oder den zu kompensierenden Tätigkeiten. Dann kommt man zu Fragen wie: Ist es vertretbar, ein „kompensiertes Steak" zu essen? Oder macht es Sinn, Autofahrten zu kompensieren, wenn CO_2-ärmere Transportmittel zur Verfügung stehen?

Die Autoren der Studie stellen sich der Herausforderung, dass die Einhaltung des 2-Grad-Ziels eine Reduzierung der globalen THG-Emissionen bis 2050 um mindestens 80% gegenüber 1990 erfordert, bis 2100 müssten die weltweiten Emissionen auf nahezu Null heruntergehen. Die Autoren begründen ausführlich mit vorliegenden Daten, dass Kompensationen alleine zur Erreichung des 2-Grad-Ziels nicht ausreichen werden und sie *immer* nur eine begleitende Maßnahme sein können. Vor diesem erfreulich klarsichtigen Hintergrund kommen sie zu folgender innovativen Unterteilung von drei Produkt- und Dienstleistungsklassen:

„1. *Die Unverträglichen:* Hierzu gehören Produkte, die eine 2-Grad-Welt mit 8 Milliarden Menschen nicht verträgt, wie z.B. täglicher Fleischkonsum aus Massentierhaltung. Die Kompensation von Steakhäusern etc. ist damit für den Klimaschutz nur eine künstliche Verlängerung einer Sackgasse und somit nicht sinnvoll.

2. *Die Auslaufmodelle:* Dies sind Produkte, für die es jetzt schon eine gleichwertige klimafreundliche technische Alternative gibt. Die Entwicklung und der Ausbau dieser neuen Klimaschutztechnologien wird gebremst, wenn Geld der Verbraucher stattdessen in die Kompensation und damit in die Verbreitung von alten bzw. bestehenden Technologien fließt. Ein Beispiel ist die fossil basierte Stromproduktion. Diese Stromproduktion zu kompensieren ist aus Klimasicht ein Schritt in die falsche Richtung" (atmosfair 2019, 5).

Als Beispiel für die Unverträglichen sei hier der Fleischkonsum angeführt:

„Mit einem jährlichen Pro-Kopf-Fleischverzehr von gut 60 kg liegt Deutschland im europäischen Mittelmaß. Im Jahr 2010 wurden weltweit 293 Mio. t Fleisch produziert, was einem Pro-Kopf-Verbrauch von etwa 42 kg entspricht. Mit den obigen Emissionsfaktoren lässt sich die dadurch verursachte Menge an jährlichen THG-Emissionen auf 0,9-4,2 Gt CO_2eq. abschätzen. Vergleicht man dies mit den langfristigen Reduktionszielen ..., so wird ersichtlich, dass bei einem unvermindert hohen Fleischverzehr allein die Emissionen der Fleischproduktion im Jahr 2050 bereits etwa die Hälfte des globalen CO_2-Budgets ausschöpfen würden und im Jahr 2100 dieses sogar überschreiten würden. Daraus folgt, dass nur eine langfristige Reduzierung des Fleischkonsums mit dem 2-Grad-Ziel vereinbar ist" (atmosfair 2019, 21-22; hier ohne Fußnotenhinweise; zur erstaunlichen Ressourcenintensität des Fleischkonsums siehe Foer 2019).

Tatsächlich fallen treibhausgasintensiv 14 kg CO_2 pro kg Rindfleisch an. Zum Vergleich: bei Gemüse liegt der Wert bei ca. 0,5 kg CO_2 pro kg.

Produkte aus Soja oder Ersatzprodukte sind aufgrund von Unterschieden in Geschmack und Konsistenz nur für wenige Fleischesser eine annehmbare Alternative. Zu synthetisch hergestelltem Fleisch wird zwar geforscht, jedoch ist nicht absehbar, ob bzw. wann dieses zur Marktreife gelangen und ob dies die heutigen Fleischesser überzeugen wird. Auch lässt sich derzeit keine Entwicklung hin zu einer erheblich CO_2-ärmeren „Produktionsmethode" erkennen, was maßgeblich mit dem unvermeidlichen Methanausstoß in der Rinderhaltung zusammenhängt.

Als Beispiel für die Auslaufmodelle sei der aus fossiler Energie gewonnene Strom angeführt:

„Quasi CO_2-freier Ökostrom aus erneuerbaren Energien stellt eine preislich konkurrenzfähige Alternative zu CO_2-intensivem konventionellem Strom dar. Zugleich ist keine Innovation erkennbar, die die konventionelle Form der Stromgewinnung in absehbarer Zukunft klimafreundlicher gestalten könnte, da die zur Energiegewinnung notwendige Verbrennung der fossilen Energieträger per se mit der Freisetzung von CO_2 verbunden ist. Die Abscheidung und Speicherung von CO_2 (CCS) ist in diesem Zusammenhang kritisch zu sehen, da in diesem Fall die Erzeugung des CO_2 nicht vermieden wird, sondern die Emissionen abgefangen und in tiefere Erdschichten verbracht werden. Das CCS-Verfahren gilt als technologisch zu anspruchsvoll und kostenintensiv, einige Pilotprojekte wurden inzwischen abgebrochen.

Im Unterschied zu Klasse I [den Unverträglichen] gibt es in der Klasse II [den Auslaufmodellen] schon heute klimafreundlichere Alternativen. Klimaschutz wird in Klasse II dadurch realisiert, dass die klimafreundlichen Alternativen konkurrenzfähig werden, ihre Marktanteile wachsen und die Technologien die klimaschädlichen Vorläufer zurückdrängen. Die Kompensation eines Produkts aus Klasse II würde dagegen die klimaschädliche Variante aufwerten und den Wettbewerb zuungunsten der klimafreundlichen Produkte verzerren. Dies ist für die Erreichung der Klimaziele hinderlich" (atmosfair 2019, 23-24).

In die dritte Kategorie der *Wandelbaren* fallen Produkte, für die es derzeit keinen realistischen klimafreundlichen Ersatz gibt. Nur sie sollten überhaupt für Kompensationen in Betracht kommen,

„weil die notwendige Technologie derzeit noch nicht oder nicht weit genug für den Markt entwickelt ist, für die aber ein technologischer Wandel hin zu CO_2-armer Herstellung und Nutzung absehbar ist" (atmosfair 2019, 5).

Als Beispiel für die laut ihrer Analyse für Kompensation zulässigen Wandelbaren führen sie Langstreckenflüge an. „Realistisch" bezieht sich bei den Wandelbaren auf Funktion und Eigenschaften von Alternativen, den Preis und den Zeitaufwand. Anhand von Beispielen aus den drei Bereichen werden diese im Detail sicher kontrovers beurteilbare Fragen in Kapitel 7 der Studie eingehend dargelegt. Ihr Argument für die Einreihung von (Langstrecken-)Flügen unter die Wandelbaren lautet:

„Für diese gibt es potentiell saubere CO_2-freie synthetische Treibstoffe, die zusammen mit neuen Flugzeugkonzepten ein CO_2-armes Fliegen in der Zukunft ermöglichen. Heute sind diese Technologien aber nicht so weit verfügbar, dass eine Airline sie kaufen könnte. Daher kann der Kunde sie auch nicht als (teurere) Alternative wählen. Auch die Nutzung klimafreundlicherer Verkehrsmittel statt des Flugzeugs ist für die meisten Verbraucher auf der Langstrecke keine realistische Möglichkeit. Nur in dieser Kategorie ist Kompensation sinnvoll, da sie nicht die bessere Lösung ausbremst (Auslaufmodelle) oder eine Sackgasse verlängert (Die Unverträglichen)" (atmosfair 2019, 5).

Für Produkte der Klasse III existieren nach dieser Definition jedenfalls noch keine klimafreundlicheren Alternativen, die für den Konsumenten hinsichtlich Funktion, Preis und Zeit realistisch erscheinen. Im Unterschied zu Produkten der Klasse I, so das Argument der Autoren, zeichne sich hier jedoch bereits ein technologischer Wandel hin zu CO_2-armer Herstellung und Gebrauch ab, der künftig eine Nutzung des Produkts im Einklang mit den Klimazielen ermöglichen könne. Bei Mittel- und Langstreckenflügen sei die Alternativen Auto, Bahn oder Schiff entweder nicht verfügbar, unrealistisch oder unzumutbar.

In der Luftfahrt gebe es zwar eine stetige Entwicklung der Treibstoffeffizienz, aber gerade auf den Langstreckenflügen sei keine Technologie absehbar, die ohne flüssige fossile Brennstoffe auskomme. Allerdings sei es schon jetzt möglich, mit dem Power-to-Liquid-Verfahren klimaverträgliche Kraftstoffe für die heutigen Flugzeugtreibwerke synthetisch herzustellen. Bei den Wandelbaren bestehe die Klimaschutzaufgabe darin, diese Entwicklung zu unterstützen. Angesichts der Forschung und des baldigen Einsatzes synthetischer Treibstoffe könnte man sich wohl berechtigterweise fragen, ob nicht eine absolute Deckelung der Flüge mit fossilen Antrieben als starker Anreiz zur baldigen Durchsetzung dieser Antriebsart sinnvoll wäre.

Die Verfasser können auch hinsichtlich der E-Mobilität nur in dieser Weise argumentieren, weil sie die sogenannte Konsumentensouveränität der Menschen in dieser Studie nicht auch noch infrage stellen wollen.

„Die Studie hinterfragt dabei nicht den Wunsch eines Kunden nach bestimmten Produkten, setzt also nicht normativ eine Welt mit veganer Ernährung oder ohne Fernreisen als Ziel. Sie untersucht ausschließlich die Frage, ob bei gegebenem Produktwunsch des Kunden der Erwerb eines ‚klimaneutralen' Produkts statt des konventionellen Produkts für den Klimaschutz sinnvoll ist oder nicht" (atmosfair 2019, 4).

Sie behaupten, wie zitiert, der Luftverkehrssektor habe, anders als z.B. der Kreuzfahrtsektor, erste Schritte und Maßnahmen zu einer klimaverträglichen Entwicklung beschlossen und bereits in geringem Umfang umgesetzt oder man stehe kurz davor. In der Klasse III der Wandelbaren bestehe die Klimaschutzaufgabe darin, diese Entwicklung zu unterstützen. Hierfür sei zentral, die neuen Technologien zur Marktreife zu bringen und die Kosten so weit zu senken, dass sie wie bei den Auslaufmodellen der Klasse II konkurrenzfähig werden. Die Kompensation könne hier flankierend eingesetzt werden, um den Zeitraum bis zur Marktreife bzw. Konkurrenzfähigkeit zu überbrücken.

Auf der Website von „Klimaschutzportal" liest man zu alternativen Flugkraftstoffen:

> „Diese können zum Beispiel aus Pflanzen, Fetten oder Abfällen gewonnen werden oder mit Hilfe von Erneuerbaren Energien aus Wasser und Luft hergestellt werden. Schon heute ist der Einsatz von alternativen Kraftstoffen im Luftverkehr möglich und einige Fluggesellschaften setzen sie auf ihren Routen bereits ein. Auf einer Karte der ICAO lassen sich Linienflüge weltweit und in Echtzeit verfolgen, die mit alternativen [sic] Flugkraftstoff fliegen. Aber: Noch sind diese Kraftstoffe drei bis fünf Mal so teuer wie herkömmliches Kerosin und damit noch nicht wettbewerbsfähig. Die zurzeit getankten Mengen entstammen zumeist staatlich geförderten Projekten. Um diese zur Marktreife zu führen, sind noch weitere Anstrengungen hinsichtlich politischer Rahmenbedingungen nötig" (Klimaschutzportal, o. J., o. S.).

Ganz „klimadicht" scheint die Argumentation von atmosfair also nicht zu sein, was die baldige preisliche Zumutbarkeit und Verfügbarkeit und die Nachhaltigkeit der Ersatzstoffe betrifft.

> „Steht die Anbaufläche in Konkurrenz zum Anbau von Nahrungsmitteln? Wieviel Wasser, Energie oder Rohstoffe werden für die Herstellung benötigt? Wieviel CO_2 wird unterm Strich tatsächlich eingespart?"

fragt das Klimaschutzportal (ebenda). Die Website informiert über Versuche, Sonnenlicht, Wasser und Kohlendioxid als Antriebsenergie zu nutzen. Man kann sich in Parallele zum Bioanteil am Benzin überlegen, ob es bei weiterem exponentiellem Wachstum der Flugbranche nicht auch eine Verdrängung der alternativen Nahrungsmittelproduktion und einen erheblichen Flächenbedarf geben wird. Und es stellt sich die Frage, ob die hier zu den Wandelbaren gerechnete Flugbranche nicht womöglich später ab einem gewissen Volumen zu den Unverträglichen zu zählen sein wird und ob daher, folgt man der Logik der Studie, nicht allein schon deshalb eine absolute Deckelung angemessen wäre.

Trotz offenkundiger Grenzen und einiger fraglicher Argumentationen pro Flugbranche enthält die Studie von atmosfair überaus anregende Überlegungen und nimmt die notwendigen Klimaziele ernst. Sie enthält eine instruktive und erstaunlich lange und regelrecht provokante Liste von am besten *prinzipiell nicht* zu kompensierenden Aktivitäten und Produkten, die in nachfolgender Tabelle festgehalten sind und die sehr viele in der Praxis durchgeführte Projekte in Frage stellt:

Produktkategorie	Kapitel	Produktbeispiel		CO_2-Kompensation sinnvoll?
Energie	7.1	-	Konventioneller Strom	Nein
		-	Ölheizung	Nein
Lebensmittel	7.2	-	Fleisch	Nein
		-	Tomaten aus Spanien	Nein
Mobilität	7.3	-	Autofahren	Nein
		-	Interkontinentalflug	Ja
		-	Kurzstreckenflug	Nein
Dienstleistungen	7.4	-	Paketversand	Ja
		-	Umzug per LKW	Ja
Freizeit / Lifestyle	7.5	-	Kreuzfahrt	Ja
		-	Gletscherhotel	Nein
Büromaterial, Beschaffung und elektronische Geräte	7.6	-	Telefon- und Internetanschluss	Nein
		-	Laptop	Nein
		-	Klimaneutral Drucken	Nein
Güter	7.7	-	T-Shirt aus Baumwolle	Nein
		-	Torf	Nein
		-	Transfair Rosen aus Kenia	Nein

atmosfair 2019, 6.

Um ihren dreifaltigen Ansatz des Besser (Effizienz), Weniger (Suffizienz) und Anders (Konsistenz) verständlicher zu machen, sei noch die Tabelle auf der folgenden Seite hinzugefügt.

Eine kleine Überprüfung, ob denn bei atmosfair weiterhin die Möglichkeit besteht, auch Mittelstreckenflüge innerhalb Deutschlands zu kompensieren, ergab: man kann. Konsequentes Befolgen ihres hellsichtigen und sachlichen Nachdenkens würde ihnen wohl zum Teil die eigene Geschäftsgrundlage entziehen (keine Mittelstreckenflüge, Deckelung aller Flugbewegungen). Aber ohne den jeweiligen Zuordnungen in die drei Klassen im Einzelnen folgen zu müssen, bedeutet die Unterteilung eine sehr hilfreiche Anregung zur Beurteilung sinnvoller oder nicht zielführender Kompensationsbereiche, die bei Kompensationsbefürwortern zumindest bisher keine Resonanz erfuhr.

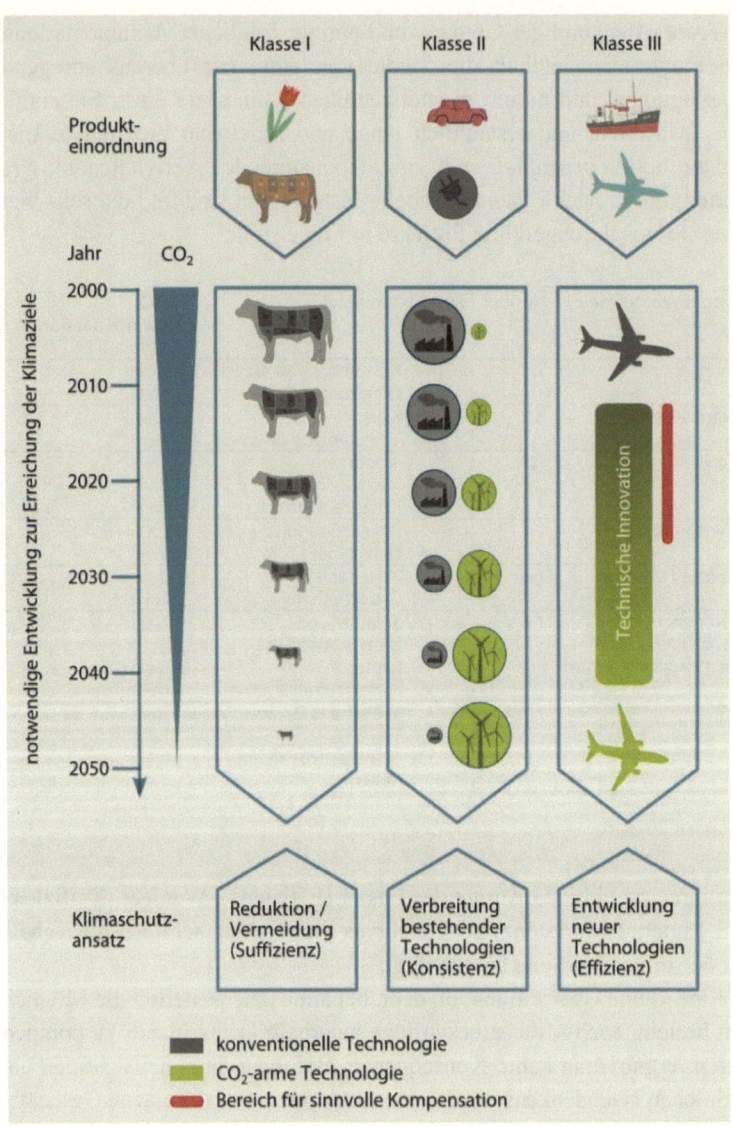

atmosfair 2019, 20.

Es wäre eigentlich ein eigenes Kapitel wert, das boomende *Angebot grüner Investitionsangebote* jenseits der bisher untersuchten verpflichtenden und freiwilligen Handelssysteme und zertifizierten Kompensationsprojekte zur Erreichung von Klimaneutralität zu untersuchen.

Ferner wurde ein Sustainable-Finance-Beirat (SFB) durch die Bundesregierung für die laufende Legislaturperiode eingesetzt. Er ist mit 38 Experten und Praktikern aus Finanz- und Realwirtschaft sowie Zivilgesellschaft und Wissenschaft besetzt. In seinem Abschlussbericht[175] gibt der SFB 31 Empfehlungen für eine nationale Sustainable-Finance-Strategie der Bundesregierung. Vorgeschlagen wird, auf EU-Ebene die „nicht-finanziellen" Berichtspflichten auf Unternehmen ab 250 Mitarbeiter auszuweiten, ESG-Daten auf EU-Ebene durch eine ESG-Rohdatenbank zugänglich zu machen, Finanzinstitute ab einem Schwellenwert zur Offenlegung von Nachhaltigkeitsrisiken in der Kreditvergabe zu verpflichten und die Berichterstattung zu einem standardisierten Transformationsszenario festzulegen, um Transformationsrisiken und -chancen belastbar und vergleichbar zu quantifizieren.

Doch dieser Themenkomplex soll hier nur kurz gesteift werden. Im *Handelsblatt* habe ich mich hierzu folgendermaßen geäußert:

> „Geld mit Finanzanlagen zu verdienen, muss keine Ökosünde mehr sein, dank „grüner" und „nachhaltiger" Anlageangebote wie iShares Dow Jones Global Sustainability Screened, Allianz Global Sustainability und einer kaum überschaubaren Vielzahl weiterer Angebote für den ethischen Investor, die mit dem Label ESG vermarktet werden. ESG steht für Environment, Social und Governance, also Ökologie, Soziales und (gute) Führung. Doch leider gibt es einen schwer aufzulösenden Konflikt. Anleger, die nicht vom Wohl und Wehe einzelner Unternehmen und Branchen abhängig sein wollen, müssen ihre Investments diversifizieren, also breit streuen.
>
> Aber je breiter diversifiziert ein grüner oder ethischer Fonds ist, desto stärker verwässert wird auch sein Anspruch. So beinhaltet der neue Euro Stoxx 50 ESG Unternehmen wie Total, ENI, Unilever, BMW, Daimler, BASF, die Investoren mit ökologischem Anspruch etwas suspekt erscheinen dürften. Zwar gibt es Alternativen, etwa Branchenfonds. Aber wer zuletzt zum Beispiel auf die deutschen Anbieter von Photovoltaikanlagen setzte, musste schmerzlich erfahren, wie riskant es ist, alles auf eine Karte zu setzen. Mit dieser Branche konnte man viel Geld verlieren.
>
> Viele der ESG-Angebote sind eher grün angestrichen als tatsächlich ökologisch, dank manchmal äußerst großzügig ausgelegter Auswahlkriterien. ESG ist bisher kein geschützter Begriff. Zwar hat die EU sich im Rahmen ihres Aktionsplans zur Finanzierung nachhaltigen Wachs-

---

[175] https://sustainable-finance-beirat.de/wp-content/uploads/2021/02/210224_SFB_-Abschlussbericht-2021.pdf.

tums mit verbindlicheren ESG-Klassifizierungen versucht. Aber das Ergebnis war bisher bescheiden, nicht zuletzt, weil Finanzlobbyisten als wichtigste Beratergruppe fungieren dürfen.

ESG-Investments werden häufig nach dem Best-Practice-Ansatz definiert, bei dem es reicht, wenn ein Unternehmen zum Beispiel weniger umweltschädlich agiert als der Durchschnitt der Branche. So kommt es, dass Aktien von Öl-, Gas-, Auto- und Atomenergieunternehmen in vielen ESG-Angeboten enthalten sind. Ein anderer Ansatz definiert den eher bescheidenen ethischen Anspruch über Ausschlusskriterien: Nur ein oder zwei Bereiche oder Branchen werden ausgeschlossen, zum Beispiel Waffen und Pornografie.

Letztlich sind die Angebote zumindest der breit aufgestellten ESG-Angebote eine Win-win-Situation für alle, außer Umwelt und Gesellschaft. Sie erlauben Unternehmen als Teil der Lösung und nicht des Problems aufzutreten. Der Politik ermöglichen sie, die Diskussion über Grenzen des Wachstums zu vermeiden, und Bürger bekommen die Möglichkeit, guten Gewissens Geld anzulegen und damit vermeintlich sogar noch etwas für die Umwelt zu tun. Einen Gewinn für Wirtschaft und Gesellschaft brächten ESG-Angebote, wenn Blackrock, Vanguard, und Fidelty – oder auch der Staat im Rahmen der Förderung privater Altersvorsorge – mit wirklich nachhaltigen Öko-Anlageprodukten preisgünstige, wirklich selektive und trotzdem noch breit diversifizierte Angebote auf den Marktbringen würden" (*Handelsblatt*, 14.9.2020, 10).

Ergänzend ist hinzuzufügen, dass es nicht nur Ausschluss-, sondern auch Positivlisten gibt, die definieren, welche Kriterien Unternehmen erfüllen müssen. Sie sind aber häufig sehr großzügig ausgelegt und beinhalten z.B., dass Unternehmen nur zu 40% im Ölgeschäft unterwegs sein dürfen. Diese unübersichtliche Vielzahl an Standards ist möglich, weil es keine anerkannten Gütesiegel gibt. So wundert es nicht, dass bei der Aufstellung auf der Website von JustETF.com im November 2020 1527 ETFs aufgeführt sind, von denen stolze 168 als nachhaltig eingestuft werden.[176] Am einfachsten wäre natürlich eine Investition in ein konkretes Projekt, z.B. in einen Windpark. Hier hat man aber das Risiko des Totalverlustes, da es sich meist um (Nachrang-)Anleihen handelt. Wollte man auf Unternehmen direkten Druck z.B. durch Auftritte bei den Hauptver-

---

[176] Im Folgenden werden andere grüne Angebote wie die des Versicherungsbereichs ausgeklammert, siehe hierzu z.B. die Versicherungsagentur *Greensurance*, siehe auch *bessergruen.de* und *gruen-versichert.de*; zu freien Finanzberatern siehe *Ökofinanz-21*, zur Beraterbank Quirin *www.sz.de/quirinbank;* siehe auch den Überblick zu Nachhaltigkeits-ETFs unter *https://de.extraetf.com/etf-list-overview/etf*, Bereich Nachhaltigkeit.

sammlungen ausüben und daher Aktien von Umweltsündern kaufen, so ist dies neben der möglicherweise geringen Wirkung auch nur bedingt möglich, da die Anteile einer ganzen Reihe von Unternehmen nicht an Börsen gehandelt werden.

Zwar gibt es erfreulich selektive Fondsangebote wie die von Öko-world (*Ökovision Classic*), meist sind dort aber recht hohe Verwaltungs-gebühren und Ausgabeaufschläge von bis zu 5% fällig. Und erstaunlicher-weise bekommt man auch auf mehrmalige Anfragen keine Antwort, ob-wohl sie gerade in diesem Punkt früher Höchstbewertungen von *Stiftung Warentest* bekommen haben. Im November 2020 wurde der *Ökoworld Rock'n'Roll Fonds* beworben, der eine Verwaltungsgebühr von 1,76% auf-weist. Die Ausschlusskriterien überzeugen (Atomenergie, Erdöl, Gentechnik usw.) und die Schwerpunktsetzung auf Bildung, Gesundheit usw. Etwas skeptisch kann man gegenüber einzelnen Titeln sein: ein börsennotierter Kindergarten in Indien, ein privater Universitätsbetreiber in Brasilien und die Verlage Wolters Kluver und Pearson – Verlage, die in akademischen Kreisen angesichts sehr gewinnorientierter Verhaltensweisen nicht gerade hohe Wertschätzung genießen. Der von Securvita angebotene *Green Effects NAI-Werte Fonds* (IE0005895655) enthält zwar nur 30 Aktien, diese streu-en aber gut über Branchen und Länder und sind aus ökologischer Sicht recht überzeugend. Allerdings enthält der Fonds auch Tesla. Die Volatilität des Fonds ist zwangsläufig etwas hoch, die langfristige Wertentwicklung aber ansehnlich. Er ist nicht ohne Aufgabeaufschlag von bis zu 4% zu kaufen, die laufenden Kosten liegen bei etwa 1,3%. Bei Drucklegung stand der nx-25 kurz vor der Einführung.[177] Er weicht in einigen Titeln vom NAI ab und auch seine Zusammensetzung überzeugt und kann als dunkelgrün gekennzeichnet werden.

Auch öffentliche Institutionen auf Landes- und Bundesebene bieten vermehrt grüne Anlagen an, die sicher und hinsichtlich grüner Kompo-nenten ganz akzeptabel sind, aber Anlegern (fast) keine Rendite bieten. So verspricht die erste, 10 Jahre laufende grüne Bundesanleihe (ISIN DE0001030708) vom September 2020 mit einem Volumen von 4 Mrd. Euro eine Verzinsung von 0%. Mit ihr sollen u.a. Kaufprämien für E-Autos finanziert werden, was schon wieder Zweifel sät.

Die von der EU geplante inhaltliche Bestimmung, was unter nachhal-tig zu verstehen sei, steht unter dem Imperativ, keinesfalls das Wachstum abzuschwächen, und heißt daher auch *Action Plan on Financial Sustain-*

---

[177] https://oeko-invest.net/natur-aktien-index-nx-25/.

able Growth. Bisher haben die „technischen Experten" auf mehreren hundert Seiten ein Klassifikationssystem entwickelt, dessen Komplexität den hier bisher vorgestellten EU-Reglements um nichts nachsteht und bereits in allerlei Punkten Kritik erfuhr.[178] Zunächst sollten Kohle und Atomenergie als klare Ansage ausgeschlossen werden, aber unter den sechs Kriterien firmierte auch der „Schutz gesunder Ökosysteme", was ohne genaue Präzisierungen unverbindlich ist und viel bedeuten kann.[179]

Im März 2021 legte die EU-Kommission präzisierende Vorschläge vor, die nun im Trilog diskutiert werden. Hierunter versteht man ein paritätisch zusammengesetztes Dreiertreffen der federführenden Europäischen Kommission, des Rates der Europäischen Union und des Europäischen Parlaments. Auch können bei einem Konsultationsverfahren z.B. NGOs ihre Einschätzungen und Vorschläge abgeben. Bisher zeichnet sich ab, dass Aktien oder Anleihen von Firmen mit mehr als 5% ihres Umsatzes in Kernenergie, der Förderung von Öl, Kohle und Gas oder der Herstellung von Verbrennerautos (bis 2030 erlaubt) ausgeschlossen werden sollen. Bankanleihen können nur gehalten werden, wenn diese ab 2025 keine Öl-, Kohle- und Gasprojekte mehr finanzieren. Staatsanleihen werden nur von Staaten berücksichtigt, die das Pariser Abkommen unterschrieben haben. Was schlussendlich herauskommt, ist im April 2021 ungewiss, da einige Europaparlamentsabgeordnete (v.a. der EVP-Fraktion) und Fondsvertreter Überregulierung kritisieren. Für den interessierten Bürger ist es fast unmöglich, sich auf dem Laufenden zu halten. Allein der technische Annex der Expertengruppe zur Entwicklung einer Taxonomie umfasst fast 600 Seiten und die entsprechenden Dokumente müssen von diversen Websites verschiedener EU-Institutionen zusammengesucht werden.[180]

---

[178] https://sven-giegold.de/wp-content/uploads/2020/12/Greens-EFA-letter-Taxonomy-Delegated-Act-8-12-2020-1.pdf.

[179] Siehe die kritische Analyse von Winkler und Duscha unter https://www.fair-finance-institute.de/wp-content/uploads/2018/11/FaFin_Diskussionspapier_Finanzialisierung_Nachhaltigkeit_2018-11-08.pdf.

[180] Einfach unübersichtlich (EU): https://ec.europa.eu/info/publications/210308-efrag-reports_en; https://www.esma.europa.eu/sites/default/files/library/jc_2021_22_-_joint_consultation_paper_on_taxonomy-related_sustainability_disclosures.pdf; https://www.esma.europa.eu/press-news/esma-news/esma-proposes-rules-taxonomy-alignment-non-financial-undertakings-and-asset; https://www.esma.europa.eu/sites/default/files/library/esma30-379-471_final_report_-_advice_on_article_8_of_the_taxonomy_regulation.pdf; https://ec.europa.eu/info/business-economy-euro/banking-and-finance/sustainable-finance/eu-taxonomy-sustainable-activities_en; https://www.esma.europa.eu/press-news/consultations/joint-consultation-taxonomy-related-sustainability-disclosures.

In 2020 flossen in Europa 233 Mrd. Euro in ESG-Fonds, fünfmal mehr als vor 5 Jahren und doppelt so viel wie 2019. Das Vermögen in nachhaltigen Fonds überstieg damit erstmals eine Billion Euro. Allein im Jahr 2020 kamen in Europa über 500 neue ESG-Fonds an den Markt. Bereits zwei EU-Verordnungen und daneben noch der Vorschlag eines Ökolabels sind im April 2021 in Arbeit. Es geht also um einen neuen Megatrend, der von Sparkassen, Genossenschafts- und Privatbanken, Vanguard, Blackrock u.a., nicht zuletzt zur Imagepflege vorangetrieben wird, bei dem strenge und konsistente Nachhaltigkeitskriterien aber nicht unbedingt am wichtigsten zu sein scheinen. Um nur ein paar Titel zu nennen, bei denen laut *Stiftung Warentest* der Aspekt Nachhaltigkeit zwischen 2% und maximal 60% schwankt: Steyler Fair und Nachhaltig, Kepler Ethik Aktienfonds A, LBBW Nachhaltigkeit Aktien R, DKB Ökofonds TNL, Superior 4 Ethik Aktien A von Schelhammer und Schattera, Sarasin OekoSar Equity Global P, Allianz Global Sustainability A EUR (1). In Deutschland gibt es nur wenige Finanzinstitute wie die GLS-Bank und Triodos, bei denen Nachhaltigkeit wirklich ganz oben auf der Agenda stehen (siehe den Überblick bei www.geld-bewegt.de).

Ausschlusskriterien solcher Fonds sind v.a.: Fossile Energie, Atomkraft, Umweltzerstörung, kontroverse Waffen (Streumunition), konventionelle Waffen, Korruption und Verletzung von Menschen- und Arbeitsrechte. Oft werden in solche Fonds auch Titel aufgenommen, wenn diese zunächst nur glaubwürdig ankündigen, umweltfreundliche Veränderungsprozesse anzustoßen. Es gibt demnach sehr unterschiedliche „Toleranzgrenzen" und Erfüllungsbedingungen, die es für Anleger recht schwierig machen, einen ihnen angemessen erscheinenden Nachhaltigkeitsfonds zu finden.

Einen guten Überblick bietet die Fondsdatenbank der *Stiftung Warentest* (test.de/fonds). In einem ihrer Artikel (*Finanztest*, Juli 2020, 36-43) stellt sie verschiedene Fonds vor und erläutert, warum häufig Unternehmen in den Nachhaltigkeitsfonds anzutreffen sind, die man dort nicht unbedingt vermuten würde: Tesla produziert trotz Waldrodungen und mit erheblichem ökologischem Rucksack immerhin Elektroautos, Procter und Gamble will trotz Wegwerfwindeln den Verpackungsmüll reduzieren, Apple reagiert auf Anschuldigungen, Nike meint, ein angemessenes Management der Zulieferkette in Bezug auf Umweltfragen zu haben, Microsoft punktet bei der DEKA (Sparkassen) u.a. mit Datenschutz und Datensicherheit (hier liegt kein Witz vor) und Steuervermeider Starbucks spart Wasser und Energie und verkauft fair angebauten Kaffee. So hat jeder etwas vorzuweisen.

Eines der größeren Angebote ist der Exchange Traded Fund (ETF) *iShares Dow Jones Global Sustainability Screened* (ISIN: IE 00B57X3 V84). ETFs bilden Indices wie den Dax nach: Steigt der DAX, steigt der ETF-Wert entsprechend und umgekehrt. Im Unterschied zu aktiv gemanagten Fonds sind solche passiv einen Index abbildende ETFs kostengünstig und „demokratisch", da sich über sie jeder ein breit gefächertes Portfolio günstig zulegen kann. Deshalb werden ETFs von Privatbanken, aber leider auch von Sparkassen und Volksbanken meist nur auf Nachfrage angeboten, da diese lieber ihre überteuerten Hausprodukte verticken.

Der am breitesten aufgestellte ETF, der MSCI World, enthält rund 3000 Unternehmen, darunter die US-amerikanischen High-Tech-Unternehmen. Nicht nur für Einzelanleger kann er aus Gründen einer sehr hohen Diversifikation anlageökonomisch gesehen nur empfohlen werden. Leider ist er völlig indifferent gegenüber ESG-Kriterien, da nur die Börsenkapitalisierung zählt. Seine nachhaltige Variante, der *MSCI World SRI* hat aber trotz nur noch 400 Aktien z.B. den Jet-Tankstellenbetreiber Phillips 66, einen japanischen Chemiekonzern, Honda und PepsiCo im Index.

Der bereits genannte ETF *iShares Dow Jones Global Sustainability Screened* schließt zwar Pornographie und Glücksspiel aus, akzeptiert aber bei Unternehmen einen Anteil an Waffen- und Rüstungsproduktion und schließt Atom-, Erdöl-, Fracking-Unternehmen und solche, bei denen Menschenrechtsverletzungen stattfinden, nicht aus. Er enthält Microsoft, Chevron, Samsung, J.P. Morgan, Visa, die Bank of America und andere Unternehmen, die bisher nicht durch besonders nachhaltige Unternehmenspolitik aufgefallen sind. Auch der neue und kostengünstige *Euro Stoxx 50 ESG* (UBS, LU1971906802) schließt zwar vom Programm her Unternehmen mit Menschenrechtsverletzungen, unzumutbaren Arbeitsbedingungen, Umweltbelastungen und Korruption aus, enthält aber an vorderer Stelle Total, SAP, Allianz, Unilever, Siemens, Banco Santander, Axa, ENI, BMW, Daimler und BASF, so dass man kaum grünen Gewissens in diesen Index investieren kann. Es wundert kaum noch, dass viele dieser Angebote laut *Morningstar* Globalance-Analyse ein Klimaerwärmungspotenzial von über 3 Grad aufweisen, gleichzeitig aber von *Morningstar* selber mit einem maximal positiven Nachhaltigkeitsrating (5 auf einer Skala von 1-5) bedacht werden (so z.B. beim LU1861134382).

Es gibt zwar auch Fonds, die weltweit investieren und sich auf bestimmte Branchen spezialisieren, auf erneuerbare Energien, Recycling oder Wasserwirtschaft. Das vorbildliche Beispiel ist hier der *Erste WWF Stock Environment* (ISIN AT0000705678), der beim Abfassen dieser

Zeilen wegen Andrangs geschlossen war. Da aber wichtige andere Branchen fehlen, ist er aus Diversifikationsgründen zumindest als Basisanlage nicht geeignet. Gleiches gilt natürlich noch mehr für Themen- und Branchenfonds wie Neue Energien (Windkraft, Solarenergie) oder Wasserstoff,[181] die oft rund 50 Titel enthalten.[182] Sie sind tatsächlich auf regenerative Energien ausgerichtet und als ETF-Varianten von den Kosten her erschwinglich. Einige Themenfonds erlebten 2019/2020 ein erstaunliches Kursfeuerwerk.

Auch im Bereich der Schwellenländer gibt es nachhaltige Indizes, die allerdings fast alle recht geringe Ausschlusskriterien haben. Der strengste ist der *MSCI Emerging Markets SRI Select Reduced Fossil Fuels* (ISIN: IE00BBYVJRP78), der zumindest zum Teil Öl- und Kohlefirmen ausschließt.[183]

Institutionen können sich auch nachhaltigkeitsorientierte Portfoliobündel mit Unternehmen zusammenstellen lassen, die höheren ESG-Anforderungen entsprechen. Bei den Pensionskassen für ihre Beamten investieren der Bund und die meisten Länder allerdings in Aktien von Unternehmen mit hohen THG-Emissionen. Allein der Bund hat 2018 mehr als 800 Mio. Euro in Aktien von Öl- und Kohlekonzernen investiert.[184]

Selektiver geht das Land Berlin vor, das für seine Versorgungsrücklagen einen bestimmten Prozentsatz in einen bestimmten Korb von Unternehmen anlegt. Im Factsheet dieses Index wird erläutert:

> „Der Solactive oekom ESG Fossil Free Eurozone 50 Index bildet die Kursentwicklung eines Aktienportfolios aus 50 Einzelwerten aus dem Universum der 600 größten börsennotierten Unternehmen der Eurozone ab, die in Bezug auf allgemeine Environmental, Social & Governance (ESG)-Kriterien die besten Nachhaltigkeitsleistungen ihrer Branche erbringen und im Rahmen eines Best-in-Class Ansatzes mit dem oekom ‚Prime' Status bewertet werden. Keine Berücksichtigung im Index finden Unternehmen, die in kontroversen Geschäftsfeldern (Fossile Brennstoffe, Atomenergie und Rüstung) tätig sind bzw. kontroverse Geschäftspraktiken (Menschenrechts-, Arbeitsrechts-, Umweltkontroversen sowie kontroverse Wirtschaftspraktiken wie beispielsweise Korruption) betreiben" (https://www.solactive.com/wp-content/uploads/solactiveip/de/Factsheet_(de)_DE000SLA3K65.pdf).

---

[181] DE000A2QDR59 und IE00BMYDM794.

[182] Siehe z.B. auch IE00B1XNHC34, FR0010524777 und LU1136260384.

[183] Zu den Details dieser Fonds siehe den verständlichen Überblick der Stiftung Warentest in *Finanztest*, November 2020, 45-49.

[184] Genaueres unter https://fossilfreeberlin.org/.

So weit, so gut. Diese Ausschlusskriterien bedeuten aber keineswegs, dass man sich auf klimaneutralisierenden Pfaden oder im Umfeld besonders umweltfreundlicher Unternehmen bewegt. Den Spitzenplatz belegt die niederländische ASML Holding, die Lithographiesysteme für die Halbleiterindustrie herstellt. Des Weiteren sind die Allianz und Axa, Unilever, L'Oreal, Merck, Michelin, BMW, Peugeot, Lufthansa, Banken (ABN Amro, Banco Santander, BNP Paribas), Adidas und Nokia enthalten, alles Unternehmen, deren Umweltverbräuche alles andere als gering sind und womöglich nicht unter dem Durchschnitt liegen. Sie tauchten auch zu einem guten Teil bereits weiter oben beim *Euro Stoxx 50 ESG* auf.

Mich interessierte, wie hoch wohl die Kosten für diese mehr oder minder individuelle Zusammenstellung sind. In einer E-Mail vom 11.11.2019 bekam ich folgende Antwort:

> „Sehr geehrter Herr Peukert, vielen Dank für Ihr Nachfrage zum vom Land Berlin verwendeten Nachhaltigkeitsindex. Für die Nachbildung (Verwendung) des Index ist vom Land Berlin als Lizenznehmer eine jährliche Lizenzgebühr an die Firma Solactive AG (Lizenzgeber) zu zahlen. Die Höhe der Gebühr wurde bilateral vereinbart und unterliegt der Vertraulichkeit. Ich bitte Sie deshalb um Verständnis, dass hierzu keine näheren Angaben gemacht werden können. Mit freundlichen Grüßen. Im Auftrag … Senatsverwaltung für Finanzen Berlin Abteilung I Vermögen und Beteiligungen".

Ähnlich wie bei den Preisen für Gutschriften aus Klimaneutralisierungsprojekten herrscht auch hier Geheimhaltung, was angesichts der Verausgabung öffentlicher Gelder problematisch ist.

Grundsätzlich lässt sich fragen, ob grünes Investieren tatsächlich größere Auswirkungen haben könnte, wenn z.B. der Pensionsfonds New Yorks nicht mehr in Ölgesellschaften investierte (*divestment*). Würde hierdurch dank vieler Aussteiger ein Druck auf den Börsenkurs des Unternehmens ausgeübt? Oder wäre zu erwarten, dass dann andere die Aktien kaufen und ihnen womöglich eine höhere Rendite winkt? Auch können sich bisher Unternehmen, sollten sie abgestraft werden, frisches Geld über Anleihen, Bankkredite usw. besorgen. Außerdem sind von den größten 50 Ölgesellschaften weniger als ein Drittel an der Börse gelistet. Auch fließt Unternehmen beim Kauf von Aktien kein Geld direkt für Projekte zu, sondern eine Aktie wechselt nur den Besitzer (sofern es sich nicht um neue, zusätzlich ausgegebene Aktien handelt). Die Wirkungen sind eher indirekt: Der Kurs steigt, an dem Unternehmen muss wohl was dran sein und Fremdfinanzierung wird billiger.

Man kann vermuten, dass nun Menschen Geld an Börsen investieren, die es sonst nicht täten, und sich so der Gesamtgeldstrom, der sich bei ihnen ansammelt, inklusive seines ökologischen Gesamtfußabdrucks vergrößert. Durch die Mobilisierung alternativen Geldes sind dann auch indirekt andere Investments einfacher finanzierbar. Hinzu kommt, dass mit zusätzlichen Wasser- und Windkraftanlagen Naturzerstörung einhergeht, von zahlreichen denkbaren Reboundeffekten ganz zu schweigen. Zu ihnen ist auch der bereits erwähnte „Better-Than-Average-Effekt" zu zählen. Er besagt, dass Menschen, die etwas Nachhaltiges tun und grün investieren, sich dann auf der Grundlage ihres guten Gewissens einen Ausreißer erlauben und z.B. eine Flugreise buchen.

Überhaupt kann man sich fragen, ob grüne Investments im gegenwärtigen Finanzsystem Konstruktives bewirken können und ob nicht zunächst andere Maßnahmen durchgesetzt werden sollten: eine Schrumpfung des Finanzsektors, die Einführung einer Finanztransaktionssteuer, die Entflechtung der Megabanken, eine Vollgeldreform oder zumindest ein Trennbankensystem, Verbote (Leerverkäufe und CDS), 30% Eigenkapital (Leverage Ratio) und z.B. eine sicher wahrhaft revolutionär entschleunigend wirkende Haltedauer von z.B. einem Tag (Peukert 2013).

Angesichts der in diesem Kapitel vorgebrachten Bedenken gegen Kompensationsprojekte bleibt als Fazit der Zweifel, ob sie überhaupt ihren eigentlichen Zweck erfüllen können, und die Gewissheit, dass man besser auf sie verzichten und Unverträgliche und Auslaufmodelle nicht unnötig unterstützen sollte. Was grüne Geldanlagen betrifft, besitzen diese momentan zumindest für den Durchschnittsanleger ohne allzu große Risikoneigung elementare Schwachpunkte, so dass man die allermeisten kaum als hilfreiches Element im Kampf gegen den Klimawandel ansehen oder empfehlen kann.[185]

---

[185] Zur Überprüfung der Nachhaltigkeit angebotener Fonds siehe *MainFairMögen.de*, *www.faire-fonds.info*, *www.fairfinanceguide.de*, *www.globalanceworld.com* und auf der Website der Ratingagentur *Morningstar*, siehe *www.morningstar.de* und http://www. sustainalytics.com/. Zur weiteren Vertiefung siehe auch die sehr gehaltvolle Website *Ecoreporter* unter https://www.ecoreporter.de/ und den Überblick bei Deml/Blisse 2016.

17. Soziologische und biophilosophische Deutungen reduktionistischer marktbasierter Klimadiskurse

Zusammenfassung: Einige Soziologen sehen den Übergang zu einem grünen Kapitalismus z.T. als neue Legitimationsbasis. Kritische Sozialwissenschaftler sehen eher eine „nachhaltige Nicht-Nachhaltigkeit" (Blühdorn). In der technikaffinen, pluralen, differenzierten und (über)komplexen Konsumgesellschaft treten an die Stelle autonom-identischer Vernunftsubjekte Menschen häufig als regressiv-individualisierte Singularitäten. Es gibt nach dieser Deutung einen post-ökologischen, auch neokolonialen Verteidigungskonsens, der Kompensationsprojekte als kleine Entschuldigungsgesten der Externalisierungsgesellschaft einsetzt und in dem komplexen, unverständlichen Emissionshandelssystemen die latenten Funktionen der Ausblendung und gekaufter Zeit zukommen.

Aus biophilosophischer Sicht erlaubt es die vorherrschende naturwissenschaftlich-ökonomistische und quantifizierungsorientierte Herangehensweise, soziale, kulturelle, spirituelle, qualitative und biodiversitätsbezogene Aspekte auszublenden. Alles wird miteinander verrechenbar, die Natur lässt sich auf Funktionen reduzieren. Begrenzungsfragen werden in Marktversagen umgedeutet, effiziente Märkte und Preissignale treten an die Stelle einer Diskussion über die Grenzen des Wachstums. Weitgehend entpolitisierte Expertendiskurse über Moleküle und ihre Konzentration verhindern die Auseinandersetzung mit der Frage, wie viele bzw. wenig fossile Ressourcen noch gefördert werden dürfen und welche Produktions- und Konsummuster noch vertretbar sind.

* * *

In diesem Kapitel soll aus zwei Perspektiven der Frage nachgegangen werden, wie sich Dominanz und Akzeptanz von Kompensationsprojekten und marktbasiertem Emissionshandel erklären lassen. Auch wenn man ihre konkrete Ausgestaltung unterm Strich nicht für eine zupackende THG-Minderungsstrategie hält, ist zu fragen, wie sie zu erklären und zu deuten sind. In vorherigen Kapiteln wurde der Frage bereits anhand von Interessengruppenkoalitionen nachgegangen.

Hier soll nach latenten Funktionen jenseits einer vermeintlichen ökologisch-ökonomischen Vorziehenswürdigkeit gefahndet werden. Es wird
zum einen ein soziologischer Zugang gewählt, der im Anschluss an
Ingolfur Blühdorn einen kritischen Blick auf das Alltagsbewusstsein des
Durchschnittsmenschen wirft, und auf diesem Weg eine Erklärung der
Akzeptanz von Emissionshandel und Kompensationsprojekten und seiner
latenten Funktion des Zeitgewinns versucht. Sodann werden einige hier
als biophilosophisch bezeichnete Beiträge vorgestellt, die die Begeisterung für die Rechenhaftigkeit der beiden treibhauspolitischen Vorgehensweisen zu erklären versuchen und die auf die damit einhergehenden inhaltlichen Ausklammerungen hinweisen.

Eine mittlerweile häufig anzutreffende Deutung der klimapolitischen
Situation in Wirtschaft und offizieller Politik wird idealtypisch von Sig-
hard Neckel (2018) formuliert, der unter der Fahne einer „transkapitalis-
tischen Soziologie" eine Korrektur der kapitalistischen Wertschöpfung
und das Erblühen eines grünen Kapitalismus vor sich gehen sieht. Wie
schon immer endogenisiere der Kapitalismus Kritik, (Zertifikat-)Märkte
erwiesen sich als effizienzsteigernde wirtschaftliche Einrichtungen und
Nachhaltigkeit böte ein neues Rechtfertigungsmuster gesellschaftlicher
Ordnung. Es komme zu einer ‚Imagination eines neuen Fortschrittsopti-
mismus'. Wie bei so einigen heutigen „postmodernen" soziologischen
Beiträgen bleibt dabei in der Schwebe, inwieweit der grüne Kapitalismus
eher Dichtung oder eher Wahrheit ist. Auf jeden Fall ist die allerorten anzutreffende Beflaggung als klimaneutrale Person oder Institution zu
einem um sich greifenden, legitimierenden grünen Narrativ geworden.

Der Sichtweise Neckels, der hier von einer realen Korrektur ausgeht,
steht die nach Ansicht und Erfahrung des Verfassers dieser Zeilen eher
zutreffende, erfrischend pointiert formulierte These Blühdorns (2019a-d)
gegenüber, wir befänden uns trotz aller grünen Signale in einer immer
deutlicher hervortretenden Phase „nachhaltiger Nicht-Nachhaltigkeit".
Öko-emanzipative Projekte seien nur noch kraftlose Ideen, die *old critical
orthodoxy* der ökologisch Engagierten und ihre „emanzipatorischen" Werte
verfingen nicht mehr. Das politische Gelegenheitsfenster (nicht zuletzt
dank Corona) würde eher als Bedrohung empfunden. Mit dieser Ansicht
ist er nicht allein. Auch Schellnhuber stellt fest, „dass es jahrzehntelang
eine schlitzohrige Übereinkunft zwischen Regierung, Behörden und Bürgern gab mit dem Ziel, ohne Rücksicht auf gestern oder morgen ein möglichst komfortables Dasein zu genießen" (2015, 547).

Die moderne, digital-kapitalistische Konsumgesellschaft sei keinesfalls angeschlagen. Den viel beschworenen Werte- und Kulturwandel gebe es gar nicht, die geforderte und nötige große Transformation sei blass. Vor allem der Mittelschicht gehe es um die Verteidigung und ein Weiter-So des bisherigen Lebensstils. Es liege eine tiefgreifende Komplizenschaft zwischen der Politik und der techno- und konsumaffinen Mehrheit der Bevölkerung vor, die z.b. das Scheitern des von Schellnhuber (2015, Kapitel 7) als Trauerspiel bezeichneten Kopenhagener Gipfels mit Indifferenz begegnete, sofern sie es überhaupt mitbekam.

Das einstige demokratische Zielbündel von Aufklärung, Vernunft und Mündigkeit sei dem kleinsten politischen Nenner gewichen, dem quasi moralischen Grundrecht auf Verfügbarkeit von Konsum- und Reiseoptionen, das der Mittelschicht auch zur sozialen Distinktion und Statusabsicherung seit eh und je (Veblen) unabdingbar schien. Die bürgerliche Idee des autonom-identischen Vernunftsubjekts sei nicht zuletzt im Zuge der Pluralisierung der Lebensstile, der Differenzierung und zunehmender Komplexität der Gesellschaft weitgehend verschwunden. Der Staat sei zwischen globalen Märkte und Konzernen eingekeilt. An die Stelle des demokratischen Zielbündels trat ein stiller Gesellschaftsvertrag des Zulassens individueller Selbstentfaltung und Selbstverwirklichung. Wenn es etwas billig zu kaufen oder zu googeln gibt, wird der „Bürger" ohne Murren zum gläsernen Datenträger. Bei dieser Diagnose schließt der Autor weite Teile der vegan-ökologisch-bunt ausgerichteten jüngeren Alternativkultur nicht aus.

Bereits Platon mutmaßte eine innere Selbstzerstörung der Demokratie durch die Forderung nach „Freiheit", die nicht (mehr) durch Selbstbegrenzungen des mündigen Bürgers flankiert wird und langsam zu einer zerfleddernden Gesellschaft der regressiven individualistischen Singularitäten mutiert. Auch die minimale, gemeinsame mediale Basis ist im freien Fall, jeder kann fast alles behaupten und kostenlos medial verbreiten. Der sich 2018 andeutende Niedergang der ältesten (zumindest formalen) Demokratien (USA, Großbritannien) und der Erfolg autoritärer, charismatischer Polit-Unternehmer, die oft den Klimawandel leugnen und die allgemeine Umweltzerstörung forcieren, kann als weiteres Beispiel gesehen werden. Die Wahl Bidens zum Präsidenten der USA ist für Blühdorn wahrscheinlich eher ein weiteres Zeichen des matten Verblassens der Demokratie.

Die Chance der Polit-Unternehmer liegt z.T. darin, dass sich die Menschen in ihren Freiheiten bedroht fühlen. Dies betrifft nicht nur Wähler rechtspopulistischer Parteien, die oft am unteren Ende der sozialen Skala angesiedelt sind. Viele Menschen aus der Mittelschicht sympathisieren mittlerweile trotz früherer Willkommenskultur heimlich (oder sogar offen). Denn sie alle wissen oder ahnen: Geht es uns gut, darf es anderen nicht so gut gehen, da ein vergleichbarer Konsum aller sieben Milliarden Menschen sehr schnell zu einem globalen Problem würde.

Wie praktisch, dass es Kompensationsprojekte (und den Emissionshandel) gibt, so dass man in den etwas begrünten Metropolen und ihren klimaneutralisierten Inseln weitermachen kann, indem man preisgünstig in der Peripherie dafür sorgt, dass dort die Umweltbelastungen nicht allzu sehr zu Buche schlagen. Ansonsten hat die Mehrheit nichts an der „Externalisierungsgesellschaft" (Lessenich 2016) auszusetzen. Sie sieht neoliberale Ideen und Politiken nur insofern kritisch, als Globalisierungsprozesse den eigenen Kuchen mindern könnten.

So sieht der „post-ökologische Verteidigungskonsens" wohl aus. Ich sehe in den Ausführungen Blühdorns eine recht pessimistische, aber leider weitgehend zutreffende Gegenwartsdiagnose. Zu überwinden sind demnach nicht nur Lobbyinteressen und bestimmte fossil-kapitalistische Strukturen, sondern der hegemoniale Konsens der Gesellschaft, der auch in den Köpfen der Mehrzahl der Menschen verankert ist. Natürlich ist den meisten Menschen auch bewusst, dass es so nicht weitergeht. Das führt zu unangenehmer kognitiver Dissonanz. „Klimaneutralität" und Emissionshandel dienen hierbei psychologisch gesehen zur Dämpfung des Gefühls des Unwohlseins beim Durchschnittsbürger, bei Politikern und den Akteuren in der Wirtschaft. Die Menschen denken: Es wird etwas getan, auch wenn ich das Wie nicht verstehe. Hauptsache, ich kann mich durch Kompensationsprojekte engagieren, ohne mein eigentliches Geschäftsmodell aufgeben zu müssen.

Der Versuch, nach Ausbruch der Corona-Epidemie möglichst schnell zu den alten, noch dominanten Verhaltensweisen zurückzukehren, kann als Beleg gedeutet werden. Auch habe ich mich in letzter Zeit mit der Frage „Kann denn Fliegen Sünde sein?" bei näheren und ferneren Bekannten zunehmend unbeliebt gemacht. Auch Menschen mit sogenannten akademischen Berufen (inklusive Wissenschaftler) reagieren indifferent bis angefressen. Diese Feldvermessung war nötig, um u.a. die bisherige Laxheit der Maßnahmen trotz großer Ankündigungen und ihre kaum zu übertreffende Komplexität verstehen zu können und abzuschätzen, auf wen man bei der großen Transformation momentan setzen kann. Viele sind es nicht. Man darf gespannt sein, wie das tatsächlich stattfindende Anziehen der THG-Minderungsschraube durch den EU-ETS, *Effort Sharing*, den *Green Deal* usw. von der „schweigenden Mehrheit" aufgenommen wird, wenn die Folgen sich zeigen, und wie die offizielle Politik dann darauf reagiert. Jenseits Europas lechzen Milliarden Menschen danach, ihren ungebremsten Konsumhunger zu stillen. Das laxe Pariser Abkommen und CORSIA entsprechen eher den Bedürfnissen dieser weltweiten Supermehrheit als denen der Erde.

Kommen wir nun zum zweiten Ansatz. In klima- und biophilosophischen Beiträgen wird hinsichtlich des Zertifikathandels und der Kompensationsgutschriften und -projekte darauf hingewiesen, dass durch sie eine ganz bestimmte deutende Interpretation und Rahmung der „Natur" und der biophysischen Umwelt vorgenommen wird. Dies geschieht, indem man ihre regional spezifischen Prozesse, geographischen Besonderheiten usw. möglichst vollständig quantifiziert, vergleichbar und zu einem guten Teil austauschbar macht. Sie werden in einen ökonomistischen und rein naturwissenschaftlichen (Nutzen-)Kontext gestellt, der sich fast ausschließlich für die Auswirkungen auf das menschliche Treiben auf dem Planeten interessiert.

Soziale, kulturelle und spirituelle Bezüge zur natürlichen Umwelt geraten hierdurch aus dem Blickfeld, die Umwelt wird als jeweilig besonderes Ökohabitat (kontextuell) entwertet. Es findet eine „Einbettung" in die übliche Geld- und Tauschlogik statt, was laut Verhaltensökonomie zu einer reduzierten moralischen und ethischen Betroffenheit und geringerer Zurückhaltung gegenüber Zerstörungsprozessen führen kann (Sandel 2012). Über diese abstraktifizierende Agenda werden Naturbereiche nicht nur „wertfrei" vergleichbar gemacht, sondern es wird auch eine allgemeine Weltanschauung geprägt, wie wir sie wahrnehmen und wie wir über sie denken (zur sozialen Konstruktion epistemischer Räume am Beispiel des BIP siehe Speich 2011).

> „Die der Bewertung der Natur zugrunde liegende Logik läuft darauf hinaus, dass Wirtschaftswachstum und Umweltschutz nur dann vereinbar sind, wenn die Natur und ihre Funktionen bewertet und in die Zirkulation des Kapitals integriert werden. Damit eine solche Preisgestaltung und Marktintegration möglich ist, muss die Natur vorbereitet werden: Die bestehenden Beziehungen, die die Natur so definieren, wie wir sie heute verstehen, müssen neu definiert werden. Um die Beziehungen als Anbieter eines ‚Ökosystemdienstes' sichtbar zu machen, müssen neue Grenzen gesetzt werden. Diese Dienste müssen wiederum so definiert werden, dass sie von verschiedenen Personen als derselbe Dienst anerkannt werden. Und sie müssen in Einheiten messbar gemacht wer-

den, die verglichen werden und an Eigentumsrechte gebunden werden
können.

    Sobald die Natur als Anbieter messbarer Ökosystem-Serviceeinhei-
ten beschrieben werden kann, können Einheiten von verschiedenen
Orten und von unterschiedlicher Qualität verglichen und gleichwertige
Äquivalenzen zwischen ihnen ausgehandelt werden ... Sobald diese
Äquivalenz akzeptiert wird, können die Methanemissionen durch eine
Verringerung der Kohlendioxidemissionen ausgeglichen werden oder
umgekehrt. Da Äquivalenzen zwischen Einheiten von verschiedenen
Orten und mit unterschiedlichen Qualitäten festgestellt werden, stehen
die Einheiten für den Handel bereit. Darüber hinaus können, wie auf
dem Sekundärmarkt für Emissionszertifikate, Finanzprodukte auf Basis
dieser Einheiten entwickelt und als Derivate gehandelt werden." (Kill
2015, 6, Ü; siehe auch Kill 2020).

Diesem Umgang mit der Natur steht ihr Verständnis als komplexes, miteinander verbundenes Gewebe gegenüber. Das bedeutet, dass jeweils lokale
Einzigartigkeit unterstellt wird, so dass zwei ökologische Orte niemals
gleich sind und gleichgesetzt werden können.[186]
    Im Anschluss an eine Äußerung von John Houghton, einem Initiator
des IPCC, aus dem Jahr 2014 ist auch Larry Lohmann der inneren „Logik"
des Klimadiskurses und seinem heimlichen hegemonialen Lehrplan auf der
Spur.[187] Houghton bemerkte, dass eine Institution wie das IPCC politisch
neutral bzw. unpolitisch agieren müsse (bzw. wolle) und daher den Fokus
nicht auf die in gigantischem Ausmaß verbleibenden Reservoirs an Erdöl,
Erdgas oder Kohle lege, die im Boden, in den Ozeanen und in der Vegetation vorliegen und aus klimapolitischer Sicht zum größten Teil nicht
entborgen werden dürfen. Träte dieses Problem in den Vordergrund, ge-
riete man sofort in eine inhaltliche Debatte: Wie viel dürfen z.B. die erdölproduzierenden Länder noch fördern und wie viel darf wer wofür nutzen?
Eine solche politische Debatte solle nach Houghton vermieden werden.
    In der Fachliteratur zu heute gängigen, selbstverständlichen Abstrak-
tionen wird erläutert, dass die den Naturwissenschaften zugrunde liegenden Konzepte wie „Energie" (seit 1850 durch Kelvin), „Arbeit" oder der
Newtonsche Zeitbegriff neuzeitliche Konzepte sind, die den Menschen
vor dem 18. Jh. völlig unplausibel erschienen wären und mit der Entwicklung abstrakter Lohnarbeit aufs Engste verbunden sind. Dies gelte

---

[186] Snyder (2011); zur hier auszuklammernden philosophischen Grundsatzdebatte siehe
z.B. Ophuls (1997), Greer (2011) und Weber (2013).
[187] Lohmann (2012, 2015, 2020) und (o. J. a und b).

auch für den Übergang zur Kohle und zur Dampfmaschine, der dafür sorgte, dass Energie billiger und zentralisierter erzeugt werden konnte und auch die Arbeit entsprechend lokal konzentrierter und dadurch besser disziplinier- und überwachbarer wurde. Der offizielle Klimadiskurs besteche durch seine thematischen Ausklammerungen solcher Zusammenhänge und die Vernachlässigung der Frage, welche Technologien und Techniktraversen wir gerade unter sozial- und kontrollpolitischen Aspekten anstreben und wählen sollten.

Im Gefolge der neuzeitlichen Abstraktionen konnte so ein emittiertes Molekül, CO_2 und einige andere Moleküle wie Methan, zum entpolitisierten Fokus der Debatte werden. Es geht um ihre Kontrolle und um Vorhersagen rein naturwissenschaftlicher Art durch Experten, deren Erkenntnisse und Vorschläge dann Politikern als Leitplanken dienen sollen. Der Begriff *Geoengineering* drückt dies sehr treffend aus. Hierdurch werden von vornherein systemische Ursachen, Fragen zur imperialen Lebensweise (Brand/Wissen 2017), zur Anwendung von Gewalt gegenüber der lokalen Bevölkerung z.B. durch Abholzungen, Verteilungskonflikte usw. ausgeblendet oder als nachgeordnete Themenfelder (*co-benefits*) eingehegt. Die THG-Problematik wird grundsätzlich so strukturiert, dass sie möglichst nicht als ein Symptom einer viel umfassenderen Krise der Exponentialgesellschaft erscheint.

Märkte und ihre Preissignale sind als vorrangige Akteure und neutraler Mechanismus vorgesehen, während gleichzeitig unterstellt wird, dass in diesem Rahmen eine Dekarbonisierung durch ein paar (Regulierungs-)Extras von staatlicher Seite möglich ist. Der starke Fokus auf dem Einsatz freiwilliger und markteffizienter Instrumente entspricht ganz den Wünschen des Neoliberalismus (so auch Felli 2015). Über rein physikalische Systemzirkulationsmodelle und die Erfassung einiger dem Menschen externer Naturentitäten werden unter Einsatz moderner Computer und raffinierter statistischer Verfahren Wirkungsverläufe modelliert und rein „sachliche" Politikempfehlungen abgeleitet.

Die THG sind dabei eine Art externer Feind, dem eine im Prinzip geeinte und interessenidentische Menschheit als *corporate body* gemeinschaftlich gegenübersteht. Partikel in einem kartesischen Raum und nicht eine politische Arena mit konfligierenden Interessen sozialer Gruppen und der Erhalt ihrer Lebensweise stellen die grundsätzliche Deutungsfolie dar. Qualitative lebensweltliche Alltagsbezüge und Wissensbestände stehen entwertet ganz weit unten in der Wissenshierarchie zugunsten des Managements toter Materie durch Experten und „Funktionseliten". So-

ziale Bewegungen und territoriale Verteidigung spielen bei den Klimaverhandlungen faktisch kaum eine Rolle und dienen eher als folkloris-
tische Farbtupfer.

Man müsste ansonsten über „Subsistenz-" und „Luxus-CO_2" diskutieren: Was ist erlaubt und nützlich, was nicht? Sind Mallorca-Reisen mit dem
Flugzeug angesichts des geringen verbleibenden CO_2-Budgets der Menschheit einzustellen und als Umweltverbrechen zu brandmarken? Durch den
heutigen Zertifikathandel und die Kompensationsprojekte kauft man Zeit,
denn sie machen unmittelbare, effektive und absolute Begrenzungsmaß-
nahmen (z.b. im Bereich des Flugverkehrs) „unnötig" und lassen dennoch
den Eindruck umtriebiger Geschäftigkeit „pro Klima" entstehen. So viel
sei gesagt zu den Überlegungen von und im Anschluss an Lohmann.

Ein weiterer systemintegrativer Effekt betrifft die bereits erwähnte Vor-
strukturierung politischer Entscheidungsprozesse durch expertokratisch
berechnete und verwaltete Ausgleichslösungen. Mit Max Weber kann man
von der Herstellung bürokratischer Herrschaft sprechen (Weber 1976,
551-579). Er äußerte sich übrigens u.a. in seiner Religionssoziologie
auch zur weltanschaulichen Entzauberung der (Um-)Welt durch ‚berech-
nendes Beherrschen'.

> „Umweltgesetze, die auf solchen Umsetzungsmitteln beruhen, entpoli-
> tisieren auch die demokratische Debatte: Grundlegende Fragen, was
> von wem und für wen produziert wird, werden durch technische Argu-
> mente zur Verbesserung der Genauigkeit bei der Messung der Service-
> einheiten oder zur Verbesserung der Rechnungslegungsvorschriften
> umgangen" (Kill 2015, 8, hier ohne Hervorhebungen, Ü).

Die Biologin Jutta Kill sieht in den Zertifikatlösungen eine generelle
Strategie und Tendenz der Verwässerung strikten Umweltschutzes in den
letzten Jahren und führt als weiteres Beispiel die deutsche Ökopunkte-
regelung an, die zeige, dass man auch hierzulande gerne der sich fortwäl-
zenden Megamaschine (Mumford) den Vorrang gegenüber Biodiversität
und Umweltschutz einräume:

> „In Deutschland sieht die im Bundesnaturschutzgesetz verankerte Ein-
> griffs-Ausgleichsregelung seit 1976 u.a. den Ersatz von Biodiversitäts-
> verlust durch Kompensationsmaßnahmen vor. In der ursprünglichen
> Eingriffsausgleichsregelung hatte noch der Ausgleich in unmittelbarer
> Nähe des Eingriffs und in Verantwortung des Verursachers Vorrang vor
> Ersatzmaßnahmen anderenorts. In den bisherigen drei Revisionen wur-
> den die Regelungen zu Ersatzmaßnahmen und -zahlungen dann immer
> weiter erleichtert. Heute bieten Flächenagenturen Ausgleichsflächen und

,Ökopunkte' an und übernehmen die Verwaltung der Flächen für die Verursacher des Eingriffs, was weitgehend dem Ansatz des Handels mit Gutschriften für die Zerstörung von biologischer Vielfalt entspricht" (Kill 2016b, 4-5).

Solche Ausgleichsregelungen über Ökopunkte stehen auch im Fadenkreuz Umweltengagierter und der Fachkritik,[188] da es in diesem Bereich der Kompensationsmechanismen erstaunlich dreiste Augenwischerei gibt. Für wenig Leistung im Sinne des Naturschutzes findet ein reger Handel mit Ökopunkten statt, der legitimiert, dass große Flächen versiegelt werden.[189]

Fast direkt vor meiner Haustür in Wetzlar sind Ausgleichsanpflanzungen von Obstbäumen auf bereits zuvor bestehenden Wiesen anzutreffen, die im Sommer reichlich Früchte tragen, um die sich aber niemand kümmert außer den Spaziergängern, die die Bäume per Mundraub von ihren Lasten befreien. Dem oft verfaulenden Obst steht schön in Plastik verpackt u.a. aus Neuseeland eingeflogenes Obst im Supermarkt gegenüber.

Doch damit nicht genug. Nach jahrelangen Kämpfen wird in Wetzlar in Sichtweite des Doms ein Parkhaus mit 210 Stellplätzen gebaut. Damit die Fahrzeuge bei Frost sicher ein- und ausfahren können, soll die Auffahrt beheizbar werden. Die geplanten vier Parkdecks werden überwiegend aus Beton und Stahl gebaut. Nach dem hessischen Naturschutzgesetz schneidet das geplante Parkhaus mit 56.000 Ökopunkten jedoch mehr als doppelt so gut ab wie die Wiese des dort vorher angesiedelten Kindergartens. Wie kommt das? Weil auf dem Dach des Parkhauses eine Magerwiese entsteht, die nicht gemäht wird und auf der sich Insekten tummeln können. Das ist nach der Berechnungslogik der Ökopunkte erheblicher als zunehmender Autoverkehr, verbauter Beton und die Gesundheit der Kinder, die nun andernorts fast nur noch *indoor* spielen können.[190]

Ausgleichslösungen spielen nicht nur im Kleinen, sondern auch international im Großen eine starke und zweifelhafte Rolle. Es sei hier noch ein Beispiel aus dem Südosten Madagaskars angeführt, das zeigen soll, wozu die formale Vergleichbarkeit von Biohabitaten führen kann. Dort

„baut Rio Tinto, einer der weltweit größten Bergbaukonzerne, Titaneisenerz ab. Durch den Abbau werden etwa 1.600 Hektar Küstenwald

---

[188] https://www.elmarstorch.de/denk-mal/oekopunkte/, als Fachkritik siehe Rabenschlag et al. (2019).
[189] http://www.bund-rvso.de/eingriffsregelung-ausgleichsmassnahmen-oekokonto.html.
[190] https://www.hessenschau.de/gesellschaft/oekopunkte-fuer-bauplaene-in-wetzlar-park haus-ist-besser-fuer-die-umwelt-als-eine-wiese, parkhaus-oekopunkte-100.html.

zerstört. Dieser Wald zeichnet sich durch seinen besonderen Artenreichtum aus und bietet Lebensraum für zahlreiche Tier- und Pflanzenarten, die nur in diesen Küstenwäldern von Madagaskar vorkommen. Um eine Finanzierung durch internationale Geldgeber wie dem IFC [International Finance Corporation, eine internationale Entwicklungsbank, die sich als Teil der Weltbank auf die Förderung privater Unternehmen spezialisiert] zu ermöglichen und um Proteste von internationalen Naturschutzorganisationen gegen die Zerstörung des seltenen Küstenwaldes zu entkräften, legte Rio Tinto in einem Biodiversitätskompensationsplan dar, wie der Küstenregenwald ersetzt werden soll, der beim Abbau von Titaneisenerz zerstört wird.

Botanische Sammlungen wie Missouri Botanical Gardens aus den USA und die Naturschutzorganisation BirdLife International identifizierten gemeinsam mit Rio Tinto mehrere Waldgebiete in der Region, die eine ähnliche Artenzusammensetzung wie der Küstenwald innerhalb der Bergbaukonzession aufweisen und die angeblich durch lokale Nutzung (kleinbäuerliche Landwirtschaft, Wanderfeldbau) gefährdet sind. Ein Teil dieser Wälder wurde zum Schutzgebiet erklärt und dient Rio Tinto als Kompensation für die zerstörten Küstenwälder. Die Kompensationsflächen sind bis zu 250 Kilometer – sechs bis zehn Autostunden – vom Titanabbaugebiet entfernt." (Kill 2016b, hier ohne Hervorhebungen)

Solches Vorgehen kann gravierende negative Folgen für die ortsansässige Bevölkerung haben.

„In den zur Biodiversitätskompensation ausgewiesenen Waldgebieten ist der lokalen Bevölkerung seitdem jegliche Nutzung untersagt, ohne dass ihr Alternativen zur Grundnahrungsmittelproduktion angeboten wurden.

Solche Restriktionen, im globalen Süden betreffen sie in der Regel kleinbäuerliche Landnutzung, sind in der Logik der Kompensation unerlässlich, da durch sie die proklamierte Gefährdung der Kompensationswälder durch lokale Nutzung abgewendet wird. Rio Tinto kann im vorliegenden Fall also argumentieren, dass ohne die Intervention des Kompensationsprojekts die Wälder durch lokale Nutzung zerstört worden wären, die Kompensationszahlung durch Rio Tinto also zusätzlich Wald schützt. Netto, so der Bergbaukonzern, verursache der Abbau von Titaneisenerz also keinen Verlust an biologischer Vielfalt – obwohl für den Abbau etwa 1.600 Hektar eines außergewöhnlich artenreichen und seltenen Küstenregenwaldes sowie die ökonomischen, sozialen, kulturellen und spirituellen Bindungen der lokalen Bevölkerung an diesen Wald unwiederbringlich zerstört werden" (ebenda, hier ohne Hervorhebungen).

Auch Moreno et al. (2016) warnen dringlichst vor einer Anrechenbarkeitsphilosophie als Denkstil und Weltsicht, die die Klimakatastrophe

verschlimmere. Anstatt auf der Importseite v.a. Bergbau- und Erdölunter-
nehmen und Schürf- und Förderrechte ins Visier zu nehmen, zähle, quan-
tifiziere und bilanziere man auf der Outputseite, so dass die systemtra-
genden Akteure, die die THG befördern, größtenteils unbehelligt blieben
und „die Systemfrage" ausgeklammert werde: Wie radikal muss eine Koh-
lenstoffgesellschaft hier und jetzt revolutioniert werden, in der praktisch
nach wie vor fast alles von der Zahnbürste über die industrielle Landwirtschaft, Plastikprodukte und -verpackungen bis zu Computern usw. von
fossiler Energie und dem Ölzeitalter abhängt?

Der Gedankenlogik der Wirtschaftswissenschaften folgend werde die
Umweltproblematik bei mengen- und preisorientierten Herangehensweisen
wie dem Zertifikathandel als Marktversagen gedeutet, dem mit Markt-
instrumenten beizukommen sei, und theoretisch sei nur relevant, was
man messen und dann auch managen könne. Die von Karl Marx und Karl
Polanyi problematisierte Entwicklung, dass der Kapitalismus alles in
handelbare private Besitzrechte umwandele, werde hier zur Lösung erklärt und die Natur, wie bereits angesprochen, über die Berechnung von
„Naturkapital" und „Ökosystemdienstleistungen" erfasst.

Über Prioritäten werde dabei nur unter der Hand entschieden, und zwar
so, dass vorrangig der Kohlenstoffausstoß zu bewältigen sei und nicht z.B.
der Biodiversitätsverlust, der trotz allerlei Verlautbarungen an hinterer
Stelle rangiert. Die gegenwärtigen, heute typischen globalen Abstraktionen (wie das BIP, Kalorien, Maß- und Temperatureinheiten) sind für
Moreno et al. das paradigmatische Fundament der Versuche, den THG mit
Tauschgeschäften zu Leibe zu rücken, was sich zuletzt auch in der internationalen politischen Kommunikation zum Pariser Abkommen zeigte.

Bei diesen Diskussionen ging es letztlich nur um *carbon metrics*. So
wurde eine vielschichtige Bedrohung auf einfache Hypothesen und Forderungen (das 1,5- bis 2-Grad-Ziel) komplexitätsreduziert. Nur so konnte
sich überhaupt der nach 1945 herausbildende „ökowirtschaftlich-staatliche
Komplex", in dem technische Experten, (Umwelt-)Wissenschaftler, internationale (Sonder-)Organisationen, Interessenvertreter und Lobbyisten,
dem Mainstream verpflichtete Ökonomen, beratende Forschungsinstitute
und Systempolitiker Lösungen und eine bestimmte (Rechts-)Praxis ausknobeln, über diese Thematik (auf nur minimalem Anspruchsniveau) ver-
ständigen.

Generell geben Emissionsgutschriften kaum die vollen Kosten kom-
pensatorischer Energieerzeugung, z.B. – soweit überhaupt möglich – hinsichtlich des sich atemberaubend selbstverstärkenden Artenschwundes

wieder.[191] Vielmehr reflektieren sie die Grenzkosten, die sich bei den Gutschriften aus der Nachfrage im Verhältnis zum Angebot ergeben (Oxtoby 2008, 383). Wenn man der Meinung ist, dass jede natürliche Spezies und Art ein Existenzrecht hat, dann ist der Preis für ihre Auslöschung sogar nach einhelliger ökonomischer Mainstreamlogik unendlich hoch.

Aus guten Gründen sind es seit langem meist Biologen, die auf den Artenschwund hinweisen, der sich der ökonomischen kompensatorischen Ausgleichslogik entzieht und von ihr im Prinzip nicht erfasst werden kann. Die Konzentration auf die THG hat somit nicht nur hinsichtlich internationaler (wie immer bescheidener) Vereinbarungen, sondern v.a. auch in der medialen Öffentlichkeit den Nebeneffekt, andere Aspekte des Umweltdramas in den Hintergrund zu schieben, obwohl sich die

> „bedeutendsten Auswirkungen des Klimawandels ... nicht in den Temperaturwerten oder in den atmosphärischen Konzentrationen zeigen, sondern im Verlust des Lebensraums und den daraus resultierenden Auswirkungen auf alle lebenden Arten" (Oxtoby 2008, 382, Ü).

Die Fokussierung auf die THG hat in der heutigen materialistisch-szientifischen Weltsicht (Whitehead 1967/1925) also einige praktische „Vorteile". So lassen sich die Belastungswerte aus dem ökologischen Gesamtgewebe lösen und in einfache und vermeintlich eindeutige Zahlen quantitativ komprimieren. Beim Artenschwund ist dies allerdings kaum möglich, was alle möglichen Biodiversitätsvereinbarungen zeigen, die eben nicht zufällig im Schatten der THG-Debatten mitlaufen.

Marktprozessen entsprechende Instrumente und Vorschläge können bei Biodiversität nur schlecht oder gar nicht zum Tragen kommen: Das Sterben der Frösche könnte wohl selbst für hartgesottene Ökonomen nicht durch mehr Buntspechte kompensiert werden. Des Weiteren kann man gegen Artenschwund kaum mit einer – das Wirtschaftswachstum nicht „negativ" tangierenden – Großoffensive grüner Investitionen trotz der unbestritten segensreichen Wirkungen des Baus von Vogelhäuschen kontern, sondern müsste sich wohl eher um suffiziente Bescheidenheit bemühen. Das hieße aber, der bedrängten Tier- und Pflanzenwelt z.B. durch ausgedehnte Bioreservate mehr Rückzugsorte zu geben und u.a. weniger Turbomittel einer industrialisierten Landwirtschaft (Hormone, Glyphosat usw.) einzusetzen. Das allerdings widerspräche im Kern der vorherrschenden produktivistischen, ausdehnungsabhängigen Gewinnwirtschaft.

---

[191] Siehe https://www.pnas.org/content/114/30/E6089.

18. Die IPCC-Berichte:
Das Restbudget ist aufgebraucht!

Sichere Leitplanken oder russisches Roulette?

Zusammenfassung: Angesichts des jahrhundertelangen Verbleibs von rund 50% der CO_2-Emissionen in der Atmosphäre errechnet sich je nach angepeiltem maximalem Erwärmungsgrad ein entsprechendes Restbudget. Eine kritische Untersuchung des IPCC-Berichts zu 1,5 Grad aus dem Jahr 2018 zum noch zur Verfügung stehenden Restbudget und den zu erwartenden Folgen des Klimawandels zeigt, dass selbst bei vorsichtigen Schätzungen der Klimaforscher eine Erderwärmung zwischen 1 und 1,5 Grad bedenkliche Folgen wie Extremwetterlagen haben wird. Bei einer weltweiten Erwärmung um maximal 1,3 Grad im Vergleich zur „vorindustriellen Zeit" ist das Restbudget der Menschheit bereits aufgebraucht und die Netto-Null müsste ab 2021 gelten und nicht erst 2050, wie von der EU geplant. Zusätzlich zu beachten: Mangels vorheriger Daten wird „vorindustriell" definiert als Zeitraum von 1850-1900 (erste Industrialisierungsphase) und die bereits erfolgte Erwärmung bis 2018 wird mit unter einem Grad sehr niedrig angesetzt. Unter Einschluss von weiteren Treibhausgasen liegt die weltweite Gesamtkonzentration in der Atmosphäre bereits heute bei 1,5 Grad. Mit 33% Wahrscheinlichkeit kann die Erwärmung auch über den kritischen 1,3 oder 1,5 Grad liegen. Verstärkende Rückkoppelungseffekte wie das CO_2 freisetzende Tauen des Permafrostes werden im Bericht ausgeklammert. In den 1980er Jahren wurde häufig zu Recht 1 Grad als maximal tolerabel angesehen. Weitere „Unsicherheiten" bergen die Gefahr, dass sich viele zusätzliche hunderte Gigatonnen bereits in der Atmosphäre befinden und irreversible Kipppunkte näher rücken. In Deutschland liegt die Erwärmung heute schon bei 2 Grad mit drastischen Folgen wie dem Waldsterben. Fazit: Es bedürfte eines sofortigen globalen klimapolitischen Notfallprogramms mit z.B. der Schließung der 1000 größten Kohlekraftwerke.

* * *

Entgegen der naheliegenden Vorgehensweise für die Abfassung dieses Buches, zunächst die durch den IPCC vorgeschlagenen, von den (inter-) nationalen Regelungen einzuhaltenden Maximalbelastungswerte hinsichtlich ihrer Robustheit zu untersuchen, habe ich beim Verfassen aller vorherigen Kapitel umstandslos die konkret angegebenen Zahlenwerte zum Restbudget als fixe Leitplanken unterstellt. Mich wunderte nur zunehmend, dass die Zahlenangaben des IPCC zur Abwendung einer katastrophalen Klimaerwärmung mit einer Eintrittswahrscheinlichkeit von nur 50% oder 66% angegeben wurden. Ich fragte mich, ob wir die Zukunft des Planeten tatsächlich von Wahrscheinlichkeiten eines Münzwurfes (50:50-Chance) oder verschärftem russischem Roulette (bei 66% sogar ⅓-Chance des Fehlschlags) abhängen lassen. Da musste ich doch sicher etwas missverstanden haben.

Ich habe die Untersuchung der IPCC-Berichte ans Ende gestellt, da es der Entstehungsgeschichte dieses Buches entspricht und ich den vorherigen Kapiteln nicht den Wind aus den Segeln nehmen wollte, gemäß dem Motto: Wenn wir selbst nach den IPCC-Berichten sowieso sofort auf Netto-Null gehen müssen, warum sollte man sich dann noch um die oben thematisierten „Details" kümmern? Es ist jedoch wichtig zu wissen, was mit welchen Zielen und welchen Folgewirkungen und Schwächen auf der politischen Bühne aktuell passiert, und sei es nur, um Bescheid zu wissen und den Beschwichtigungen nicht ungefiltert ausgeliefert zu sein.

Dieses Kapitel wird zeigen, dass Beschwichtigungen fehl am Platze sind. Wir lassen uns durch die Interpretationen und Auswahl der Daten des IPCC über unser THG-Restbudget in falscher Sicherheit wiegen, obwohl die Berichte schon allein hinsichtlich ihrer Fragestellungen und Darstellungsweisen problematisch sind. Vorneweg sei unmissverständlich festgestellt: Es gibt den menschengemachten Klimawandel, auch der Laie sieht es. Ich teile völlig die Argumente Mojib Latifs (2020) gegenüber jeglichen Klimaskeptikern. Fest steht auch, dass es einen linearen Zusammenhang zwischen THG-Emissionen und Erderwärmung gibt und sich ein großer Teil des CO_2 nicht abbaut und langfristig in der Atmosphäre verbleibt, so dass wir so gesehen ein Restbudget haben, das es nicht zu überschreiten gilt, und es spätestens ab 1,5 bis 2 Grad Erwärmung sehr brenzlig werden wird.

Die naturgemäß unvollkommenen Modellberechnungen des IPCC (in deren Inneres hier nicht hineingeschaut wird, siehe hierzu Schönwiese 2020) entsprechen ohne Frage den verfügbaren Daten, Betrug würde durch die internationale Klimacommunity schnell aufgedeckt. So weit der nicht bezweifelbare weltweite wissenschaftliche Konsens. Kritisch wird es bei den hier zu diskutierenden „Details" und z.B. der Frage, wie stark man in Berichten Rücksicht auf ihre Politikfähigkeit nehmen sollte. Meine Position hat nichts zu tun mit der diverser Klimawandelleugner. Das Klima-Manifest 2020 der sogenannten Werteunion der CDU finde ich erschreckend (http://archive.is/Eq94n).

Es ist gut nachvollziehbar, dass sich u.a. *Fridays for Future* (2019) und die *Scientists for Future* (2019) auf die gesicherten Daten der (Klima-) Wissenschaft und des IPCC und die 1,5 Grad-Grenze berufen, nicht zuletzt, um den Klimawandelleugnern besser Paroli bieten zu können. Aber gehören die IPCC-Berichte und deren Angaben womöglich letztlich mit zur großen Allianz der Beschwichtiger und derer, die meinen, es gäbe noch ein halbwegs erkleckliches Restbudget? Mit anderen Worten: Ist die klimapolitische Lage sehr viel ernster, als es Deutungen und das Arrangement der Berichte erlauben? Ich bezweifle nicht die Berechnungen der Klimawissenschaftler, hinterfrage aber zum Teil die Begrifflichkeiten, begrenzte Fragestellungen, qualitative Ableitungen zur Klimasituation aus den Daten und die Rezeption in der Öffentlichkeit.

Zuvor sind einige Tatsachen zu THG zu erwähnen, ohne die das Konzept des der Menschheit zur Verfügung stehenden Restbudgets nicht verstanden werden kann.

„Von dem Kohlendioxid, das wir ausstoßen, verbleibt ein erheblicher Teil über Tausende von Jahren in der Atmosphäre. In Kombination mit der langsamen Reaktion des Klimasystems führt dies dazu, dass der globale Temperaturanstieg infolge von CO_2 nahezu proportional zur gesamten emittierten CO_2-Menge seit der vorindustriellen Zeit ist. Dies hat eine Reihe einfacher, aber weitreichender Konsequenzen, die wichtige Fragen für die Eindämmung des Klimawandels, die Politik und die Ethik aufwerfen.

Selbst wenn die anthropogenen CO_2-Emissionen gestoppt würden, würde der größte Teil des realisierten Klimawandels über Jahrhunderte andauern und somit auf menschlichen Zeitskalen unumkehrbar sein, doch das übliche ökonomische Denken ignoriert diese langfristigen intergenerationellen Effekte weitgehend. Länder und Generationen erster Ordnung tragen sowohl zum vergangenen als auch zum zukünftigen Klimawandel im Verhältnis zu ihren Gesamtemissionen bei. Ein globales Temperaturziel impliziert ein CO_2-Budget oder eine CO_2-Quote, eine endliche Menge an CO_2, die die Gesellschaft emittieren darf, um unter dem Grenzwert zu bleiben. Die Aufteilung dieses Budgets über die Zeit und zwischen den Ländern ist eine ethische Herausforderung, die unsere Welt bisher noch nicht bewältigt hat" (Knutti/Rogelj 2015, 361, Ü; auch im Folgenden hier ohne Hinweise auf Literatur und Abbildungen).

Hinsichtlich der komplizierten Details genügt es, Folgendes zu wissen.

„Diese Lebensdauer reicht von Wochen für Aerosole bis zu Tausenden von Jahren für Hexafluorethan (C_2F_6). CO_2 hingegen hat keine einheitliche Lebensdauer. Etwa die Hälfte der jährlichen CO_2-Emissionen verbleibt derzeit in der Atmosphäre (die sogenannte luftgetragene Fraktion); der Rest wird vom Ozean und der Landbiosphäre aufgenommen. Die Reaktion der atmosphärischen Konzentration auf eine Emission ist durch mehrere Reservoirs und Prozesse gekennzeichnet, die Kohlenstoff auf verschiedenen Zeitskalen entfernen: Jahrzehnte für die Biosphäre und den Oberflächenozean, Jahrhunderte für den tiefen Ozean und noch länger für Sedimente, die von schalenbildenden (kalkbildenden) Organismen gebildet werden. Je nach Größe des Emissionspulses bleiben etwa 15-40% des Kohlenstoffs länger als 1000 Jahre in der Atmosphäre ...

Fakt 1 ist, dass CO_2 den größten Beitrag zur Oberflächenerwärmung sowohl in der Vergangenheit als auch in der Zukunft leistet und ein großer Teil des emittierten CO_2 für Jahrhunderte und länger in der Atmosphäre bleibt ... Der Ozean wirkt heute wie eine riesige Wärmesenke. Er hat etwa 90% der Energiezunahme der Erde seit 1950 absorbiert. Die Atmosphäre und das Land passen sich innerhalb von Stunden bis Jahren an eine Änderung des Strahlungsantriebs an, aber der Ozean braucht Jahrhunderte, um zu reagieren. Infolgedessen würde die globale Oberflächenerwärmung über Jahrhunderte weiter zunehmen, wenn wir die atmosphärischen Konzentrationen konstant halten würden" (ebenda, 361-362).

Aus all diesen Zeitverzögerungswirkungen, dem Zusammenwirkern vieler Effekte, Nichtlinearitäten usw. folgern die Autoren,

„dass wir nicht genau wissen, wie groß das Kohlenstoffbudget ist; wir können nur sagen, dass es kleiner ist als X für eine gegebene Wahrscheinlichkeit, die wir wählen können" (ebenda, 365).

Für Knutti und Rogelj, die übrigens auch bei IPCC-Berichten mitwirken und als fest etablierte Klimaexperten gelten, folgt hieraus ein ganz besonderes Vorsichtsprinzip. Aus ihren Ausführungen geht hervor, dass die heutige Emissionspolitik eine für Jahrhunderte bis Jahrtausende irreversible Anreicherung der Atmosphäre mit THG bewirkt. Wie fängt das IPCC die Komplexität des Erwärmungsphänomens ein?[192] Ein Schaubild soll

---

[192] Friedlingstein et al. (2019) mit den für Laien erschlagend umfangreichen Details.

zuvor die Komplexität des Kohlenstoffkreislaufs zeigen (https://www.pmel.noaa.gov/co2/files/fig6-01-2.jpg).

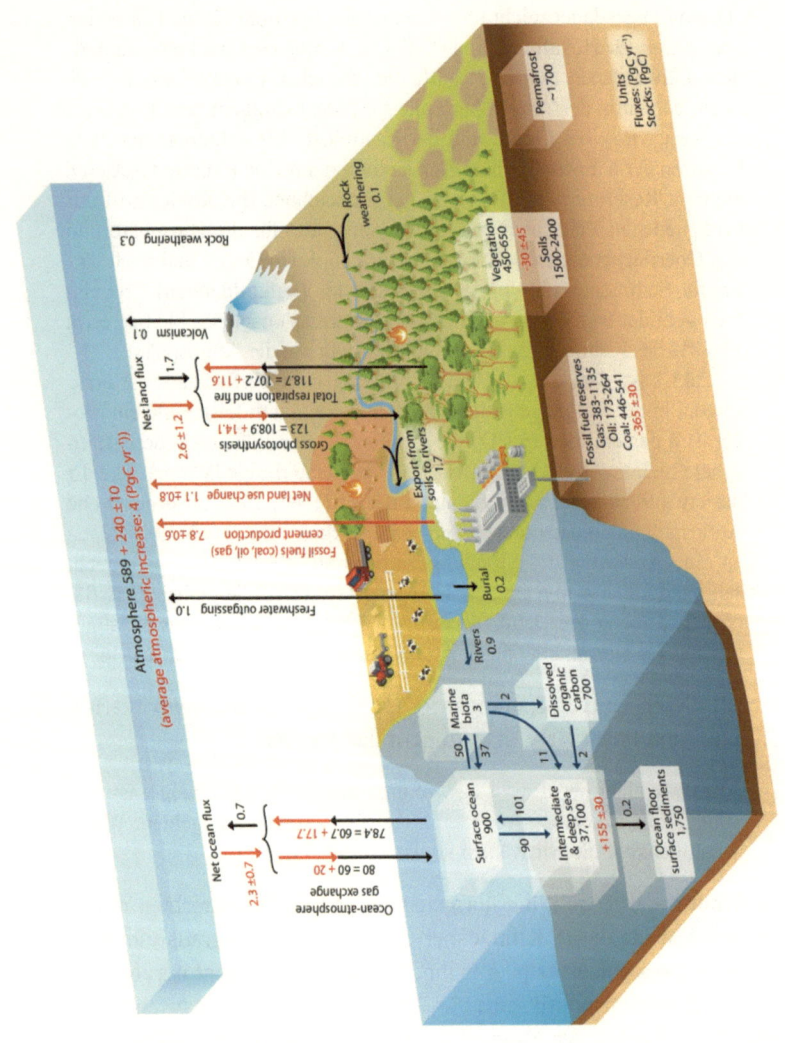

Untersucht werden soll nun der letzte große IPCC-Bericht *1,5 °C Globale Erwärmung* aus dem Jahr 2018.[193] Es gibt eine „Zusammenfassung für politische Entscheidungsträger" auch in deutscher Sprache (IPCC 2018a), ansonsten wird aus dem englischsprachigen Gesamtbericht zitiert (IPCC 2018b).[194] Es war mir kaum möglich, mit Experten über den Bericht zu sprechen, da – wie ich es empfand, neben einer deutlichen Zurückhaltung, sich über die Berichte zu unterhalten – zu bemerken war, dass Experten sich nur für bestimmte Aspekte bestimmter Kapitel für kompetent halten.[195] Von Seiten derer, die bei den Berichten für die Verarbeitung und Synthetisierung der vorliegenden Modellberechnungen von deutscher Seite zuständig sind, gab es keine Gesprächsbereitschaft.

Mit einem aufrichtigen Bekenntnis des Wissenschaftlichen Beirates der Bundesregierung globale Umweltveränderungen (WBGU) sei das Ergebnis dieses Kapitels schon einmal quasi vorweggenommen:

> „An dieser Stelle sollte angemerkt werden, dass Wahrscheinlichkeiten für die Schadensabwendung im 50-90%-Bereich, wie sie im Zusammenhang mit der Klimaproblematik üblicherweise diskutiert werden, im Alltagszusammenhang (Verkehrssicherheit, Infektionsgefahr usw.) völlig inakzeptabel wären. Für eine wirklich angemessene Vorsorgepolitik sind die globalen Umweltveränderungen jedoch schon zu weit fortgeschritten" (WBGU 2009, 24; siehe identisch Messner et al. 2010, 5).

Dieser vor über einem Jahrzehnt geäußerte, erschreckende Satz stammt aus dem Sondergutachten des WBGU „Kassensturz für den Weltklimavertrag: Der Budgetansatz". In diesem erstklassigen Bericht des WBGU, mit Schellnhuber als Vorsitzendem, wird als Grenzwert festgehalten:

> „Aus der 2°C-Leitplanke lässt sich das weltweit noch verfügbare Budget an CO_2-Emissionen ableiten. Bis zur Jahrhundertmitte dürfen höchstens noch etwa 750 Mrd. t CO_2 in die Atmosphäre freigesetzt werden, wenn die Leitplanke mit einer Wahrscheinlichkeit von 67% eingehalten werden soll. Möchte man diese Wahrscheinlichkeit auf 75% erhöhen, müssen die kumulativen Emissionen im nämlichen Zeitraum sogar unter

---

[193] In diesem Kapitel werden Wahrscheinlichkeiten wahlweise mit 66% und 67% angegeben. Hierbei handelt es sich um eine Rundungsfrage. Bei einem heuristischen Ansatz werden z.B. 1/3- vs. 2/3-Vergleiche angestellt. 2/3 entsprechen dann 66,66%. Generell handelt es sich bei den Angaben, wie Mitautoren der Berichte hervorheben, um ungefähre Hausnummern.

[194] Siehe zur Übersetzung der Fachbegriffe ins Deutsche https://www.de-ipcc.de/media/content/Begriffe_IPCC_online.pdf.

[195] https://apps.ipcc.ch/report/authors/.

600 Mrd. t CO_2 bleiben. Nach 2050 darf in jedem Fall weltweit nur noch eine kleine CO_2-Menge ausgestoßen werden" (WBGU 2009, 2).

In der 11-jährigen Zwischenzeit wurden pro Jahr, konservativ gerechnet, jedes Jahr über 40 Mrd. t CO_2 emittiert.

Bei den Zahlen zum Restbudget berufen sich die Autoren auf Zahlen von Autoren und Forschergruppen (z.B. Meinshausen et al. 2009), deren Untersuchungen nach wie vor dank Aktualisierungen auch den Berichten des IPCC zugrunde lagen (und liegen).

Rechenaufgabe 1: Wie hoch ist das Restbudget bei diesen Zahlen und 75%iger Wahrscheinlichkeit im Jahr 2020? Vorgezogene Rechenaufgabe 2: Um wie viel divergieren diese Zahlen von den später vom IPCC angegebenen? Komplizierte Rechenaufgabe 3: Um wie viel müssten die Zahlen angesichts folgender Nebenbedingung eigentlich nach unten korrigiert werden?

„Ohne die abkühlende Wirkung von Luftverschmutzung durch Partikel würde der Strahlungsantrieb *der heute schon in der Luft befindlichen Treibhausgase* von 3,0 W pro m^2 sogar eine Erwärmung um 2,4°C verursachen. Ohne diesen ‚Kühlschirm' wäre also schon die heutige Treibhausgasmenge hoch genug, um die globale Erwärmung über die 2°C-Leitplanke zu treiben. Daher müssten bei rascher Reduktion der Luftverschmutzung, die zum Gesundheitsschutz erforderlich ist, die Treibhausgasemissionen ebenfalls schneller reduziert werden" (WBGU 2009, 9, kursiv hinzugefügt, H.P.).

Bereits „damals" stand fest:

„Selbst bei der mäßigen, bisher gemessenen globalen Erwärmung von 0,8°C sind die Auswirkungen bereits in allen Teilen der Welt spürbar … Bei einer globalen Erwärmung über 2°C droht der *beschleunigte Verlust von genetischer Vielfalt, Arten und Ökosystemen*, da dann in vielen Weltgegenden in sehr hohem Tempo klimatische Bedingungen erreicht werden, wie es sie seit mehreren Jahrmillionen nicht gegeben hat" (ebenda, 11, Hervorhebungen im Original).

Die Versauerung der Ozeane, das Ansteigen des Meeresspiegels, Kipppunkte wegen Veränderungen des Grönlandeisschildes, des Nordatlantikstroms usw. werden prognostiziert und selbst die 2-Grad-Grenze angesichts der unsicheren und womöglich irreversiblen Wirkungsketten für gewagt gehalten.

In der auch von der analytischen Konsequenz aus beurteilt bahnbrechenden Studie rechnen die Autoren das noch zur Verfügung stehende Restbudget für verschiedene Ländergruppen unter der Annahme aus, dass alle Erdenbürger (Basisjahr 1990) gleiche „Emissionsrechte" besitzen. Es geht hier nur um CO_2. Jedes Land sollte entsprechend seiner Bevölkerung im Jahr 1990 ein entsprechendes nationales CO_2-Budget erhalten. Eine solche Regelung wäre eine großartige und angemessene Klimapolitik, die man auf dem Kopenhagener Klimagipfel 2009 hätte beschließen können. Der Gipfel ging aber als der Gipfel des Scheiterns in die Annalen der Menschheit ein. Die Emissionsrechte beliefen sich im Berechnungsjahr 2009 für den Zeitraum 2010-2050 jedenfalls auf weltweit 2,7 t/Kopf. Hieraus ergaben sich 2009 für drei Ländergruppen folgende Restbudgets:

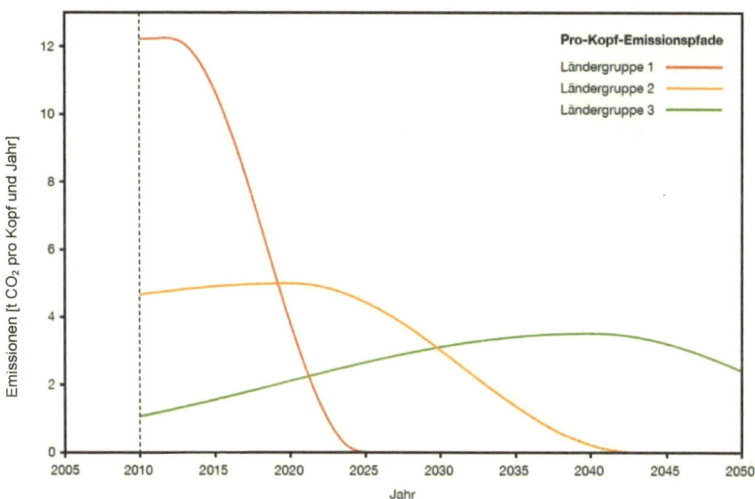

Beispiele für Pro-Kopf-Emissionsverläufe von CO_2 aus fossilen Quellen für drei Ländergruppen nach dem Budgetansatz ohne Emissionshandel. Sie erlauben zwar eine Einhaltung der nationalen Budgets, würden aber z.T. in der Praxis nicht umsetzbar sein. Die Ländergruppen ordnen sich nach den jährlichen CO_2-Emissionen pro Kopf aus fossilen Quellen, wobei die CO_2-Emissionen Schätzungen für das Jahr 2008 und die Bevölkerungszahlen Schätzungen für das Jahr 2010 sind. *Rot:* Ländergruppe 1 (>5,4 t CO_2 pro Kopf und Jahr), vor allem Industrieländer (z.B. EU, USA, Japan), aber auch ölexportierende Länder (z.B. Saudi-Arabien, Kuwait, Venezuela) und wenige Schwellenländer (z.B. Südafrika, Malaysia). *Orange:* Ländergruppe 2 (2,7-5,4 t CO_2 pro Kopf und Jahr), hier finden sich viele Schwellenländer (z.B. China, Mexiko, Thailand). *Grün:* Ländergruppe 3 (<2,7 t CO_2 pro Kopf und Jahr), vor allem Entwicklungsländer (z.B. Burkina Faso, Nicaragua, Vietnam), aber auch einige große Schwellenländer (z.B. Indien, Brasilien).

WBGU 2009, 4.

2018 lag der durchschnittliche Pro-Kopf-Verbrauch in Deutschland trotz Platz 28 bei rund neun Tonnen (Katar: 38, Luxemburg: 16 Tonnen). Den Wissenschaftlern ist klar, dass das an sich notwendige Minderungsprogramm unrealistisch ist, daher schlagen sie flexible Aufkaufmechanismen vor. Sie machen aber auch eine weitere Rechnung auf, indem sie ein Szenario „Historische Verantwortung" mit rückwirkendem Verursacherprinzip erstellen. In diesem Szenario wird die 2 Grad-Grenze mit 75% Wahrscheinlichkeit angesteuert. Von 1990-2050 sind für diesen Zeitraum für Emissionen aus fossilen Quellen 1.100 Mrd. Tonnen CO_2 zulässig. Unter Berücksichtigung der seit 1990 erfolgten Emissionen ergibt sich, dass Deutschland, die USA und Russland bereits 2008 „kohlenstoffinsolvent" waren, wenn man allen Erdbewohnern ein gleiches CO_2-Budget zubilligt. Das heißt, die Länder hatten bis 2008 schon mehr emittiert, als ihnen nach diesem Ansatz für den Zeitraum 1990-2050 überhaupt zustand:

	Anteil an Weltbevölkerung im Jahr 1990 [%]	Gesamtbudget 1990-2050 [Mrd. t CO$_2$]	Bisherige Emissionen 1990-2009 [Mrd. t CO$_2$]	Budget 2010-2050 [Mrd. t CO$_2$]		Emissionen im Jahr 2008 (Schätzungen) [Mrd. t CO$_2$]	Reichweite des Budgets bei jährlichen Emissionen wie 2008 [Jahre]
				Gesamter Zeitraum	Pro Jahr		
Deutschland	1,5	17	17	-0,90	-0,022	0,91	-1
USA	4,7	52	108	-56	-1,4	6,1	-9
China	22	239	75	164	4,0	6,2	26
Brasilien	2,9	31	6,1	25	0,62	0,46	55
Burkina Faso	0,16	1,7	0,0090	1,7	0,042	0,00062	2.810
Japan	2,3	26	23	2,4	0,058	1,3	2
Russland	2,8	31	31	-0,29	-0,0071	1,6	0
Mexiko	1,6	18	6,9	11	0,26	0,46	23
Indonesien	3,4	38	4,8	33	0,81	0,38	88
Indien	16	175	19	156	3,8	1,5	103
Malediven	0,0041	0,045	0,0098	0,035	0,00086	0,00071	50
EU	8,9	98	81	18	0,43	4,5	4
Welt	100	1.100	500	600	15	30	20

Option I „Historische Verantwortung": Zeitraum 1990-2050; 75% Wahrscheinlichkeit, die 2°C-Leitplanke einzuhalten: 1990 als Referenzjahr für Bevölkerungsdaten. Berücksichtigt sind ausschließlich die CO_2-Emissionen aus fossilen Quellen. Die CO_2-Emissionen für das Jahr 2008 sind Schätzungen. Quellen: WBGU unter Verwendung von Daten aus: Meinshausen et al., 2009; WRI-CAIT; 2009; U.S. Census Bureau; 2009.

WBGU 2009, 24.

Diese Zahlen sind mehr als ernüchternd. Die Autoren haben noch ein zweites Szenario „Zukunftsverantwortung" entwickelt, demgemäß mit nunmehr 67%iger Wahrscheinlichkeit die 2 Grad-Grenze nicht überschritten werden sollte, unter Verteilung des Restbudgets in 2010 unter die Weltbevölkerung (dem entspricht das Schaubild auf der vorhergehenden Seite). Dann hätte Deutschland bei jährlichen Emissionen wie in 2008 noch eine Restverbrauchszeit von 10 Jahren. Der hier nur auf das allerwesentlichste reduzierte Sonderbericht diente dazu, den Diskussionsstand vor einem Jahrzehnt wiederzugeben und zu zeigen, wie eng eigentlich die Grenzen des Restbudgets selbst unter Verwendung der Daten und Modelle waren, die auch den IPCC-Berichten zugrunde lagen.

Über die Entstehung des Budgetansatzes, seine radikale Neuformulierung der Aufgabe der Klimapolitik durch die Studie des WBGU, die heftigen Angriffe aus Wirtschaft und Politik und von Seiten der Kollegen sowie über den Einfluss, den die Studie dennoch auf den Klimadiskurs ausübte, erfährt man interessante Hintergründe bei Schellnhuber (2015, Kapitel 20).

Machen wir nun einen Zeitsprung ins Jahr 2018 zum 1,5-Grad-Bericht des IPCC (2018a und 2018b). Ich hatte rund 30 Verständnisfragen, die ich an die deutsche Koordinierungsstelle des IPCC sandte, die, so glaubte ich ihrer Website zu entnehmen, der richtige Ansprechpartner war (www.de-ipcc.de). Die Stelle verwies mich im Grunde aber fast nur auf die Angabe des Links zu häufig gestellten Fragen (FAQs).[196] Ansonsten wurde nur aus den Berichten bereits leicht Verständliches und Bekanntes wiederholt.

> „Bitte haben Sie Verständnis dafür, dass wir als Koordinierungsstelle Ihre inhaltlichen Verständnisfragen zur wissenschaftlichen Basis und auch Fragen nach zusätzlichen Daten/Aussagen nicht beantworten können, so dass auch ein Telefonat dazu nicht zielführend wäre … Wir bieten keine fachlichen Diskussionen zu den wissenschaftlichen Hintergründen an und diskutieren auch keine politischen Interpretationen" (E-Mails vom 21.01. und 04.02.2021).

Ein Fachmann eines Forschungsinstituts zu Klimafragen schrieb mir per E-Mail:

> „Ihre Fragen betreffen offensichtlich alle Working Groups des Berichts, und das sind immer unterschiedliche Ansprechpartner. Ich fürchte da bleibt nur, sehr spezifisch zu suchen und dann individuell zu kontaktieren".

Es lebe das Spezialistentum. Wer hat eigentlich den (Gesamt-)Überblick und wäre sogar bereit, darüber zu informieren?

---

[196] IPCC (2018c); die Fragen und Antworten sind identisch mit den für Laien in den Haupttext eingestreuten FAQs.

Im Unterschied etwa zu FAQs der EU-Kommission, die darin auch inhaltlich wesentliche Details erklärt, vermitteln die FAQs des IPCC-Berichts den Eindruck, die Probleme herunterzuspielen. Es wird z.B. ein Musterpfad für 1,5 Grad aufgemalt, demgemäß man erst 2040 bei linearer Fortschreibung 1,5 Grad erreicht. Keineswegs wird die höhere, aber relevante Landoberflächentemperatur vorausgesetzt, es fehlt jegliche Spezifizierung, Kipppunkte, Unsicherheiten, konkrete Zahlenwerte spielen keine Rolle. Bei komplexen ökologischen Systemverschränkungen mit Kipppunkten könnte es fatal sein, sich nur auf definitiv feststehendes Wissen zu beschränken. Ich empfand die Antworten auf jeden Fall als einschläfernde Beschönigungen und eine Missachtung einer an Informationen interessierten Öffentlichkeit.

Es ist auf die Besonderheit der IPCC-Berichte hinzuweisen, dass die Zusammenfassung für politische Entscheidungträger deren vorheriger konsensueller Zustimmung bedarf, was als problematisch angesehen werden kann. Von den Autoren wird aber darauf verwiesen, dass nur sie die Endredaktion vornehmen. Prinzipiell ist es aber einzigartig, dass Wissenschaftler aus aller Welt an den Berichten mitarbeiten, und es ist nicht zu bestreiten, dass ihre Ergebnisse „die Welt" aufhorchen lassen.

Der nicht unwesentliche Entstehungsprozess der Berichte, die nur auf bereits veröffentlichten Studien beruhen, ist im Schaubild auf der folgenden Seite nachzuvollziehen, wobei grau die Beiträge von Regierungen, blau die der Wissenschaft und zweifarbig gemeinsame Prozesse markiert sind.[197] Aus dem Schaubild geht klar die von Anfang an erfolgende Verquickung von Politik und Wissenschaft hervor (SPM = *Summary for Policymakers*, d.h. die Zusammenfassung für politische Entscheidungträger).

Es gibt einige wenige Beispiele für das schlussendliche Streichen kritischer Textpassagen in den IPCC-Berichten von Seiten der Politik.[198] Dennoch kennzeichnet die Berichte, wie sich noch zeigen wird, ein selbst für Wissenschaftler ausgesprochen konservativer Bias und die Autoren lagen mit ihren Vorhersagen oft unter den tatsächlichen Verläufen. Üblicherweise ist es richtig, dass Wissenschaftler nur das als Wissen gelten lassen, was experimentell, statistisch oder durch seriöse Modellrechnungen als sehr sicher angesehen werden kann. Da die Ergebnisse der IPCC-Berichte der Zustimmung bedürfen, ist dieser konservative Bias eventuell noch stärker, sofern bereits im Vorfeld eine Schere im Kopf der Wissenschaft-

---

[197] https://www.de-ipcc.de/226.php.
[198] Siehe https://jeremyleggett.net/2014/11/04/why-two-crucial-pages-were-left-out-of-the-latest-u-n-climate-report/.

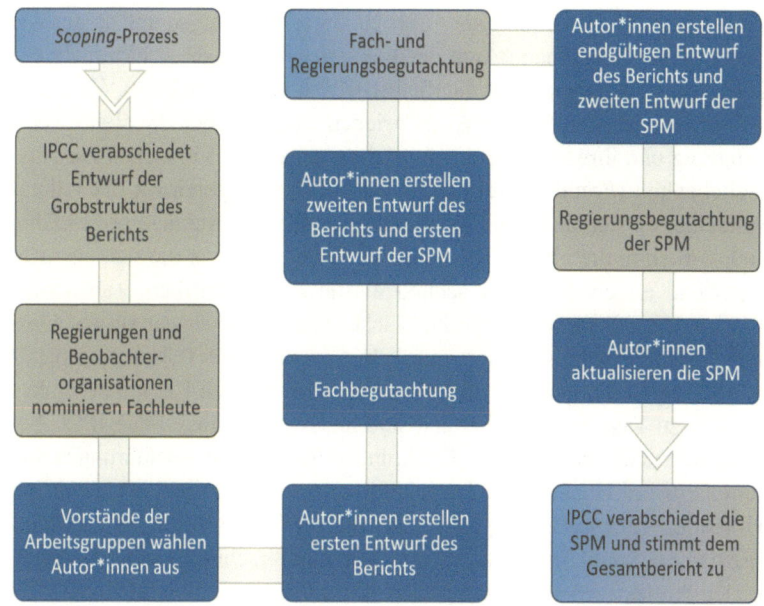

ler tätig wird: Was ist zustimmungsfähig, kann nicht bezweifelt und z.B. von Klimaskeptikern oder Lobbygruppen aufgespießt werden?

In einem der wohl interessantesten Artikel zur Wissenssoziologie der Klimaforschung, der auch auf Interviews zurückgreift und zahlreiche Beispiele aus der Forschung anführt, wird ausgeführt:

> „Wissenschaftler neigen nicht zu Alarmismus, sondern eher zum Gegenteil: zu vorsichtigen Schätzungen, wobei wir Vorsicht als einen Irrtum auf der Seite von weniger als alarmierenden Vorhersagen definieren. Wir argumentieren, dass die wissenschaftlichen Werte der Rationalität, der Leidenschaftslosigkeit und der Selbstbeschränkung Wissenschaftler dazu verleiten, für überraschende, dramatische oder alarmierende Schlussfolgerungen ein höheres Maß an Beweisen zu fordern als für Schlussfolgerungen, die weniger überraschend, weniger alarmierend oder eher mit dem wissenschaftlichen Status quo vereinbar sind" (Brysse et al. 2013, 327-328, Ü).

Um Reputation und Glaubwürdigkeit unter Kollegen und in der Öffentlichkeit nicht zu verlieren, gelten nur weitgehend empirisch gesicherte Fakten. Um keine Verwirrung zu stiften, zieht man es oft vor, nach außen mit einer Stimme aufzutreten (Oppenheimer et al. 2019). Diese Einstellung schützt vor den Folgen leichtfertiger Äußerungen im Rahmen wissenschaftlicher „Moden", führt aber eher zu Unterschätzungen und so gut wie nie zu „Überschätzungen" und der Fokussierung auf die schlimmstmöglichen Konstellationen (siehe die (Selbst-)Kritik von Knorr 2019).[199]

Vorsicht gegenüber gerne übertrieben zuspitzender Medienberichterstattung und ihren teils problematisch umgesetzten Versuchen zur Ausgeglichenheit (Freudenburg/Muselli 2010), dem Gegendruck der Klimawandelbezweifler und der Erwartung, dass ihre Vorschläge politikfähig sind, wirken in die gleiche Richtung. Vermutete Effekte, die sich als nicht zutreffend erweisen, gelten schnell als unwissenschaftlich. Tatsächlich existierende Effekte, die lange Zeit nicht untersucht oder gar ausgeschlossen wurden, gelten als weniger misslich. Angesichts der (Über-)Komplexität der Fragestellungen der IPCC-Berichte dürften diese Effekte besonders deutlich zu Tage treten. Erhellend sind hierzu auch die auf den IPCC bezogenen und auf persönlichen Erfahrungen beruhenden Ausführungen von James Edward Hansen (2007 und 2009), ein an der Columbia Universität wirkender Atmosphärenphysiker, der von 1967-2013 am *NASA Goddard Institute for Space Studies* tätig war. Da Klimaforschung viel Geld kostet, in Denkkollektiven stattfindet und an den IPCC-Berichten hunderte Wissenschaftler beteiligt sind, könnte ein starker Gruppendruck Wirkung zeigen. Abweichende Ansichten zu Extremereignissen können dann nur von Außenseitern eingebracht werden, die aber über keine nennenswerten diesbezüglichen Forschungsgelder verfügen. Dies ist auch ein wiederkehrendes Thema bei Lovelock (2020).

Vor der Detailanalyse der IPCC-Berichte sei noch das folgende Schaubild eingeschoben. Hier werden, im Unterschied zu den meisten Tabellen des IPCC, nicht ausschließlich die CO_2-Konzentrationen berücksichtigt. Rechnet man andere THG mit ein, so liegt man 2019 bei bereits 500 ppm! Aus IPCC-Berichten geht hervor, dass man mit einer Konzentration von 550 ppm auf eine Erderwärmung um rund 3 Grad zusteuert, man wäre dann bei der Klimasensitivität bei einer Verdoppelung der THG im Vergleich zur „vorindustriellen" Zeit angelangt (siehe weiter unten). Würde man nach erreichten 550ppm am nächsten Tag auf null anthropogene Emissionen gehen, wären 2 Grad Erderwärmung unausweichlich.

Diese Darstellung stammt vom *Global Monitoring Laboratory* (Boulder), einem der weltweit angesehensten Klimaforschungsinstitute. Die Tabelle basiert auf den Ergebnissen des *NOAA Earth System Research*

---

[199] Siehe auch https://theconversation.com/climate-scientist-our-profession-is-letting-down-humanity-we-must-change-the-way-we-approach-the-climate-crisis-122479.

Laboratory Cooperative Global Air Sampling Network, dessen Mitglieder, über den Erdball verteilt, ständig Messungen vornehmen. AGGI (*Annual Greenhouse Gas Index*) fasst im Schaubild anschaulich die Erderwärmung unter Einbezug weiterer THG wie Methan und Lachgas zusammen.[200] Da es sich um tatsächlich gemessene Konzentrationswerte handelt, ist die Unsicherheit über die Daten sehr gering.

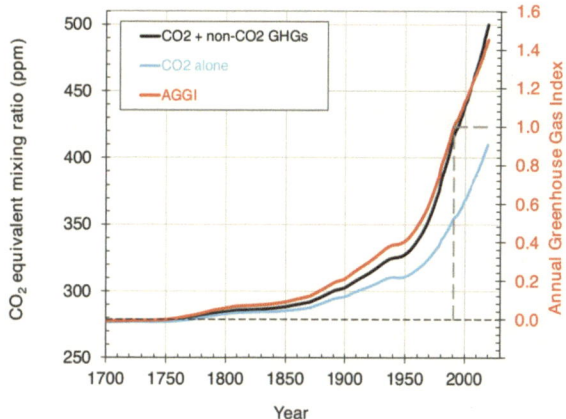

Gehen wir jetzt aber ohne Umschweife auf eine, wenn nicht die zentrale Übersicht des IPCC-Berichts ein (siehe Tabelle auf der folgenden Seite).

Vorbemerkung: Dieses übersichtliche Schaubild fehlt in der Zusammenfassung für politische Entscheidungsträger. Die entsprechenden Daten sind im weniger übersichtlichen Fließtext enthalten. Seit 2018 sind weltweit ungefähr weitere 90 Mrd. Tonnen CO_2 emittiert worden, die von den Zahlenwerten abzuziehen sind.

Nun aber zur Tabelle, deren Minderungswerte im Vergleich zum vorherigen Hauptbericht aus dem Jahr 2014 (AR5) hochgesetzt wurden.

„Unabhängig vom angewandten Maß für die globale Temperatur haben ein aktualisiertes Verständnis und weitere methodische Fortschritte zu einer Erhöhung des geschätzten verbleibenden CO_2-Budgets gegenüber dem AR5 um etwa 300 Gt CO_2 geführt" (IPCC 2018a, 16, Fußnote 14).

Das ist vorab eine überraschend hohe Menge, wie sich beim Vergleich mit den Restbudgets bald zeigen wird.

---

[200] Zu den detaillierten Einzeldaten siehe https://www.esrl.noaa.gov/gmd/aggi/aggi.html.

Additional Warming since 2006–2015 [°C]*(1)	Approximate Warming since 1850–1900 [°C]*(1)	Remaining Carbon Budget (Excluding Additional Earth System Feedbacks*(5)) [GtCO$_2$ from 1.1.2018]*(2) — Percentiles of TCRE *(3)			Earth System Feedbacks *(5) [GtCO$_2$]	Key Uncertainties and Variations*(4)				
		33rd	50th	67th		Non-CO$_2$ scenario variation *(6) [GtCO$_2$]	Non-CO$_2$ forcing and response uncertainty [GtCO$_2$]	TCRE distribution uncertainty *(7) [GtCO$_2$]	Historical temperature uncertainty *(1) [GtCO$_2$]	Recent emissions uncertainty *(8) [GtCO$_2$]
0.3		290	160	80		±250	−400 to +200	+100 to +200	±250	±20
0.4		530	350	230	Budgets on the left are reduced by about −100 on centennial time scales					
0.5		770	530	380						
0.53	~1.5°C	840	580	420						
0.6		1010	710	530						
0.63		1080	770	570						
0.7		1240	900	680						
0.78		1440	1040	800						
0.8		1480	1080	830						
0.9		1720	1260	980						
1		1960	1450	1130						
1.03	~2°C	2030	1500	1170						
1.1		2200	1630	1280						
1.13		2270	1690	1320						
1.2		2440	1820	1430						

IPCC 2018b, 108.

Fangen wir links mit der Erwärmung seit 1850-1900 an. Erst ab diesem Zeitraum sind halbwegs verlässliche Schätzungen möglich. Sie sollen stellvertretend für den Kohlenstoffgehalt in der vorindustriellen Zeit stehen, was natürlich Anlass für kritische Diskussionen war. Wirtschaftshistoriker sehen diese Zeit gekennzeichnet durch das Aufkommen und Durchsetzen der Dampfmaschine, den Beginn des Industriezeitalters und ein immenses Wachstum in Europa. Die festgesetzte Benchmark als Maßstab für den voranthropogenen „Normalzustand" der CO_2-Konzentration ist bereits ein unsicherer Ausgangspunkt. Im Bericht wird bemerkt:

> „Schätzungen zufolge haben anthropogene CO_2-Emissionen seit dem vorindustriellen Zeitalter das CO_2-Gesamtbudget für 1,5 °C bis Ende des Jahres 2017 um ungefähr 2200 ± 320 Gt CO_2 verringert (*mittleres Vertrauen*)" (IPCC 2018a, 16).

Diese Unsicherheit liegt deutlich über der Hälfte des wahrscheinlich noch zulässigen Gesamtbudgets für 1,5 Grad.

In der entsprechenden Fußnote wird bemerkt, dass die globale Oberflächentemperatur zwischen 1850-1900 und 2006-2015 um 0,87 Grad anstieg und dies um ±0,12 Grad – immerhin um 15% – schwanken könne, d.h. sie kann auch schon bei fast einem Grad liegen. Die globale Temperatur in Bodennähe, d.h. bei der für Menschen unmittelbar relevanten Landfläche (Menschen sind keine Fische), liegt höher, da die Meere abkühlend auf die über ihr befindlichen Luftschichten wirken. Sie wird im Bericht mit +0,97 Grad angegeben. Gilt auch hier ±0,12 Grad, so lagen wir schon 2015 über 1 Grad Erderwärmung. Zur Wärmeaufnahme der Ozeane ist noch zu bemerken, dass aktuelle Modelle die Wärmemenge, die in die tiefen Ozeane gezogen wird, scheinbar deutlich über- und daher den Aerosol-Antrieb unterschätzten. Das bedeutet, dass bei geringerer Nutzung fossiler Brennstoffe und daher weniger Aerosolen die zukünftige Erwärmungsrate wahrscheinlich größer sein wird, als die Modelle es bisher vorhersagen.[201]

Nicht übersehen werden sollten bei allen Angaben des Berichts Wörter wie *likely*, die es in sich haben und auch für weitere Tabellenteile wesentlich sind. Das IPCC hat sich für folgende Begriffs- und Wahrscheinlichkeitsbestimmungen entschieden: praktisch sicher (*virtually certain*) = 99-100%, sehr wahrscheinlich (*very likely*) = 90-100%, wahrscheinlich (*likely*) = 66-100%, ebenso wahrscheinlich wie unwahrscheinlich (*as likely*

---

[201] Li et al. (2020); siehe z.B. auch Brown und Caldeira (2017).

as not) = 33-66%, unwahrscheinlich (*unlikely*) = 0-33%, sehr unwahrscheinlich (*very unlikely*) = 0-10% und besonders unwahrscheinlich =
0-1%.

Wenn es um die Zukunft unseres Planeten geht, würde man eigentlich
erwarten, dass Politik auf wissenschaftlichen Aussagen basieren sollte, die
praktisch sicher oder – Negativereignisse betreffend – besonders unwahrscheinlich sind. Solche Aussagen mit sehr hohem Sicherheitsgrad finden
sich aber in den IPCC-Berichten nicht! Bei meiner Anfrage beim Sachverständigenrat für Umweltfragen, warum keine Berechnungen mit höheren
Wahrscheinlichkeiten angegeben werden, erhielt ich folgende Antwort:

> „Diese Wahrscheinlichkeiten haben mit den diversen Unsicherheiten
> der Modelle und der natürlichen Erdsystemprozesse zu tun und haben
> sich so in der Klimaforschung etabliert. Eine Wahrscheinlichkeit von
> z.B. 90% wäre angesichts dieser Unsicherheiten sicherlich schwer fest-
> zulegen" (E-Mail vom 20.01.2021).

Sollten entsprechende Wahrscheinlichkeiten wissenschaftlich unmöglich
sein, ist es ehrenwert, dies zuzugeben und keine „falschen" Sicherheiten
hinzubiegen. Man kann aber die Begrifflichkeiten des IPCC als sehr eigen-
willig bezeichnen: Wenn man z.B. in seiner Begrifflichkeit sagt, es sei
„unwahrscheinlich", dass wir einer 6-Grad-Erwärmung entgegengehen,
besteht immerhin eine 33%ige Wahrscheinlichkeit, dass dies dennoch
geschieht. Wenn man aussagt, es sei sehr unwahrscheinlich, besteht eine
10%ige Chance, dass das Ereignis eintritt. Das oben erwähnte *likely* (wahrscheinlich) bedeutet also, dass eine 34%ige Wahrscheinlichkeit besteht,
dass man sich bei der Angabe der Wahrscheinlichkeiten geirrt hat. Dies
kommt zu den ±0,12 Grad noch hinzu, für deren Streuung in den Angaben
rechts unter „historical temperature uncertainty" sagenhafte ±250 Gt angegeben werden. Auch andere Begriffsverwendungen überraschen:

> „Pfade, die basierend auf dem aktuellen Wissen die globale Erwärmung
> mit einer Wahrscheinlichkeit von mindestens 50% auf unter 1,5°C be-
> grenzen, werden als ‚ohne Überschreitung' klassifiziert" (IPCC 2018a,
> 28).

Neben den „konkreten" Wahrscheinlichkeiten gibt es noch eine nicht
quantitative Einteilung in sehr geringes, geringes, mittleres, hohes und
sehr hohes Vertrauen in die Aussagen und Daten. Für wie solide soll man
z.B. Aussagen halten, die in einem Satz vorkommen, in dem „mittleres

Vertrauen" sich mit einer „wahrscheinlichen" Angabe paart? Auch ist das Konzept an sich vage.

„Erkenntnisse mit sehr hohem Vertrauen müssen entweder durch ein hohes Maß an Übereinstimmung in mehreren voneinander unabhängigen und individuell robusten Beweislinien gestützt werden oder, wenn nur eine einzige Beweislinie verfügbar ist, durch ein sehr hohes Maß an Verständnis, das dieser Beweislinie zugrunde liegt" (IPCC 2018b, 77).

Mit den qualitativen Angaben wollen die Experten z.B. zum Ausdruck bringen, ob die Anzahl der zugrunde liegenden Studien für ein hohes Vertrauen ausreicht oder nicht.

Eine Anleitung des IPCC (2010) zur „sprachlichen Kalibrierung" schlägt immer quantitative Aussagen vor, wenn empirische Daten oder Modellberechnungen dies zulassen, aber auch, wenn Experten dieser Meinung sind. Angaben zum Vertrauen sollen gewählt werden, wenn das Vorzeichen (positiv oder negativ) bekannt ist, aber die Ausprägung quantitativ nur wenig bekannt ist (*poorly known*). Interessant ist die Aufforderung, wann immer möglich, eine genaue Wahrscheinlichkeitsangabe vorzunehmen (also z.B. 90-95%ige Wahrscheinlichkeit), was im Bericht selten vorkommt und einmal mehr anzeigt, auf welch unsicherem Grund sich die Berechnungen bewegen. Die Autoren werden ermuntert, Angaben zur Unsicherheit nicht zu verdecken und Extremereignisse einzubeziehen (*fat tails*), Möglichkeitsszenarien (siehe weiter unten) sollen aber nicht entwickelt werden. Die Fragestellung lautet: Was ist wahrscheinlich? Und nicht ergänzend: Was ist möglicherweise schlimmstenfalls zu erwarten und muss unbedingt verhindert werden?

Die hohe Kunst der Modellierungen des Klimawandels kann hier nicht vorgestellt werden.[202] Grundsätzlich gibt es aber zwei Modelltypen:

- *Earth System Models* (ESM) simulieren den komplexen Kohlenstoffkreislauf, die Ozeanökologie usw.

- *Integrated Assessment Models* (IAM) ermitteln kostengünstige Pfade zur Einhaltung von Klimagrenzen bei bestimmten Emissionsreduktionspfaden unter Beachtung sozioökonomischer Faktoren.

Bei den Pfaden und Modellen ist immer eine Vorabentscheidung zu treffen, welchen Basiszeitraum man als Vergleichsgrundlage zur zwischenzeitlichen Erwärmung wählt, über welchen Zeitraum sich die Analyse

---

[202] https://www.ipcc.ch/site/assets/uploads/sites/2/2019/05/SR15_Chapter2_SM_Low_Res.pdf.

erstreckt, ob vorübergehende Überschreitungen des Grenzwertes zulässig sind, welche Annahmen man zur Klimasensitivität trifft und ob Aerosole und andere THG neben CO_2 einbezogen werden, genauso wie eventuelle Feedbacks oder negative Emissionen und Geoengineering. Es gibt natürlich Kritik am Einbezug von Geoengineering in einigen Transformationspfaden der IPCC-Berichte (Lanton 2020).

Auch hinsichtlich der Restbudgets gibt es verschiedene Ansätze. So geht man beim *Threshold Exceedance Model* davon aus, dass eine bestimmte Menge CO_2 bis zum Erreichen des maximalen Erwärmungsgrades emittiert wird und diese dann – unrealistischerweise – auf null sinkt. Beim *Threshold Avoidance Model* wird gefragt, wie viel Emission erfolgen kann, um z.B. im Jahr 2100 bei 1,5 Grad Erderwärmung zu bleiben, was zeitweises Überschießen einschließen kann. Ein zentraler Faktor ist noch, mit welcher Sicherheit bzw. Wahrscheinlichkeit die Angaben einhergehen, ob also mit 50 oder 67% Wahrscheinlichkeit eine bestimmte Belastungsgrenze nicht überschritten wird (SRU 2020, 42-44). Hinzu kommt:

> „Da das verbleibende Restbudget mit fortschreitender Zeit sinkt, die Unsicherheiten aber absolut gleich groß bleiben, nimmt der relative Einfluss der Unsicherheiten zu" (ebenda, 46).

Angesichts verschiedener Annahmen und Modelltypen sowie einiger Unsicherheiten kommt es zu einer erstaunlichen Variation bei den Ergebnissen der zahlreichen Studien. Hausfather verglich detailliert 9 (hier nicht präzise zu beschreibende) Studien mit einer 66%igen Wahrscheinlichkeit, wobei die Wahrscheinlichkeiten bei 50% noch breiter streuten (siehe Abbildung auf der folgenden Seite).

Die Punktangaben geben die wahrscheinlichsten Werte an. Natürlich überraschen und irritieren die Spannbreiten und die sehr unterschiedlichen Ergebnisse der Studien. Einige Modellierer kritisieren seit langem, dass der interessierten Öffentlichkeit praktisch nie verständlich und umfassend dargelegt wird, auf welchen Annahmen die Modelle beruhen und welche eventuell problematischen oder in gewissem Sinne beliebigen Annahmen unvermeidlich getroffen werden müssen (Trenberth 1997). Zu dieser Frage gibt es sogar ein Manifest zur besseren Gesellschaftsdienlichkeit von Modellen (Saltelli et al. 2020).

Remaining carbon budget for a 66% chance of less than 1.5C warming

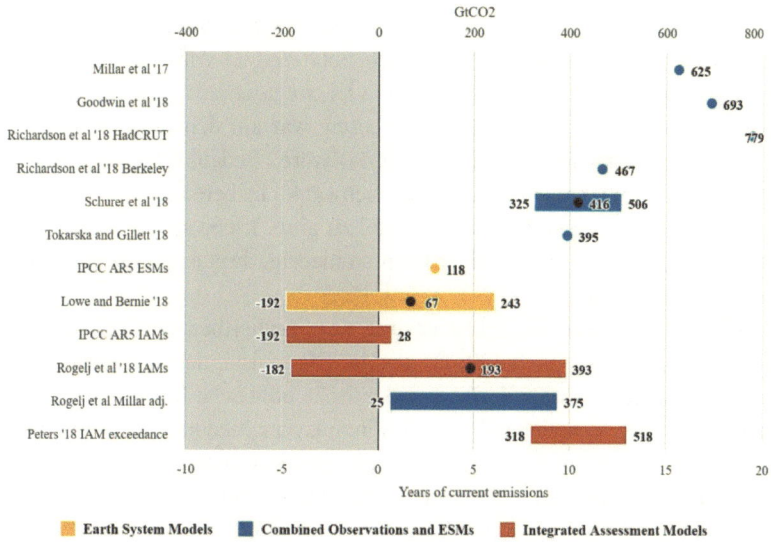

Hausfather 2018, o. S.

Selbst Mainstreamökonomen wie Robert Pindyck,[203] die Modellanalysen und konkreten Zahlenwerten sehr positiv gegenüberstehen, lehnen IAMs eher ab, da bei ihnen arbiträre Zahlenwerte gewählt werden müssen, die Klimasensitivität und die ökonomischen Schadensfunktionen unsicher sind und potenzielle Extremereignisse keine Rolle spielen (Pindyck 2017, siehe auch Rosen/Guenther 2016). Ellenbeck und Lillestam (2019) untersuchen IAMs wissenssoziologisch und charakterisieren die mit IAMs befassten Wissenschaftler als epistemischen Gemeinschaften zugehörig und gemeinsam bestimmten Narrativen, Konventionen, Klassifikationen folgend, in die auch politische Machtverhältnisse und Aushandlungsprozesse hineinspielen. Dennoch plädieren viele Klimaforscher trotz aller unvermeidlichen Schwächen der Ansätze zum in der Zukunft noch verfügbaren Restbudget dafür, trotz stark streuender Schwellenwerte die Angabe maximaler Belastungsgrenzen nicht aufzugeben, da sie ihre Funktion als Leitplanken und politisch vermittelbare Botschaften haben, und schlagen vereinheitlichende Annahmen der Untersuchungen z.B. zu Messkonventionen vor (Rogelj et al. 2019 und Matthews et al. 2020).

---

[203] Siehe den Nachweis anhand einer Analyse seines Lehrbuches bei Peukert (2019).

Es verwundert nicht, dass man sich kaum in der Lage sieht anzugeben, wie viel Restbudget zur Verfügung stünde, wenn man sehr wahrscheinlich (90-100%) unter 1,5 Grad liegen will, was bereits eine zu risikoreiche Erderwärmung sein dürfte.[204] Wie sich noch zeigen wird, ist auch eine 10%ige Restwahrscheinlichkeit noch viel zu hoch, da man eigentlich wissen müsste, wie hoch angesichts dessen, was auf dem Spiel steht, ein praktisch sicheres Restbudget (99-100%) wäre. Bedenkt man die angesprochenen Unsicherheiten, wäre der Schwankungsbereich mit mehreren hundert Gigatonnen wahrscheinlich viel zu groß. Ließe sich dies genauer berechnen, wäre das Restbudget wohl so niedrig, dass es politisch „nicht vermittelbar" wäre.

Äußerst instruktiv zur Einschätzung der Fundiertheit der Berichte ist der Artikel von Socolow (2011), der die Ergebnisse des 4. Sachstandsberichts aus dem Jahr 2007 für amerikanische politische Institutionen aufarbeiten sollte. Ihm fiel auf, dass Meinungsverschiedenheiten zwischen den Klimaforschern nicht offen und ausreichend angesprochen werden und genauso wenig die Folgen aus Extremereignissen (*high-consequence outcomes*) und die Zugeständnisse, welche Zusammenhänge man (noch) nicht wirklich versteht. Aus Gesprächen mit an den Berichten Beteiligten ergab sich, dass es eine ganze Reihe beteiligter Klimaforscher gab, die wesentliche „wahrscheinliche" Ergebnisse (66-100%) als „sehr wahrscheinlich" (90-100%) ansahen, was ein sehr großer Unterschied ist. Es spricht für die Forscherteams, sich nicht auf eine solche (scheinbare?) Sicherheitsmarge verlassen zu haben, aber das eben Erwähnte deutet auch an, auf welch schwankendem Fundament sich die Berechnungen bewegen.

Bei Angaben zur Klimasensitivität kritisiert Socolow, dass man sich im 4. Sachstandsbericht nicht darauf einigen konnte, klar auszusagen, dass die Klimaerwärmung mit einer 17%igen Wahrscheinlichkeit über 4,5 Grad liegt, sondern nur, es könne nicht ausgeschlossen werden, dass sie über 4,5 Grad liegen könnte. Man scheue offenbar vor der Prozentangabe zurück. Der Autor weist darauf hin, dass 17% exakt der Wahrscheinlichkeit beim russischen Roulette entspräche, sich die tödliche Kugel einzufangen. Socolow wurde berichtet:

„Es gab eine Menge Diskussionen über die Einschränkungen der Bereiche, und dies führte zu einer Übereinstimmung zwischen den Autoren in einigen Dingen, aber nicht zu einer vollständig konsistenten Art und Weise, eine vollständige Wahrscheinlichkeitsverteilung für die Gleich-

---

[204] http://www.climatecodered.org/2018/08/ipccs-political-fix-on-15c-will.html.

gewichts-Klimasensitivität (ECS) zusammenzustellen ... Es gibt eine gewisse Spaltung zwischen verschiedenen Experten in diesem Bereich und insbesondere über die Festlegung einer Wahrscheinlichkeit von ECS > 4,5°C. Einige hielten dies für ‚sehr unwahrscheinlich', während andere – da die Klimasensitivität ein sehr langfristiges Thema ist – argumentierten, dass es sehr schwer sei, die Wahrscheinlichkeit am oberen Ende des Bereichs festzulegen" (Socolow 2011, 779, Ü).

Im Syntheseberich zum 5. Sachstandsbericht wird die ECS übrigens nur einmal erwähnt. Sie liege wahrscheinlich zwischen 1,5 und 4,5 Grad und es sei sehr unwahrscheinlich, dass sie über 6 Grad läge (IPCC 2015, 62). So liest man es auch in den Erläuterungen der naturwissenschaftlichen Grundlagen.

„Die Gleichgewichts-Klimasensitivität liegt *wahrscheinlich* im Bereich von 1,5°C bis 4,5°C (*hohes Vertrauen*), ist *äußerst unwahrscheinlich* kleiner als 1°C (*hohes Vertrauen*) und *sehr unwahrscheinlich* größer als 6°C (*mittleres Vertrauen*). Die untere Temperaturgrenze des geschätzten *wahrscheinlichen* Bereichs ist also kleiner als die 2°C im AR4 [4. Sachstandsbericht], jedoch ist die obere Grenze die gleiche" (IPCC 2014a, 14).

In einer Fußnote an gleicher Stelle, die im allgemeinen Syntheseberich fehlt, wird eine interessante Bemerkung hinzugefügt:

„Aufgrund fehlender Übereinstimmung der Werte aus den bewerteten Anhaltspunkten und Studien kann kein bester Schätzwert für die Gleichgewichts-Klimasensitivität angegeben werden" (ebenda).

Als bester Schätzwert wurde im 4. Sachstandsbericht noch 3 Grad angegeben.

Interessant ist noch, dass sich die Angabe zur Obergrenze (größer als 6 Grad) *nicht* entwarnend verändert hat. Sehr unwahrscheinlich klingt beruhigend, bedeutet aber immerhin eine 0-10%ige Wahrscheinlichkeit. Man hätte doch gehofft, dass 6 Grad bei einer Verdoppelung des vorindustriellen CO_2-Gehalts in der Atmosphäre besonders unwahrscheinlich (0-1%) wäre. Die Verdoppelung liegt bei 560 ppm, bis 2021 wurden 415 ppm emittiert, verbleiben 445 ppm.

Bei diesen Angaben werden Rückkopplungseffekte ausgeblendet.

„Die Klimasensitivität, die diese Rückkopplungen einschließt – bekannt als Earth System Sensitivity (ESS) – scheint in den IPCC-Berichten 2014 überhaupt nicht anerkannt zu werden. Dennoch gibt es eine breite Palette von Literatur, die eine Erderwärmung von 4-6°C nahelegt" (Spratt/ Dunlop 2018, 22; zu dieser Spannbreite siehe Hansen et al. 2013).

Doch noch einmal zurück zu Socolow. Er gibt auch ein zur Verständigung gedachtes Schaubild des an den Beratungen zu einem früheren Sachstandsbericht beteiligten Martin Manning wieder (siehe folgende Seite), da nicht einfach zu verstehen sei, was „wahrscheinlich" eigentlich bedeutet. Die weitere Unterteilung links in 10% und 7% ist hier uninteressant.

Das Schaubild wurde nicht in die Berichte aufgenommen. Es stellt eine gewisse Interpretation dar, da tatsächlich etwas unklar ist, wie man die Bereiche links und rechts des hier wahrscheinlichen Bereichs zu deuten hat. Zunächst ist das Schaubild sachlich logisch, denn zählt man zu den damals 66% zwei Mal 17% hinzu, gelangt man zu 100%. Mehr oder weniger darf es nicht sein. Das Schaubild sagt auch aus, dass mit 17%iger Wahrscheinlichkeit die Erderwärmung bei verschiedenen ppm-Konzentrationen jenseits des wahrscheinlichen Korridors liegen kann (*cannot be excluded*), nicht aber um wie viel (hierzu gibt es natürlich individuelle Schätzungen einiger Forscher, aber keine Konsensmeinung). Das Schaubild setzt kein *Power Law* voraus.

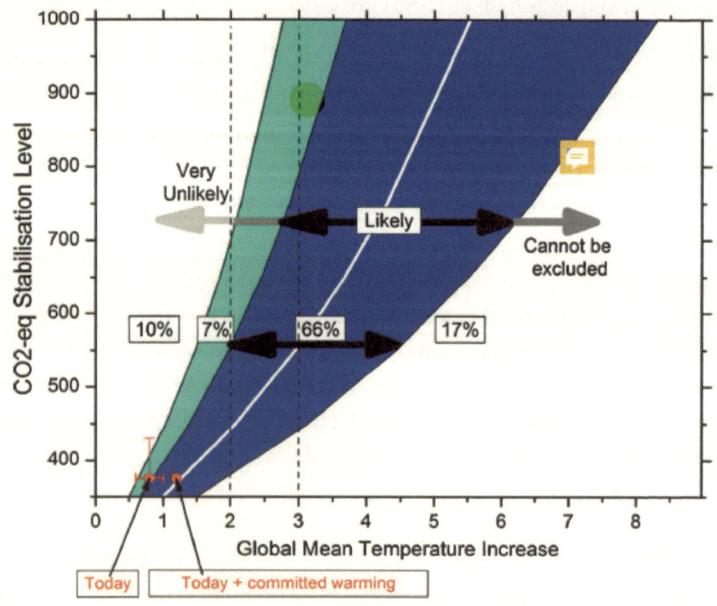

Socolow 2011, 779.

Im Leitfaden für Leitautoren zum 5. Sachstandsbericht wird erläutert:

> „Eine Aussage, dass ein Ergebnis ‚wahrscheinlich' ist, bedeutet, dass
> die Wahrscheinlichkeit dieses Ergebnisses von ≥66% (unscharfe Gren-
> zen impliziert) bis 100% Wahrscheinlichkeit reichen kann. Dies schließt
> ein, dass alle alternativen Ergebnisse ‚unwahrscheinlich' sind (0-33%
> Wahrscheinlichkeit)" (IPCC 2010, 3, Ü).

Die unbequeme Wahrheit, wie Vielflieger Al Gore es ausdrückte, lautet
wohl: Wir können im Grunde überhaupt nicht genau wissen, wie das gesamte Erdsystem auf die rasend schnellen Veränderungen reagiert. Wir
erleben aber täglich, ohne komplizierte Rechnungen anstellen zu müssen,
dass bereits bei einer Erderwärmung um 1 Grad die Alarmglocken läuten.
Die Wissenschaft steht vor einem komplexen, interdependenten Ökosys-
tem mit zu erwartenden positiven Feedbacks (Selbstverstärkermechanismen), deren Zusammenwirken aufgrund der Geschwindigkeit der Veränderungen völlig neu und insofern unbekannt ist. Lovelock (2020, 29)
fragt sich nach wie vor, ob das System nicht so komplex ist, dass uns
Menschen ein komplettes Verstehen versagt bleiben wird, auch weil wir
selbst ein intrinsischer Teil davon sind. Womöglich handelt es sich um
ein selbstregulierendes System, das sich einer (rein) logischen Analyse
und einfacheren Ursache-Wirkungsbeziehungen entzieht. Er befürwortet
auch deshalb die Förderung maschineller Intelligenz. Latif stellt zu diesem Thema fest: „Das Erdsystem ist äußerst komplex und zumindest zum
Teil buchstäblich unberechenbar" (2020, 17).

Zwar gab es Schwankungen der Erderwärmung und Abkühlungspha-
sen, deren Veränderungen sich aber über Jahrtausende hinzogen und insofern nur sehr bedingt Rück- bzw. Vorschlüsse auf die gegenwärtigen
Reaktionen des Erdsystems zulassen. Vor diesem Hintergrund sind die
sehr bemühten Versuche um Präzision und konkrete Zahlen zu sehen, die
sich dank Komplexitätsreduktion zur Orientierung eignen sollen. Politikern, die keine (eigentlich nötige) sofortige Ökoausterität anstoßen wollen,
weil sie es sich mit ihren Wählern nicht verscherzen wollen, kommen
gewisse Bezeichnungen des IPCC sehr gelegen, da sie die Tür für Miss-
verständnisse öffnen: Wenn etwas wahrscheinlich ist (allerdings nur 66-
100%), warum sollte man sich nicht daran orientieren? Ohne ein wenig
Glück geht nichts im Leben und die Extremannahmen sind etwas für
(politisch motivierte?) Schwarzmaler. Patt und Schrag (2003) haben vor
langer Zeit experimentell nachgewiesen, wie missverständlich die Wort-
wahl des IPCC selbst für Bostoner Studierende ist.

Doch zurück zur Tabelle auf Seite 414. Sie listet das der Menschheit noch zur Verfügung stehende CO_2-Restbudget bei verschiedenen Unsicherheitsgraden unter „Percentiles of TCRE" auf. 33rd, 50th und 67th gibt an, wie viele Gigatonnen ab 2018 weltweit noch emittiert werden dürfen, um, wahrscheinlich bei 1,5 oder 2 Grad zu landen. Aus der Kopfzeile geht hervor, dass hier eventuelle „Earth System Feedbacks" *nicht* enthalten sind, auf die später zurückzukommen sein wird. Ihre möglicherweise große Bedeutung untersuchen Fischer et al. (2018).

> „Die Verwendung der globalen mittleren Lufttemperatur in Bodennähe wie in AR5 ergibt eine Schätzung des verbleibenden CO_2-Budgets von 580 Gt CO_2 für eine 50-prozentige Wahrscheinlichkeit [50th in der Tabelle], die Erwärmung auf 1,5°C zu begrenzen und von 420 Gt CO_2 für eine 66-prozentige Wahrscheinlichkeit (*mittleres Vertrauen*). Wird alternativ die mittlere globale Oberflächentemperatur zugrunde gelegt, ergeben sich für die 50-prozentige und die 66-prozentige Wahrscheinlichkeit jeweils Schätzungen von 770 Gt CO_2 beziehungsweise 570 Gt CO_2 (*mittleres Vertrauen*)" (IPCC 2018a, 16).

Da in 2019 und 2020 jeweils rund 40 Gt CO_2 emittiert wurden, bleiben zu Anfang 2021 nur noch 340 Gt übrig. Bei gerechter Aufteilung unter der Weltbevölkerung stünden Deutschland mit (noch) 1,1% der Weltbevölkerung dann noch rund 3,5 Gt zu (Rahmstorf 2019). Nichts ist unmöglich?

Unter Annahme der bisherigen Erderwärmung um 0,97 Grad über der Landfläche ergeben sich bei 0,53 Grad zusätzlicher Erwärmung seit 2006-2015 exakt 1,5 Grad und bei 67th noch 420 Gt. Die rechts davon angegebenen Zahlen zu Unsicherheiten gelten übrigens nur für dieses 1,5-Grad-Szenario. Etwas missverständlich gibt 0,3 in der ersten Spalte an, wie viel Restbudget die Menschheit noch hat, wenn die Erderwärmung zum Durchschnitt der Jahre 2006-2015 um (nicht mehr als) 0,3 Grad ansteigen darf: nur 80 Gt (= 2 aktuelle Jahresbudgets), bei 0,4: 230 Gt, bei 0,5: 380 Gt. Zwischen einer Erwärmung um 0,3 oder 0,4 Grad liegen demnach 150 Gt, und selbst bei einer Zunahme um nur 0,03 Grad von 0,5 auf 0,53 kommen noch einmal 40 Gt dazu. Dabei ist nicht einmal die Sicherheitsmarge für die erwähnte nur wahrscheinliche Schwankungsbreite von ±0,12 Grad einberechnet. 80 Gt sind eine erschreckende Zahl.

Um bei den restlichen 80 Gt mit 67% Wahrscheinlichkeit bei 1,3 Grad zu landen, müsste die Weltgesellschaft nämlich bereits 2021 auf Netto-Null gehen, denn aus 420 Gt von 2018 wurden 2020 nur 340 Gt. Dann würden nach Berechnungen des Sachverständigenrates für Umweltfragen

(SRU) für Deutschland mit 1,1% der Weltbevölkerung noch 3,74 Gt zur Verfügung stehen, die nach rund fünf Jahren aufgebraucht sind. Hierbei wurde nur der CO_2-Ausstoß von z.b. 755 Mio. Tonnen im Jahr 2018 berücksichtigt. Rechnet man korrekterweise Methan und Lachgas hinzu, erhält man für das Jahr 2018 mit 858 Mio. Tonnen einen höheren Wert (berechnet nach SRU 2020, 52).

Diese beklemmende Situation, sofern man bereits +1,3 Grad für grenzwertig hält, wollte man in dieser Offenkundigkeit den politischen Entscheidungsträgern wohl nicht zumuten. Nur unter Ausklammerung eigentlich erforderlicher Zielsetzungen hinsichtlich maximaler Erderwärmung und sehr hohem Wahrscheinlichkeitsgrad lässt sich als Richtwert festlegen, was auch der EU als besonders erstrebenswert vorschwebt:

„In modellierten Pfaden ohne oder mit geringer Überschreitung von 1,5 °C nehmen die globalen anthropogenen Netto-CO_2-Emissionen bis 2030 um etwa 45% gegenüber dem Niveau von 2010 ab (Interquartilbereich 40-60%) und erreichen um das Jahr 2050 (Interquartilbereich 2045-2055) netto null" (IPCC 2018a, 16, hier ohne Hervorhebung).

Bei diesen anvisierten (unzureichenden) Pfaden gilt es aber zu berücksichtigen:

„Alle analysierten Pfade, die die Erwärmung auf 1,5°C begrenzen, ohne oder mit begrenzter Überschreitung, nutzen CDR [Speicherung und Entzug von THG aus der Atmosphäre] bis zu einem gewissen Grad, um Emissionen aus Quellen zu neutralisieren, für die keine Minderungsmaßnahmen identifiziert wurden, und in den meisten Fällen auch, um negative Nettoemissionen zu erreichen, um die globale Erwärmung nach einem Peak auf 1,5°C zurückzuführen (*hohes Vertrauen*)" (IPCC 2018b, 34, Ü; hier ohne Hervorhebung).

Ehrlich wird eingestanden:

„CDR, das in großem Maßstab eingesetzt wird, hat sich noch nicht bewährt, und die Abhängigkeit von einer solchen Technologie ist ein großes Risiko für die Fähigkeit, die Erwärmung auf 1,5°C zu begrenzen" (IPCC 2018b, 34, Ü).

Auf die Frage, ob wir + 1,5°C noch verhindern können, antwortet der Klimaforscher Stefan Rahmstorf:

„Der IPCC muss einige Umschreibungen verwenden, um eine direkte Antwort auf diese Frage zu vermeiden (aus vernünftigen und verständlichen Gründen). Ich bin nicht ganz so eingeschränkt ... Das eigentliche Problem ist, dass die Bemühungen, die Emissionen so stark zu reduzieren, dass wir unter 1,5°C bleiben, eine globale Anstrengung zur Dekarbonisierung erfordern würden, die sofort beginnt und die die derzeitigen Bemühungen oder Zusagen weit in den Schatten stellt. ... Also lautet meine Antwort ... Nein" (Rahmstorf 2018, o. S.).

Optimistischere Zeitgenossen sollten folgende Angaben des Deutschen Wetterdienstes nachdenklich stimmen:

„Laut Daten des Deutschen Wetterdienstes war das aktuelle Jahrzehnt rund 1,9 Grad Celsius wärmer als die ersten Jahrzehnte (1881-1910) der Aufzeichnungen. Die Temperaturen in Deutschland sind damit deutlich stärker gestiegen als im weltweiten Durchschnitt. Das Tempo des Temperaturanstiegs hat in Deutschland (wie auch weltweit) in den vergangenen 50 Jahren deutlich zugenommen: Über den Gesamtzeitraum 1881-2019 gerechnet wurde es jedes Jahrzehnt um 0,11 Grad Celsius wärmer, für die letzten 50 Jahre (1970-2019) lag die Erwärmungsrate mit 0,37 Grad pro Dekade mehr als dreimal so hoch. Seit den 1960er Jahren war hierzulande jedes Jahrzehnt deutlich wärmer als das vorherige" (Deutsches Klima-Konsortium 2020, 13).

Der Wert für 2018 wird mit +2,7 Grad, für 2019 mit +2,5 Grad angegeben. Das ist nicht einmal überraschend, da sich Landgebiete 50-100% stärker erwärmen, als es die globalen Mittelwerte nahelegen.

Doch zurück zu den vorliegenden Zahlen und den Angaben rechts in der Tabelle auf S. 414, die Unsicherheiten und „Variationen" einbeziehen.

„Die Unsicherheiten bezüglich des Umfangs dieser geschätzten verbleibenden CO_2-Budgets sind erheblich und von mehreren Größen abhängig. Unsicherheiten bezüglich der Klimareaktion auf CO_2- und Nicht-CO_2-Emissionen tragen ±400 Gt CO_2 dazu bei und der Grad der historischen Erwärmung ±250 Gt CO_2 (*mittleres Vertrauen*)" (IPCC 2018a, 16).

Die Autoren vermuten, dass eine zusätzliche Freisetzung von Kohlenstoff durch künftiges Tauen des Permafrosts (siehe auch Knoblauch et al. 2018) und Methanfreisetzung aus Feuchtgebieten in den kommenden 100 Jahren (*on centennial time scales*) die Budgets um bis zu 100 Gt CO_2 erhöhen könnte. Angesichts der Milliarden Tonnen dort gebundenen Methans und CO_2 stellt dies zwar eine hohe, aber doch wohl eher konservative Schätzung dar und die Autoren behaupten mutig, trotz aller Unsicherheiten über solch lange Zeiträume ziemlich gesicherte Aussagen (*about − 100*) treffen zu können. Die gigantische Differenz von −400 bis +200 bei den Nicht-CO_2-Emissionen erklärt sich v.a. aus der Tatsache, dass einige dieser THG eine kühlende Wirkung durch Abstrahlung haben. Es ist darauf hinzuweisen, dass die hier angegebenen Werte zu den diversen Unsicherheiten nicht zu einer Metaunsicherheitszahl aufaddiert werden können.

Zu möglichen Kipppunkten (*tipping points*), möglichen Großunfällen und Teilsystemzusammenbrüchen als eine Art Organversagen unseres Planeten zwischen unter 1,5 bis 3 Grad gibt es die interessante Tabelle 3.7 im Hauptbericht (IPCC 2018b, 264).[205] Dort wird eine bis zu 44%ige Reduktion des Permafrosts bei 1,5 Grad oder darunter für möglich gehalten (zwischen 1,5 und 2 Grad: mit bis zu 53%). Weltweit sind im Permafrost rund 1300 Gt Kohlenstoff gespeichert. Zum Vergleich: Der aktuelle Gehalt von Kohlenstoff in der Atmosphäre liegt bei „nur" 850 Gt. Mittlerweile kann man selbst auf der Website der deutschen Bundesregierung lesen:

> „Tauender Permafrost könnte das Weltklima zum Kippen bringen, sind sich die Forscher einig. Wenn sich die Erde weiter im momentanen Tempo erwärmt, könnte das Treibhausgas aus Permafrost die globale Durchschnittstemperatur zusätzlich um 0,3 Grad steigen lassen" (https://www.bundesregierung.de/breg-de/aktuelles/tauender-permafrost-eine-unter schaetzte-gefahr-fuer-das-weltklima-1614664).

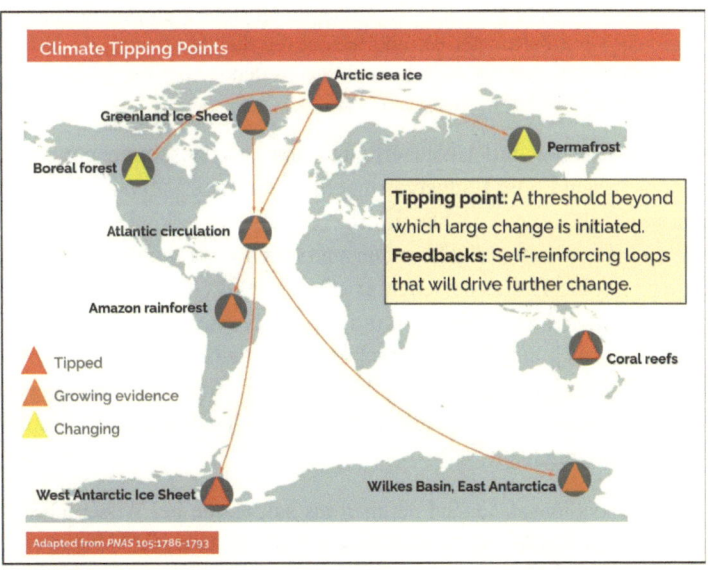

---

[205] Zu Kipppunkten ließe sich Vieles ausführen. Hier sei nur auf Lenton (2013) verwiesen, der auf Charakteristika beim Überschreiten von Schwellenwerten, ihre oft abrupten, irreversiblen, selbstverstärkenden, kaum zu managenden Eigenschaften, verschiedene Typen und ihre Rolle in der Erdgeschichte eingeht, die zu großen Gesamtsystemveränderungen führen können.

Schon seit vielen Jahren wird auf die Problematik der Kipppunkte hingewiesen (im Anschluss an Lenton et al. 2008).

> „Komplexe Systeme wie das Klimasystem oder zumindest einige seiner Teilkomponenten können fast ohne Vorwarnung kippen. Die Auswirkungen wären in vielen Fällen nicht mehr beherrschbar und würden die Welt aus dem Lot geraten lassen, ökologisch, ökonomisch, sozial und die Sicherheitslage auf der Erde betreffend" (Latif 2020, 30)

Es ist bemerkenswert, dass solche Kipppunkte im IPCC-Bericht nur sporadisch aufgegriffen werden.

> „Seit dem AR5 [2014] wurden mehrere Ansätze vorgeschlagen, um Kohlenstoffbudgets abzuschätzen, die mit 1,5°C oder 2°C kompatibel sind. Die meisten dieser Ansätze stützen sich indirekt auf die ungefähre lineare Beziehung zwischen der globalen Mitteltemperatur und den kumulativen Emissionen von Kohlenstoff" (IPCC 2018b, 104, Ü).

Folgende Beobachtung Schellnhubers dürfte nach wie vor zutreffen:

> „Überhaupt ist die *Folgenforschung* zu Kippvorgängen im Klimasystem praktisch nicht existent: Die Wissenschaft stürzt sich gern auf das, was schon gut beleuchtet ist, und meidet die dunklen Ecken, wo sich das Bedrohliche, aber vielleicht auch das Rettende verbirgt" (Schellnhuber 2015, 500-501).

Die Schwankungen und Unsicherheiten sind v.a. zusammengenommen schwindelerregend: Die Budgetverringerung schwankt um 640 Gt (±320). Das ist mehr als der mit 580 bezifferte „erlaubte" maximale Gigatonnenverbrauch bis zur Nettonull. Oder: Die am oberen Ende möglichen + 320 Gt sind mehr als die Hälfte der eben erwähnten 580 Gt und noch mehr im Vergleich zu den 420 Gt bei 1,5 Grad. Dazu kommen noch die Unsicherheiten im Hinblick auf die Klimareaktion und die historische Erwärmung und dann noch die Tatsache, dass hier nur mit mittlerem Vertrauen gerechnet wird. Hinzu kommen die extrem niedrigen Werte mit 50% bzw. 66% Wahrscheinlichkeit.

> „1,5°C-Emissionspfade sind definiert als solche, die bei Wissen über die Reaktion des Klimas, eine Chance von eins zu zwei [50%] bis zwei zu drei [67%] haben, dass die Erwärmung entweder unter 1,5°C bleibt oder bis etwa 2100 nach einem Überschießen auf 1,5°C zurückkehrt" (IPCC 2018b, 32, Ü).

Auf solch extrem unsicherer Grundlage ruht die internationale Klimapolitik. Allerdings haben die Rechnungen des IPCC einen bereits erwähnten klimapolitisch eher schlechten „Vorteil": Sie erlauben es, Wirtschaft,
Politik und Öffentlichkeit, die Augen vor dem Nötigen wissenschaftlich
und datenbasiert schließen zu können. So ist mittlerweile die 2-Grad-
Grenze als wenn auch nicht optimale, so doch schon beachtliche Zielmarke im Gespräch.

Aus der hier diskutierten Tabelle geht hervor, dass das Erreichen von
1,5 Grad Erwärmung zum Referenzzeitraum noch möglich ist und entsprechend 1170 (67%) oder sogar noch 1500 Gt CO_2 (50%) emittiert werden können. Man kann auch noch die bekannte Frage aus dem Metzger-
laden stellen: Darf es noch ein bisschen mehr sein? Die bisherigen Angaben bezogen sich auf die bodennahe Lufterwärmung. Nimmt man die
Gesamterwärmung, also inklusive der Erwärmung über den Meeren, kann
man noch ein paar Tonnen mehr herausschlagen. Dies geht aus den zwei
grau markierten Zeilen hervor: Hiernach kann die Erderwärmung noch
um 1,13 Grad zunehmen und es ergeben sich Restbudgets von 1690 (50%)
oder 1320 (67%) Gt CO_2. Je nach Bedarf kann man also verschiedene, wissenschaftlich streng validierte Minderungszahlen aus dem Regal nehmen.

Über Ausgestaltungsspielräume findet sich in Fußnote 3 der Tabelle
ein interessanter Hinweis. Es wird bemerkt, dass die Schwankungsbreite
der Angaben irritierenderweise *likely* zwischen 0,8 und 2,15 Grad liegt.
Schaut man in der Referenzquelle nach, so liest man in der über 1200
Seiten umfassenden Analyse:

„Es gibt verschiedene alternative und gleichermaßen plausible numeri-
sche Darstellungen, Lösungen und Näherungen für die Modellierung
des Klimasystems angesichts der Einschränkungen bei der Berechnung
und den Beobachtungen.

Diese Vielfalt wird als ein gesunder Aspekt der Klimamodellierungs-
gemeinschaft angesehen und führt zu einer Reihe von plausiblen Projektionen des Klimawandels auf globaler und regionaler Ebene. Dieser
Bereich bietet eine Grundlage für die Quantifizierung der Unsicherheit
in den Projektionen, aber da die Anzahl der Modelle relativ klein ist
und die Bereitstellung der Modellergebnisse in öffentlichen Archiven
freiwillig ist, ist die Auswahl möglicher Zukünfte weder systematisch
noch umfassend. Außerdem bleiben einige Unzulänglichkeiten bestehen,
die allen Modellen gemeinsam sind; verschiedene Modelle haben unterschiedliche Stärken und Schwächen; es ist noch nicht klar, welche Aspekte der Simulationen, die durch Beobachtungen bewertet werden können, unsere Bewertung zukünftiger Modellsimulationen leiten sollten ...

Die Modelle stimmen in Bezug auf die großräumigen Muster der Erwärmung an der Oberfläche überein, z.B. dass sich das Land schneller erwärmen wird als der Ozean [zum Sicherheitsgrad der Vorhersagen siehe Henley/King 2017] und die Arktis sich schneller erwärmt als die Tropen. Aber sie unterscheiden sich sowohl in der Größenordnung ihrer globalen Reaktion für dasselbe Szenario als auch in kleinräumigen, regionalen Aspekten ihrer Reaktion. Das Ausmaß der arktischen Verstärkung variiert zum Beispiel zwischen den verschiedenen Modellen, und eine Untergruppe von Modellen zeigt eine schwächere Erwärmung oder eine leichte Abkühlung im Nordatlantik als Ergebnis der Verringerung der Tiefenwasserbildung und der Verschiebung der Meeresströmungen. Es gibt unvermeidliche Unsicherheiten in Bezug auf zukünftige externe Antriebe und die Reaktion des Klimasystems darauf, die durch intern erzeugte Variabilität weiter verkompliziert werden" (https://www.ipcc.ch/site/assets/uploads/2018/02/WG1AR5_Chapter12_FINAL.pdf, Seiten 1036-1037, Ü).

Bezüglich der Modellannahmen und ihrer Ergebnisse bestehen also große Unsicherheiten, ob nur temporär oder grundsätzlich ist hier unwichtig und wahrscheinlich überhaupt auch für die Zukunft schwer zu beurteilen. Frame und Allen (2012) gestehen angesichts von Nichtlinearitäten große prinzipielle Ratlosigkeit ein. Ein Blick in das Schaubild zur Schwankungsbreite der Wahrscheinlichkeiten der verschiedenen Szenarien ist hierzu aufschlussreich (siehe die vertikalen Striche neben dem linken Schaubild):

Szenarien zur Erderwärmung

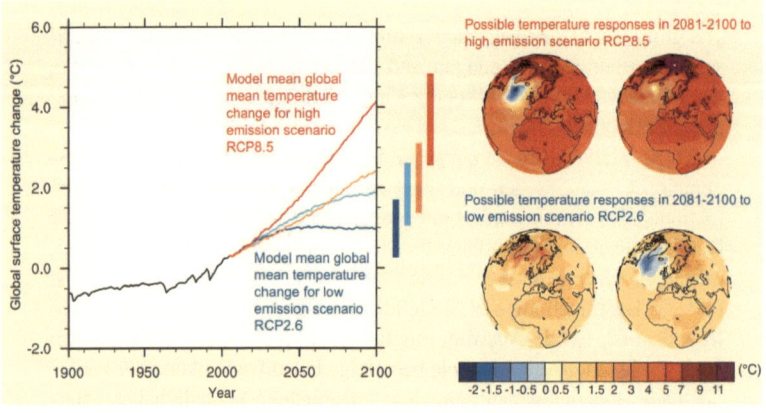

https://www.ipcc.ch/site/assets/uploads/2018/02/WG1AR5_Chapter12_FINAL.pdf, Seite 1037.

Die 0,8-2,5 Grad geben offenbar den unteren Wert des günstigsten und den höchsten Wert des zweitgünstigsten Szenarios an. Interessant ist die erhebliche Streubreite innerhalb der Szenarien. Beim günstigsten Szenario liegt der untere Wert bei ungefähr 0,7 Grad, der höchste bei über 1,7 Grad. Angesichts des Pariser Abkommens ist die Eintrittswahrscheinlichkeit des roten Szenarios mit über 4 Grad Erwärmung nicht unrealistisch.[206]

> „Es sieht überhaupt nicht danach aus, dass die Staaten das Versprechen von Paris einhalten werden … Wir rasen im Moment mit Vollgas in die Klimakatastrophe" (Latif 2020, 179).

Nur eine Abbildung sei noch hinzugefügt, aus der nicht nur die großen und hier nicht im Detail nachzuvollziehenden Bandbreiten hervorgehen, sondern auch die Tatsache, dass die tatsächlich beobachtete mittlere globale Oberflächentemperatur bereits mindestens einmal über 1,5 Grad lag. Über zu erwartende Veränderungen bei +1,5 Grad siehe auch Jacob et al. (2018).

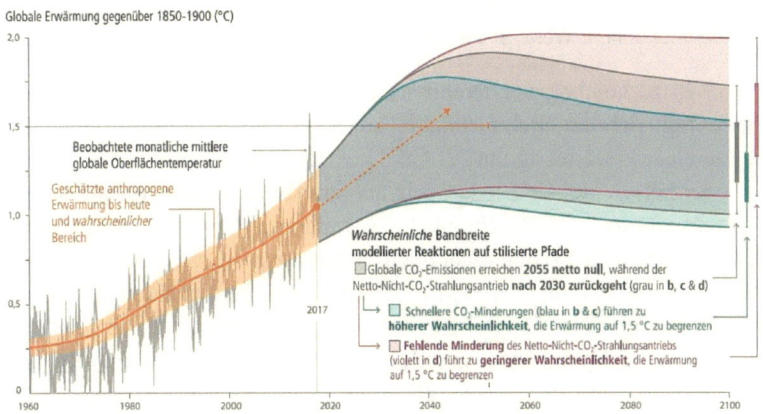

IPCC 2018a, 10.

Ohne hier auf Details zu den Kurvenverläufen einzugehen, sind deutlich die extremen Schwankungsbreiten zu erkennen. Große Bandbreiten liegen übrigens auch bei Einzelaspekten der Klimaerwärmung vor. So werden bei Studien zum Anstieg des Meeresspiegels bis 2100 (IPCC 2018b, 207) in einer Studie 39-76 cm für 2 Grad mit 67%iger und 28-96 cm für 2 Grad

[206] Siehe auch die beachtlichen Schwankungsbreiten in Figure 2.1, IPCC (2018b, 102) und Cross-Sector Box 8, Figure 1 (ebenda, 275-276).

mit 90%iger Wahrscheinlichkeit angegeben. Hieran kann man auch ablesen, dass als generelle Regel eine Erhöhung der Wahrscheinlichkeit mit einer noch einmal deutlich größeren Bandbreite erkauft wird.

Dennoch geben sich die Forscher sicher:

> „Die geschätzte anthropogene globale Erwärmung nimmt derzeit aufgrund von vergangenen und aktuellen Emissionen pro Jahrzehnt um 0,2°C (*wahrscheinlich* zwischen 0,1°C und 0,3°C) zu (*hohes Vertrauen*)" (IPCC 2018a, 8).

Interessant wäre es, wie schon mehrfach erwähnt, zu erfahren, auf welchen Wert die Erwärmung berechnet würde, wenn anstelle von 0,1 und 0,3 Grad eine Spanne für „sehr wahrscheinlich", für „unwahrscheinlich" und „sehr unwahrscheinlich" (immerhin 0-10%) angegeben würde. Die allgemeinen Durchschnittstemperaturen sind eine Sache, lokale Erwärmungen fallen deutlich höher aus.

> „Viele Landregionen und Jahreszeiten erfahren zurzeit eine Erwärmung, die stärker ist als der globale Jahresdurchschnitt, darunter zwei- bis dreimal höhere Werte in der Arktis" (IPCC 2018a, 9).

Wenn es zu solchen Sonderentwicklungen kommt, wie kann man sich dann, fragt sich der Nichtfachmann, so sicher sein, dass es pro Jahrzehnt nur zu einer Erwärmung um 0,2 Grad kommen wird?

Jedenfalls wirkt sich jede auch nur graduelle Veränderung deutlich aus und eine (nur) wahrscheinliche Spannbreite (66-100%) von 0,1 bis 0,3 Grad ist an sich schon recht hoch. Anhand eines Schaubilds (folgende Seite) soll noch einmal verdeutlicht werden, dass bereits eine Erwärmung von 1 Grad in vielen Bereichen riskant ist und zwischen 1 und 1,5 Grad eine Region erreicht wird, innerhalb der negative Folgen und Risiken (gelb) und stufenweise bereits schwerwiegende und weit verbreitete Folgen und Risiken (rot) laut IPCC auftreten.

Fünf Gründe zur Besorgnis (RCFs) stellen die Folgen und Risiken unterschiedlicher Erwärmungsniveaus für Menschen, Wirtschafts- und Ökosysteme über Sektoren und Regionen hinweg dar.

Mit den Gründen zur Besorgnis (RFCs) verbundene Folgen und Risiken

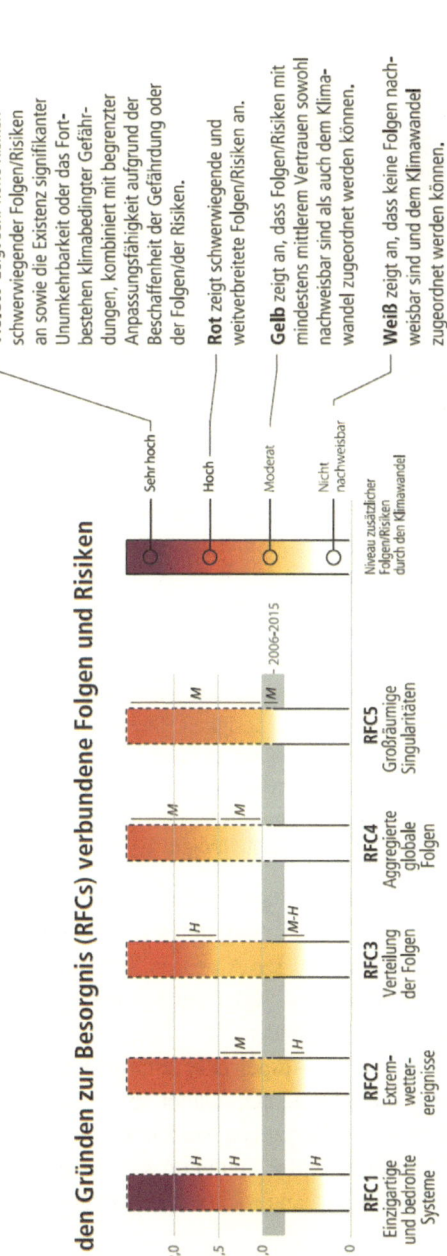

violett zeigt sehr hohe Risiken schwerwiegender Folgen/Risiken an sowie die Existenz signifikanter Unumkehrbarkeit oder das Fortbestehen klimabedingter Gefährdungen, kombiniert mit begrenzter Anpassungsfähigkeit aufgrund der Beschaffenheit der Gefährdung oder der Folgen/der Risiken.

Rot zeigt schwerwiegende und weitverbreitete Folgen/Risiken an.

Gelb zeigt an, dass Folgen/Risiken mit mindestens mittlerem Vertrauen sowohl nachweisbar sind als auch dem Klimawandel zugeordnet werden können.

Weiß zeigt an, dass keine Folgen nachweisbar sind und dem Klimawandel zugeordnet werden können.

Sehr hoch — Hoch — Moderat — Nicht nachweisbar

Niveau zusätzlicher Folgen/Risiken durch den Klimawandel

Änderung der mittleren globalen Oberflächentemperatur gegenüber vorindustriellem Niveau (°C)

2,0 — 1,5 — 1,0 — 0

2006–2015

RFC1 Einzigartige und bedrohte Systeme — RFC2 Extremwetterereignisse — RFC3 Verteilung der Folgen — RFC4 Aggregierte globale Folgen — RFC5 Großräumige Singularitäten

RFC1 Einzigartige und bedrohte Systeme: ökologische und menschliche Systeme, deren begrenzte geografische Ausbreitung durch klimabedingte Umstände eingeschränkt ist, und die hohen Endemismus oder andere einzigartige Eigenschaften aufweisen. Beispiele sind unter anderem Korallenriffe, die Arktis und ihre indigenen Einwohner, Gebirgsgletscher und Hotspots biologischer Vielfalt.
RFC2 Extremwetterereignisse: Risiken/Folgen für menschliche Gesundheit, Lebensgrundlagen, Vermögenswerte und Ökosysteme wie zum Beispiel Hitzewellen, Starkregen, Dürre und damit verbundene Wald- und Flächenbrände sowie Überflutung von Küstenregionen.
RFC3 Verteilung der Folgen: Risiken/Folgen, die bestimmte Gruppen überproportional beeinträchtigen, da physische Gefährdungen durch den Klimawandel, Exposition oder Verwundbarkeit ungleich verteilt sind.
RFC4 Aggregierte globale Folgen: globaler finanzieller Schaden, Zerstörung und Verlust von Ökosystemen und biologischer Vielfalt in globalem Maßstab.
RFC5 Großräumige Singularitäten: durch globale Erwärmung verursachte relativ große, abrupte und bisweilen irreversible Änderungen in Systemen. Ein Beispiel ist unter anderem der Zerfall der Eisschilde Grönlands und der Antarktis.

IPCC 2018a, 15

Auf disaggregierter Ebene sieht es keinesfalls besser aus:

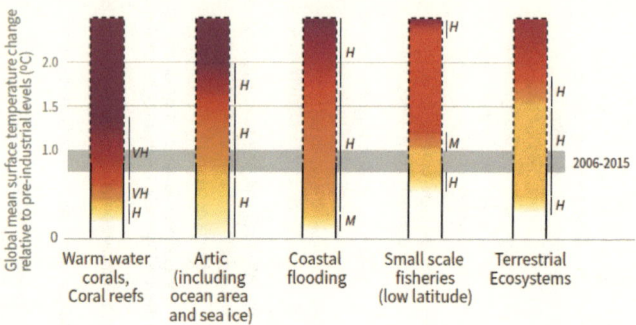

IPCC 2018b, 252.

„Die vom Menschen verursachte globale Erwärmung hat bereits mehrere beobachtete Veränderungen im Klimasystem verursacht (*hohes Vertrauen*). Zu den Veränderungen gehören Erhöhungen sowohl der Land-
als auch der Ozeantemperaturen sowie häufigere Hitzewellen in den
meisten Landregionen (*hohes Vertrauen*). Es besteht auch ein hohes
Vertrauen, dass die globale Erwärmung zu einer Zunahme der Häufigkeit und Dauer von Hitzewellen im Meer geführt hat. Weiterhin gibt es
erhebliche Hinweise darauf, dass die vom Menschen verursachte globale Erwärmung zu einer Zunahme der Häufigkeit, Intensität und/oder
Menge von Starkniederschlagsereignissen auf globaler Ebene (*mittleres
Vertrauen*) sowie zu einem erhöhten Dürrerisiko in der Mittelmeerregion
(*mittleres Vertrauen*) geführt hat" (2018b, 177, Ü; hier ohne Fettschrift;
siehe auch die überblicksartige Zusammenstellung in 2018b, 210-212).

Tabelle 3.6 (IPCC 2018b, 261) führt Hotspots der Klimaerwärmung an,
bei denen sich bereits bei einer Erderwärmung unter 1,5 Grad erhebliche
Schädigungen zeigen, u.a. in der Arktis, den Alpen, in Südostasien (Mon-
sun), im Mittelmeerraum, in West- und Südafrika sowie der Sahelzone
und in den Tropen bezüglich der Regenwälder.[207]
    Am Beispiel der eben angeführten Ampel-Diagramme lässt sich Eini-
ges zum Procedere der IPCC-Berichte lernen. Daher soll an dieser Stelle
auf einige Aussagen Schellnhubers eingegangen werden, der beim 3. IPCC-
Sachstandsbericht (2001) koordinierender Leitautor war. Er erzählt, wie
ratlos die Autorengruppe am Anfang angesichts der Aufgabe war, eine

---

[207] Siehe auch z.B. https://www.spiegel.de/wissenschaft/mensch/klimakrise-warum-zwei-
grad-erderwaermung-zu-viel-ist-a-1773e909-c602-466e-8913-c02b319d71f2.

Synthese zu den potenziellen Auswirkungen anhand aller verfügbaren Forschungsergebnisse zu erstellen. Am Potsdam-Institut entwickelte man hierzu das oben angeführte Ampel-Diagramm mit den Farben Weiß bis Rot. Aber

> „es war ein gewaltiger Schritt für den IPCC, der stets peinlich darauf bedacht ist, keine ‚Wertaussagen' zu machen … Dies ging selbstverständlich den Klimalobbyisten schon viel zu weit, sodass dem IPCC vorgehalten wurde, sich unlegitimiert in den politischen Betrieb einzumischen. Worauf zahlreiche meiner Kollegen wiederum Angst vor der eigenen Courage bekamen. Im Nachhinein betrachtet ein recht peinlicher Vorgang" (Schellnhuber 2015, 461).

Obwohl die Ampel verschämt unter „Gründe zur Besorgnis" präsentiert wurde, verschwand sie aus dem 4. Sachstandsbericht,

> „obwohl eine Gruppe von Wissenschaftlern … eine sorgfältige Aktualisierung der Graphik ausgearbeitet und in den Text des entsprechenden Kapitels des Reports integriert hatte" (ebenda, 461).

Sehr treffend sind Schellnhubers generellen Bemerkungen zur Wissenschaftscommunity, die auch den Verhaltensstil von Ökonomen nach eigenen Erfahrungen des Verfassers dieses Buches treffen: Einige

> „Kollegen wollten sich damals wie heute um die Aussage herummogeln, wie ein ‚gefährlicher Klimawandel' aussehen könnte … Insofern kam es diesen Wissenschaftlern gelegen, dass eine Reihe von politischen Akteuren bei den finalen Textverhandlungen in den entsprechenden IPCC-Plenen des Jahres 2007 das Diagramm liquidierte" (ebenda, 461-462).

Im 5. Sachstandsbericht tauchte die Ampel mit drastischeren Aussagen wieder auf, was belegt, dass bei den Berichten ein Tauziehen um Inhalte stattfindet, sich aber zum Glück auch kritische Inhalte durchsetzen können und der Diskurs der Klimawissenschaftler funktioniert. Grundsätzlich bestehe aber nach wie vor ein elementarer Konstruktionsfehler darin, dass

> „Regierungen die Forscher bei den entscheidenden Dokumenten zensieren können. Konkret widersetzten sich schlussendlich die politischen Schwergewichte USA, Russland, China und Saudi-Arabien [einmal] erfolgreich der Aufnahme des Ampel-Diagramms in den Vierten Sachstandsbericht" (ebenda, 462; von zahlreichen Beeinflussungsversuchen berichtet auch der erste Vorsitzende des IPCC, siehe Bolin 2007).

Doch zurück zum Berichtsinhalt. Dessen Ergebnisse indizieren, dass eine Begrenzung auf + 1 Grad eigentlich unumgänglich ist. Allerdings:

> „Wenn alle anthropogenen Emissionen (einschließlich aerosolbedingter) sofort auf null reduziert würden, würde jede weitere Erwärmung über das bereits gestiegene 1°C hinaus *wahrscheinlich* weniger als 0,5°C in den nächsten zwei bis drei Jahrzehnten (*hohes Vertrauen*) und wahrscheinlich weniger als 0,5°C auf einer Zeitskala von einem Jahrhundert (*mittleres Vertrauen*) betragen" (2018b, 31, Ü).

Zur Erinnerung: „Wahrscheinlich" bedeutet 66-100%, d.h. mit bis zu 34%iger Wahrscheinlichkeit kann die Erderwärmung auch darüber liegen, selbst wenn ab heute alle Emissionen auf null gesenkt würden! In der Kurzfassung klingt es beruhigender:

> „Es ist *unwahrscheinlich*, dass die bis zum heutigen Zeitpunkt erfolgten anthropogenen Emissionen (einschließlich Treibhausgasen, Aerosolen und deren Vorläufersubstanzen) in den nächsten zwei bis drei Jahrzehnten (*hohes Vertrauen*) oder über Zeiträume in der Größenordnung von Jahrhunderten (*mittleres Vertrauen*) eine weitere Erwärmung von mehr als 0,5 °C verursachen" (IPCC 2018a, 9).

Wir leben also so oder so in gefährlichen Zeiten. Ganz zu schweigen von den Folgen einer Erwärmung um 2 Grad. Im Bericht wird immer wieder auf den fundamentalen Unterschied zwischen 1,5 und 2 Grad hingewiesen. Der Verlust mancher Ökosysteme kann auch dann stattfinden, wenn nur eine zeitweise Erhöhung auf 2 Grad erfolgt und der Anstieg dann wieder auf 1,5 Grad sinkt (*overshooting*). Über diesen negativen Befund herrscht im Bericht *hohes Vertrauen*. Leider beruhen die meisten Modellpfade des Berichts auf solchem temporären Überschießen, zu dem bemerkt wird, eine

> „Überschreitung birgt große Risiken für natürliche und menschliche Systeme, insbesondere wenn die Temperatur bei der Spitzenerwärmung hoch ist, da einige Risiken langanhaltend und irreversibel sein können, wie z.B. der Verlust einiger Ökosysteme (*hohes Vertrauen*)" (IPCC 2018b, 36, Ü).

Dies kann auch zu Veränderungen (lokaler) Klimaregime führen (IPCC 2018b, 35-40).[208] Im IPCC-Bericht wird zwar z.B. das potenzielle Verschwinden der Korallenriffe und vieles mehr (v.a. in Kapitel 3) erwähnt,

---

[208] Siehe im Detail Schleussner et al. (2016).

aber elementare (lokale/regionale) „Klimaregimewechsel" (Ökohabitats-veränderungen) werden nicht eigenständig thematisiert. Sie sind somit ausgeklammert, obwohl sich ergab:

> „20-40% der Weltbevölkerung leben in Regionen, die in der Dekade 2006-2015 bereits eine Erwärmung von mehr als 1,5°C über dem vor-industriellen Niveau in mindestens einer Jahreszeit erfahren haben (*mittleres Vertrauen*)" (IPCC 2018b, 31, Ü; zu den überraschend hohen Zahlen zu bereits heute dem Hitzetod ausgelieferten Menschen siehe Mora et al. 2017).

Sehr treffend wird gefolgert,

> „(j)eder Vergleich zwischen 1,5°C und höheren Erwärmungsgraden im-pliziert Risikoabschätzungen und Werturteile und kann nicht einfach auf eine Kosten-Nutzen-Analyse reduziert werden" (IPCC 2018b, 55, Ü).

Eine solche Werturteilsdebatte findet in Politik und Öffentlichkeit welt-weit nicht offen statt. Stattdessen verschanzen sich Politiker hinter Zah-len aus dem Datenregal des IPCC und stellen diese als objektive Markie-rungen vor. Dem leistet der Bericht Vorschub, indem in einem Kapitel auf die Zweifelhaftigkeit von Kosten-Nutzen-Analysen hingewiesen wird, in einem anderen Kapitel aber ebensolche Analysen angestellt werden. Ungeachtet dieses Widerspruchs ist die dort zu findende Angabe zu Schä-digungen interessant, die Stefan Rahmstorf zusammenfasst:

> „Der „Weltklimarat" IPCC kam in seinem 5. Sachstandsbericht auf Klimaschäden in Höhe von 174 € pro Tonne CO_2, fast eintausend US-Dollar pro Erdenbürger und Jahr. Das Umweltbundesamt schätzt in einer eigenen Studie diese Schäden auf 180 € pro Tonne" (https://scilogs.spek trum.de/klimalounge/warum-ein-co2-preis-gerecht-und-notwendig-ist/).

Und welches Ziel steuert die Weltgemeinschaft mit dem Pariser Abkom-men an?

> „Schätzungen der globalen Emissionen infolge der derzeitigen national festgelegten Minderungsziele, wie im Rahmen des Pariser Abkommens eingereicht, legen für das Jahr 2030 globale Treibhausgasemissionen von 52-58 Gt CO_2Äq pro Jahr nahe (*mittleres Vertrauen*). Pfade, die diese Ziele widerspiegeln, würden die globale Erwärmung nicht auf 1,5°C begrenzen, selbst wenn sie nach 2030 durch sehr anspruchsvolle Steigerungen des Umfangs und der Ziele der Emissionsminderungen er-gänzt würden (*hohes Vertrauen*)" (IPCC 2018a, 22, hier ohne Fettschrift).

Das sind sehr unerfreuliche Aussichten, aber erfreulich klare Worte. Im Vorwort des IPCC-Berichtes wird bemerkt:

> „Vor fünf Jahren lieferte der Fünfte Sachstandsbericht des IPCC den wissenschaftlichen Input für das Pariser Abkommen, das darauf abzielt, die globale Antwort auf die Bedrohung durch den Klimawandel zu stärken, indem der Anstieg der globalen Durchschnittstemperatur auf deutlich unter 2 °C über dem vorindustriellen Niveau zu halten ist und die Bemühungen fortzusetzen sind, den Temperaturanstieg auf 1,5 °C über dem vorindustriellen Niveau zu begrenzen" (IPCC 2018b, V, Ü).

Der hier diskutierte IPCC-Sonderbericht 2018 war übrigens eine sonst eher unübliche Auftragsarbeit:

> „Dieser Bericht reagiert auf die Einladung [durch das UNFCCC] an den IPCC, ,... 2018 einen Sonderbericht über die Folgen einer globalen Erwärmung um 1,5 °C gegenüber vorindustriellem Niveau und die damit verbundenen globalen Treibhausgasemissionspfade zur Verfügung zu stellen', die Teil der Entscheidung der 21. Konferenz der Vertragsparteien der Klimarahmenkonvention der Vereinten Nationen zum Klimawandel war, das Pariser Übereinkommen zu verabschieden" (IPCC 2018a, 8).

In der Zusammenfassung für politische Entscheidungsträger wird das Pariser Abkommen nur an zwei Stellen kurz erwähnt (IPCC 2018a, 8 und 22). Eine solche Zurückhaltung kann man kritisch sehen.

Interessanterweise divergieren die Definitionen zur Netto-Null zwischen dem Pariser Abkommen und dem IPCC:

> „Netto null CO_2-Emissionen: Netto null Kohlendioxid-(CO_2)-Emissionen sind erreicht, wenn die anthropogenen CO_2-Emissionen global durch anthropogene CO_2-Entnahmen über einen bestimmten Zeitraum ausgeglichen werden" (IPCC 2018a, 28).

Beim Pariser Abkommen ist nicht von *anthropogenen* Senken, sondern nur von Senken die Rede, also einschließlich der nicht durch menschliche Aktivitäten „von selber" stattfindenden Absorptionen (z.B. nicht gemanagter Wald). Demgegenüber versteht der Bericht unter Kohlendioxidentnahme (*Carbon Dioxide Removal*, CDR):

> „Anthropogene Aktivitäten, die der Atmosphäre CO_2 entnehmen und es dauerhaft in geologischen, terrestrischen oder ozeanischen Reservoirs oder in Produkten lagern. Dazu gehören die bestehende und die poten-

zielle anthropogene Verstärkung biologischer oder geochemischer Senken und die direkte Abscheidung von Kohlendioxid aus der Luft mit anschließender Speicherung, nicht jedoch die natürliche Aufnahme von CO_2, die keine direkte Folge menschlicher Aktivitäten ist" (IPCC 2018a, 28).

Nach dem vorher aus dem Bericht Zitierten kann man generell feststellen, dass einerseits die nicht ausreichenden nationalen Minderungspläne offen angesprochen werden. Andererseits bietet der IPCC durch seine Berechnungen der Ansicht Vorschub, man habe noch ein paar hundert Milliarden Tonnen Restbudget, kombinierbar mit der verschwommenen Grenze des Pariser Abkommens, „well below" 2 Grad bleiben zu wollen. Diese Schwammigkeit drückt sich ferner darin aus, dass einerseits eine Erwärmung pro Jahrzehnt um nur 0,2 Grad prognostiziert, andererseits das irreversible Verschwinden bestehender Ökosysteme thematisiert wird. Kosten-Nutzen-Analysen sind, wie schon angeführt, angeblich fehl am Platz, tauchen aber andernorts im Bericht doch auf.

„Im Fall des Klimawandels, der die komplexen Verflechtungen des Anthropozäns anerkennt, können die Instrumente der Kosten-Nutzen-Analyse jedoch aufgrund der unterschiedlichen Auswirkungen gegenüber den Kosten und den komplexen Verflechtungen innerhalb des globalen sozial-ökologischen Systems schwierig anzuwenden sein ... Dadurch werden Standard-Kosten-Nutzen-Analysen schwierig zu rechtfertigen ... und werden in diesem Bericht nicht als Bewertungsinstrument verwendet" (IPCC 2018b, 76, Ü).

Wie kann man angesichts dieser Unwägbarkeiten konkrete Zahlenwerte zu anzustrebenden THG-Minderungen angeben? Wird doch an einigen Stellen angemerkt:

„Alle diese absoluten Wahrscheinlichkeiten sind ungenau, hängen von den Informationen ab, die zu ihrer Einschränkung verwendet werden, und werden sich daher in der Zukunft voraussichtlich weiterentwickeln" und „die Unsicherheiten werden immer relevanter, je mehr man sich einer bestimmten Temperaturgrenze nähert" (IPCC 2018b, 60 und 96, Ü).

Doch dann werden später im Bericht dennoch Kosten-Nutzen-Berechnungen mit einer sehr hohen Entwertung der Zukunft mit 5% angestellt.

„Insgesamt unterscheidet sich der globale durchschnittliche diskontierte Preis der Emissionen über die 1,5°C- und 2°C-Pfade in den Modellen um den Faktor vier (unter der Annahme einer jährlichen Diskontierungsrate von 5%) ... Der mittlere Nettobarwert der Kosten der Schäden durch die Erwärmung im Jahr 2100 für 1,5°C und 2°C (einschließlich der Kosten, die mit den durch den Klimawandel verursachten Markt- und Nichtmarktauswirkungen, den Auswirkungen durch den Anstieg des Meeresspiegels und den Auswirkungen in Verbindung mit großräumigen Diskontinuitäten verbunden sind) beträgt 54 bzw. 69 Billionen Dollar, bezogen auf 1961-1990" (IPCC 2018b, 152 und 264, Ü).

Diesen eineindeutigen Angaben stehen die vielfältigen Hinweise auf Wissenslücken gegenüber (2018b, Teil 2.6, ab Seite 157 und 3.7, ab Seite 264ff.).

„Keine der Projektionen des Bruttoinlandsprodukts (BIP) in der in diesem Kapitel ausgewerteten Literatur zu den Minderungspfaden beinhaltete die Rückkopplung von Klimaschäden auf das Wirtschaftswachstum ... Die meisten 1,5°C- und 2°C-Pfade sind in hohem Maße auf CDR in einem spekulativ großen Ausmaß vor Mitte des Jahrhunderts angewiesen" (IPCC 2018b, 158, Ü).

„Klima und Land bilden ein komplexes System, das durch multiple Rückkopplungsprozesse und das Potential für nicht-lineare Reaktionen auf Störungen gekennzeichnet ist ... Integrierte Bewertungsmodelle bieten eine vereinfachte Darstellung der Landnutzung und beinhalten, mit wenigen Ausnahmen, keine biophysikalischen Rückkopplungsprozesse (z.B. Albedo- und Evapotranspirations-Effekte)" (ebenda, 268, Ü).

„Die Auswirkungen einer veränderten Landnutzung sind stark kontext-, orts- und skalenabhängig" (ebenda, 269, Ü).

Pistone et al. (2019) haben für den schlimmsten Fall des vollständigen Abschmelzens des von Sonnenlicht bestrahlten Teils des arktischen Eisschildes eine Zunahme um eine Billion Tonnen CO_2 durch das Entfallen von Albedo ermittelt, was eine um 25 Jahre früher eintretende jeweils vermutete Klimaerwärmung zur Folge hätte.

Von Trade-offs ganz abgesehen:

„Aufforstung und Wiederaufforstung können ebenfalls Trade-offs zwischen Biodiversität, Kohlenstoffbindung und Wassernutzung darstellen, und diese Strategien haben einen höheren Land-Fußabdruck pro Tonne entnommenen CO_2 ... Zum Beispiel kann eine Änderung der Waldbewirtschaftung hin zu Strategien, die schneller wachsende Arten, eine größere Reststoffentnahme und kürzere Auftriebszeiten begünstigen, negative Auswirkungen auf die Biodiversität haben" (IPCC 2018b, 269, Ü).

Generell gilt: „Die meiste wissenschaftliche Literatur, die sich auf eine globale Erwärmung von 1,5°C bezieht, ist gerade erst entstanden" (ebenda, 272, Ü). Dazu passen die erheblichen Spannweiten bei „regionalen" Erwärmungen:

> „Zum Beispiel projizieren einige Modellsimulationen für die Erwärmung der kalten Extreme in einer 1,5°C wärmeren Welt eine Erwärmung von 3°C, während andere eine Erwärmung von mehr als 6°C in den arktischen Landgebieten projizieren ... Für heiße Temperaturextreme in den zusammenhängenden Vereinigten Staaten umfasst die Bandbreite der Modellsimulationen Temperaturen, die unter den vorindustriellen Werten liegen (-0,3°C) und eine Erwärmung von 3,5°C" (ebenda, 274).

Kann man sich an solchen breit streuenden und vagen Zahlen orientieren, wenn man globale Klimapolitik ernst nimmt?

Kapitel 5 des IPCC-Berichts geht der Frage nach, ob die „Gesamtzahl" der Synergien zwischen Emissionsminderungen und den Zielen der Nachhaltigen Entwicklung (SDG) größer sei als die Zielkonflikte zwischen ihnen. Im Kapitel zu freiwilligen Kompensationsprojekten und dem Kapitel von Jutta Kill im vorliegenden Buch hat sich gezeigt, wie problematisch diese Beziehung ist und dass wahrscheinlich sehr häufig Zielkonflikte vorliegen. Doch im Bericht wird von vornherein von einer synergetischen Annahme ausgegangen, was letztlich wohl nur als „qualitative Vermutung" gelten kann.

Im Vorbeigehen sei noch bemerkt, dass der Bericht nicht einen Gedanken zu einer eventuell möglichen Suffizienzwirtschaft enthält. Die fünf idealtypischen sozioökonomischen Pfade in Tabelle 2.3 (IPCC 2018b, 110) sind insofern einseitig, als nirgendwo ein Postwachstumsszenario vorkommt und Änderungen des Lebensstils in Richtung Suffizienz eine sehr, sehr untergeordnete Rolle spielen (IPCC 2018b, 362ff., und detailliert O'Neill et al. 2017). Die stilisierte Welt I, „Sustainable Development", (SSP1) die einen recht schmerzlosen Übergang in eine auf Nachhaltigkeit ausgerichtete Welt impliziert, schließt annahmegemäß hohes Wachstum pro Kopf ein.

Auch umfasst der Überblick über die wichtigsten Merkmale der 1,5°C-Pfade in Tabelle 2.5 (IPCC 2018b, 129) nur technikorientierte (und darüber hinaus sehr optimistische) Angaben. SSP3 und SSP5, die beide für kaum realisierbar gehalten werden, sind immerhin mit sehr ressourcenintensiven Lebensstilen verbunden. Mit Variante SSP2 bei 1,5 Grad bleiben zu können, halte ich angesichts der qualitativen Beschreibung des Zustandes für unrealistisch. Einerseits wird mit Zahlen herumgeworfen (siehe z.B. Table 2.6 auf den Seiten 132ff.), andererseits ausgesagt, diese Modellierungen eigneten sich nicht für statistische Aussagen.

Durch die Angabe allerlei verschiedener Pfade, die trotz aller Unsicherheiten und ggf. Overshootings (doch noch) zum Ziel führen könnten, wird in Politik, Wirtschaft und Öffentlichkeit der Eindruck erweckt, dass es keinen erstbesten und einzig realistischen Weg gibt, bei dem eigentlich morgen früh mit absoluten, drastischen Senkungen begonnen werden muss. Fakt ist, dass selbst Wissenschaftler uneinig sind, ob die Öffentlichkeit durch Zahlenkanonaden eingeschüchtert und wissensmäßig enteignet wird und der IPCC-Bericht insofern in mehrerlei Hinsicht kontraproduktiv ist und letztlich als beruhigende Ankerheuristik gesehen werden kann. Eine konstruktivistische Analyse der Produktion globalen Klimawissens als soziotechnisches Hybrid wird hier nicht unternommen (siehe hierzu Jasanoff/Wynne 1998).

Abschließend soll der Frage nachgegangen werden, wie ernsthaft oder lässig mit *Extremereignissen* umgegangen wird, da ihr Eintritt tatsächlich das Überleben der Menschheit aufs Spiel setzen könnte. Eine Besonderheit der Berechnungsmethoden besteht darin, dass man meist Varianten der statistischen Normalverteilung unterstellt hat.[209] Bei der Gausschen Glockenkurve geht es um die Wahrscheinlichkeiten der Abweichungen vom Erwartungswert. In der folgenden Abbildung liegt er bei 0. Die tatsächlichen Mess- oder Schätzwerte nehmen nach links und rechts vom Erwartungswert exponentiell, d.h. sehr schnell sehr stark ab. Auf Vulkanausbrüche bezogen würde dies bedeuten, dass sehr heftige Vulkanausbrüche im Vergleich zu mittelschweren Vulkanausbrüchen sehr viel seltener vorkommen. Doch das ist nicht der Fall, vielmehr folgen die Wahrscheinlichkeiten unterschiedlich starker Vulkanausbrüche einem sogenannten *Power Law*, das bedeutet, einer Skaleninvarianz, bei der die Wahrscheinlichkeiten um den gleichen Faktor schwanken. Somit sind extreme Ereignisse (wie starke Vulkanausbrüche) zwar selten, kommen aber deutlich häufiger vor, als vermittels der Normalverteilung angenommen. Umgangssprachlich ausgedrückt passiert lange gar nichts und dann kracht es richtig und sehr viel schneller, als vermutet.

---

[209] Siehe z.B. die Hinweise in den Fußnoten 3 und 7 der oben (S. 414) diskutierten Tabelle in IPCC (2018b, 108).

Die Normalverteilung

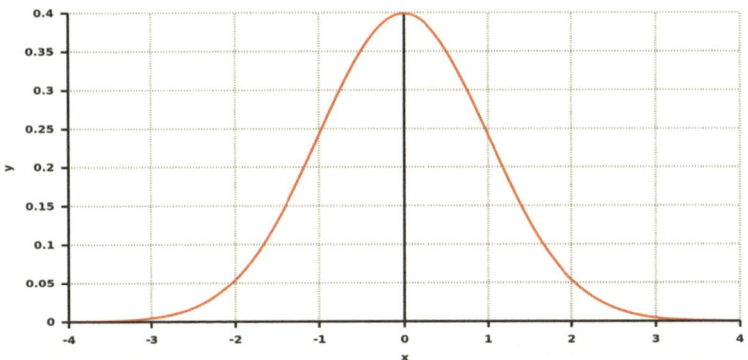

https://de.wikipedia.org/wiki/Normalverteilung#/media/Datei:Gauss_dichte funktion.svg.

Natürlich gibt es auch normalverteilte Phänomene: Wenn man die Durchschnittsgröße von 50 Menschen berechnet und als „Extremereignis" kommt der größte Mensch der Welt hinzu, verändert sich die Durchschnittsgröße kaum. Kommt aber der reichste Mensch der Welt zu Durchschnittsverdienern hinzu und man berechnet das Durchschnittsvermögen der dann 51 Personen, so ist der vorherige Wert Makulatur.

Insbesondere die letzte Finanzkrise 2008ff. zeigte, was passiert, wenn man unter Berufung auf eine Normalverteilung versucht, keine Unruhe aufkommen zu lassen, und z.B. bei Verbriefungen annimmt, dass Extremereignisse (massenhafter Kreditausfall) nicht auftreten werden und man sie daher eigentlich ignorieren könne. Die Risikobewertungen (*Value at Risk*) durch die „Fachleute" (Ratingagenturen usw.) erwiesen sich als völlig unangemessen und stellten ein „systemisches Risiko" dar. Sie waren ein wesentlicher Auslöser der Finanzkrise und dienten vorher als Legitimation für eine sehr laxe Regulierung der Finanzbranche (sehr anschaulich Taleb 2008 und auf Europa bezogen Peukert 2013, Kapitel 2, dort ohne Talebs Unvermeidbarkeitsthese). Die ganze „moderne" globale Finanzindustrie und -theorie basiert(e) auf Annahmen der Normalverteilung. Der Finanzsektor wäre in der Finanzkrise komplett untergegangen, hätte es keine (Banken-)Rettungsschirme und Staaten und Notenbanken als Überlebensgaranten gegeben. Die Frage der Queen „Warum hat niemand dies vorausgesehen?" zur Finanzkrise stellt sich bereits heute für die Klimaproblematik und potenzielle „grüne" Schwäne.

Im Falle des Erdökosystems gibt es leider keinen Rettungsplaneten B, weshalb sich ein näheres Eingehen auf die Beachtung von Extremereignissen in den IPCC-Berichten und in Politik, Wirtschaft und Öffentlichkeit empfiehlt. Die hohen Bandbreiten der Wahrscheinlichkeiten, mögliche Kipppunkte, Hotspots, Unsicherheiten usw. werden in IPCC-Berichten erwähnt und wurden bereits vorgestellt. Was aber folgt, wenn man sie systematisch ernst nimmt und Konsequenzen für die zu verfolgende Klimapolitik zieht (Dietz 2009)?

Das Thema wird in Politik und (Klima-)Wissenschaft alles andere als überschwänglich aufgegriffen. Eine Ausnahme ist der 2019 verstorbene Harvard-Ökonom Martin Weitzman (2011 und 2012), der mit dem österreichisch-amerikanischen, jetzt in den USA lehrenden Ökonom Gernot Wagner das viel beachtete, lesenswerte, gut verständliche und auch ins Deutsche übersetzte Wissenschaftsbuch *Climate Shock* schrieb (2015, insbesondere Kapitel 3).

Beginnen wir mit ihrem Schaubild zur sogenannten Klimasensitivität. Sie gibt an, um wie viel die Erderwärmung bei Zunahme, hier einer Verdoppelung, der Emissionen im Vergleich zur „vorindustriellen" Zeit (von 280 auf 560 ppm) vermutlich ansteigen würde (1 ppm = 7,814 Gt). Betrug der Wert zu Beginn der Messungen in den 1950er Jahren noch 320 ppm, so lag er 2016 bei 400 und 2019 bei 415 ppm.

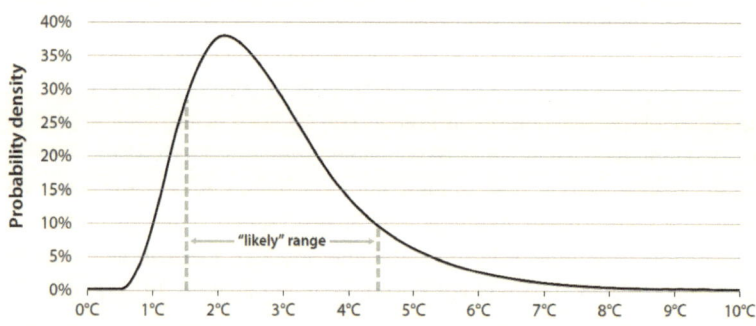

Wagner/Weitzman 2015, 51.

Der beste mittlere Schätzwert zur Verdoppelung liegt bei etwas über 3 Grad. Dieser Schätzwert und seine Spannbreite konnte seit 1975 nicht stärker präzisiert werden. Ging der 4. Sachstandsbericht des IPCC noch von einer abgeschätzten wahrscheinlichen Bandbreite der sich einstellenden langfristigen Gleichgewichts-Klimasensitivität von 2 bis 4,5 Grad aus, so korrigierte der 5. Sachstandsbericht die Spannweite auf 1,5 bis 4,5 Grad.

Diese Grenzen gelten als wahrscheinlich (*likely:* 66-100%). Für *sehr unwahrscheinlich* wird eine Erwärmung von unter einem und über 6 Grad gehalten (IPCC 2013a, 82-83). Das klingt beruhigend, bedeutet aber, dass die Erwärmung mit bis zu 10% im schlimmsten Fall über 6 Grad liegen könnte.

Die Internationale Energieagentur (IEA) rechnet mit einer Zunahme der CO_2-Konzentration auf 700 ppm in den kommenden Dekaden. Daraus ergibt sich folgender Zusammenhang (im vorherigen Schaubild wurde nur eine Verdoppelung auf 580 ppm angenommen):

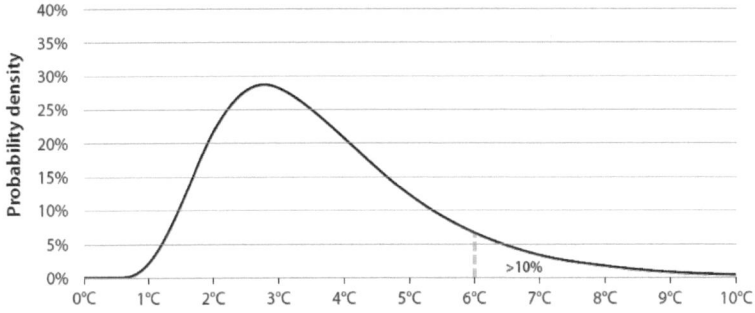

Wagner/Weitzman 2015, 53.

Die Autoren fragen, ob man wohl einen in den nächsten Jahrzehnten mit 10% vorhersehbaren Einschlag eines Asteroiden als akzeptables Grenzrisiko hinnehmen würde? Aus dem Schaubild geht jedenfalls hervor, dass bei einer Konzentrationszunahme auf 700 ppm eine 10%ige Chance besteht, dass die Erderwärmung auf 6 Grad steigt. An anderer Stelle illustriert Weitzman (2011 und 2012) anhand der bereits vorgestellten Hotspots der Klimaerwärmung, dass es unvorhersehbare Verstärkereffekte geben kann, die das 6-Grad-Szenario, das eine Bedrohung der menschlichen Zivilisation bedeuten könnte und eine gigantische Katastrophe durch eine exorbitante Schadensfunktion darstellen würde, nicht unrealistisch erscheinen lassen. Dies bezeichnet Weitzman als *dismal theorem.* Aber auch ohne Extremereignisse betrug im Jahr 2019 die Zunahme der weltweiten Emissionen trotz Pariser Klimaabkommen 45 Gigatonnen. Ein entscheidender Punkt bei der Beachtung der Extremvarianten stellt die große Unsicherheit und bisherige Unbekanntheit (*unknown unknowns*) der Wirkungsmechanismen v.a. in den Grenzbereichen dar (*deep structural uncertainty*). Sie können bei geringen Wahrscheinlichkeiten große Wirkungen zeitigen, die, sofern überhaupt bekannt, meist ignoriert werden. Weitzman geht davon aus,

> „dass das auffälligste Merkmal der Ökonomie des Klimawandels ist, dass seine extremen Nachteile nicht vernachlässigbar sind. Eine tiefe strukturelle Unsicherheit über die unbekannten Unbekannten, über das, was enorm schiefgehen könnte, ist mit einer im Wesentlichen unbegrenzten Haftung für mögliche planetarische Schäden verbunden. Dies ist ein Rezept für die Erzeugung von sogenannten Ausreißern (*fat tails*) in den Extremen der kritischen Wahrscheinlichkeitsverteilungen. Im Bereich der Ausreißer findet ein Wettlauf zwischen der Geschwindigkeit, mit der die Wahrscheinlichkeiten sinken, und der Geschwindigkeit, mit der die Schäden steigen, statt. Wer dieses Rennen gewinnt und um wie viel, hängt davon ab, wie ausgeprägt (wahrscheinlich) die extremen Ausreißer sind. Es ist schwierig zu beurteilen, wie ausgeprägt der Ausreißer des katastrophalen Klimawandels sein könnte, weil er Ereignisse repräsentiert, die sehr weit außerhalb des Bereichs der gewöhnlichen Erfahrung liegen" (Weitzman 2011, 275, Ü).

Wie erwähnt, wird bei der Klimasensitivität eine Streuung von 1,5-4,5° C mit wahrscheinlich 3 Grad Erwärmung angenommen.

> „Das bedeutet [ferner], dass es eine 5-17%ige Chance auf eine Erwärmung über oder unter diesen Endpunkten gibt. Der IPCC schätzt etwa 2,5 °C bis 6,4 °C als ‚wahrscheinlichen' Bereich für die Erwärmung bis 2100 unter [Szenario] A1FI, also besteht eine 5-17%ige Chance, dass die Temperatur bis 2100 um mehr als 6,4 °C ansteigen werden" (Schneider 2009b, 1104 und z.B. Xu/Ramanathan 2017).

Interviews ergaben, dass Experten die Wahrscheinlichkeit einer Übertretung von 4,5 Grad bei einer Verdoppelung auf 23% schätzten. In einer anderen Expertenbefragung gaben 10 von 14 Experten an, dass bei einer Verdoppelung der Emissionen die Wahrscheinlichkeit einer Erwärmung über 4,5 Grad bei über 17% läge und bei einem Wahrscheinlichkeitsniveau von 90% die Angaben zwischen 1 und 8 Grad schwankten. Die Experten vermuteten, dass in den kommenden 20 Jahren kaum größere Fortschritte bei der Reduzierung der mit den Berechnungen verbundenen Unsicherheiten zu erwarten seien (Zickfeld et al. 2010).

Weitzman setzt bei folgender Tabelle eine 15%-Wahrscheinlichkeit an:

G:	400	500	600	700	800	900
Median T	1.5°	2.5°	3.3°	4.0°	4.5°	5.1°
$\text{Prob}_P[T \geq 5°C]$	1.5%	6.5%	15%	25%	38%	52%
$\text{Prob}_N[T \geq 5°C]$	10^{-6}	2.0%	14%	29%	42%	51%
$\text{Prob}_P[T \geq 10°C]$	0.20%	0.83%	1.9%	3.2%	4.8%	6.6%
$\text{Prob}_N[T \geq 10°C]$	10^{-30}	10^{-10}	10^{-5}	0.1%	0.64%	2.1%

Weitzman 2011, 279.

G gibt die unterschiedlichen ppm-Konzentrationen an, Median T die erwartete Durchschnittserwärmung, Prob_P [T ≥ 5°C] gibt die Wahrscheinlichkeit an, dass sich bei der jeweiligen Konzentration eine Erwärmung
um über 4,5 Grad bei Unterstellung des Power Law einstellen wird. Das
tiefgestellte N (Prob_N) gibt die Werte unter Annahme der Normalverteilung an. Es zeigt sich, dass sich zwischen 400 und 500 ppm die realistischen Angaben nach dem Power Law als deutlich höher erweisen als bei
Normalverteilung. Zwar liegt die Wahrscheinlichkeit bei 500 ppm „nur"
bei 6,5%, aber eine Erderwärmung von über 4,5 Grad hätte – wie nicht
nur aus dem IPCC-Bericht hervorgeht – unvorhersehbare Folgen und
muss daher unbedingt vermieden werden.

Das zentrale Argument Weitzmans und weniger anderer lautet: Alle
Bestrebungen müssen vorrangig darauf gerichtet sein, dieses Extremereignis zu vermeiden. Bei allen klimapolitischen Aktivitäten muss an oberster
Stelle stehen, eine solche Katastrophe zu verhindern. Erinnert sei daran,
dass laut IPCC-Bericht der wahrscheinliche Bereich bei einer ppm-Ver-
doppelung der Emissionen bei 3 Grad liegt, aber eine Streuung zwischen
1,5 und 4,5 Grad besteht und es eine 5-17%ige Chance auf eine Erwärmung über oder unter diesen Endpunkten gibt. Selbst bei einer Erwärmung
von 2 Grad besteht unter Zugrundelegung einer Power-Law-Verteilung
eine rund 5%ige Chance, bei über 4,5 Grad zu landen, und die Deutungen
der Daten durch das IPCC lagen bisher immer am konservativen unteren
Ende. Ein ganz körpernaher Vergleich mit einem uns gut bekannten,
lebenden Ausgleichssystem: 36,5-37°C sind „Betriebstemperatur", bei
2 Grad mehr spricht man von Fieber, bei 4-5 Grad mehr ist der Mensch tot.

In einem Kommentar in einer Box zu Weitzmans Überlegungen wird
im 5. Sachstandsbericht bemerkt:

„Aber wie Weitzman selbst und andere Autoren betont haben, ist dieses extreme Ergebnis [eines Konsums von Null] in erster Linie ein technisches Problem, das durch die Begrenzung der Nutzenfunktion oder die Verwendung einer anderen Funktionsform gelöst werden kann" (IPCC 2014b, 246, Ü).

Auf sein substantielles Argument wird kaum eingegangen und man zieht sich auf eine formalistische Position zur Konstruktion der Nutzenfunktion zurück. Ohne weitere Kommentierung oder Folgerungen wird resümiert:

„Es liegt in der Natur der Sache, die Aufmerksamkeit der Forschung auf die wahrscheinlichsten Ergebnisse zu richten (z.B. eine Erwärmung um 3°C bei einer CO_2-Verdopplung), aber es kann sein, dass weniger wahrscheinliche Ergebnisse den erwarteten Wert der Minderung dominieren werden" (ebenda).

In einem Artikel in *Nature* kritisieren Senerivatne et al. (2018) auch mit zahlreichen Hinweisen auf ähnliche Bedenken, dass man sich beim Minderungswert auf das 1,5-Grad-Ziel versteife.

„Die Verfolgung einer Politik, die als mit dem 1,5°C-Ziel vereinbar angesehen wird, wird das Risiko, dass die globalen Temperaturen viel höher sind oder dass einige regionale Extreme in den kommenden Jahrzehnten gefährliche Werte für Ökosysteme und Gesellschaften erreichen, nicht vollständig ausräumen" (Senerivatne et al. 2018, 41, Ü).

Sie berücksichtigen in ihrer detaillierten empirischen Analyse auch die schlimmstmöglichen Ausgänge (*worst cases* mit einer 10%igen Wahrscheinlichkeit), z.B. ein Anstieg der Temperatur in der Arktis von 8 Grad, und betonen, dass die Wahrscheinlichkeiten für solche Extremereignisse sich zwischen 1,5- und 2-Grad-Szenarien nicht wesentlich unterscheiden. Auch seien die zeitverzögerten langfristigen Wirkungen nach Erreichen von 1,5 Grad nicht zu unterschätzen.

„Die Auswirkungen des Überschreitens sind für die Projektion zukünftiger Risiken wesentlich und für die Berücksichtigung potenziell lang anhaltender und irreversibler Auswirkungen im Zeitrahmen des laufenden Jahrhunderts und darüber hinaus, zum Beispiel im Zusammenhang mit dem Abschmelzen des Eises und dem daraus resultierenden Anstieg des Meeresspiegels, dem Verlust der Funktionalität von Ökosystemen und dem erhöhten Risiko des Aussterbens von Arten oder dem Verlust von Lebensgrundlagen, Identität und des Gefühls von Ort und Zugehörigkeit. Eine Überschreitung [über 1,5 Grad] könnte dazu führen, dass einige Auswirkungsschwellenwerte vorübergehend überschritten

werden. Dies könnte ausreichen, um einen dauerhaften Verlust von Ökosystemen zu bewirken oder dass Arten sich nicht schnell genug anpas-
sen können" (ebenda, 42, Ü).

Im Analyseschema des IPCC versucht man generell, das Risiko möglichst gering zu halten. Die Höhe des Risikos ergibt sich aus dem Zusammenwirken von Wahrscheinlichkeit und Auswirkung, so dass selbst eine
geringe Wahrscheinlichkeit und starke Auswirkungen (*impact*) zu einem
hohen Risiko führen (können). Dies kann ein Schaubild veranschaulichen,
bei dem eine „nur" 10%ige Wahrscheinlichkeit bei einer ppm-Verdoppe-
lung (Sensitivität) angenommen wird, aber die Auswirkungen sehr stark
ausfallen:

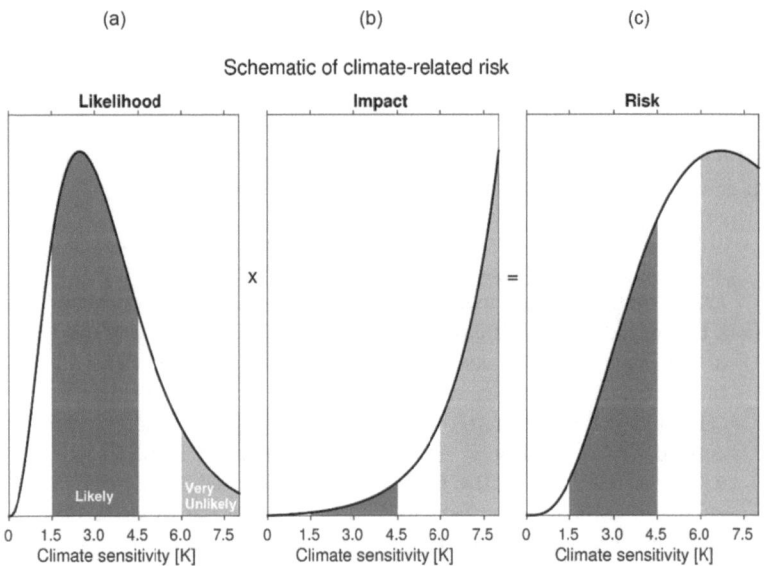

Spratt/Dunlop 2019, 1 (im Anschluss an Sutton 2018, 1156).

Das Schaubild ist einer Veröffentlichung des weitgehend unbekannten
Breakthrough – National Centre for Climate Restoration aus Melbourne
entnommen, das sich dem Thema Unsicherheit bei Klimamodellen, Irre-
versibilität, Selbstverstärkermechanismen usw. verschrieben hat (break
throughonline.org.au). Es kritisiert kenntnisreich die Annahme von gesichert festgestellten Restbudgets und die Tendenz, Berechnung von
Wahrscheinlichkeiten bei hohen Erwärmungswerten trotz (bisheriger)

hoher Unsicherheit bei entsprechenden Modellierungen für nutzlos zu halten.[210] Sie sehen den *point of return* in greifbarer Nähe und die Menschheit darauf kaum vorbereitet. Sie vermuten auf Seiten der Klimawissenschaftler ein Gruppendenken (*group think*), das zur Ausklammerung existentiellen Risikos führt. Das Konzept „existentieller Risiken", ihre Formen und die menschlichen kognitiven Reaktions- und Verleugnungsweisen untersuchen die Beiträge in Bostrom und Cirkovic ((Hg.) 2012). Im Begleittext zum obigen Schaubild wird ein solches Krisenszenario für das Jahr 2050 ausgemalt, dabei werden auch erwartbare „nicht-lineare" soziale Entwicklungen wie Aufstände und elementare Notlagen einbezogen. Die Aufforderung der Autoren lautet, neben Wahrscheinlichkeits- auch Möglichkeitsszenarien (so auch Hazeleger et al. 2015) zu entwickeln (*probabilities* und *possibilities*), selbst wenn deren Wahrscheinlichkeit gering ist.[211]

Der schon zitierte Hans Joachim Schellnhuber, der seit Jahrzehnten zusammen mit Kollegen immer wieder auf die Bedeutung von Unsicherheiten und Kipppunkten hinweist,[212] bemerkt zu *Breakthrough* im Vorwort zu einer Studie des *National Centre for Climate Restoration*:

> „Es ist der kritische Überblick von gut informierten Intellektuellen, die außerhalb der Klimawissenschaftsgemeinschaft sitzen, die sich in den letzten fünfzig Jahren entwickelt hat. Alle derartigen Expertengemeinschaften sind anfällig für das, was die Franzosen déformation professionelle nennen und im Deutschen als Betriebsblindheit bezeichnet wird. Im Klartext: Die Experten neigen dazu, ein gleichrangiges Weltbild zu etablieren, das immer starrer und fokussierter wird. Dabei können die entscheidenden Einsichten zum jeweiligen Thema am Rande lauern, wie dieser Bericht zeigt. Das gilt besonders, wenn es um das Überleben unserer Zivilisation geht, wo konventionelle Mittel der Analyse unbrauchbar werden" (in Spratt/Dunlop 2018, Vorwort, Ü).

---

[210] MacDougall et al. nahmen 18 aktuelle Erdsystemmodelle, ließen in ihnen die Erwärmung auf 1000 PgC steigen und kamen zu dem Ergebnis: „Die Modelle zeigen ein sehr unterschiedliches Verhalten nach dem Ende der Emissionen, wobei sich bei einigen Modellen die Erde noch für Jahrzehnte bis Jahrtausende weiter erwärmen und sich bei anderen deutlich abkühlen wird" (2020, 2988, Ü). 1 PgC = 1 Gt C (C = Kohlenstoff). 1 kg C = 3,67 kg CO_2.

[211] Siehe auch die umfassende, vorausschauende Analyse von Campbell et al. (2007), King et al. (2015) mit realistischen Risikoeinschätzungen und Workman et al. (2020).

[212] Lenton und Schellnhuber (2007), Lenton et al. (2008), Steffen et al. (2018), Lenton et al. (2019) und Schellnhuber (2015, Kapitel 21).

Zu den IPCC-Berichten und ihrer „Wahrscheinlichkeitsobsession" meint er:

> „Nach der Abgabe von fünf vollwertigen Bewertungsberichten ist es kaum verwunderlich, dass sich ein Trend zum ‚Irren auf Seiten des geringsten Dramas' herauskristallisiert hat … wir dürfen nie vergessen, dass wir uns in einer einzigartigen Situation befinden, für die es kein genaues historisches Analogon gibt. Der Anteil der Treibhausgase in der Atmosphäre ist heute höher und die Erde wärmer als je zuvor. Und es leben jetzt fast acht Milliarden von uns auf diesem Planeten. Deshalb macht die Berechnung von Wahrscheinlichkeiten in den kritischsten Fällen wenig Sinn, etwa bei der Dynamik der Methanfreisetzung in auftauenden Permafrostgebieten oder dem möglichen Versagen ganzer Staaten in der Klimakrise" (ebenda).

Das sind klare Worte des ehemaligen Leiters des Potsdam Instituts für Klimafolgenforschung, der sich auch anderorts (Schellnhuber 2019) zu menschlichem Verdrängungsverhalten und dem großen Risiko der Selbstzerstörung der menschlichen Zivilisation äußert.

Mit der Forderung einer Erweiterung des Reflexionshorizonts stehen die bisher genannten Autoren nicht alleine. Im Vorfeld des 2022 anstehenden 6. Sachstandsberichts des IPCC, an dem 720 Wissenschaftler aus 90 Ländern beteiligt sein werden, haben namhafte Wissenschaftler dazu aufgerufen, auch verstärkt Kipppunkte, Unsicherheiten und die Bedeutung von Extremereignissen einzubeziehen.[213] Selbst der durch seine Kosten-Nutzen-Analyse mit moderatem Belastungsszenario bekannte Nicholas Stern (2016) kritisierte den 5. IPCC-Sachstandsbericht hinsichtlich absehbarer Schädigungen, der Vernachlässigung von Dominodynamiken und Selbstverstärkerprozessen, der Ausblendung der Grenzen heutiger Modelle und fragwürdiger Diskontraten.[214]

Spratt und Dunlop (2018) betrachten in ihrer Studie kognitive Dissonanzen, klimapolitische Fantasielosigkeit zu Extremereignissen (*failure of imagination*) und die extreme Vorsichtigkeit der Berichterstatter, Gefahren-Multiplikatoren (ähnlich den Keynesianischen Multiplikatoren) und die Unvorhersehbarkeit von Schwellenwerten (siehe empirisch auch Steffen et al. 2019), die Schwächen der benutzten semi-empirischen Modelle, die politische Einflussnahme auf delikatere Passagen der Berichte

---

[213] Weaver et al. (2017), Zappa und Shepherd (2017), Stoerk et al. (2018), Fujimori et al. (2019) und DeFries et al. (2019).
[214] Deutlicher Scherer (2012), Anderson (2015) und Dooley et al. (2018).

und die Rolle einiger Länder als diplomatische Saboteure und fahren weitere kritische Literatur auf.[215]

Das vom amerikanischen Kongress ins Leben gerufene *US Global Change Research Program*, bei dem 13 Regierungsinstitutionen beteiligt sind, bemerkt:

> „Positive Rückkopplungen (sich selbst verstärkende Zyklen) innerhalb des Klimasystems haben das Potenzial, den vom Menschen verursachten Klimawandel zu beschleunigen und sogar das Klimasystem der Erde ganz oder teilweise in neue Zustände zu versetzen, die sich stark von denen der jüngsten Vergangenheit unterscheiden (zum Beispiel solche mit stark geschrumpften Eisschilden oder anderen großräumigen Mustern der Atmosphären- oder Ozeanzirkulation). Einige Rückkopplungen und potenzielle Zustandsverschiebungen können modelliert und quantifiziert werden; andere können modelliert oder identifiziert, aber nicht quantifiziert werden; und einige sind wahrscheinlich noch unbekannt. (Sehr hohes Vertrauen besteht in das Potenzial für Zustandsverschiebungen und in die Unvollständigkeit des Wissens über Rückkopplungen und potenzielle Zustandsverschiebungen.)" (USGCRP 2017, 24, Ü, hier ohne Hervorhebungen und ohne Kapitelverweise).

Außerdem wird festgehalten:

> „Die physikalischen und sozioökonomischen Auswirkungen von zusammengesetzten Extremereignissen (wie z. B. gleichzeitige Hitze und Trockenheit …) können größer sein als die Summe der Teile (sehr hohes Vertrauen). Nur wenige Analysen berücksichtigen die räumliche oder zeitliche Korrelation zwischen Extremereignissen. Während Klimamodelle wichtige Klimaprozesse beinhalten, die gut quantifiziert werden können, beinhalten sie nicht alle Prozesse, die zu Rückkopplungen, zusammengesetzten Extremereignissen und abrupten und/oder irreversiblen Veränderungen beitragen können. Aus diesem Grund können zukünftige Änderungen außerhalb des von den Klimamodellen projizierten Bereichs nicht ausgeschlossen werden (sehr hohes Vertrauen). Darüber

---

[215] Zum wahrscheinlichen Systemkollaps durch die Beschlüsse des Pariser Abkommens siehe Spratt (2016) sowie Dunlop/Spratt (2017) und mit länderbezogenen Fallstudien bereits gegenwärtiger lokaler Umweltkatastrophen Spratt/Armistead (2020b). Zur Fragwürdigkeit ökonomischer Bewertungsmodelle und zu Ökonomen als Propheten der Verzögerung siehe Spratt/Armistead 2020b (siehe bereits Ackerman/Finlayson 2006) und zu den Chancen und Lehren aus Covid 19 (Spratt/Armistead 2020a) sowie Gilding (2019) und Cardilini/Sutton (2020) zu den nötigen klimapolitischen Folgerungen eines Notfallprogramms „Whatever it takes" angesichts hohen Risikos, nicht managebarer Folgen und hohen Zeitdrucks.

hinaus deutet die systematische Tendenz der Klimamodelle, Tempera-
turänderungen während warmer Paläoklimata zu unterschätzen, darauf
hin, dass Klimamodelle das Ausmaß langfristiger zukünftiger Änderungen eher unterschätzen als überschätzen (mittleres Vertrauen)"
(ebenda, Ü; hier ohne Hervorhebungen und ohne Kapitelverweise).

In einem sehr aufschlussreichen Beitrag haben Boykoff et al. (2010) dis-
kursanalytisch erläutert, dass die Schaffung dieses hegemonialen „Stabi-
litätsmythos" durch den IPCC in Zusammenarbeit mit dem UNFCCC
keineswegs selbstverständlich war, sondern dass eine bestimmte Definition des Problems und die kreative Durchsetzung einer narrativen Geschichte (storytelling) inklusive seiner Lösung vorgenommen wurde. Das
erlaubte überhaupt eine Verständigung zwischen Physik, Ökonomie
(Kosten-Nutzen-Analysen), Politik und Öffentlichkeit trotz der Bandbreite
der oben thematisierten Sensitivität. Dabei hat sich die Bandbreite seit
1990 kaum verringert. Der Preis für die Verständigung sind allerdings
das Voraussetzen (zu einfacher?) linearer Beziehungen und nach wie vor
generell große Unsicherheiten über die zu erwartende Erwärmung.

Aber man hat mit den Berichten eine zu managende Gefahrenzone definiert, die sich durch einfache Budgetzahlen kommunizieren lässt und
mit der man sich eines noch tragfähigen Bereichs vergewissern kann,
anstatt angesichts der nicht genauer bestimmbaren Gefährdungen unmittelbar so stark wie möglich auf die Bremse treten zu müssen. Was würde
wohl klimapolitisch aus der Aussage folgen, dass unbekannt ist, ab wann
man einen Klimawandel, auf den Selbstverstärkerprozesse wirken, nicht
mehr stoppen kann? Und unvernünftig wäre dies Frage nicht angesichts
der bisherigen dramatischen Verschlechterungen, die ahnen lassen, dass
wir uns kurz vor Ultimo befinden.

Boykoff et al. erinnern auch an einige Studien aus den 1980er Jahren,
die z.B. vom niederländischen Umweltministerium in Auftrag gegeben
wurden, die eine Begrenzung auf 1 Grad Erderwärmung und weniger als
350 ppm für nötig hielten und halten (https://350.org/de/). Die Organisation 350.org kämpft jetzt dafür, wenigstens 1,5 Grad einzuhalten. Angesichts der beobachtbaren Umweltschäden bei mittlerweile über 1 Grad
Erwärmung lässt sich feststellen: Die damalige Grenzziehung war die
einzig vertretbare!

Die IPCC-Berichte abrundend sei noch einmal auf die Innenperspektive
durch Schellnhuber Bezug genommen, der die extreme „Bedachtsamkeit"
der Berichte, die unter den argwöhnischen Augen von fast 200 Regierungen erstellt werden, unterstreicht.

„Nur die allervorsichtigsten Auslegungen der wissenschaftlichen Befunde können unter diesen Bedingungen Eingang in die wirklich relevanten ‚Zusammenfassungen für Entscheidungsträger' finden" (Schellnhuber 2015, 609).

Ottmar Edenhofer, Vorsitzender der Arbeitsgruppe III des 5. Sachstandsberichts im Jahr 2014 und Schellnhubers Nachfolger beim Potsdam Instituts, berichtete ihm, bei seinem Antritt

„eine ziemlich orientierungslose Schar von Fachkollegen vor[gefunden zu haben], die sich noch nicht einmal über die Stoßrichtung der Analyse einig waren" (ebenda, 610).

Viele Experten, u.a. aus den USA und den OPEC-Staaten, heißt es an gleicher Stelle, wollten das heiße Eisen des 2-Grad-Maximums und des daraus resultierenden Toleranzfensters erst gar nicht anfassen und Regierungen hätten ihnen suggeriert, diese Leitplanke sei eine unzulässige politische Überschreitung, andere hielten die Begrenzung auf 2 Grad von vornherein für illusorisch. Edenhofer sei es in hunderten Gesprächen gelungen, diese Skeptiker zu motivieren, die Einhaltung der 2-Grad-Grenze zu verfolgen.

Dies gelang auch durch den Vorschlag einer Kompromissformel, denn Edenhofer habe vorgeschlagen, „nicht irgendwelche Masterpläne für das zivilisatorische Einlenken vor der 2 Grad-Leitplanke auszuarbeiten, was unweigerlich als Politikanmaßung des IPCC gebrandmarkt worden wäre" (ebenda, 610-611). Immer wieder kommt Schellnhuber auf das „konservative Selbstverständnis dieses wissenschaftlich-politischen Mischwesens" (ebenda, 614) und die Vorläufigkeit bisheriger Berechnungen zurück.

„Vorerst müssen wir uns damit abfinden, dass es die große systematische Zusammenschau, die Reihung und die Bewertung der wichtigsten schon beobachtbaren und zu erwartenden Effekte des Klimawandels noch nicht gibt. Alle bisherigen Versuche sind Stückwerk oder große Vereinfachungen" (ebenda, 125).

Aber das ziemlich sicher Festzustellende sei besorgniserregend genug. Seine Ausführungen erklären zu einem großen Teil die konklusive Zurückhaltung und teilweise Widersprüchlichkeit der IPCC-Berichte v.a. hinsichtlich möglicher nicht-linearer Entwicklungen. Seine Bemerkungen machen deutlich, dass nicht nur viele Zivilisationen mit dem Komplexitätsmanagement der Umweltherausforderungen überfordert waren, sondern dass heute auch die Wissenschaft trotz besten Bemühens Schwierigkeiten hat, präzise Vorhersagemodelle zu entwickeln.

Schließlich trete das „routinemäßige Wegschauen und Wegducken der allgemeinen Wissenschaft in der Klimadebatte" hinzu und einige Wissenschaftler warnen in den Medien vor „Alarmisten" (ebenda, 522) oder treten gar als „Händler des Zweifels" auf (ebenda, 534-538). Kapitel 31 des Buches von Schellnhuber geht treffend auf den behäbigen Habitus der meisten Wissenschaftler ein, denen als Experten eigentlich angesichts der Erderwärmung kaum eine andere Wahl bliebe, „als ihre Spielecke irgendwann zu verlassen und die Haltung des unbeteiligten Analysten aufzugeben" (ebenda, 713; sehr treffend zu den Medien ist sein Kapitel 23). Einsicht und Moral fordern den „Gewissenschaftler", der mit sich selbst ins Reine kommt, indem er das große Ganze im Blick hat und sich gemeinschaftlich um das kollektive Weiterleben bemüht (ebenda, Kapitel 32) und Teil einer Weltbürgerbewegung wird (ebenda, Kapitel 28).

Und wie gehen heute beratende deutsche Klimawissenschaftler vor? Eine ähnliche Berechnung wie die des weiter oben beschriebenen Budgetansatzes des WBGU wurde 2020 vom Sachverständigenrat für Umweltfragen (SRU) vorgenommen. In dem SRU-Bericht werden zwar das bedrückende Ritual der Minderungsforderungen von Seiten der Politik, Umsetzungsdefizite und eine Ambitionslücke klar angesprochen und auf den über 550 Seiten sehr viele sehr gute Vorschläge unterbreitet. Aber bei der konkreten Berechnung wird mit 67% Wahrscheinlichkeitskorridor eine Erderwärmung von 1,75 Grad (unter zwei Grad) als passable Grenzmarke vorgegeben. So verbleiben von weltweit 800 Gt Emission für Deutschland ab 2020 bei Gleichverteilung auf die Weltbevölkerung (Basisjahr 2016) noch 6,7 Gt, was zusätzliche Anstrengungen verlangt.

Die 1,5 Grad gelten ihnen als Langfristmaximum des Pariser Abkommens, obwohl die Autoren selber den großen Unterschied der Auswirkungen bei 1,5 oder 2 Grad beschreiben und die möglichen problematischen Auslegungsvarianten des Pariser Abkommens als nicht zu überschreitende Obergrenze oder als langfristig anzupeilendes Maximum erwähnen (SRU 2020, 47). Ihre unmittelbare Grenzvorgabe von 1,75 Grad halten sie jedenfalls für ambitioniert und sie entspreche dem verfassungsmäßig vorgeschriebenen Vorsorgeprinzip.

„In beiden Fällen [50% und 67%] bleibt ein erhebliches Risiko einer Überschreitung des Temperaturziels trotz Einhaltung des Budgets bestehen. Im Folgenden werden CO_2-Budgets vorgestellt, die das gewählte Temperaturziel mit hoher Wahrscheinlichkeit erreichen" (SRU 2020, 45).

Die von den Autoren zugrunde gelegten 67% entsprechen der IPCC-Kategorie „wahrscheinlich". Der SRU bezeichnet dies als „mit hoher Wahrscheinlichkeit", was im Kategoriensystem des IPCC nicht vorgesehen ist, dort gibt es nach „wahrscheinlich" als nächsthöhere Stufe nur „sehr wahrscheinlich" (90-100%). Unser blauer Planet hätte es verdient, sehr wahrscheinlich der Hitzekatastrophe zu entgehen.

Interessant ist die reduzierte Ambition des SRU-Budgetansatzes im Vergleich zum früheren des WBGU, obwohl zwischenzeitlich viele der 2008 nur vermuteten Folgen des Klimawandels zutage traten. Die Forderungen wissenschaftlicher Beiräte scheinen oft das zu fordern, was gerade noch systemimmanent zu schaffen wäre. Oder wie es im Pariser Abkommen heißt: Die Länder sollen die ihnen höchstmögliche Ambition (*highest possible ambition*) an den Tag legen. Kurz nach der Niederschrift dieses Satzes fiel mir der (allerdings umstrittene) Artikel von Geden (2015) auf, der dies am Beispiel der IPCC-Berichte exemplifiziert und kritisiert.

Auf meine per E-Mail an den SRU gerichtete Bemerkung, dass viele Wissenschaftler schon 1,3 Grad als viel zu viel des Schlechten ansehen, wurde mir am 12.2.2021 zutreffend mitgeteilt, dass auf Seite 52 des Gutachtens zum CO_2-Budget auch das deutsche Budget für 1,5° C vorgestellt wurde, das mit 4,2 Gt CO_2 ab 2020 veranschlagt sei. Es wäre bei gleichbleibenden Emissionen im Jahr 2026 aufgebraucht, bei linearer Reduktion im Jahr 2032. Coronabedingt wäre der Spielraum vermutlich nun geringfügig länger.

> „Insofern wurde die Politik zumindest von uns mit diesen sehr niedrigen Zahlen nicht verschont. *Die Frage ist immer, und dazu gibt es natürlich auch viel Diskussion, ob man empfiehlt, was eigentlich wünschenswert wäre, oder ob man empfiehlt, was noch irgendwie machbar scheint.* Der Großteil der Klimabewegung wie z.B. Fridays for Future oder Scientists for Future verlangen ja immer zurecht [sic] die Fokussierung auf 1,5°C. Wir als Beratungsgremium der Bundesregierung wollten neben dem 1,5°C-Budget auch das 1,75°C-Budget vorstellen – letzteres sehen wir als absolutes Maximalbudget. Dem SRU ging es aber vor allem darum, die Bundesregierung zu bitten, ihre Rechnung hinter ihren Klimazielen offenzulegen – also zu zeigen, zu welchem Temperaturziel sie einen Beitrag leisten soll. Wegen Transparenz, Vergleichbarkeit und Messbarkeit von Fortschritten" (Hervorhebung hinzugefügt, H.P.).

Nur wenige Außenseiter, denen hier ein Dankeskranz geflochten sei, haben schon vor vielen Jahren nicht der Politikfähigkeit, sondern nur den physikalischen Tatsachen Rechnung getragen. So haben der bereits erwähnte David Spratt und Philip Sutton (2008) frühzeitig auf den bereits 2008 zu heißen Planeten und wahrscheinliche chaotische, nichtlineare Übergänge, Kipppunkte und den Wegfall der kühlend wirkenden Aerosole hingewiesen. Sie hielten eine über 0,5 Grad hinausgehende Erwärmung für waghalsig und sparen nicht mit Kritik an der Anlage der IPCC-Berichte. Der *public story* eines Restbudgets stellten sie in Teil III ihres Buches ein sofortiges Notfallprogramm mit Ressourcenkontingentierung ähnlich dem hier weiter unten in Kapitel 19 vorgestellten vor, da es nicht angehe, nur etwas langsamer in die Katastrophe zu gleiten.

Eine ähnliche Deutung der Lage und Forderung eines Notstandsprogramms aus der gleichen Zeit stammt von Mark Lynas (2007), der – wie wir heute wissen – hellsichtig durchdeklinierte, was 1, 2, 3, 4, 5 und 6 Grad Erderwärmung für die Ökosysteme und den Menschen unter Auswertung auch der seltenen Studien zu Extremereignissen bedeuten könnte. Sein Update (Lynas 2020), für das er auch wieder hunderte Beiträge der Fachliteratur studierte, bestätigt leider seine früheren Vermutungen zu den emittierten THG-Mengen und deren Auswirkungen. Er diskutiert auch Szenarien einer Erwärmung um 3-4 Grad, „eine Projektion, die im Rahmen der Unsicherheiten immer noch Gültigkeit besitzt" (so auch Latif 2020, 12-13) und deren Eintritt nicht ausgeschlossen ist. Bei einer solchen Erwärmung wird sich die Menschheit wohl generell an der Bewohnbarkeitsgrenze der Erde (*habitable threshold*) befinden. Bei 6 Grad besteht die Gefahr, dass die ganze Biosphäre untergeht und die Erdoberfläche der der Venus gleicht.

4 Grad entsprechen übrigens dem „Weiter-so"-Pfad des 5. Sachstandsberichts, auf den auch im 1,5-Grad-Bericht Bezug genommen wird. In einer Untersuchung, bei der William Nordhaus mitschrieb, der keiner Übertreibung verdächtig ist, heißt es:

„RCP8.5 wurde entwickelt, um ein ‚sehr hohes Emissionsszenario' zu repräsentieren und soll die Obergrenze der in der Literatur verfügbaren Klimaforcings darstellen. Unsere Ergebnisse zeigen, dass es eine Wahrscheinlichkeit von mehr als 35 % gibt, dass die Emissionskonzentrationen die im RCP8.5 angenommenen Werte [über 1200 ppm] überschreiten werden. Dieser Befund deutet darauf hin, dass Modelle, in denen Klimamodelle RCP8.5 als Obergrenze für künftige Klimaantriebe behandeln, einen Bereich von Konzentrationen ausschließen, die nach systematischen ökonomischen Projektionen als einigermaßen wahrscheinlich gelten" (Christensen et al. 2018, 5413, Ü).

Max Bazerman von der *Harvard Business School* führte Untersuchungen zum menschlichen Verhalten bei „vorhersehbaren Überraschungen" durch, zu denen er 9/11 zählt, da Pläne ähnlicher Attentate bekannt waren. Er macht aus verhaltensökonomischer Sicht neben politischen Strukturen bestimmte menschliche Dispositionen verantwortlich, die zu kollektiver Verdrängung potenzieller Risiken wie den oben beschriebenen und zu ihrem weitgehenden Ausschluss verleiten.

> „Erstens führen positive Illusionen dazu, dass wir zu dem Schluss kommen, ein Problem existiere nicht oder sei nicht schwerwiegend genug, um Maßnahmen zu erfordern. Zweitens interpretieren wir Ereignisse in einer egozentrischen oder eigennützigen Weise [andere sind die Hauptverursacher]. Drittens vernachlässigen wir die Zukunft zu sehr, obwohl wir die Welt in einem guten Zustand für zukünftige Generationen hinterlassen wollen. Viertens versuchen wir verzweifelt, den Status quo aufrechtzuerhalten und weigern uns, Schäden zu akzeptieren, selbst wenn dies gut für uns wäre. Fünftens wollen wir nicht in die Vermeidung eines Problems investieren, das wir nicht persönlich erlebten oder das nicht durch anschauliche Daten bezeugt wurde" (Bazerman 2006, 182, Ü).

Abschließend soll gefragt werden, ob es denn nicht andere Verfahren gibt, um bei Unsicherheit, Modellunterdeterminiertheit und angesichts des singulären Ereignisses der Erderwärmung, zu dem keine vorherige Parallele besteht, rational zu urteilen. Betz (2010) geht in einem kaum beachteten Beitrag dieser Frage wissenschaftstheoretisch nach und unterscheidet eine verifikationistische und eine falsifikationistische Strategie. Erste herrscht heute mit Wahrscheinlichkeitsangaben vor, für die es nur im Prinzip belegte und nicht belegte Aussagen gibt, was angesichts des komplexen Interdependenzgeflechts des Kohlenstoffkreislaufs problematisch ist. Von der verifikationistischen Warte aus steht man beim arktischen Eisschild vor einem Dilemma: Man kann (konnte) nicht klar belegen, wie er sich wahrscheinlich entwickeln wird und welche Auswirkungen das haben wird, konnte aber ein dramatisches Abtauen vom „Hintergrundwissen" her auch nicht ausschließen.

Das Dilemma kann man durch einen falsifikationistisch-possibilistischen Ansatz zu mildern versuchen, indem man drei Ereignisklassen zulässt.

> „Possibilistische Aussagen über die Zukunft sind (mindestens) drei Klassen zuzuordnen: (i) verifizierte Möglichkeiten, d.h. Aussagen, die sich als möglich erweisen, (ii) verifizierte Unmöglichkeiten, d.h. Aus-

sagen, die sich als unmöglich erweisen, und (iii) possibilistische Hypothesen, d.h. Aussagen, die zwar artikuliert werden, sich aber [derzeit] weder als möglich noch als unmöglich erweisen" (Betz 2010, 93, Ü).

Possibilistische Hypothesen sind später oft eingetroffen. Am Tag des Abfassens dieses Textteiles liest man in einem Interview mit der „Entdeckerin" des Corona-Virus in Deutschland, der Fachärztin für Innere Medizin, Camilla Rothe, dass in Fachjournalen bis zum Februar 2020 von Gutachtern die Existenz „vorsymptomatischer Übertragungen" oder sogar solche ohne erkennbare Krankheitszeichen durch Covid-19 für unwahrscheinlich gehalten und entsprechende Artikel abgelehnt wurden (SZ, 26.1.2021, 13). Nicht unmittelbar belegbare Hypothesen auszuschließen, kann sich, dem Possibilismus folgend, also als kontraproduktiv erweisen.

„Der modale Falsifikationismus hingegen besagt, dass eine Aussage als wissenschaftlich möglich zu betrachten ist, wenn sie nicht positiv als unmöglich erwiesen wird. Dementsprechend verläuft die Konstruktion des Szenarienbereichs in zwei Schritten. In einem ersten Schritt stellt man sich möglichst viele verschiedene zukünftige Handlungsstränge vor; in einem zweiten Schritt werden diese hypothetischen Szenarien systematisch auf ihre Konsistenz mit dem, was wir wissen, geprüft. Nur die Storylines, die diese Tests überstehen, werden in den Bereich der zukünftigen Möglichkeiten aufgenommen" (Betz 2010, 92, Ü).

Dies ist ein völlig anderer Ausgangspunkt. Gefragt sind signifikante, dem bisherigen Hintergrundwissen nicht empirisch oder logisch widersprechende Hypothesen. Dies

„erfordert kein formales mathematisches Denken, keine stichhaltigen Argumente, keine präzisen Messungen oder andere Tugenden, die typischerweise mit wissenschaftlichem Denken in Verbindung gebracht werden, sondern appelliert an die Tugenden der Fantasie und der Kreativität" (ebenda, 95, Ü).

Seit langem warnen Forscher vor einem „Super-Virus" (effizienter Verbreitungskanal, hohe Infektionsrate, hohe Sterblichkeit), der wegen zunehmender Weltbevölkerung, Klimawandel, Ressourcenausbeutung usw. nicht (völlig) auszuschließen ist. Ob ein solcher Virus morgen, in 10 Jahren oder überhaupt nicht auftritt, ist offen. Auch könnte es sich um eine Mutation von Erkältungsviren oder anderer Erreger handeln. Sein Auftreten ist also weder mit einer bestimmten Wahrscheinlichkeit anzunehmen, noch ist es widerlegt.

Weiter oben wurde bereits darauf hingewiesen, dass es auch bei Klimaforschern zaghafte Ansätze in diese Richtung gibt (O'Neill et al. 2017),
die allerdings genauso vor mutigen (Katastrophen-)Szenarien zurück-
schrecken und mit Blick auf das gerade „realpolitisch Machbare" angelegt sind (eine der ganz großen Ausnahmen ist die Herangehensweise
von Steffen et al. 2018).

Betz führt noch „Überraschungen" in seine Überlegungen ein, die das
Ganze noch komplizierter machen. Wissenschaft verläuft nämlich nicht
zwangsläufig kumulativ fortschreitend, sondern es können auch Fehler-
korrekturen stattfinden, die zur Erkenntnis führen, dass das heute für unmöglich Gehaltene morgen doch eintreten kann. Eine Tabelle zeigt die
entscheidungstheoretischen Folgeprobleme:

Utility of consequences according to states of the world								
Verified possibilities			*Unverified & unfalsified possibilities*			*Falsified possibilities*		
S_1	S_2	S_3	T_1	T_2	T_3	U_1	U_2	U_3
A	**-100**	10	5	**-10**	0	15	10	**-100**	50
B	20	0	**-10**	**-200**	**-10**	5	**-2000**	10	0

Betz 2010, 101.

Würde man nur die wahrscheinlichkeitsmäßig festgestellten Möglichkeiten ins Auge fassen und den schlimmsten Fall ausschließen wollen (was
man bekanntlich durch den Ausschluss der Extremereignisse nicht tut),
so würde man Strategie B wählen, da −10 kleiner als −100 ist. Würde
man die nicht widerlegten, aber auch nicht bewiesenen Möglichkeiten
einbeziehen, wäre Strategie A besser. Würde man noch die bisher falsifi-
zierten Möglichkeiten hinzuziehen, wäre wieder Strategie A vorteilhaft.

Was folgt daraus? Auf jeden Fall sollten in der Forschung und in Berichten wie denen des IPCC auch Modelle zu nicht bewiesenen und nicht
widerlegten Entwicklungen (und sei es nur die Annahme von Extremereignissen), bis hin zu Überlegungen zu den Auswirkungen heute für
unwahrscheinlich gehaltener Katastrophenszenarien aufgenommen und
auch der Öffentlichkeit und Politik kommuniziert werden. Dem demokratischen Diskurs (am besten auch mit Repräsentanten für zukünftige Generationen) ist es dann überlassen, zu entscheiden, welches Risiko man
trotz aller Unwägbarkeiten eingehen möchte.

Bei der Beschäftigung mit den IPCC-Berichten kann einen angesichts der Präzisionsproblematik beim Klimawandel die Vermutung beschleichen, dass den Klimaforschern und auch den Verfassern der IPCC-Berichte von Seiten der Politik eine unmögliche Aufgabe gestellt wird, wenn sie der Politik möglichst genau sagen sollen, welches Restbudget noch verbraucht werden darf und kann. Angesichts der Unbestimmtheiten bei der Festlegung maximaler Belastungsgrenzen dieses singulär-neuen Phänomens und der jahrzehntelangen klimapolitischen Appeasement-Politik, so dass es gar kein Restbudget mehr gibt, ist dies aber eigentlich nicht zu leisten – und wenn überhaupt, dann nur in sehr groben Spannbreiten. Liegt schlicht und einfach eine Überforderung der Wissenschaft(ler) vor?

Am Ende dieses Kapitels und als Einstimmung auf das folgende soll eine Übersicht stehen, die angibt, wie viele Länder laut ihren Versprechungen beim Pariser Abkommen die 1,5 Grad-Grenze nicht erreichen werden, weshalb in Fachkreisen vermutet wird, dass es bei voller Erfüllung auf +3 Grad hinausläuft. Die Bewertung der EU bezieht sich auf die vor 2020 neu festgelegten Reduktionsziele (bei denen angesichts hohen Widerstands von einigen Ländern abzuwarten ist, ob sie überhaupt vollumfänglich umgesetzt werden). 85% der THG-Zunahme in 2018 stammen aus China, den USA und Indien, die in den hochgradig insuffizienten Bereichen angesiedelt sind.

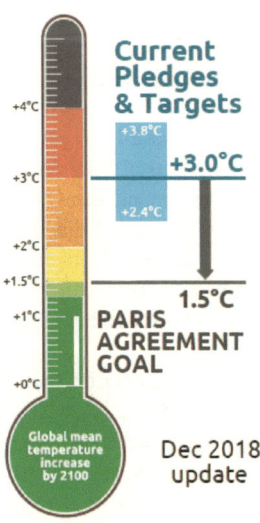

4°C+ World	< 4°C World	< 3°C World	< 2°C World	< 1.5°C World	<< 1.5°C World
CRITICALLY INSUFFICIENT	HIGHLY INSUFFICIENT	INSUFFICIENT	2°C COMPATIBLE	1.5°C PARIS AGREEMENT COMPATIBLE	ROLE MODEL
RUSSIA	ARGENTINA	AUSTRALIA	BHUTAN	MOROCCO	0 Countries
SAUDI ARABIA	CHILE	BRAZIL	COSTA RICA	THE GAMBIA	
TURKEY	CHINA	CANADA	ETHIOPIA	2 Countries	
UKRAINE	INDONESIA	EU	INDIA		
USA	JAPAN	KAZAKHSTAN	PHILIPPINES		
5 Countries	SINGAPORE	MEXICO	5 Countries		
	SOUTH AFRICA	NEW ZEALAND			
	SOUTH KOREA	NORWAY			
	UAE	PERU			
	9 Countries	SWITZERLAND			
		10 Countries			

Climate Action Tracker

June 2019 update

The vast majority of countries have insufficient targets that must be improved

Climate Action Tracker 2019a, 1.

Und wie wahrscheinlich ist das 4-Grad-Szenario des Weiter-So? Es gibt eine detaillierte Studie zur Frage, welche Emissionen mit der bestehenden und sicher geplanten weltweiten Infrastruktur zu erwarten sind. Die Studie wurde in *Nature* veröffentlicht. Aus deutscher Sicht wird man beim Lesen an den Bau der „Nord Stream 2"-Pipeline und den Ausbau der Lagerstätten für US-Fracking-Gas und Öl aus den USA in Norddeutschland erinnert. So stiegen die Öllieferungen aus den USA als mittlerweile drittwichtigster Öllieferant nach Deutschland im letzten Jahr um 76%. Das Volumen erhöhte sich gegenüber 2017 um das Elffache (*Der Spiegel*, Nr. 11, 13.3.2021, 61).

„Der weitere Ausbau der mit fossilen Brennstoffen betriebenen Energieinfrastruktur schließt bereits ‚gebundene' zukünftige CO_2-Emissionen ein. Hier verwenden wir detaillierte Datensätze der bestehenden Energieinfrastruktur für fossile Brennstoffe im Jahr 2018, um die regionalen und sektoralen Muster der gebundenen CO_2-Emissionen, die Sensitivität dieser Emissionen in Bezug auf die angenommenen Betriebszeiten und Zeitpläne sowie den wirtschaftlichen Wert der zugehörigen Infrastruktur zu erfassen. Wir schätzen, dass die bestehende Infrastruktur, wenn sie wie in der Vergangenheit betrieben wird, kumulativ etwa 658 Gt CO_2 emittieren wird...

Gebaute, geplante, genehmigte oder im Bau befindliche Kraftwerke werden etwa 188 (Spannweite 37-427) Gt CO_2 zusätzlich emittieren. Verpflichtende Emissionen aus bestehender und geplanter Energieinfrastruktur (etwa 846 Gt CO_2) stellen somit mehr als das gesamte Kohlenstoffbudget dar, das verbleibt, wenn die mittlere Erwärmung auf 1,5 Grad

Celsius (mit einer Wahrscheinlichkeit von 66 [= 420 Gt Restbudget] oder 50 Prozent) begrenzt werden soll ... Unsere Schätzungen deuten darauf hin, dass nur wenig oder gar keine neue CO_2-emittierende Infrastruktur in Betrieb genommen werden kann und dass bestehende Infrastruktur möglicherweise frühzeitig stillgelegt oder mit Technologien zur Kohlenstoffabscheidung und -speicherung nachgerüstet werden muss, um [überhaupt] die Klimaziele des Pariser Abkommens zu erreichen" (Tong et al. 2019, 373, Ü; grundsätzlich kritisch sieht Carton 2020 die Möglichkeit von Abscheidungen).

Der von seriösen Forschungsinstituten erstellte *Climate Action Tracker* bestätigt diesen Befund. Aus den Berechnungen der Klimaforscher geht hervor, dass eine 10%ige Chance besteht, dass eine Erderwärmung um 4 Grad erfolgt. Bei Fortsetzung der gegenwärtigen Politiken liegt diese sogar bei 25%:

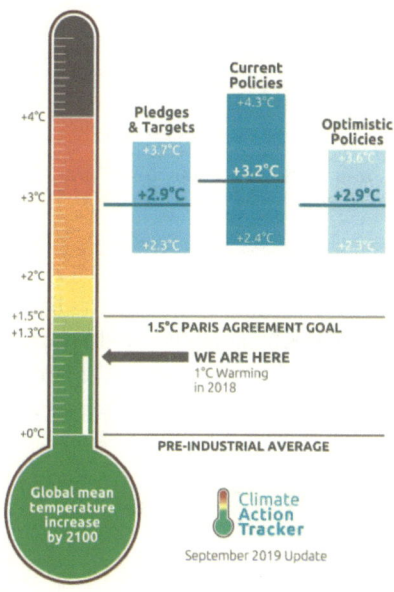

Climate Action Tracker 2019b, 1.

Am 26.2.2021 gab das in Bonn beheimatete UN-Klimasekretariat Zahlen zu den bisher eingereichten Klimaplänen der Staaten in den nächsten 10 Jahren heraus und berechnete, dass die Emissionen bis 2025 sogar um gut 2% steigen werden. Bis 2030 werde der Rückgang im Vergleich zu

2010 magere 0,5% betragen. Und Brasilien weitet seine geplanten Emissionen in den kommenden Jahren noch aus. Kann es beruhigen, dass aktualisierte Zusagen aus China, den USA und Indien noch ausstehen?
„Wir laufen blind in ein Minenfeld", meint die Chefin des Klimasekreta-
riats, Patricia Espinosa (SZ, 27./28.2.2021, 8).

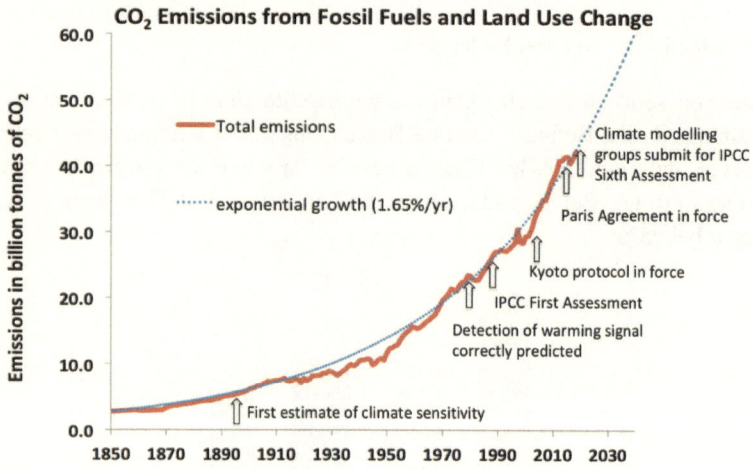

Knorr 2019, 1.

Im letzten Kapitel dieses Buches werden einige radikale Vorschläge unterbreitet, was angesichts der Klima- und Umweltkrise eigentlich geschehen
müsste, da sich trotz allerlei Abkommen und Maßnahmen am globalen
exponentiellen Wachstumstrend der THG-Emissionen bisher nichts geändert hat.

19. Was tun im Angesicht des Klimanotstands?

Zusammenfassung: Die menschliche Zivilisation, wie wir sie kennen, kann ohne radikale Transformation durchaus dem Untergang geweiht sein. Ein „Weiter-So" mit zeitverzögerndem, komplexem Emissionshandel und Kompensationsprojekten bei gleichzeitigen, weiteren Umweltverwüstungen wie dem Abbrennen des Regenwaldes, der Vermüllung usw. ist keine Option. Die Weltgesellschaft – oder zumindest große lokale Blöcke wie die EU – braucht eine ehrliche Begrenzungsdebatte über die maximal zulässigen Emissionen und einen Ausschluss oder zumindest eine Einschränkung des „Luxuskonsums". Gleichzeitig muss der Ressourcenverzehr um absolut mindestens $^2/_3$ abgesenkt werden und eine maximal tragbare Senkenbelastungen gewährleistet sein. Um ein grünes Paradox zu vermeiden und nicht etwa die Nichtteilnehmer zu belohnen, bedarf es eines Post-Kyoto-Superkartells, d.h. eine Vereinbarung innerhalb einer Koalition der Willigen mit den Besitzern fossiler Ressourcen, damit der Hauptanteil der noch förderbaren Öl-, Gas- und Kohlevorräte im Boden bleibt. Ferner müsste u.a. ein weltumspannendes Biodiversitätsnetzwerk etabliert werden, das 50% der Erde (Land und Wasser) umfasst, in dem sich der Mensch nur minimal bemerkbar machen darf.

Es wird in diesem Abschlusskapitel darauf verzichtet, ein umfängliches Reformprogramm vorzustellen. Klar ist aber, dass es einer Veränderung aller gesellschaftlichen Bereiche bedarf, einer Reform der Eigentumsverhältnisse, einer Reduzierung der umweltbelastenden formalen Arbeit durch z.B. eine Arbeitszeitverkürzung auf 20 Stunden die Woche und einer Stärkung von Reparatur-, Eigen- und Sorgearbeit usw.

Die notwendigen Schrumpfungen werden kurzfristig zu hoher Arbeitslosigkeit führen. Als Auffangbecken sollte ein öffentlicher, sozial-ökologischer Arbeitsmarkt mit angemessenen (Mindest-)Löhnen geschaffen werden, der die Sicherung des Lebensunterhalts ermöglicht und ein bedingtes gesichertes Grundeinkommen garantiert. Um die Abhängigkeit von einem sowieso zu verkleinernden Finanzsektor zu vermeiden und nicht auf vom Wachstum abhängige Steuern angewiesen zu sein, sollte ein erheblicher Teil der Staatsausgaben durch Direktfinanzierung der

Zentralbank, die auch in Verbindung mit den Banken eine gewisse ökologische Kreditlenkung betreiben sollte, sichergestellt werden. Um Schlendrian zu vermeiden, sollte über die Verwendung dieser Gelder möglichst auf kommunaler Ebene über Bürgerhaushalte demokratisch entschieden werden. Schließlich sind natürlich auch fundamentale Veränderungen unseres persönlichen Lebenswandels nötig, womit wir bereits heute beginnen können.

* * *

„Aus naturwissenschaftlicher Sicht existiert so gut wie kein Klimaschutz … [Zu konstatieren ist,] dass die heute an den Schalthebeln der Macht sitzende Generation entweder unfähig ist oder schlicht versucht, das Problem auszusitzen … Leider marschiert die Menschheit immer noch in die falsche Richtung" (Latif 2020, 17-18 und 28; eindrücklich und umfassend Wallace-Wells 2020).

In diesem Buch wurde versucht, einen ehrlichen Überblick über die ökologische Ist-Situation, insbesondere die klimapolitischen Herausforderungen und die auf verschiedenen Ebenen und in mehreren Varianten stattfindenden THG-Minderungspolitiken zu geben. Vor allem die Ausführungen zum IPCC-Bericht ergaben, dass bereits bei den eingetretenen 1,3 Grad Erderwärmung auf Landflächen (und in Deutschland mit 2 Grad) ganz erhebliche Schäden vorliegen, Kipppunkte nicht ausgeschlossen und einige bereits erreicht sind.[216] Viele Klimaforscher sind der Meinung, dass es auf die genaue Bestimmung der Unsicherheiten gar nicht mehr ankäme, klar sei, dass jede eingesparte Tonne wichtig sei. Bei Nachfragen, was daraus klimapolitisch folgt, wurde zumindest dem Autor gegenüber auf systemimmanent-technische Lösungen, nämlich Dekarbonisierung, Sequestrierung, Wasserstoff usw. hingewiesen.

Unter Einbezug der historischen Verbräuche Deutschlands und der weltweiten Restbilanz müsste eigentlich schon heute die für das Jahr 2050 vorgesehene Netto-Null realisiert sein. Diese Erkenntnis und das Gewahrwerden des Ökozids hat für viele Menschen traumatisierende Folgen (Woodbury 2019). Die psychologische Tiefendimension der notwendigen geistigen Umstellung ist sehr wichtig (Gottwald/Klepsch (Hg.) 1995), wird

---

[216] Siehe die anschauliche Beschreibung von Schellnhuber (2015, Kapitel 21) und z.B. jüngst (Caesar et al. 2021) zur Abschwächung der atlantischen meridionalen Umwälzströmung, zu der auch der Golfstrom gehört.

hier aber nicht weiterverfolgt.[217] Auch werden nur wenige radikale Reformen angesprochen und beispielsweise die weitgehende Einstellung der Rüstungsproduktion oder die Flächenbindung bei der Tierhaltung ausgeklammert. Ferner liegt der Fokus nicht auf China und Indien, von denen unsere klimapolitische Zukunft zentral abhängt. Auch werden weder Überlegungen parteipolitischer oder demokratietheoretischer[218] Art angestellt noch solche zu alternativen ökonomischen Allokationsverfahren jenseits von Markt und Plan. Schließlich wird auch nicht überlegt, wie ein kollektives symbolisches Metanarrativ zu gestalten ist, das durch organische Intellektuelle und Propheten der Nachwachstumszeit der Welt verkündet werden kann.

Vor über 10 Jahren legten Randers und Gilding (2010) einen „Ein-Grad-Kriegsplan" vor, den sie schon damals wörtlich als „Whatever-it-takes"-Ansatz beschrieben. Er müsse die Radikalität der plötzlichen Konsum- und Produktionsumstellungen v.a. der USA im Zweiten Weltkrieg besitzen. Das Ziel müsse eine Erwärmung um maximal 1 Grad bei Emissionen von 350-400 ppm sein, eine Marke, die nach wie vor von vielen Experten für nötig gehalten wird. Angesichts der bereits eingetretenen Umweltzerstörungen wissen wir heute, dass diese Zielsetzung richtig war, wir aber bereits über 415 ppm beim CO_2 und bei 500 unter Hinzurechnung anderer THG liegen. Um ein Bild zu gebrauchen: Wenn jemand unbedacht auf die Straße und vor ein Auto läuft, stellt man keine Berechnungen zum optimalen Anhalten und zu wahrscheinlichen Ergebnissen von Bremsvorgängen an, sondern man tritt beherzt auf die Bremse.

---

[217] Wallace-Wells (2020, 212-215) greift u.a. folgende verhaltensökonomischen kognitiven Tendenzen zur Erklärung von Klimaapathie auf: *anchoring, ambiguity effect, bystander effect, default effect, endowment effect, confirmation bias, overconfidence, illusion of control.* Conly (2013) plädiert aus ethisch-philosophischer Perspektive für einen einschneidenden Paternalismus (*coercive paternalism*).

[218] Bell (2015) spricht offen die Schwachstellen (formal)demokratischer Systeme an: Die begrenzte Informationsbereitschaft der Wähler, Manipulationsmöglichkeiten der Bessergestellten, die Tyrannei des auch parteipolitisch kompetitiven Individualismus usw. Der Nichtrepräsentanz zukünftiger Generationen könne durch Vertreter ihrer Belange mit Vetomacht begegnet werden. Aydurmus (2016) spricht sich für ein meritokratisches politisches System aus (siehe auch Lane 2012). Mann und Wainwright (2018) skizzieren die Dystopie eines sich nach dem Kollaps durchsetzenden weltweiten *Hyperkapitalismus.* Doch auch eine chaotische Form mit nationalstaatlichem Einfluss (*climate behemoth*), benevolent-autoritäre Regierungen (*climate Mao*) und eine wünschenswerte globale humane Allianz jenseits von Kapitalismus und Nationalstaaten (*climate X*) und z.B. mit einer Klima-WTO werden von ihnen idealtypisch unterschieden und nicht für unmöglich gehalten.

Auch würde eine 67%ige Wahrscheinlichkeit, dass ein auf die Erde zurasender Asteroid nicht einschlägt, kaum zu einem beruhigten Zurücklehnen führen. Aber bei der Menschheit hat man den Eindruck, dass sie sich wie ein Raucher verhält, der fest verspricht, in allernächster Zeit mit dem Rauchen aufzuhören. Um den Klimakollaps und das sicher eintretende gesellschaftliche Chaos zu vermeiden, reichen keine hehren Vorhaben. Stattdessen müsste, so Randers und Gilding, sofort weltweit in Sachen Produktionsumstellungen Ähnliches wie im Zweiten Weltkrieg passieren und sei es zunächst durch eine Koalition der Willigen. Die USA, China und die EU emittieren über 60% der weltweiten THG.

Ihr damaliger, sehr ausgefeilter Plan sah u.a. vor, dass fossile Ressourcen drastisch beschränkt werden müssten und dementsprechend sofort der individuelle PKW-Bestand um z.B. 50% zu reduzieren und eine Rationierung des Benzinverbrauchs einzuführen sei. Im Zweiten Weltkrieg lag die Rationierung in den USA übrigens bei 7,5 Liter pro Woche. Der Flugverkehr müsse um 10% pro Jahr und der Konsum roten Fleisches drastisch sinken. Entwaldung müsse beendet und Aufforstung sowie z.B. ein Programm des Streichens der Häuserdächer mit weißer Farbe eingeleitet werden. Die Kohlenstoffsteuer sollte bei 100 US-Dollar liegen und die Einnahmen daraus wesentlich für Ausgleichszahlungen an ärmere Bevölkerungsgruppen dienen. Zusätzlich müsse ein dritter, öffentlicher Sektor zum Auffangen der Arbeitslosigkeit geschaffen werden, in dem Klimajobs eine große Rolle spielen sollten, d.h. Tätigkeiten, die eine Reduktion von THG bezwecken.

Hohe Zahlungen müssten an Entwicklungs- bzw. Schwellenländer geleistet werden, auch um unkontrollierbare Migrationsströme (Khanna 2021) und Terrorismus zu vermeiden.[219]

Die 1000 größten Kohlekraftwerke der Welt müssten sofort geschlossen werden und die nächsten 1000 mit CCS-Technologie (soweit möglich) das entstehende CO_2 abscheiden. Für jede Stadt mit mehr als 1000 Einwohnern müssten Windkraftanlagen gebaut und öffentliche Kampagnen, die zum Konsumverzicht aufrufen (*shop less, live more*), aufgelegt werden.

Durchzuführen wäre all das durch primär klimapolitisch ausgerichtete Kommandozentralen (sie nennen es den *climate war command*), über

---

[219] Der zunehmend schrumpfende Tschadsee in der afrikanischen Sahelzone ist ein Beispiel für den Zusammenhang zwischen Armut, Arbeitslosigkeit und der leichteren Rekrutierung von Terroristen. Zu Klimakriegen siehe Welzer (2008).

deren demokratische Kontrolle nachzudenken wäre. Das waren Vorschläge eines Klimawissenschaftlers und Randers' als Mitautor von Studien des *Club of Rome* aus dem Jahr 2010, deren hier nur ausschnittsweise vorgestellten Forderungen auf einem heute sicher verfeinerten Simulationsmodell beruhten. Die Darstellung ihres Plans soll klarmachen, was heute eigentlich nötig wäre, um radikal und konsequent die Klimakatastrophe einzugrenzen. Meiner Ansicht nach sind alle Vorschläge heute an einem solchen, eigentlich nötigen und 10 Jahre später sogar noch zu verschärfenden *Ein-Grad-Kriegsplan* zu messen (zur Begründung siehe auch Lynas 2007 und 2020).

Ein Land wie China wäre dank seiner zentralistischen Struktur am schnellsten in der Lage, ein solches Programm umzusetzen und sich mit einer Art Ökosozialismus an die Spitze zu setzen. Die politischen Reaktionen auf Corona zeigen, dass auch westliche Demokratien beim nötigen Willen in der Lage sind, sich einer Metagefährdung zu stellen und in kürzester Zeit Innovationen auf den Weg zu bringen, um die Zahl der Opfer zu begrenzen. Allerdings geht es beim Klimawandel mittlerweile wohl darum, dass das Gesamtsystem jenseits seiner (Wachstums-)Logik reagieren müsste, um das Schlimmste zu verhindern. Leider lehrt die historische Erfahrung, dass zivilisatorische Systeme dazu neigen, auf kritische Situationen exakt mit den Strategien und Praktiken zu reagieren, die die Krise überhaupt hervorbrachten (Schellnhuber 2015, 26).

Etwa die Hälfte des CO_2, das seit der industriellen Revolution in die Atmosphäre entlassen wurde, wurde nach 1990 emittiert, also in den Jahren, in denen Klimaschutzdebatten stattfanden und Protokolle feierlich unterschrieben wurden. Die bittere Wahrheit ist wohl: Die Menschheit hatte die Möglichkeit, die schlimmsten Folgen des Klimawandels zu vermeiden, sie hat diese Chance aber (bisher) vertan. Hitzewellen, Überschwemmungen, Artensterben, Dürren usw. werden unser zunehmend unsicheres Leben prägen. Jetzt bleibt nur noch ein radikales Umschwenken. Die Zeiten, in denen ein systemimmanenter Gradualismus möglich gewesen wäre, hat man verstreichen lassen.

Wie sich in den vorhergehenden Kapiteln zeigte, sind ernsthafte Minderungsmaßnahmen erst in den allerletzten Jahren beschlossen und teilweise in die Wege geleitet worden, nachdem sich die katastrophalen Folgen unmittelbar vor unseren Augen abspielen.[220] Die emittierten THG

---

[220] Zur ökonomischen Mainstreamdebatte siehe den Überblick bei Krogstrup und Oman (2019).

werden zu einem großen Teil noch Jahrhunderte in der Atmosphäre ihre Wirkungen zeigen und das Klima kann durch Selbstverstärkermechanismen wie dem Abtauen des Permafrostbodens auch ganz außer Kontrolle geraten, selbst wenn wir hier und heute die ganze Menschheit klimaneutral stellen würden, da bereits Kipppunkte überschritten wurden.

Daraus folgt: Das Klima kann sich halbwegs vorhersehbar nur stabilisieren, wenn die Emissionen unter dem Strich auf null sinken. Nur nebenbei sei noch einmal erwähnt, dass die auf heiklen Modellsimulationen beruhenden Zahlen zu den noch zur Verfügung stehenden weltweiten Emissionen zum 2-Grad-Ziel nur mit einer 60%igen Wahrscheinlichkeit des Gelingens angegeben werden.

Um auf der halbwegs sicheren Seite zu sein, müsste die Null-Linie heute eintreten, nicht 2050, nicht einmal 2030. Betrachtet man den Status quo, so erfordert die dramatische Lage, soweit überhaupt möglich, die Entfernung bzw. Negativemissionen (*removals*) von Dutzenden Gigatonnen THG jährlich durch Kohlendioxidabscheidung und -speicherung, (Wieder-) Aufforstung usw.

Selbst die drastischen Reduktionsziele der EU und einiger Länder, von den Verpflichtungen des Pariser Abkommens ganz zu schweigen, hinken der Situation trotz hoher Minderungsziele (wie immer) deutlich hinterher. Die erforderlichen Maßnahmen würden die in den Weltkriegen erfolgten Umstellungen auf eine Kriegswirtschaft wohl sogar übertreffen. Müssten wir hierzu das Weltsozialprodukt von heute auf übermorgen um 90% schrumpfen und Lebensmittelkarten ausgeteilt werden? Von einer solchen radikalen und fundamentalen, aber leider unumgänglichen Sichtweise als „Benchmark" her sind alle Maßnahmen wie das EU-ETS und Unterlassungen – Millionen Tonnen Öl werden täglich gefördert und verbraucht – mangelhaft.

Grundsätzlich gilt wohl, dass sich Klimaneutralität im eigentlichen Sinne des Wortes nur erreichen ließe, indem man die entsprechenden Aktivitäten schlicht und einfach einstellt, was kein durchgängiges Radikalkonzept sein kann: Bildungseinrichtungen wären klimaneutral, wenn sie den Betrieb einstellten, klimaneutrale Flüge bestünden darin, dass sie nicht stattfänden, und Menschen wären klimaneutral, wenn sie erst gar nicht auf die Welt gekommen wären. Unvermeidliche Emissionen sind mit Lebensäußerungen verbunden. Die Frage ist: Welche sind legitim und welche müssen eingeschränkt werden? Hiermit wird der ganze bisherige ökologische Entwicklungspfad der menschlichen Zivilisationsgeschichte in Frage gestellt, der sich säkular als Erhöhung der Energieproduktivität pro Flächeneinheit seit der Zeit als Jäger und Sammler beschreiben lässt, was elegant und pointiert von Schellnhuber nachgezeichnet wird (2015, Kapitel 12).

Laut der treffenden IPAT-Formel (I = PAT) lassen sich grundsätzlich verschiedene THG-Minderungsvariablen unterscheiden (Alcott 2010): Die Umweltwirkung I (*Impact*) entspricht der Bevölkerung (*Population*) × Konsum (*Affluence*) × Technik (*Technology*). Über Gutschriften und Zertifikate wird I beeinflusst. Wenn man Bevölkerungswachstum zulässt und den Konsum nicht wesentlich einschränken will, ruhen zwangsläufig alle Hoffnungen auf der Technik und die entsprechende Debatte wird stark auf die relativen ökonomischen Kosten gelenkt. Das ist eine hohe Last und Technikverbesserungen unterliegen meist noch zahlreichen Rebounds: Höhere Umwelteffizienz bei Technik bringt neue Produkte mit sich, erhöht – sofern mit Preissenkungen einhergehend – den Konsum und treibt das ökonomische Wachstum an (Brookes 2000). Dies ist schließlich auch das erklärte Ziel der offiziellen Politik, um den Schein einer Versöhnung zwischen Ökonomie und Ökologie aufrechtzuerhalten. Dies dürfte *der* basale Fehler sein: Die globale Erderwärmung lässt sich nicht relevant aufhalten beim heutigen durchschnittlichen Stand materieller Wohlfahrt (den man über *co-benefits* allen Erdenbürgern zugutekommen lassen will) und einer wachsenden (und selbst bei konstanter) Weltbevölkerung. Ohne ökonomische Kontraktion (*degrowth*), die heute tabu ist, geht es nicht.

Man müsste aus diesem Blickwinkel eine schonungslose Begrenzungsdebatte des maximal Zulässigen führen. Eine gesellschaftliche Diskussion entstünde, welche Klimabelastungen welcher Aktivitäten absolut unumgänglich sind und welche nicht und welche Produkte und Aktivitäten als Unverträgliche und als Auslaufmodelle zu identifizieren sind. Es ergab sich im Verlauf dieser Untersuchung, dass die Politiken rund um „Klimaneutralität" auch behilflich sind, diesen Diskurs zu vermeiden und ab- und umzulenken (*reframing*).

Derweil regiert neben den untersuchten Politikmaßnahmen weiterhin das zu extremer Verschwendung und Umweltbelastung führende ökonomische Gewinnkalkül. Um nur ein Beispiel zu nennen: Satellitenaufnahmen belegen, dass es auf der Erde nicht nur täglich an tausenden Stellen im Regenwald brennt, sondern dass auch („assoziiertes") Gas, das mit der Förderung von fossilen Rohstoffen an die Oberfläche gelangt, einfach abgefackelt wird (*flaring*), da sich das Einfangen und die Nutzung finanziell weniger lohnen als die Ölausbeute. 300 Mio. Tonnen CO_2 werden so jährlich freigesetzt. Hinzu kommt das in den USA durch Fracking freigesetzte Gas. Berüchtigt ist hier das Permbecken in Texas, das doppelt so groß wie Österreich ist. Weltweit werden rund 150 Mrd. Kubikmeter Gas im Jahr abgefackelt, was dem Gesamtverbrauch Afrikas südlich der Sahara entspricht. Hinzu kommen erhebliche Methanemissionen durch Lecks, wenn das Gas einfach entweicht (*venting*). Die EU versprach, amerikanisches Frackingöl und -gas zu importieren. Größter Lieferant ist Russland, wo *flaring* und *venting* üblich ist.

Aus den alten, bereits ausgebeuteten Bohrlöchern am Meeresgrund der Nordsee, um Verschmutzungen im EU-Bereich nicht unerwähnt zu lassen, strömen tausende Tonnen Methan. In der Nordsee gibt es alleine 15.000 solcher Bohrlöcher. Allein aus den 1800 britischen Bohrlöcher treten geschätzte 3700 Tonnen Methan pro Jahr aus (siehe mit detaillierten Zahlenangaben SZ, 17.8.202, 13). Ähnliche unkontrollierte Austritte werden seit langem bei Bohrlöchern im Golf von Mexiko beobachtet. Neben schönen Minderungsplänen gehen demnach der weltweite Schlendrian und die Indifferenz weiter wie gehabt, ganz unbeeindruckt von gleichzeitig erfolgenden Initiativen wie dem *Green Deal* oder dem Pariser Abkommen. Und an allen Ecken und Enden der Erde machen sich die Folgen bemerkbar, bis hin zur aufblühenden Entführungsindustrie in Nigeria, da der Klimawandel dort immer mehr Menschen die Lebensgrundlagen nimmt. Wir leben in einer verrückten Zeit.

Fragen wir dennoch nach einigen praktischen Alternativen. Weiter oben wurde auf das grüne Paradox hingewiesen, das beim Emissionshandel auftrat, der bei der kritischen Durchsicht offizieller Politiken und weltweiter Maßnahmen trotz grundsätzlicher Bedenken in der europäischen Variante des EU-ETS noch am besten davonkam. Fragen wir nun: Ist das Paradox unumgänglich? Selbst Sinn, der im Grunde seines Herzens eher ein marktliberaler Ökonom ist, hält es angesichts der weltweiten ökologischen Bedrohung wohl für nötig, eine Art Super-Kyoto-Protokoll zu verabschieden, mit dem über die UN mit den Förderländern Vereinbarungen getroffen werden, die auf eine zentralplanerische Mengensteuerung hinauslaufen. Im Detail wurde dieser Ansatz von Massarrat (2000) entwickelt.

Man müsste den Förderländern auch für die fernere Zukunft Absatzgarantien und Mindestpreise für Öl, Gas und Kohle und die Nichthebung eines großen Teils ihrer diesbezüglichen Reserven zusichern, damit sie im eigenen Interesse die Fördermenge in der Gegenwart drosseln. Denn eines steht fest: Wenn die fossilen Brennstoffe erst einmal gefördert wurden, finden sie sicher irgendwo Absatz, mit oder ohne Emissionshandel.

Je breiter und effektiver ein solcher Emissionshandel aufgestellt ist, umso lukrativer wäre ein Ausscheren von Produzenten und Konsumenten der fossilen Energien, die ja umso billiger aus Sicht der Käufer und umso schwerer verkäuflich aus der Sicht der Verkäufer fossiler Quellen wären.

Neben dem Vorschlag des fossilen Superkartells gibt es auf internationaler Ebene zahlreiche Vorschläge, Biodiversität und Klima jenseits von Marktmodellen ohne Umwege und Ausflüchte nachdrücklich zu schützen. Hier soll nur ein weiterer Vorschlag vorgestellt werden: Dinerstein et al. planen in ihrem Beitrag „A ‚global safety net' to reverse biodiversity loss and stabilize earth's climate" auf umfangreichen empirischen Analysen fußend 50 Ökoregionen in 20 Ländern, die 50% der Erdoberfläche umfassen sollten und von denen die allermeisten nur dünn besiedelt sein sollten.[221] Sie umfassen Wälder, Steppen und Wüsten (ohne Ozeane), die besonders artenreich sind und/oder besonders viel Kohlenstoff speichern. Solche ausgedehnten Schutzgebiete, in denen oft auch indigene Völker leben, die man dann weitgehend in Ruhe lassen würde, wären wirksam, um den Zwillingskrisen Artenschwund und Klimawandel jenseits von Angebot und Nachfrage von Kompensationsprojekten und Zertifikatmärkten zu begegnen. Sie böten ggf. auch Menschen die Chance, Wildnis zu erleben.[222] Bisher bemühen sich eher reiche Philanthropen und private Naturschutzorganisationen um den Ankauf von Land. Die finanzielle Unterstützung z.B. der ecuadorianischen Naturschutzstiftung Jocotoro, die Tieflandregenwald ankauft, ist sicher sinnvoll.

Dieser Beitrag zur Klimaneutralität wurde in der festen Überzeugung verfasst, dass nur eine absolute Senkung des Ressourcenverbrauchs und der THG-Emissionen, und zwar möglichst ab heute, den Untergang der heutigen Zivilisation aufhalten kann. Mittlerweile, so ergaben Studien des Weizmann-Instituts aus Israel, hat die Masse der von Menschen hergestellten und gebauten Dinge, also Plastik, Gebäude, Maschinen, Straßen usw. die (Bio-)Masse alles Lebendigen auf der Erde, inklusive Pilzen und Bakterien übertroffen.

Der Erhalt der bestehenden Ökosphäre wird nur mit einer Postwachstumsökonomie funktionieren, wie sie bisher leider nur im zivilgesellschaftlichen Bereich und in Umrissen angedacht wird, die hier nicht im Detail vorgestellt werden kann. Verwiesen sei auf Raworth (2018), die gut

---

[221] Zur genauen Angabe der Regionen siehe https://advances.sciencemag.org/content/6/36/eabb2824.
[222] Callicott und Nelson ((Hg.) 2002), Zerzan (2002).

verständlich viele Politikbereiche und die Eigentumsverhältnisse umfassend umzugestalten vorschlägt.[223] Suffizienz und der Verzicht auf Wirtschaftswachstum, die Begrenzung auf sagen wir 20 Stunden formaler Arbeit neben Sorge- und Eigenarbeit und Reparaturtätigkeiten (Paech 2012) bedarf kluger makroökonomischer Reformen, um nicht schnell zu scheitern.[224]

Allein die nötigen Produktionsbeschränkungen in einigen Sektoren würden zu einer hohen Arbeitslosigkeit und einer baldigen Konterrevolution führen. Die nötigen Reformen und Produktionseinschränkungen ohne falsche Kompromisse analysieren Aronoff et al. (2019). Die Mehrzahl der Bevölkerung ist im wahrsten Sinne des Wortes lohnabhängig. Was soll also mit dem zu erwartenden Heer an Arbeitslosen geschehen, ohne dass der Staat wie bei Corona mit Konjunkturprogrammen einspringt, damit das Wachstum wieder anspringt?

Bisher hängt schließlich das (materielle) Wohlergehen inklusive Steuereinnahmen und Staatsausgaben praktisch weitgehend vom privaten Realsektor der Wirtschaft ab. Bisher müssen, zugespitzt formuliert, erst dicke Autos verkauft werden, um dann mit den durch die Autoverkäufe erzielten Steuereinnahmen deren ökologischen Folgen zu lindern. Die Politik hängt vollständig am Tropf privatwirtschaftlicher Produktionstätigkeiten oder bei Verschuldung von der Kreditbereitschaft des Finanzsektors ab. Von einem Primat der Politik zur großen Transformation ist daher im gegebenen Rahmen nicht auszugehen.

Die Steuerungshoheit der Öffentlichkeit würde entscheidend erhöht, wenn wesentliche Ausgaben für öffentliche Güter und ökologische Maßnahmen direkt finanziert würden, ohne vom Wachstum der Gesamtwirtschaft abzuhängen. Dies wäre der Fall, wenn z.B. 50% der Staatsausgaben unabhängig von der Wachstumsrate durch „geschenktes Geld" der Zentralbank, also ohne Tilgung und Zinszahlungen, finanziert werden könnten, da sie Geld aus dem Nichts schaffen kann. Da man, wie bereits vermutet, um die Schließung ganzer Industriezweige mit entsprechend ansteigender Arbeitslosigkeit nicht herumkommen wird, bedarf es wachstums*un*abhängiger Mittel, um für die Betroffenen eine Art *bedingtes* Grundeinkommen über einen öffentlichen Arbeitsmarkt gewährleisten zu können, in dem jeder Beschäftigung finden kann. Das Grundeinkommen

---

[223] Siehe dazu die kritische Besprechung in Peukert (2018).
[224] Siehe auch Nitzan und Bichler (2009) sowie Lee (2017) zur Frage von Eigentums- und Machtverhältnissen und entsprechende Ausgestaltungsvorschläge bei Hickel (2020) und Neale (2021).

kann beziehen, wer einer sozial-ökologischen Beschäftigung im stark aus-
zubauenden öffentlichen Sektor bei einem einkömmlichen („Mindest"-)
Lohn nachgeht, der auch den gestiegenen (Energie-)Preisen Rechnung zu
tragen hat. Dies bezieht sich nicht nur auf die Bereiche Bildung und
Soziales, sondern auch auf alternative Produktion und Infrastruktur.

Sollte der private PKW weitgehend abgeschafft werden, könnte man
eine Vielzahl von Straßen zurückbauen und klimaneutrale Häuser errich-
ten. Auch müssten alternative Transportmittel wie Schwebebahnen, (selbst-
fahrende) Busse usw. hergestellt und erhalten werden. Die Renaturierung
von Mooren wäre ein weiteres Beispiel. Mit den Arbeitnehmern und Gewerkschaften ist ein „Bündnis für sinnvolle Arbeit" zu schließen und den
Arbeitnehmern im Dialog zu vermitteln, dass sie durch die vorgeschlagenen Radikalreformen an Sinn und Lebensqualität gewinnen können.

So würden Arbeitsplätze am Fließband für Autos und Flugzeuge oder
in einer Drückerkolonne für Finanzprodukte auch in Sorge-, Pflege und
Erziehungsarbeit für Kinder, Ältere und Kranke und die Umwelt heilende
Tätigkeiten, u.a. professionelle Entfernung des ubiquitären Plastiks und
Mülls zu Land und zur See, umgewandelt. Ein dermaßen bedingtes Grundeinkommen entspräche auch grundlegenden Reziprozitätsvorstellungen
im Vergleich zu einem bedingungslosen Grundeinkommen. Natürlich
würde es weiterhin Arbeitsplätze auch zur Herstellung von Kleinbussen
geben, die in dichter Taktung das Automobil ersetzen. Als Vorbild können die türkischen Dolmus-Sammeltaxis gelten. Auch dürfte es weiterhin
Flugzeugbau geben, aber auf reduzierter Stufenleiter und mit völlig anderer Antriebstechnologie (z.B. die auf Helium basierenden Varialift Air-
ships).

Um einen angemessenen Lohnanker setzen zu können, bedarf es sicher,
obwohl nur schwer „fair" umsetzbarer, massiver Grenzausgleichsabgaben (Zölle), um Leakage in Form von sozial und ökologisch niedrigen
Niveaus bei der Produktion in Ländern außerhalb von EUtopia, in denen
dann wettbewerbsverzerrend billiger produziert werden könnten, zu vermeiden. Dies wäre schwierig umzusetzen und würde, wie weiter oben
ausgeführt, eine Aufkündigung der Freihandelsprinzipien nach WTO-Be-
stimmungen erfordern. Es bedürfte sowieso eines neuen Multilateralis-
mus und einer grünen Umgestaltung der Welthandelsorganisation, die
heute in erster Linie den Interessen der großen Finanzkonglomerate und
multinationalen Konzerne dient. Die erforderlichen neuen Grundprinzipien
skizzieren Gallagher und Kozul-Wright (2019) in einer Studie für die
UNCTAD.

Europa wäre, auch wenn sich der Vorschlag des internationalen Super-
kartells für fossile Brennstoffe nicht durchsetzen ließe, als realistische
Mindestgröße für solche radikalen Transformationen anzusehen. Von
Europa wurde vor rund 250 Jahren die Wachstumsgesellschaft und „der
Kapitalismus" in die Welt getragen. Warum sollte dieses heute globale
Wirtschaftssystem nicht auch zunächst an seiner Ursprungsquelle hin-
sichtlich der Kohlenstoffbasierung überwunden werden?

Ein teilweise über Schenkgeld durch die Zentralbank finanzierter Staat,
neben dem auch aus verteilungspolitischen Gründen die Besteuerung
Wohlhabender und die Ausgabe von Staatsanleihen für den Normalbür-
ger Platz finden könnte, hätte nicht mehr das strukturelle Interesse, den
Marktsektor zu höchstmöglichen Umsätzen anzutreiben, anstatt Subsis-
tenzwirtschaft und Verkehrsberuhigungen anzustreben. Das Ziel einer
geordneten Schrumpfung des Ressourcendurchsatzes v.a. im formalen
Tauschsektor könnte ohne drastische Einschränkung öffentlicher Güter
durch eine solche Finanzierung erfolgen – wenn nötig mit Entzug von
Kaufkraft über progressive Besteuerung, um Inflation zu verhindern. Die
Geldpolitik könnte, im Verbund mit anderen Reformen wie einem Vollgeldsystem und dem damit einhergehenden Ende des Geldschöpfungspri-
vilegs der Privatbanken (siehe zur Erklärung Huber 2018), ein entscheidender Ansatzpunkt für makroökonomische Reformmaßnahmen sein.

Ein nicht zu leugnendes Problem besteht bei geschenktem Geld voraussichtlich darin, den zu befürchtenden Schlendrian und Nepotismus zu
vermeiden. Hier hilft nur radikale Transparenz und der Einbezug nicht-
korrumpierter, zivilgesellschaftlicher Gruppen. Das durch die Zentralbank zur Verfügung gestellte Geld könnte z.B. zu einem großen Teil auf
der kommunalen Ebene eingesetzt werden. In Kommunalparlamenten
könnte mittels Bürgerhaushalten über die Mittelverwendung entschieden
werden, was einer Demokratisierung, Dezentralisierung und lokalen Einbettung entgegenkäme.

Eine Ergänzung der frischen Geldzuteilung könnte darin bestehen,
dass bei Kreditanträgen für Investitionsprojekte die Banken, sofern die
bei ihnen eingelegten Spargelder hierfür nicht ausreichen, das fehlende
Geld bei der Zentralbank beantragen müssen. In einem Vollgeldsystem
gilt diese Beschränkung durch eingelegte Spargelder, da Privatbanken
dann keine Kredite mehr aus dem hohlen Bauch vergeben können. Die
Banken hätten dann neben der Glättung der Liquidität auf den Märkten
und der Feinsteuerung der Zinshöhe dazu beizutragen, bei angefragtem
Geld für Kredite für Investitionsprojekte mit ihrer Kreditvergabestrategie

auf die Erfüllung ökologischer Kriterien zu achten. Dies würde den Miss-
stand im heutigen System verringern, in dem die EZB kaum Einfluss darauf hat, wozu Kredite bei der Geldschöpfung vom Privatsektor genutzt
werden. Eine moderate indirekte Lenkung hat es in Deutschland zu Zeiten
der Bundesbank und des Diskontsatzes durchaus gegeben, in gewissem
Maße auch beim allerdings überhaupt nicht ökologisch motivierten kredit-
lenkenden TLTRO-Programm der EZB nach der Finanzkrise.

Diese in ihrer Ausführung vielleicht etwas technisch klingenden Maßnahmen würden den Staat oder die EU als nun einmal einzige zentrale
Instanzen mittlerer Reichweite, die umsteuern könnten, in die Lage ver-
setzen, mit ausreichender Durchsetzungsfähigkeit die große Transformation voranzubringen, um nicht am Tropf des Wachstums zu hängen
(Mitchell/Fazi 2017). So wäre eine demokratisch-öffentliche Kontrolle
möglich, mit klarer ökosozialer Investitionslenkung, die an die Stelle
oder neben die traditionelle Industriepolitik treten kann.

Ergänzend müsste eine klare Kreditlenkung hinzukommen, da die welt-
größten Banken von 2016-2018 rund zwei Billionen US-Dollar an Kre-
diten für fossile Energieprojekte vergaben.[225] Um eine schnelle Transformation voranzubringen, bedarf es ggf. einer Verstaatlichung oder Verge-
sellschaftung v.a. der erdölproduzierenden und verarbeitenden Großkon-
zerne, denen generell keine weiteren Subventionen zufließen dürfen.

Trotz aller eher schlechten Erfahrungen mit planwirtschaftlichen Ele-
menten bedürfte es einer gewissen wirtschaftlichen Gesamtrahmenpla-
nung (unter Zuhilfenahme von Input-Output-Analysen), die zwischen
nicht leicht zu bestimmenden und weit zu fassenden Grundbedürfnissen
und Luxuskonsum zu unterscheiden hätte, damit die sehr knappen Ressourcen nicht planlos verschwendet würden. Hierbei darf vor Mengenbe-
stimmungen, Rationierungen, Quotenzuteilungen und Preiskontrollen nicht
zurückgeschreckt werden, da wir das Produktionsvolumen wohl um den
Faktor 10 senken müssen, um das 1,5-Grad-Ziel zu erreichen (Näheres
dazu in Kern 2019 und bereits bei Bahro 1987).

90 THG-emittierende Unternehmen in den produzierenden Ländern,
fast alle in privater oder in staatlicher Hand, waren für $^2/_3$ der Gesamterwärmung des Planeten seit dem Industriezeitalter verantwortlich, die
Hälfte der Emissionen erfolgte in den letzten 30 Jahren (Heede 2014).
Eventuell müsste der Staat 51% der Aktienanteile aufkaufen, um den

---

[225] https://www.ran.org/wp-content/uploads/2019/03/Banking_on_Climate_Change_2019_vFINAL.pdf.

großen ökologischen Sprung nach vorne konsequent angehen zu können. In Vorstand und Aufsichtsräten müssten auch Vertreter der Ökologiebewegung sitzen und Entscheidungen transparent nach außen kommuniziert werden (Aufheben des Verschwiegenheitsgebots).

Öffentlichen Gütern kann mehr Augenmerk geschenkt werden, öffentliche Parks dienen der Erholung, ohne dass man in ferne Länder entfliegen muss. Investitionen müssen in die Forschung fließen, womöglich gibt es doch einen magischen Dekarbonator (Kernfusion?). Das Patentrecht kann geändert werden, so dass grüne Innovationen schnell diffundieren können. Wenn der Kuchen nicht mehr weiterwächst, richtet sich der Blick auf die Verteilung der Kuchenstücke: Nicht zuletzt durch mutige Besteuerung der Bessergestellten muss die Ungleichheitsschere (Kornek 2019) erheblich gemindert werden. Dies ist auch aus ökologischen Gründen angesagt, da die reichsten 10% der Weltbevölkerung für die Hälfte des globalen Fußabdrucks verantwortlich sind.[226] Zur weltweiten Verteilung siehe das folgende Schaubild:

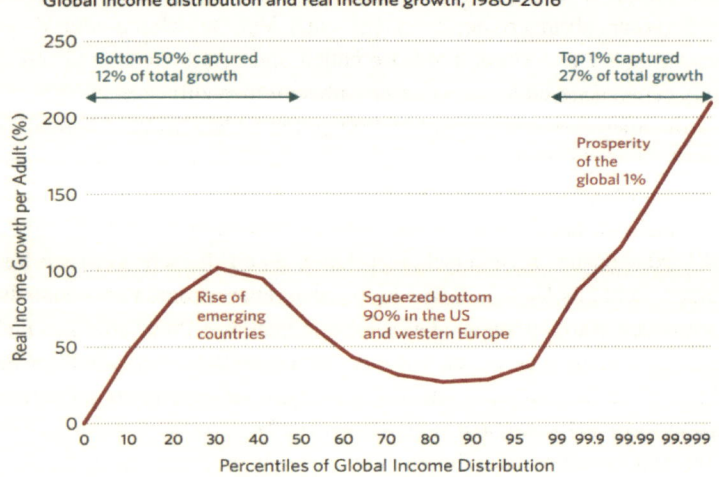

Gallagher/Kozul-Wright 2019, 18.

Flankierend bedarf es einer Suffizienzavantgarde, die durch einen alternativen Lebensstil z.B. in Ökodörfern versucht, dem Ziel einer Tonne

[226] http://blog.policy.manchester.ac.uk/posts/2018/10/response-to-the-ipcc-1-5c-special-report/.

Emissionen pro Person lebenspraktisch nachzukommen und oft symbolische Ersatzhandlungen und Entschuldigungen des Politikbetriebes auf diese Weise kritisiert. Sie lebt den bisher vorherrschenden Strategien der Effizienz und Konsistenz das Suffizienzprinzip vor.[227]

Durch diese Gegenkultur würde die anstehende Frage, welcher Konsum klimapolitisch vertretbar ist und „mit welchem Recht jemand eine Kreuzfahrt antritt, einen SUV nutzt, an Weihnachten in die Anden fliegt oder ständig Coffee-to-go-Becher kauft" (Paech 2020, 198) auf die Tagesordnung gesetzt. Ein verbindliches sozial-ökologisches Jahr könnte die Jugend an naturverbundene Prozesse heranführen. Wir werden auf vieles verzichten müssen. Aber hängt unser Wohlergehen wirklich von allgegenwärtigem Stress, Reizüberflutung, Motorenlärm und Zeitknappheit ab? Es wird spannend sein zu erkunden, welche kreativen Ausdrucksformen ein ökofreundlicher Hedonismus, früher gerne als Dreiklang aus Sex, Drugs and Rock 'n' Roll besungen, hervorbringen wird. Schlussendlich kommt es neben der großen Transformation als kollektive makrogesellschaftliche Aufgabe wesentlich auf unseren ganz persönlichen Lebenswandel an.

---

[227] Zeddies (2020), siehe auch www.utopia2048.de und Latouche (2006).

Literatur

Die Internetquellen wurden zum letzten Mal zwischen dem 20.2.2021 und dem 2.3.2021 abgerufen. Falls diese Quellen nicht mehr zugänglich sind, kann der Verfasser (helge.peukert@uni-siegen.de) gerne Kopien auf Anfrage zusenden. Es werden in diesem Verzeichnis nur die ersten Vornamen der Autoren genannt.

Abate, M. et al. „Government support to airlines in the aftermath of the Covid-19 pandemic". Journal of Air Transport Management, 89 (2020), 1-15.

Ackerman, F./Finlayson, I. „The economics of inaction on climate change: A sensitivity analysis". Climate Policy, 6 (2006), 509-526.

Agora Energiewende. Die Kosten von unterlassenem Klimaschutz für den Bundeshaushalt. 2018.
https://www.agora-verkehrswende.de/fileadmin2/Projekte/2018/Non-ETS/142_Nicht-ETS-Papier_WEB.pdf

Agora Energiewende/Sandbag. The European power sector in 2019. 2020.
https://www.agora-energiewende.de/en/publications/the-european-power-sector-in-2019/

Alcott, B. „Historical overview of the Jevons paradox in the literature". Polimeni, J. et al. (Hg.). The Jevons paradox. Earthscan, 2008. S. 7-78.

Alcott, B. „Impact caps: Why population, affluence and technology strategies should be abandoned". Journal of Cleaner Production, 18 (2010), 552-560.

Allianz Group. Climate change strategy of Allianz Group. September 2019.
https://www.allianz.com/content/dam/onemarketing/azcom/Allianz_com/responsibility/documents/201909_Allianz_Climate_Change_Strategy.pdf

Allianz Group. Collaborating for a sustainable future. Sustainability Report 2019. 2020a.
https://www.allianz.com/en/sustainability/strategy-governance/sustainability-report.html

Allianz Group. Outperform. Transform. Rebalance. Geschäftsbericht Allianz SE 2019. 2020b.
https://www.allianz.com/content/dam/onemarketing/azcom/Allianz_com/investor-relations/en/results-reports/annual-report/ar-2019/de-GB-SE-Geschaeftsbericht-Allianz-2019.pdf

Altvater, E./Brunnengräber, A. „Mit dem Markt gegen die Klimakatastrophe?". Altvater, E./Brunnengräber, A. (Hg.) Ablasshandel gegen Klimawandel? VSA, 2008. S. 9-20.

Ambrose, J. Shell to expand gas business despite pledge to speed up net zero carbon drive. The Guardian, 21.2.2021
https://www.theguardian.com/business/2021/feb/11/shell-grow-gas-business-energy-net-zero-carbon

Anderson, K. „The inconvenient truth of carbon offsets". Nature, 484 (2012), 7.

Anderson, K. „Duality in climate science". Nature Geoscience, 8 (2015), 898-900.

Andor, M. et al. Reform des EU-Emissionshandels, aber richtig! 2015.
https://www.rwi-essen.de/media/content/pages/publikationen/rwi-positionen/rwi-position_64_eu-zertifikathandel.pdf

Angelsen, A. et al. Transforming REDD+: Lessons and new directions. 2018.
https://www.cifor.org/knowledge/publication/7045/

Aronoff, K. et al. A planet to win: Why we need a green new deal. Verso, 2019.

atmosfair. Unzulässige Projekttypen. 2017.
https://www.atmosfair.de/wp-content/uploads/k1-richtlinie-fuer-unzulaessige-projekttypen.pdf

atmosfair. Projekte zur CO_2-Kompensation: Unser Anspruch für den Klimaschutz. 2018.
https://www.atmosfair.de/wp-content/uploads/atmosfair_anspruch-klimaschutz_homepage_17052019-1.pdf

atmosfair. Anforderungen an und Grenzen von CO_2-Kompensation für den Klimaschutz. 2019.
https://www.atmosfair.de/wp-content/uploads/k2-anforderungen_sinnvolle-co2-kompensation_05062019_homepage.pdf

Aydurmus, D. Survival despite the people: Democratic destruction or sustainable meritocracy. 2016.
https://www.researchgate.net/publication/330578951_Survival_Despite_the_People_Democratic_Destruction_or_Sustainable_Meritocracy/link/5c498811458515a4c73c63e4/download

Baerbock, A. „Emissionshandel neu denken". Angrick, M. et al. (Hg.). 12 Jahre Europäischer Emissionshandel in Deutschland. Metropolis, 2018. S. 191-202.

Bahro, R. Logik der Rettung. Edition Weilbrecht, 1987.

Bauriedl, S. „Klimaneutralität". Bauriedl, S. (Hg.). Wörterbuch Klimadebatte. Transcript, 2015. S. 187-193.

Bazerman, M. „Climate change as a predictable surprise". Climatic Change, 77 (2006), 179-193.

Bell, D. The China model. Princeton University Press, 2015.

Berta, N. et al. „Transactions in the European carbon market: A bubble of compliance in a whirlpool of speculation". Cambridge Journal of Economics, 41 (2017) 575-593.

Bettzüge, M./Peter, J. „COP 21 – Euphorie, Ernüchterung und Perspektiven für globale Treibhausgasminderung". Ifo-Schnelldient, 69 (2016), 26-29.

Betz, G. „What's the worst case? The methodology of possibilistic prediction". Analyse & Kritik, 32 (2010), 87-106.

Billen, G. Verbraucher benötigen mehr Transparenz bei CO_2-Kompensationszahlungen. 2010.
https://www.vzbv.de/pressemitteilung/billen-verbraucher-benoetigen-mehr-transparenz-bei-co-2-kompensationszahlungen

Blühdorn, I. „Haben wir es gewollt?". Blühdorn et al. Nachhaltige Nicht-Nachhaltigkeit. Transcript, 2019a. S. 13-27.

Blühdorn, I. „Kein gutes Leben für Alle!". Blühdorn et al. Nachhaltige Nicht-Nachhaltigkeit. Transcript, 2019b. S. 29-64.

Blühdorn, I. „Die Gesellschaft der Nicht-Nachhaltigkeit". Blühdorn et al. Nachhaltige Nicht-Nachhaltigkeit. Transcript, 2019c. S. 65-142.

Blühdorn, I. „Demokratie der Nicht-Nachhaltigkeit". Blühdorn et al. Nachhaltige Nicht-Nachhaltigkeit. Transcript, 2019d. S. 287-327.

BMWi (Wissenschaftlicher Beirat beim Bundesministerium für Wirtschaft und Energie). Ein CO_2-Grenzausgleich als Baustein eines Klimaclubs. 22.02.2021.
https://www.bmwi.de/Redaktion/DE/Publikationen/Ministerium/ Veroeffentlichung-Wissenschaftlicher-Beirat/gutachten-co2-grenzausgleich.pdf? __blob=publicationFile&v=6

BMZ. Der Zukunftsvertrag für die Welt. 2017.
https://www.bmz.de/de/mediathek/publikationen/reihen/infobroschueren_ flyer/infobroschueren/Materialie270_zukunftsvertrag.pdf

BMZ. Klimaneutrales BMZ 2020. 2019.
https://www.bmz.de/de/mediathek/publikationen/reihen/infobroschueren_ flyer/infobroschueren/sMaterialie470_bmz_klimaneutral_2019.pdf

Bolin, B. A history of the science and politics of climate change: The role of the intergovernmental panel on climate change. Cambridge University Press, 2007.

Böll-Stiftung. UN-Institutionen als Wegbereiter und Anker für eine neue Ökonomie der Natur. o. J.
https://www.boell.de/de/2017/07/01/un-institutionen-als-wegbereiter-und-anker-fuer-eine-neue-oekonomie-der-natur

Bopst, J. et al. Umweltschonender Luftverkehr. 2019.
https://www.umweltbundesamt.de/sites/default/files/medien/1410/publikationen/ 2019-11-06_texte-130-2019_umweltschonender_luftverkehr_0.pdf

Bostrom, N./Cirkovic, M. (Hg.). Global catastrophic risk. Oxford University Press, 2012.

Böttcher, H. et al. EU LULUCF regulation explained: Summary of core provisions and expected effects. 2019.
https://www.oeko.de/fileadmin/oekodoc/Analysis-of-LULUCF-Regulation.pdf

Böttcher, H. et al. EU-Klimapolitik zum Frühstück. 2020.
https://www.oeko.de/fileadmin/oekodoc/EU-Klimapolitik-zum-Fruehstueck.pdf

Böttcher, H./Graichen, J. Impacts on the EU 2030 climate target of including LULUCF in the climate and energy policy framework. 2015.
https://www.oeko.de/oekodoc/2320/2015-491-en.pdf

Böttcher, H./Reise, J. The climate impact of forest and land management in the EU and the role of current reporting and accounting rules. 2020.
https://www.oeko.de/en/publications/p-details/the-climate-impact-of-forest-and-land-management-in-the-eu-and-the-role-of-current-reporting-and-accounting-rules

Boulding, K.E. „Foreword". Malthus, T.R. Population: The first essay. University of Michigan Press, 1959. S. V-XII.

Bouleau, N. Le mensonge de la finance: Les mathématiques, le signal-prix et la planète. Les éditions de l'Atelier, 2018.

Boykoff, M. et al. „Discursive stability meets climate instability: A critical exploration of the concept of 'climate stabilization' in contemporary climate policy". Global Environmental Change, 20 (2010), 53–64.

Brand, U./Wissen, M. Imperiale Lebensweise: Zur Ausbeutung von Mensch und Natur in Zeiten des globalen Kapitalismus. oekom, 2017

Brasseur, G. et al. (Hg.). Klimawandel in Deutschland. Springer, 2017.

Brookes, L. „Energy efficiency fallacies revisited". Energy Policy, 28 (2000), 355-366.

Brown, P./Caldeira, K. „Greater future global warming inferred from Earth's recent energy budget". Nature, 552 (2017), 45-50.

Bruyn, S. Calculation of additional profits of sectors and firms from the EU ETS. 2016.
https://www.cedelft.eu/publicatie/calculation_of_additional_profits_of_sectors_and_firms_from_the_eu_ets/1763

Brysse, K., et al. „Climate change prediction: Erring on the side of least drama?". Global Environmental Change, 23 (2013), 327-337.

Bueb, J. et al. „Border adjustment mechanisms: Elements of economic, legal, and political analysis". Arent, D. et al. (Hg.). The political economy of clean energy transitions. Oxford University Presss, 2017. S. 60-79.

Buhofer, S. Der Klimawandel und die internationale Klimapolitik in Zahlen. 2. Aufl. oekom, 2018.

Büntgen, U. et al. „Recent European drought extremes beyond common era background variability", Nature Geoscience, (2021), 578-582.

Caesar, L. et al. „Current atlantic meridional overturning circulation weakest in last millennium". Nature Geoscience, 14 (2021), 1-3.

Callicott, J./Nelson, M. (Hg.). The great new wilderness debate. University of Georgia Press, 2002.

Cames, M: et al. How additional is the clean development mechanism? 2016.
https://ec.europa.eu/clima/sites/clima/files/ets/docs/clean_dev_mechanism_en.pdf

Campbell, K. et al. The age of consequences: The foreign policy and national security implications of global climate change. 2007.
https://csis-website-prod.s3.amazonaws.com/s3fs-public/legacy_files/files/media/csis/pubs/071105_ageofconsequences.pdf

CAN (Climate Action Network). NGO Position on the post-2020 LULUCF regulation. 2016.
http://www.caneurope.org/docman/land-based-emissions/3023-can-europe-lulucf-position-dec-2016/file

Carbon Market Watch. Industry windfall profits from Europe's carbon market. 2016.
https://carbonmarketwatch.org/wp-content/uploads/2016/03/Policy-brief_Industry-windfall-profits-from-Europe%E2%80%99s_web_final-1.pdf

Carbon Market Watch. Carbon markets: The ultimate guide to global offsetting mechanisms. 2020a.
https://carbonmarketwatch.org/wp-content/uploads/2020/07/CMW-ENGLISH-CARBON-MARKETS-101-THE-ULTIMATE-GUIDE-TO-MARKET-BASED-CLIMATE-MECHANISMS-FINAL-2020-WEB.pdf

Carbon Market Watch. 10 key principles for a carbon border adjustment measure (CBAM). 2020b.
https://carbonmarketwatch.org/publications/10-key-principles-for-a-carbon-border-adjustment-measure-cbam/

Carbon Market Watch. Above and beyond carbon offsetting. 2020c.
https://carbonmarketwatch.org/publications/above-and-beyond-carbon-offsetting-alternatives-to-compensation-for-climate-action-and-sustainable-development/

Cardilini, A./Sutton, P. Delivering maximum protection. Breakthrough National Centre for Climate Restoration. Melbourne, 2020.

Carton, W. Carbon unicorns and fossil futures: Whose emission reduction pathways is the IPCC performing? 2020.
https://www.researchgate.net/publication/345992520_Carbon_unicorns_and_fossil_futures_Whose_emission_reduction_pathways_is_the_IPCC_performing

Carver, L. Measuring the value of what? 2015.
http://thestudyofvalue.org/wp-content/uploads/2015/02/WP11-Carver-2015-Measuring-what-value.pdf

CEP (Zentrum für Europäische Politik). „Marktstabilitätsreserve" für den Emissionshandel. 2014.
https://www.cep.eu/Analysen/COM_2014_20_Marktstabilitaetsreserve/
cepAnalyse_COM_2014_20_ETS-Marktstablitaetsreserve.pdf

Chomba, S. et al. Roots of inequity: How the implementation of REDD+ reinforces
past injustices. Land Use Policy, 50 (2016), 202-213.

Christensen, P. et al. „Uncertainty in forecasts of long-run economic growth". Proceedings of the National Academy of Sciences, 115 (2018), 5409-5414.

Clark, M. et al. „Global food system emissions could preclude achieving the 1.5°
and 2°C climate change targets". Science, 370 (2020), 705-708.

Climate Action Tracker. Climate crisis demands more government action as emissions
rise. 2019a.
https://climateactiontracker.org/documents/537/CAT_2019-06-19_
SB50_CAT_Update.pdf

Climate Action Tracker. Warming projections: Global update. 2019b.
https://climateactiontracker.org/documents/644/CAT_2019-09-19_
BriefingUNSG_WarmingProjectionsGlobalUpdate_Sept2019.pdf

Cludius, J./Hermann. H. Die Zusatzgewinne ausgewählter deutscher Branchen und
Unternehmen durch den EU-Emissionshandel. 2014.
https://www.oeko.de/oekodoc/1996/2014-016-de.pdf

Conly, S. Against autonomy: Justifying coercive paternalism. Cambridge University
Press, 2013.

Counter Balance. The Kasigau Corridor REDD+ project in Kenya: A crash dive for
Althelia climate fund. 2017.
https://counter-balance.org/uploads/files/Reports/Flagship-Reports-Files/
2017-The-Kasigau-Corridor-REDD-Kenya.pdf

Covey, K. et al. „Carbon and beyond: The biogeochemistry of climate in a rapidly
changing Amazon". Frontiers in Forests and Global Change, 4 (2021), 1-20.

Cramton, P. et al. Global carbon pricing. MIT Press, 2017.
https://carbon-price.com/

Cullenward, D./Victor, D. Making climate policy work. Polity Press, 2020.

Damassa, T. et al. Interpreting INDCs: Assessing transparency of post-2020 greenhouse gas emissions targets for 8 top emitting economies. 2015.
https://gspp.berkeley.edu/assets/uploads/research/pdf/
WRI_WP_InterpretingINDCs.pdf

Dasgupta, P. The economics of biodiversity. 2021.
https://assets.publishing.service.gov.uk/government/uploads/system/uploads/
attachment_data/file/962785/The_Economics_of_Biodiversity_The_
Dasgupta_Review_Full_Report.pdf

Davis, S./Caldeira, K. Consumption-based accounting of CO_2 emissions. 2010.
https://www.pnas.org/content/pnas/107/12/5687.full.pdf

DeFries, R. et al. The missing economic risks in assessments of climate change impacts. 2019.
https://www.lse.ac.uk/granthaminstitute/wp-content/uploads/2019/09/
The-missing-economic-risks-in-assessments-of-climate-change-impacts-2.pdf

DEHSt. Die Zuteilung von Emissionsberechtigungen an Luftfahrzeugbetreiber für die Handelsperioden 2012 und 2013-2020. 2012.
https://www.dehst.de/SharedDocs/downloads/DE/luftverkehr/
LV_Zuteilungsbericht.pdf?__blob=publicationFile&v=1

DEHSt. Deutsches CDM-Handbuch: Leitfaden für Antragsteller. 2015.
https://www.dehst.de/SharedDocs/downloads/DE/projektmechanismen/
CDM-Handbuch.pdf;jsessionid=20409FDE51B9F697033AA62E01AC2EF
4.1_cid292?__blob=publicationFile&v=2

DEHSt. Internationale Klimaschutzprojekte. 2016.
https://www.dehst.de/SharedDocs/downloads/DE/publikationen/Factsheet_
JI-CDM.pdf;jsessionid=195881504CA8B02FB832FC1FD4E79673.2_
cid292?__blob=publicationFile&v=3

DEHSt. Vulnerability of CDM projects for discontinuation of mitigation activities. 2017a.
https://www.dehst.de/SharedDocs/downloads/EN/project-mechanisms/
vulnerability-of-CDM.pdf?__blob=publicationFile&v=3

DEHSt. Leveraging domestic offset projects for a climate neutral world. 2017b.
https://www.dehst.de/SharedDocs/downloads/DE/projektmechanismen/
Leveraging_domestic_offsets.pdf%3F__blob%3DpublicationFile%26v%3D3

DEHSt. Offset credit supply potential for CORSIA: Discussion paper. 2019.
https://newclimate.org/wp-content/uploads/2019/11/Offset-credit-supply-
potential-for-CORSIA.pdf

DEHSt. Klimaneutrale Dienstreisen der Bundesregierung: Hintergrundpapier. 2020a.
https://www.dehst.de/SharedDocs/downloads/DE/projektmechanismen/
Dienstreisen_Hintergrundpapier.pdf?__blob=publicationFile&v=3

DEHSt. Auktionierung: Deutsche Versteigerungen von Emissionsberechtigungen. 2020b.
https://www.dehst.de/SharedDocs/news/DE/Auktionierung_Monatsbericht.html

Delbeke, J./Vis, P. (Hg.). EU climate policy explained. Routledge, 2015.

Deml, M./Blisse, H. Grünes Geld: Handbuch für nachhaltige Geldanlagen. Medianet Verlag, 2016.

Deutsches Klima-Konsortium (Deutsche Meteorologische Gesellschaft, Deutscher Wetterdienst, Extremwetterkongress Hamburg, Helmholtz-Klima-Initiative, klimafakten.de et al.). Was wir heute übers Klima wissen. 2020.
https://www.klimafakten.de/sites/default/files/downloads/
20200909klimafakten-final-final.pdf

Devlin, S./Bernick, S. Managing aviation passenger demand with a frequent flyer levy. 2015.
https://s3-eu-west-1.amazonaws.com/media.afreeride.org/documents/FFL+Modelling+paper.pdf

Diamond, J. Kollaps. Fischer, 2011 (2005).

Dietz, S. „High impact, low probability? An empirical analysis of risk in the economics of climate change". Climate Change, 103 (2009), 519–541.

Dilger, A. Wirtschaftsethische Überlegungen zum Klimawandel. 2020.
https://www.wiwi.uni-muenster.de/io/de/forschen/downloads/DP-IO_05_2020

DNR (Deutscher Naturschutzring). Hintergrund zu LULUCF: Emissionen aus dem Landnutzungssektor. 2017.
https://www.dnr.de/fileadmin/Publikationen/Steckbriefe_Factsheets/17_05_23_EUK_Hintergrund_LULUCF.pdf

DNV (Det Norske Veritas). VCS final validation report. Wildlife Works Kasigau Corridor REDD project phase II: The community ranches.
https://www.everlandmarketing.com/wp-content/uploads/2019/12/Kasigau-CCB_Verification-Report.pdf

Doda et al. Voluntary offsetting: Credits and allowances. 2021.
https://www.umweltbundesamt.de/sites/default/files/medien/5750/publikationen/2021_01_11_cc_04-2020_voluntary_offsetting_credits_and_allowances_1.pdf

Doherty, T. et al. „Human disturbance causes widespread disruption of animal movement". Nature Ecology & Evolution, 5 (2021), 513-519.

Dolphin, G. et al. „The political economy of carbon pricing: A panel analysis". Oxford Economic Papers, 72 (2020), 472-500.

Dooley K. et al. „Co-producing climate policy and negative emissions: Trade-offs for sustainable land-use". Global Sustainability, 1 (2018), 1-10.

Duarte, C. et al. „The soundscape of the Anthropocene ocean". Science, 371 (2021), 1-10.

Dunlop, I./Spratt, D. Disaster alley. Breakthrough National Centre for Climate Restoration. Melbourne, 2017.

Dwyer, M./Ingalls, M. REDD+ at the crossroads: Choices and tradeoffs for 2015-2020 in Laos. 2015.
https://www.cifor.org/publications/pdf_files/WPapers/WP179Dwyer.pdf

Dyer, N./ Counsell, S. McREDD. How McKinsey ‚cost-curves' are distorting REDD. 2010.
https://www.academia.edu/380643/How_McKinsey_cost_curves_are_distorting_REDD

Ecosystem Marketplace. State of European markets 2017: Voluntary carbon. 2017a.
https://www.ecostarhub.com/wp-content/uploads/2017/06/State-of-European-Markets-2017-Voluntary-Carbon.pdf

Ecosystem Marketplace. Unlocking potential: State of the voluntary carbon market 2017. 2017b.
https://www.forest-trends.org/publications/unlocking-potential/

Ecosystem Marketplace. Financing emissions reductions for the future state of the voluntary carbon markets 2019. 2019.
https://www.forest-trends.org/wp-content/uploads/2019/12/SOVCM2019.pdf

Edenhofer, O. Trends and projections in Europe 2018. 2018.
https://op.europa.eu/hr/publication-detail/-/publication/
2e243981-1555-11e9-81b4-01aa75ed71a1

Edenhofer, O. et al. „Der Grundriss für ein neues Klimaregime". Ifo-Schnelldienst, 69 (2016), 11-14.

Edenhofer, O. et al. „Wie der Emissionshandel wieder zur zentralen Säule der europäischen Klimapolitik werden kann". Angrick, M. et al. (Hg.). 12 Jahre Europäischer Emissionshandel in Deutschland. Metropolis, 2018. S. 217-244.

Edenhofer, O. et al. Optionen für eine CO_2-Preisreform. 2019.
https://www.mcc-berlin.net/fileadmin/data/B2.3_Publications/Working%20
Paper/2019_MCC_Optionen_f%C3%BCr_eine_CO2-Preisreform_final.pdf

Edenhofer, O. et al. „Das Klimaschutzprogramm der Bundesregierung: Eine Wende der deutschen Klimaschutzpolitik". Perspektiven der Wirtschaftspolitik, 21 (2020), 4-18.

Edenhofer, O./Kalkuhl, M. „When do increasing carbon taxes accelerate global warming? A note on the green paradox". Energy Policy, 39 (2011), 2208-2212.

Edenhofer, O./Jakob, M. Klimapolitik. 2. Aufl. Beck, 2019.

Elgin, B. These trees are not what they seem: How The Nature Conservancy, the world's biggest environmental group, became a dealer of meaningless carbon offsets. Bloomberg News, 9.12.2020.
https://www.bloomberg.com/features/2020-nature-conservancy-carbon-offsets-trees/

Elhacham, E. et al. „Global human-made mass exceeds all living biomass". Nature, 588 (2020), 442-444.

Ellenbeck, S./Lillestam, J. „How modelers construct energy costs: Discursive elements in energy system and integrated assessment models". Energy Research and Sociel Science, 47 (2019), 69-77.

Ellerman, A. et al. Pricing carbon: The European Union emissions trading system. Cambridge University Press, 2010.

Emmott, S. Zehn Milliarden. Suhrkamp, 2013.

EnergieAgentur.NRW. Klimaneutralität durch freiwillige Kompensation. 2017.
https://www.energieagentur.nrw/klimaschutz/klimaneutralitaet/klimaneutralit
aet-durch-freiwillige-kompensation

Energiekonsens. CO$_2$-Kompensationsanbieter. o. J.
https://www.energiekonsens.de/media/03_Unternehmen/Themenblaetter/
Kompensation.pdf

Eni. Sustainability. Eni compensates 1.5 million tonnes of CO$_2$ emissions through the development of REDD+ forest conservation projects. 18.11.2020.
https://www.eni.com/en-IT/media/press-release/2020/11/
cs-eni-compensazione-emissioni.html

Eraker, H. Carbon colonialism. 2000.
https://www.cseindia.org/carbon-colonialism-3136

ERCST et al. State of the EU ETS Report. 2020.
https://ercst.org/publication-2020-state-of-the-eu-ets-report/

Estrada, M. Standards and methods available for estimating project-level REDD+ carbon benefits: reference guide for project developers. 2011.
https://www.cifor.org/publications/pdf_files/WPapers/WP52CIFOR.pdf

EU-Kommission. Report from the commission to the European parliament and the council: The state of the European carbon market in 2012. (COM (2012) 652 final). 2012.
https://ec.europa.eu/clima/sites/clima/files/ets/reform/docs/
com_2012_652_en.pdf

EU-Kommission. EU ETS handbook. 2015.
https://ec.europa.eu/clima/sites/clima/files/docs/ets_handbook_en.pdf

EU-Kommission. Report from the commission to the European parliament and the council: The state of the European carbon market. (COM (2017) 693 final). 2017.
https://ec.europa.eu/commission/sites/beta-political/files/
report-functioning-carbon-market_en.pdf

EU-Kommission. Guidance on developing and reporting forest reference levels in accordance with Regulation (EU) 2018/841. 2018.
http://pure.iiasa.ac.at/id/eprint/15375/1/Submitted_TG_20180622_clean.pdf

EU. Verordnung (EU) 2018/841 des Europäischen Parlaments und des Rates vom 30. Mai 2018 über die Einbeziehung der Emissionen und des Abbaus von Treibhausgasen aus Landnutzung, Landnutzungsänderungen und Forstwirtschaft in den Rahmen für die Klima- und Energiepolitik bis 2030.
https://eur-lex.europa.eu/legal-content/DE/TXT/PDF/?uri=CELEX:32018R0841

Everland. REDD+, a force of nature. 30.6.2020.
https://everland-marketing.medium.com/redd-a-force-of-nature-6117efd7123d

Faber, J./O'Leary, A. Taxing aviation fuels in the EU. 2018.
https://www.transportenvironment.org/sites/te/files/publications/
2019_02_CE_Delft_Taxing_Aviation_Fuels_EU.pdf

Farid, M. et al. After Paris: Fiscal, macroeconomic and financial implications of climate change. IMF staff discussion note. 2016.
https://www.imf.org/external/pubs/ft/sdn/2016/sdn1601.pdf

Fatheuer, F. Die vermessene Natur. REDD: Wie die Klimapolitik den Wald entdeckt und verändert. 2015.
https://www.fdcl.org/wp-content/uploads/2016/03/FDCL_REDD_web1.pdf

Felli, R. „Environment, not planning: the neoliberal depoliticisation of environmental policy by means of emissions trading". Environmental Politics, 24 (2015), 641-660.

Fern. Cheating the climate: The problems with aviation industry plans to offset emissions. 2016.
https://www.fern.org/fileadmin/uploads/fern/Documents/Cheating%20the%20climate%20aviation%20industry.pdf

Fern. Unearned credit: Why aviation industry forest offsets are doomed to fail. 2017.
https://www.fern.org/fileadmin/uploads/fern/Documents/Fern_Unearned_Credit_FINAL.pdf

Fern. Fern analysis of the EU's LULUCF regulation. 2018.
https://www.fern.org//fileadmin/uploads/fern/Documents/Analysis%20of%20trilogue%20outcome%20on%20LULUCF%20Regulation_final_0.pdf

Finance and Trade Watch. Grünes Fliegen – gibt es das? 2017.
http://www.ftwatch.at/wp-content/uploads/2017/10/FT-Watch_Gruenes-Fliegen_2017.pdf

First Climate. Handbuch für Klimaneutralität. 2008.
https://www.dbu.de/OPAC/ab/DBU-Abschlussbericht-AZ-25433.pdf

First Climate. Complying with CORSIA: Advisory services for the aviation industry. 2020.
https://www.firstclimate.com/wp-content/uploads/2019/05/Complying_with_CORSIA_Brosch%C3%BCre_04-2019.pdf

Fischer, E.-P. „Die Unbelehrbarkeit des Menschen". Lesch, H./Kaphausen, K. (Hg.). Die Menschheit schafft sich ab. Komplett-Media, 2016. S. 486-511.

Fischer, H. et al. „Palaeoclimate constraints on the impact of 2 °C anthropogenic warming and beyond". Nature Geoscience, 11 (2018), 474-485.

Foer, J. Wir sind das Klima! Kiepenheuer & Witsch, 2019.

Forzieri, G. et al. „Emergent vulnerability to climate-driven disturbances in European forests". Nature Communications, 12 (2021), 1-12.

Frame, D./Allen, M. „Climate change and global risk". Bostrom, N./Cirkovic, M. (Hg.). Global catastrophic risk. Oxford University Press, 2012, 265-286.

Freudenburg, W./Muselli, V. „Global warming estimates, media expectations, and the asymmetry of scientific challenge". Global Environmental Change, 20 (2010), 483-491.

Fridays for Future. Unsere Forderungen für den Klimaschutz. 2019.
https://fridaysforfuture.de/wp-content/uploads/2019/04/Forderungen-min.pdf

Friedlingstein, P. et al. „Global carbon budget 2019". Earth System Science Data, 11 (2019), 1783-1838.

Friedrich, M. et al. Understanding the explosive trend in EU ETS prices: Fundamentals or speculation? 2020a.
https://arxiv.org/pdf/1906.10572.pdf

Friedrich, M. et al. From fundamentals to financial assets: The evolution of understanding price formation in the EU ETS. 2020b.
https://www.econstor.eu/handle/10419/216726

Fuglestvedt, J. et al. „Implications of possible interpretations of ‚greenhouse gas balance' in the Paris Agreement". 2017.
https://royalsocietypublishing.org/doi/10.1098/rsta.2016.0445

Fuhr, L. et al. COP 21 und das Abkommen von Paris: Das Erwachen der Macht. Heinrich-Böll-Stiftung. 2015.
https://www.boell.de/de/2015/12/17/cop-21-und-die-vereinbarung-von-paris

Fujimori, S. et al. „A new generation of emissions scenarios should cover blind spots in the carbon budget space". Nature Climate Change, 9 (2019), 798-800.

Future Camp. Emissionshandel und Klimastrategien. Weka Media, 2011.

Gallagher, K./Kozul-Wright, R. A new multilateralism for shared prosperity: Geneva principles for a global green new deal. 2019.
http://www.bu.edu/gdp/files/2019/04/A-New-Multilateralism-GDPC_UNCTAD.pdf#page=1&zoom=auto,-240,648

Gates, B. Wie wir die Klimakatastrophe verhindern. Piper, 2021.

Geden, O. „Climate advisers must maintain integrity". Nature, 521 (2015), 27-28.

Geist, H./Lambin, E. Proximate causes and underlying driving forces of tropical deforestation. BioScience, 52 (2002), 143-150.

Gerlagh, R. et al. Endogenous emission caps always induce a green paradox. 2019.
https://www.ifo.de/DocDL/cesifo1_wp7862.pdf

Germanwatch. A comparison of carbon market standards for REDD+ projects. 2016.
https://germanwatch.org/sites/germanwatch.org/files/publication/17247.pdf

Gibis, C. et al. „Kompatibilität des Europäischen Emissionshandels mit dem energie- und klimapolitischen Instrumentenmix gewinnt zunehmend an Bedeutung". Angrick, M. et al. (Hg.). 12 Jahre Europäischer Emissionshandel in Deutschland. Metropolis, 2018. S. 245-262.

Gilbertson, T./Reyes, O. Globaler Emissionshandel: Wie Luftverschmutzer belohnt werden. Brandes und Apsel, 2010.

Gilding, P. Climate emergency defined. Breakthrough National Centre for Climate Restoration. Melbourne, 2019.

GIZ. Integrierter Unternehmensbericht 2019. 2020a.
https://www.giz.de/de/downloads/giz2020-de-integrierter-
unternehmensbericht-2019.pdf

GIZ. Klima- und Umweltbilanz 2018: Aktualisierte Fassung. 2020b.
https://www.giz.de/de/downloads/giz2019-de-klima-und-umweltbilanz-2018.pdf

Golde, M. Rebound-Effekte: Empirische Ergebnisse und Handlungsstrategien. 2016.
https://www.umweltbundesamt.de/publikationen/rebound-effekte

Goldstandard. Outlining potential sceniarios for the voluntary carbon market post-
2020. 2020.
https://www.goldstandard.org/sites/default/files/documents/
voluntary_carbon_market_post-2020_part_2.pdf

Gollier, C./Tirole, J. „10 effective institutions against climate change". Cramton, P.
et al. Global carbon pricing. MIT Press, 2017. S. 165-204.

Gollier, C./Tirole, J. „Negotiating effective institutions against against climate
change". Economics of Energy and Environmental Policy, 4 (2015), 5-27.

Goos, H. „Fluch der Karibik". Der Spiegel, 25/2020, 52-56.

Göpel, M. Unsere Welt neu denken. 2. Aufl. Ullstein, 2020.

Gores, S. et al. Turning points for the ambition of European climate targets. 2020a.
https://www.oeko.de/fileadmin/oekodoc/Turning-points-for-the-ambition-of-
climate-targets.pdf

Gores, S. et al. Wanted: A new 2030 climate target for the EU. 2020b.
https://www.oeko.de/fileadmin/oekodoc/Policy-Brief-GHG-target.pdf

Gottwald, F.-T./Klepsch, A. (Hg.). Tiefenökologie. Eugen Diederichs Verlag, 1995.

Götze, S./Joeres, A. Die Klimaschutzlobby. Piper, 2020.

Graham, C. et al. Implications of afforestation for bird communities: The importance
of preceding land-use typ. 2015.
https://www.ucc.ie/en/media/research/planforbio/pdfs/Grahametal2015BC.pdf

Graichen, J. et al. Trends and projections under the effort sharing legislation. 2021.
https://www.eionet.europa.eu/etcs/etc-cme/products/etc-cme-reports/
etc-cme-report-8-2020

Graichen, V. Der EU-Emissionshandel im Zusammenspiel mit komplementären
Maßnahmen und die Rolle der Marktstabilitätsreserve. 2018.
https://www.strommarkttreffen.org/2018-11-16_Graichen_EU-Emissionshandel
_im_Zusammenspiel_mit_komplementaeren_Massnahmen_und_MSR.pdf

Graichen, V. et al. The role of the EU ETS in increasing EU climate ambition. 2019.
https://www.sitra.fi/en/publications/the-role-of-the-eu-ets-in-increasing-eu-
climate-ambition/

Grassi, G./Pilli, R. Projecting the EU forest carbon net emissions in line with the „continuation of forest management": The JRC method. 2017 (Projecting the EU forest carbon net emissions in line with the "continuation of forest ma-nagement").

Gray, J. Straw dogs. Granta Books, 2002.

Greenpeace. VWs Bluff mit der Klimaneutralität. Wie Volkswagen sich mit einem wirkungslosen Kompensationsprojekt vor möglichen CO_2-Einsparungen drückt. 2020.
https://www.greenpeace.de/sites/www.greenpeace.de/files/publications/s03221_gp_suv_id4_studie_09_2020_dt_fly_04.pdf

Greer, J. The long descent. New Society Publishers, 2011.

Hache, F. 50 shades of green: The rise of natural capital markets and sustainable finance. 2019.
https://greenfinanceobservatory.org/wp-content/uploads/2019/03/50-shades-carbon-final.pdf

Hache, F. 50 shades of green: Sustainable finance 2.0. 2020a.
https://greenfinanceobservatory.org/wp-content/uploads/2020/03/50-shades-part-III_v5.10.pdf

Hache, F. 50 shades of green: The fallacy of environmental markets. 2020b.
https://greenfinanceobservatory.org/wp-content/uploads/2019/05/50-shades-biodiversity-final.pdf

Hansen, J. „Scientific reticence and sea level rise". Environmental Research Letters, 2 (2007), 1-6.

Hansen, J. Storms of my grandchildren: The truth about the coming climate catastrophe and our last chance to save humanity. Bloomsbury, 2009.

Hansen, J. et al. „Climate sensitivity, sea level and atmospheric carbon dioxide". Philosophical Transactions of the Royal Society, 371 (2013), 1-31.

Hargita, Y. et al. Die Umweltauswirkungen der Landnutzung, Landnutzungsänderungen und Forstwirtschaft (LULUCF) in einem zukünftigen Klimaschutzabkommen. 2016.
https://www.umweltbundesamt.de/sites/default/files/medien/377/publikationen/2016-11-15_lulucfpost2020_uba-abschlussbericht_final.pdf

Harthan, R. Treibhausgasminderungswirkung des Klimaschutzprogramms 2030 (Kurzbericht). 2020.
https://www.umweltbundesamt.de/sites/default/files/medien/1410/publikationen/2020-03-05_climate-change_12-2020_treibhausgasminderungs wirkungen-klimaschutzprogramm-2030.docx_.pdf

Harthan, R. et al. Positionspapier Klimakompensation. 2010.
https://www.oeko.de/oekodoc/1011/2010-071-de.pdf

Hauser, M. Moral minds. HarperCollins, 2006.

Hausfather, Z. Analysis: How much ‚carbon budget' is left to limit global warming to 1.5C? 2018.
https://www.carbonbrief.org/analysis-how-much-carbon-budget-is-left-to-limit-global-warming-to-1-5c

Haya, B. Failed mechanisms. 2007.
https://www.researchgate.net/publication/254412849

Haya, B. Measuring emissions against an alternative future: Fundamental flaws in the structure of the Kyoto protocol's clean development mechanism. 2009.
http://erg.berkeley.edu/working_paper/index.shtml

Haya, B./Parekh, P. Hydropower in the CDM. 2011.
http://bhaya.berkeley.edu/docs/Haya_Parekh-ER11-001-Hydropower_in_the_CDM.pdf

Hazeleger et al. „Tales of future weather". Nature Climate Change, 5 (2015), 107-114.

Healy, S. et al. The EU emissions trading system in 2019: Trends and projections. 2019.
https://www.eea.europa.eu/themes/climate/trends-and-projections-in-europe/trends-and-projections-in-europe-2019/the-eu-emissions-trading-system

Heede, R. „Tracing anthropogenic carbon dioxide and methane emissions to fossil fuel and cement producers, 1854-2010". Climatic Change, 122 (2014), 229-241.

Hein, J. Klimaschutz durch Waldschutz? Eine kritische Bilanz nach zehn Jahren REDD+. 2017.
https://www.bpb.de/apuz/260682/klimaschutz-durch-waldschutz-eine-kritische-bilanz-nach-zehn-jahren-redd?p=all

Heindl, P. et al. „Der Europäische Emissionshandel als zentrales klimapolitisches Instrument. Einbettung, Erfahrungen aus der Praxis und Wirkungsanalyse". Angrick, M. et al. (Hg.). 12 Jahre Europäischer Emissionshandel in Deutschland. Metropolis, 2018. S. 69-86.

Helmke, H. et al. „Provision of climate services: The XDC model". Filho, W./Jacobs, D. (Hg.). Handbook of climate services. Springer, 2000. S. 223-240.

Henley, B./King, A. „Trajectories toward the 1.5°C Paris target: Modulation by the interdecadal pacific oscillation". Geophysical Research Letters, 44 (2017), 4256-4262.

Heuwieser, M. Grüner Kolonialismus in Honduras: Land Grabbing im Namen des Klimaschutzes und die Verteidigung der Commons. Promedia-Verlag, 2015.

Heuwieser, M. Die Illusion des grünen Fliegens. Heinrich-Böll-Stiftung. 2018a.
https://www.boell.de/de/2018/08/29/die-illusion-des-gruenen-fliegens

Heuwieser, M. Böden sind nicht nur Kohlenstoffspeicher. 2018b.
https://www.boell.de/de/2018/11/28/boeden-sind-nicht-nur-kohlenstoffspeicher

Hickel, J. Less is more. William Heinemann, 2020.

Hicks, J. The theory of wages. Macmillan, 1932.

Hoberg, P. Die Zeitbombe: Dürfen Autos in Deutschland noch verkauft werden?. 2021.
https://derelektroautoschwindel.wordpress.com/2021/03/28/die-zeitbombe-durfen-autos-in-deutschland-noch-verkauft-werden/

Holling, C. „The resilience of terrestrial ecosystems: local surprise and global change". Clark, W./Munn, R. (Hg.). Sustainable development of the biosphere. Cambridge University Press, 1986. S. 292-317.

Hornborg, A. et al. (Hg.). Rethinking environmental history. Alatamira Press, 2007.

Hosonuma, N. et al. An assessment of deforestation and forest degradation drivers in developing countries. Environmental Research Letters, 7 (2012), 1-12.

Huber, J. Monetäre Modernisierung. 6. Aufl. Metropolis, 2018.

Huckestein, B. „Klimaneutrale Unternehmen und Verwaltungen". GAIA – Ecological Perspectives for Science and Society, 29 (2020), 21-26.

Hudson, M. „Offsetting under pressure". Nature Climate Change, 2 (2012), 307.

International Rivers. Bad deal for the planet: Why carbon offsets aren't working … and how to create a fair global climate accord. 2008.
https://archive.internationalrivers.org/sites/default/files/attached-files/drp2english2008-521.pdf

International Rivers. Promoting a paradigm shift. 2013.
https://www.internationalrivers.org/sites/default/files/attached-files/berlin_gcf_additionality_intlrivers0313.pdf

IPCC. Guidelines for national greenhouse gas inventories. Volume 4: Agriculture, forestry and other land use. 2006.
https://www.ipcc-nggip.iges.or.jp/public/2006gl/vol4.html

IPCC. Guidance note for lead authors of the IPCC fifth assessment report on consistent treatment of uncertainties. 2010.
https://www.ipcc.ch/site/assets/uploads/2017/08/AR5_Uncertainty_Guidance_Note.pdf

IPCC. Climate Change 2013: The physical science basis. 2013a.
https://www.ipcc.ch/site/assets/uploads/2018/02/WG1AR5_all_final.pdf

IPCC. Revised supplementary methods and good practice guidance arising from the Kyoto Protocol. 2013b.
http://www.ipcc-nggip.iges.or.jp/public/kpsg/pdf/KP/_Supplement/_Entire/_Report.pdf

IPCC. Klimaänderung 2013: Naturwissenschaftliche Grundlagen – Zusammenfassung für politische Entscheidungsträger. 2014a.
https://www.de-ipcc.de/media/content/AR5-WGI_SPM.pdf

IPCC. Climate Change 2014: Mitigation of Climate ChangeWorking. Group III. 2014b.
https://www.ipcc.ch/site/assets/uploads/2018/02/ipcc_wg3_ar5_full.pdf

IPCC. Climate change 2014: Synthesis report. 2015.
https://www.ipcc.ch/site/assets/uploads/2018/02/SYR_AR5_FINAL_full.pdf

IPCC. 1,5 °C globale Erwärmung: Zusammenfassung für politische Entscheidungsträger. 2018a.
https://www.de-ipcc.de/256.php

IPCC. Global warming of 1,5 °C. 2018b.
https://www.ipcc.ch/sr15/

IPCC. 1,5 °C globale Erwärmung: Häufig gestellte Fragen und Antworten. 2018c.
https://www.de-ipcc.de/media/content/SR1.5-FAQs_de_barrierefrei.pdf

Ivanova, D. et al. „Quantifying the potential for climate change mitigation of consumption options". Environmental Research Letters, 15 (2020), 1-20.
https://iopscience.iop.org/article/10.1088/1748-9326/ab8589

Iversen, P. et al. Understanding land use in the UNFCCC. 2014a.
http://www.climateandlandusealliance.org/wp-content/
uploads/2015/08/Understanding_Land_Use_in_the_UNFCCC.pdf

Iversen, P. et al. Understanding land use in the UNFCCC. 2014b.
https://ghginstitute.org/wp-content/uploads/2014/09/Understanding-Land-Use-in-the-UNFCCC-overview-presentation-2-October-20141.pdf

IWG/IFR. Report on the informal working group on interim finance for REDD+ (IWG/IFR). 2009.
https://seors.unfccc.int/applications/seors/attachments/
get_attachment?code=RDAPD7XD5383KM5UCPLJSK8408UFJSRA

Jaccard, M. The citizen's guide to climate success. Cambridge University Press, 2020.

Jacob, D. et al. „Climate impacts in Europe under +1.5oC global warming". Earth's Future, 6 (2018), 264-285.

Jasanoff, S./Wynne, B. „Science and decisionmaking". Rayner, S./Malone, E. (Hg.). Human choice and climate change. Band 1. Battelle Press, 1998. S. 1-87.

Kartha, S./Dooley, K. The risks of relying on tomorrow's 'negative emissions' to guide today's mitigation action. 2016.
https://mediamanager.sei.org/documents/Publications/Climate/
SEI-WP-2016-08-Negative-emissions.pdf

Keber, M. et al. 50 Jahre Protest gegen den Frankfurter Flughafenausbau. Mainbook, 2015.

Kern, B. Das Märchen vom grünen Wachstum. Rotpunktverlag, 2019.

KfW. Nachhaltigkeitsbericht 2019. 2020.
https://www.kfw.de/PDF/Download-Center/Konzernthemen/Nachhaltigkeit/
Nachhaltigkeitsbericht-2019.pdf

Khanna, P. Move: Das Zeitalter der Migration. Rowohlt, 2021.

Kill, J. EU-Emissionshandel abschaffen ist aktiver Klimaschutz. 2013.
https://www.rosalux.de/fileadmin/rls_uploads/pdfs/Standpunkte/
Standpunkte_03-2013_web.pdf

Kill, J. Economic valuation and payment for environmental services. Heinrich-Böll-
Stiftung. 2015.
https://www.boell.de/sites/default/files/e-paper_151109_e-paper_
economicvaluenature_v001.pdf

Kill, J. Economic valuation and payment for environmental services. Heinrich-Böll-
Stiftung. 2015.
https://www.boell.de/sites/default/files/e-paper_151109_e-paper_
economicvaluenature_v001.pdf

Kill, J. Was sind Kompensationsgutschriften und warum sind sie so umstritten? 2016a.
https://www.boell.de/de/2016/10/06/was-sind-kompensationsgutschriften-
und-warum-sind-sie-so-umstritten

Kill, J. Alte und neue Märkte für Kompensationsgutschriften. Heinrich-Böll-Stiftung.
2016b.
https://www.boell.de/de/2016/10/06/alte-und-neue-maerkte-fuer-
kompensationsgutschriften

Kill, J. Macher und Profiteure der neuen Ökonomie der Natur. Heinrich-Böll-Stiftung. 2016c.
https://www.boell.de/de/2016/10/06/macher-und-profiteure-der-neuen-
oekonomie-der-natur

Kill, J. Congo Basin rainforest project: Communities leery of „conservation revolution". 2016.
https://wrm.org.uy/articles-from-the-wrm-bulletin/section2/
congo-basin-rainforest-project-communities-leery-of-conservation-revolution/

Kill, J. Klimaneutralität – ein Holzweg? Mimeo. 2020.

Kim M.-K. et al. „Permanence discounting for land-based carbon sequestration".
Ecological Economics, 64 (2008), 763-769.

King, D. et al. Climate change: A risk assessement. Cambridge University Centre
for Science and Policy. Cambridge, 2015.

Klein, N. Die Entscheidung: Kapitalismus vs. Klima. S. Fischer, 2014.

Klimaschutzportal. Europäischer Emissionshandel: Der Handel mit CO_2 in Europa.
o. J.
https://www.klimaschutz-portal.aero/co2-kompensieren/
europaeischer-emissionshandel/

Knoblauch, C. et al. „Methane production as key to the greenhouse gas budget of
thawing permafrost". Nature Climate Change, 8 (2018), 309-312.

Knorr, W. The climate crisis demands new ways of thinking - scientists should be
first to admit failure and move on. 2019.
http://iflas.blogspot.com/2019/09/climate-scientists-should-admit-failure.html

Knuth, H./Fischer, T. Plant for the planet: Der Märchenwald. 2020.
https://www.zeit.de/2020/53/plant-for-the-planet-klimaschutz-organisation-mexiko-spendengelder?utm_referrer=https%3A%2F%2Fwww.ecosia.org%2F

Knutti, R./Rogelj, J. „The legacy of our CO_2 emissions: A clash of scientific facts, politics and ethics". Climatic Change, 133 (2015), 361-373.

Kollmuss, A. Chancen und Risiken beim Kauf von Emissionsminderungen im Ausland. 2017.
https://www.swisscleantech.ch/files/Kollmuss_Kurz-Studie_swisscleantech_1712.pdf

Kollmuss, A. Das Klima und der Flugverkehr. 2020.
https://www.anjakollmuss.com/posts/das-klima-und-der-flugverkehr/

Kollmuss, A. et al. Making sense of the voluntary carbon market: A comparison of carbon offsetting standards. 2008.
https://www.globalcarbonproject.org/global/pdf/WWF_2008_A%20comparison%20of%20C%20offset%20Standards.pdf

Kollmuss, A. et al. Has joint implementation reduced GHC emissions? 2015.
https://www.sei.org/publications/has-joint-implementation-reduced-ghg-emissions-lessons-learned-for-the-design-of-carbon-market-mechanisms-brief/

Kopp, R. et al. „Tipping elements and climate-economic shocks: Pathways toward integrated assessment". Earth's Future 4 (2016), 346-372.

Kornek, U. et al. The social cost of carbon and inequality. 2019.
https://papers.ssrn.com/sol3/Data_Integrity_Notice.cfm?abid=3387664

Kornek, U./Edenhofer, O. „The strategic dimension of financing global public goods". European Economic Review, 18 (2020), 1-27.

Kreiß, C. Gekaufte Forschung. Europa Verlag, 2015.

Krenek, A. et al. A WTO-compatible border tax adjustment for the ETS to finance the EU budget. 2020.
https://ideas.repec.org/p/wfo/wpaper/y2020i596.html

Krogstrup, S./Oman, W. Macroeconomic and financial policies for climate change mitigation: A review of the literature. IMF Working Paper 19/185. Washington, 2019.

Lane, M. The eco-republic. Princeton University Press, 2012.

Lang, C. Deforestation is increasing in the Mai Ndombe REDD project area: And the project still sells carbon credits. 2016.
https://redd-monitor.org/2016/02/18/deforestation-is-increasing-in-the-mai-ndombe-redd-project-area-and-the-project-still-sells-carbon-credits/

Lang, C. Is Wildlife Work's Mai Ndombe REDD+ project „additional"? 2017.
https://redd-monitor.org/2017/09/13/is-wildlife-works-mai-ndombe-redd-project-additional/

Lang, C. The lost REDD decade: Highlighted by counterfactual baseline nonsense in the Democratic Republic of Congo. 2019a.
https://redd-monitor.org/2019/01/16/the-lost-redd-decade-highlighted-by-counterfactual-baseline-nonsense-in-the-democratic-republic-of-congo/

Lang, C. Indonesia's Katingan REDD project sells carbon credits to Shell: But that doesn't mean the forest is protected. It's threatened by land conflicts, fires and a palm oil plantation. 2019b.
https://redd-monitor.org/2019/12/12/indonesias-katingan-redd-project-sells-carbon-credits-to-shell-but-that-doesnt-mean-the-forest-is-protected-its-threatened-by-land-conflicts-fires-and-a-palm-oil-plantation/

Larsson, J. et al. „International and national climate policies for aviation: A review". Climate Policy, 19 (2019), 787-799.

Latif, M. Heisszeit. Herder, 2020.

Latouche, S. Le pari de la décroissance. Favard, 2006.

Latour, B. Kampf um Gaia. Suhrkamp, 2017.

Laurent, E. „From the Paris agreement to the carobon convergence". Cramton, P. et al. Global carbon pricing. MIT Press, 2017. S. 205-219.

Lazarus, M. et al. Transitioning away from large-scale power projects. 2012.
https://www.jstor.org/stable/pdf/resrep00428.pdf?refreqid=excelsior%3Af2fc95281ce111e5f8e4c6de39d0746b

Lee, D. et al. The contribution of global aviation to anthropogenic climate forcing for 2000 to 2018. 2020.
https://www.sciencedirect.com/science/article/pii/S1352231020305689?via%3Dihub

Lee, W. Eco-nihilism: The philosophical geopolitics of the climate change apocalypse. Lexington Books, 2017.

Lenton, T. „Environmental tipping points". Annual Review of Environment and Resources, 38 (2013), 1-29.

Lenton, T. et al. „Tipping elements in the Earth's climate system". Proceedings of the National Academy of Sciences, 105 (2008), 1786-1793.

Lenton, T. et al. „Climate tipping points – too risky to bet against". Nature, 575 (2019), 592-595.

Lenton, T./Schellnhuber, H.J. „Tipping the scales". Nature Climate Change, 1 (2007), 97-98.

Lessenich, S. Nach uns die Sintflut. Hanser, 2016.

Leuschner, U. Energie-Chronik: Emissionshandel bescherte Industrie 24 Milliarden Euro Extra-Profite. 2016.
https://www.udo-leuschner.de/energie-chronik/160301.htm

Levin, K. et al. Designing and communicating net-zero targets. 2020.
https://files.wri.org/s3fs-public/designing-communicating-net-zero-targets.pdf

Li, G. et al. „Increasing ocean stratification over the past half-century". Nature Climate Change, 10 (2020), 1116-1123.

Löfgren, A. et al. „Distribution of emissions allowances and the use of auction revenues in the European Union emissions trading system". Review of Environmental Economics and Policy, 12 (2018), 284-303.

Lohmann, L. „A rejoinder to Matthew Paterson and Peter Newell". Development and Change, 43 (2012), 1177-1184.

Lohmann, L. Energy as abstract social nature: Climate change as labor issue. Mimeo. 2015.

Lohmann, L. Climatology/ideology: Unacknowledged struggle among global warming movements. o. J. a.
http://www.thecornerhouse.org.uk/sites/thecornerhouse.org.uk/files/ClimatologyIdeology_0.pdf

Lohmann, L. Bioenergy, Thermodynamics and Inequalities. o. J. b.
http://www.thecornerhouse.org.uk/sites/thecornerhouse.org.uk/files/THERMODYNAMICS-BIOENERGY%2005-03-20.pdf

Lohmann, L. Carbon policy is not climate policy. Mimeo. 2020.

Lovelock, J. „Commentary". Clark, W./Munn, R. (Hg.). Sustainable development of the biosphere. Cambridge University Press, 1986. S. 212.

Lovelock, J. Gaia. Scherz, 1993.

Lovelock, J. (mit B. Appleyard). Novozän. Beck, 2020.

Lücken, C.F. Freiwillige Klimaneutralität durch internationale CO_2-Kompensation. Shaker, 2019.

Luhmann, H./Obergassel, W. „Klimaneutralität versus Treibhausgasneutralität". GAIA – Ecological Perspectives for Science and Society, 29 (2020), 27-33.

Lynas, M. Six degrees: Our future on a hotter planet. Harper Collins, 2007.

Lynas, M. Our final warning: Six degress of climate emergency. Harper Collins, 2020.

MacDougall, A. „Is there warming in the pipeline? A multi-model analysis of the zero emissions commitment from CO_2". Biogeosciences, 17 (2020), 2987-3016.

Madlener, R./Alcott, B. Herausforderungen für eine technisch-ökonomische Entkoppelung von Naturverbrauch und Wirtschaftswachstum. 2011.
http://webarchiv.bundestag.de/archive/2013/0510/bundestag/gremien/enquete/wachstum/gutachten/m17-26-13.pdf

Malm, A. Fossil capital. Verso, 2016.

Malm, A. Corona, climate, chronic emergency. Verso, 2020.

Mann, G./Wainwright, J. Climate leviathan. Verso, 2018.

Mann, M. Propagandaschlacht ums Klima. Solare Zukunft, 2021.

Massarrat, M. Das Dilemma der ökologischen Steuerreform. 2. Aufl. Metropolis, 2000.

Matthews, H. et al. „Opportunities and challenges in using remaining carbon budgets to guide climate policy". Nature Geoscience, 13 (2020), 769-779.

Mauer, E-M. Evaluating the performance of the EU ETS MSR. 2019. https://www.pik-potsdam.de/en/institute/departments/transformation-pathways/projects/ahead/scientfic-articles/Mauer%20et%20al.%20-%20ETS%20Reform.pdf

Maxton-Lee, B. Forest conservation and sustainability in Indonesia: A political economy study of international governance failure. Routledge, 2020.

McKinsey. Pathways to a low-carbon economy: Version 2 of global greenhouse gas abatement cost curve. 2010. https://www.mckinsey.com/business-functions/sustainability/our-insights/pathways-to-a-low-carbon-economy

Meadows, D. Thinking in systems. Chelsea Green Publishing, 2008.

Meadows, D. et al. Grenzen des Wachstums: Das 30-Jahre-Update. 2. Aufl. Hirzel, 2007.

Meckling, J. Carbon coalitions: Business, climate politics, and the rise of emissions trading. MIT Press, 2011.

Meinshausen, M. et al. „Greenhouse-gas emission targets for limiting global warming to 2°C". Nature, 458 (2009), 1158-1163.

Messner, D. et al. „The budget approach: A framework for a global transformation toward a low-carbon economy". Journal of Renewable and Sustainable Energy, 2 (2010), o. S.

Mildenberger, M. Carbon capturing: How business and labor control climate politics. MIT Press, 2020.

Mitchell, W./Fazi, T. Reclaiming the state. Pluto Press, 2017.

Mora, C. et al. „Global risk of deadly heat". Nature Climate Change, 7 (2017), 501-507.

Moreno, C. et al. CO_2 als Maß aller Dinge: Die unheimliche Macht von Zahlen in der globalen Umweltpolitik. 2016. https://www.boell.de/de/2016/06/16/co2-als-mass-aller-dinge

Morris, A. Making border carbon adjustments work in law and practice. 2018. https://www.brookings.edu/wp-content/uploads/2018/07/TPC_20180726_Morris-Making-Border-Carbon-Adjustments-Work.pdf

Müller, E. „Kompensation und Klimaneutralität – Königsweg zum Klimaschutz?". GAIA – Ecological Perspectives for Science and Society, 29 (2020), 16-20.

Mutschler, B. Klimaneutralität in der Unternehmenskommunikation. Diplomica Verlag, 2012.

Nantke, H.-J. „Von der Richtlinie zum Gesetzvollzug: Aufbau und Funktion der Deutschen Emissionshandelsstelle". Angrick, M. et al. (Hg.). 12 Jahre Europäischer Emissionshandel in Deutschland. Metropolis, 2018. S. 33-45.

Neale, J. Fight the fire: Green new deals and global climate jobs. 2021.
     https://theecologist.org/sites/default/files/2021-02/Fight_the_Fire_0.pdf

Neckel, S. „Die Gesellschaft der Nachhaltigkeit". Neckel, S. et al. Die Gesellschaft
     der Nachhaltigkeit. Transcript, 2018. S. 11-23.

Nemet, G. How solar energy became cheap. Earthscan, 2019.

Nesbit, M. et al. Designing a LULUCF pillar that works for forests and climate. 2015.
     https://www.researchgate.net/publication/285593263_Designing_a_
     LULUCF_pillar_that_works_for_forests_and_climate

Nitzan, J./Bichler, S. Capital as power. Routledge, 2009.

Nordhaus, W. „Climate clubs: Overcoming free-riding in international climate policy".
     American Economic Review, 105 (2015), 1339-1370.

O'Neill, B. et al. „The roads ahead: Narratives for shared socioeconomic pathways
     describing world futures in the 21st century". Global Environmental Change,
     42 (2017), 169-180.

Obergassel, W. Shaping the Paris mechanisms. 2016.
     https://www.carbon-mechanisms.de/fileadmin/media/dokumente/Publikationen/
     Policy_Paper/PP_2016_04_Article_6_Submissions_bf.pdf

Obergassel, W. Shaping the Paris mechanisms. Part II. 2017.
     https://www.carbon-mechanisms.de/fileadmin/media/dokumente/Publikationen/
     Policy_Paper/PP_2017_01_Art6_Submissions_II_bf.pdf

Obergassel, W./Gomik, M. Update on the role of market mechanisms in intended
     nationally determined contributions. 2015.
     https://epub.wupperinst.org/frontdoor/deliver/index/docId/6095/file/
     6095_Market_Mechanisms.pdf

Obergassel, W./Asche, F. Shaping the Paris mechanisms. Part III. 2017.
     https://epub.wupperinst.org/frontdoor/deliver/index/docId/6987/file/
     6987_Paris_Mechanisms.pdf

Ockenfels, A. „Größtes Kooperationsproblem der Menschheitsgeschichte". Forschung
     und Lehre, 27 (2020), 906-907.

OECD. Effective carbon rates 2018: Pricing carbon through taxes and emissions
     trading. 2018.
     https://www.oecd.org/tax/effective-carbon-rates-2018-9789264305304-en.htm

Olsen, K.H. „The clean development mechanism's contribution to sustainable de-
     velopment: A review of the literature". Climatic Change, 84 (2007), 59-73.

Ophuls, W. Requiem for modern politics. Westview Press, 1997.

Oppenheimer, M. et al. Discerning experts: The practices of scientific assessment
     for environmental policy. University of Chicago Press, 2019.

Osorio, S. et al. Reviewing the market stability reserve in light of more ambitious
     EU ETS emission targets. 2020.
     https://www.econstor.eu/handle/10419/217240

Oxtoby, D. „Biodiversity and carbon neutrality". BioScience, 58 (2008), 382-383.
https://www.jstor.org/stable/10.1641/b580502

Paech, N. Befreiung vom Überfluss. oekom, 2012.

Paech, N. „Mythos Energiewende: Der geplatzte Traum vom grünen Wachstum".
Etscheit, G. (Hg.): Geopferte Landschaften – Wie die Energiewende unsere
Umwelt zerstört. Heyne, 2016. S. 205-228.

Paech, N. „Suffizienz als Antithese zur modernen Wachstumsorientierung". Folkers,
M./Paech, N. All you need is less. oekom, 2020. S. 119-215.

Pahle, M. Schriftliche Stellungnahme zum Thema „Ökologische Aspekte des Kohleausstiegs. Internet-öffentliches Fachgespräch des Umweltausschusses des Bun-
destags. 2020a.
https://www.bundestag.de/resource/blob/700506/685f63fafc6a1056d5d18a07
47773c32/19-16-352-C_PIK-data.pdf

Pahle, M. Den EU-Emissionshandel im Corona-Sturz stabilisieren. 2020b.
https://background.tagesspiegel.de/energie-klima/den-eu-emissionshandel-
im-corona-sturz-stabilisieren

Pahle, M. et al. Die unterschätzten Risiken des Kohleausstiegs. 2019.
https://www.pik-potsdam.de/research/transformation-pathways/projects/
ahead/scientfic-articles/Pahle-%20Edenhofer%20et%20al.%20-%20
Risiken%20Kohleausstieg.pdf

Pahle, M./Quemin, S. EU ETS: The market stability reserve should focus on carbon
prices, not allowance volumes. 2020.
https://energypost.eu/eu-ets-the-market-stability-reserve-should-focus-on-
carbon-prices-not-allowance-volumes/

Papst Franziskus. Enzyklika Laudato Si. 2015.
http://www.vatican.va/content/dam/francesco/pdf/encyclicals/documents/
papa-francesco_20150524_enciclica-laudato-si_ge.pdf

Parry, W. „3 Reflections on the international coordination of carbon pricing". Cramton,
P. et al. Global carbon pricing. MIT Press, 2017. S. 13-30.

Patt, A./Schrag, D. „Using specific language to describe risk and probability". Climatic
Change, 61 (2003), 17-30.

Pauer, S. Border carbon adjustements in support of domestic climate policies: Ex-
plaining the gap between theory and practice. 2019.
https://institute.smartprosperity.ca/sites/default/files/pauer-workingpaper.pdf

Pearson, B. „Market failure: Why the clean development mechnanism won't promote
clean development". Journal of Cleaner Production, 15 (2007), 247-252.

Perino, G. „New EU ETS Phase 4 rules temporarily puncture waterbed". Nature
Climate Change, 8 (2018), 262-264.

Perino, G. „Reply: EU ETS and the waterbed effect". Nature Climate Change, 9
(2019), 736.

Peukert, H. Lärm als soziale Kontrolle. Mikroform-Dissertation. Ketsch b. Mannheim, 1994.

Peukert, H. Die große Finanzmarkt- und Staatsschuldenkrise: Eine kritisch-heterodoxe Untersuchung. 5., korr. und erw. Auflage. Metropolis, 2013.

Peukert, H. „Kate Raworth: Die Donut-Ökonomie". Gesellschaft, Wirtschaft, Politik (GWP), 67 (2018), 409-413.

Peukert, H. Mikroökonomische Lehrbücher: Wissenschaft oder Ideologie? 2., korrigierte Auflage. Metropolis, 2019.

Peukert, H. „Plurale Ökonomik im Zeitalter der Ökokalypse". Hochmann, L. (Hg.). Economists4future. Murmann, 2020a. S. 143-157.

Peukert, H. Makroökonomische Lehrbücher: Wissenschaft oder Ideologie? 2. Aufl. Metropolis, 2020b.

Pfeifer, D. „Der Abfall der anderen". SZ (Süddeutsche Zeitung), 30.12.2020, 7.

Pindyck, R. „The use and misuse of models for climate policy". Review of Environmental Economics and Policy, 11 (2017), 100-114.

Pistone, K. et al. „Radiative heating of an ice-free arctic ocean". Geophysical Research Letters, 46 (2019), 7474-7480.

Point Carbon. Carry-over of AAUs from CP1 to CP2: Future implications for the climate regime. 2012.
https://carbonmarketwatch.org/wp-content/uploads/2012/11/
AAU-banking-briefing-paper-Point-Carbon.pdf

Praetorius, B. et al. „Europäischer Emissionshandel und flankierende nationale Instrumente – notwendige Kombination für wirksamen Klimaschutz". Angrick, M. et al. (Hg.). 12 Jahre Europäischer Emissionshandel in Deutschland. Metropolis, 2018. S. 105-118.

Prognos. Energiewirtschaftliche Projektionen und Folgeabschätzungen 2030/2050. 2020.
https://www.bmwi.de/Redaktion/DE/Publikationen/Wirtschaft/
klimagutachten.pdf?__blob=publicationFile&v=8

Puls, T./Schaefer, T. „Klimakonferenz von Paris: Auf die armen Worte müssen jetzt auch Taten folgen". Ifo-Schnelldient, 69 (2016), 15-18.

Purdon, M. Ex-post evaluation of the additionality of a clean development mechanism cogeneration project in Uganda: The significance of changes in project financing and background economic conditions. 2014.
http://www.lse.ac.uk/GranthamInstitute/wp-content/uploads/2014/04/
Working-Paper-152-Purdon-2014.pdf

Rabe, B. Can we price carbon? MIT Press, 2018.

Rabenschlag, J. et al. „Evaluation der Umsetzung baurechtlicher Ausgleichsmaßnahmen". Naturschutz und Landschaftsplanung, 51 (2019), 434-442.

Rahmstorf, S. IPCC-Sonderbericht zu 1,5 Grad Erwärmung. 2018.
    https://scilogs.spektrum.de/klimalounge/ipcc-sonderbericht-zu-15-grad-
    erwaermung/

Rahmstorf, S. Wie viel CO_2 kann Deutschland noch ausstoßen? 2019.
    https://scilogs.spektrum.de/klimalounge/wie-viel-co2-kann-deutschland-
    noch-ausstossen/

Rainforest Foundation UK/APEM (Action pour la Promotion et Protection des Peoples
    et Espèces Menacées). REDD minus: The rhetoric and reality of the Mai
    Ndombe REDD+ programme. 2020.
    https://www.rainforestfoundationuk.org/media.ashx/redd-minus.pdf

Randers, J./Gilding, P. „The one degree war plan". Journal of Global Responsibility,
    1 (2010), 170-188.

Raworth, K. Die Donut-Ökonomie. Hanser, 2018.

REDD-Monitor. How the Kasigau Corridor REDD project undermines local democ-
    racy in Kenya. 2018.
    https://redd-monitor.org/?s=Kasigau+Corridor

Reinecke, S. et al. Germany's contribution to the forest and climate protection pro-
    gramme REDD+. 2020.
    http://www.deval.org/en/synthesis-study-on-the-forest-and-climate-
    protection-programme-redd.html

Ricke, K. et al. „Policy thresholds in mitigation". Nature Geoscience, 9 (2016), 5-6.

Right. Capturing the climate factor. 2020.
    https://uploads-ssl.webflow.com/5ddbd8f4d31f0fb0ad6f12fd/
    5f99aecef133db41b07e5934_Whitepaper_right_FINAL.pdf

Rock, J. et al. National forestry accounting plan for Germany. 2019.
    https://www.bmu.de/fileadmin/Daten_BMU/Download_PDF/Klimaschutz/
    nfap_germany_bf.pdf

Rogelj, J. et al. „Paris agreement climate proposals need a boost to keep warming
    well below 2°C". Nature, 534 (2016), 631-639.

Rogelj, J. et al. „Estimating and tracking the remaining carbon budget for stringent
    climate targets". Nature, 571 (2019), 335-342.

Rosen, R./Guenther, E. „The energy policy relevance of the 2014 IPCC working
    group III report on the macro-economics of mitigating climate change". Ener-
    gy Policy, 93 (2016), 330-334.

Rosendahl, K. „EU ETS and the waterbed effect". Nature Climate Change, 9 (2019),
    734-735.

Saltelli, A. et al. „Five ways to ensure that models serve society: A manifesto".
    Nature, 582 (2020), 482-484.

Sandbag. Der Klimagoldesel: Wer sind die Gewinner des EU-Emissionshandels? 2011. https://sandbag.be/index.php/project/der-klimagoldesel-wer-sind-die-gewinner-des-eu-emissionshandels/

Sandel, M. Was man für Geld nicht kaufen kann. Ullstein, 2012.

Sartor, O. So we are reforming the ETS: Now what do we want it to do? 2015. https://energypost.eu/reforming-ets-now-want/

Schellnhuber, H. „Tipping elements in the earth system". Proceedings of the National Academy of Sciences, 106 (2009), 20561-20563.

Schellnhuber, H. Selbstverbrennung: Die fatale Dreiecksbeziehung zwischen Klima, Mensch und Kohlenstoff. Bertelsmann, 2015.

Schellnhuber, H. „It's nonlinearity – stupid!" The Ecologist, 3, 2019, o. S. https://theecologist.org/2019/jan/03/its-nonlinearity-stupid

Schellnhuber, H. et al. „Why the right climate target was agreed in Paris". Nature Climate Change, 6 (2016), 649-653.

Scherer, G. How the IPCC underestimated climate change: Here are just eight examples of where the IPCC missed predictions. 2012. https://www.scientificamerican.com/article/how-the-ipcc-underestimated-climate-change/

Schleussner, C. et al. „Science and policy characteristics of the Paris agreement temperature goal". Nature Climate Change, 6 (2016), 1-9.

Schmidt, L./Gerber, K. A comparison of carbon market standards for REDD+ projects. 2016. https://www.international-climate-initiative.com/fileadmin/Dokumente/2016/16-1-01_Analysis_REDD__Projects_-_final-akt_2.pdf

Schmidt-Bleek, F. Grüne Lügen. Ludwig, 2014.

Schneider, L. Is the CDM fulfilling its environmental and sustainable development objectives? An evaluation of the CDM and options for improvement. 2007. https://www.oeko.de/oekodoc/622/2007-162-en.pdf

Schneider, L. „Assessing the additionality of CDM projects: Practical experiences and lessons learned". Climate Policy, 9 (2009a), 242-254.

Schneider, L. „Perverse incentives under the CDM: an evaluation of HFC-23 destruction projects". Climate Policy, 11 (2011), 851-864.

Schneider, L. Doppelzählungen im internationalen Emissionshandel. 2019. https://blog.oeko.de/double-counting-in-international-emissions-trading/#english

Schneider, L. et al. Crediting emission reductions in new maet based mechanisms – Part I: Additionality assessment and baseline setting without pledges. 2014. https://www.infras.ch/media/filer_public/c6/42/c642095c-443d-4d13-b05c-d0d4ce8f825d/b2459a_nmm-fva_part_i.pdf

Schneider, L. et al. Environmental integrity under article 6 of the Paris agreement. 2017.
https://www.researchgate.net/publication/315685295_Environmental_ Integrity_under_Article_6_of_the_Paris_Agreement_Discussion_Paper

Schneider, L. et al. „Double counting and the Paris agreement rulebook". Science, 366 (2019), 180-183.

Schneider, L. et al. What makes a high-quality carbon credit? 2020.
https://www.oeko.de/fileadmin/oekodoc/What-makes-a-high-quality-carbon-credit.pdf

Schneider, L./Kollmuss, A. „Perverse effects of carbon markets on HFC-23 and SF6 abatement projects in Russia". Nature Climate Change, 5 (2015), 1061-1063.

Schneider, L./Theuer, S. „Environmental integrity of international carbon market mechanisms under the Paris agreement". Climate Policy, 19 (2019), 386-400.

Schneider, L./Graichen, J. Should CORSIA be changed due to the COVID-19 crisis? 2020.
https://www.oeko.de/fileadmin/oekodoc/Should-CORSIA-be-changed-due-to-the-COVID-19-crisis.pdf

Schneider, S. „The worst-case scenario". Nature, 458 (2009b), 1104-1105.

Schnell, D. et al. „Kohlekonzerne verlieren Investoren". Handelsblatt vom 28.11.2019, 14-15.

Schönwiese, C.-D. Klimatologie. 5. Aufl. UTB, 2020.

Scientists for Future. The concerns of the young protesters are justified. 2019.
https://science.sciencemag.org/content/364/6436/139.2.full

Scranton, R. Learning to die in the anthropocene. City Lights Books, 2015.

Scranton, R. We're doomed: Now what? Soho Press, 2018.

Seneviratne, S. et al. „The many possible climates from the Paris agreement's aim of 1.5 °C warming". Nature, 558 (2018), 41-49.

Seyller, C. et al. The 'virtual economy' of REDD projects: Does private certification of REDD projects ensure their environmental integrity? International Forestry Review, 18 (2016), 261-263.

Shell. Inside energy: Nature's role in the fight against climate change. 2019a.
https://www.shell.com/inside-energy/trees-reforestation-nature.html

Shell. Shell invests in nature as part of broad drive to tackle CO_2 emissions. 2019b.
https://www.shell.com/media/news-and-media-releases/2019/ shell-invests-in-nature-to-tackle-co2-emissions.html

Shevchenko, V. Beispielhafte Analyse und Modellierung einer Liegenschaft hinsichtlich Klimaneutralität. Mimeo. Berlin, 2015.

Sills, E. et al. REDD+ on the ground: A case book of subnational initiatives across the globe. 2014.
https://www2.cifor.org/redd-case-book/

Sinn, H.-W. Das grüne Paradoxon. Econ, 2008.

SJÖ (Sozialistische Jugend Österreich). Green New Deal. 2019.
https://issuu.com/sjoe.at/docs/green-new-deal_final

Skjaerseth, J./Wettestad, J. EU emissions trading: Initiation, decision-making, and implementation. Ashgate, 2008.

Snyder, G. Lektionen der Wildnis. Matthes und Seitz, 2011.

Socolow, R. „High-consequence outcomes and internal disagreements: Tell us more, please". Climatic Change, 108 (2011), 775-790.

Speich, D. „The use of global abstractions: National income accounting in the period imperial decline". Journal of Global History, 6 (2011), 7-28.

Spratt, D. Climate reality check. Breakthrough National Centre for Climate Restoration. Melbourne, 2016.

Spratt, D./Sutton, P Climate code red. Scribe Publications, 2008.

Spratt, D./Dunlop, I. What lies beneath: The understatement of existential climate risk. Breakthrough National Centre for Climate Restoration. Melbourne, 2018.

Spratt, D./Dunlop, I. Existential climate-related security risk. Breakthrough National Centre for Climate Restoration. Melbourne, 2019.

Spratt, D./Armistead, A. Covid-19 climate lessons. Breakthrough National Centre for Climate Restoration. Melbourne, 2020a.

Spratt, D./Armistead, A. Fatal calculations: How economics has underestimated climate change and encouraged inaction. Breakthrough National Centre for Climate Restoration. Melbourne, 2020b.

SRU (Sachverständigenrat für Umweltfragen). Für eine entschlossene Umweltpolitik in Deutschland und Europa: Umweltgutachten 2020. 2020.
https://www.umweltrat.de/SharedDocs/Downloads/DE/01_Umweltgutachten/2016_2020/2020_Umweltgutachten_Entschlossene_Umweltpolitik.pdf;jsessionid=3B08482B875139183FE82FFC7B7AA4F7.2_cid292?__blob=publicationFile&v=30

SSNC (Swedish Society for Nature Conservation). REDD plus or REDD "light"? Biodiversity, communities and forest carbon certification. 2013.
http://redd-monitor.org/wp-content/uploads/2013/02/REDD-plus-or-REDD-light130121.pdf

Staveren, I.v. Economics after the crisis: An introduction to economics from a pluralist and global perspective. Routledge, 2015.

Stay Grounded. Degrowth of aviation reducing air travel in a just way. 2019.
https://stay-grounded.org/wp-content/uploads/2020/02/Degrowth-Of-Aviation_2019.pdf

Steffen, W. et al. Trajectories of the earth system in the anthropocene. 2018.
https://www.pnas.org/content/pnas/115/33/8252.full.pdf

Steininger, B./Klose, A. Erdöl: Ein Atlas der Petromoderne. Matthes & Seitz, 2020.

Stern, N. „Current climate models are grossly misleading". Nature, 530 (2016), 407-409.

Stiftung Warentest. „Über den Wolken". Finanztest, Nr. 3 (2018), 12-17.

Stiglitz, J. Making globalization work. Norton, 2006a.

Stiglitz, J. A new agenda for global warming. 2006b.
https://www.degruyter.com/view/journals/ev/3/7/article-ev.2006.3.7.1210.xml.xml

Stiglitz, J. et al. Report on the high-level commission on on carbon prices. 2017.
https://www.carbonpricingleadership.org/report-of-the-highlevel-commission-on-on-carbon-prices

Stoerk, T. et al. „Recommendations for improving the treatment of risk and uncertainty in economic estimates of climate impacts in the sixth intergovernmental panel on climate change assessment report". Review of Environmental Economics and Policy, 12 (2018), 371-376.

Stokes, L. Short circuiting policy: Interest groups and the battler over clean energy and climate policy in the American states. Oxford University Press, 2020.

Sutter, C./Parreno, J. „Does the current clean development mechanism (CDM) deliver its sustainable development claim? An analysis of officially registered CDM projects". Climate Change, 84 (2007), 75-90.

Sutton, R. „ESD ideas: A simple proposal to improve the contribution of IPCC WGI to the assessment and communication of climate change risks". Earth System Dynamics, 9 (2018), 1155-1158.

SVR (Sachverständigenrat zur Begutachtung der gesamtwirtschaftlichen Lage). Aufbruch zu einer neuen Klimapolitik: Sondergutachten. 2019.
https://www.sachverstaendigenrat-wirtschaft.de/sondergutachten-2019.html

Taleb, N. Der schwarze Schwan. Hanser, 2008.

Teri. Assessing the impact of the clean development mechanism on sustainable development and technology transfer. 2012.
http://www.cdmpolicydialogue.org/research/1030_impact_sdm.pdf

Theuer, S. et al. International transfers under Article 6 in the context of diverse ambition of NDCs. 2017.
https://mediamanager.sei.org/documents/Publications/SEI-2017-WP-international-transfers.pdf

Tong, D. et al. „Committed emissions from existing energy infrastructure jeopardize 1.5 °C climate target". Nature, 572 (2019), 373-377.

Total. Getting to net zero. 2020.
https://www.total.com/getting-net-zero

Trenberth, K. „The use and abuse of climate models". Nature, 386 (1997), 131-133.

TÜV Süd. Carbon offsetting and reduction scheme for international aviation (CORSIA). o. J. a.
https://www.tuvsud.com/en-id/services/auditing-and-system-certification/carbon-offsetting-and-reduction-scheme-for-international-aviation

TÜV Süd. Instructions of certification and accreditation marks. o. J. b.
https://www.tuvsud.com/en-id/-/media/regions/id/pdf-files/accreditations/ms_bdm_05-instructions-for-use-of-marks.pdf?la=en-id&hash=E76C19B026CD66C084314849499D7566

UBA. Analyse des deutschen Marktes zur freiwilligen Kompensation von Treibhausgasemissionen. 2010.
https://www.umweltbundesamt.de/sites/default/files/medien/461/publikationen/3965.pdf

UBA. Treibhausgasneutrales Deutschland im Jahr 2050. 2014a.
https://www.umweltbundesamt.de/sites/default/files/medien/378/publikationen/07_2014_climate_change_dt.pdf

UBA. Klimaneutral leben. 2014b.
https://www.umweltbundesamt.de/sites/default/files/medien/378/publikationen/klimaneutral_leben_4.pdf

UBA. Aktualisierte Analyse des deutschen Marktes zur freiwilligen Kompensation von Treibhausgasemissionen. 2015.
https://www.umweltbundesamt.de/sites/default/files/medien/378/publikationen/climate_change_02_2015_aktualisierte_analyse_des_deutschen_marktes.pdf

UBA. Kompatibilität des Europäischen Emissionshandels mit interagierenden energie- und klimapolitischen Instrumenten und Maßnahmen. 2016.
https://www.umweltbundesamt.de/sites/default/files/medien/1968/publikationen/positionspapier_kompatiblitat_eu-ets.pdf

UBA. Auf dem Weg zum treibhausgasneutralen UBA: Aktualisierte Umwelterklärung des Umweltbundesamtes. 2018a.
https://www.umweltbundesamt.de/publikationen/auf-dem-weg-treibhausgasneutralen-uba-0

UBA. Fact sheet: EU 2050 strategic vision „A clean planet for all". 2018b.
https://www.umweltbundesamt.de/sites/default/files/medien/376/publikationen/eu_2050_strategic_vision_a_clean_planet_for_all.pdf

UBA. Freiwillige CO_2-Kompensation durch Klimaschutzprojekte. 2018c.
https://www.umweltbundesamt.de/sites/default/files/medien/376/publikationen/ratgeber_freiwillige_co2_kompensation_final_internet.pdf

UBA. German auctioning of emission allowances: Annual report 2019. 2020a.
https://www.dehst.de/SharedDocs/downloads/EN/auctioning/2019/Auctioning_2019_annual-report.pdf?__blob=publicationFile&v=2

UBA. Nationales Emissionshandelssystem. 2020b.
https://www.dehst.de/SharedDocs/downloads/DE/nehs/nehs-hintergrundpapier.
pdf?__blob=publicationFile&v=3

UBA. Berichterstattung unter der Klimarahmenkonvention der Vereinten Nationen
und dem Kyoto-Protokoll 2020: Nationaler Inventarbericht zum Deutschen
Treibhausgasinventar 1990-2018. 2020c.
https://www.umweltbundesamt.de/publikationen/berichterstattung-unter-der-
klimarahmenkonvention-5

UNEP. Emissions gap report 2019. 2019.
https://wedocs.unep.org/bitstream/handle/20.500.11822/30797/EGR2019.pdf
?sequence=1&isAllowed=y

UNFCCC. Decision -/CP.13 Bali Action Plan. Bali, Indonesia. 2007.
https://unfccc.int/resource/docs/2007/cop13/eng/06a01.pdf

UNFCCC. CDM methodology booklet. 11. Aufl. 2019.
https://cdm.unfccc.int/methodologies/documentation/2003/
CDM-Methodology-Booklet_fullversion.pdf

Unger, M. Freiwilliger Markt – Möglichkeiten und Herausforderungen für das Offsetting innerhalb der EU. 2018.
https://www.umweltministerkonferenz.de/documents/top-17-kpmpens-
treibhausgasemissionen_bmu_studie_2018_atlas_freiwilliger_markt_deu_
1560320960.pdf

USGCRP. Climate science special report: Fourth national climate assessment. Vol. I
(executive summary). 2017.
https://csl.noaa.gov/assessments/climate/2017/CSSR2017_ExecSummary.pdf

VCS (Verified Carbon Standard). Approved VCS methodology VM0009. Sectoral
scope 14: Methodology for avoided ecosystem conversion. 2014.
https://verra.org/wp-content/uploads/2018/03/VM0009-Methodology-for-
Avoided-Ecosystem-Conversion-v3.0.pdf

VCS (Verified Carbon Standard). Second verification of the Mai Ndombe REDD+
project. 2017.
https://registry.verra.org/app/projectDetail/VCS/934

Volmert, B. Border tax adjustments. Kassel University Press, 2011.

VW. Volkswagen investiert in Klimaschutzprojekte zur Kompensation unvermeid-
barer CO_2-Emissionen. Volkswagen Group News. 2019.
https://www.volkswagen-newsroom.com/de/pressemitteilungen/volkswagen-
investiert-in-klimaschutzprojekte-zur-kompensation-unvermeidbarer-co2-
emissionen-5376

Wagner, G./Weitzman, M. Climate shock. Princeton University Press, 2015.

Wallace-Wells, D. The uninhabitable earth: Life after warming. Penguin, 2020.

Warnecke, C. et al. „Robust eligibility criteria essential for new global scheme to offset aviation emissions". Nature Climate Change, 9 (2019), 218-221.
https://www.nature.com/articles/s41558-019-0415-y

WBGU (Wissenschaftlicher Beirat der Bundesregierung globale Umweltveränderungen). Kassensturz für den Weltklimavertrag: Der Budgetansatz. Sondergutachten. 2009.
https://www.wbgu.de/fileadmin/user_upload/wbgu/publikationen/
sondergutachten/sg2009/pdf/wbgu_sn2009.pdf

Weaver, C. et al. „Reframing climate change assessments around risk: Recommendations for the US national climate assessment". Environmental Research Letters, 12 (2017), 1-8.

Weber, A. Enlivenment. Heinrich-Böll-Stiftung. Berlin, 2013.

Weber, M. Wirtschaft und Gesellschaft. Studienausgabe. 5. Aufl. J.C.B. Mohr, 1976.

Weimann, J. Institutionen für die Beherrschung globaler commons und global öffentlicher Güter. 2012.
http://www.science-skeptical.de/wp-content/uploads/2014/12/
weinmann-studie-m17-26-19.pdf

Weimann, J. „Anspruch und Wirklichkeit: Kann das Pariser Klimaabkommen funktionieren?". Ifo-Schnelldient, 69 (2016), 3-5.

Weitzel, M./Peterson, S. Border carbon adjustment: Not a very promising policy instrument. 2012.
https://www.ifw-kiel.de/fileadmin/Dateiverwaltung/IfW-Publications/-ifw/
Kiel_Policy_Brief/Kiel_Policy_Brief_55_.pdf

Weitzman, M. „Fat-tailed uncertainty in the economics of catastrophic climate change". Review of Environmental Economics and Policy, 5 (2011), 275-292.

Weitzman, M. „GHG targets an insurance against catastrophic climate damages". Journal of Public Economic Theory, 14 (2012), 221-244.

Welzer, H. Klimakriege. Fischer, 2008.

Wettestad, J./Gulbrandsen, L. The evolution of carbon markets. Routledge, 2018.

Wettestad, J./Jevanker, T. „Smokescreen politics? Ratcheting up EU emissions trading in 2017". Review of Policy Research, 36 (2019), 635-659.

Whitehead, A. Science and the modern world. Free Press, 1967 (1925).

WHO. Protecting health in Europe form climate change: 2017 update. 2017.
http://www.euro.who.int/__data/assets/pdf_file/0004/355792/
ProtectingHealthEuropeFromClimateChange.pdf?ua=1

Wolke, F. „Im Markt für freiwillige CO_2-Kompensation fehlen staatliche Gütesiegel". 2011.
https://www.dehst.de/SharedDocs/downloads/DE/abdrucke/DowJones_
23-11-2011.pdf?__blob=publicationFile&v=4

Wolters, S./Becker, R. „Freiwillige Klimakompensation als grünes Produkt?". Öko-logisches Wirtschaften, 30 (2015), 40-43.

Wong, G. et al. Results-based payments for REDD+: Lessons on finance, perfor-mance, and non-carbon benefits. 2016.
https://www.cifor.org/knowledge/publication/6108/

Woodbury, Z. „Climate trauma: Toward a new taxonomy of trauma". Ecopsychology, 11 (2019), 1-8.

Workman, M. et al. „Decision making in contexts of deep uncertainty – An alternative approach for long-term climate policy". Environmental Science and Policy, 103 (2020), 77-84.

World Bank Institute. Estimating the opportunity costs of REDD+: A training manual. Version 1.3.2011.
https://www.forestcarbonpartnership.org/redd-opportunity-costs-training-manual

World Bank. Project appraisal document on a proposed carbon finance transaction in the amount of US$55 million to the Democratic Republic of Congo for the Mai-Ndombe emission reductions program (P160320). 2018.
http://pubdocs.worldbank.org/en/724541540553482191/pdf/P160320-PAD-14-september-2018.pdf

World Rainforest Movement (Hg.). REDD: A collection of conflicts, contradictions and lies. 2015.
https://eldis.org/document/A72479

Worms, M./Radermacher, F. (Hg.). Klimaneutralität – Hessen 5 Jahre weiter. Springer, 2018.

Wuppertal Institut. CO_2-neutral bis 2035: Eckpunkte eines deutschen Beitrags zur Einhaltung der 1,5-°C-Grenze. 2., korr. Aufl. Oktober 2020.
https://wupperinst.org/fa/redaktion/downloads/projects/CO2-neutral_2035.pdf

WWC (Wildlife Works Carbon). The Kasigau Corridor REDD project, phase II: VCS project description. 10.5.2011.
https://registry.verra.org/app/project Detail/VCS/612

WWC (Wildlife Works Carbon). The Mai Ndombe REDD+ project. A joint project of ERA and Wildlife Works. Version 1.63. November 2012.
https://registry.verra.org/app/projectDetail/VCS/934

WWF. Strategic spending: How the EU emissions trading system can fund fair climate action. 2019.
https://d3bzkjkd62gi12.cloudfront.net/downloads/strategic_spending___how_the_eu_emissions_trading_system_can_fund_fair_climate_action.pdf

WWF. Strategic spending: The untapped potential of the EU emissions trading sys-tem to fund climate action. 2020.
https://d3bzkjkd62gi12.cloudfront.net/downloads/strategic_spending___how_the_ets_can_fund_fair_climate_action_jan_2020_full_report.pdf

Xu, Y. et al. „Global warming will happen faster than we think". Nature, 564 (2018), 30-32.

Xu, Y./Ramanathan, V. „Well below 2 °C: Mitigation strategies for avoiding dangerous to catastrophic climate changes. 2017.
https://www.pnas.org/content/pnas/114/39/10315.full.pdf

Zappa, G./Shepherd, T. „Storylines of atmospheric circulation change for European regional climate impact assessment". Journal of Climate, 30 (2017), 6561-6577.

Zeddies, L. Utopia 2048. Books on demand. Norderstedt, 2020.

Zerzan, J. Running on emptiness: The pathology of civilization. Ferel House, 2002.

Zickfeld, K. et al. „Expert judgments about transient climate response to alternative future trajectories of radiative forcing" Proceedings of the National Academy of Sciences, 107 (2010), 12451-12456.